सब्जी उत्पादन की तकनीक

PRODUCTION TECHNOLOGY OF VEGETABLES

डॉ. एस. के. त्यागी

Made with ♥ on the Notion Press Platform
www.notionpress.com

क्रम-सूची

क्रम-सूची

प्रस्तावना

भारत में उष्णकटिबंधीय, उपोष्णकटिबंधीय एवं समशीतोष्ण क्षेत्रों में बड़ी संख्या में सब्जियों की खेती की जाती है। चीन के बाद भारत दुनिया का दूसरा सबसे बड़ा सब्जी उत्पादक देश है। भारत में सब्जियों की खेती 10259 हजार हेक्टेयर में की जाती है जिससे 184394 हजार मीट्रिक टन उत्पादन प्राप्त होता है। आधुनिक प्रतिस्पर्धी बाजार में सफल सब्जी उत्पादनके लिए उत्पादन तकनीकों की समझ की आवश्यकता होती है। किसानों की आय में वृद्धि के लिए फसल विविधिकरण को बढावा देना होगा। इस पुस्तक में टिकाऊ उत्पादन तकनीकों सहित उच्च उत्पादन विधियों का उपयोग करके सब्जियां कैसे उगाई जाती हैं, इसकी बुनियादी बातों के साथ शुरुआत करते हुए, अच्छी कृषि पद्धतियों को शामिल किया गया है। इस पुस्तक में सब्जियों के क्षेत्रफल, उत्पादन एवं उत्पादकता के नवीनतम आंकड़े दिए गए हैं। इस पुस्तक में सब्जियों की उन्नत एवं संकर किस्में, पौधशाला प्रबंधन, एकीकृत पोषक तत्व प्रबंधन, खरपतवार प्रबंधन, सिंचाई प्रबंधन, एकीकृत कीट एवं रोग प्रबंधन का भी वर्णन किया गया है। मुझे आशा है की यह पुस्तक छात्रों, विस्तार कार्यकर्ताओं और सब्जी उत्पादन से जुड़े सभी किसानों के लिए उपयोगी होगी।

1

सब्जियों का महत्व

परिचय (Introduction)

सब्जी विज्ञान बागवानी की प्रमुख शाखाओं में से एक है और उत्पादों के मूल्य के दृष्टिकोण से; यह सबसे महत्वपूर्ण शाखा है। **ओलेरीकल्चर (Olericulture)** शब्द की उत्पत्ति **लैटिन** शब्द**'ओलेरिस' ('oleris')** से हुई है जिसका अर्थ पॉट हर्ब्स (सब्जियां) और अंग्रेजी शब्द 'कल्चर' है जिसका अर्थ है खेती करना। इस प्रकार ओलेरीकल्चर सब्जियों की फसलों का विज्ञान है। "सब्जियों को खाने योग्य शाकीय पौधों/पौधों के भागों के रूप में परिभाषित किया गया है जो कच्चे या पकाने के बाद उपभोग किए जाते हैं और विटामिन और खनिजों से भरपूर होते हैं जिनका कैलोरी मान कम होता है"। सब्जियां उगाना न केवल सुरक्षात्मक भोजन प्रदान करने के लिए महत्वपूर्ण है बल्कि भोजन की खपत में अधिक महत्वपूर्ण भूमिका निभाते हुए एक महत्वपूर्ण सहायक भोजन के रूप में भी काम करता है। वे पोषक तत्वों से भरपूर होती हैं और संतुलित आहार के आवश्यक घटक होती हैं।

भारत में समशीतोष्ण, उष्णकटिबंधीय और उपोष्णकटिबंधीय क्षेत्रों में बड़ी संख्या में सब्जियों की खेती की जाती है। चीन के बाद भारत दुनिया का दूसरा सबसे बड़ा सब्जी उत्पादक देश है। भारत में सब्जियों की खेती 10259 हजार हेक्टेयर में की जाती है जिससे 184394 हजार मीट्रिक टन उत्पादन प्राप्त होता है। भारत में सब्जियों की औसत उत्पादकता 17.97 मीट्रिक टन प्रति हेक्टेयर है। (2017-2018, **स्रौतः हॉर्टिकल्चरल स्टेटिस्टिक्स एट ए ग्लांस 2018**)। आईसीएमआर द्वारा दी गई सिफारिशों के अनुसार, शाकाहारी या मांसाहारी भोजन की आदत वाले एक औसत व्यक्ति को 300 ग्राम (125 ग्राम पत्तेदार सब्जियां, 100 ग्राम जड़ और कंद और 75 ग्राम अन्य सब्जियों) का सेवन करना चाहिए। वर्तमान उत्पादन औसतन प्रति व्यक्ति प्रति दिन 300 ग्राम सब्जियों की आवश्यकता को पूरा करने के लिए पर्याप्त नहीं है। भारत जैसे देश में, जहाँ की अधिकतर जनता शाकाहारी है, सब्जियों का महत्व और भी बढ़ जाता है। इतना होते हुए भी हमारे देश में अन्य देशों की तुलना में सब्जियों का उपयोग बहुत ही कम होता है। भारतीय भोजन में धान्य की अधिकता रहती है, जबकि प्रगतिशील देशों में धान्य की अपेक्षा सब्जियों और फलों की अधिकता रहती है। अतः भारतीय भोजन में सब्जियों एवं फलों की अधिकता के लिए इनके उत्पादन को बढाने की आवश्यकता है।

सब्जियों का पोषकीय महत्व (Nutritional value of vegetables)

शरीर के संतुलित विकास एवं आरोग्य के लिए शाक सब्जियाँ महत्वपूर्ण हैं, इनमें शरीर के विकास एवं वृद्धि के लिए आवश्यक पोषक तत्व भरपूर मात्रा में पाएं जाते हैं। पत्तेदार सब्जियों में आयरन की मात्रा भरपूर होती है, यह गर्भवती स्त्रियों के लिए अच्छा पोषण माना जाता हैं, नित्य पत्तेदार सब्जी के सेवन से एनीमिया की समस्या से निपटा जा सकता हैं। भारत में कम उम्रः के बच्चों में अंधेपन की समस्या आम है विटामिन ए की कमी के कारण ऐसा होता हैं। यदि उन्हें नियमित रूप से सब्जियों का सेवन कराया जाए तो सब्जियों में केरोटीन तत्व पाया जाता है जो अंधेपन की समस्या को समाप्त कर सकता है।

निम्नलिखित कारणों से सब्जियां सामान्य स्वास्थ्य में महत्वपूर्ण योगदान देती हैं।

- सब्जियों में विटामिन, प्रोटीन, कार्बोहाइड्रेट मौजूद होते हैं साथ ही अन्य कई प्रकार के मिनरल और खनिज पदार्थ भी होते हैं, जो हमें पोषण प्रदान करते हैं और हमारे शरीर के विभिन्न अंगों को भी मजबूत बनाने का काम करते हैं।
- सब्जियाँ समृद्ध सुरक्षात्मक भोजन यानी विटामिन, एंटी-ऑक्सीडेंट, खनिज लवण और अन्य उपयोगी रसायनों के स्रोत हैं जो कई बीमारियों के जोखिम को कम करने में महत्वपूर्ण भूमिका निभाते हैं।
- सब्जियां विटामिन और खनिजों सहित सूक्ष्म पोषक तत्वों का सबसे टिकाऊ और सस्ता स्रोत हैं।
- सब्जियां ना सिर्फ हमारी जीभ के स्वाद को पूरा करती हैं बल्कि यह हमारी पूरी बॉडी के लिए विभिन्न प्रकार से फायदेमंद होती हैं।

- कुछ सब्जियां ऐसी है जिसके अंदर औषधीय गुण भी मौजूद होते हैं क्योंकि उनके अंदर विभिन्न प्रकार के पौष्टिक तत्व और खनिज मौजूद होते हैं।
- हर सब्जी अलग-अलग प्रकार के गुण को ले करके रखती है और इसीलिए अलग-अलग सब्जी खाने से हमें अलग-अलग प्रकार के विटामिन, मिनरल और पौष्टिक चीजें प्राप्त होती हैं।

सब्जियाँ खाने के फायदे (Benefits of eating vegetables)

1. हरी और पत्तिवाली सब्जिया लौहयुक्त होती हे जिसकी वजह से लौह की कमी से एनीमिया जैसी बीमारी से बचा जा सकता है।
2. सब्जियों में पाए जाने वाला कैरोटीन शरीर में विटामिन ए में परिवर्तित हो जाता हे जिससे अन्धेपन को रोका जा सकता है।
3. सब्जियों के सेवन से मोटापा घटता हे जबकि पथरी के लिए सब्जिया रामबाण के समान है।
4. सब्जियों से हमारे शरीर की प्रतिरोधी क्षमता मजबूत होती है।
5. नियमित और सही मात्रा में सब्जियों का सेवन करने से हमारी त्वचा का निखार बढ़ता है।
6. सब्जियों के सेवन से आँखों, बालो और त्वचा से सबंधित समस्याए दूर होती है।
7. हरी पत्तीदार सब्जियों में पाए जाने वाला कैल्सियम जो हमारे दांतो को मजबूत बनाने के लिए बहुत ही सहायक होता हे और अगर आप हरी पत्तीदार सब्जियों को कच्चा सेवन करते हे तो मुँह से जुडी समस्या जैसे की साँस की बदबू और पायरिया से छुटकारा पाया जा सकता है।
8. आप कितना भी व्यायाम कर ले, कितना भी समय जिम से बिताये लेकिन इसके बात भी आपके पेट और आसपास की चर्बी कम नहीं होती हे तो इसकी वजह आपकी डाइट में हरी सब्जियों की कमी है। हरी सब्जिया हमारे शरीर में चर्बी को बढ़ने नहीं देती और साथ ही वो पेट पर जमी वसा को भी कम करती है।
9. सब्जियों में पाए जाने वाले आयरन , फाइबर , कैल्सियम और मिनरल्स से कैंसर की संभावना कम होती है।
10. सब्जियों के सेवन से हड्डिया मजबूत होती है।

2

पौधशाला की स्थापना एवं प्रबंधन

पौधशाला (nursery) वह स्थान है जहाँ पौधे उगाए जाते हैं और अन्यत्र लगाए जाने योग्य आकार प्राप्त करने तक उनकी विशेष देखरेख की जाती है। पौधशाला में बीज की बुवाई, पौधों को तैयार करना, तैयार पौधों की देखभाल और उन्हें रोपण के लिए उपलब्ध कराना होता है।

पौधशाला का महत्व (Importance of nursery)

1. पौधशाला का क्षेत्र सीमित होने के कारण पौधों की देखभाल और पालन-पोषण आसानी से किया जा सकता है।
2. पॉली हाऊस या नेट हाऊस में पौधों के अंकुरण व वृद्धि के लिए अनुकूल परिस्थितियाँ प्रदान की जाती है, इसलिए पर्यावरण की प्रतिकूल परिस्थतियों में भी पौधों को सफलतापूर्वक तैयार किया जा सकता है।
3. पौधशाला में सघन देखभाल सम्भव है, जिससे पौधों को समय पर कीट, रोग व खरपतवारों से बचाया जा सकता है।
4. विभिन्न सब्जियों की अगेती और पिछेती फसल लेकर अच्छा मुनाफा लिया जा सकता है, इसके लिए पौध की उपलब्धता अच्छी पौधशाला से ही सम्भव है।
5. सब्जियों के संकर किस्मों के बीज मंहगे होने के कारण इन्हें पौधशाला में तैयार करना अधिक उचित होता है।

पौधशाला की स्थापना करते समय ध्यान रखने योग्य बातें (Things to keep in mind while setting up a nursery)

स्थल का चयन (Selection of site)

पौधशाला स्थापित करने के लिए ऐसे स्थान का चयन करना चाहिए, जहाँ पर्याप्त मात्रा में सूर्य प्रकाश उपलब्ध होता हो, सिंचाई की सुविधा और पानी के निकास की समुचित व्यवस्था उपलब्ध होनी चाहिए। साथ ही वर्षभर आवागमन की सुविधा होना चाहिए। पौधशाला कार्य एक व्यवसाय होने के कारण इसका क्षेत्र भी व्यवसाय के समान लघु, मध्यम वृहत्त तीन भागों में बांटा जा सकता है। एक लघु नर्सरी के लिये 2500 से 10,000 वर्ग मीटर, मध्यम के लिये 10,000 से 25,000 वर्गमीटर तथा वृहत्त नर्सरी हेतु 25,000 वर्गमीटर से 100,000 वर्ग मीटर क्षेत्र की आवश्यकता पड़ती है। पौधशाला का क्षेत्र उद्देश्य एवं उत्पादन स्थिति को ध्यान में रखकर कम व ज्यादा किया जा सकता है।

मिटटी का चयन (Selection of soil)

पौधशाला के लिए जीवांश युक्त दोमट भूमि जिसका पीएच मान 6 से 7.5 हो, उपयुक्त होती है। अधिक भारी चिकनी भूमि में वायु संचार की कमी के कारण पौधों की वृद्धि अच्छी नहीं होती, अधिक क्षारीय, लवणीय, उसरीली और कंकरीली भूमि का भी चयन पौधशाला के लिए नहीं करना चाहिए।

सिंचाई प्रबंधन (Irrigation management)

सम्पूर्ण पौधशाला का रेखांकन जलस्त्रोत के प्रकार एवं क्षमता पर निर्भर करता है उच्च गुणवत्ता युक्त पर्याप्त पानी उपलब्ध होना चाहिए। जल स्त्रोत में किसी भी समय आवश्यक मात्रा में जल उपलब्ध होना चाहिए। पौधशाला में जल वितरण व्यवस्था इस प्रकार की होनी चाहिए की जल को बिना व्यर्थ किए आवश्यक स्थान तक सुगमता से पहुंचा दिया जाए। जल वितरण में पानी की हानि को बचाने के लिये स्थाई एवं अद्र्ध-स्थाई पाईप लाईन लगानी चाहिए। पौधशाला में लगभग 7 दिन तक आवश्यक जल की मात्रा भंडारण की क्षमता होनी चाहिए ताकि आवश्यकता होने पर छोटे पौधे में पानी दिया जा सके। यह कक्ष पौधशाला के सबसे ऊंचे स्थान पर बनाया जाना चाहिए तथा सम्पूर्ण पौधशाला से पाईप लाइनों से जुड़ा रहना चाहिए। पौध शाला में जल निकास की उत्तम व्यवस्था होनी चाहिए। जल निकास व्यवस्था में मुख्य जल- निकास नाली नर्सरी के सबसे निचले भाग पर बनाई जाती है। इस नाली से अन्य सहायक जल निकास नालियाँ बनाकर जोड़ दी जाती हैं। नर्सरी का प्रत्येक भाग जल निकास नालियों से जुड़ा हों। पौध शाला में वर्षाजल का विशेष महत्व होता है। पौधशाला की अवस्था में वर्षा

जल का उपयोग करने से पौध उत्पादन स्वस्थ एवं अंकुरण क्षमता में बढ़वार होती है। अतः नर्सरी के निचले भाग पर एक बड़ा टैंक बनाकर वर्षा जल को सुरक्षित रखें।

यातायात सुविधा (Transport facility)

पौधशाला पर यातायात की अच्छी सुविधा होनी चाहिए। पौधों का विक्रय अधिकांशतः वर्षाऋतु में ही होता है। अतः सड़क पक्की एवं इस योग्य होनी चाहिए कि उसमें ट्रक, ट्रैक्टर, बैलगाड़ी या अन्य साधन सुविधापूर्वक नर्सरी तक आ सके। नर्सरी के आन्तरिक भाग भी पक्के रास्तों से जुड़े होने चाहिए।

बाजार प्रबंधन (Market management)

पौधशाला में उन्ही पौधों को तैयार करना चाहिए जिनकी मांग हो । प्रवर्धन के लिए चयनित फसलों की उन्नत किस्मों के ही पौधे तैयार करें । किसनों को उच्च गुणवत्ता के पौधे उपलब्ध करवाना चाहिए।

पौधशाला की देखभाल कैसे करें (How to take care of nursery)

1. पौधशाला की मिट्टी को कीट और रोग से मुक्त रखने के लिए मिट्टी का उपचार करना अति आवश्यक है, पौधशाला में लगने वाले मिट्टी जनित रोगों से बचाव के लिए *ट्राईकोडर्मा विरडी* को मिट्टी में मिलाकर फफूंद जनित रोगों से मुक्त किया जा सकता है।
2. यदि मिट्टी में दीमक की समस्या है, तो भूमि की तैयारी करते समय क्लोरोपाइरीफॉस 2 मिलीलीटर प्रति लिटर पानी के मिश्रण का छिड़काव करने से इसकी रोकथाम की जा सकती है।
3. मिटटी का सोर्य उष्मीकरण द्वारा भी उपचार किया जा सकता है, इस विधि में मिट्टी को बारीक बनाने और गोबर खाद मिलाने के पश्चात अच्छी तरह पानी से भिगो देना चाहिए। इसके बाद उसके ऊपर 250 गेज की पारदर्शी पॉलीथीन से ढक कर 3 से 4 सप्ताह के लिए छोड़ देना चाहिए, इससे मिट्टी में उपस्थित कीड़ों के अण्डे, बीमारियों के रोगाणु और खरपतवार के बीज नष्ट हो जायेंगे, यह कार्य अप्रैल से जून तक किया जा सकता है।
4. पौधशाला (नर्सरी) में जो मातृ वृक्ष या अन्य पौधे लगे हो उन सभी को संतुलित मात्रा में गोबर की खाद और उर्वरकों का समय-समय पर उपयोग करना चाहिए ।
5. भूमि में सूत्रकृमि और किसी कवक का प्रकोप हो तो धूमन (फ्युमिगेशन) द्वारा उनका नियन्त्रण करना चाहिए।
6. मूलवृत्त के लिए, जो पौधे पौधशाला में उगाये गये हों, उनका स्थान बरसात में कम से कम दो बार परिवर्तित कर देना चाहिए। इस प्रक्रिया से मूसला जड़ों की वृद्धि रूक जाती है और अवस्थानिक जड़े अधिक निकलती है। परिणाम स्वरूप रोपण से अधिक सफलता की सम्भावना होती है।
7. पौधशाला में समयानुसार खरपतवार की रोकथाम करते रहना चाहिए।
8. सभी क्यारियों में मूलवृंत तथा प्रवर्धित पौधों के बारे में नाम पत्र लगा होना चाहिए, जिससे उनकी किस्म और आयु की जानकारी प्राप्त हो सके।
9. पौधशाला में प्रवर्धन के बाद जब सभी पौधे पूर्ण रूप से चल जाए, तो इन्हें निकाल कर विक्रय करना चाहिए।
10. पौधशाला में विभिन्न क्रियाओं के परिपालन हेतु चार्ट बना देना चाहिए और उसके अनुसार कार्य करते रहना चाहिए।

सब्जियों की पौध उगाने की विधि (Method of growing vegetable seedlings)

सब्जियों की अच्छी उपज के लिए स्वस्थ पौध तैयार करना अति आवश्यक होता है। मिर्च की पौध **40-50 मेश की कीट अवरोधक नेट** के अंदर तैयार करें। मिर्च की पौध तैयार करने के लिए ऐसे स्थान का चुनाव करें जहाँ पर पर्याप्त मात्रा में धूप आती हो तथा बीजों की बुवाई 3x1 मीटर आकार की भूमि से 10 सेमी ऊँची उठी क्यारी में करें। मिर्च की पौधशाला की तैयारी के समय 50 ग्राम *ट्राइकोडर्मा विरडी* को 3 किलोग्राम पूर्णतया सड़ी हुई गोबर की खाद में मिलाकर प्रति 3 वर्ग मीटर क्षेत्र में मिट्टी में मिलाऐं। बीज को बुवाई के पूर्व मेटालेक्सिल- एम 31.8% ईएस 2 मिली प्रति किलोग्राम बीज की दर से उपचारित करें। इसके उपरान्त इमिडाक्लोप्रिड 70% डब्ल्यूएस 10 ग्राम प्रति किलोग्राम बीज की दर से बीजोपचार करें। यदि बीज उत्पादक संस्था द्वारा बीज पूर्वसे ही उपपचारित हो तो पुनः बीजोपचार की आवश्यकता नहीं है। अगले दिन क्यारी में 5 सेमी की दूरी पर 0.5-1 सेमी गहरी नालियाँ बनाकर बीज बुवाई करें। नियमित रूप से सुबह एवं शाम के समय हल्की सिंचाईं करें। बीज बुआई के 15 दिन बाद इमिडाक्लोप्रीड 17.8% एसएल 0.25 मिली प्रति लीटर पानी में घोलकर छिडकाव करें। सब्जियों की पौध बुआई के 28 से 30 दिन बाद रोपाई के लिए तैयार हो जाती है।

प्रो ट्रे में पौध उगाने की तकनीक (Technique of growing seedlings in pro tray)

परिचय (Introduction)

सब्जियों की स्वस्थ पौध तैयार करना अधिक उत्पादन के लिए सबसे महत्वपूर्ण होता है। स्वस्थ पौध रोपण से पौधे शीघ्र जड़ पकड़ लेते हैं एवं प्रारंभ से ही उनकी वानस्पतिक वृद्धि अच्छी होने लगती है, जिससे उपज अधिक प्राप्त होती है। क्यारियों की अपेक्षा प्रो – ट्रेज में पौधों की जड़ व तने का विकास तेजी से व एक समान होता है जिससे उच्च गुणवत्ता वाली पौध लगभग एक सप्ताह पूर्व तथा एक साथ तैयार हो जाती है।

प्रो–ट्रे या प्लग ट्रे क्या है (What is pro-tray or plug tray)

प्रो–ट्रे या प्लग ट्रे प्लास्टिक से निर्मित ट्रे नुमा आकार की होती है जिसमें गहरे सेल बने होते हैं। प्रत्येक प्लग (सेल) में एक पौध उगाई जाती है। बाजार में प्रो – ट्रेज विभिन्न आकार के प्लग या छिद्रों व इनकी संख्या के आधार पर उपलब्ध हैं। इसमें आमतौर पर 98 छिद्र वाली ट्रे (आकार 53.4 ×27.94 ×2.7 सेमी) टमाटर, बैंगन, मिर्च के लिए और 40 छिद्र वाली (आकार 50×30×5.5 सेमी) खीरा, खरबूज, तरबूज, लौकी एवं कददू के लिए उपयुक्त होती हैं।

प्रो ट्रे के लिये माध्यम (Medium for pro tray)

प्रो–ट्रेज के लिए प्रयुक्त माध्यम में परलाइट, वर्गीकुलाइट व कोकोपीट का उपयोग किया जाता है। जिसमे कोकोपीट का प्रमुखता से उपयोग किया जाता है। कोकोपीट नारियल रेशे उद्योग का एक उप उत्पाद है, जो ज्यादा जल धारण करने की क्षमता रखता है। पौध तैयार करने के लिए अच्छी तरह से सड़ी हुई एवं भाप द्वारा उपचारित कोकोपीट का उपयोग करना चाहिए। पौध तैयार करने के लिए 300 किलोग्राम कोकोपीट में 5 किलोग्राम नीम खली, 1 किलोग्राम *ट्राइकोडर्मा विरडी*, 1 किलोग्राम *एजोस्प्रिलम* एवं 1 किलोग्राम पीएसबी कल्चर मिलाएँ।

प्रो- ट्रे में पौध उगाने की तकनीक (Techniques to grow seedlings in pro tray)

पौध को 40–50 मेश की कीट अवरोधी नायलान जाली युक्त नेट हाउस के अन्दर तैयार किया जाना चाहिए। सबसे पहले प्रो ट्रे को कोकोपीट से भर दें। इसके बाद ट्रे के कोश के बीच मे 0.5 सेमी गहरा छिद्र बनाकर एक बीज एक छिद्र में बोयें इसके बाद ट्रे में ऊपर से और कोकोपीट डालकर बीजों को ढँक देवें। बीज को बुवाई के पूर्व बीज को कार्बन्डाजिम 50% डब्ल्यूपी 2 ग्राम प्रति किलोग्राम बीज की दर से उपचारित करें। इसके उपरान्त इमिडाक्लोप्रिड 70% डब्ल्यूएस 4-6 ग्राम प्रति किलोग्राम बीज की दर से बीजोपचार करें। बुआई के पश्चात् ट्रेज को 4 दिनों (अंकुरण होने से पूर्व) तक पालीथीन से ढक देते हैं, इससे अंकुरण अधिक एवं जल्दी होता है। 5 वें दिन ट्रेज से पोलीथीन शीट को हटाकर ट्रेज को नेट हाउस में एक एक करके अलग अलग रख देते हैं। इसके बाद ट्रेज में सिंचाई करें। प्लग- ट्रे में लगी नर्सरी पौध पर पानी इस तरीके से डालें जिससे प्रत्येक सेल्स (पौधे) में हमेशा पर्याप्त नमी बनी रहे। सिंचाई फुहार के माध्यम से सुबह के समय डालें। एहतियात के तौर पर बीज जमाव के लगभग एक सप्ताह बाद मेनकोज़ेब 75% डब्ल्यूपी 2.5 ग्राम प्रति लीटर पानी में घोलकर पौध की जड़ों में ड्रेंचिंग करने से नर्सरी में फफूंद जनित रोग जैसे आर्दगलन (डैम्पिंग आफ) के प्रकोप से बचा जा सकता हैं। बुआई के 18 दिन बाद पौध पोषण हेतु पौध की जड़ों में एन.पी.के. (19:19:19) 2 ग्राम / लीटर पानी में घोलकर छिडकाव करें।

प्रो ट्रे या प्लग- ट्रे में पौध उगाने के लाभ (Benefits of growing seedlings in pro tray or plug-tray)

- स्वस्थ एवं रोग मुक्त पौध कम समय में तैयार की जा सकती है।
- प्रो- ट्रे तकनीकी के माध्यम से वर्ष के किसी भी समय बे-मौसमी सब्जियों की खेती के लिए पौध को को उगाया जा सकता है।
- मृदा जनित रोग जैसे पौध आर्दगलन लगने की संभावना कम हो जाती है।
- पारंपरिक तरीके से नर्सरी उगाने से कई पौधे नष्ट हो जाते हैं परंतु प्लग ट्रे के माध्यम से इस समस्या से निजात पाया जा सकता है।
- प्लग ट्रे नर्सरी में प्राय: 95 से 98% पौधे जीवित रहते हैं।
- बीज की मात्रा को भी काफी कम किया जा सकता है क्योंकि इस विधि द्वारा प्रत्येक बीज को अलग-अलग छेदों में बोया जाता है जिससे अंकुरण प्रतिशत अधिक मिलता है।
- पौध मे जड़ें अधिक विकसित होती हैं जिसके कारण पौध अधिक व उच्च ओज वाली होती है।
- जब पौध बाहर क्यारियों में तैयार की जाती है तो पौध को उखाड़ते समय जड़ टूटने से पौध की मरण क्षमता लगभग 10% रहती है। लेकिन इस तकनीक द्वारा तैयार पौध में पौध मरने की संभावना बहुत कम रहती है।
- कद्दूवर्गीय सब्जियों की पौध को भी इस विधि द्वारा सरलतापूर्वक तैयार किया जाता है जो पहले भूमि में क्यारियों में सम्भव नहीं होता था।

3

सब्जियों में टपक सिंचाई का उपयोग

परिचय (Introduction)

पानी की मांग उद्योग एवं घरेलू उपयोग में बढ़ने के कारण, सिंचाई के लिए पानी की उपलब्धता पर दबाव बढ़ रहा है। भारत में उपयोग किए जाने वाला भूमिगत जलस्त्रोत सीमित है। भूमिगत जल के अन्धाधुन्ध दोहन से जल स्तर में लगातार गिरावट आ रही हैं। भविष्य में जल की कमी की गंभीरता को देखते हुए इस बहुमूल्य उत्पादन कारक के सही उपयोग की आवष्यकता है। टपक सिंचाई या बूँद -बूँद सिंचाई इस समस्या के निदान हेतु सबसे उपयुक्त माध्यम है। इस विधि में पानी की आवश्यकता बहुत कम पड़ती है एवं पानी के अधिकतम उपयोग क्षमता को इस विधि के प्रयोग से प्राप्त किया जा सकता है। इसमें बूंद-बूँद करके पानी प्रत्येक पौधे की जड़ों के पास ड्रिपर के माध्यम से दिया जाता है। इस विधि में पानी कम अंतराल पर लेकिन कम मात्रा में दिया जाता है। मृदा जल नमी को हमेषा लगभग क्षेत्र क्षमता पर बरकरार रखा जाता है जो कि सब्जी उत्पादन के लिए सबसे उपयुक्त नमी स्तर होता है।

टपक सिंचाई क्या है? (What is drip irrigation?)

ड्रिप तंत्र एक अधिक आवृत्ति वाला ऐसा सिंचाई तंत्र है जिसमें जल को पौधों के मूलक्षेत्र के आसपास पौधों की आवश्यकतानुसार दिया जाता है। कम अंतराल पर सिंचाई करने से पौधों की जड़ों में जल तनाव नहीं रहता है एवं पौधों की वृद्धि भी अधिक होती है। इस प्रकार ड्रिप सिंचाई द्वारा जल की विभिन्न प्रकार की पारंपरिक हानियों जैसे गहन रिसाव (परिस्रवण), अप्रवाह तथा वाष्पीकरण आदि से बचा जा सकता है। यह विधि मृदा के प्रकार, खेत के ढाल, जल के स्त्रोत और किसान की योग्यता के अनुसार अधिकतर फसलों के लिए अपनाई जा सकती है। फसलों की पैदावार बढ़ने के साथ-साथ इस विधि से उपज की उच्च गुणवत्ता, रसायन एवं उर्वरकों का दक्ष उपयोग, जल के विक्षालन एवं अप्रवाह में कमी, खरपतवारों में कमी और जल की अधिक मात्रा में बचत की जा सकती है। जल तथा रसायनों के पर्याप्त मात्रा में बचत के साथ-साथ रसायनों के लगातार प्रयोग से होने वाले प्रदूशण से पर्यावरण को भी बचाया जा सकता है। फलस्वरुप ड्रिप सिंचाई का उपयोग पूरे विश्व में तेजी से बढ़ रहा है। सीमित जल संसाधनों और दिनों-दिन बढ़ती हुई जल आवश्यकता और पर्यावरण की समस्या को कम करने के लिए ड्रिप सिंचाई तकनीक निःसंदेह बहुत कारगर सिद्ध होगी।

टपक सिंचाई के लाभ (Benefits of drip irrigation)

1. ड्रिप सिंचाई में जल रिसाव व वाष्पन न होने के कारण अन्य परंपरागत सिंचाई विधियों की तुलना में 70 प्रतिशत तक जल की बचत और 90 प्रतिशत तक पैदावार में वृद्धि की जा सकती है।
2. ड्रिप सिंचाई में सिंचाइयों के बीच का अंतराल बहुत कम रखा जाता है। जिससे पौधे संपूर्ण वृद्धिकाल में जल तनाव में नहीं रहते हैं।
3. जल प्रयोग पर उच्च स्तरीय नियंत्रण ड्रिप सिंचाई के मुख्य लाभों में से एक है।
4. सीमान्त मृदाओं तथा उन भू-भागों को जो अन्य विधियों द्वारा सिंचित नहीं किए जा सकते, उनको ड्रिप सिंचाई के द्वारा सिंचित किया जा सकता है।
5. तंत्र के मुख्य वाल्व को स्वचलित करके सिंचाई के जल की मात्रा को फसल की मांग के अनुसार नियंत्रित कर सकते हैं।
6. आमतौर पर ड्रिप सिंचाई के द्वारा द्रव उर्वरकों का सिंचाई जल के साथ ही प्रयोग किया जाता है, जिसे फर्टिगेशन कहते हैं।
7. जिन क्षेत्रों में भूजल और सतह जल लवणीय होता है उन परिस्थितियों में ड्रिप सिंचाई द्वारा लवणीय जल का प्रयोग किया जा सकता है।
8. ड्रिप सिंचाई विधि में जल पौधों के नीचे के क्षेत्रफल को ही नम करता है अतः खरपतवार वृद्धि काफी सीमा तक बाधित होती है।
9. ड्रिप सिंचित फसलों में पौधों की जड़ें मृदा में कम गहराई में फैली होती है। जिस कारण अधिक गहराई में पाए जाने वाले हानिकारक जीवाणुओं से जड़ों तक संपर्क नहीं होता है।

टपक सिंचाई तंत्र के मुख्य अवयव (Main components of drip irrigation system)

ड्रिप सिंचाई कम दबाव वाली तकनीक है। ड्रिप सिंचाई तंत्र एक उत्सर्जन युक्ति सहित छोटे एवं बड़े व्यास के विभिन्न पाइपों का जाल (तंत्र) होता है। ड्रिप तंत्र में मुख्य, उप-मुख्य तथा लैटरल पाइप होते हैं। लैटरल पतले प्लास्टिक पाइप होते हैं, जिनके साथ ड्रिपर लगे रहते हैं। लैटरल पाइप को एक स्वीकार्य स्तर तक समान जल वितरण के लिए रुपांकित किया जाता है। उप-मुख्य पाइप एक नियंत्रण तंत्र की भांति कार्य करता है तथा जल के दबाव को समायोजित (व्यवस्थित) करता है, जिससे कि प्रत्येक लैटरल में जल का आवश्यक प्रवाह हो सके। यह अलग-अलग स्थानों में सिंचाई के समय को भी नियंत्रित करता है। ड्रिप सिंचाई तंत्र मुख्य पाइप में कुल दी गई जल की मात्रा के लिए परिवहन तंत्र की भांति कार्य करता है। सिंचाई तंत्र में विभिन्न कार्यों को संपादित करने हेतु सहायक अवयव होते हैं। जैसे ड्रिपर, शीर्ष नियंत्रण इकाई, छत्रक, प्रक्षालन इकाई, दावमापी, फिटिंग्स, वाल्व और उर्वरक अन्तःक्षेपक यंत्र आदि। पौधों की वृद्धि के लिए आवशयक मृदा नमी का वांछित स्तर बनाये रखने हेतु तंत्र से दबाव के साथ कम दर (2 से 20 लीटर प्रति घंटा) से जल दिया जाता है। सिंचाई की इस नवीन तकनीक में पौधों की किस्म, उसकी आयु, पौधे का क्षेत्रफल या स्थान विषेश की भूमि एवं जलवायु संबंधी आवष्यकताओं को ध्यान में रखते हुए, पौधों की वास्तविक जल की मात्रा की आवष्यकता के अनुरुप, उपयुक्त रुपांकन के द्वारा जल की सही मात्रा को बूंद-बूँद करके जल उत्सर्जक (ड्रिपर) की सहायता से सीधे पौधों की जड़ों तक पहुंचाया जाता है।

फर्टिगेशन (Fertigation)

फर्टिगेशन दो शब्दों फर्टिलाइजर अर्थात उर्वरक और इरिगेशन अर्थात सिंचाई से मिलकर बना है। ड्रिप सिंचाई में जल के साथ-साथ उर्वरकों को भी पौधों तक पहुंचाना फर्टिगेशन कहलाता है। ड्रिप सिंचाई में जिस प्रकार ड्रिपरों के द्वारा बूंद-बूँद कर जल दिया जाता है, उसी प्रकार रासायनिक उर्वरकों को भी सिंचाई जल में मिश्रित करके उर्वरक अन्तःक्षेपक यंत्र की सहायता से ड्रिपरों द्वारा सीधे पौधों तक पहुंचाया जा सकता है। फर्टिगेशन, उर्वरक देने की सर्वोत्तम तथा अत्याधुनिक विधि है। फर्टिगेशन, फसल एवं मृदा की आवष्यकताओं के अनुरुप उर्वरक व जल का समुचित स्तर बनाए रखने के लिए अच्छी तकनीक के रुप में माना जाता है। जल और पोशक तत्वों का सही समन्वय अधिक पैदावार और गुणवत्ता की कुंजी है। फर्टिगेशन द्वारा उर्वरकों को कम मात्रा में बार-बार और कम समय अंतराल पर पूर्वनियोजित सिंचाई के साथ दे सकते हैं, इससे पौधों को आवष्यकतानुसार पोशक तत्व मिल जाते हैं और मूल्यवान उर्वरकों का निष्क्षालन द्वारा अपव्यय नहीं होता है। सामान्यतः फर्टिगेशन में तरल उर्वरकों का ही प्रयोग किया जाता है। परन्तु दानेदार और शुष्क उर्वरकों को भी फर्टिगेशन के द्वारा दिया जा सकता है। फर्टिगेशन द्वारा शुष्क उर्वरकों को देने से पहले उनका जल में घोल बनाया जाता है। उर्वरकों के घोल को फर्टिगेशन से पहले छान लेना चाहिए। ड्रिप सिंचाई तंत्र में उर्वरकों को पम्प और बलुई छत्रक के बीच उर्वरक अंतःक्षेपक यंत्र की सहायता से अन्तःक्षेपित करते हैं, जिससे कि बिना घुला हुआ उर्वरक ड्रिप तंत्र में न जाए और छत्रक से छन कर अलग हो जाए। आरंभ और अन्त के एक चौथाई सिंचाई समय में ड्रिप तंत्र से केवल जल ही देना चाहिए और बीच के दो चौथाई समय के लिए ही उर्वरक अन्तःक्षेपी यंत्र को चलाना चाहिए। अन्त के एक चौथाई समय में ड्रिप सिंचाई तंत्र को बिना उर्वरक अन्तःक्षेपी यंत्र से चलाने से ड्रिप सिंचाई तंत्र में जमा उर्वरक आदि जल के साथ बाहर निकल जाते हैं और ड्रिप तंत्र के विभिन्न अवयवों के क्षय और उनमें अवरोधन की समस्या कम हो जाती है।

फर्टिगेशन के लाभ (Benefits of fertigation)

1. फर्टिगेशन जल एवं पोषक तत्वों के नियमित प्रवाह को सुनिष्चित करता है, जिससे पौधों की वृद्धि दर तथा गुणवत्ता में वृद्धि होती है।
2. फर्टिगेशन द्वारा पोशक तत्वों को फसल की मांग के अनुसार उचित समय पर दे सकते हैं।
3. फर्टिगेशन पोषक तत्वों की उपलब्धता और उनका पौधों की जड़ों के द्वारा उपयोग बढ़ा देता है।
4. फर्टिगेशन उर्वरक देने की विश्वस्त और सुरक्षित विधि है, इससे पौधों की जड़ों को हानि पहुंचने का भय नहीं रहता है।
5. फर्टिगेशन से जल और उर्वरक पौधों के मध्य न पहुंचकर सीधे पौधे की जड़ों तक पहुंचते हैं इसलिए पौधों के मध्य खरपतवार कम संख्या में उगते हैं।
6. फर्टिगेशन से भूमिगत जल प्रदूषण नहीं होता है।
7. उर्वरक-उपयोग की दक्षता बढ़ती है और उर्वरक की कम मात्रा में आवश्यकता होती है।

फर्टिगेशन में प्रयोग होने वाले विभिन्न यंत्र (Different equipment used in fertigation)

फर्टिगेशन करने के लिए फर्टिगेशन तंत्र में मुख्यतः तीन अवयवों (उर्वरक टंकी, उर्वरक घोलक एवं उर्वरक अन्तःक्षेपक यंत्र) का होना आवष्यक है। उर्वरक अन्तःक्षेपक यंत्र का प्रयोग फर्टिगेशन तंत्र में उर्वरकों के विलयन को ड्रिप तंत्र में अन्तःक्षेपित करने के लिए किया जाता है। इसमें मुख्यतः तीन प्रकार के अन्तःक्षेपण (उर्वरक टंकी, वेन्चुरी तंत्र एवं उर्वरक अन्तःक्षेपण पम्पं) प्रयोग में लाए जाते हैं।

4

सब्जी उत्पादन में प्लास्टिक मल्चिंग का उपयोग

परिचय (Introduction)

मृदा एवं जल संरक्षण के लिए पौधे के चारों ओर की मिट्टी को फसल अवषेश, भूसा, प्लास्टिक सीट से ढंकने की प्रक्रिया को मल्चिंग कहते हैं। मल्चिंग का मुख्य उद्देश्य मृदा की सतह से वाष्पोत्सर्जन के माध्यम से होने वाली नमी की क्षति को कम करना, खरपतवारों की वृद्धि को अवरोधित करना तथा फसल को दिए जाने वाले खाद व पोषक तत्वों की पूर्ण उपलब्धता पौधों हेतु सुनिशिचित करना है।

प्लास्टिक मल्च (Plastic mulch)

खास रासायनिक गुणधर्म के तहत बनी प्लास्टिक शीट (फिल्म) से पौध क्षेत्र की मृदा को ढँकना प्लास्टिक मल्चिंग कहा जाता है। मल्चिंग के उपयोग से मृदा के तापमान में होने वाली वृद्धि से पौध क्षेत्र में ऐसा सूक्ष्म वातावरण निर्मित होता है, जिससे वहां कार्बन डायआक्साइड की वृद्धि हो जाती है जो कि पौधों की अच्छी बढ़वार के लिए उपयुक्त है।

प्लास्टिक मल्च का रंग (Plastic mulch color)

1. **काली (Black)**

काली प्लास्टिक फिल्म के उपयोग से ठंडे मौसम में व रात के समय मिट्टी की गर्मी सुरक्षित रहती है जो कि पौधों की बढ़वार में मदद करती है। इसके साथ-साथ यह खरपतवारों के नियंत्रण में भी सहायक होती है।

1. **पारदर्शी (Transparent)**

पारदर्शी प्लास्टिक सीट से ढँकी मृदा का तापमान अधिक हो जाता है। इस तरह की प्लास्टिक मल्च का उपयोग मृदा के सूर्य उष्मीकरण के लिए लाभदायक होता है। चूँकि पारदर्शी होने के कारण इसमें से सूर्य प्रकाश पार हो जाता है। जिससे इसके लिए ढँकी मिट्टी में खरपतवार उग आते हैं।

3. **सफेद व रजत वर्ण (White and silver)**

सफेद प्लास्टिक सीट से प्रकाश वापस वातावरण में परावर्तन हो जाता है। परिणाम स्वरुप मृदा का तापमान कम हो जाता है। सफेद प्लास्टिक मल्च का उपयोग गर्मियों में सब्जियों को उगाने में किया जा सकता है।

4. **लाल (Red)**

लाल प्लास्टिक मल्च से टमाटर की उपज में वृद्धि पाई गई एवं अगेती झुलसा रोग की तीव्रता में भी कमी पाई गई। कुछ खरबूज के ट्रायलों में भी उपज में वृद्धि पाई गई।

5. **पीला (Yellow)**

पीला प्लास्टिक मल्च कीटों विशेषकर माँहू एवं खीरा का मत्कुण को आकर्षित करती है। इन मल्च का उपयोग कीट आकर्षक फसलों में किया जा सकता है।

प्लास्टिक मल्च फिल्म बिछाने की विधि (Method of laying plastic mulch film)

शाकीय फसलों में मल्च फिल्म लगाने के सभी फायदे मिल पाना तभी संभव है जब फिल्म को उचित तकनीकी के आधार पर खेत में बिछाया जाए। इस हेतु निम्न बातें ध्यान रखना आवश्यक है।

1. ऐसे समय में जब हवा तेज चल रही हो तब मल्च फिल्म न बिछाएँ। तेज हवा के कारण फिल्म के उड़ने से इसके बिछाने में अधिक समय लगता है साथ ही फिल्म के फटने की संभावना बनी रहती है।
2. मल्च फिल्म को बिछाते समय इसे ज्यादा तनाव में न रखें किन्तु ध्यान रहे कि मल्च फिल्म और मिट्टी के बीच का अंतर कम से कम हो।
3. मल्च फिल्म के किनारों को लगभग 10-15 सेमी मिट्टी से ढँक देना चाहिए ताकि फिल्म उस क्षेत्र में अच्छी प्रकार जमी रहे।
4. फसल रोपण के पहले खेत में पट्टिका (बेड) के उपर फिल्म बिछा लें एवं सुनिशिचित करें कि उसमें कहीं सिलवट व छेद न हो। इसके बाद पौधों हेतु निर्धारित दूरी पर फिल्म में छेद करने के उपरांत ही छिद्रों पर रोपाई करें।

प्लास्टिक मल्च बिछाने हेतु सावधानियाँ (Precautions for laying plastic mulch)

1. मल्च फिल्म को बिछाने के बाद उसमें ज्यादा तनाव नहीं होना चाहिए अन्यथा मौसम के तापमान में वृद्धि व कृषि क्रियाओं के समय इसके फटने की संभावना बनी रहेगी।
2. मल्च फिल्म को सर्वाधिक गर्मी के समय न बिछाएँ।
3. एक बार उपयोग होने के बाद सावधानीपूर्वक लपेटकर रखी गई फिल्म को दुबारा उपयोग में लाया जा सकता है। अत यह सुनिशिचित करें कि यह फटने न पाए।
4. इस प्रकार किसान भाई, सब्जी उत्पादन में विभिन्न प्रकार की मल्च का उपयोग कर पानी तथा विपरीत परिस्थितियों में भी अधिक उत्पादन प्राप्त कर सकते हैं।

प्लास्टिक मल्च में सिंचाई (Irrigation in plastic mulch)

प्लास्टिक मल्च में टपक सिंचाई अनुषंसित है। सिंचाई कितनी करना है यह इस बात पर निर्भर करता है कि मिट्टी का प्रकार क्या है फसल कौन सी है उसकी अवस्था क्या है। 6 इंच, 9 इंच, 12 इंच गहराइयों पर टेन्सियोमीटर या अन्य नमी को नापने वाले यंत्र लगा देना चाहिये ताकि सिंचाई कब करना है? कितनी करना है? यह ज्ञात होता रहे। इन्ही ट्यूब के माध्यम से निर्धारित घुलनषील खादों को भी फसलों में डालते हैं इसे फर्टिगेशन कहते हैं। कभी भी स्प्रिंकलर सिंचाई में प्लास्टिक मल्च का प्रयोग नहीं करना चाहिये। किसान भाई याद रखें कि प्लास्टिक मल्चिंग से पानी की बचत अवष्य होती है, लेकिन इससे सिंचाई की जरुरत बिल्कुल समाप्त नहीं होती है। प्लास्टिक मल्चिंग का फायदा उस समय सबसे ज्यादा होता है जब मिट्टी में अधिक नमी हो।

प्लास्टिक मल्चिंग के लाभ (Benefits of Plastic Mulching)

1. **नमी का संरक्षण (Conservation of moisture)**

खेत में प्लास्टिक फिल्म के उपयोग के उपरांत तापमान में निशिचित बढ़ोतरी होने पर प्लास्टिक फिल्म के नीचे की मिट्टी से पानी भाप बनकर उड़ता है वह फिल्म की निचली सतह पर जम जाता है फिर यह पानी बूँद बनकर मिट्टी में ही गिर जाता है। इस प्रकार मिट्टी की नमी ज्यादा समय तक बनी रहती है। परिणामतः फसल को इस संरक्षित नमी का काफी समय तक लाभ मिलता है।

2. **खरपतवार नियंत्रण (Weed Control)**

फसलों की लाईनों के बीच खाली लाईनों में काली प्लास्टिक की मल्च बिछाने से खरपतवारों पर नियंत्रण किया जा सकता है, क्योंकि काली मल्च फिल्म के उपयोग से सूर्य की किरणें मृदा की सतह तक नहीं पहुँचती हैं और खरपतवारों का बढ़ना पूर्णतः अवरोधित हो जाता है। लेकिन पारदर्शी प्लास्टिक झिल्ली की मल्च के उपयोग करने पर खरपतवार नाषी का उपयोग करना होगा, मल्च की दो पट्टियों के बीच जहाँ

खाली स्थान शेष रह जाता है वहाँ खरपतवारनाशी का उपयोग कर खरपतवारों को नियंत्रित करना पड़ता है।

3. **मृदा सौर्यउष्मीकरण (Soil solarization)**

मल्च फिल्म के उपयोग से मृदा में सूर्य की किरणों के गुण बेहतर तरीके से पहुँचते हैं। खरपतवार नियंत्रण में यह प्रक्रिया प्रभावकारी होती है। सोलराइजेशन के कारण हानिकारक सूक्ष्म जीवाणु पौध क्षेत्र में पनप नहीं पाते।

4. **मृदा संरचना में सुधार (Improving Soil Structure)**

मल्च फिल्म के उपयोग से मृदा पर पानी की सीधी बौछार नहीं पड़ती परिणामतः मिट्टी की बनावट स्पंज की भांति यानी छोटे-छोटे छिद्रों वाली बनी रहती है। इस कारण मल्च फिल्म में ढँकी जमीन पर नमी व वायु का आवागमन बेहतर होता है। इसके अलावा मल्च के पास कार्बन डायआक्साइड गैस ज्यादा एकत्रित होती है। जिससे पौधों को प्रकाश संश्लेशण की प्रक्रिया में मदद मिलती है।

5. **उपज में वृद्धि (Increase in yield)**

मल्च के उपयोग से उत्पाद की गुणवत्ता में सुधार के साथ-साथ फसलोंत्पादन में काफी वृद्धि होती है। भारत में किए गए अनुसंधानों में प्लास्टिक मल्चिंग के उपयोग से उद्यानिकी फसलों में 10 से 80 प्रतिशत तक वृद्धि पाई गई है।

6. गुणवत्ता में वृद्धि (Increase in quality)

फल सब्जियों वाली फसलों में मल्चिंग उपयोग में लाने से फल भूमि के सीधे संपर्क में नहीं आते हैं, जिससे मिट्टी नहीं लगने के कारण सड़ते या गंदे नहीं होते हैं। अतः अच्छी गुणवत्ता वाला उत्पाद प्राप्त होता है। श्रेणीकरण के समय कम ध्यान देना पड़ता है। जिससे श्रम व समय दोनों की बचत होती है।

7. जड़ टूटने से बचाव (Prevent root breakage)

मल्च वाले क्षेत्रों में अन्तःकर्षण की आवश्यकता नहीं होती है जिससे फसल के पौधों की जड़ टूटने से होने वाले दुष्प्रभावों से बचा जा सकता है।

8. फसल शीघ्र तैयार होती है (Harvest early)

काली मल्च के उपयोग से 1 से 2 सप्ताह पूर्व फसल उत्पाद ले सकते हैं जबकि पारदर्शी मल्च से 3 सप्ताह पूर्व फसल उत्पाद तैयार हो जाती है।

9. फसलों की वृद्धि बढ़ाती है (Enhances the growth of crops)

प्लास्टिक मल्च व्यावहारिक रुप में कार्बन डाय ऑक्साइड के लिए प्रतिरोधी है। यह गैस पौधों की बढ़वार हेतु आवश्यक प्रकाश संश्लेशण के लिए अति आवश्यक है।

मृदा गुणों पर मल्च का प्रभाव (Effect of mulch on soil properties)

मल्चिंग के उपयोग से मृदा अपरदन में कमी आती है तापमान तथा क्षारीयता आदि पर नियंत्रण रहता है। इसके अलावा मृदा नमी में बढ़ोतरी होती है। मृदा संरचना सुधार होने से फसल की गुणवत्ता तथा उत्पादन में भी बढ़ोतरी होती है।

1. **मृदा नमी (Soil moisture)**

मल्चिंग से वाष्पन, तथा खरपतवारों की संख्या कम होती है । वाष्पन में भू-सतह का पानी सूर्य की गर्मी में उड़कर वातावरण में चला जाता है तथा मृदा नमी में उत्तरोत्तर कमी आती है। मल्चिंग के प्रयोग से भू सतह तथा सूर्य किरणों के मध्य मल्च एक बाधा के रुप में कार्य करता है। फलस्वरुप वाष्पन नहीं हो पाता है। धूसर रंग के प्लास्टिक झिल्ली को मल्च के रुप में उपयोग करने से मृदा ताप पर प्रभाव काली तथा पारदर्षक झिल्ली के प्रभावों के मध्य होते हैं। पौधों से प्राप्त मल्चिंग पदार्थ जैसे भूसा या फसल अवशेष आदि के उपयोग करने से गर्मियों में मृदा ताप को घटाया तथा सर्दियों में बढ़ाया जा सकता है।

2. **मृदा क्षरीयता (Soil Alkalinity)**

अधिकांशतः शुष्क क्षेत्रों की मृदाओं में क्षारों की अधिकता होती है। इनमें से अधिकांशतः क्षार पानी में आसानी से घुलनषील तथा पानी के साथ चलते हैं। यदि बारिश पर्याप्त होती है, तो क्षार निछालन के द्वारा भूमि से दूर हो जाते हैं। लेकिन अपर्याप्त बारिश की स्थिति में ये क्षार सीमित क्षेत्र तक ही जा पाते हैं तथा वाष्पन होने पर शीघ्र ही मृदा सतह पर क्षार आ जाते हैं। यदि वाष्पन को कम तथा मृदा में पानी अधिकाधिक प्रवेश हो तो मृदा सतह पर क्षारों का एकत्रीकरण कम किया जा सकता है।

3. **मृदा संरचना (Soil Structure)**

कार्बनिक या जैविक मल्च जैसे भूसा फसल अवषेश आदि सड़-गल कर भूमि में जीवांश पदार्थ की मात्रा बढ़ाते हैं। जिससे मृदा संरचना में सुधार आता है। काली अथवा भारी मिट्टी की संरचना सुधरकर हल्की हो जाती है। जबकि बहुत हल्की मिट्टी में जीवांश के मिलने से भारीपन आ जाता है। जिस प्रकार गोबर की खाद के उपयोग से मृदा को पोशक तत्व तो मिलते हैं साथ ही मृदा संरचना में सुधार भी होता है। प्लास्टिक मल्च के बिछाने पर हवा तथा बारिश की तेज बूँदों के कारण मृदा करण हटने से मृदा संरचना पर पड़ने वाले प्रतिकुल प्रभाव से मृदा को बचाया जा सकता है।

5

संरक्षित खेती

परिचय (Introduction)

संरक्षित खेती (Protected cultivation) एक नवीनतम तकनीक है। जिसके माध्यम से फसलों की मांग के अनुसार सूक्ष्म वातावरण को नियन्त्रित करते हुए मूल्यवान सब्जियों की खेती का प्राकृतिक प्रकोपों एवं अन्य समस्याओं से बचाव किया जाता है, और कम से कम क्षेत्रफल में अधिक से अधिक गुणवत्ता युक्त उत्पादन प्राप्त किया जाता है। "जब हम किसी फसल का उत्पादन जैविक व अजैविक कारकों से बचाते हुए (सुरक्षा प्रदान करते हुए) करते हैं तो उसे संरक्षित खेतीकहते हैं"। संरक्षित खेती (**Protected Cultivation**) के तहत पॉलीहाउस, शेडनेट हाउस, लो टनल, ग्रीन हाउस में नियंत्रित मौसम में खेती की जाती है।

संरक्षित खेती का अपनाना मुख्यतया कई महत्वपूर्ण कारकों पर निर्भर करता है:

1. जहाँ कोई संरक्षित खेती करना चाहता है तो वहाँ वातावरण की क्या परिस्थितियाँ हैं।
2. किन-किन बागवानी फसलों की संरक्षित खेती करना चाहते हैं।
3. संरक्षित खेती अपनाने वाले व्यक्ति के पास कितने संसाधन हैं।
4. यदि संरक्षित खेती को बढ़ावा देने के लिए सरकार की क्या योजनायें हैं।
5. यदि कोई संरक्षित खेती करता है तो ऐसे उच्च गुणवत्ता वाले उत्पादों को बेचने के लिए बाजार की आसानी से उपलब्धता कहाँ पर है।

संरक्षित खेती के लाभ (Benefits of protected cultivation)

1. मुख्य जैविक व अजैविक कारकों से फसल की सुरक्षा।
2. उच्च उत्पादकता (सामान्यतः खुले खेत से 3-5 गुणा अधिक)
3. उच्च गुणवत्ता प्राप्त करना सम्भव जो खुले वातावरण में फसलें उगाकर प्राप्त करना कठिन।
4. लम्बी अवधि तक सब्जियों की लगातार उपलब्धता।
5. अधिक लाभ के लिए बे-मौसमी फसल उत्पादन की पूर्ण संभावना।
6. प्राकृतिक संसाधनों (जैसे जल व भूमि आदि) का सदुपयोग पूर्णतः संभव।
7. जैविक खेती का मजबूत आधार, अन्यथा खुले खेत में सब्जी फसलों की जैविक खेती करना काफी कठिन होता है।
8. कम क्षेत्रफल में अधिक लाभ लिया जाना संभव जो खुले खेतों में बहुत कम होता है।
9. अधिक रोजगार सृजन की संभावनाएँ (खुले खेतों से **5-6** गुणा अधिक)
10. परि-नगरीय क्षेत्रों के लिए अत्यधिक उपयोगी प्रोद्योगिकी।
11. संरक्षित उत्पादन प्रौद्योगिकी विभिन्न प्रकार की जलवायु वाले क्षेत्रों के लिए उपयोगी व कारगर।

विभिन्न संरक्षित संरचनायें तथा उनका सब्जी उत्पादन में उपयोग (Various protected structures and their use in vegetable production)

मुख्यतः सब्जी उत्पादन हेतु उचित व उपयुक्त संरक्षित संरचना की आवश्यकता उस क्षेत्र की जलवायु पर निर्भर करती है। लेकिन इसके अतिरिक्त किसान की आर्थिक स्थिति, टिकाऊ व उच्च बाजार की उपलब्धता, बिजली की उपलब्धता, भूमि का प्रकार आदि कारक भी इसकी खेती को निर्धारित करते हैं। विभिन्न राष्ट्रों में सब्जियों के वर्षभर व बेमौसमी उत्पादन हेतु मुख्यतः वातावरण अनुकूलित ग्रीनहाउस,

प्राकृतिक वायु संवाहित ग्रीन हाउस, कम लागत वाले पोली-हाउस, वाक-इन-टनल, कीट अवरोधी नेट हाउस, प्लास्टिक लो-टनल आदि को आवश्यकतानुसार वर्षभर व मुख्यतः बेमौसमी सब्जी उत्पादन हेतु उपयोग में लिया जाता है, जिनको हमारे देश के विभिन्न परिनगरीय क्षेत्रों में अपनाने की अपार संभावनायें हैं।

वातावरण नियंत्रित पालीहाउस (Environmental controlled polyhouse)

पालीहाउस का उपयोग उत्तर भारत में मध्य अप्रैल से जून तक तथा कभी- कभी इसे सितम्बर व अक्तूबर माह में भी आवश्यकतानुसार उपयोग में लाया जा सकता है। ठीक इसी प्रकार दिसम्बर तथा जनवरी माह में अन्दर के तापमान को रात में गर्म करने के लिए हीटर का उपयोग भी किया जा सकता है। आमतौर पर इस प्रकार के पालीहाउस में बड़े आकार का टमाटर, चेरी टमाटर, लाल व पीले रंग की शिमला मिर्च, खीरा आदि फसलों को वर्ष भर के लिये उगाया जाता है तथा अधिक उत्पादन के साथ-साथ अधिक गुणवत्ता वाली सब्जियाँ भी पैदा की जाती हैं। टमाटर व शिमला मिर्च को ऐसे पालीहाउस में उगाने हेतु उसमें लगातार कटाई-छंटाई का कार्य किया जाता है अन्यथा उपज व गुणवत्ता दोनों में ह्रास होता है। ये कृषि क्रियाएँ प्रत्येक 10-15 दिनों के अन्तराल पर की जाती है। टमाटर की फसल में अन्दर परागक का कार्य भी नियमित रुप से किया जाता है। यद्यपि टमाटर स्वपरागित फसल है लेकिन पालीहाउस में हवा का प्रवाह न हाने का कारण परागण नहीं हो पाता है। फसल में खाद व उर्वरण सिंचाई जल के साथ घोलकर पौधों को उनकी आवश्यकता व मौसम व भूमि की प्रकार के अनुसार दिये जाते हैं। टमाटर के पौधे पर कटाई-छंटाई के बाद एक प्रमुख शाखा रखी जाती है जिसको रस्सी के सहारे 8-9 फुट तक बढ़ने दिया जाता है तथा फिर उसे आवश्यकतानुसार 1.0 या 1.5 फुट नीचे उतार कर रस्सी के सहारे एक दिशा में मुख्य तार के सहारे आगे बढ़ाया जाता है। इस प्रकार टमाटर को 10 से 11 महीने व शिमला मिर्च को 9 से 10 माह तक की लम्बी अवधि तक उगाया जा सकता है। बड़े टमाटर से लगभग 1500-2000 क्विंटल उपज तथा चेरी टमाटर से 400 से 500 क्विंटल उपज प्रति हेक्टेयर तथा शिमला मिर्च से पीले व लाल रंग वाले फल 400 से 500 क्विंटल प्रति हेक्टेयर की दर से प्राप्त किये जा सकते हैं। पालीहाउस के दैनिक रख-रखाव पर भी भारी खर्चा होता है क्योंकि इसे मौसम के अनुसार ठंडा या गर्म रखने में ऊर्जा की काफी खपत होती है। इससे उत्पादन लागत अत्यधिक बढ़ जाती है, जिसे वहन करना साधारण कृषकों के लिये संभव नहीं है। यह तभी संभव हो सकता है जबकि सब्जी उत्पादकों की सब्जियाँ बाजार में बहुत अधिक भाव पर बिके तथा उस क्षेत्र में बगैर रुकावट के बिजली की आपूर्ति जारी रहती हो।

प्राकृतिक वायु संवाहित पालीहाउस (natural Ventilatedpolyhouse)

इस प्रकार के पालीहाउस या संरक्षित संरचनाओं को बनाने पर सामान्यतः वातानुकूलित पालीहाउस के मुकाबले एक तिहाई या एक चौथाई से भी कम लागत आती है तथा इस प्रकार के पालीहाउस को चलाने हेतु या तो ऊर्जा की आवश्यकता ही नहीं पड़ती है या केवल हवा को बाहर निकालने वाले पंखों को चलाने हेतु बहुत कम ऊर्जा की जरुरत पड़ती है। सामान्य रुप से इस प्रकार का अच्छा व उपयुक्त पालीहाउस बनवाने पर 850-950 रुपये प्रति वर्गमीटर के हिसाब से खर्चा होता है। इस प्रकार के ग्रीनहाउस में टमाटर की फसल को 8 से 9 माह तक सफलतापूर्वक उगाया जा सकता है। शिमला मिर्च को भी 8 से 9माह तक उगाया जा सकता है। जबकि उच्च गुणवत्ता वाले बीज रहित खीरे की फसल को वर्ष में तीन बार उगाया जा सकता है। खीरे की पहली फसल की रोपाई अगस्त के प्रथम सप्ताह में तथा दूसरी फसल की रोपाई मध्य अक्टूबर से अक्टूबर के तृतीय सप्ताह तक तथा तीसरी फसल की रोपाई फरवरी प्रथम सप्ताह में की जा सकती है तथा इस प्रकार 8 से 9महीने में लगातार तीन फसलें सम्भव है। इसके अतिरिक्त इसमें बेमौसमी शिमला मिर्च, खरबूजा व अन्य बेल वाली सब्जियों को भी सरलतापूर्वक उगाया जा सकता है। इस प्रकार के पालीहाउस पर उत्पादन लागत कम आने के कारण उत्पादक फसल की कम अवधि होने के बावजूद अधिक लाभ कमा सकते हैं। इस प्रकार के पालीहाउस ऐसे शहरी क्षेत्रों जैसे पूना, बैंगलौर आदि के लिये अत्यधिक उपयुक्त है क्योंकि जलवायु अनुकूल होने के कारण यहाँ गर्मी में न तो पालीहाउस को ठण्डा करने की तथा न ही सर्दी में गर्म करने की आवश्यकता होती है। अतः इस प्रकार की संरक्षित संरचनाएँ इन क्षेत्रों के लिये अत्यन्त उपयुक्त है, जहाँ इन्हें फसल उत्पादन हेतु ठण्डा या गर्म करने की आवश्यकता नहीं होती है। इस प्रकार के पालीहाउस के रख-रखाव में भी ज्यादा खर्चा व कठिनाई नहीं होती है। इस प्रकार के पालीहाउस अन्य क्षेत्रों जहाँ बिजली वितरण की काफी कमी है, के लिये भी बहुत उपयुक्त सिद्ध हो सकते हैं।

शेडनेट हाउस (Shadenet house)

संरक्षित खेती में सामान्यतः शेडनेट का उपयोग अतयधिक गर्मी के मौसम में कुछ सब्जियों के उत्पादन के लिए किया जाता है। इसका मुख्य उद्देशय ऐसी सब्जियों को अधिक तापमान तथा प्रकाश की अधिक तीब्रता के रहते सफल उत्पादन करना होता है। सामान्य रुप से इस प्रकार का अच्छा व उपयुक्त शेडनेट हाउस बनवाने पर 600-650 रुपये प्रति वर्गमीटर के हिसाब से खर्चा होता है। ऐसे शेडनेटस के उपयोग द्वारा गर्मी के मौसम में (मई, जून, जुलाई, अगस्त, सितम्बर) हरा धनिया, पालक अगेती मूली, अगेती फूल गोभी या अगेती गाजर जैसी फसलों का उत्पादन करना संभव है। अन्यथा ऐसे मौसम में खुले वातावरण में इन फसलों का उप्तादन करना लगभग असंभव होता है इसलिए इन महीनों के अन्तर्गत इन सब्जियों के भाव बहुत अधिक हो जाते हैं। अतः इस प्रकार के शेड नेटस के प्रयोग द्वारा खेती करने से अधिक लाभ लेना संभव है। मुख्यतः इसके लिए 40-50% छाया करने वाले नेट को उपयोग में लिया जाता है तथा अधिकतर काले रंग के नेट ज्यादा सोखने में सहायक होते हैं। वैसे छाया की तीव्रता उगाई जाने वाली फसल पर भी निर्भर करती हैं। साधारणतः 40-50% छाया करने वाले नेट

बनाये जाते है, लेकिन हमारे देश में अधिकतर हरे रंग के छाया करने वाले नेट का प्रयोग किया जाता है।

कीट अवरोधी नेट हाउस (Insect proof net house)

इस प्रकार की संरचनाओं को बनाने के लिये आधा इंच मोटाई की जी.आई. पाइपों को अर्धगोलाकार रुप में मोड़कर, जीम में गाड़े गए सरिए के टुकड़ों के सहारे खड़ा किया जाता है तथा इस प्रकार पाइपों को 2.0 से 2.5 मीटर की दूरी पर लगाया जाता है। फिर इन्हें कीट अवरोधी नाइलोन नेट से ढंका जाता हे जाली को प्रति वर्ग इंच भाग में बने छिद्रों के आधार पर उपयोग में लिया जाता है तथा जिस जाली में 40 से 50 छिद्र प्रति इंच के हिसाब से हों (40 - 50 mesh size) उससे ही इसे ढंका जाता है। इस प्रकार की संरचनाओं में बरसात या उसके बाद विषाणु रोगों से फसलों को बचाने के लिये इनमें उगाया जाता है। बरसात या बरसात के बाद मध्य अक्टूबर तक अनेक कीटों खासकर सफेद मक्खी जो विषाणु रोग को फैलाती है, की जनसंखया बहुत ज्यादा बनी रहती है। अधिकतर किसानों को बरसात के मौसम में टमाटर, मिर्च व शिमला मिर्च तथा भिण्डी आदि फसलों को उगाने में इन कीटों खासकर सफेद मक्खी के कारण बहुत कठिनाई होती है। अधिकतर किसान टमाटर जैसी फसल को इस मौसम में विषाणु रोग के कारण उगाने में असफल रहते हैं । लेकिन यदि किसान कम से कम टमाटर, मिर्च, शिमला मिर्च आदि फसलों की पौध इस प्रकार की संरक्षित संरचनाओं (नेट हाउस) के अन्द तैयार करें, ताकि पौध को पूर्ण रुप से विषाणु रोग रहित तैयार किया जा सके। यदि किसान विषाणु रोग रहित स्वस्थ पौध की रोपाई मुख्य खेत में करते हैं तो बाद में कुछ कीटनाशकों का छिड़काव करके विषाणु रोगों को काफी हद तक रोका जा सकता है। क्योंकि आज तक हमारे अधिकतर किसान सभी प्रकार की सब्जियों की पौध खुले खेत में तैयार करते हैं। चाहे बरसात का मौसम हो या ठण्ड का। लेकिन अब बदलाव का समय आ गया है कि वे सब्जियों की पौध को बहुत कम लागत वाली संरचनाओं (नेट हाउस) में ही तैयार करें। यदि कद्दूवर्गीय सब्जियों की बे-मौसमी पौध तैयार करनी है तो वे वाक-इन-टनल रुपी संरक्षित संरचनायें बनाकर उनमें तैयार कर सकते हैं तथा ऐसी पौध की आवश्यकतानुसार खेत में रोपाई की जा सकती है।

प्लास्टिक लो-टनल (Plastic low-tunnel)

लो-टनल ऐसी संरक्षित संरचनायें है, जिन्हें मुख्य खेत में फसल की रोपाई के बाद प्रत्येक फसल क्यारियों के ऊपर फसल को कम तापमान से होने वाले नुकसान से बचाने के लिये कम ऊँचाई पर प्लास्टिक ढंककर बनाया जाता है। ऐसी संरचना बनाने के लिये पहले क्यारियाँ तैयार की जाती है, तथा उन पर ड्रिप सिंचाई हेतु पाइप फैलाकर उन पर पतले तार के हुप्स इस प्रकार लगाये जाते हैं जिससे हुप्स के दोनों सिरों की दूरी 40 से 60 सें.मी. रहे तथा इनको 1.5 से 2.0 मीटर की दूरी पर लगाया जाता है। हुप्स, तार को मोड़कर भी बनाये जा सकते हैं तथा उन्हें 2.0 से 2.5 मीटर की दूरी पर थोड़ा सा अधिक ऊँचाई (60 सें.मी.) पर लगाया जाता है। बाद में बेल वाली सब्जियों की तैयार पौध मुख्य खेत में रोपाई करके दोपहर बाद क्यारियों पर प्लास्टिक चढ़ाया जाता है। प्लास्टिक की मोटाई 20-30 माइक्रोन होनी चाहिए तथा लो-टनल बनाने के लिए हमेशा पारदर्शी प्लास्टिक का ही प्रयोग करें। यदि रात को तापमान 5.0 डिग्री से. से कम है तो 7 से 10 दिन तक प्लास्टिक में छेद करने की आवश्यकता नहीं है, लेकिन उसके बाद प्लास्टिक में पूर्व दिशा की ओर चोटी से नीचे की ओर छोटे-2 छेद कर दिये जाते हैं तथा जैसे-2 तापमान बढ़ता है इन छेदों का आकार भी बढ़ाया जाता है। पहले छेद 2.0 से 3.0 मीटर की दूरीपर बनाये जाते हैं, बाद में इन्हें 1.0 मीटर की दूरी पर बना दिया जाता है । इस प्रकार पूरी प्लास्टिक को आवश्यकतानुसार तथा तापमान को ध्यान में रखते हुए फरवरी के अन्त या मार्च के प्रथम सप्ताह में फसल के ऊपर से पूर्ण रुप से हटा दिया जाता है। इस समय तक फसल काफी बढ़ चुकी होती है तथा उससे फल स्थापन प्रारम्भ हो चुका होता है। इस प्रकार की संरक्षित संरचनाओं में मुख्यतः खरबूजा, चप्पन कद्दू, खीरा, तरबूज, करैला, टिण्डा, लौकी व अन्य कद्दूवर्गीय सब्जियों को मुख्य मौसम से 30 से 60 दिन पहले उगाया जा सकता है। चप्पन कद्दू जैसी फसल की रोपाई तो दिसम्बर व जनवरी माह में तथा खरबूजे की फसल को जनवरी के अन्त या फरवरी के प्रथम सप्ताह में लगातार 30 से 60 दिन तक अंगेती उगाया जाता है। इस प्रकार इन फसलों के बाजार से अधिक भाव लेकर अधिक लाभ कमाया जा सकता है। टनल बनाने से पौधों के आसपास का सूक्ष्म वातावरण काफी बदल जाता है तथा दिन के समय जब अच्छी प्रकार से धूप निकलती हों तो टनल के अन्दर का तापमान 10 से 12 डिग्री सेल्सियस बढ़ जाता है जिससे कम तापमान होते हुए भी इन फसलों की बढ़वार तेजी से होती है तथा रात के समय टनल में पौधों का पाले से बचाव भी होता है। यह तकनीक उत्तर भारत के मैदानी खासकर शहरों के चारों ओर रहने वाले किसानों के लिये बड़ी लाभप्रद व उपयोगी है, लेकिन इस तकनीक को अपनाने से पूर्व किसानों को इन बेल वाली सब्जियों की पौध को भी संरक्षित संरचनाओं में ही तैयार करना होगा।

वाक-इन-टनल (Walk-in-tunnel)

ये आधा इंच मोटाई की जी.आई. पाइपों को अर्धगोलाकार मोड़कर तथा उन्हें सरिया के टुकड़ों के सहारे खेत में खड़ा करके व प्लास्टिक से ढंककर बनाई जाने वाली संरक्षित संरचनाएँ हैं। इनकी मध्य में ऊँचाई लगभग 6 से 7) फुट तथा जमीन पर एक सिरे से दूसरे सिरे तक चौड़ाई 4.0 से 4.5 मीटर तक ही सम्भव होती है। इस प्रकार की संरचनाओं को सर्दी के मौसम में बे-मौसमी सब्जी जैसे खरबूजा, तरबूज, खीरा, चप्पन कद्दू या अन्य कद्दूवर्गीय सब्जियाँ उगाने के लिये उपयोग में लाया जा सकता है। वाक-इन टनल की लम्बाई आवश्यकतानुसार बढ़ाई जा सकती है। लेकिन सामान्यतः इनकी लम्बाई 20 से 25 मीटर तक ही रखी जाती है। इन संरचनाओं के बनाने पर काफी कम लागत आती है। इनकी देखभाल भी सरलतापूर्वक की जा सकती है। लेकिन इन संरचनाओं का उपयोग केवल सर्दी के मौसम (दिसम्बर मध्य से जनवरी अन्त तक) में ही फसल उत्पादन हेतु किया जा सकता है। क्योंकि गर्मी के समय में जब बाहर का तापमान बढ़ता है तो टनल के अन्दर तापमान

बहुत अधिक बढ़ जाता है जिसके कारण किसी भी फसल को उसके अन्दर उगाना संभव नहीं होता है। अतः इनका उपयोग केवल सर्दी के मौसम में कद्दूवर्गीय सब्जियों के बेमौसमी उत्पादन हेतु किया जाता है लेकिन सर्दी के मौसम में इनमें दूसरी सब्जियों को भी उगाया जा सकता है।

पालीहाउस में सब्जी उत्पादन (Vegetable production in polyhouse)

पालीहाउस में उगाई जाने वाली उच्च गुणवत्ता व उच्च बाजार भाव देने वाली सब्जियों में बड़े आकार का टमाटर, शिमला मिर्च (जिनमें पकने पर लाल व पीले रंग के फल होते हैं) व बीज रहित खीरा प्रमुख है। इन समस्त सब्जियों को पालीहाउस जैसी संरक्षित संरचना में उगाने से पूर्व उनकी ग्रीनहाउस में उगाई जाने वाली किस्मों तथा उनकी पूरी उत्पादन तकनीकी की जानकारी होना प्रत्येक उत्पादक के लिए बहुत महत्वपूर्ण व आवश्यक है।

किस्मों का चयन (Selection of varieties)

टमाटर (Tomato)

पालीहाउस में टमाटर की असीमित बढ़वार करने वाली किस्मों को ही उगाया जाता है। सामान्यतया इन किस्मों में फलों का भार **110** से **120** ग्राम तक होता है तथा मिठास एवं खटास की भी उपयुक्त मात्रा होती है। ऐसे फलों की तुड़ाई के बाद कई दिनों तक बगैर खराब हुए रखने की क्षमता होनी चाहिए। पालीहाउस में चेरी टमाटर की किस्में भी असीमित बढ़वार करने वाली होती है। जिनमें फलों का औसत भार **12-15** ग्राम प्रति फल होता है, तथा इन फलों के मिठास की मात्रा लगभग **7.0** प्रतिशत या अधिक होती है। तथा इन किस्मों में एक फल गुच्छे में लगभग **25-40** फल लगते हैं। ग्रीनहाउस में टमाटर लगाने के लिए उपयुक्त किस्मों के नाम निम्न प्रकार से हैं:

टमाटर (बड़े फल वाली किस्में) :- TO-2048, TO- 1057, हिमशिखर, अभिलाष, ऋषिका आदि।

चेरी टमाटर की किस्में:- एन.एस.चेरी **1**, एन.एस.चेरी **2**

शिमला मिर्च (Capsicum)

शिमला मिर्च की उपयुक्त किस्मों में फलों का भार **150-250** ग्राम तक होता है तथा ये अधिकतर **4** लोब वाली होती हैं। शिमला मिर्च की संकर किस्में हैं: हरे रंग वाली किस्में इंद्रा, रॉयल वंडर, गंगा, लाल रंग वाली किस्मे इंस्पिरेशन, बाम्बी, **NS** 280, पीले रंग वाली किस्में ओरोबेले, बचाटा, **NS** 281 आदि।

खीरा (Cucumber)

पालीहाउस में अधिकतर बीजरहित किस्मों (जांयागी किस्में) को ही उगाया जाता है, जिन्हें यूरोपीय किस्में भी कहा जाता है। इन किस्मों में पौधों पर मात्र मादा फूल ही आते हैं तथा बगैर परागण या फर्टीलाइजेशन के फलों का स्थापन व फलों का विकास होता है। इन किस्मों के फल बिल्कुल कड़वे नहीं होते हैं तथा इन किस्मों के फलों के बीज भी नहीं होते हैं। इन फलों को खाने के समय छिलने की भी आवश्यकता नहीं होती है। खीरा की संकर किस्में पाली हाउस में उगाने के लिए: काफ्का, इंफिनिटी, किंग स्टार, मल्टीस्टार, फारिया, रिका, ओलिविया आदि।

उत्पादन प्रौद्योगिकी (Production technology)

ड्रिप सिंचाई प्रणाली (Drip irrigation system)

पालीहाउस में फसलों का उत्पादन ड्रिप सिंचाई प्रणाली के उपयोग द्वारा ही किया जाता है। यह दाब ड्रिप सिंचाई प्रणाली या कम दाब वाली ड्रिप सिंचाई प्रणाली हो सकती है।

पौध तैयार करना व रोपाई (Seedling preparation and transplanting)

सर्वप्रथम किस्मों के चुनाव के बाद उनकी स्वस्थ पौध भी संरक्षित क्षेत्र जैसे पॉलीहाउस में ही प्लास्टिक की खानेदार ट्रे में भूरहित माध्यम (कोकोपीट, वर्मीकुलाइट व परलाइट को **3:1:1** अनुपात के आधार पर) के उपयोग द्वारा की जाती है। आमतौर पर टमाटर व मिर्च की पौध क्रमशः **25-28** व 30-35 दिन में रोपाई योग्य जाती है। पौध की रोपाई से पूर्व पालीहाउस में जमीन से उठी हुई क्यारियाँ बनाई जाती है। जिनकी चौड़ाई 90-100 से.मी. हो सकती है तथा दो क्यारियों के बीच लगभग **45**-50 से.मी. का स्थान खाली छोड़ा जाता है। क्यारियों को ट्रेक्टर चलित रोटावेटर द्वारा बनाया जा सकता है। पालीहाउस का आकार छोटा होने पर इसे हाथों के द्वारा बनाया जा सकता है। क्यारियाँ बनाने के बाद प्रत्येक क्यारी पर दो ड्रिप पाइपों को **40-45** से.मी. की चौड़ाई पर डाला जाता है तथा इसके बाद टमाटर के पौधों को **40-60** से.मी. की दूरी पर शिमला मिर्च को **30-40** से.मी. तथा खीरे की पौध को **30-40** से.मी. से पौधे की दूरी पर रोपा जाता है। इस प्रकार **1000** वर्ग मीटर पालीहाउस में टमाटर के लगभग **2600-2800** पौधे शिमला मिर्च के **3800-4000** पौधे तथा खीरे के लगभग **3800-4000** पौधे समायोजित किए जाते हैं। उत्तर भारत के मैदानों में टमाटर की रोपाई जुलाई के अंत से लेकर अगस्त के मध्य तक की जाती है, जबकि शिमला मिर्च की रोपाई अगस्त के अन्त से मध्य सितम्बर तक की जाती है। पालीहाउस में खीरे की तीन फसलें उगाई जाती है। पहली फसल की रोपाई अगस्त प्रथम सप्ताह में, दूसरी फसल की रोपाई अक्टूबर के दूसरे सप्ताह में जबकि तीसरी फसल की रोपाई फरवरी के प्रथम या द्वितीय सप्ताह में की जाती है।

खाद व उर्वरक देना (Application of mannure and fertilizers)

इन सब्जी फसलों में उर्वरक व सूक्ष्म तत्व ड्रिप सिंचाई प्रणाली के द्वारा ही दिए जाते हैं, जिसे फर्टीगेशन कहते हैं। इसके लिए 19:19:19, **0:52:34**, 12:61:0, 13:0:45, यूरिया,म्यूरेट आफ पोटाश, कैल्सियम नाइट्रेट, मग्निशियम सल्फेट नामक उर्वरकों का उपयोग किया जा सकता है। सूक्ष्म तत्वों को फर्टीगेशन या पर्णीय छिड़काव दोनों प्रकार से फसलों में दिया जाता है।

कटाई-छंटाई व फसल को सहारा देना (Training, prunning and crop support**)**

पालीहाउस सब्जी फसलों जैसे टमाटर, शिमला मिर्च व खीरे में पौधे की कटाई, छंटाई व सहारा देकर लपेटना एक महत्वपूर्ण कार्य है जिसे सह-कुशल मजदूरों द्वारा किया जाता है। टमाटर में रोपाई के **20-25** दिन बाद यह कटाई-छंटाई व रस्सियों के द्वारा सहारा देकर लपेटने की प्रक्रिया शुरु की जाती है तथा इसे फसल के अंत तक (**9-10** माह) तक जारी रखा जाता है। मुख्य शाखा जिन पर फूलों के गुच्छे लगते हैं, उन्हें बगैर नुकसान पहुँचाए पौधों को रस्सियों के सहारे लपेटा जाता है तथा इसे फसल के अंत तक (**9-10** माह) तक जारी रखा जाता है। ये रस्सियां क्यारियों के समानांतर **8-9** फुट की उँचाई पर स्थापित की जाती है। तथा इन्हें जमीन के पास लाकर प्रत्येक पौधे को एक रस्सी के द्वारा लपेटा जाता है। बाद में पौधे में आने वाली समस्त अन्य शाखाओं को कटाई-छंटाई के द्वारा हटा दिया जाता है। पौधे जब **8-9** फुट उपर जा रहें मुख्य तारों के पास पहुंचते हैं तो उन्हें हर **15-20** दिन में **1-2** फुट नीचे कर दिया जाता है। प्रत्येक पौधे के लिए मुख्य तौर पर **40-50** फुट लंबी रस्सी को एक छोटी चरखी के साथ लपेट कर रखा जाता है। रस्सी को आवश्यकतानुसार नीचे की ओर खोलने की व्यवस्था रहती है। शिमला मिर्च में रोपाई के **25-30** दिन बाद कटाई-छंटाई का कार्य शुरु किया जाता है तथा इसके लिए प्रत्येक पौधे पर मुख्य तार से दो रस्सियां नीचे जमीन स्तर तक डालकर उन्हें जमीन के पास तने पर लपेटा जाता है। पौधों में प्रथम टर्मिनल फूल आने के बाद उसे हटाकर दो शाखाओं में बांट दिया जाता है तथा प्रत्येक पौधे की शाखा पर दो पत्ती एक फूल छोड़ते हुए उपर की ओर बढ़ते जाते हैं। पौधों को बड़ी सावधानी के साथ रस्सियों के सहारे फूलों व पौधों को बगैर नुकसान पहुँचाए लपेटा जाता है। यह प्रक्रिया हर **20-25** दिन में दोहराई जाती है तथा **8-9** महीने तक जारी रहती है। खीरे की बीजरहित किस्मों में कटाई-छंटाई का कार्य काफी साधारण है। क्योंकि इस फसल में प्रत्येक पौधे पर प्रारंभ से एक मुख्य शाखा ही बढ़ने दी जाती है तथा मुख्य तार से भी प्रत्येक पौधे के लिए एक ही रस्सी प्रयोग में लाई जाती है। प्रारंभ में पौधा कुछ शाखाएं पैदा करता हैं लेकिन बाद में कटाई-छंटाई के बाद पौधा एक ही शाखा बनाए रखता है तथा इसे रस्सी के सहारे लपेटते हुए उपर की ओर चलते जाते हैं। एक फसल की पूरी अवधि **75-90** दिन की होती है।

परागण (Pollination**)**

वैसे तो टमाटर व शिमला मिर्च दोनों स्वपरागित फसलें हैं लेकिन पालीहाउस जैसी संरक्षित संरचना में हवा का बहाव न होने के कारण टमाटर की फसल में सफल परागण नहीं हो पाता है। अतः पालीहाउस टमाटर की फसल में बैंटरी से चलने वाले वाइब्रेटर द्वारा सफल परागण प्रक्रिया पूर्ण की जाती है। शिमला मिर्च में सहायक परागण की आवश्यकता नहीं होती है। खीरे की बीजरहित किस्में, जिनमें मात्र मादा फूल ही आते हैं, में बगैर परागण एवं निषेचन प्रक्रिया के फलों का स्थापन होता है। अतः खीरे की गाइनोशियस किस्मों के उत्पादन में परागण की कोई आवश्यकता नहीं होती है।

पौध संरक्षण (Plant protection**)**

आमतौर पर पालीहाउस सब्जियों में अधिक कीटों या रोगों का प्रकोप कम होता है। परंतु निरंतर निरीक्षण व सामयिक रोकथाम आवश्यक है। टमाटर की फसल में यदि कोई भी पौधा विषाणु रोग से ग्रस्त हो तो उसे अविलंब उखाड़ कर प्लास्टिक आदि के बैग में बन्द करके बाहर निकालना चाहिए ताकि यह रोग दूसरे पौधे में न फैल पाये। कई वर्षों तक लगातार खेती करने के बाद भूमि से लगने वाले कवक जनित रोग व सूत्रकृमियों का प्रकोप बढ़ जाता है। जिन्हें गर्मी में सोलेराइजेशन द्वारा या फार्मलडिहाइड नामक दवा द्वारा भूमि को उपचारित करके काफी हद तक रोकथाम की जा सकती है। शिमला मिर्च व खीरे की फसल को मकड़ी (माइटस) बहुत नुकसान पहुँचाते हैं। यह कीट अधिक तापमान व हवा में अधिक आर्द्रता होने की स्थिति में अधिक प्रकोप करता है। अतः इसकी रोकथाम के लिए फसल समाप्त होने के बाद पालीहाउस की पूरी तरह सफाई करना अत्यंत आवश्यक है तथा फसल में रोकथाम हेतु प्रारंभ से ही इसकी लगातार निगरानी करके मकड़ीनाशकों जैसे फेनजाक्विन 10% ईसी 1250 मिली प्रति हेक्टेयर 400-600 लीटर पानी या स्पिरोमेसिफेन 22.9% एससी 400 मिली प्रति हेक्टेयर 500-750 लीटर पानी में घोलकर छिडकाव करें। छिड़काव पत्तियों के निचली तरफ जरुर जाना चाहिए क्योंकि ये कीट पत्तियों की निचली सतह पर ही रहते हैं। इसके अतिरिक्त कभी-कभी शिमला मिर्च में कवक जनित रोग पाउडरी मिल्ड्यू का प्रकोप भी होता है तथा यह रोग खीरे की फसल में भी वातावरण की अनुकूल अवस्थायें होने पर लगता है। जिसे फफूंदनाशी दवायें जैसे एजोक्सिस्ट्रोबिन 23% एससी 500 मिली प्रति हेक्टेयर 500 लीटर पानी में घोलकर लक्षण दिखाई देने पर अविलम्ब छिड़काव करना चाहिए। आर्द्रगलन जैसी कवक जनित रोग की रोकथाम के लिए पौधों की जड़ों में कार्बेन्डाजिम 50% डब्लूपी नामक दवा के घोल (**1.0** ग्राम/लीटर पानी) से ड्रेंचिंग करनी चाहिये। जो मजदूर ग्रीनहाउस में कटाई-छंटाई आदि कार्य करते हैं उनके कपड़े व हाथ साफ होने चाहिए तथा वे खुले खेतों में कार्य करके पालीहाउस में नहीं जाये बल्कि पहले ग्रीनहाउस के कार्य करके बाहर कार्य कर सकते हैं। कटाई-छंटाई में उपयोग होने वाली कैंची या चाकू आदि के प्रयोग में लेने से पूर्व कीटाणुरहित करना आवश्यक है। जिसके लिए इन यंत्रों को सोडियम हाइपोक्लोराइड नामक अम्ल के **1.0** प्रतिशत घोल में डुबो कर व साफ पानी में धोकर प्रयोग में लेना चाहिये।

फलों की तुड़ाई (Fruit picking)

टमाटर में रोपाई के **75-85** दिन बाद फल पककर तुड़ाई के लिए तैयार हो जाते हैं तथा फलों को गुच्छे से एक-एक करके केलिक्स के साथ ही तोड़ा जाता है तथा सप्ताह में 2-3 बार फलों की तुड़ाई की जाती है। शिमला मिर्च में आमतौर पर पीले रंग के फलों को ही तोड़ा जाता है। ये फल रोपाई के लगभग **85-90** दिन बाद तोड़ने के लिए तैयार हो जाते हैं।

संभावित उपज (Potential yield)

1000 वर्ग मीटर साइज़ के प्राकृतिक रुप से वायु संवाहित पालीहाउस में टमाटर की फसल **9** माह तक उगाकर लगभग **150** से **180** क्विंटल उपज प्राप्त हो सकती है। जबकि शिमला मिर्च की फसल से पालीहाउस में **8-9** माह तक उगाकर लगभग **30-40** क्विंटल उपज प्राप्त की जा सकती है। जबकि बीजरहित खीरे की **1000** वर्ग मीटर पालीहाउस से 80-**100** क्विंटल उपज तक प्राप्त हो सकती है।

6

टमाटर

परिचय (Introduction)

टमाटर (Tomato) भारत की प्रमुख सब्जी फसल है, इसकी खेती ताजे फल और प्रसंस्कृत उत्पादों के लिए की जाती है। टमाटर में विटामिन, कैरोटेनॉयड्स और फेनोलिक यौगिकों सहित कई स्वास्थ्य को बढ़ावा देने वाले यौगिक होते हैं। इसका उदभव स्थान **केंद्रीय एवं दक्षिण अमेरिका (Central and South America)** माना जाता है। टमाटर का रंग लाल उसमें पाए जाने वाले पिगमेंट **लाइकोपीन (Lycopene)** के कारण होता है। भारत में टमाटर की खेती 789.15 हजार हेक्टेयर में होती है तथा उत्पादन 19759.32 हजार मीट्रिक टन प्राप्त होता है। भारत में टमाटर की औसत उत्पादकता 25.04 मीट्रिक टन प्रति हेक्टेयर है। (2017-2018, **स्रौतः हॉर्टिकल्चरल स्टेटिस्टिक्स एट ए ग्लांस 2018**)। भारत में आंध्र प्रदेश, मध्य प्रदेश, कर्नाटक एवं गुजरात प्रमुख टमाटर उत्पादक राज्य है।

वर्गीकरण (Classification)

टमाटर दो प्रकार के होते हैं: निर्धारित और अनिर्धारित (determinate and indeterminate)।

निर्धारित (determinate) टमाटर एक निश्चित ऊंचाई तक बढ़ते हैं, फिर उनमें फूल और फल आते हैं। **अनिर्धारित (indeterminate)** टमाटर तब तक बढ़ते रहते हैं और फूल और फल पैदा करते रहते हैं जब तक कि स्वाभाविक रूप से मर नहीं जाते। अनिर्धारित (indeterminate) किस्मों से फसल अक्सर 2 या 3 महीने तक चलती है (यही कारण है कि वे घर की बागवानी के लिए बहुत अच्छी हैं)। पैदावार आमतौर पर निर्धारित प्रकारों की तुलना में अधिक होती है। पौधों को तार या जाली द्वारा सहारा देने की आवश्यकता है। टमाटर की किस्मों को (4,000 से अधिक) सामान्यतः निम्नलिखित श्रेणियों में विभाजित किया जाता है:

चेरी (Cherry): मीठे छोटे गोल टमाटर, आमतौर पर सलाद में पूरे खाए जाते हैं ।

प्लूम (Plum): नाशपाती के आकार का, मांसल, बहुउद्देश्यीय टमाटर, ताजा खाया या संसाधित करने के लिए उपयोग किया जाता है ।

स्लीसिंग (Slicing): गोल या ग्लोब के आकार का, बहुउद्देश्यीय टमाटर होता है ।

बीफ़स्टीक (Beefsteak): गोल, रसदार, सैंडविच के लिए आदर्श होता है ।

हीअरलूम (Heirloom): टमाटर की पुरानी किस्में जिनके बीज पीढ़ी दर पीढ़ी हस्तांतरित होते रहे; वे कई आधुनिक टमाटर की किस्मों की तरह संकर नहीं हैं; वे लोकप्रिय हैं क्योंकि कई माली मानते हैं कि उनके पास बेहतर स्वाद है; वे सभी आकार (अक्सर काफी अनियमित), रंग और आकार में आते हैं ।

पीला/नारंगी (Yellow/Orange): मीठे टमाटर जो विटामिन सी और पोटेशियम से भरपूर होते हैं लेकिन उनमें लाइकोपीन की कमी होती है ।

वानस्पतिक विवरण (Botanical description)

टमाटर (Tomato) का वानस्पतिक नाम ***सोलेनम लायकोपर्सिकम* एल. (*Solanum lycopersicum* L.)** है। यह **सोलेनेसी (Solanaceae)** कुल के अंतर्गत आता है। टमाटर आनुवंशिक और जीनोमिक अध्ययन के लिए एक आदर्श प्रजाति है। इसमें **गुणसूत्र संख्या 2n=2x=24** होती है। टमाटर के पौधे द्विबीजपत्री होते हैं, और शाखाओं वाले तनों की एक श्रृंखला के रूप में विकसित होते हैं, जिसके सिरे पर एक टर्मिनल कली होती है जो वास्तविक रूप से बढ़ती है। जब टिप अंततः बढ़ना बंद कर देती है, चाहे छंटाई या फूल के कारण, पार्श्व कलियां ले लेती हैं और अन्य, पूरी तरह कार्यात्मक, लताओं में विकसित होती हैं। पौधे आम तौर पर सहारा देने पर जमीन से 180 सेंटीमीटर (6 फीट) या उससे अधिक बढ़ सकते हैं। टमाटर की बेलें आमतौर पर प्यूब्सेंट होती हैं, जिसका अर्थ है छोटे- छोटे बालों से ढका हुआ। बाल जहां भी पौधे जमीन और नमी के संपर्क में होते हैं, जड़ों में बदल जाते हैं, विशेष रूप से अगर बेल का इसकी मूल जड़ से कनेक्शन क्षतिग्रस्त या टूट जाता है। अधिकांश टमाटर के पौधों में मिश्रित पत्तियां होती हैं, और उन्हें नियमित पत्ती (आरएल) पौधे कहा जाता है। फूल, शीर्षस्थ विभज्योतक पर दिखाई देते हैं, पंखों के किनारों के साथ जुड़े हुए हैं, जो स्त्रीकेसर की शैली के चारों ओर एक स्तंभ बनाते हैं। फूल 1-2 सेंटीमीटर के, पीले,

कोरोला पर पांच नुकीले लोब के साथ होते हैं; वे एक साथ तीन से 12 के समूह में पैदा होते हैं।

पुष्पन एवं फलन (Flowering and Fruiting)

फूल प्रजनन और बीजों के उत्पादन के लिए महत्वपूर्ण हैं। टमाटर के फूल को कभी-कभी एक आदर्श फूल के रूप में जाना जाता है क्योंकि नर और मादा दोनों अंग एक ही फूल के भीतर स्थित होते हैं। टमाटर में मिश्रित पुष्पक्रमों में समूहित परिपूर्ण फूल होते हैं जिन्हें साइम के रूप में जाना जाता है। प्रत्येक पुष्पक्रम में आमतौर पर 4 से 8 फूल होते हैं, और प्रत्येक पौधा अपने जीवन चक्र के दौरान 20 या अधिक क्रमिक पुष्पक्रम उत्पन्न कर सकता है। इसके फूल में 5 से 10 भागों वाला कैलेक्स होता है जो फल के परिपक्व होने तक बना रहता है। टमाटर के फल को **बेरी (berry)** के रूप में वर्गीकृत किया जाता है।टमाटर मेंअधिकतर स्व-परंतु आंशिक रूप से पर-परागण होता है । मधुमक्खियां और भौंरा सबसे महत्वपूर्ण परागणकर्ता कीट हैं। मादा जनन अंग, अंडाशय (ovary), स्त्रीकेसर (pistil) के आधार पर स्थित होता है। अंडाशय में अंडाणु होते हैं। एक बार जब अंडाणु निषेचित हो जाते हैं, तो एक भ्रूण विकसित हो जाता है और बीज बना जाता है जो टमाटर के फल के अंदर पाया जाता है। टमाटर में स्व-असंगति प्रणाली (self-incompatibility system) गैमेटोफाइटिक (gametophytic) होता है और एकल, बहुविकल्पीय एस लोकस (S locus) द्वारा नियंत्रित होती है। पहला व्यावसायिक रूप से उपलब्ध आनुवंशिक रूप से संशोधित भोजन **फ्लेवर सेवर (Flavr Savr)** नामक टमाटर की एक किस्म थी, जिसे लंबे समय तक शैल्फ जीवन के लिए विकसित किया गया था।

फल पकना (Fruit ripening)

टमाटर को **क्लाइमेक्टेरिक (climacteric)** फलों के रूप में वर्गीकृत किया जाता है, जो पकने की शुरुआत में श्वसन और एथिलीन उत्पादन में वृद्धि से गुजरता है। बहिर्जात एथिलीन के संपर्क में आने से हरे टमाटर के पकने में तेजी आती है। फलों के पकने की परिणति फलों के गूदे के रंग, बनावट, स्वाद और सुगंध में नाटकीय परिवर्तन के रूप में होती है। क्लोरोप्लास्ट क्रोमोप्लास्ट में बदल जाते हैं, क्लोरोफिल अवक्रमित हो जाते हैं और कैरोटीनॉयड जमा हो जाते हैं। लाल टमाटर के फल की विशेषता रंजकता **लाइकोपीन (lycopene)** के जमाव के कारण होती है, टमाटर के फल में पाए जाने वाले प्रमुख कैरोटीनॉयड और बीटा-कैरोटीन, जो हरे से लाल रंग में परिवर्तन से जुड़े होते हैं क्योंकि क्लोरोप्लास्ट क्रोमोप्लास्ट में बदल जाते हैं। टमाटर के फलों का विशिष्ट स्वाद पकने के दौरान फल के भीतर उत्पन्न होने वाले वाष्पशील यौगिकों के परिणामस्वरूप होता है। टमाटर के फल में 400 से अधिक वाष्पशील यौगिक पाए जाते हैं। उनमें से सात सुगंध के लिए सबसे महत्वपूर्ण योगदानकर्ता हैं: हेक्सेनल, हेक्सेनल, हेक्सेनॉल, 3-मिथाइलबुटानल, 3-मिथाइलबुटानॉल, मिथाइलनिट्रोब्यूटेन और आइसोबुटिलथियाज़ोल (hexanal, hexenal, hexenol, 3-methylbutanal, 3-methylbutanol, methylnitrobutane, and isobutylthiazole.)।

उपयुक्त जलवायु (Suitable climate)

टमाटर के लिए मध्यम ठण्डा वातावरण उपयुक्त होता है। तापमान कम हो जाने से अथवा पाले से पौधे मर जाते हैं। टमाटर की अच्छी उपज में तापमान का बहुत बड़ा योगदान होता है। फसल के लिए आदर्श तापमान 15-27 डिग्री सेन्टीग्रेड (centigrade) होता है। तापमान अधिक होने पर फूल एवं अपरिपक्व अवस्था मे टूटकर गिरने लगते है। जब तापक्रम 13 डिग्री से कम एवं 35 डिग्री से ज्यादा होता है, तब परागकण का अंकुरण बहुत कम हो जाता है। टमाटर का पौधा ज्यादा ठंड और उच्च नमी को बर्दाश्त नहीं कर पाता है। ज्यादा रोशनी से इसकी रंजकता, रंग और उत्पादकता प्रभावित होता है। विपरीत मौसम की वजह से इसकी खेती बुरी तरह प्रभावित होती है।

मृदा का चयन (Selection of soil)

टमाटर को उचित जल निकासी वाली विभिन्न प्रकार की मिट्टियों जैसे रेतीली दोमट से क्ले मिट्टी, काली मिट्टी और लाल मिट्टी में उगाया जाता है। उचित जल निकास वाली, उपजाऊ, कार्बनिक पदार्थों से भरपूर बलुई दोमट मिटटी इसकी खेती के लिए उपयुक्त होती है। मिट्टी का पीएच 7-8.5 उपयुक्त होता है।

संकर किस्में (Hybrids)

अर्का सम्राट (Arka Samrat)

यह आईआईएचआर-2835 X आईआईएचआर-2832 के संकरण से विकसित उच्च उपज वाला एफ1 संकर है। यह टमाटर लीफ कर्ल वायरस (ToLCV), जीवाणु उकटा (Bacterial Wilt) और अगेती अंगमारी (Early Blight) का प्रतिरोधी है। इसके फल अण्डाकार से उच्च गोलाकार, बड़े (90-110 ग्राम), गहरे लाल और ठोस होते हैं। यह ताज़े बेचने के लिए उपयुक्त है। इस संकर की उपज क्षमता 140 दिनों में 800-850 क्विंटल प्रति हेक्टेयर है। यह संकर सभी राज्यों के लिए अनुशंषित है।

अर्का अनन्या (Arka Ananya)

यह टीएलबीआर-6 X आईआईएचआर-2202 के संकरण से विकसित एफ1 संकर है। मध्यम फल (65-70 ग्रा.), दृढ और गहरा लाल है। यह टमाटर लीफ कर्ल वायरस (ToLCV), जीवाणु उकटा (Bacterial Wilt) के लिए प्रतिरोधी है। यह ताज़े रूप में बेचने के लिए उपयुक्त है। इस संकर की उपज क्षमता 650-700 क्विंटल प्रति हेक्टेयर है। यह संकर पंजाब, उत्तर प्रदेश के तराई क्षेत्र, बिहार, झारखंड, छतीसगढ़, उड़ीसा, अरुणाचल प्रदेश, राजस्थान, गुजरात, हरियाणा, दिल्ली, मध्य प्रदेश और महाराष्ट्र के लिए अनुशंसित है।

अर्का विशेष (Arka Vishesh)

यह एक उच्च उपज देने वाला F1 हाइब्रिड है, जिसे ITHR 2834 और ITHR 2917 के बीच संकरण करके विकसित किया गया है। पौधे अर्ध-निर्धारित होते हैं जिनमें गहरे हरे पत्ते और संयुक्त-रहित डंठल होते हैं। फल सख्त, गहरे लाल, तिरछे और मध्यम बड़े (90-100 ग्राम) होते हैं। फलों में टीएसएस 4.6° ब्रिक्स), अम्लता (0.36%) और लाइकोपीन की मात्रा 14.14 मिलीग्राम / 100 ग्राम ताजा वजन होती है। इसमें टमाटर लीफ कर्ल वायरस (ToLCV), जीवाणु उकटा (Bacterial Wilt) और अगेती अंगमारी (Early Blight) के लिए ट्रिपल रोग प्रतिरोधक क्षमता है। यह संकर गर्मियों, खरीफ और रबी की खेती के लिए अनुशंसित। इसकी उपज क्षमता 140-150 दिनों में 430-900 क्विंटल प्रति हेक्टेयर है।

अर्का अपेक्षा (Arka Apeksha)

यह एक उच्च उपज देने वाला संकर है जिसे ITHR 2834 और ITHR 2918 के बीच संकरण करके विकसित किया गया है। गहरे हरे पत्ते के साथ पौधे अर्ध-निर्धारित होते हैं। फल सख्त, गहरे लाल, तिरछे, मध्यम बड़े (90-100 ग्राम) होते हैं। फल प्रसंस्करण के लिए उपयुक्त होते हैं क्योंकि उनमें TSS (4.7° ब्रिक्स), अम्लता (0.36%), लाइकोपीन (14.15mg/100g ताजा वजन) होता है। इसमें टमाटर लीफ कर्ल वायरस (ToLCV), जीवाणु उकटा (Bacterial Wilt) और अगेती अंगमारी (Early Blight) के लिए ट्रिपल रोग प्रतिरोध है। यह संकर गर्मियों, खरीफ और रबी की खेती के लिए अनुशंसित। इसकी उपज क्षमता 140-150 दिनों में 430-900 क्विंटल प्रति हेक्टेयर है। यह संकर कर्नाटक के लिए अनुशंषित है।

अर्का अभेद (Arka Abhed)

टमाटर का यह उच्च उपज क्षमता वाला F1 हाइब्रिड है। यह टमाटर लीफ कर्ल वायरस (ToLCV), जीवाणु उकटा (Bacterial Wilt) और अगेती अंगमारी (Early Blight) और पछेती झुलसा (Late Blight) के लिए बहु रोग प्रतिरोधक क्षमता रखता है। पौधे गहरे हरे पत्ते के साथ अर्ध-निर्धारित होते हैं, फल दृढ़, चपटे गोल और मध्यम (90-100 ग्राम) होते हैं। यह संकर गर्मियों, खरीफ और रबी की खेती के लिए उपयुक्त है । इसकी उपज क्षमता 140-150 दिनों में 700-750- क्विंटल प्रति हेक्टेयर है। यह संकर कर्नाटक के लिए अनुशंषित है।

अर्का रक्षक (Arka Rakshak)

यह किस्म भारतीय बागवानी अनुसंधान संस्थान, बेंगलूरू द्वारा आईआईएचआर-2834 X आईआईएचआर-2833 को क्रॉस करके वर्ष 2010 के दौरान भारत का पहला त्रिगुणित रोग प्रतिरोधी टमाटर का संकर अर्का रक्षक विकसित किया गया, जो तीनों रोगों, यानी टमाटर लीफ कर्ल वायरस (ToLCV), जीवाणु उकटा (Bacterial Wilt) और अगेती अंगमारी (Early Blight) के लिए प्रतिरोधी है। इस संकर के फल गोल, बड़े (90-100 ग्राम), ठोसपन के साथ गहरे लाल होते हैं, जो सुदूर बाजार तथा प्रसंस्करण के लिए उपयुक्त हैं। इसकी उपज 750-800 क्विंटल प्रति हेक्टेयर है। यह संकर कर्नाटक के लिए अनुशंषित है।

अर्का आदित्य (Arka Aditya)

यह किस्म भारतीय बागवानी अनुसंधान संस्थान, बेंगलुरू द्वारा विकसित की गई है। इस किस्म के पौधे गहरे हरे पत्ते के साथ अर्ध-निर्धारित होते हैं, फल चपटे-गोल, दृढ़, मध्यम बड़े (90-100 ग्राम), यह किस्म टमाटर लीफ कर्ल वायरस (ToLCV), जीवाणु उकटा (Bacterial Wilt) और अगेती अंगमारी (Early Blight) के लिए प्रतिरोधी होते है। यह ताजा बाजार के लिए उपयुक्त है और 140-150 दिनों में 600-650 क्विंटल /हे. उपज देती है। यह किस्म कर्नाटक, तमिलनाडू और केरल के लिए अनुशंसित।

पूसा संकर-2 (Pusa Hybrid-2)

इस किस्म के पौधे कॉम्पैक्ट, अर्ध-निर्धारित होते हैं जिनमें अच्छे पत्ते वाले आवरण होते हैं । फल गोल से चपटे गोल, दृढ़, चिकने और आकर्षक होते हैं और परिपक्वता पर एक समान लाल रंग के होते हैं। पौधे जड़ गाँठ सूत्रकृमि के प्रति अत्यधिक सहिष्णु होते हैं। औसत उपज 600-625 क्विंटल/ हेक्टेयर है। यह किस्म आर्द्र पश्चिमी हिमालयी क्षेत्रों, उप-आर्द्र सतलुज-गंगा जलोढ़ मैदानों और पश्चिमी मैदानों, अर्ध-शुष्क पठारों के लिए अनुशंसित है।

पूसा संकर-4 (Pusa Hybrid-4)

इस किस्म के पौधे निर्धारित वृद्धि (determinate) होते हैं, अच्छे गहरे हरे पत्ते के साथ कॉम्पैक्ट होते हैं। फल आकर्षक, गोल, चिकने, औसत फल होते हैं जिनका वजन 70-80 ग्राम होता है, फल मोटे पेरिकारप और समान पकने वाले होते हैं। यह किस्म रूट-नॉट नेमाटोड के लिए प्रतिरोधी है। इसकी औसत उपज क्षमता 425-450 क्विंटल प्रति हेक्टेयर है। यह किस्म अर्ध-शुष्क पठार और मध्य उच्च भूमि के लिए अनुशंसित है।

पूसा संकर-8 (Pusa Hybrid-8)

इस किस्म के पौधे निर्धारित वृद्धि (determinate) होते हैं, हरे रंग के कॉम्पैक्ट पत्ते होते हैं । फल गोल, मध्यम (75-80 ग्राम) एक समान पकने वाले होते हैं। औसत उपज 430-450 क्विंटल प्रति हेक्टेयर। यह किस्म पंजाब, यूपी, बिहार और झारखंड के लिए अनुशंसित है।

उन्नत किस्में (Improved varieties)

पूसा रूबी (Pusa Ruby)

यह जल्दी पकने वाली किस्म है। पौधे 80-85 सेमी की ऊंचाई के साथ अनिश्चित होते हैं और कुछ हार्डी शाखाओं के साथ फैलते हैं। फल चपटे से गोल, थोड़े लोब वाले (4-5 स्थान), मध्यम आकार के, पकने पर एकसमान लाल, थोड़े अम्लीय गूदे के साथ, ताजा खपत और प्रसंस्करण के लिए उपयुक्त होते हैं। यह उत्तर भारत में पतझड़, सर्दी और बसंत ग्रीष्म ऋतुओं के लिए आदर्श है। इस किस्म की औसत उपज 280-300 क्विंटल प्रति हेक्टेयर। यह पूरे भारत के लिए अनुशंसित है।

पूसा शीतल (Pusa Sheetal)

इस किस्म के निर्धारित वृद्धि (determinate) वाले होते हैं; फल रात के कम तापमान के तहत 8 डिग्री सेल्सियस तक सफलतापूर्वक सेट होते हैं और शुरुआती वसंत के मौसम के लिए उपयुक्त होते हैं; फल गोल चपटे, चिकने, आकर्षक, मध्यम आकार, लाल रंग और एक समान पकने वाले होते हैं। उत्तरी मैदानी इलाकों में मार्च की शुरुआत से कटाई शुरू हो जाती है। इस किस्म औसत उपज 350 क्विंटल/हेक्टेयर है। यह किस्म उत्तर भारतीय मैदानों के लिए अनुशंसित है।

पूसा उपहार (Pusa Uphar)

इस किस्म के पौधे अनिर्धारित वृद्धि (indeterminate) वाले होते हैं, विपुल वाहक, सीधे, गहरे हरे पत्ते के साथ कॉम्पैक्ट; गुच्छों में फल, प्रति गुच्छा 4-6 फल, आकर्षक, गोल, मध्यम आकार, मोटी चमड़ी वाले और पकने में एक समान। औसत उपज 370 क्विंटल/ हेक्टेयर है। यह किस्म पंजाब, यूपी, बिहार, राजस्थान, गुजरात, हरियाणा और दिल्ली के लिए अनुशंसित है।

अर्का आहुति (Arka Ahuti)

यह आईएचआर143-3-7-एसबी-1 (कनाडा से ओट्टावा 60) से शुद्ध वंशावली चयन है। फल अण्डाकार व 2-3 पालियों वाले हैं। मोटे गूदे वाला फल व हल्का हरा स्कंध वाला और परिपक्व होने पर गहरा लाल होता है। टीएसएस 5.2%, प्रसंस्करण के लिए उपयुक्त किस्म है। इस किस्म की औसत उपज 420 क्विंटल प्रति हेक्टेयर है।

अर्का आशीष (Arka Ashish)

इसका विकास अमेरिका से यूसी 82 बी वंश से आईएचआर-674 के बृहतीकरण से विकसित किया गया है। फल अण्डाकार, दृढ, मोटे गूदेवाले व 2-3 पालियों वाले हैं। फल का रंग आकर्षक है (लाइकोपीन 10 मि.ग्रा./100 ग्रा.), टीएसएस 4.8%, प्रसंस्करण के लिए उपयुक्त किस्म है। पाउडरी मिल्ड्यु और फल फटने के प्रति सहनशील। इस किस्म की उपज क्षमता 130 दिनों में 380 क्विंटल प्रति हेक्टेयर है।

अर्का आलोक (Arka Alok)

यह एवीआरडीसी, ताइवान से आईएचआर-719-1-6 (सीएल-114-5-1-0) एसबी-1 (कनाडा से ओट्टावा 60) से प्राप्त शुद्ध वंशावली चयन है। निचले गुच्छों के फल गोलाकार, बड़े (120 ग्रा.) और बाद के गुच्छों के फल अण्डाकार, मध्यम (80 ग्रा.), दृढ़ और हल्के हरे स्कंध वाले हैं। जीवाणु झुलसा का प्रतिरोधी। यह किस्म ताजा बेचने के लिए उपयुक्त है । इस किस्म की उपज क्षमता 130 दिनों में 460 क्विंटल प्रति हेक्टेयर है। यह किस्म हिमाचल प्रदेश, जम्मू-कश्मीर, उत्तर प्रदेश की पहाड़ियों, पंजाब, उत्तर प्रदेश के तराई क्षेत्र, बिहार, झारखंड, कर्नाटक, तमिलनाडु और केरल के लिए अनुशंसित है।

अर्का सौरभ (Arka Saurabh)

यह कनाडा के प्रजनन वंश वी-685 का शुद्ध वंशावली चयन है। फल मध्यम बड़ा (70-80 ग्रा.), गोलाकार और हल्के हरे स्कंध वाले, गहरे लाल व दृढ़ और निप्पल की नोक वाले होते हैं। यह किस्म ताज़ा बेचने और प्रसंस्करण के लिए उपयुक्त है । इस किस्म की उपज क्षमता 140 दिनों में 300-350 क्विंटल प्रति हेक्टेयर है। यह किस्म हिमाचल प्रदेश, जम्मू-कश्मीर, उत्तर प्रदेश की पहाड़ियों, पंजाब, उत्तर प्रदेश के तराई क्षेत्र, बिहार, झारखंड, छत्तीसगढ़, उड़ीसा, आंध्र प्रदेश, राजस्थान, गुजरात, हरियाणा, दिल्ली, मध्य प्रदेश, महाराष्ट्र, कर्नाटक, तमिलनाडु और केरल के लिए अनुशंसित है।

अर्का विकास (Arka Vikas)

यह अमेरिकी किस्म टिप-टॉप का शुद्ध वंशावली चयन है। फल मध्यम बड़ा (80-90 ग्रा.), अण्डाकार और हल्के हरे स्कंध वाले, पकने पर गहरे लाल होते हैं। यह किस्म ताजा बेचने के लिए उपयुक्त है । वर्षा-आधारित और सिंचित परिस्थितियों में खेती के लिए अनुकूल। इस किस्म की उपज क्षमता 140 दिनों में 350 क्विंटल प्रति हेक्टेयर है। यह किस्म हिमाचल प्रदेश, जम्मू-कश्मीर, उत्तर प्रदेश की पहाड़ियों, पंजाब, उत्तर प्रदेश के तराई क्षेत्र, बिहार, झारखंड, छत्तीसगढ़, उड़ीसा, आंध्र प्रदेश, राजस्थान, गुजरात, हरियाणा, दिल्ली, मध्य प्रदेश, महाराष्ट्र, कर्नाटक, तमिलनाडु और केरल के लिए अनुशंसित है।

अर्का मेघाली (Arka Meghali)

यह किस्म अर्का विकास x IIHR-554 क्रॉस का एक वंशावली चयन (F8) है । फल मध्यम (65 ग्राम), हल्के हरे रंग के कंधे और गहरे लाल रंग के फल होते हैं। ताजा बाजार के लिए उपयुक्त। बारानी खेती के लिए उपयुक्त है । इस किस्म की उपज क्षमता 125 दिनों में 180 क्विंटल प्रति हेक्टेयर है।

अर्का आभा (Arka Abha)

यह किस्म AVRDC, ताइवान से IIHR-663-12-3-SB-SB-SB (VC-8-1-2-1) से एक शुद्ध लाइन चयन है। फल हल्के हरे रंग के कंधे के साथ चपटे होते हैं, जिनका अंत 75 ग्राम के औसत फलों के वजन के साथ होता है। पकने पर गहरा लाल रंग विकसित होता है। यह किस्म बैक्टीरियल विल्ट के लिए प्रतिरोधी है । ताजा बाजार के लिए उपयुक्त। इस किस्म की उपज क्षमता 140 दिनों में 430 क्विंटल प्रति हेक्टेयर है। यह पूरे भारत के लिए अनुशंसित है।

काशी अमृत (Kashi Amrit)

इस किस्म के फल गोल, आकर्षक लाल और मांसल होते हैं जिनका औसत वजन 108 ग्राम होता है। टीओएलसीवी (ToLCV) प्रभावित अवधि के दौरान खेती के लिए उपयुक्त। 620 क्विंटल प्रति हेक्टेयर की औसत उपज देता है। यह किस्म यूपी, बिहार और झारखंड के लिए अनुशंसित है।

काशी अनुपम (Kashi Anupam)

इस किस्म के पौधे निर्धारित वृद्धि (determinate) वाले होते हैं, फल बड़े, चपटे गोल (फल के फूल के सिरे पर थोड़े से इंडेंटेड), आकर्षक लाल, मध्यम परिपक्वता रोपाई के 75-80 दिनों के बाद। औसत उपज 500-600 क्विंटल प्रति हेक्टेयर। यह किस्म राजस्थान, गुजरात और हरियाणा के लिए अनुशंसित है।

काशी हेमंत (Kashi Hemant)

इस किस्म के पौधे निर्धारित वृद्धि (determinate) वाले होते हैं, फल आकर्षक लाल और गोल होते हैं, वजन 80 से 85 ग्राम तक होता है। औसत उपज 400- 420 क्विंटल प्रति हेक्टेयर है । यह किस्म छत्तीसगढ़, उड़ीसा, आंध्र प्रदेश और मध्य प्रदेश के लिए इसकी सिफारिश की जाती है।

काशी शरद (Kashi Sharad)

इस किस्म के पौधे अनिर्धारित वृद्धि (indeterminate) वाले होते हैं, पत्ते चौड़े, फल आकर्षक लाल, थोड़े अंडाकार, दृढ़, मोटे पेरिकारप, लंबी शेल्फ लाइफ, वजन 90 से 95 ग्राम। औसत उपज 400-500 क्विंटल प्रति हेक्टेयर। यह किस्म जम्मू-कश्मीर, हिमाचल प्रदेश और उत्तरांचलके लिए अनुशंसित है।

काशी विशेष (Kashi Vishesh)

इस किस्म के पौधे निर्धारित वृद्धि (determinate) वाले होते हैं, फल गहरे हरे, फल लाल, गोलाकार, आकार मध्यम से बड़े, वजन 80 ग्राम, रोपाई के बाद 70-75 दिनों में पहली कटाई होती है। यह किस्म टीएलसीवी के लिए प्रतिरोधी है, औसत उपज 400-450 क्विंटल प्रति हेक्टेयर है । यह किस्म जम्मू-कश्मीर, हिमाचल प्रदेश, उत्तरांचल, पंजाब, उत्तर प्रदेश, बिहार, झारखंड, छत्तीसगढ़, उड़ीसा, आंध्र प्रदेश और कर्नाटक, तमिलनाडु और केरल के लिए अनुशंसित है।

खेत की तैयारी कैसे करें (How to prepare land)

टमाटर (Tomato) के लिए ग्रीष्मकालीन (summer) जुताई 3 वर्ष में कम से कम एक बार अवश्य करनी चाहिये। इससे हानि पहुंचाने वाले कीट एवं फफूंद नष्ट होते है। रोपाई के पूर्व 2 या 3 बार बखर चलाए तथा रोटावेटर चलाकर खेत को समतल कर लेना चाहिये। ढेला रहित और भुरभुरी मिट्टी वाले खेत टमाटर के लिये उत्तम होते हैं। खेत में पानी भरने से टमाटर की फसल पर प्रतिकूल प्रभाव पड़ता है अत: अधिक उत्पादन के लिये खेत में जल निकास की व्यवस्था करना आवश्यक होता है।

बीज दर (Seed rate)

टमाटर की ओपी क़िस्मों के लिए 300-375 ग्राम बीज प्रति हेक्टेयर आवश्यक होता है । टमाटर की संकर क़िस्मों के लिए 150 ग्राम बीज प्रति हेक्टेयर आवश्यक होता है ।

पौध तैयार करने का उपयुक्त समय (Suitable time to prepare seedlings)

टमाटर के बीज की नर्सरी में बुआई शरदकालीन फसल के लिए जून- जुलाई, बसंतकालीन फसल के लिए सिंतबर- अक्टूबर में की जाती है। पहाड़ी क्षेत्रों में मार्च अप्रैल में बुआई करना उपयुक्त होता है। बुआई के 28 से 30 दिनों बाद पौध रोपाई के लिए तैयार हो जाती है।

पौध तैयार करना (Raising of seedlings)

- नर्सरी मे बुवाई हेतु 3 X 1 मीटर की भूमि से 15 सेमी ऊठी हुई क्यारियां बनाएं । गोबर की खाद 4 किलोग्राम प्रति वर्ग मीटर की दर से मिटटी में मिलावें ।
- बीजों को बुवाई के पूर्व मेटलैक्सिल-एम 31.8% ईएस 2 मिली प्रति किलोग्राम बीज या *स्यूडोमोनास फ्लोरेसेंस* 0.5% डब्ल्यूपी 10 ग्राम प्रति किलोग्राम बीज या *ट्राइकोडर्मा विरडी* 1.0% डब्ल्यूपी 4 ग्राम प्रति किलोग्राम बीज की दर से उपचारित करें ।

- बीजों की क्यारिओं में 5 से.मी. की दूरी रखते हुये कतारों में बुवाई करें। बीज बोने के बाद गोबर की खाद या मिट्टी ढक दें और हजारे से पानी देवें ।
- 28 से 30 दिन की पौध खेत में रोपाई के लिए तैयार हो जाती है ।

प्रो- ट्रे में पौध तैयार करने की विधि (Method of preparation of seedlings in pro-trays)

- पौध को 40–50 मेश की कीट अवरोधी नायलान जाली युक्त नेट हाउस के अन्दर तैयार किया जाता हैं।
- सबसे पहले प्रो ट्रे को कोकोपीट से भर दें। इसके बाद ट्रे के कोश के बीच मे 0.5 सेमी गहरा छिद्र बनाकर एक बीज एक छिद्र में बोयें इसके बाद ट्रे में ऊपर से और कोकोपीट डालकर बीजों को ढँक देवें।
- टमाटर के बीज को बुवाई के पूर्व मेटलैक्सिल-एम 31.8% ईएस 2 मिली प्रति किलोग्राम बीज या *स्यूडोमोनास फ्लोरेसेंस* 0.5% डब्ल्यूपी 10 ग्राम प्रति किलोग्राम बीज या *ट्राइकोडर्मा विरडी* 1.0% डब्ल्यूपी 4 ग्राम प्रति किलोग्राम बीज की दर से उपचारित करें।
- बुआई के पश्चात् ट्रेज को 4 दिनों (अंकुरण होने से पूर्व) तक पालीथीन से ढक देते हैं, इससे अंकुरण अधिक एवं जल्दी होता है।
- 5 वें दिन ट्रेज से पोलीथीन शीट को हटाकर ट्रेज को नेट हाउस में एक एक करके अलग अलग रख देते हैं। इसके बाद ट्रेज में सिंचाई करें।
- प्लग- ट्रे में लगी नर्सरी पौध पर पानी इस तरीके से डालें जिससे प्रत्येक सेल्स (पौधे) में हमेशा पर्याप्त नमी बनी रहे। सिंचाई फुहार के माध्यम से सुबह के समय डालें।
- एहतियात के तौर पर बीज जमाव के लगभग एक सप्ताह बाद मेनकोज़ेब 75% डब्ल्यूपी 2.5 ग्राम प्रति लीटर पानी में घोलकर पौध की जड़ों में ड्रेंचिंग करने से नर्सरी में फफूंद जनित रोग जैसे आर्दगलन (Damping off) के प्रकोप से बचा जा सकता है।
- बीज बुआई के 12 दिन बाद इमिडाक्लोप्रीड 17.8% एसएल 0.30 मिली प्रति लीटर पानी में घोलकर छिडकाव करें।
- टमाटर की पौध 28 दिनों बाद रोपाई के लिए तैयार हो जाती है।

एकीकृत पोषक तत्व प्रबंधन (Integrated Nutrient Management)

अधिक उपज के लिए खाद एवं उर्वरकों का उपयोग मिट्टी परीक्षण के आधार पर किया जाना चाहिए। सामान्तया रोपाई के पूर्व 250 क्विंटल गोबर की पूर्णतः पकी हुयी खाद या 50 क्विंटल वर्मी कम्पोस्ट प्रति हेक्टेयर की दर से मिटटी में मिलाएं। साथ ही नत्रजन 120 किलोग्राम, स्फूर 100 किलोग्राम तथा पोटाश 50 किलोग्राम प्रति हेक्टेयर की दर से देना चाहिए। एक-तिहाई नत्रजन और स्फूर और पोटाश की पूरी मात्रा का मिश्रण बनाकर रोपण से पूर्व मिट्टी में अच्छी तरह मिला देना चाहिए। शेष नत्रजन की मात्रा को तीन बराबर भागों में बांटकर रोपण के 30, 45 ओर 60 दिन बाद छिडकाव (टॉपड्रेसिंग) के रूप में डालकर मिट्टी में मिला देनी चाहिए। यदि मिट्टी में बोरान की कमी हो तो रोपण के समय 10 किलोग्राम बोरेक्स प्रति हेक्टेयर की दर से डालकर मिट्टी में भली भांति मिला देना चाहिए।

फर्टीगेशन तकनीक द्वारा संकर टमाटर में पोषक तत्व प्रबंधन (Nutrient management by fertigation technique in hybrid tomato)

संकर टमाटर में खाद एवं उर्वकों का उपयोग मृदा परीक्षण के आधार पर करें। ड्रिप (drip) द्वारा उर्वरकों का उपयोग करने की तकनीक को फर्टीगेशन (fertigation) कहते हैं। इस विधि में फर्टीलाइजर टैंक या वेंचुरी के माध्यम से पानी मे घुलनशील उर्वरकों का उपयोग करते हैं। सामान्तया संकर टमाटर में रोपाई के पूर्व 250 क्विंटल गोबर की पूर्णतः पकी हुयी खाद या 50 क्विंटल वर्मी कम्पोस्ट प्रति हेक्टेयर की दर से मिटटी में मिलाएं। इसके अतिरिक्त टमाटर की संकर किस्मों को 200 किलोग्राम नत्रजन, 250 किलोग्राम फॉस्फोरस एवं 250 किलोग्राम पोटाश प्रति हेक्टेयर की दर से आवश्यकता होती है। इसमें फॉस्फोरस का 75% पौध की रोपाई के पूर्व देवें। नत्रजन, पोटाश की पूरी मात्रा एवं फॉस्फोरस की शेष मात्रा ड्रिप द्वारा घुलनशील उर्वरकों जैसे 19:19:19, 00:52:34, 13:00:45, 12:61:00, यूरिया के माध्यम से 5 किलोग्राम प्रति हेक्टेयर सप्ताह में दो बार देवें। मैग्नीशियम सल्फेट एवं कैल्शियम नाइट्रेट माह में एक बार 5 किलोग्राम प्रति हेक्टेयर एवं बोरान एवं सूक्ष्म पोषक तत्व 1 ग्राम प्रति हेक्टेयर दो माह में एक बार ड्रिप के माध्यम देवें। पौध रोपण के 40 दिन बाद एवं 60 दिन बाद सूक्ष्म पोषक तत्व 500 ग्राम प्रति हेक्टेयर 500 लीटर पानी में घोलकर पत्तियों पर छिड़काव करें।

पौध रोपण तकनीक (Planting technique)

टमाटर की ओपी क़िस्मों को 60 X 45 सेमी या 90 X 30 सेमी पंक्ति से पंक्ति एवं पौधे से पौधे की आपसी दूरी पर रोपण करें। टमाटर की संकर क़िस्मों को उठी हुई बेड्स पर 120 सेमी. पंक्ति से पंक्ति एवं 40 सेमी. पौधे से पौधे की आपसी दूरी पर रोपण करें इस पद्धति में ड्रिप द्वारा सिंचाई की जाती है एवं पानी मे घुलनशील उर्वरकों का ड्रिप द्वारा उपयोग किया जाता है। रोपाई के पूर्व पौध को **इमिडाक्लोप्रीड 17.8% एसएल 0.3 मिली प्रति लीटर** पानी के घोल में 5 मिनट पौध की जड़ों को डुबोने के बाद खेत में रोपाई करें।

प्लास्टिकमल्च का उपयोग कैसे करें (How to use plastic mulch)

टमाटर की आधुनिक खेती में सिंचाई के लिए ड्रिप पद्धति के साथ-साथ 30 माइक्रोन मोटाई वाली सिल्वर ब्लैक कलर की प्लास्टिक मल्चिंग शीट का प्रयोग किया जाता है। जिससे खरपतवार प्रबंधन के साथ साथ सिंचाई जल की मात्रा में भी कम आती है एवं टमाटर में रस चूसक कीट का प्रकोप कम होता है मल्चिंग तकनीक से उपज में 40 से 50% की वृद्धि पाई गई है।

सिंचाई प्रबंधन (Irrigation management)

टमाटर में पहली सिंचाई प्रतिरोपण के तुरंत बाद करनी चाहिए। टमाटर में 8-12 दिनों पर सिंचाई करें। जाड़े में पाला तथा गर्मी में 'लू' से बचाव के लिए 10-12 दिनों पर सिंचाई करें। टमाटर में ड्रिप सिंचाई द्वारा मृदा के प्रकार, मौसम एवं फसल की उम्र के अनुसार प्रतिदिन या एक दिन छोड़कर सिंचाई की जा सकती है।

खरपतवार नियंत्रण कैसे करें (How to control weeds)

टमाटर में पौध रोपण के चार सप्ताह के दौरान हल्की निराई-गुड़ाई जरूरी होता है ताकि खेत से खरपतवार (weeds) को निकाला जा सके। प्रत्येक सिंचाई के बाद जब मिट्टी सूखती है तब खुरपी की मदद से मिट्टी को ढीला किया जाता है। इस दौरान जितना भी घास-फूस होता है उसे ठीक से निकाल देना चाहिए। मेट्रिब्यूज़ीन 70% डब्ल्यूपी 750 ग्राम प्रति हेक्टेयर 500 लीटर पानी मे घोलकर रोपाई के पूर्व छिडकाव करें ।

पौधों को सहारा कैसे दें (How to support plants)

टमाटर की फसल से अधिकतम और गुणवत्तापूर्ण उत्पादन लेने के लिए पौधों को सहारा देना आवश्यक है। स्टेकिंग तकनीक (Staking Method) से टमाटर की खेती करने के लिए बांस के डंडे, लोहे के पतले तार और सुतली की आवश्यकता होती है । स्टेकिंग विधि में बांस के सहारे तार लगाये जाते हैं और रस्सी की सहायता से पौधे की टहनियों को तारों से बांधा जाता है । इस विधि में खेत में 4 से 5 फीट की दूरी पर उठी हुई मेड़ (Raised Beds) तैयार कर ली जाती हैं, इन बेड्स पर टमाटर की पौध की रोपाई 40-60 सेमी की दूरी पर की जाती है, मेड़ के ऊपर 12 फीट की दूरी पर 6 -7 फीट के ऊंचे बांस के डंडे क्रॉस में खड़े कर दिए जाते हैं । दोनों किनारों पर तीन बांस लगाए जाते हैं ओर इन्हें जी आई बायर की सहयता से मेड पर एक लोहे का सरिया या लकड़ी का खूटा गाडकर खूटें से बांध देते हैं । रोपाई के 30 दिन के बाद जब पौधों की ऊँचाई 45 सेमी हो जाए तब पौधों को बांस पर लगे तारों से बांधा जाता है । जैसे- जैसे पौधे बड़ते जाते हैं, उन्हें बांध दिया जाता है, ऐसा करने से फल मिट्टी के संपर्क में नहीं आते और पौधे भी समान रूप से बढ़ते हैं और अधिक उपज देते हैं ।

तुड़ाई, उपज एवं विपणन (Harvesting, Production and Marketing)

टमाटर के फलों का रंग हल्का लाल होना शुरू हो उस अवस्था मे फलों की तुडाई करें तथा फलो की ग्रेडिंग (grading) कर कीट व व्याधि ग्रस्त फलो दागी फलो छोटे आकार के फलो को छाटकर अलग करें। ग्रेडिंग किये फलों को कैरेट मे भरकर अपने निकटतम सब्जी मण्डी या जिस मण्डी मे अच्छा टमाटर का भाव हो वहा ले जाकर बेचें। टमाटर की उन्नत विधि से खेती करने पर ओपी किस्मों से 400 से 500 क्विंटल प्रति हेक्टेयर एवं संकर किस्मों से 750 से 1000 क्विंटल प्रति हेक्टेयर उपज प्राप्त हो सकती है।

एकीकृत कीट एवं रोग प्रबंधन (Integrated Pest and Disease Management)

प्रमुख कीट (Major Insects)

फल छेदक (Fruit borer)

इस कीट का वैज्ञानिक नाम ***हेलिकोवर्पा आर्मिगेरा (Helicoverpa armigera)*** है। इस कीट का सबसे हानिकारक अवस्था युवा लार्वा होता है । अंडे सेने पर लार्वा मुलायम पत्ते पर हमला करते हैं तथा बाद के चरण में फलों पर आक्रमण करते हैं । एक लार्वा 2-8 फल नष्ट करने में सक्षम है। ऐसे फल उपभोक्ताओं द्वारा पसंद नहीं किये जाते हैं। फल पर किए गए छेद गोल होते हैं, और केवल छेद के अंदर ऊपरी हिस्से को ही खाते हैं । इसका आक्रमण हरे फल पर अधिक है और अम्लता बढ़ जाती है और ये फल धीरे-धीरे कम पसंद किए जाते हैं ।

प्रबंधन (Management)

- 40 दिन पुराने अफ्रीकन लंबा गेंदा और 25 दिन पुरानी टमाटर की पौध को 1:16 के अनुपात में पंक्तियों में एक साथ रोपाई करें । मादा पतंगे अण्डे देने के लिए गेंदे की ओर आकर्षित होती हैं । गेंदे के फूलों पर एचएएनपीवी का छिडकाव करें या उनमें फल छेदक इल्ली को नष्ट करें।
- प्रकाश प्रपंच 1 प्रति हेक्टेयर की स्थापना से वयस्क पतंगों को मारने के लिए आकर्षित किया जा सकता है ।
- फेरोमोन जाल की 10-12 प्रति हेक्टेयर की दर से स्थापित करें ।
- क्षतिग्रस्त फलों को इकट्ठा करके नष्ट कर देना चाहिए।
- प्रारंभिक दौर लार्वा को मारने के लिए 4% नीम के बीज गिरी के तेल का छिड़काव करें।
- 'टी' आकार की खूँटी 50 प्रति हेक्टेयर की दर से पक्षियों के बैठने के लिए लगाना चाहिए जो कीटभक्षी पक्षियों को आमंत्रित करने में मदद करता है।

- नीम तेल 10000 पीपीएम 1000-1500 मिली प्रति हेक्टेयर 500 लीटर पानी मे घोलकर छिडकाव करें या *बेसिलस थूरिनजेंसिस* 1000-1500 ग्राम प्रति हेक्टेयर 500 लीटर पानी मे घोलकर छिडकाव करें।
- अधिक प्रकोप की अवस्था मे साइंट्रानिलिप्रोएल 10.26% ओडी 900 मिली प्रति हेक्टेयर 500 लीटर पानी मे घोलकर छिडकाव करें या फ्लुबेंडियमाइड 20% डब्ल्यूजी 100 ग्राम प्रति हेक्टेयर 500 लीटर पानी मे घोलकर छिडकाव करें या इनडॉक्साकार्ब 14.50% एससी 500 मिली प्रति हेक्टेयर 500 लीटर पानी मे घोलकर छिडकाव करें या क्लोरोन्ट्रेनिलीप्रोल 18.5% एससी 150 मिली प्रति हेक्टेयर 500 लीटर पानी मे घोलकर छिडकाव करें या लैम्ब्डा-सायलोथ्रिन 5% ईसी 300 मिली प्रति हेक्टेयर 500 लीटर पानी मे घोलकर छिडकाव करें।

तम्बाकू की इल्ली (Tobacco caterpillar)

इस कीट का वैज्ञानिक नाम ***स्पोडोप्टेरा लिटुरा (Spodoptera litura)*** है। प्रारंभिक अवस्था में, कैटरपिलर लीफ लैमिना की क्लोरोफिल सामग्री को खुरचते हैं । बाद में वे पत्तियों पर अनियमित छेद करते हैं। फलों पर भी अनियमित छेद करते हैं।

प्रबंधन (Management)

- 'टी' आकार की खूँटी 50 प्रति हेक्टेयर की दर से पक्षियों के बैठने के लिए लगाना चाहिए जो कीटभक्षी पक्षियों को आमंत्रित करने में मदद करता है।
- प्रारंभिक दौर में लार्वा को मारने के लिए 5 % नीम बीज गिरी सत (NSKE) का छिड़काव करें।
- अधिक प्रकोप की अवस्था मे साइंट्रानिलिप्रोएल 10.26% ओडी 900 मिली प्रति हेक्टेयर 500 लीटर पानी मे घोलकर छिडकाव करें या फ्लुबेंडियमाइड 20% डब्ल्यूजी 100 ग्राम प्रति हेक्टेयर 500 लीटर पानी मे घोलकर छिडकाव करें या इनडॉक्साकार्ब 14.50% एससी 500 मिली प्रति हेक्टेयर 500 लीटर पानी मे घोलकर छिडकाव करें या क्लोरोन्ट्रेनिलीप्रोल 18.5% एससी 150 मिली प्रति हेक्टेयर 500 लीटर पानी मे घोलकर छिडकाव करें या लैम्ब्डा-सायलोथ्रिन 5% ईसी 300 मिली प्रति हेक्टेयर 500 लीटर पानी मे घोलकर छिडकाव करें।

सफेद मक्खी (Whitefly)

इस कीट का वैज्ञानिक नाम ***बेमिसिया टबैकी (Bemisia tabaci)*** है। इस कीट के वयस्क और शिशु दोनों पौधे का रस चूसते हैं और पौधे की शक्ति को कम करते हैं। मादा ज्यादातर पत्तियों के नीचे शिराओं के पास अंडे देती हैं। सफेद मक्खी टमाटर में लीफ कर्ल वायरस रोग (Tomato leaf curl virus) को संचारित करती है ।

प्रबंधन (Management)

- सफेद मक्खी की निगरानी के लिए पीले चिपचिपे कार्ड 25 प्रति हेक्टेयर की दर से खेत में लगावें।
- कीट के प्रकोप की शुरुआत में *वर्टीसिलीयम लेकेनाई* 1.50% @ 2000 मिली प्रति हेक्टेयर 500 लीटर पानी मे घोलकर छिडकाव करें।
- अधिक प्रकोप की अवस्था में थायोमिथाक्साम 25% डब्ल्यूजी 200 ग्राम प्रति हेक्टेयर 500 लीटर पानी मे घोलकर छिडकाव करें या इमिडाक्लोप्रीड 17.8% एसएल 150 मिली प्रति हेक्टेयर 500 लीटर पानी मे घोलकर छिडकाव करें या साइंट्रानिलिप्रोएल 10.26% ओडी 900 मिली प्रति हेक्टेयर 500 लीटर पानी मे घोलकर छिडकाव करें या स्पिरोमेसिफेन 22.9% एससी 600 मिली प्रति हेक्टेयर 500 लीटर पानी मे घोलकर छिडकाव करें।

थ्रिप्स (Thrips)

इस कीट का वैज्ञानिक नाम ***थ्रिप्स टबैकी (Thrips tabaci)*** है। इस कीट के शिशु और वयस्क पत्तियों से रस चूसते हैं। जिसके कारण पत्तियां पीली पड़ जाती हैं और प्रभावित पत्तियों पर चांदी जैसी चमक दिखाई देती है।

प्रबंधन (Management)

- साइंट्रानिलिप्रोएल 10.26% ओडी 900 मिली प्रति हेक्टेयर 500 पानी मे घोलकर छिडकाव करें या थियामेथोक्साम 12.60% + लैंबडा-सायलोथ्रिन 09.50% जेडसी 125 मिली प्रति हेक्टेयर 500 लीटर पानी मे घोलकर छिडकाव करें।

माहू (Aphid)

इस कीट की ***माईजस पर्सिका (Myzus persicae), एफिस गॉसिपी (Aphis gossypii), एफिस फैबे (Aphis fabae)*** एवं ***एफिस क्रेसिवोरा (Aphis craccivora)*** स्पीशीज नुकसान पहुंचातीहैं । इस कीट के शिशु और वयस्क पत्तियों एवं कोमल भागों से रस चूसते हैं। जिसके कारण

पौधों की वृधि बाधित होती है ।

प्रबंधन (Management)

- साइंट्रानिलिप्रोएल 10.26% ओडी 900 मिली प्रति हेक्टेयर 500 लीटर पानी मे घोलकर छिडकाव करें।

मकड़ी (Mites)

इसका वैज्ञानिक नाम *टेट्रान्सीकस सिनाबारिनस* (*Tetrancychus cinnabarinus*) है। मकड़ी जैसे लाल रंग का घुन, पत्ते के नीचे धागेनुमा आकृति बनाकर उसका रस चूसती है । जिससे पत्ते का ऊपरी भाग पीले रंग जैसा दिखाई देता है। बाद में पत्ता मुड़कर पूरी तरह से सूख जाता है । जिससे पैदावार पर प्रतिकूल प्रभाव पड़ता है । यह कीट गर्म आर्द्र जलवायु में अधिक सक्रिय हो जाता है।

प्रबंधन (Management)

- फेनजाक्विन 10% ईसी 1250 मिली प्रति हेक्टेयर 500 लीटर पानी मे घोलकर छिडकाव करें या स्पिरोमेसिफेन 22.9% एससी 850 मिली प्रति हेक्टेयर 500 लीटर पानी मे घोलकर छिडकाव करें।
- मकड़ीनाशकों का अदल बदल कर छिड़काव करें।

सर्पेन्टाइन लीफ माइनर (Serpentine leaf miner)

इस कीट का वैज्ञानिक नाम *लिरियोमायज़ा ट्राइफोलि* (*Liriomyza trifolii*) है। इस कीट का लार्वा क्लोरोफिल खाता है एवं एपिडर्मल परतों के बीच में सुरंग बनाता है। गंभीर मामलों में पत्तियों का सूख जाती हैं।

प्रबंधन (Management)

- कीट के प्रकोप के शुरुआत में नीम बीज गिरी सत (NSKE) 5% का छिड़काव करें।
- अधिक प्रकोप की अवस्था में साइंट्रानिलिप्रोएल 10.26% ओडी 900 मिली प्रति हेक्टेयर 500 पानी मे घोलकर छिडकाव करें।

प्रमुख रोग (Major diseases)

डेम्पिग ऑफ (Damping off)

यह रोग ***पाइथियम एफनिडर्मेटम*** (***Pythium aphanidermatum***) नामक फफूंद से होता है। सर्वाधिक संक्रमण *पीथियम* नामक फफूंद से होता है कृषक इस रोग को स्थानीय स्तर पर कमर तोड़ रोग के नाम से पुकारता है। यह रोपणी में लगने वाला प्रमुख रोग है एवं टमाटर के अलावा अन्य फसल जैसे मिर्च गोभी आदि में भी यह आता है। इस रोग के लक्षण पौधों पर दो रूप मे दिखाई देता है। बीज अंकुरित होकर भूमि की सतह से निकलने के पूर्व संक्रमित होकर नष्ट हो जाते हैं। जिससे रोपणी में ऐसा प्रतीत होता है कि बीज अंकुरित हुआ है अंकुरण के पश्चात पौधे के तनों पर इस रोग का आक्रमण होता है एवं तने का विगलन होने पर पौधे भूमि की सतह पर लुड़क कर नष्ट हो जाता है। रोपणी में पौधों की घनी बुवाई एवं आवश्यकता से अधिक नमी की उपलब्धता इस रोग को बढ़ाने में सहायक होते है।

प्रबंधन (Management)

- रोपणी का स्थान हर वर्ष बदल दें एवं रोपणी स्थल को या तो सूर्य ऊर्जा से या फार्मेलिन 1 भाग एवं 7 भाग पानी से उपचारित करें।
- उचित नर्सरी प्रक्षेत्र की तैयारी और अच्छा जल निकास प्रबंधन से काफी इस बीमारी को कम किया जा सकता है ।
- अंकुरण के लिए छिड़काव विधि का उपयोग करके तथा पानी के बेहतर नियंत्रण रखने से संक्रमण की संभावना कम हो जाती है ।
- *ट्राइकोडर्मा विरडी* 4 ग्राम/किलोग्राम से बुवाई के पहले बीज को उपचारित करें या मेटलैक्सिल-एम 31.8% ईएस 2 मिली प्रति किलोग्राम बीज की दर से उपचारित करें।
- पानी के ठहराव से बचा जाना चाहिए।
- बीजों की बुवाई कतार में करें एवं वायु संचार एवं खरपतवार प्रबंधन हेतु सावधानीपूर्वक गुड़ाई करें।
- जल प्रबंधन उत्तम होना चाहिए । अतिरिक्त जल रोग के संक्रमण एवं प्रसार में सहायक होती है।
- संक्रमण होने पर रोगग्रस्त पौधों को नष्ट करें नमी यथा संभव कम करें।

अगेती झुलसा (Early blight)

यह रोग *अल्टरनेरिया सोलानी* (*Alternaria solani*) नामक फफूंद से होता है। अगेती झुलसा से संक्रमित के कारण पत्ते, तने और फल पर 0.25 से 0.5 इंच (6-12 मिमी) वृत्ताकार में छोटे काले या भूरे रंग के धब्बे विकसित हो जाते हैं । पत्ते पर धब्बे कठोर होते हैं और अक्सर एक गहरे अंगूठीनुमा दिखते हैं । वे आम तौर पर पहले पुरानी पत्तियों पर दिखाई देते हैं । फल पर धब्बे शुष्क, धँसे हुए गहरे होते हैं अक्सर वे फल की बाह्यदलपुंज के अंत के पास होते हैं।

प्रबंधन (Management)

- किटाज़िन 48% ईसी 500 मिली प्रति हेक्टेयर 500 लीटर पानी मे घोलकर छिडकाव करें या पाइराक्लोस्ट्रोबिन 20% डब्ल्यूजी 500 ग्राम प्रति हेक्टेयर 500 लीटर पानी मे घोलकर छिडकाव करें या थाईफलूजामाइड़ 24% एससी 500 मिली प्रति हेक्टेयर 500 लीटर पानी मे घोलकर छिडकाव करें
- अधिक प्रकोप होने पर टेबुकोनाज़ोल 50% + ट्राईफ्लोक्सिस्ट्रोबिन 25% डब्ल्यूजी 350 ग्राम प्रति हेक्टेयर 500 लीटर पानी मे घोलकर छिडकाव करें या एजोक्सिस्ट्रोबिन 11% + टेबुकोनाज़ोल 18.3% एससी 750 मिली प्रति हेक्टेयर 800 लीटर पानी मे घोलकर छिडकाव करें या बोसकेलिड 25.2% + पाइराक्लोस्ट्रोबिन 12.8% डब्ल्यूजी 500 ग्राम प्रति हेक्टेयर 500 लीटर पानी मे घोलकर छिडकाव करें या मेटिराम 55% + पायराक्लोस्ट्रोबिन 5% डब्ल्यूजी 1500 ग्राम प्रति हेक्टेयर 500 लीटर पानी मे घोलकर छिड़काव करें।
- फफूँद नाशक दवाओं का 10 से 15 दिन के अंतराल पर अदल बदल कर छिडकाव करें।

पछेती अंगमारी (Late blight)

यह रोग *फाइटोफ्थोरा इन्फेस्टेन्स* (*Phytopthora infestans*) नामक फफूंद से होता है। इस रोग के लक्षण सबसे पहले पत्तियों पर छोटे, पानी से लथपथ क्षेत्रों में दिखाई देते हैं जो तेजी से बैंगनी-भूरे रंग, तेल से दिखने वाले धब्बों के रूप में दिखाई देते हैं । पत्तियों के निचले हिस्से की ओर भूरा सफेद फुई और बीजाणु के गठन संरचनाओं के छल्ले धब्बों के चारों ओर दिखाई दे सकते हैं । पूरे पत्ते सूख जाते हैं और संक्रमण जल्दी से पर्णवृन्त और युवा तने में फैल जाता है । संक्रमित फल भूरे रंग का हो जाता है लेकिन माध्यमिक क्षय जीवों से संक्रमित रहते हैं; आमतौर पर लक्षण फल के ऊपरी भाग से शुरू होकर भूमि की तरफ बढ़ता है ।

प्रबंधन (Management)

- कॉपर ऑक्सीक्लोराइड 50% डब्ल्यूपी 2500 ग्राम प्रति हेक्टेयर 750-1000 लीटर पानी मे घोलकर छिडकाव करें या साइज़ोफामिड 34.5% एससी 200 मिली प्रति हेक्टेयर 500 लीटर पानी मे घोलकर छिडकाव करें या मंडीप्रोपामिड 23.4% एससी 400 मिली प्रति हेक्टेयर 200 लीटर पानी मे घोलकर छिड़काव करें।
- अधिक प्रकोप होने पर फैमोक्सैडोन 16.6% + सिमोक्सानिल 22.1% एससी 500 मिली प्रति हेक्टेयर 500 लीटर पानी मे घोलकर छिडकाव करें या एजोक्सिस्ट्रोबिन 18.2% + डायफेनाकोनाजोल 11.4% एससी 500 मिली प्रति हेक्टेयर 500 लीटर पानी मे घोलकर छिडकाव करें।
- फफूँद नाशक दवाओं का 10 से 15 दिन के अंतराल पर अदल बदल कर छिडकाव करें।

उखटा रोग (Wilt disease)

यह रोग *फुसैरियम ऑक्सीस्पोरम* एफ. एसपी. *लाइकोपर्सिसिकी* (*Fusarium oxysporum* f. sp. *Lycopersici*) नामक फफूंद से होता है। यह फफूँद जनित रोग है जो आरम्भिक जड़ों के माध्यम से पूरे पौधों को संक्रमित करता है । इससे संक्रमित पौधों की शाखाओं और पत्ते पीले हो जाते हैं। कभी-कभी एक शाखा या पौधे के एक तरफ का भाग प्रभावित हो जाता है । संक्रमित पौधे अक्सर मर जाते हैं । एक गहरे भूरे रंग की संवहनी मलिनकिरण तने तक फैल जाती है

प्रबंधन (Management)

- नर्सरी बेड की तैयारी से पहले मिट्टी को अच्छे से धूप लगायें ।
- बुआई से पूर्व बीज को *स्यूडोमोनास फ्लोरसेंस* (पीएफ) (10 ग्राम/किग्रा) के साथ उपचार करे ।
- बाद में *स्यूडोमोनास फ्लोरसेंस* 1 (20 ग्रा/वर्ग मीटर) नर्सरी में डालें बाद में पौध को लगाने से पहले *स्यूडोमोनास फ्लोरसेंस* 1 (5 ग्राम/लीटर) में डुबोएं तथा मिटटी में *स्यूडोमोनास फ्लोरसेंस* 5 किलोग्राम प्रति हेक्टेयर 100 किलो गोबर की खाद में मिलाकर रोपाई के 30 दिनों के बाद में डालें।

जीवाणु जन्य उकठा (Bacterial wilt)

यह रोग ***राल्सटोनिया सोलेनिसियेरम (Ralstonia solanacearum)*** नामक जीवाणु से होता है। इस रोग में जब फसल पूर्णत: विकसित होकर पूरी क्षमता से उत्पादन देने की स्थिति में आती है, तब अचानक स्वस्थ पौधे बिना किसी पीलेपन या धब्बे आदि के नीचे की तरफ झुक कर पूरा पौधा मुरझा जाता हैं एवं अन्त में नष्ट हो जाता हैं।

प्रबंधन (Management)

- फसल चक्र, जैसे लोबिया-मक्का गोभी, भिंडी-लोबिया-मक्का, मक्का-लोबिया-मक्का और बाजरा-बैंगन टमाटर के जीवाणु विल्ट को कम करने में प्रभावी पाए गए हैं।
- रोगाणु मुक्त बीज क्यारियों में उगाई गई पौध की रोपाई करें।
- प्रभावित खेत से स्वस्थ खेत में बहने वाले सिंचाई के पानी पर रोक लगावें ।
- नीम खली 2.5 क्विंटल प्रति हेक्टेयर की दर से रोपाई के पूर्व खेत में डालें ।

जीवाणु पत्ती धब्बा (Bacterial leaf spots)

यह रोग***ज़ैंथोमोनस कैंपेस्ट्रिस*** **पीवी.** ***वेसिकाटोरिया*** (*Xanthomonas campestris* pv.*Vesicatoria*) नामक जीवाणु से होता है। इस रोग में संक्रमित पत्तियाँ पर छोटे, भूरे, पानी से लथपथ, पीले रंग के प्रभामंडल से घिरे वृत्ताकार धब्बे दिखाई देते हैं। पुराने पौधों पर लीफलेट का संक्रमण ज्यादातर पुरानी पत्तियों पर होता है और इससे गंभीर पतझड़ हो जाता है। फलों पर छोटे, पानी से लथपथ धब्बे पहले दिखाई देते हैं जो बाद में उठे हुए और एक-आठवें से एक-चौथाई इंच व्यास तक बढ़ जाते हैं। इन घावों के केंद्र अनियमित, हल्के भूरे रंग के हो जाते हैं और खुरदरी, खुरदरी सतह के साथ थोड़े धँसे हुए हो जाते हैं। जीवाणु कोशिकाएं संक्रमित पौधे के मलबे और बीज (आंतरिक और बाहरी दोनों) पर जीवित रहती हैं और *सोलनम नाइग्रम* जैसे सोलेनसियस खरपतवारों पर भी जीवित रहती हैं। यह रोग नम मौसम और छिटपुट बारिश, उच्च आर्द्रता या लगातार ओस में तेजी से फैलता है।

प्रबंधन (Management)

- फसल चक्र अपनाएँ।
- रोगमुक्त बीज और पौध का प्रयोग हमेशा करना चाहिए।
- एक ही खेत में लगातार टमाटर की फसल नहीं लगाएं।
- रोग प्रतिरोधक किस्मों का उपयोग करें।
- स्ट्रेप्टोमाइसिन सल्फेट 90% + टेट्रासाइक्लीन हाइड्रोक्लोराइड 10% एसपी 100 पीपीएम (10 ग्राम प्रति 100 लीटर पानी) का छिडकाव पौध पर रोपाई के पूर्व एवं एक छिडकाव रोपाई के बाद खेत में करें।
- रोग के लक्षण दिखाई देते ही एग्रीमायसिन 100 पीपीएम (10 ग्राम प्रति 100 लीटर पानी) का छिडकाव 10 दिन के अंतराल पर तीन बार करें।

विषाणु रोग (Viral disease)

टमाटर की फसल में विषाणुजन्य मोजेक एवं **टमाटर लीफ कर्ल विषाणु (Tomato leaf curl virus)** बहुतायत से आते हैं। इन रोगों के कारण पत्तियां सिकुड़ कर छोटी हो जाती हैं। मुड़ कर विकृत हो जाती हैं एवं पत्तीयों में अनियमित आकार के पीले धब्बे बन जाते हैं। रोग ग्रस्त पौधे बौने हो जाते हैं। फूल एवं फलों की संख्या अत्यन्त कम हो जाते हैं। फल अत्यंत विकृत एवं गुणवत्ताहीन हो जाते हैं ।

प्रबंधन (Management)

- संतुलित मात्रा में पोषक तत्वों का प्रबंधन करें।
- रोपणी में 40 मेश कीट अवरोधक जाली लगा कर पौधा तैयार करे।
- फसल को खरपतवार एवं रोगग्रस्त पौधों से मुक्त रखें। रोग सहनशील प्रजातियों का चयन करे ।
- पौध संख्या अधिक नही रखे रोग के प्रसार को रोकने के लिए रोगग्रस्त पौधों को उखाड़कर नष्ट करें।
- रस चूसक कीटों के नियंत्रण के लिए थायोमिथाक्साम 25% डब्ल्यूजी 200 ग्राम प्रति हेक्टेयर 500 लीटर पानी मे घोलकर छिडकाव करें या इमिडाक्लोप्रीड 17.8% एसएल 150 मिली प्रति हेक्टेयर 500 लीटर पानी मे घोलकर छिडकाव करें।

टमाटर में मूलग्रंथि निमेटोड (Rootknot nematode)

जड़-गाँठ सूत्रकृमि ***मेलोइडोगाइन*** वंश (***Meloidogyne*** **genus**) के अंतर्गत आता है। वयस्क (adult) मादा नाशपाती की शक्ल की गोलाकार होती है। इस का अगला भाग पतला और अलग सा मालूम होता है. हर मादा करीब 250-300 अंडे देती है। ये अंडे एक लिसलिसे पदार्थ से निकलते हैं। अंडों के अंदर ही लार्वे पहली अवस्था पार करते हैं। दूसरी अवस्था के लार्वे अंडों से निकल कर मिट्टी के बीच रेंगते रहते हैं और जड़ों के पास पहुंचने पर उन से चिपक जाते हैं। ये जड़ों को बेध कर ऊतकों में पहुंच जाते हैं। जड़ों के अंदर ही लार्वों (larvae) का विकास होता है। इस निमेटोड (**nematode**) की शोषण क्रिया से पौधों के नए ऊतकों में तेजी से विभाजन होता है, उन की कोशिकाओं का आकार बढ़ जाता है और इस प्रकार ग्रंथियों का जन्म होता है। इन्हीं ग्रंथियों के अंदर निमेटोड (**nematode**) एक फसल काल से दूसरी फसल काल तक जीवित रह कर हमले करते हैं। निमेटोड (**nematode**) के असर से मूल ग्रंथि रोग होता है, जिस से पौधों की जड़ें खराब होती हैं। नतीजतन उन की बढ़वार रुक जाती है और पत्तियां पीली पड़ जाती हैं। फल बहुत कम लगते हैं और पौधे सूख जाते हैं।

प्रबंधन (Management)

- टमाटर की फसल को लगातार एक ही खेत में लगाने से इस निमेटोड (**nematode**) का प्रकोप बढ़ता है। सही फसल चक्र अपना कर इसके प्रकोप को कम किया जा सकता है।
- गर्मियों में खेत की मिटटी पलते वाले हल से गहरी जुताई करें।
- प्रतिरोधी किस्मों का प्रयोग करें।
- नर्सरी बेड को *ट्राइकोडर्मा हर्जियानम, पेसिलोमाइसेस लिलासिनस या स्यूडोमोनास फ्लोरेसेंस* @ 50 ग्राम/ वर्ग मीटर की दर से से उपचारित करें।
- सह फसल के रूप में गेंदा का रोपण करें।
- नीम खली 10 क्विंटल प्रति हेक्टेयर की दर से पौध रोपण के 2 सप्ताह पहले खेत में मिलाने पर मूल ग्रंथि के प्रकोप में काफी कमी पाई गई है।
- फफूंद (*ट्राइकोडर्मा हर्जियानम, ट्राइकोडर्मा विरडी, पैसिलोमाइसेस लिलासिनस*) और जीवाणु विरोधी (*स्यूडोमोनास फ्लोरेसेंस, बैसिलस सबटिलिस*) @ 0.5% के फॉर्मुलेशन को रोपाई के 30 दिनों के नियमित अंतराल पर मैन्युअल रूप से या ड्रिप सिंचाई के माध्यम से टोआ (drenching) करें या
- नेमाटोड प्रभावित फसल में कार्बोफुरन 3% सीजी 33 किलोग्राम प्रति हेक्टेयर की दर से उपयोग करें या
- फ्लुपायरम 34.48% एससी 1250 मिली प्रति हेक्टेयर 1000 लीटर पानी मे घोलकर ड्रेंचिंग करें।

टमाटर में दैहिक विकार (Physiological disorder in tomato)

कैल्शियम तत्व की कमी के कारण फलों की कली की छोर वाले भाग पर पनीले धब्बे उभर आते हैं तथा प्रभावित भाग अन्दर धस जाता है और गहरे रंग के हो जाते हैं। इस समस्या के प्रबंधन हेतु फल बनने की अवस्था में कैल्शियम नाइट्रेट (5 ग्राम/लीटर पानी) का छिड़काव करें। इसके अतिरिक्त सुहागे एवं चूने की कमी के कारण फलों में दरार पडऩा एक प्रमुख समस्या है इससे बचाव हेतु बोरान 1.5 ग्राम प्रति लीटर पानी में घोलकर छिड़काव करें ।

7

बैंगन

परिचय (Introduction)

बैंगन (Brinjal or Eggplant) एक पौष्टिक सब्जी है। इसमें विटामिन ए एवं बी के अलावा कैल्शियम, फ़ॉस्फ़रस तथा लोहे जैसे खनिज भी पाए जाते हैं। इसका उदभव स्थान **भारत-बर्मा क्षेत्र (Indo-Burma region)** माना जाता है। भारत में बैगन की खेती 730.4 हजार हेक्टेयर में होती है तथा उत्पादन 12801.8 हजार मीट्रिक टन प्राप्त होता है। भारत में बैगन की औसत उत्पादकता 17.5 मीट्रिक टन प्रति हेक्टेयर है। (2017-2018, **स्रौतः हॉर्टिकल्चरल स्टेटिस्टिक्स एट ए ग्लांस 2018**)। भारत में पश्चिम बंगाल, ओडिशा, गुजरात,बिहार एवं मध्य प्रदेश प्रमुख बैगन उत्पादक राज्य है। किसान भाई बैगन की उन्नत तकनीक अपनाकर अधिक उत्पादन प्राप्त कर सकते हैं ।

वानस्पतिक विवरण (Botanical description)

बैंगन का वानस्पतिक नाम ***सोलेनम मेलोंगेना* एल.(*Solanum melongena* L.)** है। यह **सोलेनेसी (Solanaceae)** कुल के अंतर्गत आता है। इसमें **क्रोमोसोम नम्बर 2n =2x= 24** होते हैं। बैंगन में उभयलिंगी फूल गुच्छों के साथ-साथ एकल भी होते हैं। फूल बड़े, बैंगनी रंग के और एकान्त या दो या अधिक के समूहों में होते हैं। फूल में कैलेक्स: सेपल्स 5, संयुक्त, लगातार; कोरोला: पंखुड़ी 5, संयुक्त, आमतौर पर कप के आकार का; एंड्रओसियम (Androecium): पुंकेसर 5, कोरोला के साथ वैकल्पिक; गायनोसियम (Gynoecium): कार्पेल एकजुट होते हैं, अंडाशय बेहतर होता है। स्टाइल्स (styles) की लंबाई के आधार बैंगन में चार प्रकार के फूलों होते हैं, अर्थात (i) बड़े अंडाशय के साथ स्टाइल (style), (ii) मध्यम आकार के अंडाशय के साथ मध्यम स्टाइल (style) (iii) अल्पविकसित अंडाशय के साथ छद्म लघु स्टाइल (style), और (iv) बहुत अल्पविकसित अंडाशय के साथ सही लघु स्टाइल (style)। बैंगन में पुष्पक्रम (inflorescence) एक मौलिक **स्कॉर्पियोइड सायम (scorpioid cyme)** प्रकार का होता है। फल लटकता हुआ होता है और **मांसल बेरी (fleshy berry)** संकेत रूप से या गुच्छों में पैदा होता है।

पुष्पन एवं फलन (Flowering and Fruiting)

बैगन एक **स्वपरागण (self-pollinating)** वाली फसल है लेकिन इसमें पर-परागण (cross-pollination) भी होता है। ऐसा इसलिए है क्योंकि इसमें **हेटेरोस्टायली (heterostyly)** पाई जाती है जो पर-परागण परागण (cross-pollination) का पक्षधर है। बैंगन में एंथेसिस (anthesis) और डिहिसेंस (dehiscence) मुख्य रूप से दिन के उजाले, तापमान और आर्द्रता से प्रभावित होते हैं)। आमतौर पर एंथेसिस (anthesis) सुबह 7:30 बजे से शुरू होता है और 11 बजे तक जारी रहता है। एंथेसिस के लिए पीक टाइम 8-30 से 10-30 एएम (AM) है। पराग का विचलन सुबह 9-30 से 10 बजे तक शुरू होता है। भारतीय न्यूनतम बीज प्रमाणन मानकों के अनुसार, बैंगन के मामले में किस्मों/संकरों के आधार बीजों के उत्पादन के लिए 300 मीटर की अलगाव दूरी (isolation distance) आवश्यक है।

उपयुक्त जलवायु (Suitable climate)

बैंगन एक गर्म मौसम की फसल है और इसके लिए लंबे समय तक गर्म मौसम की आवश्यकता होती है। बैगन 20°-30° सेल्सियस औसत तापमान इसके सफल उत्पादन के लिए सबसे अनुकूल है। जब तापमान 17 डिग्री सेल्सियस से नीचे चला जाता है तो फसल की वृद्धि बुरी तरह प्रभावित होती है। इसे बरसात के मौसम और गर्मी के मौसम की फसल के रूप में सफलतापूर्वक उगाया जा सकता है और समुद्र तल से 1200 मीटर की ऊंचाई पर उगाया जा सकता है। उत्तरी मैदानी इलाकों में, रात के तापमान कम होने के कारण दिसंबर-फरवरी के दौरान यह प्रतिकूल रूप से प्रभावित होता है। बैंगन पाला के प्रति अतिसंवेदनशील है।

मृदा का चयन (Selection of soil)

अच्छी जल निकासी वाली और उपजाऊ बलुई दोमट मिट्टी जिसका पीएच (pH) मान 5.5-6.6 हो, इसकी खेती के लिए सबसे उपयुक्त होती है। हालांकि, कई किस्मों को गोबर की खाद एवं हरी खाद का उपयोग कर उच्च पीएच स्तर के तहत सफलतापूर्वक उगाया जा सकता है।

उन्नत किस्में (Improved varieties)

पूसा अंकुर (Pusa Ankur)

इस किस्म के पौधे अर्ध-सीधे (अर्ध-खड़े तना), मध्यम-लंबे (65 सेमी) 6-8 शाखाओं के साथ होते हैं। फल छोटे, गोल और बैंगनी रंग के होते हैं। औसत उपज 560-580 क्विंटल प्रति हेक्टेयर। यह किस्म मध्यप्रदेश और महाराष्ट्र में उगाने के लिए अनुशंसित है।

पूसा अनुपमा (Pusa Anupama)

इस किस्म के पौधे थोड़े बैंगनी रंग के तने और पत्ते के साथ मध्यम लम्बे पौधे; बैंगनी शिरा के साथ पत्तियां; फल बेलनाकार, कोमल, बैंगनी, 3-5 फलों के गुच्छों में पैदा होते हैं। यह किस्म बैक्टीरियल विल्ट के लिए प्रतिरोधी है। रोपाई के 65-70 दिन बाद पहली तुड़ाई हो जाती है । इस किस्म की औसत उपज 370 क्विंटल/हेक्टेयर है। यह किस्म केरल, तमिलनाडु और कर्नाटक के लिए अनुशंसित है।

पूसा बिन्दु (Pusa Bindu)

इस किस्म के पौधे हरे पत्तों वाले पौधे 55-60 सेंटीमीटर ऊंचे होते हैं। फल 4-5 के समूह में पैदा होते हैं और प्रत्येक फल का वजन 125 ग्राम होता है। इस किस्म की उपज क्षमता 250-300 क्विंटल प्रति हेक्टेयर है। यह उत्तरी मध्य मैदानों, गुजरात और महाराष्ट्र के क्षेत्रों के लिए अनुशंसित है।

पूसा क्रान्ति (Pusa Kranti)

यह किस्म थ्री वे क्रॉस (PPL x हैदरपुर) x वायनाड जाइंट से विकसित की गई है। फल आयताकार, 15-20 सेमी लंबे, गहरे बैंगनी रंग के चमकीले हरे कलीक्स और कम बीज वाले होते हैं। औसत उपज 275-300 क्विंटल प्रति हेक्टेयर। यह किस्म बिहार, पंजाब एवं यूपी के लिए अनुशंसित है।

पूसा पर्पल लॉन्ग (Pusa Purple Long)

इस किस्म के फल लंबे (20-25 सेमी), बैंगनी, चमकदार और कोमल होते हैं। यह गर्मी और बसंत के मौसम में खेती के लिए उपयुक्त है। औसत उपज 280-310 क्विंटल प्रति हेक्टेयर। यह किस्म पंजाब, उत्तर प्रदेश, बिहार, राजस्थान, गुजरात, हरियाणा, दिल्ली, मध्य प्रदेश, महाराष्ट्र, कर्नाटक, तमिलनाडु और केरल के लिए अनुशंसित है।

पूसा पर्पल क्लस्टर (Pusa Purple Cluster)

इस किस्म का तना बैंगनी; पत्ते बैंगनी हरे, गैर-कांटेदार; फल 10-12 सेमी लंबे, गहरे बैंगनी रंग के, गुच्छों में 4-9 फल प्रति क्लस्टर के साथ पैदा होते हैं। पहाड़ियों और दक्षिणी राज्यों के लिए सबसे उपयुक्त; बैक्टीरियल विल्ट (*स्यूडोमोनास सोलानेसीरम*) के लिए क्षेत्र-प्रतिरोधी है; रोपाई के 60-65 दिन बाद पहली तुड़ाई हो जाती है । औसत उपज 250 क्विंटल/हे. यह पूरे भारत में खेती के लिए अनुशंसित है।

पूसा श्यामला (Pusa Shyamla)

इस किस्म के फल लंबे, चमकदार, आकर्षक गहरे बैंगनी रंग के होते हैं, जिनका वजन 80-90 ग्राम होता है। परिपक्वता 50-55 दिन। औसत उपज 390 क्विंटल/हे. यह किस्म पंजाब, उत्तराखंड और बिहार के लिए अनुशंसित है।

पूसा उपकार (Pusa Upkar)

इस किस्म के पौधे अर्ध-सीधे, मध्यम-लम्बे (70 सेमी) 5-6 शाखाओं वाले और हरे-बैंगनी पत्तों वाले होते हैं। फल गोल (9 सेमी व्यास), गहरे बैंगनी रंग के होते हैं और प्रत्येक फल का वजन 300 ग्राम होता है। औसत उपज 650-670 क्विंटल/हे. यह किस्म पंजाब, यूपी और बिहार के लिए अनुशंसित है।

पूसा उत्तम (Pusa Uttam)

इस किस्म के पौधे अर्ध सीधे, जोरदार, शाखित और कांटों से मुक्त होते हैं। परिपक्व पौधे हरे रंग के दिखाई देते हैं और कभी-कभी प्रकाश रंजकता भी बढ़ती हुई टहनियों पर मौजूद होती है। फूल नीले-बैंगनी कोरोला वाले गुच्छों में दिखाई देते हैं। फल पेंडेंट, अंडाकार, मध्यम, बड़े आकार के, और गहरे बैंगनी रंग की त्वचा और हरे रंग के पेडुंकल के साथ चमकदार होते हैं। फल का वजन 250-300 ग्राम होता है । इसकी उपज क्षमता 425-450 क्विंटल प्रति हेक्टेयर है। यह किस्म उत्तरी और मध्य मैदानी इलाकों, गुजरात और महाराष्ट्र के क्षेत्रों के लिए अनुशंसित है।

अर्का कुसुमाकर (Arka Kusumakar)

इस किस्म के फल हरे छोटे गुच्छों में पैदा होते हैं। फल खाना पकाने की अच्छी गुणवत्ता के साथ नरम बनावट वाले होते हैं । औसत उपज 400 क्विंटल /हे. यह किस्म पंजाब, उत्तर प्रदेश के तराई क्षेत्र, बिहार, झारखंड, राजस्थान, गुजरात, हरियाणा, दिल्ली, कर्नाटक, तमिलनाडु और केरल के लिए अनुशंसित है।

अर्का केशव (Arka Keshav)

इस किस्म के फल हरे कैलेक्स के साथ लाल बैंगनी चमकदार त्वचा वाले होते हैं । युवा होने पर बैंगनी पत्ती के आधार और बैंगनी नसों के साथ हरी पत्तियां होती हैं । यह किस्म बैक्टीरियल विल्ट के लिए प्रतिरोधी है । औसत उपज 450 क्विंटल /हे. यह किस्म कर्नाटक के लिए अनुशंसित है।

अर्का नीलकंठ (Arka Neelkanth)

इस किस्म के फल कडवे नहीं होते है और धीमी बीज परिपक्वता वाले कोमल होते हैं। उह किस्म बैक्टीरियल विल्ट के लिए प्रतिरोधी है । औसत उपज 430 क्विंटल /हे. यह किस्म कर्नाटक के लिए अनुशंसित है।

अर्का निधि (Arka Nidhi)

इस किस्म के फल बैंगनी रंग के कोमल होते हैं, बीज की धीमी परिपक्वता होती है, जिसमें कोई कड़वा पदार्थ नहीं होता है। यह किस्म बैक्टीरियल विल्ट के लिए प्रतिरोधी है । औसत उपज 485 क्विंटल /हे. यह किस्म कर्नाटक, तमिलनाडु और केरल के लिए अनुशंसित है।

अर्का शील (Arka Sheel)

इस किस्म के फल मध्यम आकार के गहरे चमकदार बैंगनी रंग के छिलके वाले होते हैं। कैलेक्स मांसल और हरा। एकान्त असर आदत औसत उपज 380 क्विंटल /हेक्टेयर। यह किस्म कर्नाटक, तमिलनाडु और केरल के लिए अनुशंसित है।

अर्का शिरिश (Arka Shirish)

इस किस्म के फल हरे, अतिरिक्त लंबे होते हैं । औसत उपज 390 क्विंटल /हे. यह किस्म कर्नाटक, तमिलनाडु और केरल के लिए अनुशंसित है।

काशी कोमल (Kashi Komal)

इस किस्म के पौधे अर्ध सीधे, ऊंचाई 90-100 सेमी हल्के हरे रंग के तने और पत्तियों के साथ; पहला फूल रोपाई के 35-40 दिनों के बाद लगता है। फल हल्के बैंगनी, लंबे, मुलायम बनावट, औसत लंबाई 13 सेमी और व्यास 3 सेमी होते हैं। रोपाई के बाद 65-70 दिनों में तुड़ाई शुरू हो जाती है और औसतन 800 क्विंटल प्रति हेक्टेयर उपज देती है। यह किस्म पूरे भारत में अनुशंसित है।

काशी प्रकाश (Kashi Prakash)

इस किस्म के पौधे अर्ध सीधे होते हैं, तने और पत्ते हरे होते हैं। फल हल्के हरे रंग के धब्बे, कैलेक्स स्पाइनी, औसत वजन 190 ग्राम के साथ आकर्षक होते हैं। रोपाई के बाद 80-82 में तुड़ाई शुरू होती है और औसतन 650-700 क्विंटल प्रति हेक्टेयर उपज देती है। इस किस्म की यूपी और झारखंड के लिए सिफारिश की गई है ।

काशी संदेश (Kashi Sandesh)

इस किस्म में रोपाई के 45 दिन बाद हरे तने, बैंगनी हरे पत्ते और बैंगनी रंग के फूल दिखाई देने लगते हैं। फल बैंगनी, मध्यम आकार, गोल आकार, फल की लंबाई 12.4 सेमी, व्यास 10.2 सेमी और वजन 225.3 ग्राम होते हैं। रोपाई के बाद 76 दिनों में तुड़ाई शुरू हो जाती है। औसतन 780 क्विंटल प्रति हेक्टेयर उपज देता है। यह किस्म पूरे भारत में अनुशंसित है।

काशी तरु (Kashi Taru)

इस किस्म के पौधे लम्बे और सीधे, ऊँचाई 120-130 सेमी, पत्ते और तना गहरे हरे रंग के होते हैं; रोपाई के 45-50 दिन बाद पहला फूल आना शुरू हो जाता है। फल लंबे, बैंगनी, लंबाई 31 सेमी और व्यास 5 सेमी हैं। रोपाई के 75-80 दिनों के बाद तुड़ाई शुरू हो जाती है और औसतन 700-750 क्विंटल प्रति हेक्टेयर उपज देती है। इस किस्म की यूपी और झारखंड के लिए सिफारिश की गई है।

संकर किस्में (Hybrid Varities)

पूसा हाईब्रिड 5 (Pusa Hybrid-5)

इस संकर के पौधे अर्ध-खड़ी शाखाओं के साथ ओज पूर्ण, गैर-कांटेदार होते हैं। फल लंबे, चमकदार, आकर्षक, गहरे बैंगनी रंग के आंशिक रूप से रंजित डंठल वाले होते हैं, प्रत्येक फल का वजन 100 ग्राम होता है। मध्य और उत्तरी मैदानों में बुवाई से पहली तुड़ाई तक 80-85 दिन लगते हैं और आगे की तुड़ाई दिसंबर तक जारी रहती है, जबकि केरल, तमिलनाडु, कर्नाटक और आंध्र प्रदेश में नवंबर से मई तक। औसत उपज 520-540 क्विंटल/हे. यह किस्म उत्तरी मैदानों, मध्य भारत, केरल के गैर-तटीय क्षेत्रों, तमिलनाडु और कर्नाटक के लिए अनुशंसित है।

पूसा हाईब्रिड 6 (Pusa Hybrid-6)

इस संकर के पौधे गैर-कांटेदार, अर्ध-खड़े, शाखित, ओजस्वी, छोटी पत्तियों पर आंशिक रंजकता और बढ़ती युक्तियों पर होते हैं। फल गोल, चमकदार, आकर्षक, बैंगनी-बैंगनी, आंशिक रूप से रंजित पेडुनकल होते हैं, प्रत्येक फल का वजन 200-250 ग्राम होता है। जल्दी पकने वाली संकर होने के कारण इसे बुवाई से लेकर पहली तुड़ाई तक 85-90 दिन लगते हैं और आगे की तुड़ाई दिसंबर तक जारी रहती है। इसकी औसत उपज क्षमता 450-470 क्विंटल प्रति हेक्टेयर है। यह संकर उत्तरी मैदानों, मध्य भारत, केरल के गैर-तटीय क्षेत्रों, तमिलनाडु, कर्नाटक और आंध्र प्रदेश के लिए अनुशंसित है।

पूसा हाईब्रिड 9 (Pusa Hybrid-9)

इस संकर के पौधों की छोटी पत्तियों पर हल्के रंजकता के साथ हरी, गैर-कांटेदार, मजबूत खड़ी शाखाएं होती हैं। फल हैं। अंडाकार गोल, चमकदार, आकर्षक, गहरा बैंगनी, पेडुनकल आंशिक रूप से रंजित होता है, जिसका औसत वजन 300 ग्राम होता है। बुवाई से पहली तुड़ाई तक 90 दिन लगते हैं और आगे की तुड़ाई दिसंबर तक जारी रहती है। औसत उपज 675-700 क्विंटल प्रति हेक्टेयर। यह संकर गुजरात और

महाराष्ट्र के लिए अनुशंसित है।

अर्का आनंद (Arka Anand)

यह उच्च उपज, जीवाणु विल्ट के प्रतिरोध के साथ संकर किस्म है । फल हरे, मध्यम लंबे होते हैं और उत्कृष्ट खाना पकाने की गुणवत्ता वाले होते हैं। 140 दिनों में औसत उपज 550-600 क्विंटल/हे. यह संकर राजस्थान, गुजरात, हरियाणा, दिल्ली, मध्य प्रदेश, महाराष्ट्र, कर्नाटक, तमिलनाडु और केरल के लिए अनुशंसित है।

अर्का नवनीत (Arka Navneeth)

यह उच्च उपज, बड़े (450 ग्राम) बैंगनी आयताकार फलों के साथ संकर किस्म है । 160 दिनों में औसत पैदावार 650-750 क्विंटल /हे. यह संकर हिमाचल प्रदेश, जम्मू-कश्मीर, उत्तर प्रदेश की पहाड़ियों, पश्चिम बंगाल और असम, पंजाब, उत्तर प्रदेश के तराई क्षेत्र, बिहार, झारखंड, राजस्थान, गुजरात, हरियाणा, दिल्ली, मध्य प्रदेश, महाराष्ट्र, कर्नाटक, तमिलनाडु और केरल के लिए अनुशंसित है।

खेत की तैयारी कैसे करें (How to prepare land)

बैंगन की खेती के लिए ग्रीष्मकालीन गहरी जुताई 3 वर्ष में कम से कम एक बार अवश्य करनी चाहिये। इससे हानि पहुंचाने वाले कीट नष्ट होते है। रोपाई के पूर्व 2 या 3 बार बखर चलाए तथा पाटा चलाकर खेत को समतल कर लेना चाहिये। ढेला रहित और भुरभुरी मिट्टी वाले खेत बैगन के लिये उत्तम होते हैं। खेत में पानी भरने से बैगन की फसल पर प्रतिकूल प्रभाव पड़ता है अत: अधिक उत्पादन के लिये खेत में जल निकास की व्यवस्था करना आवश्यक होता है। जहां तक सम्भव हो आखिरी बखरनी एवं पाटा समय से करें जिससे अंकुरित खरपतवार नष्ट हो सकें।

पौध तैयार करने का उपयुक्त समय (Suitable time to prepare seedlings)

शरद फसलः इस फसल के बीज मई-जून में बोए जाते हैं और पौध रोपाई जून के अन्त से जुलाई के मध्य तक की जा सकती है।

बसंत-ग्रीष्मः इस फसल के बीज जनवरी के मध्य में बोये जाते हैं और पौध 15 फरवरी के बाद में तब रोपी जाती है, जब पाले की संभावना समाप्त हो जाती है।

वर्षा ऋतुः इस फसल के बीज फरवरी- मार्च के महीनों में बोए जाते हैं और पौध की रोपाई मार्च-अप्रैल के महीनों में की जाती है।

पौध तैयार करना (Raising of seedlings)

बैंगन की पौध तैयार करने के लिए ऐसे स्थान का चुनाव करें जहाँ पर पर्याप्त मात्रा में धूप आती हो तथा बीजो की बुवाई 3 x 1 मीटर आकार की भूमि से 10 सेमी ऊँची उठी क्यारी में करें। बैंगन की पौधशाला की तैयारी के समय 3 किलोग्राम पूर्णतया सड़ी गोबर की खाद, 100 ग्राम एन पी के 12:32:16 प्रति क्यारी की मिट्टी में मिलाऐं। अगले दिन क्यारी में 5 सेमी दूरी पर 0.5 सेमी गहरी नालियाँ बनाकर बीज बुवाई करें। बीज को बुआई के पूर्व *ट्राइकोडर्मा विरडी* 5 ग्राम प्रति किलोग्राम बीज के दर से उपचार करें। नियमित रूप से सुबह एवं शाम के समय हल्की सिंचाई करें। बुआई के 15 दिन बाद इमिडाक्लोप्रीड 17.8% एसएल 0.25 मिली प्रति लीटर पानी मे घोलकर छिडकाव करें। उन्नत किस्मों की रोपाई के लिये लगभग 500 ग्राम बीज प्रति हेक्टेयर पर्याप्त होता है। संकर क़िस्मों के लिए बीज की मात्रा 250 ग्राम प्रति हेक्टेयर पर्याप्त रहती है।

प्रो- ट्रे में पौध तैयार करने की विधि (Method of preparation of seedlings in pro-trays)

- पौध को 40–50 मेश की कीट अवरोधी नायलान जाली युक्त नेट हाउस के अन्दर तैयार किया जाता हैं।
- सबसे पहले प्रो ट्रे को कोकोपीट से भर दें। इसके बाद ट्रे के कोश के बीच मे 0.5 सेमी गहरा छिद्र बनाकर एक बीज एक छिद्र में बोयें इसके बाद ट्रे में ऊपर से और कोकोपीट डालकर बीजों को ढँक देवें।
- बीज को बुआई के पूर्व *ट्राइकोडर्मा विरडी* 5 ग्राम प्रति किलोग्राम बीज के दर से उपचार करें।
- बुआई के पश्चात् ट्रेज को 4 दिनों (अंकुरण होने से पूर्व) तक पालीथीन से ढक देते हैं, इससे अंकुरण अधिक एवं जल्दी होता है।
- 4 वें दिन ट्रेज से पोलीथीन शीट को हटाकर ट्रेज को नेट हाउस में एक एक करके अलग अलग रख देते हैं। इसके बाद ट्रेज में सिंचाई करें।
- प्लग- ट्रे में लगी नर्सरी पौध पर पानी इस तरीके से डालें जिससे प्रत्येक सेल्स (पौधे) में हमेशा पर्याप्त नमी बनी रहे। सिंचाई फुहार के माध्यम से सुबह के समय डालें।
- एहतियात के तौर पर बीज जमाव के लगभग एक सप्ताह बाद मेनकोज़ेब 75% डब्ल्यूपी 2.5 ग्राम प्रति लीटर पानी में घोलकर पौध की जड़ों में ड्रेंचिंग करने से नर्सरी में फफूंद जनित रोग जैसे आर्दगलन (Damping off) के प्रकोप से बचा जा सकता है।
- बीज बुआई के 12 दिन बाद इमिडाक्लोप्रीड 17.8% एसएल 0.30 मिली प्रति लीटर पानी में घोलकर छिडकाव करें।
- बैंगन की पौध बीज बुआई के 28-30 दिनों बाद रोपाई के लिए तैयार हो जाती है।

प्लास्टिकमल्च का उपयोग कैसे करें (How to use plastic mulch)

बैंगन की आधुनिक खेती में सिंचाई के लिए ड्रिप पद्धति के साथ-साथ 30 माइक्रोन मोटाई वाली सिल्वर ब्लैक कलर की प्लास्टिक मल्चिंग शीट का प्रयोग किया जाता है। जिससे खरपतवार प्रबंधन के साथ साथ सिंचाई जल की मात्रा में भी कम आती है एवं टमाटर में रस चूसक कीट का प्रकोप कम होता है मल्चिंग तकनीक से उपज में 40 से 50% की वृद्धि पाई गई है।

एकीकृत पोषक तत्व प्रबंधन (Integrated Nutrient Management)

अधिक उपज के लिए खाद एवं उर्वरकों का उपयोग मिट्टी परीक्षण के आधार पर किया जाना चाहिए। जहां सामान्तया खेत तैयार करते समय 250 क्विन्टल गोबर की सड़ी खाद प्रति हेक्टेयर मिट्टी में अच्छी तरह मिला देनी चाहिए। साथ ही नत्रजन 120 किलोग्राम, स्फूर 100 किलोग्राम तथा पोटाश 50 किलोग्राम प्रति हेक्टेयर की दर से देना चाहिए। एक-तिहाई नत्रजन और स्फूर और पोटाश की पूरी मात्रा का मिश्रण बनाकर रोपण से पूर्व मिट्टी में अच्छी तरह मिला देना चाहिए। शेष नत्रजन की मात्रा को तीन बराबर भागों में बांटकर रोपण के 30, 45 एवं 60 दिन बाद छिडकाव (टॉपड्रेसिंग) के रूप में डालकर मिट्टी में मिला देनी चाहिए।

पौध रोपण तकनीक (Planting technique)

बैंगन में पंक्ति से पंक्ति तथा पौधे से पौधे की दूरी का फासला 60 x 60 या 60x 45 सेंमी रखा जा सकता है। संकर किस्मों के लिए पंक्ति से पंक्ति की दूरी 120 सेमी पौधे से पौधे की 40 सेमी रखें। रोपाई सुबह या शाम के समय करें और रोपाई के तुरंत बाद सिंचाई कर दें। रोपाई के पूर्व पौध को इमिडाक्लोरोपीड 0.3 मिली प्रति लीटर पानी के घोल में 15-20 मिनट पौध की जड़ों को डुबाने के बाद खेत में रोपाई करें।

खरपतवार नियंत्रण कैसे करें (How to control weeds)

सामान्यतः बैंगन मे पहली निंदाई 20-25 तथा दूसरी निंदाई 35-40 दिन पश्चात करें या डोरा या कोलपा चलायें। हाथ से निदाई या डोरा कोलपा को ही प्राथमिकता दे। जिससे खरपतवार नियंत्रण के साथ साथ मृदा नमी का भी संरक्षण होता है। मल्चिंग का प्रयोग करें। बैंगन में सकरी पत्ती के खरपतवारों की रोकथाम के लिए क्विज़लफोप इथाइल 5% ईसी 100 मिली प्रति हेक्टेयर 500 लीटर पानी में घोलकर रोपाई के 20 से 25 दिन बाद छिडकाव करें।

तुड़ाईएवं उपज (Harvesting and Production)

बैंगन के फल जब मुलायम हों और उनमें ज्यादा बीज न बनें हों तभी उन्हें तोड़ लेने चाहिए। ज्यादा बड़े होने पर इनमें बीज पड़ जाते हैं और तब ये उतने स्वादिष्ट नहीं रह जाते। उन्नत जातियों का उपयोग कर रहे है, तो उनसे 250-300 क्विन्टल प्रति हेक्टेयर पैदावार प्राप्त हो जाती है। संकर प्रजातियों से 500-600 क्विन्टल प्रति हेक्टेयर पैदावार मिलती है।

एकीकृत कीट एवं रोग प्रबंधन (Integrated Pest and Disease Management)

बैंगन के प्रमुख कीट (Major Pests of Brinjal)

तना व फल छेदक (Shoot and fruit borer)

इस कीट का वैज्ञानिक नाम *ल्यूसीनोड्स ऑर्बोनालिस* गनी (*Leucinodes orbonalis* Guenee) है। गुलाबी रंग की सुस्त सुंडी है। फल खाने से पहले यह कोपलों में छेद करके अंदर पनपती रहती है, फिर फलों के अंदर जाकर उनको काना कर देती है।

प्रबंधन (Management)

- बैंगन की (2 पंक्तियाँ) धनिया (एक पंक्ति) या सौंफ (1 पंक्ति) के साथ इंटरक्रॉपिंग करें ।
- निगरानी के लिए 10-12 प्रति हेक्टेयर की दर से फेरोमोन ट्रैप लगावें। प्रभावी आकर्षण के लिए ट्रैप को या तो कैनोपी स्तर पर या कैनोपी स्तर से थोड़ा ऊपर रखें।
- बैंगन में तना छेदक सुंडी के प्रकोप से मुरझाई कोपलों को काटकर जमीन में दबा दें।
- नीम बीज गिरी सत 5% का छिडकाव करें।
- अधिक प्रकोप होने पर क्लोरोन्ट्रेनिलीप्रोल 18.5% एससी 200 मिली प्रति हेक्टेयर 500-750 पानी मे घोलकर छिडकाव करें या इमामेक्टिन बेंजोएट 5% एसजी 200 ग्राम प्रति हेक्टेयर 500 लीटर पानी मे घोलकर छिडकाव करें।

हरा तेला (Jassids)

इस कीट का वैज्ञानिक नाम *अमरास्का बिगुट्टुला बिगुट्टुला* इशिदा (*Amrasca biguttula biguttula* Ishida) है। हरे रंग के शिशु व प्रौढ़ कोमल पत्तियों की निचली सतह से रस चूसते हैं। पत्तियां पीली व कमजोर होकर गिरने लगती हैं।

प्रबंधन (Management)

- इस कीट के नियंत्रण के लिए बीटा-साइफ्लूथ्रिन 08.49% +इमिडाक्लोप्रिड 19.81% ओडी 175-200 मिली प्रति हेक्टेयर 500 लीटर पानी मे घोलकर छिडकाव करें।

सफेद मक्खी (Whitefly)

इस कीट का वैज्ञानिक नाम ***बेमिसिया टेबेकाई*** (*Bemisia tabaci*) है । सफेद-मटमैले रंग की अंडे के आकार की छोटी मक्खी के शिशु व प्रौढ़ पत्तियों का रस चूसकर नुकसान पहुंचाते हैं। यह मक्खी विषाणु रोग भी फैलाती है।

प्रबंधन (Management)

- सफेद मक्खी के नियंत्रण के लिए थायोमिथाक्साम 25% डब्ल्यूजी 200 ग्राम प्रति हेक्टेयर 500 लीटर पानी मे घोलकर छिडकाव करें।

स्पाइडर मकड़ी (Spider mites)

वैज्ञानिक नाम ***टेट्रानिकस स्पीशीज*** (*Tetranychus* spp.) मकड़ी के प्रौढ़ व शिशु पत्तियों का रस चूस लेते हैं तथा पत्तियां मुड़ जाती हैं। अधिक प्रकोप से पत्तियां लाल होकर गिर जाती हैं और इन पर जाला सा बना जाता है।

प्रबंधन (Management)

- रोगग्रस्त फसलों से दूर नर्सरी उगाएं और संक्रमित खेतों के बगल में रोपण से बचें।
- स्वस्थ फसलें उगाएं; पानी और पोषक तत्वों के तनाव से बचें।
- जल धारण क्षमता में सुधार और वाष्पीकरण को कम करने के लिए जैविक मल्च का उपयोग करें और मिट्टी में कार्बनिक पदार्थों को शामिल करें।
- रोगग्रस्त पौधों को उखाड़ कर जला दें। यह संक्रमण के शुरुआती चरणों के दौरान सफल हो सकता है।
- खेत को खरपतवार मुक्त रखें।
- फसल के तुरंत बाद प्रभावित फसल अवशेषों को हटा दें और जला दें
- प्रकोप होने पर फेनजाक्विन 10% ईसी 1250 मिली प्रति हेक्टेयर 500 लीटर पानी मे घोलकर छिडकाव करें या स्पिरोमेसिफेन 22.9% एससी 400 मिली प्रति हेक्टेयर 500 लीटर पानी मे घोलकर छिडकाव करें।

बैंगन के प्रमुख रोग (Major diseases of Brinjal)

आर्द गलन (Damping off)

यह रोग ***पीथियम अफेनिडर्मेटम*** (*Pythium aphanidermatum*) नामक फफूंद द्वारा उत्पन्न होता है। यह रोग मुख्यतः पौधषाला में उगे पौधों पर लगता हैं। यह पौधों की दो अवस्थाओं में पाया जाता हैं । पहली अवस्था में पौधों के भूमि से निकलने से पूर्व अथवा तुरन्त पश्चात तथा दूसरी अवस्था में पौध बन जाने पर। पहली अवस्था में पौधे छोटी अवस्था में ही मर जाते हैं। दूसरी अवस्था में भूमि के सम्पर्क वाले तने के हिस्से में पीले-हरे रंग के विक्षत बनते हैं। जो तने को प्रभावित कर उत्तकों को नष्ट कर देते हैं। पौधशाला में पौधों का मुरझान और बाद में सूख जाना रोग का प्रमुख लक्षण हैं।

प्रबंधन (Management)

- बीज को बुवाई से पूर्व थाइराम या 2.5 ग्राम या ट्राईकोडरमा विरडी 4 ग्राम प्रति किलोग्राम बीज की दर से उपचारित कर बोयें।
- जहाँ तक हो सके बीजों की बुवाई उचित जल निकास युक्त भूमि में जमीन से 10-15 सेमी ऊंचाई की क्यारी बनाकर पर बुवाई करें।

फोमोप्सिस झुलसा (Phomopsis blight)

यह रोग ***फोमोप्सिस वेकसन्स*** (*Phomopsis vexans*) नामक फफूंद से होता है। यह बैंगन का एक हानिकारक रोग हैं रोगी पौधों की पत्तियों पर छोटे छोट गोन भूरे रंग के धब्बे बन जाते हैं एवं अनियमित आकार के काले धब्बे पत्तियों के किनारों पर दिखाई पडते हैं। रोगी पत्तियां पीली पर पड़कर सूख जाती हैं।रोगी फलों पर धूल के काणों के समान भूरे रंग के धब्बे दिखाई पड़ते हैं जो आकार में बढ़कर फलों को सडाकर जमीन पर गिरा देते हैं यह एक मृदाजनित रोग हैं। इसलिए इस रोग का प्रकोप पौधशला में भी होता हैं। जिसके कारण पौधे झुलस जाते हैं।

प्रबंधन (Management)

- गर्मियों में गहरी जुताई करने से शुरुआती इनोकुलम को कम करने में मदद मिलती है।
- रोगप्रतिरोधी किस्में का चयन करें।

- धान-अदरक जैसी गैर-सोलानेशस फसलों के साथ फसल चक्र से रोग के विकास को रोकने में मदद मिलेगी।
- बीज को बोने के पूर्व 30 मिनट के लिए 50 डिग्री सेल्सियस पर गर्म पानी से उपचार करें ।
- रोगग्रस्त पौधों को उखाड़ कर जला देवें।
- कॉपर ऑक्सिक्लोराइड 50% डब्ल्यूपी 2500 ग्राम प्रति हेक्टेयर 1000 लीटर पानी मे घोलकर छिडकाव करें।

सर्कोस्पोरा पत्ती धब्बा (Cercospora leaf spot)

यह रोग ***सर्कोस्पोरा सोलेनाई*** (*Cercospora solani*) एवं ***सरर्कोस्पोरा मेलोंजेना*** (*Cercospora melongena*) नामक फफूंदो द्वारा उत्पन्न होता है। इस रोग के के कारण पत्तीयों पर अनियमित आकार के भूरे धब्बे बन जाते हैं। ये धब्बें आपस में मिलकर विक्षत का रूप धारण कर देते हैं। जिससे पतियां सूख कर गिर जाती हैं। अल्टरनेरिया पेलांजनि के कारण फल भी प्रभावित होते हैं। रोगी फल पीले पड़ जाते है तथा पकने से पूर्व ही गिर जाते हैं। एवं सर्कोस्पोस प्रजातियों के कारण पत्तियों में कोणीय से अनियमित आकार के धब्बे बन जाते हैं। जो बाद में मटमेले भूरे रंग के हो जाते हैं। यह रोग जनक कवक फलो में सड़न भी उत्पन्न कर देता हैं। तथा फलों का आकार छोटा रह जाता है। जिससे उपज की भारी हानि होती हैं।

प्रबंधन (Management)

- खरपतवारों की रोकथाम नियमित रूप से करते रहना चाहिए। रोगी पत्तियों को तोड़ कर यथा स्थान जला देना चाहिए ।
- कॉपर ऑक्सिक्लोराइड 50% डब्ल्यूपी 2500 ग्राम प्रति हेक्टेयर 1000 लीटर पानी मे घोलकर छिडकाव करें।

वर्टिसिलियम **उकटा(Verticillium wilt)**

यह रोग ***वर्टिसिलियम डाहलिया*** (*Verticillium dahlia*) नामक फफूंद से होता है। इस रोग का संक्रमण मुख्यत: जड़ों एवं तनों पर होता है। इससे संक्रमित पौधा बोना रह जाता हैं। और सामान्यत: फलोत्पादन नहीं करता, पुष्प तथा फल विकृत होकर गिर जाते हैं। तने की अनुपस्त तथा लम्बत: काट में सवहंनी उत्ताक घुसर काले रंग का दिखाई देता हैं। प्रभावित पत्तियां पीली पड़ कर गिर जाती हैं।

प्रबंधन (Management)

- यह एक मृदोड़ रोग हैं इसलिए मृदा उपचार *ट्राइकोडर्मा वीरिडी* 2.5 किलोग्राम प्रति हेक्टेयर 50 किलोग्राम गोबर की खाद में मिलाकर मिट्टी में मिलावें
- रोग प्रतिरोधी किस्मों का चयन करना चाहिए।

जीवाणु उकटा (Bacterial wilt)

यह रोग ***राल्स्टोनिया सोलानेसीरम*** (*Ralstonia solanacearum*) नामक जीवाणु से होता है । इस रोग मेंपत्ती की सतह पर बैक्टीरियल विल्ट के लक्षण विल्टिंग, स्टंटिंग, पत्ते का पीला पड़ना और अंत में पूरे पौधे का गिरना रोग के लक्षण हैं। निचली पत्तियाँ विल्टिंग होने से पहले पहले गिर सकती हैं। संवहनी प्रणाली भूरी हो जाती है।

प्रबंधन (Management)

- रोग प्रतिरोधी क़िस्में उगाएं।
- क्रुसिफेरी कुल की सब्जियों जैसे कि फूलगोभी के साथ फसल चक्र रोग की घटनाओं को कम करने में मदद करता है।
- खेतों को साफ रखा जाना चाहिए और प्रभावित हिस्सों को इकट्ठा करके जलाया जाना चाहिए।
- रोग को नियंत्रित करने के लिए 1% बोर्डो मिश्रण का छिड़काव करें।

कॉलर रॉट (Collar rot)

यह रोग ***राइजोक्टोनिया सोलानी*** (*Rhizoctonia solani*) नामक फफूंद से होता है। रोग कभी-कभी गंभीर रूप में होता है। तने का निचला हिस्सा मिट्टी में पैदा होने वाले इनोकुलम (स्क्लेरोटिया) से प्रभावित होता है। विकृति मुख्य लक्षण है। अंतर्निहित ऊतकों के एक्सपोजर और परिगलन से पौधे का पतन हो सकता है।तने पर जमीनी सतह के पास माइसेलिया और स्क्लेरोटिया देखा जा सकता है। पौधों की शक्ति में कमी, तने के चारों ओर पानी का जमाव, और यांत्रिक चोटें इस बीमारी के विकास में मदद करती हैं।

प्रबंधन (Management)

- बीज को बुवाई से पूर्व *ट्राइकोडर्मा विरडी* 4 ग्राम प्रति किलोग्राम बीज की दर से उपचारित कर बोयें।
- पौधे के रोगग्रस्त भागों को इकठ्ठा कर नष्ट करें।

बैगन का छोटी पत्ती रोग (Little leaf of brinjal)

यह बैंगन का एक **माइकोप्लाजमा (mycoplasma)** जनित विनाषकारी रोग है जिसे **'लीफ होपर'** नामक कीट द्वारा फैलाया जाता है। इसमें रोगी पौधा बोना रह जाता हैं। तथा पत्तियां आकार में छोटी रह जाती हैं। प्रायः रोगी पौधों पर फूल नहीं बनते हैं। और पौधा झाड़ीनुमा हो जाता हैं। यदि इन पौधों पर फल भी लग जाते हैं तो वे अत्यंत कठोर होते हैं। रोगी पौधों को उखाड कर जला देना चाहिए।

प्रबंधन (Management)

- बीटा-साइफ्लूथ्रिन 08.49% +इमिडाक्लोप्रिड 19.81% ओडी 175-200 मिली प्रति हेक्टेयर 500 लीटर पानी मे घोलकर छिडकाव करें।

जड़ गाँठ सूत्रकृमि (Root-knot nematode)

यह रोग सूत्रकृमि ***मैंलाडोगाइन (Meloidogyne)*** की अनेक प्रजातियों द्वारा उत्पन्न होता है। जिससे रोगी पौधों की जड़ो में गाठें बन जाती हैं, रोगी पौधा बौना रह जाता हैं। पत्तियां हरी पीली होकर लटक जाती हैं। इस रोग के कारण पौधा नष्ट तो नहीं होता किन्तु गांठो के सडने पर सूख जाता हैं। इसके द्वारा 45-55% तक हानि होती हैं।

प्रबंधन (Management)

- खेत मे नमी होन पर नीम की खली 5 क्विंटल प्रति हेक्टेयर की दर से भूमि में मिला देना चाहिए।
- रोगी पौधों को उखाड़ कर जला देना चाहिए।
- बैंगन में नेमाटोड़ के नियंत्रण के लिए *पैक्लियोमाइसीस लिलसिनस* 01.15% डब्लूपी 3000 ग्राम प्रति हेक्टेयर 100 किलोग्राम गोबर की खाद में मिलाकर मृदा में मिलाएँ।

8

मिर्च

परिचय (Introduction)

मिर्च (chilli) भारत की प्रमुख मसाला फसल है। इसका उपयोग हरी एवं लाल दोनों अवस्थाओं में उपयोग किया जाता है। इसका उदभव स्थान **दक्षिण अमेरिका (South America)** माना जाता है। पुर्तगाली मिर्च को ब्राजील से 1584में भारत लाए। मिर्च में तीखापन इसमें पाये जाने अवयव **कैप्सेसिन ($C_{18}H_{27}NO_3$)** के कारण होता है। माना जाता है कि **कैरोलिना रीपर (Carolina Reaper)** दुनिया की सबसे तीखी मिर्च है। इसमें लगभग 2,200,000 स्कोविल हीट यूनिट (SHU) होती है। **भूत जोलोकिया (Bhut Jolikia)** को भारत की सबसे तीखी मिर्च माना गया गया है। इसे 'घोस्ट पेपर' के नाम से भी जाना जाता है, इसकी खेती अरुणाचल प्रदेश, असम, नागालैंड और मणिपुर में की जाती है। मिर्च का लाल रंग **कैप्सैन्थिन (Capsanthin)** नामक यौगिक के कारण होता है। मिर्च के फल में एक आवश्यक तेल **ओलियोरेसिन (Oleoresin)** होता है जिसका उपयोग दवा, खाद्य और पेय उद्योगों में मूल्य वर्धित उत्पादों को तैयार करने के लिए किया जाता है। मिर्च का उपयोग मसाला, चटनी, अचार एवं सॉस बनाने में किया जाता है। भारत विश्व में मिर्च का सबसे बड़ा उत्पादक, उपभोक्ता एवं निर्यातक देश है। भारत में 751.61 हजार हेक्टेयर में मिर्च की खेती की जाती है, जिससे 2149.23 हजार मीट्रिक टन उत्पादन प्राप्त होता है। भारत मे मिर्च की औसत उत्पादकता 2.86 मीट्रिक टन प्रति हेक्टेयर है (**हॉर्टिकल्चर स्टेटिस्टिक्स एट ए ग्लांस 2018**)। भारत में आंध्र प्रदेश, कर्नाटक, पश्चिम बंगाल, मध्य प्रदेश एवं ओडिशा प्रमुख मिर्च उत्पादक राज्य हैं। **भारत से वर्ष 2017-18 में 22,074.05 लाख रुपये की 44.90 हजार मीट्रिक टन मिर्च अन्य देशों को निर्यात की गई थी।** मध्यप्रदेश मे 90.98 हजार हेक्टेयर में मिर्च की खेती की जाती है जिससे 244.55 हजार मीट्रिक टन उत्पादन प्राप्त होता है। मध्यप्रदेश मे मिर्च की औसत उत्पादकता 2.69 मीट्रिक टन प्रति हेक्टेयर है (**हॉर्टिकल्चर स्टेटिस्टिक्स एट ए ग्लांस 2018**)।

वानस्पतिक विवरण (Botanical discription)

मिर्च का वानस्पतिक नाम ***कैप्सिकम एनम* एल.(*Capsicum annuum* L.)** है। यह सोलेनेसी (Solanaceae) कुल के अंतर्गत आती है। मिर्च की पांच घरेलू प्रजातियां हैं, जैसे *कैप्सिकम एनम* एल. (*Capsicum annuum* L.), *कैप्सिकम फ्रूटसेन्स* एल. (*Capsicum frutescens* L.), *कैप्सिकम चिनेंस* जैक. (*Capsicum chinense* Jaq.), *कैप्सिकम बैकेटम* एल. Capsicum baccatum L.), और *कैप्सिकम प्यूब्सेंस* एल. (*Capsicum pubescens* L.) । *कैप्सिकम एनम* एल. (*Capsicum annuum* L.), *कैप्सिकम फ्रूटसेन्स* एल. (*Capsicum frutescens* L.), *कैप्सिकम चिनेंस* जैक. (*Capsicum chinense* Jaq.), *कैप्सिकम बैकेटम* एल. Capsicum baccatum L.), के फूल सफेद रंग के होते हैं। जबकि *कैप्सिकम प्यूब्सेंस* एल. के फूल बैंगनी रंग के होते हैं। *कैप्सिकम* जीनस की 5 प्रजातियों की खेती की जाती है। भारत में प्रमुख रूप से *कैप्सिकम एनम* एल. की खेती इसके तीखेपन के कारण के लिए की जाती है (मिर्च Syn. तीखी मिर्च) और बिना -तीखे (स्वीट पेपेर Syn. शिमला मिर्च, बेल मिर्च)। *कैप्सिकम फ्रूटसेन्स* एल. (*Capsicum frutescens* L.), *कैप्सिकम चिनेंस* जैक. (*Capsicum chinense* Jaq.), *कैप्सिकम बैकेटम* एल. Capsicum baccatum L.), की खेती आमतौर पर विभिन्न क्षेत्रों में होमस्टेड बागवानी तक ही सीमित है। मिर्च की प्रजातियां द्विगुणित होती हैं, जिनमें से अधिकांश में 24 गुणसूत्र ($n = x = 12$) होते हैं, लेकिन कई जंगली प्रजातियों में 26 गुणसूत्र ($n = x = 13$) होते हैं। मिर्च के पौधे बारहमासी और अल्पकालिक होते हैं। पौधे 1.5 मीटर ऊंचाई तक बढ़ सकते हैं। इसका तना सीधा और शाखित होता है, मजबूत मूसला जड़ प्रणाली होती है। पत्तियाँ अंडाकार होती हैं, सिरे की और थोड़ी नुकीले पतली होती हैं, ऊपरी सतह गहरे हरे रंग की और निचली सतह पर हल्के हरे रंग की होती हैं। मिर्च के फूल अकेले या दो से तीन फूलों के छोटे समूहों में होते हैं। वे छोटे और उभयलिंगी होते हैं जिनमें प्रत्येक में पाँच से छह पंखुड़ियाँ होती हैं। फल बेरी, आकार, रंग और तीखेपन की डिग्री में भिन्न होते हैं और कई बीज वाले होते हैं।

पुष्पन एवं फलन (Flowering and fruiting)

मिर्च और शिमला मिर्च को बहुधा पर-परागित (often cross pollinated) फसलों में वर्गीकृत किया जा सकता है। इसमें पर-परागण 63% तक रिपोर्ट किया गया है। मिर्च का फूल पहले शाखाओं वाले नोड की धुरी पर शुरू होता है, बाद में प्रत्येक अतिरिक्त नोड पर फूल बनते हैं। मिर्च का फूल उभयलिंगी, अधपका और आमतौर पर पंचांग (pentamerous) होता है। फूल पूर्ण, कैलेक्स, कोरोला, और नर और मादा अंगों के साथ होता है । अधिकांश फूल सुबह 5 बजे खुलते (Anthesis) हैं। एंथेसिस के एक दिन पहले से स्टिग्मा ग्रहणशील (Receptive) होता है और एंथेसिस के बाद दो दिनों तक जारी रहता है। परागकण (Pollen grains) एंथेसिस के एक दिन पहले उर्वर होते हैं और एंथेसिस के दिन अधिकतम उर्वरता होती है। फलों की सेटिंग के लिए इष्टतम तापमान दिन में 25 डिग्री सेल्सियस और रात में 18 डिग्री सेल्सियस होता है । मिर्च के फलों में आकार, छिलका की मोटाई, तीखापन और रंग में विशाल विविधता होती है जो की आनुवंशिक और पर्यावरणीय कारकों द्वारा प्रभावित होती है। फलों का रंग हरा, पीला, नारंगी और लाल से लेकर बैंगनी, भूरा, काला और सफेद भी होता है।अधिकांश किस्मों की तुड़ाई रोपाई के 70 दिनों के बाद हरी अवस्था में की जा सकती है, लेकिन 130 दिनों के बाद पूरी तरह से पक जाती है।

उपयुक्त जलवायु (Suitable climate)

मिर्च की खेती के लिये आर्द्र उष्ण जलवायु उपयुक्त होती है। फल परिपक्वता अवस्था में शुष्क मौसम की आवशयक होती है। ग्रीष्म ऋतु में अधिक तापमान से फल व फूल झड़ते हैं। रात्रि तापमान 16 से 21 डिग्री सेल्सियस फल बाने के लिए उपयुक्त होता है। मिर्च की खेती के लिये **15-35 डिग्री सेल्सियस तापमान** तथा गर्म आर्द जलवायु की आवश्यकता होती है।

मृदा का चयन (Selection of soil)

मिर्च की खेती सभी प्रकार की भूमियों में की जा सकती है परंतु अच्छे जल निकास वाली हल्की दोमट मिट्टी जिसका **पीएच (pH) मान 6.0 से 7.5** हो मिर्च की खेती के लिये सबसे उपयुक्त है। ऐसी मृदायें जिनमें जल निकास की समुचित व्यवस्था नहीं होती, मिर्च की खेती के लिये अनुपयुक्त होती हैं।

खेत की तैयारी कैसे करें (How to prepare field)

रबी फसल की कटाई के बाद अपैल माह में मिट्टी पलटने वाले हल से गहरी जुताई करें। इसके एक माह बाद रोटावेटर या कल्टीवेटर चलाकर खेत को तैयार करें। ढेला रहित और भुरभुरी मिट्टी वाले खेत मिर्च के लिये उतम होते हैं। खेत में पानी भरने से मिर्च की फसल पर प्रतिकूल प्रभाव पड़ता है अत: अधिक उत्पादन के लिये खेत में जल निकास की व्यवस्था करना आवश्यक होता है। यदि मिर्च में ड्रिप सिंचाई का उपयोग करना हो तो रोपाई के लिए120 सेमी के अंतराल पर 60 सेमी चौड़ी एवं 20 सेमी ऊँची बेड्स तैयार करें।

मिर्च की उन्नत किस्में (Improved varieties of chilli)

अर्का लोहित (Arka Lohit)

इस किस्म के फल कच्ची अवस्था में गहरे हरे रंग के एवं पकने पर गहरे लाल हो जाते हैं एवं अत्यधिक तीखे होते हैं। इस किस्म की औसत उपज 250 क्विंटल /हेक्टेयर (हरी मिर्च) या 30 क्विंटल /हेक्टेयर (सूखी मिर्च) है । यह किस्म छतीसगढ़, उड़ीसा, अरुणाचल प्रदेश, मध्य प्रदेश, महाराष्ट्र, कर्नाटक, तमिलनाडु और केरल के लिए अनुशंसित है।

अर्का सुफल (Arka Suphal)

इस किस्म के फल हरे, चिकने, मध्यम लंबे (6-7 सेमी x 1 सेमी), लटके हुए, पकने पर गहरे लाल रंग के हो जाते हैं। सिंचित और बारानी खेती के लिए उपयुक्त है । यह किस्म भभूतिया रोग के प्रति सहनशील है । इस किस्म की औसत उपज 250 क्विंटल /हेक्टेयर (हरी मिर्च) या 30 क्विंटल /हेक्टेयर (सूखी मिर्च) है । यह किस्म मध्य प्रदेश और महाराष्ट्र के लिए सिफारिश की जाती है।

अर्का आभीर (Arka Abhir)

यह किस्म द्यावन्नूर दुब्बा, जो धारवाड जिले के कुण्डलगु तहसील में उगाए जाने वाली स्थानीय ब्याडगी किस्म से शुद्ध वंश चयन है। पौधे ऊँचे, फल हल्के हरे और परिपक्व होने पर झुर्रियाँ सहित लाल होते हैं और ये कम तीखे होते हैं। उपज 160-180 दिनों में 20 क्विंटल /हेक्टेयर सूखी मिर्च है ।

काशी अनमोल (Kashi Anmol)

इस किस्म के पौधे दृढ़, बौने (60-70 सेमी) तने पर नोडल रंजकता के साथ होते हैं। फल आकर्षक हरे रंग के होते हैं। पहली तुड़ाई रोपाई के 55 दिन बाद शुरू होती है; उपज 200 क्विंटल/ हेक्टेयर (हरी मिर्च) है । यह किस्म पंजाब, उत्तर प्रदेश, बिहार और झारखंड के लिए अनुशंसित है।

पूसा ज्वाला (Pusa Jwala)

इस किस्म के पौधे बौने, झाड़ीदार, हल्के हरे रंग के; फल 9-10 सेमी लंबे, हल्के हरे, पके फल हल्के लाल, अत्यधिक तीखे होते हैं। यह किस्म थ्रिप्स औरमकड़ी के प्रति काफी सहिष्णु है। इस किस्म की औसत उपज 85 क्विंटल/हेक्टेयर (हरी) या 18 क्विंटल/हेक्टेयर (सूखी) है। यह किस्म पूरे भारत में उगाने के लिए अनुशंसित है।

पूसा सदाबहार (Pusa Sadabahar)

इस किस्म के पौधे खड़े, बारहमासी (2-3 वर्ष), 60-80 सेमी लम्बे; फल 6-8 सेमी लम्बे, 6-14 फल प्रति क्लस्टर के साथ गुच्छों में आते हैं, पके फल गहरे लाल, अत्यधिक तीखे होते हैं। यह किस्म सीएमवी, टीएमवी और लीफ कर्ल कॉम्प्लेक्स के प्रति अवरोधी पाई गई है। रोपाई के बाद 75-80 दिनों में पहली तुड़ाई की जा सकती है । इस किस्म की औसत उपज 95 क्विंटल/हेक्टेयर (हरी) या 20 क्विंटल/ हेक्टेयर (सूखी) है। यह किस्म पूरे भारत में उगाने के लिए अनुशंसित है।

संकर मिर्च (Hybrid chilli)

काशी अर्ली (Kashi Early)

इस संकर के पौधे 60-75 से.मी. लम्बे तथा छोटी गांठों वाले होते हैं। फल 7-8 से.मी. लम्बे, सीधे, 1 से.मी. मोटे तथा गहरे होते हैं। पौध रोपण के मात्र 45 दिनों में प्रथम तुड़ाई प्राप्त हो जाती है जो सामान्य संकर किस्मों से लगभग 10 दिनों पहले होती है। इस संकर के फलों की तुड़ाई 6-8 दिनों के अंतराल पर मिलती रहती है जिससे लगभग 10-12 तुड़ाई आसानी से ली जा सकती है। हरे फल का उत्पादन 300-350 क्विंटल / हेक्टेयर प्राप्त हो जाता है। इनकी फसल लम्बी अवधि तक चलती रहती है। यह संकर उत्तर प्रदेश, बिहार, मध्य प्रदेश, झारखंड, उत्तरांचल, कर्नाटक, दिल्ली, पंजाब, हरियाणा, आंध्र प्रदेश और छत्तीसगढ़ के लिए अनुशंसित है।

काशी सुर्ख (Kashi Surkh)

इस संकर के पौधे लम्बी बढ़वार वाले होते हैं। पौधा लगभग 70-100 से.मी. लम्बा एवं सीधा होता है। फल 10-12 से.मी. लम्बे, हल्के हरे, सीधे तथा 1.5-1.8 से.मी. मोटे होते हैं। प्रथम तुड़ाई पौध रोपण के 50-55 दिनों बाद मिल जाती है। यह फल सूखे एवं लाल दोनों प्रकार के लिए उत्तम किस्म है। हरे फल का उत्पादन 240 क्विंटल/हेक्टेयर या लाल सूखी मिर्च का 40 क्विंटल/हेक्टेयर की दर से प्राप्त होता है। यह चूसक कीटों एवं विषाणु गुरचा से लगभग सहनशील संकर है। यह संकर पश्चिम बंगाल, असम, पंजाब, उत्तर प्रदेश के तराई क्षेत्र, बिहार, झारखंड, छत्तीसगढ़, उड़ीसा, अरुणाचल प्रदेश, राजस्थान, गुजरात और हरियाणा के लिए अनुशंसित है।

अर्का मेघना (Arka Meghana)

यह आईएचआर 3905 (सीजीएमएस) X आईएचआर 3310 के संकरण का एफ1 संकर है। यह एक अगेती संकर है, फल गहरे हरे और परिपक्व होने पर गहरे लाल होते हैं। यह विषाणुओं और चूषक कीटों के प्रति सहनशील है। इस संकर की औसत उपज 557 क्विंटल प्रति हेक्टेयर (हरी मिर्च) या 50 क्विंटल प्रति हेक्टेयर (सूखी मिर्च) है। यह संकर पंजाब, यूपी के तराई क्षेत्र, बिहार, झारखंड, छत्तीसगढ़, उड़ीसा, अरुणाचल प्रदेश, राजस्थान, गुजरात, हरियाणा, दिल्ली, कर्नाटक, तमिलनाडु और केरल के लिए अनुशंसित है।

अर्का स्वेता (Arka Sweta)

यह आईएचआर 3903 (सीजीएमएस वंश) X आईएचआर 3315 के संकरण का एफ1 संकर है। फल 11-12 सेमी लम्बे एवं 1.2-1.5 सेमी चैड़े, चिकने, हल्के हरे रंग के पकने पर लाल रंग के होते हैं। यह संकर सिंचित अवस्था में खरीफ एवं रबी मौसम में लगाने के लिए उपयुक्त है। यह संकर विषाणु रोग के प्रति सहनशील है। इसकी औसत उपज हरी मिर्च 350 क्विंटल प्रति हेक्टेयर या सूखी मिर्च 50 क्विंटल प्रति हेक्टेयर है। यह संकर पंजाब, यूपी के तराई क्षेत्र, बिहार, झारखंड, राजस्थान, गुजरात, हरियाणा, दिल्ली, कर्नाटक, तमिलनाडु और केरल के लिए अनुशंसित है।

अर्का हरिता (Arka Harita)

यह आईएचआर 3905 (सीजीएमएस) X आईएचआर 3312 के संकरण का एफ1 संकर है। इस संकर के पौधे लम्बे एवं सीधी बढ़वार वाले होते हैं। पत्तियां मध्यम आकार की, फल 6-8 से.मी. लम्बे, पतले, हरे रंग के तथा चरपरे होते हैं। पौध रोपण के 50-55 दिनों बाद प्रथम तुड़ाई प्राप्त हो जाती है। इसकी औसत उपज हरी मिर्च 350- 380 क्विंटल प्रति हेक्टेयर या सूखी मिर्च 50-55 क्विंटल प्रति हेक्टेयर है। हरे फल उत्पादन के लिए एक उत्तम किस्म है। यह पाउडरी मिल्ड्यु और विषाणुओं प्रति सहनशील है। यह संकर कर्नाटक, तमिलनाडु और केरल के लिए अनुशंसित है।

अर्का ख्याति (Arka Khyati)

यह सीएमएस आधारित उच्च उपज वाला और ताज़ा बेचने के लिए विकसित एफ1 संकर है। फल 12 X 1 से.मी. आकार के, हल्के हरे और परिपक्व होने पर गहरा लाल, मध्यम तीखा, चिकना और सुखाने पर झुर्रीदार होते हैं। सीएमवी के प्रति सहनशील है। इसकी औसत उपज हरी मिर्च 400-450 क्विंटल प्रति हेक्टेयर या सूखी मिर्च 50-55 क्विंटल प्रति हेक्टेयर है।

अर्का गगन (एच 30) (Arka Gagan) (H 30)

इस संकर के पौधे लम्बे और फैलने वाले, फल खड़े (Erect) होते हैं, फल 7.5-8.5 x 1-1.1 सेमी आकार के दृढ़, अत्यधिक तीखा (1-1.2 लाख SHU), रंग हरा, मध्यम झुर्रीदार होते हैं । यह संकर जड़ ग्रंथि नेमाटोड और उकटा रोग के लिए सहनशील एवं मिर्च लीफ कर्ल विषाणु (ChLCV) के लिए प्रतिरोधी है । इस संकर की औसत उपज क्षमता 250 क्विंटल हरी मिर्च प्रति हेक्टेयर है।

अर्का तन्वी (एच 45) (Arka Tanvi) (H 45)

इस संकर के पौधे लम्बे और फैलने वाले, फल लटके हुए, 9-10 x 1-1.1 सेमी आकार के, मध्यम तीखे (60000-65,000 SHU), हरे और परिपक्व होने पर गहरे लाल (90-100 ASTA), सूखने पर झुर्रीदार होते हैं। यह संकर जड़ ग्रंथि नेमाटोड और भभूतिया रोग के लिए सहनशील एवं मिर्च लीफ कर्ल विषाणु (ChLCV) के लिए प्रतिरोधी है। इस संकर की औसत उपज क्षमता 250 क्विंटल हरी मिर्च प्रति हेक्टेयर है ।

अर्का सानवी (एच 19) (Arka Saanvi (H 19)

यह संकर हरे एवं लाल फल दोनों के खेती के लिए उपयुक्त है। इस संकर का पौधा मध्यम लम्बा और फैला हुआ, फल लटकता हुआ, 7-8 x 1-1.2 सेमी आकार के, मध्यम तीखा (50000-60,000 SHU), हरा और पकने पर लाल हो जाता है (80-90 ASTA) परिपक्वता पर, मध्यम झुर्रीदार होता है। यह मिर्च लीफ कर्ल विषाणु (ChLCV) के लिए प्रतिरोधी है । इस संकर की औसत उपज क्षमता 250 क्विंटल हरी मिर्च प्रति हेक्टेयर है ।

अर्का यशस्वी (H 8) (Arka Yashasvi) (H 8)

यह संकर लाल सूखी मिर्च की खेती के लिए उपयुक्त है। इस संकर के पौधे लम्बे और फैलने वाले, फल लटके हुए, 9-10 x 1.2-1.4 सेमी आकार के, मध्यम तीखे (40000-50000 SHU), हरे और परिपक्वता पर गहरे लाल (90-100 ASTA), मध्यम झुर्रीदार होते हैं। यह संकर जड़ ग्रंथि नेमाटोड और भभूतिया रोग के लिए सहनशील एवं मिर्च लीफ कर्ल विषाणु (ChLCV) के लिए प्रतिरोधी है । इस संकर की औसत उपज क्षमता 75-85 क्विंटल लाल सूखी मिर्च प्रति हेक्टेयर है ।

अर्का तेजस्वी (एच 41) (Arka Tejasvi) (H 41)

यह संकर छोटी लाल सूखी मिर्च (तेजा) की खेती के लिए उपयुक्त है। इस संकर के पौधे मध्यम लम्बे और फैले हुए होते हैं, फल लटकते हैं, 7-8 x 1-1.1 सेमी आकार के, अत्यधिक तीखे (90000-95000 SHU), हरे और पकने पर गहरे लाल हो जाते हैं (90-100 ASTA) परिपक्वता पर फल मध्यम झुर्रीदार होते हैं ।यह संकर भभूतिया रोग के लिए सहनशील एवं मिर्च लीफ कर्ल विषाणु (ChLCV) के लिए प्रतिरोधी है । इस संकर की औसत उपज क्षमता 75-85 क्विंटल लाल सूखी मिर्च प्रति हेक्टेयर है ।

बीज दर (Seed rate)

ओपी किस्मों के लिए 500 ग्राम बीज प्रति हेक्टेयर एवं संकर किस्मों के लिए 250 ग्राम बीज प्रति हेक्टेयर की आवश्यकता होती है।

नर्सरी प्रबंधन (Nursery management)

मिर्च की अच्छी उपज के लिए स्वस्थ पौध तैयार करना अति आवश्यक होता है। मिर्च की पौध **40-50 मेश की कीट अवरोधक नेट** के अंदर तैयार करें। मिर्च की पौध तैयार करने के लिए ऐसे स्थान का चुनाव करें जहाँ पर पर्याप्त मात्रा में धूप आती हो तथा बीजों की बुवाई 3x1 मीटर आकार की भूमि से 10 सेमी ऊँची उठी क्यारी में करें। मिर्च की पौधशाला की तैयारी के समय 50 ग्राम *ट्राइकोडर्मा विरडी* को 3 किलोग्राम पूर्णतया सड़ी हुई गोबर की खाद में मिलाकर प्रति 3 वर्ग मीटर क्षेत्र में मिट्टी में मिलाएें। बीज को बुवाई के पूर्व मेटालेक्सिल- एम 31.8% ईएस 2 मिली प्रति किलोग्राम बीज की दर से उपचारित करें। इसके उपरान्त इमिडाक्लोप्रिड 70% डब्ल्यूएस 10 ग्राम प्रति किलोग्राम बीज की दर से बीजोपचार करें। यदि बीज उत्पादक संस्था द्वारा बीज पूर्वसे ही उपपचारित हो तो पुनः बीजोपचार की आवश्यकता नहीं है। अगले दिन क्यारी में 5 सेमी की दूरी पर 0.5-1 सेमी गहरी नालियाँ बनाकर बीज बुवाई करें। नियमित रूप से सुबह एवं शाम के समय हल्की सिंचाईं करें। बीज बुआई के 15 दिन बाद इमिडाक्लोप्रीड 17.8% एसएल 0.25 मिली प्रति लीटर पानी में घोलकर छिडकाव करें। मिर्च की पौध बुआई के 35 से 40 दिन बाद रोपाई के लिए तैयार हो जाती है।

प्रो- ट्रे में पौध तैयार करने की तकनीक (Seedlings raising techniques in pro-trays)

ओपी किस्मों के लिए 500 ग्राम बीज प्रति हेक्टेयर एवं संकर किस्मों के लिए 250 ग्राम बीज प्रति हेक्टेयर की आवश्यकता होती है।मिर्च की पौध **40-50 मेश की कीट अवरोधक नेट** के अंदर तैयार करें। सबसे पहले प्रो ट्रे (Pro-trays) को कोकोपीट से भर दें। इसके बाद ट्रे के कोश के बीच मे 0.5 सेमी गहरा छिद्र बनाकर एक बीज एक छिद्र में बोयें इसके बाद ट्रे में ऊपर से और कोकोपीट डालकर बीजों को ढँक देवें।बीज को बुवाई के पूर्व मेटालेक्सिल- एम् 31.8% ईएस 2 मिली प्रति किलोग्राम बीज की दर से उपचारित करें। इसके उपरान्त इमिडाक्लोप्रिड 70% डब्ल्यूएस 10 ग्राम प्रति किलोग्राम बीज की दर से बीजोपचार करें। यदि बीज उत्पादक संस्था द्वारा बीज पूर्व से ही उपपचारित हो तो पुनः बीजोपचार की आवश्यकता नहीं है। बुआई के पश्चात् ट्रेज को 4 दिनों (अंकुरण होने से पूर्व) तक पालीथीन से ढक देते हैं, इससे अंकुरण अधिक एवं जल्दी होता है। 5 वें दिन ट्रेज से पोलीथीन शीट को हटाकर ट्रेज को नेट हाउस में एक एक करके अलग अलग रख देते हैं। इसके बाद ट्रेज में सिंचाई करें। प्लग- ट्रे में लगी नर्सरी पौध पर पानी इस तरीके से डालें जिससे प्रत्येक सेल्स (पौधे) में हमेशा पर्याप्त नमी बनी रहे। सिंचाई फुहार के माध्यम से सुबह के समय डालें। बुआई के 18 दिन बाद पौध पोषण हेतु पौध की जड़ों में एनपीके (19:19:19) 2 ग्राम / लीटर पानी में घोलकर छिडकाव करें।

रोपाई कब करें (When to transplant seedlings)

मिर्च की मुख्य फसल खरीफ मे तैयार की जाती है। जिसकी रोपाई जून-जूलाई में की जाती है। शरद ऋतु की फसल की रोपाई सितम्बर-अक्टूबर में की जाती है। रोपाई के 35-40 दिन पूर्व बीजों की बुआई कर पौध तैयार करें।

रोपाई कैसे करें (How to transplant)

नर्सरी में बीज की बुआई के 35-40 दिन बाद पौधे रोपने लायक हो जाते हैं। ओपी किस्मों के लिए कतार से कतार की दूरी 60 सेंटीमीटर और पौधे से पौधे की दूरी 30 सेंटीमीटर एवं संकर क़िस्मों के लिए कतार से कतार की दूरी 120 सेंटीमीटर और पौधे से पौधे की दूरी 30 से 40 सेंटीमीटर रखें। रोपाई के पूर्व पौध को **इमिडाक्लोप्रीड 17.8% एसएल 0.3 मिली प्रति लीटर** पानी के घोल में 30 मिनट तक पौध की जड़ों को डुबोने के बाद खेत में रोपाई करें। साथ ही मिर्च के खेत के चारों ओर मक्का या ज्वार की 2-3 कतारें लगावें।

मिर्च में प्लास्टिक पलवार के उपयोग की तकनीक (Technique of using plastic mulch in chilli)

मिर्च फसल की आधुनिक खेती में सिंचाई के लिए ड्रिप पद्धति के साथ-साथ **30 माइक्रोन मोटाई वाली सिल्वर ब्लैक** कलर की प्लास्टिक मल्चिंग शीट का प्रयोग किया जाता है। जिससे खरपतवार प्रबंधन के साथ साथ सिंचाई जल की मात्रा में भी कम आती है एवं मिर्च में रस चूसक कीट का प्रकोप कम होता है एवं उपज में 40 से 50% की वृद्धि पाई गई है।

एकीकृत पोषक तत्व प्रबंधन (Integrated Nutrient Management)

मिर्च में खाद एवं उर्वरकों का प्रयोग मृदा परीक्षण के आधार पर करें। सामान्यतः मिर्च की रोपाई के पूर्व 250 क्विंटल गोबर की पूर्णतः पकी हुई खाद एवं 2.5 क्विंटल नीम खली प्रति हेक्टेयर खेत की अंतिम जुताई के समय मृदा में मिलाएं। साथ ही रोपाई के पूर्व बेड्स पर 50 किलोग्राम गोबर की खाद में 2.5 किलोग्राम *ट्राइकोडर्मा विरडी*, 2.5 किलोग्राम *एज़ोस्पिरिलम* और 2.5 किलोग्राम फॉस्फो बैक्टीरिया प्रति हेक्टेयर मिलावें। यदि मृदा में जिंक की कमी हो तो जिंक सल्फेट 25 किलोग्राम प्रति हेक्टेयर खेत की अंतिम जुताई के समय मृदा में मिलाएँ। इसके अतिरिक्त मिर्च की फसल को 120 किलोग्राम नत्रजन, 80 किलोग्राम फॉस्फोरस एवं 80 किलोग्राम पोटाश प्रति हेक्टेयर की दर से आवश्यकता होती है। इसमें फॉस्फोरस एवं पोटाश की पूरी मात्रा एवं नत्रजन की एक तिहाई मात्रा रोपाई के पूर्व आधार खाद के रूप में देवें। शेष नत्रजन की मात्रा को दो बराबर भागों में बांटकर रोपाई के 30 दिन एवं 60 दिन बाद देवें। पौध रोपण के 40 दिन बाद से 10 दिनों के अंतराल पर जिंक सल्फेट (ZnSO4) @ 0.5% का पर्णीय छिड़काव करें एवं रोपण के 60 दिनों के बाद 19:19:19 + Mn @ 1% का छिड़काव करें।

फर्टीगेशन तकनीक द्वारा पोषक तत्व प्रबंधन (Nutrient management by fertigation technique)

मिर्च में खाद एवं उर्वरकों का प्रयोग मृदा परीक्षण के आधार पर करें। ड्रिप द्वारा उर्वरकों का उपयोग करने की तकनीक को फर्टीगेशन (fertigation) कहते हैं। इस विधि में फर्टीलाइजर टैंक या वेंचुरी के माध्यम से पानी मे घुलनशील उर्वरकों का उपयोग करते हैं। सामान्यतः मिर्च की रोपाई के पूर्व 250 क्विंटल गोबर की पूर्णतः पकी हुई खाद एवं 2.5 क्विंटल नीम खली प्रति हेक्टेयर खेत की अंतिम जुताई के समय मृदा में मिलाएं। साथ ही रोपाई के पूर्व बेड्स पर 50 किलोग्राम गोबर की खाद में 2.5 किलोग्राम *ट्राइकोडर्मा विरडी*, 2.5 किलोग्राम *एज़ोस्पिरिलम* और 2.5 किलोग्राम फॉस्फो बैक्टीरिया प्रति हेक्टेयर मिलावें। यदि मृदा में जिंक की कमी हो तो जिंक सल्फेट 25 किलोग्राम प्रति हेक्टेयर खेत की अंतिम जुताई के समय मृदा में मिलाएँ। इसके अतिरिक्त मिर्च की फसल को 120 किलोग्राम नत्रजन, 80 किलोग्राम फॉस्फोरस एवं 80 किलोग्राम पोटाश प्रति हेक्टेयर की दर से आवश्यकता होती है। इसमें फॉस्फोरस का 75% मात्रा सिंगल सुपर फॉस्फेट (Single superphosphate) के माध्यम से पौध की रोपाई के पूर्व खेत में मिला देवें एवं नत्रजन, पोटाश की पूरी मात्रा एवं फॉस्फोरस की शेष मात्रा ड्रिप द्वारा घुलनशील उर्वरकों जैसे 19:19:19, 00:52:34, 13:00:45, 12:61:00, 0:0:50, यूरिया (Urea), अमोनियम सल्फेट (Ammonium Sulphate), एवं म्यूरेट ऑफ पोटाश (Muriate of Potash) के माध्यम से 5 किलोग्राम प्रति हेक्टेयर सप्ताह में दो बार देवें। द्वितीयक पोषक तत्व कैल्शियम, मैग्निशियम एवं सल्फर केलिए कैल्शियम नाइट्रेट एवं मैग्नीशियम सल्फेट 10 किलोग्राम प्रति हेक्टेयर माह में एक बार एवं बोरान 1000 ग्राम प्रति हेक्टेयर एवं सूक्ष्म पोषक तत्व 500 ग्राम प्रति हेक्टेयर माह में एक बार ड्रिप के माध्यम से देवें। पौध रोपण के 40 दिन बाद से 10 दिनों के अंतराल पर जिंक सल्फेट (ZnSO4) @ 0.5% का पर्णीय छिड़काव करें एवं रोपण के 60 दिनों के बाद 19:19:19 + Mn @ 1% का छिड़काव करें।

सिंचाई प्रबन्धन (Irrigation management)

पौध रोपण के तुरंत बाद हल्की सी सिंचाई करनी चाहिए, गर्मी के दिनों में 5 से 7 दिनों के अंतर से तथा शरद ऋतु में 10 से 15 दिन के अंतर से सिंचाई करना चाहिए। ड्रिप द्वारा सिंचाई मृदा के प्रकार, मृदा में नमी की मात्रा, मौसम एवं फसल की अवस्था के अनुसार प्रतिदिन या एक दिन छोड़कर की जा सकती है।

मिर्च में खरपतवार प्रबंधन कैसे करें (How to manage weeds in chilli)

सामान्यतः मिर्च में पहली निंदाई 20-25 तथा दूसरी निंदाई 35-40 दिन पश्चात करें या डोरा या कोलपा चलायें। हाथ से निदाई या डोरा/कोलपा को ही प्राथमिकता देवें। प्लास्टिक मल्च का उपयोग करने से खरपतवार नियंत्रण के साथ साथ मृदा नमी का भी संरक्षण होता है।

पौध वृद्धि नियंत्रकों का उपयोग कैसे करें (How to use plant growth regulators)

मिर्च में रोपाई के 25, 45 एवं 65 दिन बाद ट्राईकॉन्टानॉल 0.05% ईसी 250 मिली प्रति हेक्टेयर 500 लीटर पानी मे घोलकर छिड़काव करें। मिर्च में पुष्प एवं फलों को झड़ने से रोकने एवं पुष्पन एवं फलन की प्रक्रिया को प्रोत्साहित करने के लिए नेप्थेलिन एसिटिक एसिड (NAA) 4.5% 10 पीपीएम (10 मिलीग्राम प्रति 10 लीटर पानी) मे घोलकर छिडकाव पुष्पन के समय एवं 20 दिन बाद छिड़काव करें ।

उपज क्षमता (Potential yield)

उच्च तकनीक से खेती करने पर ओपी किस्मों से 125-150 क्विंटल हरी मिर्च या 25-30 क्विंटल लाल सूखी मिर्च प्रति हेक्टेयर प्राप्त हो सकती है। संकर किस्मों से 250-300 क्विंटल हरी मिर्च या 50-60 क्विंटल लाल सूखी मिर्च प्रति हेक्टेयर प्राप्त हो सकती है। मिर्च की उपज मौसम, किस्म एवं फसल प्रबंधन के अनुरूप कम या अधिक हो सकती है।

कटाई उपरान्त प्रबंधन (Post-harvest Management)

वर्तमान में लाल मिर्च को तोड़कर सुखाने का तरीका सुरक्षित नहीं है। इसके कारण अक्सर इसमें सुखाने के दौरान एफ्लाटॉक्सिन विकसित हो जाती है, जो निर्यात में एक बाधा का कारण बनती है। सूखी लाल मिर्च के लिए फलों की तुड़ाई तब करें जब वे पूरी तरह से पक जाएँ और पौधे पर आंशिक रूप से सूख जाएँ ताकि बेहतर तीखापन और रंग बनाए रखा जा सके। एक समान रंग विकास के लिए तुड़ाई के बाद, फलों को सीमेंट के फर्श पर या साफ सूखी चटाई पर फैलाकर धूप में सुखाया जाता है। सूखी मिर्च में नमी 10% से कम होनी चाहिए ताकि सूक्ष्मजीवी गतिविधि से मिर्च को बचाया जा सके। मिर्च को पूरी तरह से सुखने के लिए 15-20 दिनों की धूप में आवश्यकता होती है। मिर्च को ड्रायर में भी सुखाया जा सकता है। मिर्च को ड्रायर में सुखाने के लिए 2-3 दिनों के लिए 55^0C तापमान पर रखा जाता है। बाद में उन्हें बोरियों में पैक कर स्थानीय बाजार में भेज दिया जाता है।

भंडारण (Storage)

हरी मिर्च को कमरे के तापमान पर 2-3 दिन तक भंडारित किया जा सकता है। शीत गृह में हरी मिर्च को शून्यडिग्री सेल्सियस तापमान और 85-98% सापेक्षिक आर्द्रता पर 40 दिनों तक भंडारित किया जा सकता है। सूखी लाल मिर्च को ठंडी सूखी जगह पर संग्रहित किया जाता है, जिससे नमी से सुरक्षा सुनिश्चित होती है।

एकीकृत कीट एवं रोग प्रबंधन (Integrated Pest and Disease Management)

प्रमुख कीट (Major insects)

थ्रिप्स (Thrips)

इस कीट का वैज्ञानिक नाम ***सिर्ट्रोथ्रिटस डोरसेलिस* हुड़ (*Scirtothrips dorsalis* Hood)** यह छोटे-छोटे कीट, पत्तियों एवं पौधे के अन्य मुलायम भागों से रस चूसते हैं। इस कीट के प्रकोप से पत्तियां सिकुड़ जाती है तथा ऊपर की ओर मुड़ जाती हैं और नाव का आकार ले लेती हैं। प्रभावित फलों पर हल्के भूरे रंग के निशान दिखाई देतें हैं। पौधे की वृद्धि पर प्रतिकूल प्रभाव पड़ता है एवं उपज बहुत कम हो जाती है।

प्रबंधन (Management)

- मिर्च और प्याज मिश्रित फसल नहीं उगायें दोनों फसलों पर थ्रिप्स का प्रकोप होता है।
- रोपण के समय नीम खली @ 250 किलोग्राम प्रति हेक्टेयर की दर से रोपण के समय और रोपाई के 30 दिन बाद डालें।
- थ्रिप्स सहनशील किस्में पूसा ज्वाला, फुले ज्योति का उपयोग करें।
- नीले चिप चिपे कार्ड 25 प्रति हेक्टेयर की दर से फसल से 15 सेमी की ऊँचाई पर लगावें।
- इमिडाक्लोप्रिड 70% डब्ल्यूएस 10 ग्राम प्रति किलोग्राम बीज की दर से बीजोपचार करें।
- फिप्रोनिल 5% एसी 800-1000 मिली प्रति हेक्टेयर 500 लीटर पानी मे घोलकर छिडकाव करें या
- साइंट्रानिलिप्रोएल 10.26% ओडी 600 मिली प्रति हेक्टेयर 500 पानी मे घोलकर छिडकाव करें या
- स्पिनेटोरम 11.70% एससी 470-500 मिली प्रति हेक्टेयर 400-500 लीटर पानी मे घोलकर छिडकाव करें या
- फेनप्रोपेथ्रिन 30% ईसी 250-340 मिली प्रति हेक्टेयर 750-1000 पानी मे घोलकर छिडकाव करें या
- थियाक्लोप्रिड 21.70% एससी 225-300 मिली प्रति हेक्टेयर 500 लीटर पानी मे घोलकर छिडकाव करें या
- इमिडाक्लोप्रीड 17.8% एसएल 125-250 मिली प्रति हेक्टेयर 500-700 लीटर पानी मे घोलकर छिडकाव करें या
- स्पिनोसेड 45% एससी 150 मिली प्रति हेक्टेयर 500 लीटर पानी मे घोलकर छिडकाव करें या
- लैम्ब्डा-सायलोथ्रिन 5% ईसी 300 मिली प्रति एकड़ 400-600 लीटर पानी मे घोलकर छिडकाव करें।

सफेद मक्खी (Whitefly)

इस कीट का वैज्ञानिक नाम ***बेमेसियाटेबेकाई* (*Bemisia tabaci*)** है। इस कीट के शिशु एवं वयस्क पत्तियों की निचली सतह से रस चूसते हैं। सफेद मक्खी मिर्च में पर्ण कुंचन रोग को एक पौधे से दूसरे पौधे में फैलती है।

प्रबंधन (Management)

- पौधशाला को कीट अवरोधक जाली (40-50 मेश कीट अवरोधक नेट) के अंदर तैयार करें।

- खेत में सफेद मक्खी की निगरानी के लिए पीले प्रपंच (चिपचिपे कार्ड) 25 प्रति हेक्टेयर लगाना चाहिए।
- सफेद मक्खी के नियंत्रण के लिए पायरीप्रॉक्सीफैन 10% ईसी 500 मिली प्रति हेक्टेयर 300 लीटर पानी मे घोलकर छिडकाव करें या
- फेनप्रोपेथ्रिन 30% ईसी 250-340 मिली प्रति हेक्टेयर 750-1000 पानी मे घोलकर छिडकाव करें ।

पीली मकड़ी (Yellow mites)

इस कीट का वैज्ञानिक नाम ***पॉलीफागोटार्सोनमस लैटस* बैंकस** (*Polyphagotarsonemus latus* Banks) है। शिशु और वयस्क दोनों ही पत्तियों की निचली सतह से रस चूसते है। संक्रमण के परिणामस्वरूप पत्तियां नीचे की ओर मुड़ जाती हैं, प्रभावित पत्तियाँ नाव के आकार की उलटी हो जाती हैं। कुछ मामलों में प्रभावित पत्तियां गहरे हरे रंग की हो जाती हैं। नई पत्तियाँ का शाखाओं के सिरे पर गुच्छा बन जाता है।

प्रबंधन (Management)

- मकड़ी के नियंत्रण हेतु फेनजाक्विन 10% ईसी 1250 मिली प्रति हेक्टेयर 400-600 लीटर पानी मे घोलकर छिडकाव करें या
- स्पिरोमेसिफेन 22.9% एससी 400 मिली प्रति हेक्टेयर 500-750 लीटर पानी मे घोलकर छिडकाव करें।
- मिल्बेमेक्टिन 1% ईसी 350 मिली प्रति हेक्टेयर 500 लीटर पानी मे घोलकर छिडकाव करें या
- क्लोरोफेनापायर 10% एससी 750-1000 मिली प्रति हेक्टेयर 500 लीटर पानी मे घोलकर छिडकाव करें या
- फेनिप्रोक्सिमेट 5% ईसी 300-600 मिली प्रति हेक्टेयर 300-500 लीटर पानी मे घोलकर छिडकाव करें।

फल छेदक (Fruit borer)

इस कीट का वैज्ञानिक नाम***हेलीकोवर्पा आर्मीजेरा*** (*Helicoverpa armigera*) है।इस कीट की इल्ली फलों में छिद्र करके नुकसान पहुंचाती है। इल्ली कुछ समय के लिए पत्तियों पर भोजन करती है और फिर फलों पर हमला करती है। यह फलों में गोल छिद्र बनाकर उसके अंदर के भाग को खाती है। परिणाम स्वरूप फल झड़ जाते हैं।

प्रबंधन (Management)

- खेत की ग्रीष्म कालीन गहरी जुताई करें।
- वयस्कों को इकट्ठा करने के लिए लाइट ट्रैप 1 प्रति हेक्टेयर की दर से लगावें।
- कौवा, मैना आदि जैसे शिकारी पक्षियों को प्रोत्साहित करने के लिए बर्ड पर्चों को लगावें ।
- वयस्क कीट गतिविधि की निगरानी के लिए फेरोमोन ट्रैप @ 10-12 प्रति हेक्टेयर की दर स्थापित करें। हर 2-3 सप्ताह के बाद ल्यूर को नए ल्यूर से बदलें।
- अण्डों के समूह और इल्ली को इकट्ठा और नष्ट कर दें।
- *बेसिलस थूरिनजेंसिस* किस्म *गैलेराई* 1500-2000 ग्राम प्रति हेक्टेयर 1000 लीटर पानी मे घोलकर छिडकाव करें या
- स्पिनोसेड 45% एससी 150 मिली प्रति हेक्टेयर 500 पानी मे घोलकर छिडकाव करें या
- फल छेदक इल्लियों के प्रभावी नियंत्रण हेतु इमामेक्टिन बेंजोएट 5% एसजी 200 ग्राम प्रति हेक्टेयर 500 लीटर पानी मे घोलकर छिडकाव करें या
- क्लोरोन्ट्रेनिलीप्रोल 18.5% एससी 150 मिली प्रति हेक्टेयर 500 लीटर पानी मे घोलकर छिडकाव करें।

तम्बाकू की इल्ली (Tobacco caterpillar)

इस कीट का वैज्ञानिक नाम***स्पोडोप्टेरा लिटुरा*** (*Spodoptera litura*) है। इस कीट के अंडे सुनहरे पीले रंग के होते हैं, जो बड़े पैमाने पर रखे जाते हैं और रेशमी बालों से ढके होते हैं। लार्वा समूहों में देखे जाते हैं, इल्ली काले सिर या काले धब्बों के साथ हल्के हरे रंग के होते हैं, वयस्क भूरे रंग के होते हैं। फोरविंग्स भूरे रंग के होते हैं जिसमें लहरदार सफेद निशान होते हैं। इस कीट की इल्लियाँ शुरुआत में हरे पदार्थ को खुरचते हैं, जिसके कारण प्रभावित पत्ती पर एक सफेद संरचना दिखाई देती है । बाद में इल्ली पत्तियों पर छोटे-छोटे छेद करके पत्तियों को खाती है। गंभीरप्रकोप में इल्ली पूरे लैमिना और पेटिओल को को खा जाती है।

प्रबंधन (Management)

- खेत की ग्रीष्म कालीन गहरी जुताई करें।
- अंडे देने वाली मादा वयस्क पतंगों को आकर्षित करने के लिए अरंडी को खेत की सीमा के साथ जाल फसल के रूप में उगाया जा सकता है।

- वयस्कों को इकट्ठा करने के लिए लाइट ट्रैप 1 प्रति हेक्टेयर की दर से लगावें।
- कौवा, मैना आदि जैसे शिकारी पक्षियों को प्रोत्साहित करने के लिए बर्ड पर्चो को लगावें ।
- वयस्क कीट गतिविधि की निगरानी के लिए फेरोमोन ट्रैप @ 10-12 प्रति हेक्टेयर की दर स्थापित करें। हर 2-3 सप्ताह के बाद ल्यूर को नए ल्यूर से बदलें।
- अण्डों के समूह और इल्ली को इकट्ठा और नष्ट कर दें।
- इल्लियों के प्रभावी नियंत्रण हेतु इमामेक्टिन बेंजोएट 5% एसजी 200 ग्राम प्रति हेक्टेयर 500 लीटर पानी मे घोलकर छिडकाव करें या
- क्लोरोन्ट्रेनिलीप्रोल 18.5% एससी 150 मिली प्रति हेक्टेयर 500 लीटर पानी मे घोलकर छिडकाव करें।

माहू (Aphid)

इस कीट का वैज्ञानिक नाम ***एफिस गोसीपाई ग्लोवर*** **(*Aphis gossypii* Glover)** है।यह कीट पत्तियों एवं पौधों के अन्य कोमल भागों से रस चूसकर पत्तियों एवं कोमल भागों पर मधुरस स्त्राव करते हैं, जिससे सूटी मोल्ड फफूंद विकसित हो जाती है। परिणाम स्वरूप फल काले पड़ जाते हैं। यह कीट विषाणु रोग का प्रसार करता है।

प्रबंधन (Management)

- माहू के नियंत्रण के लिए इमिडाक्लोप्रीड 17.8% एसएल 125-250 मिली प्रति हेक्टेयर 500- 700 लीटर पानी मे घोलकर छिडकाव करें या
- डायफेंटियूरोन 47% + बिफेंट्रिन 9.40% w/w एससी 500-750 मिली प्रति हेक्टेयर 500 लीटर पानी मे घोलकर छिडकाव करें ।

सफेद लट (White grub)

इस कीट का वैज्ञानिक नाम ***एनोमाला बेनगेलेन्सिस (Anomala bengalensis), होलोट्राइका कनसेनगुईना (Holotrichia consanguinea)*****एवं *होलोट्राइका रेनाउड़ी* (*Holotrichiareynaudi*)** है। पहली वर्षा के समय इस कीट की मादा भूमि में अण्डे देती है। जिनसे ग्रब निकलते हैं जो कि पौधों की जड़ों को खाते हैं। ग्रसित पौधों के पास से मिट्टी से इल्ली निकाल कर उन्हें नष्ट करें।

प्रबंधन (Management)

- खेत की गहरी जुताई करके फसलों एवं खरपतवारों के अवशेषों को नष्ट कर देना चाहिए।
- बुवाई समय से तथा पौधों की वांछित दूरी बनाये रखी जानी चाहिए।
- भूमि शोधन *ब्यूवेरिया बैसियाना* 1.15% 2.5 किग्रा. प्रति हेक्टेयर की दर से 100 किग्रा. गोबर की खाद में मिलाकर 8-10 दिन रखने के उपरान्त प्रभावित खेत में प्रयोग करना चाहिए।
- खड़ी फसल में कीट की रोकथाम हेतु *मेटाराइजियम एनिसोप्ली* 2.5 किग्रा. प्रति हेक्टेयर की दर से 500 लीटर पानी में घोलकर सायंकाल छिडकाव करना चाहिए जिसे आवश्यकतानुसार 15 दिन के अन्तराल पर दोहराया जा सकता है।
- रसायनिक नियंत्रण हेतु निम्नलिखित कीटनाशको में से किसी एक का प्रयोग वयस्क कीट के नियंत्रण हेतु करना चाहिए।
- क्लोरपाइरीफास 20% ईसी 2000 मिली प्रति हेक्टेयर 1000 लीटर पानी में घोलकर ड्रेंचिंग करना चाहिए या
- कार्बोफ्यूरान 3% सीजी 33 किलोग्राम प्रति हेक्टेयर की दर से भुरकाव करना चाहिए।

प्रमुख रोग (Major diseases)

आर्द्र गलन (Damping off)

यह रोग ***पीथियम एफिनिडेडरमेटम*** **(*Pythium aphanidermatum*)**नामक फफूंद से होता है। इस रोग में भूमि की सतह से पौधा गलकर नीचे गिर जाता है। नर्सरी में पौधो की सघनता, अधिक नमी, भारी मिट्टी, जल निकासी का न होना एवं उच्च तापमान रोग को फैलाने की लिए उचित दशाएं हैं ।

प्रबंधन (Management)

- खेत के अत्यधिक पानी और खराब जल निकासी वाले क्षेत्रों से बचना चाहिए।
- उठी हुई क्यारियां बनाएं 15 सेमी से अधिक ऊँचाई बेहतर होती है।
- पौधशाला में पौधों की संख्या नियंत्रित रखें, बहुत अधिक न रहने दें।

- पौध को प्रो-ट्रे/प्लग ट्रे में उगाएं।
- बीज की बुआई के पूर्व *ट्राइकोडर्मा विरडी* 1% डब्ल्यूपी 4 ग्राम प्रति किलोग्राम बीज या *ट्राइकोडर्मा विरडी* 5% एससी 2 मिली प्रति किलोग्राम बीज की दर से बीजोपचार करें या मेटलैक्सिल-एम 31.8% ईएस 2 मिली प्रति किलोग्राम बीज की दर से बीजोपचार करें।
- मिट्टी में *स्यूडोमोनस फ्लोरेसेंस* @ 2.5 किलोग्राम प्रति हेक्टेयर 50 किग्रा गोबर की खाद के साथ मिलाएँ।
- रोग का प्रकोप होने पर कॉपर ऑक्सीक्लोराइड 50% डब्ल्यूपी 2.5 ग्राम प्रति लीटर पानी में घोलकर 4 लीटर / वर्ग मीटर की दर से ड्रेंचिंग करें।

फल गलन एवं पत्ती धब्बा (Fruit rot and leaf blight)

मिर्च में यह रोग एक फफूदी ***फाइटोपाथोरास्पीसीज* (*Phytophthora* spp)** से होता है। फलों पर छोटे जलसोकित (water soaked) धब्बे फलों पर दिखाई देते हैं जो उन्हें पूरी तरह से सड़ा देते हैं। पत्तियों पर जलसोकित (water soaked) धब्बे दिखाई देते हैं, जिससे पौधों को नुकसान होता है और फसल की पैदावार प्रभावित होती है।

प्रबंधन (Management)

- स्वस्थ रोगजनक मुक्त मिर्च बीज का उपयोग करें।
- स्वस्थ रोगजनक मुक्त मिर्च पौध तैयार करें ।
- प्रभावित पौधों को समय से पहले हटाने से रोगों के प्रसार को नियंत्रित किया जा सकता है ।
- फफूंद संक्रमण से बचने के लिए नर्सरी क्यारियों और खेतों में पानी का ठहराव नहीं होने देना चाहिए।
- खेत को संक्रमित पौधों के मलबे से मुक्त रखें ।
- कॉपर ऑक्सिक्लोराइड 50% डब्ल्यूपी 2500 ग्राम प्रति हेक्टेयर 750-1000 लीटर पानी मे घोलकर छिडकाव करें या
- क्लोरोथालोनिल 75% डब्ल्यूपी 800 ग्राम प्रति हेक्टेयर 750 लीटर पानी मे घोलकर छिडकाव करें या
- डाईफेनाकोनाज़ोल 25% ईसी 250 मिली प्रति हेक्टेयर 500 लीटर पानी मे घोलकर छिडकाव करें या
- किटाज़िन 48% ईसी 500 मिली प्रति हेक्टेयर 500 लीटर पानी मे घोलकर छिडकाव करें या
- एजोक्सिस्ट्रोबिन 11% + टेबुकोनाज़ोल 25.9% ईसी 500-750 मिली प्रति हेक्टेयर 500 लीटर पानी मे घोलकर छिडकाव करें।
- एजोक्सिस्ट्रोबिन 18.2% + डायफेनाकोनाजोल 11.4% एससी 500 मिली प्रति हेक्टेयर 500 लीटर पानी मे घोलकर छिडकाव करें।

श्यामवर्ण (Anthracnose)

मिर्च का यह अतिव्यापक रोग है। यह रोग ***कोलेटोट्राइकम कैप्सीकी* (*Colletotrichum capsici*)** नामक फफूंदी से होता है। फलों पर यह रोग पकने की अवस्था में होता है। जब फल लाल होने लगते हैं उन पर छोटे काले और गोल धब्बे दिखाई पड़ते हैं ये धब्बे फल की लंबाई में बढ़ते हैं। बाद में इनका रंग धूसर हो जाता है। अंतिम अवस्था में फल काले होकर गिर जाते हैं।

प्रबंधन (Management)

- स्वस्थ रोगजनक मुक्त मिर्च बीज का उपयोग करें।
- स्वस्थ रोगजनक मुक्त मिर्च पौध तैयार करें ।
- प्रभावित पौधों को समय से पहले हटाने से रोगों के प्रसार को नियंत्रित किया जा सकता है ।
- फफूंद संक्रमण से बचने के लिए नर्सरी क्यारियों और खेतों में पानी का ठहराव नहीं होने देना चाहिए।
- खेत को संक्रमित पौधों के मलबे से मुक्त रखें ।
- कॉपर हाइड्रॉक्साइड 53.8% डीएफ 1000 ग्राम प्रति हेक्टेयर 500 लीटर पानी मे घोलकर छिड़काव करें या
- हेक्साकोनाजोल 75% डब्ल्यूजी 68 ग्राम प्रति हेक्टेयर 500 लीटर पानी मे घोलकर छिडकाव करें या
- एजोक्सिस्ट्रोबिन 18.2% + डायफेनाकोनाजोल 11.4% एससी 500 मिली प्रति हेक्टेयर 500 लीटर पानी मे घोलकर छिडकाव करें या
- टेबुकोनाज़ोल 50% + ट्राईफ्लोक्सिस्ट्रोबिन 25% डब्ल्यूजी 250 ग्राम प्रति हेक्टेयर 500 लीटर पानी मे घोलकर छिडकाव करें।

टहनी मार रोग (Diaback)

मिर्च का यह अतिव्यापक रोग है। यह रोग ***कोलेटोट्राइकम कैप्सीकी*(*Colletotrichum capsici*)** नामक फफूंदी से होता है। विकसित पौधों पर रोग के कारण शाखाओं का कोमल ऊपर का भाग सूख जाता है। बाद में सूखने की क्रिया नीचे की ओर बढ़ती है।

प्रबंधन (Management)

- स्वस्थ रोगजनक मुक्त मिर्च बीज का उपयोग करें।
- स्वस्थ रोगजनक मुक्त मिर्च पौध तैयार करें ।
- प्रभावित पौधों को समय से पहले हटाने से रोगों के प्रसार को नियंत्रित किया जा सकता है ।
- फफूंद संक्रमण से बचने के लिए नर्सरी क्यारियों और खेतों में पानी का ठहराव नहीं होने देना चाहिए।
- खेत को संक्रमित पौधों के मलबे से मुक्त रखें ।
- डाईफेनाकोनाज़ोल 25% ईसी 250 मिली प्रति हेक्टेयर 500 लीटर पानी मे घोलकर छिडकाव करें या
- किटाज़िन 48% ईसी 500 मिली प्रति हेक्टेयर 500 लीटर पानी मे घोलकर छिडकाव करें या
- क्रेसोज़िम-मिथाइल 44.3% एससी 500 मिली प्रति हेक्टेयर 500 लीटर पानी मे घोलकर छिडकाव करें या
- एजोक्सिस्ट्रोबिन 11% + टेबुकोनाज़ोल 18.3% एससी 600 मिली प्रति हेक्टेयर 500-750 लीटर पानी मे घोलकर छिडकाव करें।

उकटा रोग (Wilt)

यह रोग ***फुसैरियम सोलानी*** **(*Fusarium solani*)** नामक फफूंद से होता है। इस रोग में खेत में पहले निचली पत्तियों का पीलापन और प्रभावित पत्तियाँ मुरझाकर मर जाती हैं। बाद के चरण में, संवहनी तंत्र का भूरापन होना है। अंत में पौधे मुरझा कर मर जाते हैं।

प्रबंधन (Management)

- फसल चक्र अपनाएँ।
- रोग प्रतिरोधक किस्मों का उपयोग करें।
- बीज को बुआई के पूर्व *ट्राइकोडर्मा विरडी* 1% डब्ल्यूपी 4 ग्राम प्रति किलोग्राम बीज
- या कार्बेन्डाजिम 50% डब्ल्यूपी 2 ग्राम प्रति किलोग्राम बीज की दर से उपचारित करें।
- *ट्राइकोडर्मा विरडी* 2.5 किलोग्राम प्रति हेक्टेयर की दर से 50 किलोग्राम गोबर की खाद में मिलाकर पानी छिड़कें और एक पतली पॉलिथीन शीट के साथ कवर करें। जब 7 दिनों के बाद ढेर पर मायसेलिया की वृद्धि दिखाई देती है, तो मिश्रण को एक एकड़ के क्षेत्र में मिर्च की पंक्तियों में डाल कर गुडाई करें या
- बोर्डो मिश्रण 1% या कॉपर ऑक्सिक्लोराइड 50% डब्ल्यूपी 2.5 ग्राम प्रति लीटर पानी में घोलकर मिर्च की जड़ों में ड्रेंचिंग करें।

भभूतिया (Powdery mildew)

यह रोग ***लेवेइलुला टौरिका*** **(*Leveillula taurica*)** नामक फफूंद से होता है। रोग के लक्षण पत्तियों की निचली सतह एवं नए तनों पर सफेद चूर्णी धब्बे पाउडर के रुप में दिखाई देते हैं। सफेद पाउडर कोटिंग ज्यादातर निचली सतह पर और कभी-कभी ऊपरी सतह पर दिखाई देती है। तदनुरूप ऊपरी सतह पर पीले धब्बे दिखाई देते हैं । गंभीर संक्रमण के परिणामस्वरूप प्रभावित पत्तियां सूख जाती हैं और झड़ जाती हैं। शाखाओं और युवा फलों पर भी चूर्ण की वृद्धि देखी जा सकती है। रोगग्रस्त फल आगे नहीं बढ़ते हैं और समय से पहले गिर जाते हैं। पत्तियां झड़ने एवं प्रकाश संश्लेषण की क्रिया बाधित होने के कारण इस रोग से 14 से 20% तक नुकसान का आंकलन किया गया है। यह रोग 60% से कम आद्रता एवं 15-30 डिग्री सेल्सियस तापमान पर तेजी से फैलता है। इस रोग का प्रकोप सामान्तया नवम्बर से फरवरी में अधिक होता है।

प्रबंधन (Management)

- सल्फर 80% डब्ल्यूपी 3125 ग्राम प्रति हेक्टेयर 750-1000 लीटर पानी मे घोलकर छिडकाव करें या
- सायफ्लूफेनामिड 5% ईडब्लू 300 मिली प्रति हेक्टेयर 500 लीटर पानी में घोलकर छिडकाव करें।
- एजोक्सिस्ट्रोबिन 23% एससी 500-750 मिली प्रति हेक्टेयर 500 लीटर पानी मे घोलकर छिडकाव करें या
- टेबुकोनाजोल 25.9% ईसी 500-750 मिली प्रति हेक्टेयर 500 लीटर पानी मे घोलकर छिडकाव करें या
- एजोक्सिस्ट्रोबिन 11% + टेबुकोनाज़ोल 25.9% ईसी 500-750 मिली प्रति हेक्टेयर 500 लीटर पानी मे घोलकर छिडकाव करें या
- एजोक्सिस्ट्रोबिन 18.2% + डायफेनाकोनाजोल 11.4% एससी 500 मिली प्रति हेक्टेयर 500 लीटर पानी मे घोलकर छिडकाव करें या
- एजोक्सिस्ट्रोबिन 11% + टेबुकोनाज़ोल 18.3% एससी 600 मिली प्रति हेक्टेयर 500-750 लीटर पानी मे घोलकर छिडकाव करें या
- टेबुकोनाज़ोल 50% + ट्राईफ्लोक्सिस्ट्रोबिन 25% डब्ल्यूजी 250 ग्राम प्रति हेक्टेयर 500 लीटर पानी मे घोलकर छिडकाव करें।

कोएनफोरा ब्लाइट (Choeanephora blight)

यह रोग ***कोएनफोरा कुकरबिटेरम (Coeanephora cucurbitarum)***नामक फफूंद से होता है। इस रोग से प्रारंभिक फूल अवस्था तक पौधे अतिसंवेदनशील होते हैं। यह रोग जीवित ऊतकों पर हमला करता है। कैलीक्स के आसपास मुख्य रूप से संक्रमण देखा जाता है। रोगज़नक़ फूलों पर सेन्सिंग पंखुड़ियों के माध्यम से हमला करता है और फूलों पर उगता है जिसके परिणामस्वरूप भूरा या काला सड़ा हुआ ऊतक दिखाई है। फूल के डंठल, कलियों और पत्तियों पर बाद में हमला किया जाता है। संक्रमित ऊतकों पर कवक की तरह कड़े सिलवरी द्रव्यमान या फंगल विकास के बालों वाली आकृति विकसित होती हैं, जिन पर बीजाणुओं का काला द्रव्यमान उत्पन्न होता है जो मुख्य नैदानिक विशेषता है। संक्रमित नए फल गिर कर सकते हैं। पौधों की अलग-अलग शाखाओं पर हमला किया जा सकता है जो डाईबैक के समान दिखाती है।

प्रबंधन (Management)

- पिकोक्सिस्ट्रोबिन 6.78% + ट्राईसाइक्लाज़ोल 20.33% एससी 1000 मिली प्रति हेक्टेयर 500 लीटर पानी मे घोलकर छिडकाव करें।

अल्टरनेरिया पत्ती धब्बा (Alternaria leaf spot)

यह रोग ***अल्टरनेरिया सोलानी (Alternaria solani)*** नामक फफूंद से होता है। यह वृद्धि के किसी भी चरण में पत्ते पर होने वाली मिर्च की एक सामान्य बीमारी है। फफूंद पत्ते पर हमला करता है, जिससे पत्तों पर धब्बे बन जाते हैं। सबसे पहले धब्बे पौधों पर छोटे, काले घावों के रूप में ज्यादातर पुराने पत्ते पर देखा गया है। जब धब्बे एक चौथाई इंच व्यास या बड़े होते हैं, तब तक रोगग्रस्त क्षेत्र के केंद्र में बैल की आंख के पैटर्न में संकेंद्रित छल्ले देखे जा सकते हैं। धब्बों के आसपास के ऊतक पीले होते हैं। यदि इस समय उच्च तापमान और आर्द्रता होती है, तो अधिकांश पत्ते मर जाते हैं। तने पर घाव पत्तियों के समान होते हैं, कभी-कभी मिट्टी की रेखा के पास होने पर पौधे को घेर लेते हैं। फफूंद फल को भी संक्रमित करता है, फलों पर संकेंद्रित वलय भी मौजूद होते हैं।

प्रबंधन (Management)

- पर्याप्त वायु परिसंचरण बनाए रखने के लिए अनुशंसित दूरी पर रोपाई करें।
- प्रतिरोधी किस्में उगाएं।
- टेबुकोनाज़ोल 50% + ट्राईफ्लोक्सिस्ट्रोबिन 25% डब्ल्यूजी 250 ग्राम प्रति हेक्टेयर 500 लीटर पानी मे घोलकर छिडकाव करें।

सर्कोस्पोरा पत्ती धब्बा (Cercospora leaf spot)

यह रोग ***सर्कोस्पोरा केप्सिकी (Cercospora capsici)*** नामक फफूंद से होता है। इस रोग में पत्तियों पर भूरे रंग के केंद्र वाले गोलाकार धब्बे दिखाई देते हैं। धब्बे बड़े हो जाते हैं और आपस में मिल जाते हैं, धब्बे का मध्य भाग सफेद हो जाता है और पत्तियाँ पीली होकर मुरझा जाती हैं। कभी-कभी धब्बे का मध्य भाग गिर जाता है। धब्बे तनों और टहनियों पर भी गहरे भूरे रंग के, सफेद केंद्रों के साथ अनियमित घावों के रूप में दिखाई देते हैं, गंभीर मामलों में टहनियां मर जाती हैं ।

प्रबंधन (Management)

- कॉपर ऑक्सिक्लोराइड 50% डब्ल्यूपी 2500 ग्राम प्रति हेक्टेयर 750-1000 लीटर पानी मे घोलकर छिडकाव करें या
- मेन्कोजेब 75% डब्ल्यूपी 1500-2000 ग्राम प्रति हेक्टेयर 750 लीटर पानी मे घोलकर छिडकाव करें।

जीवाणु पत्ती धब्बा (Bacterial leaf spot)

यह रोग ***ज़ैंथोमोनस कैंपेस्ट्रिस*** पीवी. ***वेसीकटोरिया (Xanthomonas campestris* pv. *vesicatoria)*** नामक जीवाणु से होता है। इस रोग में पत्ते, फल और तने प्रभावित होते हैं पत्ती पर घाव गोलाकार, पानी से लथपथ धब्बे के रूप में शुरू होते हैं। धब्बे क्लोरोटिक सीमाओं के साथ भूरे रंग के केंद्र के साथ परिगलित और बढ़े हुए धब्बे भूसे के रंग के केंद्र विकसित करते हैं। घाव पत्ती की निचली सतह पर थोड़े उभरे हुए होते हैं, गंभीर धब्बेदार पत्तियाँ पीली होकर गिर जाती हैं। तनों पर संकीर्ण लम्बी घाव या धारियाँ विकसित हो जाती हैं और फलों पर उभरे हुए भूरे रंग के घाव दिखाई देते हैं।

प्रबंधन (Management)

- क्षेत्र की स्वच्छता महत्वपूर्ण है। साथ ही रोग मुक्त पौधों से बीज प्राप्त करना चाहिए।

- स्वस्थ फलों से ही बीजों का संग्रह करना चाहिए।
- स्ट्रेप्टोमाइसिन सल्फेट 9% + टेट्रासाइक्लिन हाइड्रोक्लोराइड 1% एसपी घोल (स्ट्रेप्टोसाइक्लिन) 40-100 पीपीएम के दो छिडकाव एक रोपण से पहले (नर्सरी) और दूसरा रोपण के बाद करें।

विषाणु रोग (Viral disease)

मिर्च पर्ण कुंचन (*chilli Leaf curl virus*)

मिर्च में पर्ण कुंचन/ कुकड़ा (*chilli Leaf curl virus)* (ChiLCV) एक विषाणु जनित रोग है। यह **बेगोमोवायरस** वंश के अंतर्गत आता है। इस रोग के कारण मिर्च की पत्तियॉ छोटी होकर मुड जाती हैं। पत्तियों की शिराएं मोटी हो जाती है जिससे पत्तियां मोटी दिखाई पड़ती हैं, पौधों की बढ़वार रूक जाती है, पौधे झाड़ीनुमा दिखाई पडते हैं। पौधों पर फल लगना कम हो जाते हैं फल लगते भी हैं तो कुरूप हो जाते हैं। यह रोग सफेद मक्खी द्वारा रोगग्रसित पौधे से दूसरे स्वस्थ पौधों में फैलाया जाता है।

मिर्च में पर्ण कुंचन रोग का प्रबंधन (Management of chilli Leaf curl virus)

खेत की तैयारी कैसे करें (How to prepare the field)

- ग्रीष्मकाल में गहरी जुताई अवश्य करवाएं।
- मेंढ़े साफ-सुथरी रखी जाएं।
- खेत के आसपास पुराने विषाणु ग्रसित मिर्च, टमाटर, पपीते के पौधों को नष्ट किया जाए।
- खेतों में अधिक वर्षा की स्थिति में पानी निकास की उचित व्यवस्था की जाए।
- मिट्टी परीक्षण के अनुसार संतुलित मात्रा में खाद एवं उर्वरकों का उपयोग करें।

पौध कैसे तैयार करें (How to raise seedlings)

- पौधशाला को कीट अवरोधक जाली (40-50 मेश कीट अवरोधक नेट) के अंदर तैयार करें।
- पौध को प्रो ट्रे में कोकोपीट के माध्यम में तैयार करें। यदि प्रो ट्रे की व्यवस्था नही हो तो
- बीजों की बुवाई के लिए 3 x 1 मीटर आकार की भूमि से 10 सेमी ऊँची उठी क्यारी तैयार करे।
- मिर्च की पौधशाला की तैयारी के समय 50 ग्राम *ट्राइकोडर्मा विरडी*को 3 किलोग्राम पूर्णतया सड़ी गोबर हुई की खाद में मिलाकर प्रति 3 वर्ग मीटर की दर से में मिट्टी में मिलाऐं।
- मिर्च के बीज को बुवाई के पूर्व मेटलैक्सिल-एम 31.8% ईएस 2 मिली प्रति किलोग्राम बीज की दर से उपचारित करें। इसके उपरान्त इमिडाक्लोप्रिड 70% डब्ल्यूएस @ 10 ग्राम प्रति किलोग्राम बीज की दर से बीजोपचार करें।
- रोग प्रतिरोधक किस्मों का उपयोग करें।

पौध की खेत मे रोपाई कैसे करें (How to transplant the seedlings in the field)

- 35 दिन आयु की पौध की खेत में रोपण करें।
- फसल को रस चूसक कीटों से बचाव के लिए रोपाई के पूर्व पौध को इमिडाक्लोप्रीड 17.8% एसएल 0.3 मिली प्रति लीटर पानी के घोल में 30 मिनट तक पौध की जड़ों को डुबाने के बाद खेत में रोपाई करें।
- मिर्च के खेतों के आसपास ज्वार मक्का की दो-तीन कतारे लगाना भी लाभदायक होता है।
- खेत में रोग के प्रारंभिक लक्षण दिखने पर पर्णकुंचित पौधों को उखाड़कर गढ्ढे में डालकर बंद करें।
- खेत में सफेद मक्खी की निगरानी के लिए पीले प्रपंच (चिपचिपे कार्ड) 25 प्रति हेक्टेयर लगाना चाहिए।

खड़ी फसल में पर्ण कुंचन रोग से बचाव कैसे करें (How to protect crop from chilli Leaf curl virus in standing crop)

- रोग के प्रसार को रोकने के लिए रोगग्रस्त पौधों को देखते ही खेत से उखाड़कर नष्ट करें।
- मिर्च में रोपाई के 30 से 35 दिन बाद नीम बीज गिरी सत (NSKE) 5% या नीम तेल 3000 पीपीएम 3 मिली प्रति लीटर पानी पानी में घोलकर 10 दिन के अन्तराल पर दो बार छिड़काव करें।

- मिर्च में लीफ कर्ल रोग वाहक कीट सफेद मक्खी के नियंत्रण के लिए पायरीप्रॉक्सीफैन 10% ईसी 500 मिली प्रति हेक्टेयर 300 लीटर पानी या फेनप्रोपेथ्रिन 30% ईसी 250-340 मिली प्रति एकड़ 750-1000 पानी या पायरीप्रॉक्सीफैन 5% + फेनप्रोपथ्रिन 15% ईसी 500-750 मिली प्रति एकड़ 500-750 लीटर पानी मे घोलकर छिडकाव करें।
- कीटनाशकों का 14 दिन के अंतराल पर अदल बदल कर छिडकाव करें।
- कीटनाशकों का छिड़काव फल बनने की अवस्था तक ही करें एवं एक ही कीटनाशक का बार बार उपयोग नही करें।

जड़-गाँठ सूत्रकृमि (Root-knot nematodes)

जड़-गाँठ सूत्रकृमि ***मेलोइडोगाइन* वंश (*Meloidogyne* genus)** के अंतर्गत आता है। इसके द्वारा पौधों की जड़ों पर पर गाठों का बनना प्राथमिक लक्षण है। खेत में पैचस में संक्रमित पौधे दिखाई देते हैं। गंभीर रूप से संक्रमित पौधों में जड़ प्रणाली कम हो जाती है और जड़ें लगभग पूरी तरह से अनुपस्थित होती हैं। जड़ें पानी और पोषक तत्वों के अवशोषण और परिवहन के उनके कार्य में गंभीर रूप से बाधित होती हैं

पौधे दिन के गर्म भाग के दौरान विशेष रूप से शुष्क परिस्थितियों में मुरझा जाते हैं और अक्सर छोटे हो जाते हैं। नर्सरी में संक्रमित पौध सामान्यतया रोपाई के बाद मर जाती हैं और जो बच जाती हैं उनमें फूल और फलों का उत्पादन कम हो जाता है।

प्रबंधन (Management)

- मिर्च की फसल को लगातार एक ही खेत में लगाने से इस निमेटोड (nematode) का प्रकोप बढ़ता है। सही फसल चक्र अपना कर इसके प्रकोप को कम किया जा सकता है।
- गर्मियों में खेत की मिटटी पलते वाले हल से गहरी जुताई करें।
- प्रतिरोधी किस्मों का उपयोग करें।
- नर्सरी बेड को *ट्राइकोडर्मा हर्जियानम, पेसिलोमाइसेस लिलासिनस या स्यूडोमोनास फ्लोरेसेंस* @ 50 ग्राम/ वर्ग मीटर की दर से से उपचारित करें।
- सह फसल के रूप में गेंदा का रोपण करें।
- नीम खली 10 क्विंटल प्रति हेक्टेयर की दर से पौध रोपण के 2 सप्ताह पहले खेत में मिलाने पर मूल ग्रंथि के प्रकोप में काफी कमी पाई गई है।
- फफूंद (*ट्राइकोडर्मा हर्जियानम, ट्राइकोडर्मा विरडी, पैसिलोमाइसेस लिलासिनस*) और जीवाणु रोधी (*स्यूडोमोनास फ्लोरेसेंस, बैसिलस सबटिलिस*) @ 0.5% के फॉर्मुलेशन को रोपाई के 30 दिनों के नियमित अंतराल पर मैन्युअल रूप से या ड्रिप सिंचाई के माध्यम से टोआ (drenching) करें या ।
- नेमाटोड प्रभावित फसल में कार्बोफुरान 3% सीजी 33 किलो प्रति हेक्टेयर की दर से उपयोग करें।

9

शिमला मिर्च

परिचय (Introduction)

हमारे देश में उगाई जाने वाली विभिन्न प्रकार की सब्जियों में **शिमला मिर्च** (Capsicum) का एक महत्वपूर्ण स्थान है। इसका उदभव स्थान केंद्रीय एवंदक्षिण **अमेरिका** (Central and South America) माना जाता है। गुणवत्ता की दृष्टि से भी शिमला मिर्च संरक्षित भोज्य (प्रोटेक्टिव फूड) माना गया है। शिमला मिर्च को **बेल पेपर (Bell pepper)** भी कहा जाता है। इसमें विटामिन-सी एवं विटामिन–ए तथा खनिज लवण जैसे आयरन, पोटेशियम, जिंक, कैल्शियम इत्यादि पोषक तत्व प्रचुर मात्रा में पाये जाते हैं। भारत में 24 हजार हेक्टेयर में शिमला मिर्च की खेती की जाती है, जिससे 326 हजार मीट्रिक टन उत्पादन प्राप्त होता है। (**हॉर्टिकल्चर स्टेटिस्टिक्स एट ए ग्लांस 2018)।** भारत में कर्नाटक, हिमाचल प्रदेश, हरियाणा ,मध्य प्रदेश एवं महाराष्ट्र प्रमुख शिमला मिर्च उत्पादक राज्य हैं।

वानस्पतिक विवरण (Botanical discription)

शिमला मिर्च का वानस्पतिक नाम ***कैप्सिकम एनम* एल.**(*Capsicum annuum* L.) है। यह **सोलेनेसी** (Solanaceae) कुल के अंतर्गत आती है। शिमला मिर्च में गुणसूत्र 24 (n = x = 12) होते हैं, शिमला मिर्च के पौधों की ऊंचाई 50 से 90 सेमी तक होती है, लेकिन ग्रीनहाउस परिस्थितियों में पौधे की ऊंचाई 0.7 से 2.5 मीटर तक हो सकती है। शिमला मिर्च को बहुधा पर-परागित (often cross pollinated) फसलों में वर्गीकृत किया जा सकता है। शिमला मिर्च का फल तीन या चार कार्पेल से बना एक **बेरी (berry)** होता है।

उपयुक्त जलवायु (Suitable climate)

शिमला मिर्च को मिर्च के समान ही जलवायु की आवश्यकता होती है और यह पाले के लिए भी अतिसंवेदनशील होती है। फूल आने के समय उच्च तापमान और कम सापेक्षिक आर्द्रता वाष्पोत्सर्जन खिंचाव को बढ़ाती है जिसके परिणामस्वरूप कलियाँ, फूल और छोटे फल निकल जाते हैं। पुष्पन के लिए दिन का तापमान 26 से 28 डिग्री सेंटीग्रेड एवं रात्रीकालीन तापमान सामान्यतः16 से 18 डिग्री सेंटीग्रेड उत्तम रहता है। अधिक तापमान की वजह से फूल झड़ने लगते हैं एवं कम तापमान की वजह से परागकणों की जीवन उपयोगिता कम हो जाती है।

मृदा का चयन (Selection of soil)

शिमला मिर्च की खेती के लिए सामान्यतः बलुई दोमट मृदा उपयुक्त रहती है जिसमें अधिक मात्रा में कार्बनिक पदार्थ मौजूद हो एवं जल निकासी अच्छी हो। मिट्टी जिसका पीएच **(pH) मान 5.5 से 6.8** हो शिमला मिर्च की खेती के लिये सबसे उपयुक्त है।

पॉलीहाउस (Polyhouse)

शिमला मिर्च की खेती पॉलीहॉउस/नेट हाउस में सफलतापूर्वक कर सकते हैं। पॉलीहाउस पारदर्शी आवरण से ढ़के हुए ऐसे ढांचे होते हैं जिनमें कम से कम आंशिक या पूर्णरूप से नियंत्रित वातावरण में फसलें पैदा की जाती हैं। पॉलीहाउस तकनीक का बे-मौसमी सब्जियॉ पैदा करने में महत्वपूर्ण स्थान है। पॉलीहाउस की खेती के लिए सामान्यतः ऐसी फसलों का चयन किया जाता है। जिनका आयतन कम हो एवं अधिक मूल्यवान हो जैसे खीरा, टमाटर, शिमला मिर्च इत्यादि।

खेत की तैयारी (Field preparation)

पौध रोपण के लिए मुख्य खेत को अच्छी तरह से 5-6 बार जुताई कर तैयार किया जाता है। गोबर की खाद या कम्पोस्ट अंतिम जुताई के पूर्व खेत में अच्छी तरह से खेत में मिला दिया जाना चाहिए। तत्पश्चात उठी हुई 90 से.मी. चौड़ी बेड्स बनाई जाती हैं। पौधों की रोपाई ड्रिप लाईन बिछाने के बाद 45 से.मी. की दूरी पर करनी चाहिए। एक बेड पर पौधों की सामान्यतः दो कतार लगाते हैं।

उन्नत किस्में (Improved varieties)

अर्का अथुल्य (Arka Athulya)

यह शिमला मिर्च की संकर किस्म है, इसके हरे पत्ते के आवरण के साथ अनिश्चित पौधों की आदत, यह किस्म खुले मैदान की परिस्थितियों में खरीफ और रबी मौसम की खेती के लिए उपयुक्त है । फल फर्म, 3-4 लोब के साथ मध्यम आकार के (100-120 ग्राम), ताजा

हरे रंग के लिए उपयुक्त होते हैं । इस किस्म से 140-150 दिनों में 350-400 क्विंटल/ हेक्टेयर उपज प्राप्त हो जाती है। यह किस्म पाउडरी फफूंदी के लिए सहनशील है।

अर्का बसंत (Arka Basant)

इस किस्म के पीले हरे पत्ते, घने मांसल, 2-3 लोब वाले, शंक्वाकार फल, औसत फल वजन 50-80 ग्राम, फल खड़े, क्रीम रंग, जो परिपक्वता पर नारंगी लाल हो जाते हैं। यह किस्म 180 दिनों में 150 क्विंटल / हेक्टेयर उपज दे देती है।

अर्का गौरव (Arka Gaurav)

इस किस्म के हरे पत्ते, घने मांसल, 3-4 लोब वाले, हरे, अवरुद्ध लंबे फल, औसत फल वजन 120-150 ग्राम, पकने पर नारंगी पीले रंग के हो जाते हैं ल। .। यह किस्म 150 दिनों में 160 क्विंटल / हेक्टेयर उपज दे देती है।

अर्का मोहिनी (Arka Mohini)

इस किस्म के गहरे हरे पत्ते, फल घने मांसल, 3-4 लोब वाले गहरे हरे, औसत फल वजन 150-180 ग्राम, लटके हुए, पकने पर लाल हो जाते हैं। यह किस्म 160 दिनों में उपज 200 क्विंटल / हेक्टेयर उपज दे देती है ।

बीज दर (Seed rate)

ओपी किस्मों के लिए 500 ग्राम बीज प्रति हेक्टेयर एवं संकर किस्मों के लिए 250 ग्राम बीज प्रति हेक्टेयर की आवश्यकता होती है।

प्रो- ट्रे में पौध तैयार करने की तकनीक (Seedlings raising techniques in pro-trays)

शिमला मिर्च की पौध **40-50 मेश की कीट अवरोधक नेट** के अंदर तैयार करें। सबसे पहले प्रो ट्रे (Pro-trays) को कोकोपीट से भर दें। इसके बाद ट्रे के कोश के बीच मे 0.5 सेमी गहरा छिद्र बनाकर एक बीज एक छिद्र में बोयें इसके बाद ट्रे में ऊपर से और कोकोपीट डालकर बीजों को ढँक देवें। बीज को बुवाई के पूर्व मेटालेक्सिल- एम् 31.8% ईएस 2 मिली प्रति किलोग्राम बीज की दर से उपचारित करें। इसके उपरान्त इमिडाक्लोप्रिड 70% डब्ल्यूएस 10 ग्राम प्रति किलोग्राम बीज की दर से बीजोपचार करें। यदि बीज उत्पादक संस्था द्वारा बीज पूर्व से ही उपपचारित हो तो पुनः बीजोपचार की आवश्यकता नहीं है। बुआई के पश्चात् ट्रेज को 4 दिनों (अंकुरण होने से पूर्व) तक पालीथीन से ढक देते हैं, इससे अंकुरण अधिक एवं जल्दी होता है। 5 वें दिन ट्रेज से पोलीथीन शीट को हटाकर ट्रेज को नेट हाउस में एक एक करके अलग अलग रख देते हैं। इसके बाद ट्रेज में सिंचाई करें। प्लग- ट्रे में लगी नर्सरी पौध पर पानी इस तरीके से डालें जिससे प्रत्येक सेल्स (पौधे) में हमेशा पर्याप्त नमी बनी रहे। सिंचाई फुहार के माध्यम से सुबह के समय डालें। बुआई के 18 दिन बाद पौध पोषण हेतु पौध की जड़ों में एनपीके (19:19:19) 2 ग्राम / लीटर पानी में घोलकर छिडकाव करें।

रोपाई

रोपाई (Transplanting)

नर्सरी में बीज की बुआई के 30-35 दिन बाद पौधे रोपने लायक हो जाते हैं। रोपाई के समय रोप की लम्बाई तकरीबन 16 से 20 सेमी एवं 4-6 पत्तियां होनी चाहिए । रोपाई के पूर्व पौध को **इमिडाक्लोप्रीड 17.8% एसएल 0.3 मिली प्रति लीटर** पानी के घोल में 30 मिनट तक पौध की जड़ों को डुबोने के बाद खेत में रोपाई करें। पौध की रोपाई अच्छी तरह से उठी हुई तैयार क्यारियों में करनी चाहिए। बेड्स की चौड़ाई सामान्यतः 90 से.मी. रखनी चाहिए। दो बेड्स के बीच 60 सेमी की दूरी रखना चाहिए। पौधों की रोपाई ड्रिप लाईन बिछाने के बाद 45 से.मी. की दूरी पर करनी चाहिए। एक बेड पर पौधों की सामान्यतः दो कतार लगाते हैं।

फर्टीगेशन तकनीक द्वारा पोषक तत्व प्रबंधन (Nutrient management by fertigation technique)

शिमला मिर्च में खाद एवं उर्वरकों का प्रयोग मृदा परीक्षण के आधार पर करें। ड्रिप द्वारा उर्वरकों का उपयोग करने की तकनीक को फर्टीगेशन (fertigation) कहते हैं। इस विधि में फर्टीलाइजर टैंक या वेंचुरी के माध्यम से पानी मे घुलनशील उर्वरकों का उपयोग करते हैं। सामान्यतः शिमला मिर्च की रोपाई के पूर्व 250 क्विंटल गोबर की पूर्णतः पकी हुई खाद एवं 2.5 क्विंटल नीम खली प्रति हेक्टेयर खेत की अंतिम जुताई के समय मृदा में मिलाएं। साथ ही रोपाई के पूर्व बेड्स पर 50 किलोग्राम गोबर की खाद में 2.5 किलोग्राम *ट्राइकोडर्मा विरडी*, 2.5 किलोग्राम *एज़ोस्पिरिलम* और 2.5 किलोग्राम फॉस्फो बैक्टीरिया प्रति हेक्टेयर मिलावें। यदि मृदा में जिंक की कमी हो तो जिंक सल्फेट 25 किलोग्राम प्रति हेक्टेयर खेत की अंतिम जुताई के समय मृदा में मिलाएँ। इसके अतिरिक्त शिमला मिर्च की फसल को 120 किलोग्राम नत्रजन, 80 किलोग्राम फॉस्फोरस एवं 80 किलोग्राम पोटाश प्रति हेक्टेयर की दर से आवश्यकता होती है। इसमें फॉस्फोरस का 75% मात्रा सिंगल सुपर फॉस्फेट (Single superphosphate) के माध्यम से पौध की रोपाई के पूर्व खेत में मिला देवें एवं नत्रजन, पोटाश की पूरी मात्रा एवं फॉस्फोरस की शेष मात्रा ड्रिप द्वारा घुलनशील उर्वरकों जैसे 19:19:19, 00:52:34, 13:00:45, 12:61:00, 0:0:50, यूरिया (Urea), अमोनियम सल्फेट (Ammonium Sulphate), एवं म्यूरेट ऑफ पोटाश (Muriate of Potash) के माध्यम से 5 किलोग्राम प्रति हेक्टेयर सप्ताह में दो बार देवें। द्वितीयक पोषक तत्व कैल्शियम, मैग्निशियम एवं सल्फर केलिए कैल्शियम नाइट्रेट एवं मैग्नीशियम सल्फेट 10 किलोग्राम प्रति हेक्टेयर माह में एक बार एवं बोरान 1000 ग्राम प्रति हेक्टेयर एवं सूक्ष्म पोषक तत्व 500 ग्राम प्रति हेक्टेयर माह में एक बार ड्रिप के माध्यम से देवें। पौध रोपण के 40 दिन बाद से 10 दिनों के अंतराल पर जिंक सल्फेट (ZnSO4) @ 0.5% का पर्णीय छिड़काव करें

एवं रोपण के 60 दिनों के बाद 19:19:19 + Mn @ 1% का छिड़काव करें।

खरपतवार प्रबंधन (Weed management)

शिमला मिर्च की 2 से 3 बार गुड़ाई करना आवश्यक है। अच्छी उपज के लिए 30 एवं 60 दिनों के बाद गुड़ाई करनी चाहिए। शिमला मिर्च में अच्छी उपज के लिए मिट्टी चढ़ाना आवश्यक है। यह कार्य 30-40 दिन की अवस्था पर करना चाहिए।

वृद्धि नियंत्रक(Growth regulators)

शिमला मिर्च में रोपाई के 25, 45 एवं 65 दिन बाद ट्राईकॉन्टानॉल 0.05% ईसी 250 मिली प्रति हेक्टेयर 500 लीटर पानी मे घोलकर छिड़काव करें। मिर्च में पुष्प एवं फलों को झड़ने से रोकने एवं पुष्पन एवं फलन की प्रक्रिया को प्रोत्साहित करने के लिए नेप्थेलिन एसिटिक एसिड (NAA) 4.5% 10 पीपीएम (10 मिलीग्राम प्रति 10 लीटर पानी) मे घोलकर छिडकाव पुष्पन के समय एवं 20 दिन बाद छिड़काव करें।

पौधों को सहारा देना (Support plants)

शिमला मिर्च में पौधों को प्लास्टिक या जूट की सूतली रोप से बांधकर ऊपर की ओर बढ़ने दिया जाना चाहिए, जिससे फल गिरें भी नहीं एवं फलों का आकार भी अच्छा हो। पौधों को सहारा देने से फल मिट्टी एवं पानी के सम्पर्क में नही आ पाते जिससे फल सड़ने की समस्या नही होती है।

तुड़ाई और उपज (Harvesting and yield)

शिमला मिर्च की फसल तुड़ाई के लिए सुबह का समय सबसे उपयुक्त होता है। हरी शिमला मिर्च की तुड़ाई रोपाई के 55 से 60 दिन बाद, पीली शिमला मिर्च की 70-75 दिनों में जबकि लाल शिमला मिर्च की 80-90 दिनों में की जा सकती है। फलों को 3 से 4 दिनों में एक बार तोड़ा जा सकता है। तुड़ाई के बाद फलों को ठंडी जगह पर रखना चाहिए और धूप के सीधे संपर्क में आने से बचना चाहिए। शिमला मिर्च की औसत उपज 200-250 क्विंटल / हेक्टेयर है ।

ग्रेडिंग (Grading)

शिमला मिर्च की प्रकृति बहुत जल्दी खराब होने वाली होती है और फल के सिकुड़ने, सूखने और नरम होने के कारण बहुत तेजी से पानी की कमी हो जाती है जिससे फल खराब हो जाता है। फलों के अधिक दाम प्राप्त करने के लिए अच्छी गुणवत्ता वाले फलों का चयन किया जाता है और फलों पर पाए जाने वाले कीटनाशकों / कवकनाशी के पानी की बूंदों या नमी या पाउडर अवशेषों को हटाने के लिए साफ, सूखे और मुलायम कपड़े से साफ किया जाता है। फलों में सनस्कल्ड, यांत्रिक या कीट क्षति, या रोगग्रस्त गलत आकार और क्षतिग्रस्त फलों के लक्षण दिखाई देने पर अलग कर देना चाहिए। आम तौर पर 150 ग्राम या उससे अधिक वजन के 3-4 पालियों वाले फलों को ए ग्रेड फलों के रूप में वर्गीकृत किया जाता है।

पैकिंग और भंडारण (Packing and storage)

ग्रेडिंग किये हुए फलों को लंबी दूरी के परिवहन के लिए पेपर श्रेड के साथ सिंगल या मल्टीपल लेयर में सीएफबी कार्टन (5/7 प्लाई मोटा) में पैक किया जाना चाहिए। शिमला मिर्च के भंडारण के लिए अनुकूलतम स्थिति उच्च सापेक्ष आर्द्रता (90 से 95%) के साथ 7-8 डिग्री सेल्सियस तापमान है ।इससे फलों का शेल्फ जीवन 2 से 3 सप्ताह तक बढ़ाया जा सकता है। शिमला मिर्च 5 डिग्री सेल्सियस से नीचे की ठंडक के प्रति संवेदनशील होती है जिससे फल नरम हो जाते हैं, गिर जाते हैं और सड़ जाते हैं। शिमला मिर्च के फलों को अन्य पकने वाले फलों विशेष रूप से आम, पपीते और टमाटर के साथ नहीं रखना चाहिए ताकि तेजी से पकने और खराब होने से बचा जा सके।

पौध संरक्षण – मिर्च के समान

10

फूलगोभी

परिचय (Introduction)

गोभी वर्गीय सब्जियों में **फूलगोभी (Cauliflower)** का सबसे महत्वपूर्ण स्थान है। इसका उपयोग सब्जी, सूप, अचार, सलाद, पकौड़ा आदि बनाने में किया जाता है। इसमें विटामिन बी पर्याप्त मात्रा के साथ-साथ प्रोटीन भी अन्य सब्जियों के तुलना में अधिक पायी जाती है। इसमें प्रोटीन उच्च गुणवत्ता की होती है। यह विटामिन सी एवं ए का अच्छा स्रौत है। पोटेशियम, सोडियम, लोहा, फास्फोरस, कैल्शियम, मैग्नीशियम आदि जैसे खनिजों में समृद्ध है। भारत विश्व में फूलगोभी का सबसे बड़ा उत्पादक है। भारत में 452.6 हजार हेक्टेयर में फूलगोभी की खेती की जाती है, जिससे 8668.2 हजार मीट्रिक टन उत्पादन प्राप्त होता है। भारत में फूलगोभी की औसत उत्पादकता 19.2 मीट्रिक टन प्रति हेक्टेयर है **(हॉर्टिकल्चर स्टेटिस्टिक्स एट ए ग्लांस 2018)**। भारत में पश्चिम बंगाल, मध्य प्रदेश,बिहार, हरियाणा एवं गुजरात प्रमुख फूलगोभी उत्पादक राज्य हैं।

वानस्पतिक विवरण (Botanical discription)

फूलगोभी का वानस्पतिक नाम ***ब्रैसिका ओलेरासिया किस्म बोट्रीटिस (Brassica oleracea* variety *botrytis*)**है। यह **ब्रैसिसेकी (Brassicaceae)** (जिसे पहले क्रूसीफेरी के नाम से जाना जाता था)कुल के अंतर्गत आती है। इसका उत्पत्ति स्थान **भूमध्य सागरीय (Mediterranean region)** क्षेत्र माना जाता है। फूलगोभी एक पर-परागित (cross-pollinated) फसल है। फूलगोभी में दैहिक गुणसूत्र संख्या (somatic chromosome number) 2n = 18 पाई जाती है। फूलगोभी के खाने योग्य भाग के रूप में, टर्मिनल क्लस्टर एक फर्म, रसीला " कर्ड (curd) " या सिर बनाता है, जो एक अपरिपक्व पुष्पक्रम (फूलों का समूह) है। यह एक विशेष प्रकार की बाइकार्पेलरी पॉड में बीज धारण करता है जिसे **सिलिकुआ (siliqua)** कहा जाता है। व्यावसायिक रूप से, सफेद फूलगोभी सबसे आम है, हालांकि नारंगी, बैंगनी, हरे और भूरे रंग की किस्में भी मौजूद हैं।

उपयुक्त जलवायु (Suitable climate)

फूलगोभी के लिए ठंडी और आर्द्र जलवायु की आवश्यकता होती है, यदि दिन अपेक्षाकृत छोटे हों तो फूल की बढ़ोत्तरी अधिक होती है। फूल तैयार होने के समय तापमान अधिक होने से फूल पत्तेदार और पीले रंग के हो जाते हैं। अगेती जातियों के लिए अधिक तापमान और बड़े दिनों की आवश्यकता होती है फूल गोभी को गर्म दशाओं में उगाने से सब्जी का स्वाद तीखा हो जाता है। युवा पौधों के विकास के लिए इष्टतम तापमान लगभग 23 डिग्री सेल्सियस है, लेकिन बाद के चरणों में 17-20 डिग्री सेल्सियस सबसे अनुकूल होता है।

मृदा का चयन (Selection of soil)

जिस भूमि का पीएच मान 6 से 7 के मध्य हो वह भूमि फूलगोभी के लिए उपयुक्त मानी गई है। अगेती फसल के लिए अच्छे जल निकास वाली बलुई दोमट मिट्टी तथा पिछेती के लिए दोमट या चिकनी मिट्टी उपयुक्त रहती है। साधारणतया फूल गोभी की खेती बिभिन्न प्रकार की भूमियों में की जा सकती है। भूमि जिसमें पर्याप्त मात्रा में जैविक खाद उपलब्ध हो इसकी खेती के लिए अच्छी होती है। हलकी रचना वाली भूमि में पर्याप्त मात्रा में जैविक खाद डालकर इसकी खेती की जा सकती है।

खेत की तैयारी (Field prepartion)

फूलगोभी के लिए ग्रीष्मकाल में एक जुताई मिटटी पलटने वाले हल से करें इसके बाद 2 बार कल्टीवेटर चलाएँ और जुताई के बाद रोटावेटर चलाकर खेत को समतल कर लें ।

फूलगोभी की उन्नत किस्में (Improved varieties of cauliflower)

पूसा दीपाली (Pusa Deepali)

इस किस्म के पौधे मध्यम लम्बे होते हैं। पत्तियाँ सीधी, छोटी, हरी और मोमी होती हैं। दही कॉम्पैक्ट, सेल्फ ब्लैंचिंग, सफेद और मध्यम आकार के होते हैं। फूल (curd) पत्तियों द्वारा एकसमान अच्छी तरह से संरक्षित होता है जिसके परिणामस्वरूप फूल ख़राब नहीं होता है। फूल

(curd) अक्टूबर के अंत में तैयार हो जाता है। इस किस्म की मई के अंत से जून की शुरुआत तक बुवाई के लिए सिफारिश की जाती है। इस किस्म की औसत उपज 150-175 क्विंटल प्रति हेक्टेयर है । यह किस्म दिल्ली और पंजाब के लिए अनुशंसित है।

पूसा अर्ली सिंथेटिक (Pusa Early Synthetic)

इस किस्म के पौधे नीले हरे पत्तों के साथ खड़े होते हैं। फूल (curd) छोटे, मध्यम, चपटे, सफेद और कॉम्पैक्ट होते हैं। यह जल्दी रोपण के लिए उपयुक्त है। इस किस्म की औसत उपज 120-150 क्विंटल प्रति हेक्टेयर है । यह कसिम पंजाब, यूपी, बिहार, कर्नाटक, तमिलनाडु और केरल के लिए अनुशंसित है।

पूसा हिमज्योति (Pusa Himjyoti)

इस किस्म के पौधे खड़े होते हैं; मोमी लेप के साथ नीले हरे पत्ते, स्वयं ब्लैंचेड; सफेद फूल (curd), वजन में 500 600 ग्राम; रोपण से लेकर कटाई तक 60-75 दिन लगते हैं। केवल अप्रैल से जुलाई के लिए उपयुक्त किस्म 1000 मीटर से अधिक ऊंचाई वाली पहाड़ियों में बुवाई की जा सकती है। इस किस्म की औसत उपज 160 क्विंटल/हे. है।

पूसा शुभ्रा (Pusa Shubra)

इस किस्म के पौधे लंबे डंठल और नीले हरे पत्तों के साथ खड़े होते हैं। फूल (curd) ठोस और सफेद होता है, प्रत्येक का वजन 700-800 ग्राम होता है। 50% फूल (curd) बनने में 125-130 दिन लगते हैं और फूल (curd) के लिए सबसे अच्छा तापमान 12-16°C होता है। इस किस्म की उपज क्षमता 250-300 क्विंटल प्रति हेक्टेयर है। यह किस्म दिल्ली, पंजाब, हरियाणा, यूपी और बिहार के लिए अनुशंसित है।

पूसा में घना (Pusa Meghna)

यह किस्म अगेती (सितंबर परिपक्वता) है, फूल (curd) सफेद कॉम्पैक्ट मध्यम आकार (350-400 ग्राम) का होता है। इस किस्म की औसत उपज 125 क्विंटल/हे. यह किस्म एनसीआर के लिए अनुशंसित है।

पूसा पौषजा (Pusa Paushja)

यह किस्म दिसंबर-जनवरी में परिपक्व होती है, फूल (curd) कॉम्पैक्ट सफेद होता है । परिपक्वता 75 दिन। इस किस्म की औसत उपज 400 क्विंटल/हे. । यह किस्म पंजाब, यूपी, उत्तराखंड और बिहार के लिए अनुशंसित है।

पूसा शरद (Pusa Sharad)

यह किस्म मिड अर्ली (नवंबर) में परिपक्व होती है, फूल (curd) कॉम्पैक्ट वजन 900 ग्राम होता है। परिपक्वता 80 दिन। इस किस्म की औसत उपज 240 क्विंटल/हे. यह किस्म एनसीआर के लिए अनुशंसित है।

पूसा स्नोबाल के-1 (Pusa Snowball K-1)

इस किस्म का फूल (curd) स्नो व्हाइट, सेल्फ ब्लैंच्ड, यह किस्म काला सड़ांध (black rot) के लिए प्रतिरोधी क्षेत्र; रोपाई के बाद 90-95 दिनों में पक जाती है। इस किस्म की औसत उपज 300 क्विंटल/हे. यह किस्म पूरे भारत में उगाने के लिए अनुशंसित है।

पूसा स्नोबाल केटी-25 (Pusa Snowball Kt-25)

यह किस्म देर से रबी मौसम में खेती के लिए उपयुक्त है। पत्ते गहरे हरे रंग की मोमी और थोड़े घुंघराले होते हैं। फूल (curd) सफेद, बहुत कॉम्पैक्ट होता है। यह एक स्व-ब्लैंचिंग प्रकार की खेती है। उत्तर भारतीय परिस्थितियों में बुवाई का उपयुक्त समय अक्टूबर-नवंबर है। यह किस्म काले सड़ांध (black rot) के प्रति सहनशील है। औसत उपज 175- 300 क्विंटल /हे. यह किस्म पूरे भारत में अनुशंसित है।

काशी कुंवारी (Kashi Kunwari)

यह जल्दी पकने वाली समूह की किस्म है। भारतीय मैदानी परिस्थितियों में बुवाई का उपयुक्त समय जून के अंत से जुलाई तक है। यह अपने वानस्पतिक विकास के दौरान उच्च वर्षा को सहन कर सकती है। फूल (curd) अर्ध गुम्बद प्रकार के होते हैं, सफेद सघन होते हैं; ठीक बनावट और वजन लगभग 300-450 ग्राम; और उपज 300-350 क्विंटल प्रति हेक्टेयर होती है । यह किस्म पंजाब, यूपी, बिहार और झारखंड के लिए अनुशंसित है।

पूसा हाइब्रिड-2 (Pusa Hybrid-2)

यह किस्म नीले-हरे रंग की सीधी पत्तियों के साथ अर्ध-खड़ी होती है। फूल (curd) क्रीमी-सफ़ेद, अत्यधिक कॉम्पैक्ट होते हैं जिनका औसत वजन 907 ग्राम होता है। यह किस्म उत्तर भारतीय मैदानों में मध्य नवंबर से मध्य दिसंबर तक पकती है। पौधे डाउनी फफूंदी के लिए प्रतिरोधी हैं। इस किस्म की औसत उपज 250-270 क्विंटल प्रति हेक्टेयर है । इस किस्म की बंगाल असम बेसिन और उप-आर्द्र सतलुज गंगा जलोढ़ मैदानों के लिए इसकी सिफारिश की जाती है।

पूसा कार्तिक संकर (Pusa Kartik Sankar)

इस किस्म के फूल (curd) कॉम्पैक्ट, सफेद, मध्यम आकार के होते हैं और प्रत्येक का वजन लगभग 475 ग्राम होता है। फूल (curd) बनने के लिए तापमान की आवश्यकता 22-25 डिग्री सेल्सियस होती है। यह किस्म डाउनी फफूंदी के लिए प्रतिरोधी है। औसत उपज 145-160 क्विंटल प्रति हेक्टेयर है । यह किस्म पश्चिम बंगाल, असम, पंजाब, उत्तर प्रदेश, बिहार और झारखंड के लिए अनुशंसित है।

अर्का स्पूर्ति (Arka Sphoorti)

फूलगोभी की अगेती किस्म, जिसका विकास आईआईएचआर सं. 21957 से चयन के बृहत वंशावली विधि द्वारा किया गया है। इसका फूल ठोस सफ़ेद है, इसमें उष्ण परिस्थितियों में अच्छा बीज-स्थापन होता है और उपज 65-75 दिनों में 150-160 क्विंटल /हे. है। यह किस्म डाउनी मिल्ड्यु और आल्टरनेरिया पर्ण धब्बा के प्रति मध्यम प्रतिरोधी है ।

अर्का विमल (Arka Vimal)

फूलगोभी की अगेती किस्म, जिसका विकास आईआईएचआर सं. 21250 से चयन के बृहत वंशावली विधि द्वारा किया गया है। इसका फूल ठोस सफ़ेद है, इसमें उष्ण परिस्थितियों में अच्छा बीज-स्थापन होता है और उपज 75-80 दिनों में 170-180 क्विंटल /हे. है। यह किस्म डाउनी मिल्ड्यु और आल्टरनेरिया पर्ण धब्बा के प्रति मध्यम प्रतिरोधी है ।

बीज की मात्रा (Quantity of seed)

फूलगोभी की अगेती किस्मों के लिए 500-600 ग्राम प्रति हेक्टेयर बीज की आवश्यकता होती है। पछेती खेती के लिए 350-400 ग्राम प्रति हेक्टेयर बीज की जरूरत होती है।

बुवाई का समय (Time of sowing)

फूलगोभी की किस्में विभिन्न मौसमों के लिए विकसित की गई हैं। अगेती एवं मध्य किस्मों की कटाई अगस्त से शुरू होकर जनवरी तक चलती है। स्नोबाल किस्में मार्च तक उपज देती हैं। अगेती खेती के लिए मध्य जून से जुलाई के प्रथम सप्ताह में, मध्यम किस्मों के लिए मध्य अगस्त में नर्सरी में बीज की बुवाई कर देनी चाहिए। पछेती किस्मों लिए 15 सितम्बर से अक्टूबर अंत तक बीज की बुवाई कर देनी चाहिए। बीज की बुवाई यदि समय पर की जाती है तो इसका सीधा प्रभाव उपज पर देखने को मिलता है।

नर्सरी प्रबंधन (Nursery management)

फूलगोभी की पौध तैयार करने के लिए ऐसे स्थान का चुनाव करें जहाँ पर पर्याप्त मात्रा में धूप आती हो तथा बीजों की बुवाई 3 x 1 मीटर आकार की भूमि से 15 सेमी ऊँची उठी क्यारी में करें। फूलगोभी की पौधशाला की तैयारी के समय 50 ग्राम *ट्राइकोडर्मा विरडी* को 3 किलोग्राम पूर्णतया सड़ी गोबर हुई की खाद में मिलाकर प्रति 3 वर्ग मीटर में मिट्टी में मिलाऐं। फूलगोभी के बीज को बुवाई के पूर्व *ट्राइकोडर्मा विरडी* 4 ग्रामप्रति किलोग्राम बीज की दर से उपचारित करें। यदि बीज उत्पादक संस्था द्वारा बीज पूर्व से ही उपपचारित हो तो पुनः बीजोपचार की आवश्यकता नहीं है । तैयार क्यारी में 5 सेमी की दूरी पर 1-1.5 सेमी गहरी नालियाँ बनाकर बीज बुवाई करें। नियमित रूप से सुबह एवं शाम के समय हल्की सिंचाईं करें। बीज बुआई के 15 दिन बाद इमिडाक्लोप्रीड 17.8% एसएल 0.25 मिली प्रति लीटर पानी में घोलकर छिडकाव करें। मौसम की दशाओं के अनुसार फूलगोभी की पौध बीज बुआई के 4-5 सप्ताह बाद रोपाई के लिए तैयार हो जाती है।

एकीकृत पोषक तत्व प्रबंधन (Integrated Nutrient Management)

फूलगोभी की अच्छी पैदावार प्राप्त करने के लिए खेत में पर्याप्त मात्रा में जीवांश का होना अत्यंत आवश्यक है। फूलगोभी की फसल से अच्छा उत्पादन लेने हेतु खाद एवं उर्वरकों का उपयोग मृदा परीक्षण (Soil test) के अनुसार करना चाहिए। फूलगोभी को सामान्यता 150-200 क्विंटल गोबर की खाद (FYM) प्रति हेक्टेयर बुआई के पूर्व देवें। नत्रजन 100-125 किलोग्राम, फस्फोरस 60-75 किलोग्राम एवं पोटाश 40-50 किलोग्राम प्रति हेक्टेयर की आवशयकता होती है। फस्फोरस, पोटाश की पूरी मात्रा एवं नत्रजन की आधी मात्रा बुआई के समय देवें। शेष नत्रजन की मात्रा को रोपाई के 30-35 दिनों के बाद देना चाहिए। जिन मृदाओं में बोरान एवं मालीब्डेनम की कमी हो वहाँ पर जिन मृदाओं में बोरान एवं मालीब्डेनम की कमी हो वहाँ पर रोपाई से पहले खेत की तैयारी के समय 10 से 15 किलोग्राम बोरेक्स और 500 ग्राम अमोनियम मोलब्डेट प्रति हैक्टेयर की दर से प्रयोग करें।

रोपाई (Transplanting)

फूलगोभी की फसल की समय एवं किस्मों के अनुसार बुवाई एवं रोपाई की जाती है। जैसे अगेती गोभी की मध्य जून से जुलाई के प्रथम सप्ताह तक बीज डालकर पौध तैयार करके 45 सेन्टीमीटर पंक्ति से पंक्ति और 45 सेंटीमीटर पौधे से पौधे की दूरी पर रोपाई करनी चाहिए। मध्यम फसल में अगस्त के मध्य में बीज डालना चाहिए। बीज डालने के 30 दिन बाद 50 सेंटीमीटर पंक्ति से पंक्ति और 50 सेन्टीमीटर पौधे से पौधे दूरी पर रोपाई करनी चाहिए। पिछेती फसल में मध्य अक्टूबर से मध्य नवम्बर तक बीज डाल देना चाहिए। 30 दिन बाद पौध तैयार होने पर रोपाई 60 सेन्टीमीटर पंक्ति से पंक्ति और 60 सेन्टीमीटर पौधे से पौधे की दूरी पर रोपाई करनी चाहिए। अगेती किस्मों के लिए बीज दर 600 ग्राम और मध्यम एवं पछेती किस्मों का बीज दर 375 ग्राम प्रति हेक्टेयर है।

सिंचाई प्रबन्धन (Irrigation management)

फूलगोभी की रोपाई के तुरंत बाद सिचाई करें अगेती फसल में बाद में एक सप्ताह के अंतर से, देर वाली फसल में 10-15 दिन के अंतर से सिचाई करें यह ध्यान रहे कि फूल निर्माण के समय भूमि में नमी कि कमी नहीं होनी चाहिए। ड्रिप सिंचाई के उपयोग से जल की बचत एवं गुणवत्ता और उपज में वृद्धि होती है अतः ड्रिप सिंचाई के उपयोग करना चाहिए ।

खरपतवार प्रबंधन (Weed management)

खरपतवार फसल से पोषक तत्त्व, जल, हवा एवं सूर्य प्रकाश के लिए प्रतियोगिता करते हैं एवं फसल की वृद्धि एवं विकास में बाधा पहुचाते हैं, जिसके कारण फसल की गुणवत्ता एवं उपज में कमी आती है। फूलगोभी की फसल के साथ उगे खरपतवारों कि रोकथाम के लिए आवश्यकता अनुसार निराई- गुड़ाई करते रहे चूँकि फूलगोभी उथली जड़ वाली फसल है, इसलिए उसकी निराई- गुड़ाई ज्यादा गहरी न करें और खरपतवार को उखाड़ कर नष्ट कर दें। खेत में अधिक खरपतवारों की समस्या होने पर खरपतवारनाशी पेंडीमेथालिन 30% ईसी 3.3 लीटर को 500 लीटर पानी में घोलकर प्रति हेक्टेयर छिड़काव रोपने के पहले काफी लाभदायक होता है।

कटाई (Harvesting)

फूलगोभी की कटाई तब करें जब उसके फूल पूर्ण रूप से विकसित हो जाएँ फूल ठोस और आकर्षक होना चाहिए। किस्म के अनुसार रोपाई के बाद अगेती 60-70 दिन, मध्यम 90 से 100 दिन एवं पछेती 100 से 120 दिन में कटाई के लिए तैयार हो जाती है।

उपज क्षमता (Potential yield)

फूलगोभी की वैज्ञानिक विधि से खेती करने पर 200 से 250 क्विंटल प्रति हेक्टेयर तक उपज मिल जाती है।

एकीकृत कीट एवं रोग प्रबंधन (Integrated Pest and Disease Management)

प्रमुख कीट (Major insects)

हीरक पतंगा कीट (Diamondback moth)

इस कीट का वैज्ञानिक नाम ***प्लूटेला जाइलोस्टेला*** **(*Plutella xylostella*)** है। इस कीट की इल्लियाँ पत्तों के हरे पदार्थ को खाती हैं तथा खाई गई जग पर केवल सफेद झिल्ली रह जाती है जो बाद में छेदों में बदल जाती है ।

प्रबंधन (Management)

- इस कीट के नियंत्रण के लिए *बेसिलस थूरिनजेंसिस* 1000 ग्राम प्रति हेक्टेयर 500 लीटर पानी में घोलकर छिडकाव करें या
- हीरक पृष्ठ पतंगा के नियंत्रण के लिए *वेवेरिया वेसियाना* 10% एससी 1000 मिली प्रति हेक्टेयर 500 लीटर पानी में घोलकर छिडकाव करें या
- इमामेक्टिन बेंजोएट 5% एसजी 200 ग्राम प्रति हेक्टेयर 500 लीटर पानी में घोलकर छिडकाव करें या
- क्लोरोन्ट्रेनिलीप्रोल 18.5% एससी 50 मिली प्रति हेक्टेयर 500 पानी में घोलकर छिडकाव करें या
- फिप्रोनिल 5% एसी 1000 मिली प्रति हेक्टेयर 500 पानी में घोलकर छिडकाव करें या
- क्लोरोफेनापायर 10% एससी 1000 मिली प्रति हेक्टेयर 500 लीटर पानी में घोलकर छिडकाव करें।

गोभी तितली (Cabbage butterfly)

इस कीट का वैज्ञानिक नाम ***पियरिस ब्रासिका*** **(*Pieris brassicae*)** है। इस कीट की रोमिल इल्लियाँ झुंड में पौधों के पत्तों को खाती है। इल्लियाँ फूलों में घुसकर इन्हें अपने मैले से बरबाद कर देती हैं।

प्रबंधन (Management)

- शुरू में अंड समूहों व इल्लियों के झुंडों वाले पत्तों को निकाल कर नष्ट कर दें।
- इस कीट के नियंत्रण के लिए *बेसिलस थूरिनजेंसिस* 1000 ग्राम प्रति हेक्टेयर 500 लीटर पानी में घोलकर छिडकाव करें या
- क्लोरोन्ट्रेनिलीप्रोल 18.5% एससी 50 मिली प्रति हेक्टेयर 500 पानी में घोलकर छिडकाव करें ।

तम्बाकू की इल्ली (Tobacco caterpillar)

इस कीट का वैज्ञानिक नाम ***स्पोडोप्टेरा लिटुरा*** **(*Spodoptera litura*)** है। इस कीट की इल्लियाँ शुरु में झुंड में पत्तों को खाती है तथा बाद में दूसरे पौधों पर भी फैल जाती है। फूलगोभी में इल्लियाँ फूलों में घुसकर इसे अपने मैले द्वारा बरबाद कर देती है।

प्रबंधन (Management)

- अंडों व इल्लियों को इकट्ठा कर नष्ट कर दें।
- इस कीट के नियंत्रण के लिए *बेसिलस थूरिनजेंसिस* 1000 ग्राम प्रति हेक्टेयर 500 लीटर पानी में घोलकर छिडकाव करें या
- क्लोरोन्ट्रेनिलीप्रोल 18.5% एससी 50 मिली प्रति हेक्टेयर 500 पानी में घोलकर छिडकाव करें ।

शीर्ष छेदक (Head borer)

इस कीट का वैज्ञानिक नाम*हेलुला अंडलिस* (*Hellula undalis*) है। इस कीट की इल्लियाँ सुरंग बनाकर पत्तों को खाती हैं तथा बाद में फूल को भेदकर बर्बाद कर देती है।

प्रबंधन (Management)

- इस कीट के नियंत्रण के लिए *बेसिलस थूरिनजेंसिस* 1000 ग्राम प्रति हेक्टेयर 500 लीटर पानी में घोलकर छिडकाव करें या
- क्लोरोन्ट्रेनिलीप्रोल 18.5% एससी 50 मिली प्रति हेक्टेयर 500 पानी में घोलकर छिडकाव करें ।

गोभी माहू (Cabbage aphid)

इस कीट का वैज्ञानिक नाम*ब्रेविकोरीन ब्रासिका* (*Brevicoryne brassicae*) है। इस कीट के शिशु व वयस्क दोनों ही पत्तों से रस चूसते हैं जिससे पत्ते टेढ़े-मेंढ़े हो जाते हैं। अधिक प्रकोप से फूल नहीं बनते। कीटों के मधुबिन्दु पर काली फंफूंद आने से पौधों का भोजन बनाने की क्षमता कम हो जाती है।

प्रबंधन (Management)

- अधिक प्रकोपित पत्तों को निकाल कर नष्ट कर दें।
- लेडी बर्ड बीटल का संरक्षण करें।
- एसिटामिप्रिड़ 20% एसपी 75 ग्राम प्रति हेक्टेयर 500 लीटर पानी में घोलकर छिडकाव करें ।

चितकबरा बग (Painted bug)

इस कीट का वैज्ञानिक नाम*बगराडा क्रूसीफेरोरम* (*Brevicoryne brassicae*) है। इस कीट के शिशु वयस्क दोनों ही पत्तों से रस चूसकर फसल को हानि पहुँचाते हैं।

प्रबंधन (Management)

- फसल की कटाई के बाद फसल अवशेषों को खेत से हटा दें क्योंकि ये कीट इन पर खूब पनपते हैं।
- नीम बीज अर्क (4 प्रतिशत) का छिड़काव करें या
- क्लोरोन्ट्रेनिलीप्रोल 18.5% एससी 50 मिली प्रति हेक्टेयर 500 लीटर पानी में घोलकर छिडकाव करें ।

प्रमुख रोग (Major diseases)

आद्रगलन रोग (Damping off)

यह रोग *पाइथियम एफनिडर्मेटम* (*Pythium aphanidermatum*) नामक फफूंद से होता है। इस रोग का प्रकोप गोभी में नर्सरी अवस्था में होता है। इसमें जमीन की सतह वाले तने का भाग काला पडकर गल जाता है। और छोटे पोधे गिरकर मरने लगते हैं।

प्रबंधन (Management)

- बुआई से पूर्व बीजों को *ट्राइकोडर्मा विरडी* 4 ग्राम प्रति किलों बीज की दर से उपचारित कर बोयें।
- नर्सरी में क्यारी 6 से 8 इंच उठी हुई बनावें।
- रोग के लक्षण प्रकट होने पर बोर्डो मिश्रण 5:5:50 या कापर आक्सीक्लोराइड 50% डब्ल्यूपी 2.5 ग्राम प्रति लीटर पानी में घोल कार छिडकाव करें।

काला सड़न रोग (Black rot)

यह रोग *ज़ैंथोमोनस कैंपेस्ट्रिस* पीव्ही. *कैम्पेस्ट्रिस* (*Xanthomonas campestris pv. campestris*) नामक जीवाणु से होता है। इस बीमारी के लक्षण सर्वप्रथम पत्तियों के किनारो पर 'वी आकार में हरिमाहीन एवं पानी में भीगे जैसे दिखारइ देते है। तथा पत्तियों की शिराएँ काली दिखाई देती है। उग्रावस्था में यह रोग गोभी के अन्य भागों पर भी दिखारइ देता है। जिससे फूल के डंठल अन्दर से काले होकर सडनें लगते हैं।

प्रबंधन (Management)

- रोग प्रतिरोधक किस्मों को लगावें।
- ड्रिप सिंचाई, का उपयोग करें ।
- फसल चक्र अपनाएं ।
- कटाई के बाद, फसल के अवशेषों को अपने खेत से हटा दें।
- ब्रैसिका परिवार के खरपतवारों पर पूरा ध्यान दें उन्हें खेत से हटा दें ताकि वे काले सड़ांध के लिए में जबान के रूप में कार्य न करें।
- रोग के नियन्त्रण के लिए शुरुवात में ही स्ट्रेप्टोसाएक्लिन 1 ग्राम प्रति 10 लीटर पानी कॉपर ऑक्सीक्लोराइड 50 प्रतिशत डब्ल्यूपी 2.5 ग्राम प्रति लीटर पानी का 15 दिनों के अंतराल पर छिड़काव करें।

मुलायम/ नरम सडन (Soft rot)

यह रोग ***इरविनिया कैरोटोवोरा*** (*Erwinia carotovora*) नामक जीवाणु से होता है। यह रोग पौधे की विभिन्न अवस्थाओं में दिखाई देता है। यह मुख्य रूप सें काला सड़न रोग के बाद या फूल पर चोट लगने पर अधिक होता है।

प्रबंधन (Management)

- रोगग्रसित फूलों को तोडकर नष्ट कर देना चाहिए।
- स्ट्रेप्टोसाइक्लिन 200 मिग्रा व कापर आक्सीक्लोराइड 50% डब्ल्यूपी 2.5 ग्राम प्रति लीटर पानी में मिलाकर 15 दिन के अन्तराल पर छिड़काव करना चाहिए।

तना सड़न (Stem rot)

यह रोग ***स्क्लेरोटिनिया स्क्लेरोटियोरम*** (*Sclerotinia sclerotiorum*) नामक फफूंद से होता है। इस रोग की प्रारंभिक अवस्था में दिन के समय पौधे की पतितया लटक जाती है। और रात्रि में पुन: स्वस्थ दिखाए्ड देती है। तने के निचले भाग पर मृदा तल के समीप जल सिक्त धब्बे दिखाई देते है। धीरे-धीरे रोगग्रसित भाग पर सफेद कवक दिखाई देने लगती है व तना सडने लग जाता है। इसे सफेद सड़न भी कहते है।

प्रबंधन (Management)

- *ट्राइकोडर्मा विरडी* 4 ग्राम प्रति किलोग्राम बीज की दर से उपचारित करें।
- क्लोरोथालोनिल 75% डब्ल्यूपी 1000 ग्राम प्रति हेक्टेयर 500 लीटर पानी में घोलकर छिडकाव करें।

अल्टनेरिया पत्ती धब्बा रोग (Alternaria leaf spot)

यह रोग ***अल्टरनेरिया ब्रासिका*** (*Alternaria brassicae*) नामक फफूंद से होता है। इस रोग से पत्तियों पर गोल आकार के छोटे से बड़े भूरे धब्बे बन जाते है। और उनमें छल्लेनुमा धारियाँ बनती है। अन्त में धब्बे काले रंग के हो जाते है।

प्रबंधन (Management)

- टेबुकोनाजोल 38.39% एससी 600 मिली प्रति प्रति हेक्टेयर 500 लीटर पानी में घोलकर छिडकाव करें।

मृदुरोमिल (Downy Mildew)

यह रोग **पेरोनोस्पोरा पैरासिटिका** (*Peronospora parasitica*) नामक फफूंद से होता है। यह रोग पोधे की सभी अवस्थाओं में आता है व काफी नुकसान करता है। इसमें पत्तियो की निचली सतह पर हल्के बैंगनी से भूरे रंग के धब्बे दिखाई देते है।

प्रबंधन (Management)

- क्लोरोथालोनिल 75% डब्ल्यूपी 1000 ग्राम प्रति हेक्टेयर 500 लीटर पानी में घोलकर छिडकाव करें।

जड गांठ (Root-knot nematode)

यह रोग ***मेंलोइडोगाइन इनकॉग्निटा/ एम. जावनिका*** (*Meloidogyne incognita/M. javanica*) नामक नेमाटोड इस रोग से पौधों की जड़ा में गोलकृमि के सक्रमण से गांठे पड जाती है। जिससे पौधे की वृद्वि रूक जाती हैं पत्तियो पर झुर्रियाँ पड़ जाती है। तथा पत्तियाँ पीली व जड़े मोटी दिखाए्ड देती है। जिससे पौधों पर फल कम संख्या में तथा छोटे लगते है।

प्रबंधन (Management)

- मई-जून में खेत की गहरी जुताई कर दें।
- फसल चक्र अपनाना चाहिए। मेंड़ के चारो तरफ गेंदा के पौधे लगाना चाहिए।
- बुआई से पूर्व खेत में 5 क्विंटल नीम की खली प्रति हेक्टेयर की दर से डालकर मिलाना चाहिए।

फूलगोभी में दैहिक या कायिक विकार(Physiological Disorderin Cauliflower)

रिसीनेस (Riceyness)

कुछ कर्ड (फूलगोभी का फूल वाला भाग) कभी-कभी अलग-अलग पेडीकल्स के लंबे होने के कारण ढीले पड़ जाते हैं। विशेष रूप से गर्म बादलों वाली रातों में अलग-अलग फूलों के पेडीकल्स और समय से पहले फूल के खिलने के कारण के कर्ड सतह पर पीला और मखमली या दानेदार दिखाई देता है। इस स्थिति में फूल की कलियों के अचानक बढ़ने और समय से पहले उनके खिलने के कारण फूलगोभी में रिसीनेस का कारण बनती है। कने की विशेषता है और इसे विपणन के लिए खराब गुणवत्ता वाला माना जाता है। IARI, नई दिल्ली में, यह पाया गया है कि यह विकार विशेष किस्मों के लिए आवश्यक तापमान से अधिक या कम तापमान के कारण हो सकता है। कर्ड की सतह एक कटोरी उबले हुए चावल की तरह दिखती है इसलिए ऐसे रेसी कहलाते हैं, ऐसे रेसी के गुण को रिसीनेस कहते हैं।

प्रबंधन (Management)

- फूलगोभी की रिसिनेस से मुक्त किस्में अंदेश, पूसा दिपाली, पूसा शुभ्रा आदि किस्मों की बुवाई करें।
- नाइट्रोजन को अधिक मात्रा में ना डालें, नाइट्रोजन की अनुशंसित मात्रा के अनुसार खेत में उपयोग करें।

व्हिपटेल (Whiptail)

विशेष रूप से फूलगोभी को अम्लीय मृदा में लगाने से मिट्टी में 'मोलिब्डेनम' तत्व की कमी के कारण व्हिपटेल बनता है। सामान्य पत्ती के ब्लेड का विकास असफल हो जाता है और केवल स्कोय वाली पत्तियों की तरह स्ट्रैप (पट्टा) बनता है। अत्यंत परस्थितियों में, केवल पत्तियों के मध्य शिरा का ही विकास हो पाता है इसलिए इस विकार को व्हिपटेल नाम दिया गया है।

प्रबंधन (Management)

- अधिक अम्लीय मृदाओं में फूलगोभी की बुवाई नहीं करें।
- अमोनियम मोलिब्डेट का 200 से 300 ग्राम प्रति हेक्टेयर (0.01- 0.1प्रतिशत) की दर से छिड़काव करें।

बटनिंग (Buttoning)

विकसित हो रहे प्रौढ़ पौधों में छोटे – छोटे शीर्ष (कर्ड) का निर्माण हो जाता है तथा पौधों में कम व छोटी पत्तियों का होना बटनिंग कहलाता है। यह विकृति नाइट्रोजन की कमी, पुराने रोप की रोपाई करने, खेत में पानी का ठहराव और अगेती प्रजातियों को कम तापमान में लगाने से बटनिंग की समस्या उत्पन्न होती है।

प्रबंधन (Management)

- फूलगोभी की अगेती किस्मों को उचित समय पर रोपाई करें।
- पुराने पौध की रोपाई नहीं करें, नये व स्वस्थ पौध की रोपाई करें।
- खेत में उचित जल निकास की व्यवस्था करें।
- नाइट्रोजन की अनुशंसित मात्रा के अनुसार खेत में उपयोग करें।
- यूरिया का (0.2 प्रतिशत) की दर से खड़ी फसल में छिड़काव करें।

ब्राउनिंग/लाल सडऩ (Browning (Brown Rot or Red Rot)

यह विकार बोरॉन की कमी से होता है। इस विकार का पहला लक्षण कर्ड के बीच में और तने में भी पानी से शोषित क्षेत्रों का दिखना है। अधिक गंभीर अवस्था में गुलाबी या जंग लगे भूरे या लाल सडऩ में खोखलापन हो जाता है। इस विकार के अन्य लक्षण पत्ते के रंग में परिवर्तन, पत्तियों की मोटाई, भंगुरता और पुरानी पत्तियों का नीचे की ओर मुडऩा और उसके बाद मध्य शिरा पर फफोलों का बनना है। पुराने पत्तों के

किनारों पर बैंगनी रंग दिखाई पड़ते हैं। बोरॉन अनुपलब्धता के कारण यह विकार क्षारीय मिट्टी में अधिक दिखाई देता है।

प्रबंधन (Management)

- बोरेक्स का 0.25-0.50 प्रतिशत का पर्णीय छिड़काव करें या बोरेक्स और सोडियम बोरेट का 20 किग्रा प्रति हेक्टेयर की दर से उपयोग करें।

ब्लाइंडनेस (Blindness)

टर्मिनल कली के बिना पौधे को अंधापन कहा जाता है, ऐसे पौधों की पत्तियां अतिरिक्त बड़ी, मोटी, गहरे हरे रंग की हो जाती है और कार्बोहाइड्रेट के अत्यधिक संचय के कारण सख्त हो जाती हैं और ऐसे पौधे में टर्मिनल या एपिकल कलियों को उत्पादित नहीं कर पाती है। अंधेपन का मुख्य कारण बहुत कम तापमान या नर्सरी अवस्था में टर्मिनल कलियों को ठंड से क्षति है। पौध को नर्सरी से खेत में रोपने के लिए या अंतरशस्य क्रियाओं के दौरान स्थानांतरित करने के दौरान, कीटों के प्रकोप से टर्मिनल कली की क्षति हो जाती है।

प्रबंधन (Management)

- पाले से कलियों को बचाने के लिए फसल की सिंचाई करें।
- कीटों से बचाव के लिए कीटनाशी का प्रयोग करें।
- फसल की देखभाल ठीक तरीके से करें ताकि शीर्ष को नुकसान न पहुंचे।

तने का खोखलापन (Hollow Stem)

फूलगोभी में तने का खोखलापन बोरॉन की कमी और नाइट्रोजन के अत्यधिक उपयोग के कारण होता है। इस विकार से ग्रसित पौधों में तने के नीचे से लेकर ऊपर तक खोखला हो जाता है। देखने में यह पौधा बाकी की तुलना में अधिक बड़ा दिखाई देता है और इसका तना स्पष्ट सफेद रंग में दिखाई देता है।

प्रबंधन (Management)

- नाइट्रोजनीय उर्वरकों का प्रयोग कम दर में करें।
- बोरेक्स का 0.1-0.3 प्रतिशत की दर से छिड़काव करें।

11

पत्तागोभी

परिचय (Introduction)

पत्तागोभी (Cabbage) की खेती देश के मैदानी और पहाड़ी दोनों क्षेत्रों में बड़े पैमाने पर की जाती है। पत्ता गोभी में स्टोरेज क्षमता अधिक होने के कारण इसको बाज़ार की आवश्यकतानुसार कुछ समय तक खेत में रोक भी सकते हैं, अर्थात देर से कटाई कर सकते हैं। कटी हुई पत्ता गोभी का उपयोग सब्जी, कढ़ी, सलाद, अचार, पकौड़ा बनाने में किया जाता है। पत्ता गोभी की फसल से किसान अच्छा मुनाफा ले सकते हैं। इसे सलाद के रूप में भी प्रयोग किया जा सकता है। फाइव स्टार होटल के अलावा विवाह समारोह में भी बड़े पैमाने पर इसकी मांग होती है। पत्ता गोभी में 1.8 प्रतिशत प्रोटीन, 0.1 प्रतिशत वसा, 4.6 प्रतिशत कार्बोहाइड्रेट एवं कैल्शियम, फास्फोरस, आयरन के साथ बिटामिन ए, विटामिन बी-1, विटामिन बी-2 तथा विटामिन सी पाए जाते हैं । गोभी में **ग्लूकोसाइनोलेट्स** (Glucosinolates) नामक एक रसायन होता है, जो पौधे के तीखे और कड़वे स्वाद के लिए उत्तरदायी होता है। पत्ता गोभी पेट के रोगों के साथ डाइबिटीज में भी लाभदायक होती है। भारत में 398.5 हजार हेक्टेयर में पत्ता गोभी की खेती की जाती है, जिससे 9037.3 हजार मीट्रिक टन उत्पादन प्राप्त होता है। भारत में पत्ता गोभी की औसत उत्पादकता 22.7 मीट्रिक टन प्रति हेक्टेयर है (हॉर्टिकल्चर स्टेटिस्टिक्स एट ए ग्लांस 2018)। भारत में पश्चिम बंगाल, ओडिशा, मध्य प्रदेश, बिहार, असाम एवं गुजरात प्रमुख फूलगोभी उत्पादक राज्य हैं।

वानस्पतिक विवरण (Botanical discription)

पत्तागोभी का वानस्पतिक नाम ***ब्रैसिका ओलेरासिया* किस्म *कैपिटाटा* (*Brassica oleracea* var. *Capitata*)** है। यह **ब्रैसिसेकी (Brassicaceae)** (जिसे पहले क्रूसीफेरी के नाम से जाना जाता था) कुल के अंतर्गत आती है। इसका उत्पत्ति स्थान **भूमध्य सागरीय (Mediterranean region)** क्षेत्र माना जाता है। पत्तागोभी एक **पर-परागित (cross-pollinated)** फसल है। फूलगोभी में दैहिक **गुणसूत्र संख्या (somatic chromosome number) 2n = 18** पाई जाती है। गोभी द्विवार्षिक, द्विबीजपत्री फूल वाले पौधे हैं। यह एक विशेष प्रकार की बाइकार्पेलरी पॉड में बीज धारण करता है जिसे **सिलिकुआ (siliqua)** कहा जाता है। उन्हें एक छोटे तने की विशेषता होती है जिसके चारों ओर पत्तियों का एक द्रव्यमान होता है। पत्ते आमतौर पर हरे रंग के होते हैं लेकिन वे बैंगनी या लाल भी हो सकते हैं। आमतौर पर पौधे के केवल पत्तेदार हिस्से का ही सेवन किया जाता है।

उपयुक्त जलवायु (Suitable climate)

पत्तागोभी की खेती अपेक्षाकृत ठंडी नम जलवायु में सबसे उपयुक्त होती है। यह फूलगोभी की तुलना में अत्यधिक ठंढ को अपेक्षाकृत बेहतर ढंग से सहन कर सकता है। वृद्धि और सिर के गठन के लिए इष्टतम तापमान 15-20 डिग्री सेल्सियस है, 25 डिग्री सेल्सियस से ऊपर वृद्धि रूक जाती है।

मृदा का चयन (Selection of soil)

पत्तागोभी की खेती वैसे तो सभी प्रकार की मिट्टी में की जा सकती है लेकिन जल निकास वाली दोमट मिट्टी सबसे उपयुक्त होती है। मिट्टी का पीएच मान 5.5 से 6.5 होना चाहिए।

खेत की तैयारी (Field prepartion)

पत्तागोभी के लिए ग्रीष्मकाल में एक जुताई मिटटी पलटने वाले हल से करें इसके बाद 2 बार कल्टीवेटर चलाएँ उसके बाद रोटावेटर चलाकर खेत को समतल कर लें ।

पत्तागोभी की उन्नत किस्में (Improved varieties of cabbage)

गोल्डन एकर (Golden Acre)

इस किस्म के छोटे डंठल और छोटे फ्रेम वाले पौधे; सिर गोल, बहुत कॉम्पैक्ट; आवरण-पत्तियां गहरे हरे रंग की, प्रमुख शिराओं के साथ कप के आकार की; रोपाई के 60-75 दिनों में तैयार हो जाती है। इस किस्म की उपज 250 क्विंटल/हे. यह किस्म पूरे भारत में उगाने के लिए

अनुशंसित है।

केजीएमआर-1 (KGMR-1)

यह गोल, सुगठित, हरा और ढका हुआ सिर जिसमें बाहरी पत्ती सिकुड़ी हुई होती हैं ; मध्यम मोमी, हरे और थोड़े दाँतेदार पत्ते; प्रारंभिक शीर्ष (60 दिन) परिपक्वता के बाद खेत में बेहतर रहने की क्षमता (20 दिन); औसत उपज (350- 400 क्विंटल/हेक्टेयर)। यह किस्म पंजाब, यूपी, बिहार, हिमाचल प्रदेश एवं उत्तराखंड के लिए अनुशंसित है।

पूसा अगेती (Pusa Ageti)

यह किस्म उष्णकटिबंधीय प्रकार, उपोष्णकटिबंधीय परिस्थितियों में बीज पैदा करती है; 15 - 30 डिग्री सेल्सियस के तापमान सीमा पर विपणन योग्य सिर बनाता है लेकिन दिन का तापमान 35 डिग्री सेल्सियस से ऊपर नहीं होना चाहिए, अगस्त-अक्टूबर के लिए उत्तरी मैदानी इलाकों में रोपण की सिफारिश की जाती है; सिर का वजन 600- 1200 ग्राम; रोपाई के 75-90 दिन बाद कटाई के लिए तैयार हो जाती है। रोपण समय के आधार पर उपज 11 0-330 क्विंटल/हेक्टेयर। यह किस्म पूरे भारत में उगाने के लिए अनुशंसित है।

पूसा ड्रम हेड (Pusa Drum Head)

इस किस्म के सिर बड़े (3-4 किग्रा), सपाट; आवरण-पत्तियां हल्का हरा; यह किस्म काला पैर (फोमा लिंगम) रोग के लिए प्रतिरोधी है ; रोपाई के 80-90 दिनों में कटाई के लिए तैयार हो जाती है । इस किस्म की उपज 300 क्विंटल/हे. यह किस्म पूरे भारत के लिए अनुशंसित है।

पूसा मुक्ता (Pusa Mukta)

इस किस्म के छोटे डंठल वाले पौधे; सिर चपटा गोल, मध्यम आकार; थोड़ा लहराती मार्जिन के साथ हल्के हरे रंग की पत्तियां; यह किस्म काले सड़ांध के लिए प्रतिरोधी (*ज़ेंथोमोनस कैंपेस्ट्रिस*); यह किस्म रोपाई के 70-75 दिन बाद कटाई के लिए तैयार हो जाती है । इस किस्म की उपज 300 क्विंटल/हे. है । यह किस्म यह पंजाब, यूपी, बिहार, पश्चिम बंगाल और असम के लिए अनुशंसित है।

बीज की मात्रा (Quantity of seed)

पत्तागोभी की अगेती किस्मों के लिए 500 ग्राम प्रति हेक्टेयर बीज की आवश्यकता होती है। पछेती खेती के लिए 375 ग्राम प्रति हेक्टेयर बीज की जरूरत होती है।

बुवाई का समय (Time of sowing)

पत्तागोभी की अगेती खेती के लिए अगस्त के अंतिम सप्ताह से सितम्बर मध्य तक नर्सरी में बीज की बुवाई कर देनी चाहिए। मध्यम एवं पछेती किस्मों लिए 15 सितम्बर से अक्टूबर अंत तक बीज की बुवाई कर देनी चाहिए। बीज की बुवाई यदि समय पर की जाती है तो इसका सीधा प्रभाव उपज पर देखने को मिलता है।

नर्सरी प्रबंधन (Nursery management)

पत्तागोभी की एक हेक्टेयर खेत में पौध रोपण के लिए 75 से 100 वर्गमीटर क्षेत्र में बीज की बुवाई करनी चाहिए। पत्तागोभी की पौध तैयार करने के लिए ऐसे स्थान का चुनाव करें जहाँ पर पर्याप्त मात्रा में धूप आती हो तथा बीजों की बुवाई 3 x 1 मीटर आकार की भूमि से 15 सेमी ऊँची उठी क्यारी में करें। पौधशाला की तैयारी के समय 50 ग्राम *ट्राइकोडर्मा विरडी* को 3 किलोग्राम पूर्णतया सड़ी गोबर हुई की खाद में मिलाकर प्रति 3 वर्ग मीटर में मिट्टी में मिलाऐं। पत्तागोभी के बीज को बुवाई के पूर्व *ट्राइकोडर्मा विरडी* 4 ग्रामप्रति किलोग्राम बीज की दर से उपचारित करें। यदि बीज उत्पादक संस्था द्वारा बीज पूर्व से ही उपपचारित हो तो पुनः बीजोपचार की आवश्यकता नहीं है । तैयार क्यारी में 5 सेमी की दूरी पर 1-1.5 सेमी गहरी नालियाँ बनाकर बीज बुवाई करें। नियमित रूप से सुबह एवं शाम के समय हल्की सिंचाईं करें। बीज बुआई के 15 दिन बाद इमिडाक्लोप्रीड 17.8% एसएल 0.25 मिली प्रति लीटर पानी में घोलकर छिडकाव करें। मौसम की दशाओं के अनुसार पत्तागोभी की पौध बीज बुआई के 4-5 सप्ताह बाद रोपाई के लिए तैयार हो जाती है।

रोपाई (Transplanting)

पौध रोपण के पूर्व खेत को क्यारियों में बाँट लें। इससे निराई-गुड़ाई में सुविधा होगी। सिंचाई के लिए भी क्यारियाँ सुविधाजनक होती है। तैयार पौध को 45 सेंटीमीटर कतार से कतार और 45 सेंटीमीटर पौधे से पोधे की दूरी पर एवं पछेती किस्मों को 60 X 60 सेमी की दूरी पर सायं काल में पौध की रोपाई कर सिंचाई कर देनी चाहिए।

एकीकृत पोषक तत्व प्रबंधन (Integrated Nutrient Management)

पत्तागोभी की अच्छी पैदावार प्राप्त करने के लिए खेत में पर्याप्त मात्रा में जीवांश का होना अत्यंत आवश्यक है। पत्तागोभी की फसल से अच्छा उत्पादन लेने हेतु खाद एवं उर्वरकों का उपयोग मृदा परीक्षण (Soil test) के अनुसार करना चाहिए। फूलगोभी को सामान्यता 200 क्विंटल गोबर की खाद (FYM) प्रति हेक्टेयर बुआई के पूर्व देवें। नत्रजन 150 किलोग्राम, फस्फोरस 60 किलोग्राम एवं पोटाश 60 किलोग्राम प्रति हेक्टेयर की आवश्यकता होती है। फस्फोरस, पोटाश की पूरी मात्रा एवं नत्रजन की आधी मात्रा बुआई के समय देवें। नाइट्रोजन को तीन भागों में बांटकर रोपण के समय, 15 दिन बाद तथा 45 दिन बाद देना चाहिए।

सिंचाई प्रबन्धन (Irrigation management)

पत्तागोभी के पौधों की अच्छी बढवार के लिए मिट्टी में पर्याप्त नमी का होना अत्यंत आवश्यक है। वर्षा ऋतु में यदि पर्याप्त नमी नही हो तो सिंचाई करते रहना चाहिए। सितम्बर के बाद 10 से 15 दिनों के अंतराल पर सिंचाई अवश्य करते रहना चाहिए।

खरपतवार प्रबंधन (Weed management)

पत्तागोभी की पौधों की जड़ों के समुचित विकास के लिए निकाई-गुड़ाई अत्यंत आवश्यक है। ऐसा करने से जड़ों के पास की मिट्टी ढीली होती है तथा हवा का आवागमन अच्छी तरह से होता है। पत्तागोभी में दो से तीन निकाई-गुड़ाई करने से खरपतवार का नियत्रंण हो जाता है। खेत में अधिक खरपतवारों की समस्या होने पर खरपतवारनाशी पेंडीमेथालिन 30% ईसी 3.3 लीटर को 500 लीटर पानी में घोलकर प्रति हेक्टेयर छिड़काव रोपने के पहले काफी लाभदायक होता है।

कटाई (Harvesting)

पत्तागोभी की कटाई तब करें जब उसके फूल पूर्ण रूप से विकसित हो जाएँ फूल ठोस और आकर्षक होना चाहिए। किस्म के अनुसार पत्तागोभी रोपाई के बाद अगेती 60-90 दिन में कटाई के लिए तैयार हो जाती है ।

उपज क्षमता (Potential yield)

पत्तागोभी की वैज्ञानिक विधि से खेती करने पर 200 से 250 क्विंटल प्रति हेक्टेयर तक उपज मिल जाती है।

एकीकृत कीट एवं रोग प्रबंधन (Integrated Pest and Disease Management)

प्रमुख कीट (Major insects)

हीरक पतंगा कीट (Diamondback moth)

इस कीट का वैज्ञानिक नाम ***प्लूटेला जाइलोस्टेला*** (***Plutella xylostella***) है। इस कीट की इल्लियाँ पत्तों के हरे पदार्थ को खाती हैं तथा खाई गई जग पर केवल सफेद झिल्ली रह जाती है जो बाद में छेदों में बदल जाती है ।

प्रबंधन (Management)

- इस कीट के नियंत्रण के लिए *बेसिलस थ्रूरिनजेंसिस* 1000 ग्राम प्रति हेक्टेयर 500 लीटर पानी में घोलकर छिडकाव करें या
- हीरक पृष्ठ पतंगा के नियंत्रण के लिए *वेवेरिया वेसियाना* 10% एससी 1000 मिली प्रति हेक्टेयर 500 लीटर पानी में घोलकर छिडकाव करें या
- इमामें क्टिन बेंजोएट 5% एसजी 200 ग्राम प्रति हेक्टेयर 500 लीटर पानी में घोलकर छिडकाव करें या
- क्लोरोन्ट्रेनिलीप्रोल 18.5% एससी 50 मिली प्रति हेक्टेयर 500 पानी में घोलकर छिडकाव करें या
- फिप्रोनिल 5% एसी 1000 मिली प्रति हेक्टेयर 500 पानी में घोलकर छिडकाव करें या
- क्लोरोफेनापायर 10% एससी 1000 मिली प्रति हेक्टेयर 500 लीटर पानी में घोलकर छिडकाव करें।

गोभी की तितली (Cabbage butterfly)

इस कीट का वैज्ञानिक नाम ***पियरिस ब्रासिका*** (***Pieris brassicae***) है। इस कीट की रोमिल इल्लियाँ झुंड में पौधों के पत्तों को खाती है। इल्लियाँ फूलों में घुसकर इन्हें अपने मैले से बरबाद कर देती हैं।

प्रबंधन (Management)

- शुरू में अंड समूहों व इल्लियों के झुंडों वाले पत्तों को निकाल कर नष्ट कर दें।
- इस कीट के नियंत्रण के लिए *बेसिलस थ्रूरिनजेंसिस* 1000 ग्राम प्रति हेक्टेयर 500 लीटर पानी में घोलकर छिडकाव करें या
- क्लोरोन्ट्रेनिलीप्रोल 18.5% एससी 50 मिली प्रति हेक्टेयर 500 पानी में घोलकर छिडकाव करें ।

तम्बाकू की इल्ली (Tobacco caterpillar)

इस कीट का वैज्ञानिक नाम ***स्पोडोप्टेरा लिटुरा*** (***Spodoptera litura***) है। इस कीट की इल्लियाँ शुरु में झुंड में पत्तों को खाती है तथा बाद में दूसरे पौधों पर भी फैल जाती है। फूलगोभी में इल्लियाँ फूलों में घुसकर इसे अपने मैले द्वारा बरबाद कर देती है।

प्रबंधन (Management)

- अंडों व इल्लियों को इकट्ठा कर नष्ट कर दें।
- इस कीट के नियंत्रण के लिए *बेसिलस थ्रूरिनजेंसिस* 1000 ग्राम प्रति हेक्टेयर 500 लीटर पानी में घोलकर छिडकाव करें या
- क्लोरोन्ट्रेनिलीप्रोल 18.5% एससी 50 मिली प्रति हेक्टेयर 500 पानी में घोलकर छिडकाव करें ।

हेड बोरर (Head borer)

इस कीट का वैज्ञानिक नाम*हेलुला अंडलिस* (*Hellula undalis*) है। इस कीट की इल्लियाँ सुरंग बनाकर पत्तों को खाती हैं तथा बाद में फूल को भेदकर बर्बाद कर देती है।

प्रबंधन (Management)

- इस कीट के नियंत्रण के लिए *बेसिलस थूरिनजेंसिस* 1000 ग्राम प्रति हेक्टेयर 500 लीटर पानी में घोलकर छिडकाव करें या
- क्लोरोन्ट्रेनिलीप्रोल 18.5% एससी 50 मिली प्रति हेक्टेयर 500 पानी में घोलकर छिडकाव करें ।

गोभी माहू (Cabbage aphid)

इस कीट का वैज्ञानिक नाम*ब्रेविकोरीन ब्रासिका* (*Brevicoryne brassicae*) है। इस कीट के शिशु व वयस्क दोनों ही पत्तों से रस चूसते हैं जिससे पत्ते टेढ़े-मेंढ़े हो जाते हैं। अधिक प्रकोप से फूल नहीं बनते। कीटों के मधुबिन्दु पर काली फंफूंद आने से पौधों का भोजन बनाने की क्षमता कम हो जाती है।

प्रबंधन (Management)

- अधिक प्रकोषित पत्तों को निकाल कर नष्ट कर दें।
- लेडी बर्ड बीटल का संरक्षण करें।
- एसिटामिप्रिड़ 20% एसपी 75 ग्राम प्रति हेक्टेयर 500 लीटर पानी में घोलकर छिडकाव करें ।

चितकबरा बग (Painted bug)

इस कीट का वैज्ञानिक नाम*बगराडा क्रूसीफेरोरम* (*Brevicoryne brassicae*) है। इस कीट के शिशु वयस्क दोनों ही पत्तों से रस चूसकर फसल को हानि पहुँचाते हैं।

प्रबंधन (Management)

- फसल की कटाई के बाद फसल अवशेषों को खेत से हटा दें क्योंकि ये कीट इन पर खूब पनपते हैं।
- नीम बीज अर्क (4 प्रतिशत) का छिड़काव करें या
- क्लोरोन्ट्रेनिलीप्रोल 18.5% एससी 50 मिली प्रति हेक्टेयर 500 लीटर पानी में घोलकर छिडकाव करें ।

प्रमुख रोग (Major diseases)

आद्रगलन रोग (Damping off)

यह रोग *पाइथियम एफनिडर्मेटम* (*Pythium aphanidermatum*) नामक फफूंद से होता है। इस रोग का प्रकोप गोभी में नर्सरी अवस्था में होता है। इसमें जमीन की सतह वाले तने का भाग काला पडकर गल जाता है। और छोटे पोधे गिरकर मरने लगते हैं।

प्रबंधन (Management)

- बुआई से पूर्व बीजों को *ट्राइकोडर्मा विरडी* 4 ग्राम प्रति किलों बीज की दर से उपचारित कर बोयें।
- नर्सरी में क्यारी 6 से 8 इंच उठी हुई बनावें।
- रोग के लक्षण प्रकट होने पर बोडों मिश्रण 5:5:50 या कापर आक्सीक्लोराइड 50% डब्ल्यूपी 2.5 ग्राम प्रति लीटर पानी में घोल कार छिडकाव करें।

काला सड़न रोग (Black rot)

यह रोग *ज़ैंथोमोनस कैंपेस्ट्रिस* पीव्ही. *कैम्पेस्ट्रिस* (*Xanthomonas campestris* pv. *campestris*) नामक जीवाणु से होता है। इस बीमारी के लक्षण सर्वप्रथम पत्तियों के किनारो पर 'वी आकार में हरिमाहीन एवं पानी में भीगे जैसे दिखाग्इ देते है। तथा पत्तियों की शिराएँ काली दिखाई देती है। उग्रावस्था में यह रोग गोभी के अन्य भागों पर भी दिखाग्इ देता है। जिससे फूल के डंठल अन्दर से काले होकर सडनें लगते हैं।

प्रबंधन (Management)

- रोग प्रतिरोधक किस्मों को लगावें।
- ड्रिप सिंचाई, का उपयोग करें ।
- फसल चक्र अपनाएं ।
- कटाई के बाद, फसल के अवशेषों को अपने खेत से हटा दें।
- ब्रैसिका परिवार के खरपतवारों पर पूरा ध्यान दें उन्हें खेत से हटा दें ताकि वे काले सड़ांध के लिए में जबान के रूप में कार्य न करें।
- रोग के नियन्त्रण के लिए शुरुवात में ही स्ट्रेप्टोसाएक्लिन 1 ग्राम प्रति 10 लीटर पानी कॉपर ऑक्सीक्लोराइड 50 प्रतिशत डब्ल्यूपी 2.5 ग्राम प्रति लीटर पानी का 15 दिनों के अंतराल पर छिड़काव करें।

मुलायम/ नरम सडन (Soft rot)

यह रोग ***इरविनिया कैरोटोवोरा*** (*Erwinia carotovora)* नामक जीवाणु से होता है। यह रोग पौधे की विभिन्न अवस्थाओं में दिखाई देता है। यह मुख्य रूप सें काला सड़न रोग के बाद या फूल पर चोट लगने पर अधिक होता है।

प्रबंधन (Management)

- रोगग्रसित फूलों को तोडकर नष्ट कर देना चाहिए।
- स्ट्रेप्टोसाइक्लिन 200 मिग्रा व कापर आक्सीक्लोराइड 50% डब्ल्यूपी 2.5 ग्राम प्रति लीटर पानी में मिलाकर 15 दिन के अन्तराल पर छिड़काव करना चाहिए।

तना सड़न (Stem rot)

यह रोग ***स्क्लेरोटिनिया स्क्लेरोटियोरम*** (***Sclerotinia sclerotiorum***) नामक फफूंद से होता है। इस रोग की प्रारंभिक अवस्था में दिन के समय पौधे की पतितया लटक जाती है। और रात्रि में पुन: स्वस्थ दिखाए्इ देती है। तने के निचले भाग पर मृदा तल के समीप जल सिक्त धब्बे दिखाई देते है। धीरे-धीरे रोगग्रसित भाग पर सफेद कवक दिखाई देने लगती है व तना सडने लग जाता है। इसे सफेद सड़न भी कहते है।

प्रबंधन (Management)

- *ट्राइकोडर्मा विरडी* 4 ग्राम प्रति किलोग्राम बीज की दर से उपचारित करें।
- क्लोरोथालोनिल 75% डब्ल्यूपी 1000 ग्राम प्रति हेक्टेयर 500 लीटर पानी में घोलकर छिडकाव करें।

अल्टनेरिया पत्ती धब्बा रोग (Alternaria leaf spot)

यह रोग ***अल्टरनेरिया ब्रासिका*** (***Alternaria brassicae***) नामक फफूंद से होता है। इस रोग से पत्तियों पर गोल आकार के छोटे से बड़े भूरे धब्बे बन जाते है। और उनमें छल्लेनुमा धारियाँ बनती है। अन्त में धब्बे काले रंग के हो जाते है।

प्रबंधन (Management)

- टेबुकोनाजोल 38.39% एससी 600 मिली प्रति प्रति हेक्टेयर 500 लीटर पानी में घोलकर छिडकाव करें।

मृदुरोमिल (Downy Mildew)

यह रोग ***पेरोनोस्पोरा पैरासिटिका*** (***Peronospora parasitica***) नामक फफूंद से होता है। यह रोग पोधे की सभी अवस्थाओं में आता है व काफी नुकसान करता है। इसमें पत्तियो की निचली सतह पर हल्के बैंगनी से भूरे रंग के धब्बे दिखाई देते है।

प्रबंधन (Management)

- क्लोरोथालोनिल 75% डब्ल्यूपी 1000 ग्राम प्रति हेक्टेयर 500 लीटर पानी में घोलकर छिडकाव करें।

जड गांठ (Root-knot nematode)

यह रोग ***मेलोइडोगाइन इनकॉग्निटा/एम. जावनिका*** (***Meloidogyne incognita/M. javanica***) नामक नेमाटोड इस रोग से पौधों की जड़ा में गोलकृमि के सक्रंमण से गांठे पड जाती है। जिससे पौधे की वृदि्व रूक जाती हैं पत्तियो पर झुर्रियाँ पड़ जाती है। तथा पत्तियाँ पीली व जड़े मोटी दिखाए्इ देती है। जिससे पौधों पर फल कम संख्या में तथा छोटे लगते है।

प्रबंधन (Management)

- मई-जून में खेत की गहरी जुताई कर दें।
- फसल चक्र अपनाना चाहिए। मेंड़ के चारो तरफ गेंदा के पौधे लगाना चाहिए।
- बुआई से पूर्व खेत में 5 क्विंटल नीम की खली प्रति हेक्टेयर की दर से डालकर मिलाना चाहिए।

12

ब्रोकली

परिचय (Introduction)

ब्रोकली (Broccoli) एक गोभी वर्गीय सब्जी है। ब्रोकली का खाने वाला भाग छोटी-छोटी बहुत सारी हरे फूल कलिकाओं का गुच्छा होता है। फूल गोभी में जहां एक पौधे से एक फूल मिलता है, वहीं ब्रोकली के पौधे से एक मुख्य गुच्छा काटने के बाद भी, पौधे से कुछ शाखाएं निकलती हैं और इन शाखाओं से बाद में ब्रोकली के छोटे फूल प्राप्त किए जाते है। ब्रोकली फूलगोभी की तरह ही होती है, लेकिन इसका रंग हरा होता है इसलिए इसे हरी गोभी भी कहा जाता है। हमारे देश में ब्रोकली की खेती विगत कुछ वर्षो से ही शुरू की गई है। अभी इसकी खेती आमतौर पर महानगरों और पर्यटक स्थलों तक ही सीमित है। पांच सितारा होटलों तथा पर्यटक स्थलों पर इस सब्जी की मांग बहुत है और शहरों के समीप किसान इसकी खेती करके बहुत अधिक लाभ कमा रहे हैं। ब्रोकली में अन्य गोभीवर्गीय सब्जियों की अपेक्षा अधिक मात्रा में प्रोटीन, विटामिन्स व खनिज पदार्थ होते हैं। ब्रोकली में **सल्फोराफेन (sulphoraphane)** नामक यौगिक बहुत अधिक मात्रा में पाया जाता है, जो कैंसर रोगियों के लिए लाभदायक होता है और स्वस्थ लोगों में कैंसर होने की संभावना कम करता है। ब्रोकली हृदय रोगियों के लिए भी फायदेमंद होती है। क्योंकि इसके खाने से रक्त में सीरम कालेस्ट्रोल का स्तर घट जाता है। ब्रोकली की पौष्टिकता को देखते हुए आम लोगों में इसकी मांग दिनों-दिन बढ़ती जा रही है तथा आने वाले समय में इसकी खेती महानगरों के समीप व पर्यटक स्थलों तक ही सीमित न रहकर पूरे देश में होने लगेगी एवं किसानों के लिए इसकी खेती बहुत लाभकारी सिद्ध होगी।

वानस्पतिक विवरण (Botanical discription)

ब्रोकली का वानस्पतिक नाम ***ब्रैसिका ओलेरासिया*** किस्म ***इटेलिका*** (*Brassica oleracea* var. *italica*)है। यह **ब्रैसिसेकी (Brassicaceae)** (जिसे पहले क्रूसीफेरी के नाम से जाना जाता था)कुल के अंतर्गत आती है। इसका उत्पत्ति स्थान **भूमध्य सागरीय (Mediterranean region)** क्षेत्र माना जाता है। ब्रोकली एक **पर-परागित (cross-pollinated)** फसल है। ब्रोकली में दैहिक गुणसूत्र संख्या (somatic chromosome number) 2n = 18 पाई जाती है। इसका विपणन योग्य पौधा भाग "सिर" होता है जो अपरिपक्व फूलों से बना होता है।

उपयुक्त जलवायु (Suitable climate)

ब्रोकली के लिए ठन्डी जलवायु की आवश्यकता होती है। देश के अधिकतर भागों में इसकी खेती रबी मौसम में की जाती है, जबकि अधिक ऊंचाई वाले पहाड़ी क्षेत्रों में इसकी खेती गर्मी के मौसम में भी की जा सकती है। ब्रोकली के बीज का अंकुरण 12-16 डिग्री सेन्टीग्रेड पर होता है और विकास के लिए 16 से 20 डिग्री सेन्टीग्रेड तापमान की आवश्यकता होती है।

मृदा का चयन (Selection of soil)

ब्रोकली की सफल खेती के लिए अच्छी जल धारण क्षमता वाली और कार्बनिक पदार्थों से भरपूर दोमट व बलुई दोमट भूमि सर्वोत्तम मानी जाती है। भूमि का पी एच मान 6.0 से 6.5 के बीच होना चाहिए। भूमि में जल निकास की उचित व्यवस्था होनी चाहिए, क्योंकि खेत में पानी खड़ा रहने से पौधों की जड़ों को हानि पहुंच सकती है।

खेत की तैयारी (Field prepartion)

ब्रोकली की फसल के लिए खेत तैयार करने के लिए पहली जुताई मिट्टी पलटने वाले हल से करें, इसके बाद 2 से 3 जुताई कल्टी वेटर से करनी चाहिए और पाटा लगाकर खेत को ढेले रहित व समतल बना लें।

उन्नत किस्में (Improved varieties)

पूसा ब्रोकली -केटीएस- 1 (Pusa Broccoli KTS 1)

इस किस्म के पौधे मध्यम-लंबे (65 से 70 सेंटीमीटर लंबे) पत्तेदार मोमी और गहरे हरे रंग के होते हैं, जिनमें थोड़े लहराते किनारे होते हैं। छोटी कलियों के साथ ठोस हरा सिर और बीच में थोड़ा ऊपर उठा हुआ। मुख्य सिर का आकार और वजन 350 से 450 ग्राम है। यह बुवाई के

125 से 140 दिन बाद और रोपाई के 90-105 दिन बाद तैयार हो जाती है। इस किस्म की औसत उपज पहाड़ियों में 165 क्विंटल प्रति हैक्टेयर और मैदानी इलाकों में 64 क्विंटल प्रति हैक्टेयर प्रदान करता है। इसे IARI क्षेत्रीय स्टेशन, करट्रेन द्वारा विकसित किया गया है। यह हल्की ठंढ और बर्फबारी के लिए प्रतिरोधी है।

पालम समृद्धि (Palam Samridhi)

इस किस्म में कॉम्पैक्ट ग्रीन हेड्स होते हैं, पीली आंखों और ब्रैक्ट्स से मुक्त होते हैं, औसत सिर का वजन 300-400 ग्राम होता है, पौधे शाखित होते हैं। यह पत्तियों की धुरी में भी अंकुरित होता है जो कुल उपज में जोड़ता है। यह किस्म रोपाई के बाद 85-90 दिनों में कटाई के लिए तैयार हो जाती है , इस किस्म की औसत उपज 150- 200 क्विंटल / हेक्टेयर है।

पालम हरीतिका (Palam Haritika)

इस किस्म में गहरे हरे रंग की सीधी पत्तियों वाली ब्रोकली को अंकुरित करके, मुख्य सिर पत्तियों के अंदर गहराई में बनता है। यह किस्म देरी से परिपक्वव होती है। इस किस्म की औसत उपज 200-250 क्विंटल/ हेक्टेयर है।

पालम कंचन (Palam Kanchan)

यह पीले रंग की हेडिंग टाइप ब्रोकली, पत्ते बड़े, हरे और सीधे सफेद मध्य शिरा के साथ होते हैं। 140 दिनों में कटाई के लिए तैयार हो जाता है, इस किस्म की औसत उपज 250-300 क्विंटल/ हेक्टेयर है।

पालम विचित्र (Palam Vichitra)

यह बैंगनी रंग की हेडिंग टाइप ब्रोकली, मध्यम पत्ते, हरे रंग के खुले हरे पत्ते, सिर दृढ़ और ठोस होते हैं। यह किस्म 115-120 दिनों में कटाई के लिए तैयार हो जाती है, इस किस्म की औसत उपज 225-250 क्विंटल/ हेक्टेयर है।

पंजाब ब्रोकोली 1 (Punjab Broccoli 1)

इसके पौधे शाखायुक्त, चिकनी पत्तियां और अत्यधिक फुटाव वाले होते हैं। सिरा मध्यम आकार, हल्की गुथी हुई हरी कलियां युक्त और फल 150 से 200 ग्राम वजन के होते हैं। यह किस्म रोपाई के 60 से 70 दिन उपरान्त तैयार हो जाती है और इसकी औसत पैदावार 60 से 75 क्विंटल प्रति हैक्टेयर है।

बीज की मात्रा एवं समय (Quantity of seed and time)

ब्रोकली की एक हेक्टेयर की पौध तैयार करने के लिए लगभग 300 से 400 ग्राम बीज की आवश्यकता होती है। नर्सरी में बीज की बुवाई उत्तर भारत के मैदानी क्षेत्रों में सितम्बर से अक्टूबर में की जाती है। पहाड़ी क्षेत्रों में बुवाई जुलाई से अगस्त में जबकि अधिक ऊंचाई वाले पहाड़ी क्षेत्रों में बीज की बुवाई मार्च से अप्रैल में की जाती है।

नर्सरी प्रबंधन (Nursery management)

ब्रोकली की पौध तैयार करने के लिए ऐसे स्थान का चुनाव करें जहाँ पर पर्याप्त मात्रा में धूप आती हो तथा बीजों की बुवाई 3 x 1 मीटर आकार की भूमि से 15 सेमी ऊँची उठी क्यारी में करें। दो क्यारियों के बीच में 30 से 45 सेंटीमीटर का अन्तर रखें ताकि अतिरिक्त जल का निकास हो सके और क्यारियों की निराई-गुड़ाई करने में सुविधा हो। ब्रोकली की पौधशाला की तैयारी के समय 50 ग्राम *ट्राइकोडर्मा विरडी* को 3 किलोग्राम पूर्णतया सड़ी गोबर हुई की खाद में मिलाकर प्रति 3 वर्ग मीटर में मिट्टी में मिलाऐं। फूलगोभी के बीज को बुवाई के पूर्व *ट्राइकोडर्मा विरडी* 4 ग्रामप्रति किलोग्राम बीज की दर से उपचारित करें। यदि बीज उत्पादक संस्था द्वारा बीज पूर्व से ही उपपचारित हो तो पुनः बीजोपचार की आवश्यकता नहीं है । तैयार क्यारी में 5 सेमी की दूरी पर 1-1.5 सेमी गहरी नालियाँ बनाकर बीज बुवाई करें। बुवाई के पश्चात् इन लाइनों को सड़ी हुई बारीक गोबर की खाद से ढक कर सूखी घास या सूखी पत्तियों को क्यारियों के ऊपर बिछा देना चाहिए। ढकने के पश्चात् क्यारियों की फव्वारे से हल्की सिंचाई कर दें। अंकुरण होने पर घास या पत्तियों को हटा दें। नियमित रूप से सुबह एवं शाम के समय हल्की सिंचाई करें। बीज बुआई के 15 दिन बाद इमिडाक्लोप्रीड 17.8% एसएल 0.25 मिली प्रति लीटर पानी में घोलकर छिडकाव करें। मौसम की दशाओं के अनुसार ब्रोकली की पौध बीज बुआई के 4-5 सप्ताह बाद रोपाई के लिए तैयार हो जाती है।

रोपाई (Transplanting)

उत्तर भारत के मैदानी क्षेत्रों में ब्रोकली पौध की रोपाई अक्टूबर के प्रथम सप्ताह से नवम्बर के प्रथम सप्ताह, पहाड़ी क्षेत्रों में अगस्त के अन्तिम सप्ताह से मध्य अक्टूबर और अधिक ऊंचाई वाले पहाड़ी क्षेत्रों में मई में की जाती है। नर्सरी में जब पौधे 10 से 12 सेंटीमीटर या 4 से 5 सप्ताह के हो जाएं तो उनकी खेत में रोपाई कर देनी चाहिए। ब्रोकली की रोपाई पंक्तियों में की जाती है, किस्मों के अनुसार पंक्ति से पंक्ति की दूरी 45 से 50 सेंटीमीटर और पंक्ति में पौधे से पौधे के बीच का अंतर 30-40 सेंटीमीटर रखते हैं। खेत में नमी होनी चाहिए और पौध की रोपाई के बाद हल्की सिंचाई अवश्य कर दें। पौध की रोपाई सुबह या शाम के समय ही करें

एकीकृत पोषक तत्व प्रबंधन (Integrated Nutrient Management)

ब्रोकली की अच्छी पैदावार प्राप्त करने के लिए खेत में पर्याप्त मात्रा में जीवांश का होना अत्यंत आवश्यक है। ब्रोकली की फसल से अच्छा उत्पादन लेने हेतु खाद एवं उर्वरकों का उपयोग मृदा परीक्षण (Soil test) के अनुसार करना चाहिए। ब्रोकली को सामान्यता 100-150 क्विंटल

गोबर की खाद (FYM) प्रति हेक्टेयर बुआई के पूर्व देवें। नत्रजन 100-125 किलोग्राम, फस्फोरस 60-75 किलोग्राम एवं पोटाश 25-50 किलोग्राम प्रति हेक्टेयर की आवशयकता होती है। फस्फोरस, पोटाश की पूरी मात्रा एवं नत्रजन की एल तिहाई मात्रा बुआई के समय देवें। नाइट्रोजन की शेष बची हुई दो-तिहाई मात्रा पौध रोपाई के 25 तथा 50 दिन बाद बराबर हिस्सों में बांटकर खड़ी फसल में समान रूप से छिड़क दें। नाइट्रोजन डालने के बाद खेत में सिंचाई अवश्य कर दें। जिन मृदाओं में बोरान एवं मालीब्डेनम की कमी हो वहाँ पर रोपाई से पहले खेत की तैयारी के समय 10 से 15 किलोग्राम बोरेक्स और 500 ग्राम अमोनियम मोलब्डेट प्रति हैक्टेयर की दर से प्रयोग करें।

सिंचाई प्रबन्धन (Irrigation management)

ब्रोकली में पहली हल्की सिंचाई रोपाई के तुरंत बाद करनी चाहिए। पौध की रोपाई के 6 से 7 दिन बाद खेत में घूम कर देख लें कि पौधे सही तरह से खड़े हो गये हैं, या मर गये हैं, यदि किसी कारणवश कुछ पौधे उखड़ गये हों या मर गये हों तो उसके स्थान पर दूसरे पौधे लगाकर (गैप फिलिंग) पौधों की संख्या पूरी कर लें। इसके बाद हल्की सिंचाई अवश्य कर दें, बाद में आवश्यकतानुसार 10 से 15 दिन के अन्तराल पर हल्की सिंचाई करते रहना चाहिए। इस प्रकार ब्रोकली की अच्छी पैदावार लेने के लिए 5 से 6 सिंचाइयां पर्याप्त होती हैं। सिंचाई के लिए फसल की प्रारंभिक वृद्धि अवस्था और सिरा विकास अवस्था क्रान्तिक अवस्थाएं हैं। अतः इन अवस्थाओं पर खेत में पानी की कमी नहीं होनी चाहिए।

खरपतवार प्रबंधन (Weed management)

खरपतवार फसल के साथ पोषक तत्वों, नमी, प्रकाश और स्थान के लिए प्रतिस्पर्धा करते हैं, फलस्वरूप फसल की पैदावार व गुणवत्ता में कमी आ जाती है। इसके अतिरिक्त खरपतवार फसल में लगने वाले रोगों के जीवाणुओं तथा कीट व्याधियों को भी आश्रय देते हैं। इसलिए ब्रोकली की अच्छी पैदावार लेने के लिए खेत को रोपाई के 25 से 30 दिन बाद तक खरपतवार मुक्त रखना चाहिए। फसल के साथ उगे खरपतवारों कि रोकथाम के लिए आवश्यकता अनुसार निराई- गुड़ाई करते रहें । निराई-गुड़ाई करने से खरपतवारों की रोकथाम के साथ-साथ भूमि में वायु संचार भी होता है। जिससे फसल वृद्धि पर अच्छा प्रभाव पड़ता है। निराई-गुड़ाई करते समय ध्यान रहे कि इससे पौधों की जड़ों को हानि न पहुंचे। अंतिम निराई-गुड़ाई के बाद पौधों पर हल्की मिट्टी चढ़ा दें जिससे पौधे न गिरें। खेत में अधिक खरपतवारों की समस्या होने पर खरपतवारनाशी पेंडीमेथालिन 30% ईसी 3.3 लीटर को 500 लीटर पानी में घोलकर प्रति हेक्टेयर छिड़काव रोपने के पहले काफी लाभदायक होता है।

कटाई (Harvesting)

ब्रोकली की कटाई तब करें जब उसके फूल पूर्ण रूप से विकसित हो जाएँ फूल ठोस और आकर्षक होना चाहिए। ब्रोकली किस्म के अनुसार रोपाई के बाद अगेती 40-50 दिन, मध्यम 60 से 100 दिन एवं पछेती 100 दिनों के बाद में कटाई के लिए तैयार हो जाती है ।

उपज क्षमता (Potential yield)

ब्रोकली की वैज्ञानिक विधि से खेती करने पर 50 से 150 क्विंटल प्रति हेक्टेयर तक उपज मिल जाती है।

एकीकृत कीट एवं रोग प्रबंधन (Integrated Pest and Disease Management)

प्रमुख कीट (Major insects)

हीरक पतंगा कीट (Diamondback moth)

इस कीट का वैज्ञानिक नाम ***प्लूटेला जाइलोस्टेला (Plutella xylostella)*** है। इस कीट की इल्लियाँ पत्तों के हरे पदार्थ को खाती हैं तथा खाई गई जग पर केवल सफेद झिल्ली रह जाती है जो बाद में छेदों में बदल जाती है ।

प्रबंधन (Management)

- इस कीट के नियंत्रण के लिए *बेसिलस थ्रूरिनजेंसिस* 1000 ग्राम प्रति हेक्टेयर 500 लीटर पानी में घोलकर छिडकाव करें या
- हीरक पृष्ठ पतंगा के नियंत्रण के लिए *वेवेरिया वेसियाना* 10% एससी 1000 मिली प्रति हेक्टेयर 500 लीटर पानी में घोलकर छिडकाव करें या
- इमामें क्टिन बेंजोएट 5% एसजी 200 ग्राम प्रति हेक्टेयर 500 लीटर पानी में घोलकर छिडकाव करें या
- क्लोरोन्ट्रेनिलीप्रोल 18.5% एससी 50 मिली प्रति हेक्टेयर 500 पानी में घोलकर छिडकाव करें या
- फिप्रोनिल 5% एसी 1000 मिली प्रति हेक्टेयर 500 पानी में घोलकर छिडकाव करें या
- क्लोरोफेनापायर 10% एससी 1000 मिली प्रति हेक्टेयर 500 लीटर पानी में घोलकर छिडकाव करें।

गोभी तितली (Cabbage butterfly)

इस कीट का वैज्ञानिक नाम ***पियरिस ब्रासिका (Pieris brassicae)*** है। इस कीट की रोमिल इल्लियाँ झुंड में पौधों के पत्तों को खाती है। इल्लियाँ फूलों में घुसकर इन्हें अपने मैले से बरबाद कर देती हैं।

प्रबंधन (Management)

- शुरू में अंड समूहों व इल्लियों के झुंडों वाले पत्तों को निकाल कर नष्ट कर दें।
- इस कीट के नियंत्रण के लिए *बेसिलस थूरिनजेंसिस* 1000 ग्राम प्रति हेक्टेयर 500 लीटर पानी में घोलकर छिडकाव करें या
- क्लोरोन्ट्रेनिलीप्रोल 18.5% एससी 50 मिली प्रति हेक्टेयर 500 पानी में घोलकर छिडकाव करें ।

तम्बाकू की इल्ली (Tobacco caterpillar)

इस कीट का वैज्ञानिक नाम*स्पोडोप्टेरा लिटुरा* (*Spodoptera litura*) है। इस कीट की इल्लियाँ शुरु में झुंड में पत्तों को खाती है तथा बाद में दूसरे पौधों पर भी फैल जाती है। फूलगोभी में इल्लियाँ फूलों में घुसकर इसे अपने मैले द्वारा बरबाद कर देती है।

प्रबंधन (Management)

- अंडों व इल्लियों को इकट्ठा कर नष्ट कर दें।
- इस कीट के नियंत्रण के लिए *बेसिलस थूरिनजेंसिस* 1000 ग्राम प्रति हेक्टेयर 500 लीटर पानी में घोलकर छिडकाव करें या
- क्लोरोन्ट्रेनिलीप्रोल 18.5% एससी 50 मिली प्रति हेक्टेयर 500 पानी में घोलकर छिडकाव करें ।

हेड बोरर (Head borer)

इस कीट का वैज्ञानिक नाम*हेलुला अंडलिस* (*Hellula undalis*) है। इस कीट की इल्लियाँ सुरंग बनाकर पत्तों को खाती हैं तथा बाद में फूल को भेदकर बर्बाद कर देती है।

प्रबंधन (Management)

- इस कीट के नियंत्रण के लिए *बेसिलस थूरिनजेंसिस* 1000 ग्राम प्रति हेक्टेयर 500 लीटर पानी में घोलकर छिडकाव करें या
- क्लोरोन्ट्रेनिलीप्रोल 18.5% एससी 50 मिली प्रति हेक्टेयर 500 पानी में घोलकर छिडकाव करें ।

गोभी माहू (Cabbage aphid)

इस कीट का वैज्ञानिक नाम*ब्रेविकोरीन ब्रासिका* (*Brevicoryne brassicae*) है। इस कीट के शिशु व वयस्क दोनों ही पत्तों से रस चूसते हैं जिससे पत्ते टेढ़े-मेंढ़े हो जाते हैं। अधिक प्रकोप से फूल नहीं बनते। कीटों के मधुबिन्दु पर काली फंफूंद आने से पौधों का भोजन बनाने की क्षमता कम हो जाती है।

प्रबंधन (Management)

- अधिक प्रकोषित पत्तों को निकाल कर नष्ट कर दें।
- लेडी बर्ड बीटल का संरक्षण करें।
- एसिटामिप्रिड 20% एसपी 75 ग्राम प्रति हेक्टेयर 500 लीटर पानी में घोलकर छिडकाव करें ।

चितकबरा बग (Painted bug)

इस कीट का वैज्ञानिक नाम*बगराडा क्रूसीफेरोरम* (*Brevicoryne brassicae*) है। इस कीट के शिशु वयस्क दोनों ही पत्तों से रस चूसकर फसल को हानि पहुँचाते हैं।

प्रबंधन (Management)

- फसल की कटाई के बाद फसल अवशेषों को खेत से हटा दें क्योंकि ये कीट इन पर खूब पनपते हैं।
- नीम बीज अर्क (4 प्रतिशत) का छिड़काव करें या
- क्लोरोन्ट्रेनिलीप्रोल 18.5% एससी 50 मिली प्रति हेक्टेयर 500 लीटर पानी में घोलकर छिडकाव करें ।

प्रमुख रोग (Major diseases)

आद्रगलन रोग (Damping off)

यह रोग *पाइथियम एफनिडर्मेटम* (*Pythium aphanidermatum*) नामक फफूंद से होता है। इस रोग का प्रकोप गोभी में नर्सरी अवस्था में होता है। इसमें जमीन की सतह वाले तने का भाग काला पडकर गल जाता है। और छोटे पोधे गिरकर मरने लगते हैं।

प्रबंधन (Management)

- बुआई से पूर्व बीजों को *ट्राइकोडर्मा विरडी* 4 ग्राम प्रति किलों बीज की दर से उपचारित कर बोयें।
- नर्सरी में क्यारी 6 से 8 इंच उठी हुई बनावें।
- रोग के लक्षण प्रकट होने पर बोडों मिश्रण 5:5:50 या कापर आक्सीक्लोराइड 50% डब्ल्यूपी 2.5 ग्राम प्रति लीटर पानी में घोल कार छिडकाव करें।

काला सड़न रोग (Black rot)

यह रोग ***ज़ैंथोमोनस कैंपेस्ट्रिस*** पीव्ही. ***कैम्पेस्ट्रिस*** **(*Xanthomonas campestris* pv. *campestris*)** नामक जीवाणु से होता है। इस बीमारी के लक्षण सर्वप्रथम पत्तियों के किनारो पर 'वी आकार में हरिमाहीन एवं पानी में भीगे जैसे दिखाऱ्इ देते है। तथा पत्तियों की शिराएँ काली दिखाई देती है। उग्रावस्था में यह रोग गोभी के अन्य भागों पर भी दिखाऱ्इ देता है। जिससे फूल के डंठल अन्दर से काले होकर सडनें लगते हैं।

प्रबंधन (Management)

- रोग प्रतिरोधक किस्मों को लगावें।
- ड्रिप सिंचाई, का उपयोग करें ।
- फसल चक्र अपनाएं ।
- कटाई के बाद, फसल के अवशेषों को अपने खेत से हटा दें।
- ब्रैसिका परिवार के खरपतवारों पर पूरा ध्यान दें उन्हें खेत से हटा दें ताकि वे काले सड़ांध के लिए में जबान के रूप में कार्य न करें।
- रोग के नियन्त्रण के लिए शुरुआत में ही स्ट्रेप्टोसाएक्लिन 1 ग्राम प्रति 10 लीटर पानी कॉपर ऑक्सीक्लोराइड 50 प्रतिशत डब्ल्यूपी 2.5 ग्राम प्रति लीटर पानी का 15 दिनों के अंतराल पर छिड़काव करें।

मुलायम/ नरम सडन (Soft rot)

यह रोग ***इरविनिया कैरोटोवोरा*** **(*Erwinia carotovora*)** नामक जीवाणु से होता है। यह रोग पौधे की विभिन्न अवस्थाओं में दिखाई देता है। यह मुख्य रूप सें काला सड़न रोग के बाद या फूल पर चोट लगने पर अधिक होता है।

प्रबंधन (Management)

- रोगग्रसित फूलों को तोडकर नष्ट कर देना चाहिए।
- स्ट्रेप्टोसाइक्लिन 200 मिग्रा व कापर आक्सीक्लोराइड 50% डब्ल्यूपी 2.5 ग्राम प्रति लीटर पानी में मिलाकर 15 दिन के अन्तराल पर छिड़काव करना चाहिए।

तना सड़न (Stem rot)

यह रोग ***स्क्लेरोटिनिया स्क्लेरोटियोरम*** **(*Sclerotinia sclerotiorum*)** नामक फफूंद से होता है। इस रोग की प्रारंभिक अवस्था में दिन के समय पौधे की पतितया लटक जाती है। और रात्रि में पुन: स्वस्थ दिखाऱ्इ देती है। तने के निचले भाग पर मृदा तल के समीप जल सिक्त धब्बे दिखाई देते है। धीरे-धीरे रोगग्रसित भाग पर सफेद कवक दिखाई देने लगती है व तना सडने लग जाता है। इसे सफेद सड़न भी कहते है।

प्रबंधन (Management)

- *ट्राइकोडर्मा विरडी* 4 ग्राम प्रति किलोग्राम बीज की दर से उपचारित करें।
- क्लोरोथालोनिल 75% डब्ल्यूपी 1000 ग्राम प्रति हेक्टेयर 500 लीटर पानी में घोलकर छिडकाव करें।

अल्टनेरिया पत्ती धब्बा रोग (Alternaria leaf spot)

यह रोग ***अल्टरनेरिया ब्रासिका*** **(*Alternaria brassicae*)** नामक फफूंद से होता है। इस रोग से पत्तियों पर गोल आकार के छोटे से बड़े भूरे धब्बे बन जाते है। और उनमें छल्लेनुमा धारियाँ बनती है। अन्त में धब्बे काले रंग के हो जाते है।

प्रबंधन (Management)

- टेबुकोनाजोल 38.39% एससी 600 मिली प्रति प्रति हेक्टेयर 500 लीटर पानी में घोलकर छिडकाव करें।

मृदुरोमिल (Downy Mildew)

यह रोग ***पेरोनोस्पोरा पैरासिटिका*** **(*Peronospora parasitica*)** नामक फफूंद से होता है। यह रोग पोधे की सभी अवस्थाओं में आता है व काफी नुकसान करता है। इसमें पत्तियो की निचली सतह पर हल्के बैंगनी से भूरे रंग के धब्बे दिखाई देते है।

प्रबंधन (Management)

- क्लोरोथालोनिल 75% डब्ल्यूपी 1000 ग्राम प्रति हेक्टेयर 500 लीटर पानी में घोलकर छिडकाव करें।

जड गांठ (Root-knot nematode)

यह रोग ***मेंलोइडोगाइन इनकॉग्निटा/ एम. जावनिका*** **(*Meloidogyne incognita/ M. javanica*)** नामक नेमाटोड इस रोग से पौधों की जड़ा में गोलकृमि के सक्रंमण से गांठे पड जाती है। जिससे पौधे की वृदि्व रूक जाती हैं पत्तियो पर झुर्रियाँ पड़ जाती है। तथा पत्तियाँ पीली व जड़े मोटी दिखार्इ देती है। जिससे पौधों पर फल कम संख्या में तथा छोटे लगते है।

प्रबंधन (Management)

- मई-जून में खेत की गहरी जुताई कर दें।
- फसल चक्र अपनाना चाहिए। मेंड़ के चारो तरफ गेंदा के पौधे लगाना चाहिए।
- बुआई से पूर्व खेत में 5 क्विंटल नीम की खली प्रति हेक्टेयर की दर से डालकर मिलाना चाहिए।

13

भिंडी

परिचय (Introduction)

भिंडी (Okra) एक लोकप्रिय सब्जी है। सब्जियों में भिंडी का प्रमुख स्थान है, भिंडी में प्रोटीन, कार्बोहाइड्रेट, खनिज लवणों जैसे कैल्शियम, फास्फोरस के अतिरिक्त विटामिन 'ए', बी, 'सी', थाईमीन एवं रिबोफ्लेविन भी पाया जाता है। विश्व में सबसे ज्यादा भिंडी का उत्पादन भारत में होता है। इसका उत्पत्ति स्थान **भारत एवं अफ्रीका (India and Africa)** माना जाता है। भारत में 509.0 हजार हेक्टेयर में भिंडी की खेती की जाती है, जिससे 6094.9 हजार मीट्रिक टन उत्पादन प्राप्त होता है। भारत मे भिंडी की औसत उत्पादकता 12.0 मीट्रिक टन प्रति हेक्टेयर है (**हॉर्टिकल्चर स्टेटिस्टिक्स एट ए ग्लांस 2018**)। भारत में लगभग सभी राज्यों में भिंडी की खेती की जाती है। भारत में गुजरात, पश्चिम बंगाल, बिहार, मध्य प्रदेश, उड़ीसा एवं छत्तीसगढ प्रमुख भिंडी उत्पादक राज्य हैं।

वानस्पतिक विवरण (Botanical discription)

भिंडी का वानस्पतिक नाम ***ऐबलमोस्कस ऐस्कुलेन्टस*** **लिन्न. (*Abelmoschus esculentus* (Linn.)**है। यह **मालवेसी (Malvaceae)** कुल के अंतर्गत आती है। भिन्डी एक **स्वः परागित (self-pollinated)** फसल है । भिंडी की पत्तियां दिल के आकार की और तीन से पांच लोब वाली होती हैं। फूल एक लाल रंग के केंद्र के साथ पीले होते हैं। फल 10-25 सेमी (4-10 इंच) लंबाई (बौनी किस्मों को छोड़कर) वाला कैप्सूल (capsule) होता है । बीज असंख्य, गोलाकार, 3-6 मिमी व्यास वाले, काले रंग के होते हैं । यह माना जाता है की भिन्डी में दैहिक गुणसूत्र संख्या (somatic chromosome number) 2n = 130 है, हालांकि दत्ता और नौग (1968) ने सुझाया है कि गुणसूत्र संख्या 2n = 72, 108, 120, 132 और 144 n = 12 के साथ पॉलीप्लॉइड की नियमित श्रृंखला में हैं।

उपयुक्तजलवायु (Suitable climate)

भिंडी के लिये दीर्घ अवधि का गर्म व नम वातावरण श्रेष्ठ माना जाता है। बीज उगने के लिये 27-30 डिग्री सेल्सियस तापमान उपयुक्त होता है तथा 17 डिग्री सेल्सियस से कम पर बीज अंकुरित नहीं होता। यह फसल ग्रीष्म तथा खरीफ, दोनों ही ऋतुओं में उगाई जाती है।

मृदा का चयन (Selection of soil)

भिंडी को उत्तम जल निकास वाली सभी तरह की भूमियों में उगाया जा सकता है। भूमि का पीएच (pH) मान 7.0 से 7.8 होना उपयुक्त रहता है।

उन्नत किस्में (Improved varieties)

पूसा सावनी (Pusa Sawani)

इस किस्म के फल पूरी तरह से विकसित होने पर 5 लकीरें, गहरे हरे और 18-20 सेंटीमीटर लंबे होते हैं। यह मैदानी परिस्थितियों में वायरस मुक्त अवधि (वसंत-गर्मी के मौसम) में पीला शिरा मोज़ेक विषाणु (YVMV) से मुक्त है। पहाड़ियों में, इसे ऊंचाई के आधार पर अप्रैल से मई तक बोया जा सकता है। इस किस्म की औसत उपज 150-175 क्विंटल/हेक्टेयर है। यह किस्म पूरे भारत में उगाने के लिए अनुशंसित है।

पूसा ए-4 (Pusa A- 4)

इस किस्म के फल गहरे हरे, 12-15 सेमी लम्बे और बुआई के 45 दिनों में पहली तुड़ाई के लिए तैयार हो जाते हैं। यह किस्म पीला शिरा मोज़ेक विषाणु (YVMV), एवं माहू के प्रति सहिष्णु है। इस किस्म की औसत उपज 140 क्विंटल/हेक्टेयर है। यह किस्म पूरे भारत में उगाने के लिए अनुशंसित है।

अर्का अभय (Arka Abhay)

इस किस्म के फल हरे, कोमल, लम्बे अच्छी सुगंध वाले कांटों से मुक्त फल होते हैं। भण्डारण क्षमता और खाना पकाने के गुण अच्छे होते हैं। यह किस्म पीला शिरा मोज़ेक विषाणु (YVMV), एवं माहू के प्रति सहिष्णु है। इस किस्म की औसत उपज 180 क्विंटल/हेक्टेयर है। यह

किस्म पश्चिम बंगाल और असम में उगाने के लिए अनुशंसित है।

अर्का अनामिका (Arka Anamika)

इस किस्म के फल हरे, कोमल, लम्बे कांटों से मुक्त होते हैं जिनमें 5-6 लकीरें एवं अच्छी सुगंध होती है। भण्डारण क्षमता और खाना पकाने के गुण अच्छे होते हैं। यह किस्म पीला शिरा मोज़ेक विषाणु (YVMV), एवं माहू के प्रति सहिष्णु है। इस किस्म की औसत उपज 200 क्विंटल/हेक्टेयर है। यह किस्म पूरे भारत में उगाने के लिए अनुशंसित है।

काशी ललिमा (VROR-157) (Kashi Lalima (VROR-157)

इस किस्म के फल लाल बैंगनी रंग के मध्यम लम्बे होते हैं। यह किस्म पीत शिरा मोज़ेक विषाणु (YVMV) एवं OLCV के प्रति सहिष्णु है । इस किस्म की औसत उपज 140-150 क्विंटल/ हेक्टेयर है । यह किस्म एंथोसायनिन और फेनोलिक्स से भरपूर है । यह किस्म गर्मी और खरीफ दोनों मौसमों के लिए उपयुक्त है ।

काशी चमन वीआरओ-109 (Kashi Chaman VRO-109)

इस किस्म के पौधे मध्यम लम्बे (120-125 सेमी) होते हैं। बुवाई के 39-41 दिनों में फूल आना शुरू हो जाता है और फलने की अवधि 45-100 दिनों तक रहती है। फल गहरे हरे रंग के होते हैं जिनकी लंबाई 11-14 सेमी होती है। खेत की परिस्थितियों में पौधे पीत शिरा मोज़ेक विषाणु (YVMV) और OLCV के लिए प्रतिरोधी है। इस किस्म की औसत उपज 150-160 क्विंटल/हेक्टेयर होती है । यह किस्म गर्मी और बरसात दोनों मौसमों के लिए उपयुक्त है ।

काशी वरदान (Kashi Vardaan)

यह किस्म गर्मी और बरसात दोनों मौसम के लिए उपयुक्त है। यह किस्म पीत शिरा मोज़ेक विषाणु (वाईवीएमवी) और ओएलसीवी दोनों के लिए प्रतिरोधी है, जबकि खेत की परिस्थितियों में प्रमुख कीटों के प्रति मध्यम सहिष्णु है। पौधे मध्यम-लम्बे होते हैं जिनमें 2 से 3 शाखाओं के साथ छोटे इंटर्नोड्स होते हैं। फल मध्यम, गहरे हरे और निर्यात के लिए अच्छे होते हैं। इस किस्म की औसत उपज क्षमता लगभग 140-150 क्विंटल प्रति हेक्टेयर है। यह किस्म उत्तर प्रदेश, बिहार, झारखंड और पंजाब में खेती के लिए अनुशंसित है ।

शीतला उपहार (Shitla Uphar)

इस किस्म के पौधे मध्यम ऊँचे, ऊँचाई 110-130 सेमी, बुवाई के 38-40 दिन बाद 4-5 गांठों पर फूल आने लगते हैं। फल हरे, 11-13 सेमी लंबे होते हैं और बिक्री योग्य अवस्था में 150-170 क्विंटल प्रति हेक्टेयर उपज देते हैं। यह पीत शिरा मोज़ेक वायरस (वाईवीएमवी) और OLCV के लिए प्रतिरोधी है। इसे पंजाब, यूपी, बिहार, एमपी में खेती के लिए अधिसूचित और जारी किया गया है।

काशी सतधारी (Kashi Satdhari)

इस किस्म के पौधे 2-3 प्रभावी शाखाओं के साथ 130-150 सेमी ऊंचाई के होते हैं, बुवाई के 42 दिनों में तीसरी से चौथी गांठ पर फूल आते हैं। एक पौधा 18-25 फल देता है जिसमें सात धारी होती हैं, लंबाई 13-15 सें.मी. होती है। यह किस्म यूपी और झारखंड में खेती के लिए अधिसूचित की गई है।

काशी विभूति (Kashi Vibhuti)

यह बौनी वृद्धि की आदत वाली किस्म है, बारिश के दौरान पौधे की ऊंचाई 60-70 सेमी और गर्मी के मौसम में 45-50 सेमी होती है । इसमें छोटी अंतर-नोडल लंबाई वाली 2-3 शाखाएं होती हैं। बुवाई के 38-40 दिनों के बाद चौथी से पांचवीं गांठ पर फूल आना शुरू हो जाते हैं। एक पौधे में 18-22 फल लगते हैं जिनकी लंबाई 8-10 सेंटीमीटर होती है। उपज 170-180 क्विंटल प्रति हेक्टेयर। यह किस्म पीत शिरा मोज़ेक वायरस (वाईवीएमवी) और OLCV के लिए प्रतिरोधी है। इसे राजस्थान, गुजरात, हरियाणा में खेती के लिए अधिसूचित किया गया है।

काशी मांगली (Kashi Mangali)

इस किस्म को शुद्ध लाइन चयन के माध्यम से विकसित किया गया है। पौधे लम्बे, ऊँचाई 120-125 सेमी, फूल 4 से 5 गांठ पर बुवाई के 40-42 दिन बाद, फल पाँच लकीरें, हल्का हरे रंग के होते हैं । यह किस्म पीत शिरा मोज़ेक वायरस (वाईवीएमवी) और OLCV के लिए प्रतिरोधी है। इस किस्म की औसत उपज 130 -150 क्विंटल/हे. है। इस किस्म को पंजाब, यूपी झारखंड और छत्तीसगढ़, उड़ीसा और ए.पी. में खेती की लिए अधिसूचित किया गया है।

काशी मोहिनी (Kashi Mohini)

इस किस्म के पौधे 110-140 सेमी ऊंचाई के होते हैं। बुवाई के 39-41 दिनों के बाद 4-5 गांठ पर फूल आते हैं, फल पांच धारी वाले, 11.3-12.6 सेमी लम्बे होते हैं। यह किस्म गर्मी और बरसात के मौसम में खेती लिए उपयुक्त होती है। इस किस्म की औसत उपज 130 -150 क्विंटल प्रति हेक्टेयर है। यह गर्मी के मौसम में उच्च तापमान को सहन कर सकती है। यह किस्म पीत शिरा मोज़ेक वायरस (वाईवीएमवी) और OLCV के लिए प्रतिरोधी है। इसकी पहचान देश के सभी भिंडी उत्पादक क्षेत्रों के लिए खेती हेतु की गई है।

संकर भिन्डी (Hybrid okra)

काशी सृष्टि (VROH-12) F1 हाइब्रिड (Kashi Shristi (VROH-12) F1 Hybrid)

यह अधिक उपज क्षमता (180-190 क्विंटल/ हेक्टेयर), मध्यम लंबी और छोटी इंटरनोड्स और संकीर्ण कोण वाली 2-3 शाखाएं वाली संकर किस्म है । यह किस्म पीत शिरा मोज़ेक विषाणु (YVMV) के प्रति सहिष्णु है । इस किस्म के फल गहरे हरे मध्यम लंबाई के होते हैं । यह किस्म गर्मी और खरीफ दोनों मौसमों के लिए उपयुक्त है ।

शीतला ज्योति (Shitla Jyoti)

यह संकर अपेक्षाकृत लंबी अवधि के दिनों के साथ गर्म आर्द्र जलवायु के लिए उपयुक्त है। पौधे मध्यम ऊँचे, ऊँचाई 110-150 सेमी, बुवाई के 30-40 दिन बाद 4-5 गांठों पर फूल आने लगते हैं। फल हरे रंग के होते हैं, बिक्री योग्य अवस्था में 12-14 सेमी लंबे होते हैं। इस संकर की उपज 180-200 क्विंटल प्रति हेक्टेयर होती है। यह किस्म पीत शिरा मोज़ेक विषाणु (YVMV) और OLCV के लिए प्रतिरोधी है। इसे राजस्थान, गुजरात, हरियाणा और छत्तीसगढ़, उड़ीसा और आंध्र प्रदेश में खेती के लिए जारी और अधिसूचित किया गया है।

काशी भैरव (Kashi Bhairav)

इस संकर के पौधे 2-3 शाखाओं वाले मध्यम लम्बे होते हैं; बिक्री योग्य अवस्था में फल गहरे हरे रंग के होते हैं जिनकी लंबाई 10-12 सेमी होती है। इस संकर की उपज 200-220 क्विंटल प्रति हेक्टेयर होती है। यह किस्म पीत शिरा मोज़ेक विषाणु (YVMV) और OLCV के लिए प्रतिरोधी है। इसे देश के पूरे भिंडी उगाने वाले क्षेत्र में खेती के लिए अधिसूचित किया गया है।

भूमि की तैयारी (Land preparation)

भूमि की दो-तीन बार बखर चलाकर भूमि की जुताई करें इसके बाद एक बार रोटावेटर चलाकर खेत को ढेले रहित कर लेना चाहिए।

बीज की मात्रा (Quantity of seed)

वर्षा कालीन फसल हेतु 10 किलोग्राम तथा ग्रीष्म कालीन फसल हेतु 20 किलोग्राम बीज प्रति हेक्टेयर की आवश्यकता होती है। संकर किस्मों के लिए 5 किलोग्राम बीज प्रति हेक्टेयर की आवश्यकता होती है।

बुआई कब करें (When to sow)

ग्रीष्मकालीन भिंडी की बुवाई फरवरी-मार्च में तथा वर्षाकालीन भिंडी की बुवाई जून-जुलाई में की जाती है। यदि भिंडी की फसल लगातार लेनी है तो तीन सप्ताह के अंतराल पर फरवरी से जुलाई के मध्य अलग-अलग खेतों में भिंडी की बुवाई की जा सकती है।

बुआई कैसे करें (How to sow)

वर्षाकालीन भिंडी के लिए कतार से कतार दूरी 45-60 सें.मी. एवं कतारों में पौधे की बीच 25-30 सेंमी का अंतर रखना उचित रहता है। ग्रीष्मकालीन भिंडी की कतार से कतार की दूरी 25-30 सें.मी. एवं पौधे से पौधे के मध्य दूरी 15-20 से.मी. रखनी चाहिए। बीज की 2 से 3 से.मी. गहरी बुवाई करनी चाहिए। बुवाई के पूर्व भिंडी के बीजों को थाइरम 75% डब्लूपी (Thiram 75% WP) 2 ग्राम एवं कार्बेन्डाजिम 50% डब्लूपी (Carbendazim 50% WP) 1 ग्राम प्रति किलो बीज की दर से उपचारित करना चाहिए। पूरे खेत को उचित आकार की क्यारियों में बांट लें जिससे कि सिंचाई करने में सुविधा हो। वर्षा ऋतु में जल भराव से बचाव हेतु उठी हुई क्यारियों में भिण्डी की बुवाई करना उचित रहता है।

खाद एवं उर्वरकों का उपयोग कैसे करें (How to use manures and fertilizers)

भिंडी की फसल में अच्छा उत्पादन लेने हेतु खाद एवं उर्वरकों का उपयोग मृदा परीक्षण (Soil test) के अनुसार करना चाहिए। भिन्डी को सामान्यता 250 क्विंटल गोबर की खाद (FYM) प्रति हेक्टेयर बुआई के पूर्व देवें। नत्रजन 100-120 किलोग्राम, फस्फोरस 60-75 किलोग्राम एवं पोटाश 50-60 किलोग्राम प्रति हेक्टेयर की आवशयकता होती है। फस्फोरस, पोटाश की पूरी मात्रा एवं नत्रजन की आधी मात्रा बुआई के समय देवें। शेष नत्रजन की मात्रा को तीन बराबर भागों में बांटकर बुआई के 30, 45 एवं एवं 60 दिनों के बाद देना चाहिए।

खरपतवारों का नियंत्रणकैसे करें (How to control weeds)

नियमित निंदाई-गुड़ाई कर खेत को खरपतवार मुक्त रखना चाहिए। बोने के 15-20 दिन बाद प्रथम निंदाई-गुड़ाई करना जरुरी रहता है। खरपतवार नियंत्रण हेतु रासायनिक खरपतवार नाशकों का भी उपयोग किया जा सकता है। भिण्डी में सकरी एवं चौड़ी पत्ती वाले खरपतवारों की रोकथाम के लिए बुआई के 48 घंटों के अंदर पैडीमिथालिन 30% ईसी 3.25 लीटर को 500 लीटर पानी में घोलकर प्रति हेक्टेयर में छिड़काव करें। सकरी पत्तियों के खरपतवारों की रोकथाम के लिए क्विज़लफोप इथाइल 5% ईसी 1000 मिली प्रति हेक्टेयर 500 लीटर पानी में घोलकर खरपतवारों (Weeds) की 4 से 6 पत्ती अवस्था पर छिडकाव करें।

सिंचाई कब और कैसे करें (When and how to irrigate)

सिंचाई मार्च में 5-6 दिन, अप्रैल में 4-5 दिन और मई-जून में 3-4 दिन के अन्तर पर करें। बरसात में यदि बराबर वर्षा होती है तो सिंचाई की आवश्यकता नहीं पड़ती है ।

फलों की तुडाई (Fruit harvesting)

किस्म की विशेषता के अनुसार 45-55 दिनों में फलों की तुड़ाई प्रारंभ की जाती है एवं 2 से 3 दिनों के अंतराल पर नियमित तुड़ाई की जानी चाहिए।

उपज क्षमता (Potential yield)

ग्रीष्मकालीन भिंडी फसल से 100-120 क्विंटल उपज प्रति हेक्टेयर एवं वर्षा कालीन भिंडी फसल से 125-150 क्विंटल प्रति हेक्टेयर तक उपज प्राप्त हो जाती हैं।

एकीकृत कीट एवं रोग प्रबंधन (Integrated Pest and Disease Management)

प्रमुख रोग (Major diseases)

आर्द्र गलन (Damping off)

यह रोग ***पाइथियम एफनिडर्मेटम*** **(एडसन) (*Pythium aphanidermatum* (Edson)** नामक फफूंद से होता है। फसल में इस रोग के लगने से जमीन की सतह पर स्थित तने का भाग काला पड़ जाता है और कमजोर होकर सूखने लगता है।

प्रबंधन (Management)

- ग्रीष्म काल में खेत की गहरी जुताई करें।
- फसल चक्र अपनाएं।
- नीम की खली 250 किलोग्राम प्रति हेक्टेयर की दर से प्रयोग करें।
- बीज को बुआई के पूर्व *ट्राइकोडर्मा विरिडी* 4 ग्राम प्रति किलोग्राम बीज की दर से उपचारित करें।
- फसल की ज्यादा सिंचाई न करें।

सस्कोस्पोरा पत्ती धब्बा (Cercospora leaf spot)

यह रोग ***सर्कोस्पोरा मलायन्सिस*** **एफ स्टीवंस और सोलहैम (*Cercospora malayensis*F. *Stevens & Solheim*)** नामक फफूंद से होता है। इस रोग के कारण भिण्डी के पत्तों पर विभिन्न प्रकार के धब्बे उभर आते हैं तथा किनारों से मुड़ जाते हैं ।

प्रबंधन (Management)

- इस रोग के लक्षण दिखाई देने पर मेंकॉज़ेब 75% डब्ल्यूपी 1250 ग्राम मात्रा प्रति हेक्टेयर 500 लीटर पानी में घोल बनाकर छिड़काव करें तथा 15 दिनों के पश्चात फिर से उस दवाई का छिड़काव करे।

पीत शिरा मोज़ेक रोग (yellow Vein Mosaic) Disease)

पीत शिरा मोज़ेक विषाणु (Yellow Vein Mosaic Virus) एक विषाणु जनित रोग है। इस बीमारी में भिंडी के पत्तों पर पीली रंग की धारियां पड़ जाती है और उस के बाद पूरा पता पीला हो जाता है जिस के कारण फल का रंग पीला हो जाता है तथा फल कम लगने लगते हैं ।

प्रबंधन (Management)

- सभी प्रकार के खरपतवार परपोषियों को जहां तक सम्भव हो उखाड़ कर नष्ट कर दें।
- रोग रोधी किस्मों की बुआई करें।
- सफेद मक्खी के सर्वेक्षण के लिए पीले चिप - चिपे ट्रैप 25 प्रति हेक्टेयर की दर से प्रयोग करें।
- खेत में रोग के लक्षण दिखाई देते ही पौधों को उखाड़ कर जला दें।
- रोग वाहक कीट सफेद मक्खी के नियंत्रण के लिए थायोमिथाक्साम 25% डब्ल्यूजी 100 ग्राम प्रति हेक्टेयर 500 लीटर पानी मे घोलकर छिडकाव करें।

भिंडी पत्ती मरोड़ विषाणु (Okra enation leaf curl virus)

भिंडी पत्ती मरोड़ विषाणु (Okra enation leaf curl virus) एक विषाणु जनित रोग है। इस रोग से प्रभावित पौधे की पत्ती का डंठल अंग्रेजी के एस आकार का हो जाता है तथा पत्ती की नसों में मोटी-मोटी गांठें उभर आती हैं पौधों पर फूल नहीं लगते और यदि लगते हैं तो उनमें फली नहीं बनती है। इस रोग का वाहक सफेद मक्खी है।

प्रबंधन (Management)

- सभी प्रकार के खरपतवार परपोषियों को जहां तक सम्भव हो उखाड़ कर नष्ट कर दें।
- रोग रोधी किस्मों की बुआई करें।
- सफेद मक्खी के सर्वेक्षण के लिए पीले चिप चिपे ट्रैप 25 प्रति हेक्टेयर की दर से प्रयोग करें।
- खेत में रोग के लक्षण दिखाई देते ही पौधों को उखाड़ कर जला दें।
- रोग वाहक कीट सफेद मक्खी के नियंत्रण के लिए थायोमिथाक्साम 25% डब्ल्यूजी 100 ग्राम प्रति हेक्टेयर 500 लीटर पानी मे घोलकर छिडकाव करें।

कॉलर राट (Collor rot)

यह रोग ***मैक्रोफोमिना फेजोलिना* (तस्सी) गोइड(*Macrophomina phaseolina* (Tassi) Goid)** नामक फफूंद से होता है। इस रोग से फसल कभी भी प्रभावित हो सकती है, क्योंकि यह भूमि में उपस्थित फफूंद से फैलता है। संक्रमित पौधे पीले दिखाई पड़ते हैं जो बाद में सूख जाते हैं।

प्रबंधन (Management)

- ग्रीष्म काल में खेत की गहरी जुताई करें।
- फसल चक्र अपनाएं।
- नीम की खली 250 किलोग्राम प्रति हेक्टेयर की दर से प्रयोग करें।
- रोग प्रतिरोधक किस्में बोयें।
- बीज को बुआई के पूर्व *ट्राइकोडर्मा विरिडी* 4 ग्राम प्रति किलोग्राम बीज की दर से उपचारित करें।
- रोगी पौधों को उखाड़ कर जला दें।

चूर्णिल आसिता (Powdery Mildew)

यह रोग ***एरीसिफे सिचोरासीरम (Erysiphe cichoracearum)*** नामक फफूंद से होता है। यह फफूंद के कारण फैलने वाली बीमारी है। फफूंद के बीजाणु पत्तियों की निचली सतह पर सफेद रंग के चूर्ण की तरह जमा हो जाता है। ज्यादा प्रभावित पत्तियां पीली पड़ कर गिर जाती हैं।

प्रबंधन (Management)

- इस रोग की रोकथाम के लिए रोग के लक्षण दिखाई पड़ते ही घुलनशील सल्फर 80% डब्लूपी 1250 ग्राम प्रति हेक्टेयर 500 लीटर पानी में घोलकर छिडकाव करें।

प्रमुखकीट (Major Insects)

तना व फल बेधक कीट (Shoot and Fruit Borer)

इस कीट का वैज्ञानिक नाम ***एरियास विटेला* (फैब्रिकियस) (*Earias vitella*(Fabricius)** है। इस कीट की सुण्डी मुलायम टहनियों के शीर्ष भाग, कलियों, फूलों एवं अविकसित फलों में छेद कर अन्दर घुस जाती है, जिससे प्रभावित फल खाने योग्य नहीं रह जाते| शीर्श भाग सूख कर नीचे झुक जाता है और फल टेढ़े हो जाते हैं। ग्रसित पौधों में कलियां एवं फूल भी नीचे गिर जाते हैं और बढ़वार बुरी तरह प्रभावित हो जाती है।

प्रबंधन (Management)

- ग्रसित प्ररोह, फल, फूल एवं कोपलों को इकट्ठा कर नष्ट करें।
- रात्रि में लाईट ट्रेप (Light trap) लगाकर व्यस्क को नष्ट करें।
- कपास के खेत मे भिंडी फसल न उगाएं।
- नर व्यस्क को आकर्षित करने हेतु फेरोमोन ट्रेप (Pheromone trap) 12 प्रति हेक्टेयर की दर से लगाएं।
- अण्ड परजीवी *ट्राइकोग्रामा किलोनिस* (*Trichogramma chilonis*) 1 लाख प्रति हेक्टेयर की दर से छोड़ें ।

कीट का प्रकोप आर्थिक क्षति स्तर से ऊपर होने पर

- बेसिलस थूरिनजेंसिस 1000 ग्राम प्रति हेक्टेयर 500 लीटर पानी मे घोलकर छिडकाव करें या
- इमामेक्टिन बेंजोएट 5% एसजी 150 ग्राम प्रति हेक्टेयर 500 लीटर पानी मे घोलकर छिडकाव करें या
- लैम्ब्डा-सायलोथ्रिन 5% ईसी 300 मिली प्रति हेक्टेयर 300-400 लीटर पानी मे घोलकर छिडकाव करें या
- क्लोरोन्ट्रेनिलीप्रोल 18.5% एससी 125 मिली प्रति हेक्टेयर 500 पानी मे घोलकर छिडकाव करें। कीटनाशक दवाओं का 14 दिन के अंतराल पर अदल बदल कर छिडकाव करें।

सफेद मक्खी (White fly)

इस कीट का वैज्ञानिक नाम ***बेमिसिया टेबेकाई* (गेनाडियस)**(*Bemisia tabaci* (Gennadius) है। सफेद मक्खी के शिशु एवं व्यस्क कीट पौधों की पत्तियों की नीचे की सतह पर चिपके रहने के कारण वही से रस चूसना आरम्भ करते है जिसके कारण पौधे की पत्तियों में पीला सिरारोग (येलो मौजेक वायरस) रोग फैल जाता है। यह रोग भिण्डी में विषाणु के द्वारा वर्षा ऋतु में अधिक तेजी से फैलता है।

प्रबंधन (Management)

- नीम की खली 250 किलोग्राम प्रति हेक्टेयर खेत अंतिम जुताई के समय एवं बुआई के 30 दिन के बाद उपयोग करें।
- नीम तेल (एजाडिरेक्टिन 0.03%) 300 पीपीएम (ppm) 2.5-5 लीटर प्रति हेक्टेयर 500-1000 लीटर पानी में घोलकर छिडकाव करें। या
- फेनप्रोपेथ्रिन 30% ईसी 250-340 मिली प्रति हेक्टेयर 750-1000 पानी मे घोलकर छिडकाव करें।
- कीट का प्रकोप आर्थिक क्षति स्तर से ऊपर होने पर थायोमिथाक्साम 25% डब्ल्यूजी 100 ग्राम प्रति हेक्टेयर 500 लीटर पानी मे घोलकर छिडकाव करें।

हरा तेला (Jassid)

इस कीट का वैज्ञानिक नाम ***अमरास्का बिगुट्टुला बिगुट्टुला* (इशिदा) (*Amrasca biguttula biguttula* Ishida)** है। हरा तेला शिशु व व्यस्क कीट पत्तियों के नीचे की सतह से कोषिकाओं के रस को चूस लेते है जिस के कारण पत्तियों की उपरी सतह छोटे-छोटे हल्के पीले रंग के धब्बे दिखाई देते हैं तथा पत्तों ऊपर की तरफ मुड़ने लग जाते है और पीले होकर झड़ जाते है।

प्रबंधन (Management)

- नीम की खली 250 किलोग्राम प्रति हेक्टेयर खेत अंतिम जुताई के समय एवं बुआई के 30 दिन के बाद उपयोग करें।
- नीम तेल (एजाडिरेक्टिन 0.03%) 300 पीपीएम (ppm) 2.5-5 लीटर प्रति हेक्टेयर 500-1000 लीटर पानी में घोलकर छिडकाव करें।
- कीट का प्रकोप आर्थिक क्षति स्तर से ऊपर होने पर लैम्ब्डा-सायलोथ्रिन 5% ईसी 300 मिली प्रति हेक्टेयर 300-400 लीटर पानी मे घोलकर छिडकाव करें।

लाल मकड़ी (Red Mite)

इस मकड़ी का वैज्ञानिक नाम ***टेट्रानिकस* स्पीशीज(*Tetranychus* spp.)** है। यह एक लाल रंग की मकड़ी है। इसके शिशु तथा व्यस्क पत्तों के नीचे की सतह से रस चूसते है। रस चूसने के कारण पत्तों पर सफेद रंग के छोटे छोटे आकार के धब्बे बन जाते है। यह कीट भिण्डी के पत्तों पर मकड़ी की तरह जाला बना देते है इस कीट की संख्या अधिक होने के कारण लाल माईट पत्तों की नोंक के ऊपर जमा हो जाती है।

प्रबंधन (Management)

- फेनजाक्विन 10% ईसी 1250 मिली प्रति हेक्टेयर 500 लीटर पानी मे घोलकर छिडकाव करें या स्पिरोमेसिफेन 22.9% एससी 400 मिली प्रति हेक्टेयर 500 लीटर पानी मे घोलकर छिडकाव करें।

मूल गाँठ सूत्रकृमि (Root knot nematode)

यह रोग ***मेलोइडोगाइन*स्पीशीज(*Meloidogyne* spp.)**नामक नेमाटोडके कारण होता है। इस रोग के मुख्य लक्षण भिंडी के पौधे के जड़ों पर बनी गाठें हैं, जो धीरे-धीरे बड़ी हो जाती हैं। सूत्रकृमि पौधों की जड़ों में घाव कर देते हैं। पौधे मिट्टी से जल और पोषक तत्वों का अवशोषण नहीं कर पाते जिससे पौधा पीला पड़ कर छोटा रह जाता है और फल छोटे रह जाते हैं।

प्रबंधन (Management)

- भिंडी की खेती में फसल चक्र में अनाज की फसलों को भी शामिल करें।
- गर्मी की गहरी जुताई करें।
- नीम की खली 250 किलोग्राम प्रति हेक्टेयर खेत अंतिम जुताई के समय उपयोग करें।
- इसके साथ ही बुवाई के समय आवश्यकतानुसार कार्बोप्यूरान 3% सीजी 33 किलोग्राम प्रति हेक्टेयर को खेत में मिला देना चाहिए।

14

सेम

परिचय (Introduction)

सेम (Indian bean) एक लता वाला पौधा है। इसकी फलियों का उपयोग सब्जी बनाने के लिए उपयोग किया जाता है। इसका उत्पत्ति स्थान **भारत या दक्षिण-पूर्व एशिया (India or South-East Asia)** माना जाता है। सेम एक स्वादिष्ट और पौष्टिक सब्जी है इसमें मुख्य रुप से प्रोटीन, केल्शियम, फास्फोरस, कार्बोहाइड्रेट तथा विटामिन "ए" पाया जाता है।

वानस्पतिक विवरण (Botanical discription)

सेम का वानस्पतिक नाम ***लेबलेब परप्यूरियस* एल./*डोलिचोस लेबलेब* एल.(*Lablab purpureus* L./ *Dolichos lablab* L.)** है। यह **फेबेसी पूर्व में लेगुमिनोसी (Fabaceae formerly Leguminosae)** कुल के अंतर्गत आती है। यह एक वार्षिक पौधा है, जिसका एक वर्ष का जीवन चक्र होता है। सेम एक **स्वः परागित (self-pollinated)** फसल है । सेम में दैहिक गुणसूत्र संख्या (somatic chromosome number) 2n = 22 होते हैं। पुष्पक्रम कई फूलों वाला एक कठोर अक्षीय रेसमी होता है। फूल सफेद, गुलाबी, लाल या बैंगनी रंग के होते हैं, 4-5 के गुच्छों में, प्रत्येक में 2 बड़े बेसल सहपत्र होते हैं, परागकोष एक समान होते हैं, ऊपरी 2 बाह्यदल बैंगनी से गुलाबी या सफेद होते हैं, प्रत्येक नोड पर 2-4 लम्बी रेसमे तक 2.5 सेमी लंबा होता है । फलियाँ चपटी या फूली हुई, रोमिल या चिकनी, पपड़ीदार, सीधी या कुछ घुमावदार, सफ़ेद, हरे या बैंगनी रंग की होती हैं और लंबाई में लगभग 5 - 20 सेमी और चौड़ाई 1- 5 सेमी से भिन्न हो सकती हैं। बीज आकार और रंग में परिवर्तनशील होते हैं, रंग सफेद, लाल, भूरा, काला या धब्बेदार होता है। आकार में गोल या अंडाकार, हिलम सफेद, लंबाई लगभग 10 मिमी, 100 बीजों का औसत वजन 25 से 40 ग्राम होता है। अंकुरण एपिजील होता है।

उपयुक्तजलवायु (Suitable climate)

सेम एक ठंडा मौसम और सूखा सहिष्णु फसल है। इसकी खेती के लिए सम जलवायु उपयुक्त होती है। सेम फोटो अवधि के प्रति प्रतिक्रिया करता है। हालाँकि अब अर्का जय और अर्का विजय जैसी प्रकाश-असंवेदनशील किस्में उपलब्ध हैं जिन्हें पूरे वर्ष उगाया जा सकता है।

मृदा का चयन (Selection of soil)

सेम सभी प्रकार की भूमियों में उगायी जा सकती है। किंतु उचित जल निकास वाली दोमट भूमि सर्वोत्तम रहती है। भूमि का पीएच (pH) मान 6.5 से 8.5 तक होना उपयुक्त पाया गया है।

उन्नत किस्में (Improved varieties)

पूसा सेम-2 (Pusa Sem-2)

इस किस्म की फलियाँ गहरे हरे रंग की, बहुत कोमल, तार रहित, अर्द्ध गोल, 16 से 17 सेमी लंबी, 5-6 बीज प्रति फली, 11-12 फलियाँ / स्पाइक; उत्कृष्ट ऑर्गेनोलेप्टिक गुणवत्ता वाली होती हैं । यह किस्म वायरस, एन्थ्रेक्नोज, एफिड, हरा तेला, फली छेदक और तुषार के प्रति अत्यधिक सहनशील है। पहली तुड़ाई बुआई के 120-125 दिन में हो जाती हैं । इस किस्म की औसत उपज 150 क्विंटल प्रति हेक्टेयर है। यह किस्म एनसीआर के लिए अनुशंसित है।

पूसा सेम-3 (Pusa Sem-3)

यह किस्म की फलियाँ हरी, मांसल, बहुत कोमल, डोरी रहित, चपटी, 5-6 बीज/फली के साथ 15 से.मी. लंबी, 9-10 फलियाँ/क्लस्टर; उत्कृष्ट ऑर्गेनोलेप्टिक गुणवत्ता वाली होती है । यह किस्म वायरस, एन्थ्रेक्नोज, एफिड, हरा तेला और फली छेदक के प्रति सहिष्णु है । पहली तुड़ाई बुआई के 115-120 दिन में हो जाती है । इस किस्म की औसत उपज 170 क्विंटल प्रति हेक्टेयर है। यह किस्म एनसीआर के लिए अनुशंसित है।

रजनी (Rajni)

इस किस्म का विकास चन्द्रषेखर आजाद कृषि एवं प्रौद्योगिकी विश्वविद्यालय, कानपुर द्वारा किया गया है। इस किस्म की फलियाँ हरी होती हैं एवं गुच्छों में लगती हैं ।

जेडीएल 85 (JDL-85)

यह किस्म जवाहरलाल नेहरु कृषि विष्वविद्यालय, जबलपुर द्वारा विकसित की गई है। इस किस्म के पौधे बौने झाड़ीनुमा होते हैं। बुआई के 90 दिन बाद फलियाँ तुड़ाई के लए तैयार हो जाती हैं।

अर्का जय (Arka Jay)

इस किस्म के पौधे बौने, झाड़ीदार, खड़े और प्रकाश-असंवेदंशील होते हैं। फलियाँ लंबी, हल्की हरी, हल्की मुड़ी और बिना चर्मपत्र की होती हैं। सब्जी बनाने के लिए उत्तम है। कम नमी के प्रति सहनशील है। इस किस्म की औसत उपज 90 दिनों में 120 क्विंटल प्रति हेक्टेयर है।

अर्का विजय (Arka Vijay)

यह किस्म हेब्बाल अवरे X आईआईएचआर 93 चयन की वंशावली विधि द्वारा एफ 7 पीढ़ी से विकसित की गई है । इस किस्म के पौधे बौने, झाड़ीदार, खड़े और प्रकाश-असंवेदंशील होते हैं। फलियाँ छोटी, गहरी हरी हैं। बीज मोटे हैं। फलियाँ विशेष खुशबूवाली और बिना चर्मपत्र की होती हैं। कम नमी दाब के प्रति सहनशील है । इस किस्म की औसत उपज 90 दिनों में 120 क्विंटल प्रति हेक्टेयर है।

अर्का आदर्श (Arka Adarsh)

यह किस्म (आईआईएचआर 178 x अर्का स्वागत) के संकरण से वंशावली विधि द्वारा एफ 7 पीढ़ी से चयन कर विकसित की गई है । यह बेल वाली और प्रकाश-असंवेदंशील और अगेती किस्म है । फलियाँ गुच्छों में लगती हैं और गहरी हरी होती हैं। इस किस्म की औसत उपज 120 दिनों 410 क्विंटल प्रति हेक्टेयर है। यह किस्म कर्नाटक के लिए उपयुक्त है ।

अर्का कृष्णा (Arka Krishna)

यह किस (आईआईएचआर 178 x अर्का स्वागत) के संकरण से वंशावली विधि द्वारा से एफ 7 पीढी से चयन कर विकसित की गई है। यह बेल वाली और प्रकाश-असंवेदंशील और अगेती किस्म है। फलियाँ गुच्छों में लगती हैं और गहरी हरी होती हैं। इस किस्म की औसत उपज 120 दिनों 300 क्विंटल प्रति हेक्टेयर है। यह किस्म कर्नाटक के लिए उपयुक्त है ।

अर्का प्रधान (Arka Pradhan)

यह किस्म (आईसी 556824 आईपीएस-2 x अर्का स्वागत) के संकरण से वंशावली विधि द्वारा से एफ 7 पीढी से चयन कर विकसित की गई है । यह बेल वाली और प्रकाश-असंवेदंशील किस्म है । फलियाँ हरी, चिकनी और चमकीली व लहरदार सतह वाली हैं। इस किस्म की औसत उपज 120 दिनों 350 क्विंटल प्रति हेक्टेयर है। यह किस्म महाराष्ट्र के लिए उपयुक्त है ।

अर्का विस्तार (Arka Visthar)

यह किस्म आईआईएचआर 178 x अर्का स्वागत) के संकरण से वंशावली विधि द्वारा से एफ 7 पीढी से चयन कर विकसित की गई है । यह बेल वाली और प्रकाश-असंवेदंशील किस्म है । फलियाँ लंबी, मोटी, बहुत चौड़ी और गहरी हरी हैं । इस किस्म की औसत उपज 120 दिनों 370 क्विंटल प्रति हेक्टेयर है। यह किस्म तमिलनाडु और उत्तर पूर्वी राज्यों में खेती के लिए उपयुक्त है ।

अर्का भवानी (Arka Bhavani)

यह किस्म (आईआईएचआर 178 x अर्का स्वागत) के संकरण से वंशावली विधि द्वारा से एफ 7 पीढी से चयन कर विकसित की गई है । यह बेल वाली और प्रकाश-असंवेदंशील किस्म है । इस किस्म की फलियाँ पतली, लहरदार और गहरी हरी होती हैं । इस किस्म की औसत उपज 120 दिनों 320 क्विंटल प्रति हेक्टेयर है। यह किस्म आंध्रप्रदेश में खेती के लिए उपयुक्त है ।

अर्का प्रसिद्धि (Arka Prasidhi)

यह किस्म (आईसी 556824 आईपीएस-2 x अर्का स्वागत) के संकरण से वंशावली विधि द्वारा से एफ 7 पीढी से चयन कर विकसित की गई है । यह बेल वाली और प्रकाश-असंवेदंशील किस्म है । इस किस्म की फलियाँ गहरी हरी, लंबी, चपटी और हल्की मुड़ी होती हैं । यह किस्म गेरुए के लिए प्रतिरोधी है । इस किस्म की औसत उपज 120 दिनों 370 क्विंटल प्रति हेक्टेयर है। यह किस्म दक्षिण भारतीय राज्यों में खेती के लिए उपयुक्त है ।

अर्का स्वागत (Arka Swagath)

यह किस्म आईसी 556736 के शुद्ध वंशावली चयन द्वारा विकसित की गई है । यह बेल वाली और प्रकाश-असंवेदंशील किस्म और वर्ष भर खेती के लिए उपयुक्त है । इस किस्म की फलियाँ हल्की हरी और मध्यम लंबी होती हैं । इस किस्म की औसत उपज 120 दिनों 260 क्विंटल प्रति हेक्टेयर है। यह किस्म कर्नाटक में खेती के लिए उपयुक्त है ।

अर्का अमोघ (Arka Amogh)

यह किस्म (अर्का जय X अर्का विजय) X कोंकन भूषण) के संकरण से वंशावली विधि द्वारा से एफ 7 पीढी से चयन कर विकसित की गई है । इस किम के पौधे मध्यम ऊँचे और प्रकाश-असंवेदंशील होते हैं। फलियाँ लहरदार, हरी, मध्यम लंबी और 55 दिनों में तुड़ाई के लिए

तैयार होती हैं । इस किस्म की औसत उपज 75 दिनों 190-200 क्विंटल प्रति हेक्टेयर है। यह किस्म महाराष्ट्र में खेती के लिए उपयुक्त है ।

अर्का संभ्रम (Arka Sambhram)

यह किस्म (अर्का जय X अर्का विजय) X कोंकन भूषण) के संकरण से वंशावली विधि द्वारा से एफ 7 पीढी से चयन कर विकसित की गई है । इस किस्म के पौधे मध्यम ऊँचे और प्रकाश-असंवेदंशील होते हैं। फलियाँ चपटा, हल्की हरी, मध्यम लंबी, मध्यम चौड़ी और 55 दिनों में तुड़ाई के लिए तैयार होती हैं । इस किस्म की औसत उपज 75 दिनों 190-200 क्विंटल प्रति हेक्टेयर है। यह किस्म तमिलनाडु में खेती के लिए उपयुक्त है।

अर्का सौम्या (Arka Soumya)

यह किस्म (अर्का जय X अर्का विजय) X कोंकन भूषण) के संकरण से वंशावली विधि द्वारा से एफ 7 पीढी से चयन कर विकसित की गई है । इस किस्म के पौधे मध्यम ऊँचे और प्रकाश-असंवेदंशील होते हैं। फलियाँ पतली, लहरदार, मध्यम लंबी और 55 दिनों में तुड़ाई के लिए तैयार होती हैं । इस किस्म की औसत उपज 75 दिनों 190 क्विंटल प्रति हेक्टेयर है। यह किस्म आंध्रप्रदेश में खेती के लिए उपयुक्त है।

अर्का सुप्रिया (Arka Supriya)

इस किस्म की फलियाँ हल्की हरी, चपटी और लंबी और गुच्छों में फलने वाली होती हैं। यह प्रकाश के प्रति संवेदनशील है और केवल रबी मौसम के लिए उपयुक्त है। इस किस्म की औसत उपज 272 क्विंटल प्रति हेक्टेयर है।

खेती की तैयारी (Field prepration)

सेम की खेती करने के लिए बुवाई से पहले खेत को अच्छी तरह से तैयार करना चाहिए । इसके लिए पहले खेत में मौजूद पुरानी फसल के अवशेषो को पूरी तरह से नष्ट करना होता है। इन अवशेषों को नष्ट करने के लिए खेत की मिट्टी पलटने वाले हलो से गहरी जुताई कर दी जाती है। गहरी जुताई के बाद खेत में रोटावेटर चलाकर खेत की मिट्टी को भुरभुरी बना लेवें इसके बाद मिट्टी में पाटा लगाकर खेत को समतल कर लिया जाता है, इससे भूमि में जलभराव नहीं होता है।

बीज दर एवं बीजोपचार (Seed rate and seed treatment)

सेम के बीजों की रोपाई बीज के रूप में की जाती है। इसके लिए एक हेक्टेयर के खेत में 12 से 15 किलोग्राम बीजों की आवश्यकता होती है। सेम को उकटा एवं जड़ सड़न रोग से बचाव हेतु बीज को बुआई से पूर्व थायरम 2 ग्राम + कार्बेन्डाजिम 1 ग्राम प्रति किलो बीज या *ट्राइकोडर्मा विरडी* 4 ग्राम प्रति किलोग्राम बीज की दर से उपचारित करें। इसके उपरान्त बीज को राइजोवियम एवं पीएसबी कल्चर प्रत्येक की 5 ग्राम मात्रा प्रति किलो बीज की दर से उपचारित करें। इस हेतु 100 ग्राम गुड़ का आधा लीटर पानी में घोल बनायें घोल को गुनगुना गर्म करें तथा ठंडा कर राइजोवियम कल्चर एवं पीएसबी कल्चर मिलाएें। घोल को बीज के ऊपर समान रूप से छिड़क दें और धीरे-धीरे हाथ से मिलाऐं ताकि बीज के ऊपर कल्चर अच्छे से चिपक जाऐं। उपचारित बीज को कुछ समय के लिए छाँव में सुखाएं । बीज उपचार के बाद बीजों की तुरंत बुआई करें।

बुवाई का समय एवं विधि (Time of sowing and method)

सेम के बीजों की बुआई के लिए जुलाई-अगस्त उपयुक्त समय होता है। बीज की बुआई डौलियों पर या गड्ढे तैयार कर करें डौलियों पर बुआई करने के लिए पंक्तियों और पौधों की आपसी दूरी क्रमश: 90-120 सेमी. और 90 सेमी. रखें व 2 से 3 सेंटीमीटर की गहराई में 2 से 3 बीजों की बुवाई करें । बीज की बुवाई के अनुसार बाँस की बल्लियों को गाड़ कर इन बल्लियों के सहारे एक जाल नुमा संरचना का निर्माण करें। इस संरचना से पौधे को जमीन से ऊपर रखा जा सकता है। अगर पौधे जमीन से ऊपर होगे तो इनमें रोग व कीटों का खतरा कम होगा और पौधा का विकास अच्छा होगा साथ ही फसल सड़ने से बचेगी।

एकीकृत पोषक तत्व प्रबंधन (Integrated Nutrient Management)

सेम में खाद एवं उर्वरकों का उपयोग मृदा परीक्षण के आधार पर करें। सामान्यतः सेम को गोबर या कम्पोस्ट खाद 250 क्विंटल/ हेक्टेयर खेत की तैयारी के समय देवें। चूंकि यह दलहनी फसल है इसलिये इसकी जड़ें नत्रजन स्थरीकरण का कार्य करती हैं, अतः फसल को कम नत्रजन देने की आवश्यकता पड़ती है। रासायनिक खाद के रूप मे 20 किलोग्राम नाइट्रोजन, 60 किलोग्राम फास्फोरस एवं 60 किलोग्राम पोटाश/ हेक्टेयर की आवश्यकता होती है। आधी मात्रा नत्रजन एवं पूरी मात्रा फास्फोरस एवं पोटाश की बुआई के समय बीज के नीचे देना चाहिए। शेष नत्रजन की आधी मात्रा को बुवाऱ्इ के 30 दिन बाद छिडकाव (टॉप ड्रेसिंग) के द्वारा दिया जाना चाहिए ।

सिंचाई प्रबन्धन (Irrigation management)

सेम के खेती के लिए अधिक सिंचाई की आवश्यकता नहीं होती है। वर्षा कालीन फसल में सिंचाई की आवश्यकता नहीं होती है। यदि वर्षा अधिक समय तक नहीं हो तो आवश्यकतानुसार सिंचाई करते रहें ।

खरपतवार प्रबंधन (Weed management)

सेम की फसल से अच्छी पैदावार प्राप्त करने के लिये खेत को खरपतवारों से मुक्त रखना चाहिये। सेम की फसल के साथ उगे खरपतवारों की रोकथाम के लिए 2-3 बार निराई-गुड़ाई करनी चाहिए।

तुड़ाई (Harvesting)

जुलाई-अगस्त में बोई गई फसल से नवम्बर-दिसम्बर में फलियाँ तुड़ाई के लिए तैयार हो जाती हैं। सेम की फलियों की तुड़ाई पूर्ण विकसित व कोमल अवस्था में कर लें। फलियों की तुड़ाई देर से करने पर ये कठोर हो जाती है व इनमें रेशे आ जाते है। जिसके कारण इन फलियों का उचित बाजार मूल्य नही मिल पाता है। इसलिए समय समय पर सेम की तुड़ाई करते रहना चाहिए।

संभावित उपज (Potential yield)

सेम के एक हेक्टेयर खेत से औसतन 100 से 150 क्विंटल उत्पादन प्राप्त कर सकते हैं । फसल की यह उत्पादकता जलवायु, मिट्टी, किस्म, सिंचाई समेत सुरक्षा प्रबंधन आदि पर निर्भर करती है।

एकीकृत कीट एवं रोग प्रबंधन (Integrated Pest and Disease Management)

प्रमुख कीट (Major insects)

बीन माहू (Bean Aphids)

इस कीट का वैज्ञानिक नाम ***एफिस क्रेसीवोरा*** **(*Aphis craccivora*)** है। यह बहुत छोटा हरे या काले रंग का कीट होता है जो पौधों के मुलायम भागों से रस चूसता है।

प्रबंधन (Management)

- नियमित रूप से खेत की निगरानी करें। सूरजमुखी जैसे आकर्षक पौधे परभक्षियों को आकर्षित करने में सहायक होते हैं।
- कीटों की आबादी को कम करने के लिए मक्का, ज्वार या बाजरा जैसी लंबी सीमा वाली फसलें लगाएं।
- पीला चिपचिपा ट्रैप @ 4-5 ट्रैप/एकड़ लगाएं।
- प्रभावित पौधों के हिस्सों की छंटाई करें ।
- परावर्तक मल्च का उपयोग करें ।
- पत्तियों से एफिड्स को मारने के लिए पानी के एक मजबूत जेट के साथ स्प्रे करें।
- *लेकेनिसिलियम (वर्टिसिलियम) लेकानी* @ 5 ग्राम/लीटर पानी में मिलाकर छिड़काव करें।
- अधिक प्रकोप होने पर डायमिथोएट 30% ईसी 2 मिली/लीटर पानी में घोलकर छिड़काव करें।

फली छेदक (Pod borers)

इस कीट का वैज्ञानिक नाम ***हेलीकोवर्पा अर्मीजेरा*** **(*Helicoverpa armigera*)** है। कभी-कभी यह सेम वर्गीय फसलों के लिए विशेषकर *लेब लेब* सेम के लिए अत्यंत विनाशकारी होता है। इसका प्रकोप सामान्य रुप से ठण्ड में अधिक व्यापक होता है। इसकी इल्लियाँ पहले पत्तियों पर आक्रमण करते हैं। फिर फलियों में छेद कर अन्दर चले जाते हैं और बढ़ते हुए बीज को खाते हैं ।

प्रबंधन (Management)

- आक्रमण प्रारंभ होते ही इल्लियों को हाथ से चुनकर नष्ट कर देना चाहिए।
- मुख्य फसल के चारों ओर 4 कतारों में गार्ड क्रॉप ज्वार या मक्का उगावें।
- कद्दूवर्गीय सब्जी के साथ फसल चक्र अपनाएँ ।
- अधिक प्रकोप की अवस्था में क्लोरोपायरीफास 20% ईसी 2 मिली/लीटर पानी में घोलकर छिड़काव करें।

प्रमुख रोग (Major diseases)

एन्थ्रेक्नोज (Anthracnose)

यह रोग ***कोलेटोट्राइकम लिन्डेमुथिएनम*** **(*Colletotrichum lindemuthianum*)** नामक फफूँद के कारण होता है। रोग का सर्वप्रथम लक्षण बीज पत्राधरों पर छोटे-छोटे धब्बों के रुप में दिखाई देती है। स्तंभों, पत्तियों, पर्ण-वृन्तों एवं फलियों पर भी प्रारंभ में छोटे एवं जलासिक्त धब्बे बनते हैं, जो बाद में बढ़कर विभिन्न माप वाले गोल धब्बों में बदल जाते हैं। धब्बे धंसे हुए गहरे भूरे से लाल रंग के होते हैं। रोग का आक्रमण कम ठंड तथा अधिक नमी या वर्षा के दिनों में अधिक होता है। रोगाक्रांत पौधों की पत्तियाँ मुरझा कर गिर जाती हैं । निबैल स्तंभ वाले पौधे भी गिर जाते हैं । रोगाक्रांत पौधों में फलियों पर भी पीले से भूरे रंग के धंसे हुए धब्बे बनते हैं।

प्रबंधन (Management)

- फसल चक्र अपनाना चाहिए तथा रोग रहित बीजों को ही बोना चाहिए।

- बीजों को बोने से पहले कार्बेन्डिजिम 2 ग्राम प्रति किलोग्राम बीज से उपचारित कर लेना चाहिए।

- फसल पर कॉपर ओक्सीकलोराइड 50% डब्लूपी 1250 ग्राम प्रति हेक्टेयर 500 लीटर पानी में घोलकर छिडकाव करें।

पाउडरी मिल्ड्यू (Powdery mildew)

यह रोग ***एरीसाइफी पोलीगोनी*** **(*Erysiphe polygoni*)** नामक फफूँद के कारण होता है। रोग का आक्रमण जड़ को छोड़कर सभी भागों में होता है। रोग के लक्षण स्तम्भों, पत्तियों एवं फलियों पर सफेद चूर्णी धब्बों के रुप में दिखाई देते हैं। ये धब्बे बढ़ कर आपस में मिल जाते हैं जिसके फलस्वरुप लगभग संपूर्ण पत्ती सफेद चूर्ण से ढँकजाती है। रोग की उग्रता में पत्तियाँ पीली होकर गिर जाती हैं । रोग प्रायः पछेती किस्मों पर ज्यादा आक्रमण करता है क्योंकि इस समय मौसम ज्यादा अनुकूल होता है।

प्रबंधन (Management)

- खेत को साफ रखना चाहिए तथा दूसरे परपोषियों को नष्ट कर देना चाहिए।
- रोग के लक्षण दिखते ही घुलनशील गंधक गन्धक 2.5 ग्राम /लीटर पानी में घोलकर या कैराथेन 1 मिली/लीटर पानी में घोलकर 10-15 दिन के अंतर पर छिड़काव करना चाहिए।

मोजेक (Mosaic)

यह एक **विषाणु जनित** रोग है, विषाणु रोगों में सामान्य मोजेक, लोबिया मोजेक तथा येलोबीन मोजेक प्रमुख है। इन रोगों से सामान्य रुप से पौधों की मृत्यु नहीं होती है। प्रत्येक विषाणुओं के लक्षण में विभिन्नता होती है। फिर भी पतियों का कर्बुरण, हरिमाहीनता, पौधों का बौनापन एवं अन्य विकृतियां पैदा हो जाती हैं । संक्रमित पत्तियाँ स्वस्थ्य पत्तियों की अपेक्षा अधिक लंबी एवं संकरी होती हैं । यह विषाणु रस-संचरणीशील है। रोगग्रसित पौधों से स्वस्थ पौधों में विषाणु का संचारण एफिड द्वारा होता है।

प्रबंधन (Management)

- रोग प्रतिरोधी किस्मों का चुनाव करें।
- रोगग्रस्त पौधों को तुरंत उखाड़कर नष्ट कर देना चाहिए ।
- डायमिथोएट 2 मिली/लीटर पानी में घोलकर 10 दिनों के अंतर पर छिड़काव रोग वाहक कीट एफिड को कम करने में सहायक होता है।

जड़गांठ सूत्रकृमि (Root knot Nematode)

इस सूत्रकृमि का वैज्ञानिक नाम ***मेलोइडोगाइन इन्कोगनिटा*** **(*Meloidogyne incognita*)** है। इसका आक्रमण कुछ किस्मों को छोड़ कर सामान्य रुप से सभी सेमों पर होता है तथा कभी-कभी अधिक संक्रमित मिट्टी में 50% फसल नष्ट हो जाती है। प्रभावित पौधों की जड़ों पर गांठे बन जाती हैं जो आसानी से अलग नहीं होती हैं। पौधे पीले व कुछ बौने हो जाते हैं।

प्रबंधन (Management)

- लम्बी अवधि का फसल-चक्र अपनाना चाहिए।
- रोगी फसल की जड़ों को जहाँ तक संभव हो निकाल कर जला देना चाहिए।
- सूत्रकृमि अवरोधी किस्मों को ही लगाना चाहिए।
- गेंदा की खेती व गर्मी की जुताई से भी कुछ सीमा तक सफलता प्राप्त होती है।

15

लोबिया

परिचय (Introduction)

लोबिया (Cow pea) एक फलीदार सब्जी है। इसकी खेती सम्पूर्ण भारत वर्ष में की जाती है। लोबिया के बीज तथा फलियाँ सब्जी के रुप में उपयोग की जाती हैं । इसका उत्पत्ति स्थान **अफ्रीका (Africa)** माना जाता है। लोबिया में प्रोटीन, कैल्सियम तथा विटामिन "ए" पर्याप्त मात्रा में पाये जाते हैं।

वानस्पतिक विवरण (Botanical discription)

लोबिया का वानस्पतिक नाम ***विग्ना अनगुइकुलटा*** एल.(*Vigna unguiculat*L.) है। यह **फेबेसी पूर्व में लेगुमिनोसी (Fabaceae formerly Leguminosae)** कुल के अंतर्गत आती है। यह एक वार्षिक पौधा है, जिसका एक वर्ष का जीवन चक्र होता है। लोबिया एक **स्वः परागित (self-pollinated)** फसल है । लोबिया में दैहिक गुणसूत्र संख्या (somatic chromosome number) 2n = 22 होते हैं। पुष्पक्रम कई फूलों वाला एक कठोर अक्षीय रेसमी होता है। फूल सफेद, गुलाबी, लाल या बैंगनी रंग के होते हैं, 4-5 के गुच्छों में, प्रत्येक में 2 बड़े बेसल सहपत्र होते हैं, परागकोष एक समान होते हैं, ऊपरी 2 बाह्यदल बैंगनी से गुलाबी या सफेद होते हैं, प्रत्येक नोड पर 2-4 लम्बी रेसमे तक 2.5 सेमी लंबा होता है । फलियाँ चपटी या फूली हुई, रोमिल या चिकनी, पपड़ीदार, सीधी या कुछ घुमावदार, सफ़ेद, हरे या बैंगनी रंग की होती हैं और लंबाई में लगभग 5 - 20 सेमी और चौड़ाई 1- 5 सेमी से भिन्न हो सकती हैं। बीज आकार और रंग में परिवर्तनशील होते हैं, रंग सफेद, लाल, भूरा, काला या धब्बेदार होता है। आकार में गोल या अंडाकार, हिलम सफेद, लंबाई लगभग 10 मिमी, 100 बीजों का औसत वजन 25 से 40 ग्राम होता है। अंकुरण एपिजील होता है।

उपयुक्तजलवायु (Suitable climate)

लोबिया की खेती विभिन्न प्रकार की जलवायु में की जा सकती है। यह एक गर्म और आर्द्र जलवायु वाली फसल है। लोबिया की खेती मैदानी क्षेत्रों में फरवरी से मार्च व जून से जुलाई में की जाती है। लोबिया की खेती के लिए गर्म व आर्द्र जलवायु उपयुक्त हे। तापमान 24-27 डिग्री से. के बीच ठीक रहता है । अधिक ठन्डे मौसम में पौधों की बढ़वार रुक जाती है।

मृदा का चयन (Selection of soil)

लोबिया को विभिन्न प्रकार की भूमियों में उगाया जा सकता है, लेकिन लोबिया की फसल के लिए मटियार या रेतीली दोमट मिट्टी को उपयुक्त माना है। फिर भी कई क्षेत्रों में इसे लाल, काली और लैटराइटी मिट्टी में भी उगाया जाता है। लोबिया की अच्छी फसल के लिए कार्बनिक पदार्थो से युक्त उपजाऊ मिट्टी को इसके लिए विशेष रूप से उपयुक्त होती है। इसकी खेती में उचित जल निकासी वाली भूमि की जरूरत होती है। अत्यधिक लवणीय क्षारीय मृदा इसकी खेती के लिए सही नहीं है। इसकी खेती के लिए भूमि का पीएच मान 5.5 से 6.5 बीच उपयुक्त होता है ।

उन्नत किस्में (Improved varieties)

पूसा कोमल (Pusa Komal)

यह किस्म के पौधे झाड़ीदार होते हैं। इस किस्म में बीज बुआई के 45 दिन बाद फूल आने लगते हैं। फलियाँ हल्के हरे रंग की, कोमल, 25-30 सें.मी. लम्बी होती हैं। यह किस्म ग्रीष्म और वर्षा दोनों मौसम में खेती के लिए उपयुक्त होती है। पौधे बैक्टीरियल ब्लाइट के प्रतिरोधी हैं। इस किस्म की औसत उपज 100-115 क्विंटल/हेक्टेयर है। यह किस्म उत्तर प्रदेश, बिहार, पंजाब और हरियाणा के लिए अनुशंसित है।

पूसा दो फसली (Pusa Dofasli)

इस किस्म के पौधे मध्यम आकार के झाड़ीनुमा होते हैं। बुआई के 45-50 दिन बाद फलियाँ तुड़ाई के लिए तैयार हो जाती हैं। फलियाँ 15-20 सेमी. लम्बी होती हैं। यह किस्म ग्रीष्म और वर्षा दोनों मौसम में खेती के लिए उपयुक्त होती है। इस किस्म की औसत उपज 75-80 क्विंटल/हेक्टेयर है।

पूसा बरसाती (Pusa Barsati)

यह शीघ्र तैयार होने वाली किस्म है। फलियों की लम्बाई 25-30 सेमी. होती है। इस किस्म की औसत उपज 90-95 क्विंटल/हेक्टेयर है।

पूसा फाल्गुनी (Pusa Phalguni)

इस किस्म के पौधे झाड़ीदार होते हैं। फलियाँ 12-15 से.मी. लम्बी होती है। बुआई के 55-60 दिन में फलियाँ तुड़ाई के लिए तैयार हो जाती है। यह किस्म जायद में लगाने के लिए उपयुक्त है। प्रति हेक्टेयर 50-100 क्विंटल फलियाँ मिल जाती हैं ।

काशी निधि (Kashi Nidhi)

इस किस्म के पौधे बौने, सीधे और झाड़ीदार होते हैं, जिनमें प्रति पौधा 20-25 फलियाँ लगती हैं। फलियाँ हरी, 25-30 सेमी लम्बी होती हैं। बीज का रंग लाल भूरा होता है। यह किस्म **गोल्डन मोज़ेक वायरस** और ***स्यूडोसरकोस्पोरा क्रुएंटा (Pseudocercospora cruenta)*** के प्रति सहिष्णु हैं । यह किस्म दूर के विपणन के लिए उपयुक्त होती है। इस किस्म की औसत उपज 140-150 क्विंटल/हेक्टेयर है। यह किस्म उत्तर प्रदेश, बिहार, हरियाणा, पंजाब और झारखंड में खेती के लिए अनुशंसित है।

काशी सुधा (Kashi Sudha)

यह किस्म **गोल्डन मोज़ेक वायरस** और ***स्यूडोसरकोस्पोरा क्रुएंटा (Pseudocercospora cruenta)*** के प्रति सहिष्णु हैं । यह किस्म उत्तर प्रदेश, बिहार, झारखंड, बिहार, आंध्र प्रदेश, उड़ीसा, छत्तीसगढ़, मध्य प्रदेश और महाराष्ट्र में खेती के लिए अनुशंसित है।

काशी कंचन (Kashi Kanchan)

यह बौनी और झाड़ीदार (ऊँचाई 50-60 सेमी), प्रकाश-असंवेदनशील, जल्दी फूलने वाली (बुआई के 40-45 दिन बाद) और जल्दी चुनने वाली (बुआई के 50-55 दिन बाद) किस्म है, जो वसंत-गर्मी और बरसात दोनों मौसम में उगाने के लिए उपयुक्त है। फलियाँ लगभग 30-35 सेमी लम्बी, गहरी हरी, मुलायम, मांसल होती हैं। यह किस्म **गोल्डन मोज़ेक वायरस** और ***स्यूडोसरकोस्पोरा क्रुएंटा (Pseudocercospora cruenta)*** के प्रति सहिष्णु हैं। इस किस्म की औसत उपज 150-175 क्विंटल/हेक्टेयर है। यह किस्म यूपी, पंजाब, बिहार, छत्तीसगढ़, उड़ीसा, आंध्र प्रदेश, मध्य प्रदेश में खेती के लिए अनुशंसित है।

काशी उन्नति (Kashi Unnati)

यह प्रकाश असंवेदनशील किस्म है। इस किस्म के पौधे बौने एवं झाड़ीदार, ऊँचाई 40-50 सें.मी., शाखाएँ प्रति पौधा 4-5, अगेती पुष्पन (बुआई के 30-35 दिन बाद), पहली तुड़ाई बुआई के 40-45 दिन बाद, प्रति पौधा 40-45 फलियाँ निकलती हैं। फलियाँ 30-35 सेमी लंबी, हल्की हरी, मुलायम, मांसल होती हैं। यह किस्म **गोल्डन मोज़ेक वायरस** और ***स्यूडोसरकोस्पोरा क्रुएंटा (Pseudocercospora cruenta)*** के प्रति सहिष्णु हैं। इस किस्म की औसत उपज 125-150 क्विंटल/हेक्टेयर है। यह किस्म पंजाब, यूपी और झारखंड में खेती के लिए अधिसूचित की गई है।

अर्का गरिमा (Arka Garima)

इस किस्म के पौधे लम्बे, प्रकाश-संवेदी होते हैं । फलियाँ हल्की हरी, लंबी, मोटी, गोल, मांसल और रेशे रहित होती हैं। यह किस्म गर्मी और कम नमी के तनाव के प्रति सहनशील है । इस किस्म की फली उपज 70-75 दिनों में 180 क्विंटल /हेक्टेयर है ।

अर्का सुमन (Arka Suman)

इस किस्म के पौधे खड़े, झाड़ीदार और प्रकाश-संवेदी होते हैं। फलियाँ मध्यम लंबी, कोमल, मांसल, कुरकुरी, पकाने की अच्छी गुणवत्ता वाली होती हैं। इस किस्म की फली उपज 70-75 दिनों में 180 क्विंटल/हेक्टेयर है ।

अर्का समृद्धि (Arka Samrudhi)

इस किस्म के पौधे खड़े, झाड़ीदार और प्रकाश-संवेदी होते हैं। फलियाँ हरी, मध्यम मोटी, मध्यम लंबी गोल, कोमल, मांसल और अच्छे पकाने के गुणों वाली होती हैं। इस किस्म की फली उपज 70-75 दिनों में 190 क्विंटल/हेक्टेयर है।

खेती की तैयारी (Field prepration)

लोबिया की खेती करने के लिए बुवाई से पहले खेत को अच्छी तरह से तैयार करना चाहिए । इसके लिए पहले खेत में मौजूद पुरानी फसल के अवशेषों को पूरी तरह से नष्ट करना होता है। इन अवशेषों को नष्ट करने के लिए खेत की मिट्टी पलटने वाले हलो से गहरी जुताई कर दी जाती है। गहरी जुताई के बाद खेत में रोटावेटर चलाकर खेत की मिट्टी को भुरभुरी बना लेवें इसके बाद मिट्टी में पाटा लगाकर खेत को समतल कर लिया जाता है, इससे भूमि में जलभराव नहीं होता है।

बीज दर एवं बीजोपचार (Seed rate and seed treatment)

लोबिया के बीजों की रोपाई बीज के रूप में की जाती है। ग्रीष्मकालीन फसल के लिए 20-25 किलोग्राम एवं वर्षा कालीन फसल के लिए 12-15 किलोग्राम बीज प्रति हेक्टेयर की आवश्यकता होती है। लोबिया को उकटा एवं जड़ सड़न रोग से बचाव हेतु बीज को बुआई से पूर्व थायरम 2 ग्राम + कार्बेन्डाजिम 1 ग्राम प्रति किलोग्राम बीज या *ट्राइकोडर्मा विरडी* 4 ग्राम प्रति किलोग्राम बीज की दर से उपचारित करें। इसके उपरान्त बीज को राइजोवियम एवं पीएसबी कल्चर प्रत्येक की 5 ग्राम मात्रा प्रति किलो बीज की दर से उपचारित करें। इस हेतु 100 ग्राम

गुड़ का आधा लीटर पानी में घोल बनायें घोल को गुनगुना गर्म करें तथा ठंडा कर राइजोवियम कल्चर एवं पीएसबी कल्चर मिलाऐं। घोल को बीज के ऊपर समान रूप से छिड़क दें और धीरे-धीरे हाथ से मिलाऐं ताकि बीज के ऊपर कल्चर अच्छे से चिपक जाऐं। उपचारित बीज को कुछ समय के लिए छाँव में सुखाएं। बीज उपचार के बाद बीजों की तुरंत बुआई करें।

बुवाई का समय एवं तरीका(Time of sowing and method)

लोबिया की ग्रीष्मकालीन फसल की बुआई फरवरी-मार्च तथा वर्षाकालीन फसल की बुआई जून-जुलाई में करनी चाहिए। बुआई पंक्तियों में करें। वर्षाॠतु की फसल में पंक्तियों की आपसी दूरी 60 सेमी. व पौधे से पौधे की दूरी 45 से.मी. रखें। ग्रीष्मकालीन फसल में पंक्तियों की आपसी दूरी 60 सेमी. व पौधे से पौधे की दूरी 30 सेमी रखें।

एकीकृत पोषक तत्व प्रबंधन (Integrated Nutrient Management)

लोबिया में खाद एवं उर्वरकों का उपयोग मृदा परीक्षण के आधार पर करें। सामान्यतः गोबर की खाद या कम्पोस्ट 250 क्विंटल, नत्रजन 25 किलो, स्फुर 75 किलो और पोटाश 60 किलो प्रति हेक्टेयर आवश्यक होता है। गोबर की खाद या कम्पोस्ट, नत्रजन की आधी मात्रा एवं स्फुर तथा पोटाश की पूरी मात्रा को खेत की तैयारी के समय देना चाहिए। नत्रजन की आधी मात्रा को बुआई के 20 दिन बाद देना चाहिए।

सिंचाई प्रबन्धन (Irrigation management)

लोबिया की वर्षा ॠतु की फसल में सिंचाई की आवश्यकता नहीं होती है। ग्रीष्म ॠतु की फसल में 4-5 दिन के अन्तर पर सिंचाई करें।

खरपतवार प्रबंधन (Weed management)

लोबिया की फसल से अच्छी पैदावार प्राप्त करने के लिये खेत को खरपतवारों से मुक्त रखना चाहिये। सेम की फसल के साथ उगे खरपतवारों की रोकथाम के लिए 2-3 बार निराई-गुड़ाई करनी चाहिए।

तुड़ाई (Harvesting)

लोबिया की नर्म व कच्ची फलियों की तुड़ाई नियमित रुप से 4-5 दिन के अंतराल में करें। झाड़ीदार प्रजातियों में 3-4 तुड़ाई तथा बेलदार प्रजातियों में 8-10 तुड़ाई की जा सकती है।

संभावित उपज (Potential yield)

लोबिया की फसल से 50-75 क्विंटल हरी फलियाँ प्रति हेक्टेयर प्राप्त हो जाती हैं। फसल की यह उत्पादकता जलवायु, मिट्टी, किस्म, सिंचाई समेत सुरक्षा प्रबंधन आदि पर निर्भर करती है।

एकीकृत कीट एवं रोग प्रबंधन (Integrated Pest and Disease Management)

प्रमुख कीट (Major insects)

चित्तीदार फली छेदक (Spotted Pod Borer)

इस कीट का वैज्ञानिक नाम ***मारुका टेस्टुलालिस*** गेयर (***Maruca testulalis*** Geyer) है। इस कीट का पाइरालिड शलभ जैसे ही फूल आना शुरू होता है, छोटे फूलों की कलियों पर अंडे देता है। इस कीट की इल्लियाँ, पुष्प, कली एवं फलों में छेद करती हैं। लार्वा को विकसित होने और फलियों को खाने से रोकने के लिए फूल की कली के चरण में ही नियंत्रण उपायों को अपनाया जाना चाहिए।

प्रबंधन (Management)

- पुष्पन अवस्था पर नीम खली 250 किग्रा/हेक्टेयर की दर से उपयोग करें और पहला छिड़काव फूल की कली बनने पर चूर्णित नीम बीज पाउडर सत 4% (पीएनएसपीई) करें एक हफ्ते बाद पुनः दोहराएं।
- साइपरमेथ्रिन 25% ईसी @ 0.5 मिली/ली या क्लोरोपायरीफास 20% ईसी @ 2.5 मिली/लीटर या इंडोक्साकार्ब 14.5% एससी @ 0.5 मिली/लीटर का छिड़काव करें।

फील्ड बीन पॉड बोरर (Field Bean Pod Borer)

इस कीट का वैज्ञानिक नाम ***आदिसुरा एटकिन्सोनी, लेथिएरी*** (***Adisura atkinsoni***, Lethierry) है। यह फील्ड बीन में प्रमुख फली छेदक कीट है और इस कीट की इल्ली *एच. आर्मिगेरा* जैसा दिखता है। अंडे कोमल फलियों पर रखे जाते हैं। युवा लार्वा इन फलियों में छेद करते हैं और अंदर विकसित होते हैं और चौथी अवस्था प्राप्त करने के बाद बाहर निकलते हैं, जो एक प्रवासी अवस्था है। इसलिए, फसल की कोमल फली अवस्था में नियंत्रण के उपाय आवश्यक है।

प्रबंधन (Management)

- पुष्पन अवस्था पर नीम खली 250 किग्रा/हेक्टेयर की दर से उपयोग करें और पहला छिड़काव फूल की कली बनने पर चूर्णित नीम बीज पाउडर सत 4% (NSPE) करें एक हफ्ते बाद पुनः दोहराएं।

- साइपरमेथ्रिन 25% ईसी @ 0.5 मिली/ली या क्लोरोपायरीफास 20% ईसी @ 2.5 मिली/लीटर या इंडोक्साकार्ब 14.5% एससी @ 0.5 मिली/लीटर का छिड़काव करें।

माहू (Aphids)

इस कीट का वैज्ञानिक नाम ***एफ़िस क्रेसिवोरा*** **कोच और *एक्रिथोसिफॉन पिसम*** **हैरिस (*Aphis craccivora* Koch & *Acrythosiphon pisum* Harris) है** ।इस कीट के शिशु और वयस्क दोनों पौधे के युवा भागों जैसे प्ररोह युक्तियों और पुष्पक्रम से रस चूसते हैं। ***एफ़िस क्रेसिवोरा*** हरा काला होता है और ***एक्रिथोसिफॉन पिसम*** हरे रंग का होता है।

प्रबंधन (Management)

- संक्रमित टहनियों को काट दें और 1% की दर से नीम साबुन या पोंगामिया साबुन का छिड़काव करें।
- एसेफेट 75% डब्लूपी @ 0.75 ग्राम प्रति लीटर या डाइमेथोएट 30% ईसी 2 मिली प्रति लीटर का छिड़काव करें।

Bugs (बग्स)

इस कीट का वैज्ञानिक नाम ***नेज़ारा विरिडुला*** और ***कोप्टोसोमा क्रिब्रारिया*** **(*Nezara viridula and Coptosoma cribraria*) है** ।यह कीट फलीदार फसलों पर हमला करने के लिए जाने जाते हैं। यह कीट ज्यादातर लोबिया और सेम पर हमला करते हैं। पौधे के कोमल भागों पर अंडे दिए जाते हैं। निम्फ और वयस्क पत्तियों, फूलों के हिस्सों और फलियों से रस चूसते हैं और एक विशेष खराब गंध निकालते हैं।

प्रबंधन (Management)

- अंकुरण के तुरंत बाद नीम की खली 250 किग्रा प्रति हेक्टेयर उपयोग करें। 10 दिनों के अंतराल पर नीम साबुन 1% या चूर्णित नीम बीज पाउडर सत 4% (NSPE) का छिड़काव करें।
- यदि प्रकोप अधिक हो तो इंडोक्साकार्ब 0.5 मिली/ली. का छिड़काव करें।

बीन फ्लाई (Bean Fly)

इस कीट का वैज्ञानिक नाम ***ओ. फेसोली*** **(*O. phaseoli*)**है। यह कीट खरीफ (जून-अगस्त) की अवधि के दौरान गंभीर और जनवरी-फरवरी के बाद जब तापमान 30 डिग्री सेल्सियस से ऊपर बढ़ जाता है और पौधों की 70% से अधिक नुकसान पहुंचा सकता है। वयस्क छोटी मक्खियाँ होती हैं और अंकुरण के तुरंत बाद आने वाली एकपर्णीय पत्तियों में अंडे देती हैं। यह पत्ती में छेद कर देता है, पत्ती की एपिडर्मिस के नीचे अंडे देता है जो सफेद धब्बे में बदल जाते हैं, जो अक्सर बीमारी से भ्रमित होते हैं। बीजों के अंकुरण के 2-3 दिनों के भीतर ये सूखे अंडाकार छिद्र देखे जाते हैं। लार्वा पत्ती पटल, शिराओं, मध्यशिरा और पर्णवृंत को खोदकर तने में प्रवेश कर जाता है जिसके परिणामस्वरूप मृत्यु हो जाती है। विशेष रूप से जून-जुलाई के महीनों में बारिश के बीच लंबे समय तक सूखे के दौरान घटना अधिक होती है। जब घटना जल्दी और उच्च होती है, तो पौधे हमेशा मर जाते हैं। यह मृत्यु दर 25-30 दिनों के बाद ही देखी जाती है, जब पौधे फूलने वाले होते हैं। उस समय किए गए कोई भी नियंत्रण उपाय उपयोगी नहीं होते हैं।

प्रबंधन (Management)

- अंकुरण के तुरंत बाद नीम की खली 250 किग्रा/हेक्टेयर की दर से उपयोग करें । विशेष रूप से खरीफ की अवधि के दौरान देरी न करें।
- अंकुरण के तुरंत बाद कीट की वयस्क गतिविधियों निगरानी करें।
- जैसे ही कुछ व्यस्क फसल के ऊपर मंडराते हुए दिखाई दें, एसेफेट 75% डब्लूपी @ 0.75 ग्राम प्रति लीटर या चूर्णित नीम बीज पाउडर सत 4% (PNSPE 4%) या नीम तेल 10000 ppm 2 मिली प्रति लीटर का छिडकाव करें।
- 10 पत्तियों पर 5 पत्तियों में डंठल खाने के लक्षण दिखाई देने पर दूसरा छिड़काव बुवाई के 15-20 दिनों के बाद करें।

प्रमुख रोग (Major diseases)

जड़ और तना सड़न (Root and Stem Rot)

यह रोग ***फ्यूसैरियम सोलानी, फुसैरियम ऑक्सीस्पोरम*** **एफ. स्पीशीज.** ***पिसी*** **एवं *राइज़ोक्टोनिया सोलानी*** **(*Fusarium solani, Fusarium oxysporum* f.sp. *pisi* and *Rhizoctonia solani*)** नामक फफूंदों से होता है। संक्रमण से पौधों की वृद्धि के प्रारंभिक चरण में पौधे मुरझा जाते हैं। कभी-कभी फुसैरियम संक्रमण के कारण लोबिया में पूरे पौधे का सामान्य पीलापन देखा जाता है। तने के गूदे का भीतरी

भाग खोखला हो जाता है। नम मौसम में संक्रमण के प्रारंभिक चरण में मिट्टी के पास सुस्त सफेद फुई (mycelial) वृद्धि देखी जाती है।

प्रबंधन (Management)

- गेहूं और बाजरा के साथ लम्बी अवधि का फसल चक्र अपनाएँ।
- सभी संक्रमित पौधों को उखाड़कर खेत की सफाई करें।
- गर्मियों में परती, सिंचाई के बाद जुताई के बाद गर्मियों में फिर से जुताई करके मिट्टी के इनोकुलम को कम किया जा सकता है।
- जून और जुलाई में हरी खाद की जुताई के तुरंत बाद *ट्राइकोडर्मा विरडी* @ 5 किग्रा/हेक्टेयर की दर से मिट्टी में डालें।
- मिट्टी और रोगजनक स्थिति के आधार पर *ट्राइकोडर्मा विरडी* 1% @ 4 ग्राम प्रति किलोग्राम बीज की दर से बीज उपचार करें।
- बीज की बुवाई के 20 दिनों के बाद ट्राइकोडर्मा *विरडी* 1% की ड्रेंचिंग करें।
- खेत में उचित जल निकासी और वातायन बनाए रखें।
- सूक्ष्म पोषक तत्वों सहित उर्वरकों का संतुलित मात्रा में उपयोग करें।
- तत्काल नियंत्रण के लिए कार्बेन्डाजिम 50% डव्लूपी 1 ग्राम प्रति लीटर पानी में घोलकर ड्रेंचिंग करें।

कॉलर रोट (Collar Rot)

यह रोग ***स्क्लेरोटियम रॉल्फसी*(*Sclerotium rolfsii*)** नामक फफूंद से होता है। व्यापक मेजबान सीमा के साथ रोग सर्वव्यापी हो जाता है। प्रारंभ में छाल की गीली सड़ांध देखी जाती है। सड़ांध कॉलर क्षेत्र के पास पौधे की पूरी छाल को ढक लेती है। विशिष्ट लक्षण प्रभावित हिस्से के साथ-साथ संपर्क मिट्टी पर सफेद, कवक वृद्धि के रूप में देखे जाते हैं। धीरे-धीरे हाइपल चटाई छोटे, सरसों जैसे स्क्लेरोटिया में परिवर्तित हो जाती है जो मिट्टी में जीवित रहती है।

प्रबंधन (Management)

- धान और अन्य धान्य फसलों के साथ लम्बी अवधि का फसल चक्र अपनाएँ।
- सभी संक्रमित पौधों को उखाड़कर खेत की सफाई करें।
- गर्मियों में परती, सिंचाई के बाद जुताई के बाद गर्मियों में फिर से जुताई करके मिट्टी के इनोकुलम को कम किया जा सकता है।
- जून और जुलाई में हरी खाद की जुताई के तुरंत बाद *ट्राइकोडर्मा विरडी* @ 5 किग्रा/हेक्टेयर की दर से मिट्टी में डालें।
- मिट्टी और रोगजनक स्थिति के आधार पर *ट्राइकोडर्मा विरडी* 1% @ 4 ग्राम प्रति किलोग्राम बीज की दर से बीज उपचार करें।
- बीज की बुवाई के 20 दिनों के बाद ट्राइकोडर्मा *विरडी* 1% की ड्रेंचिंग करें।
- खेत में उचित जल निकासी और वातायन बनाए रखें।
- सूक्ष्म पोषक तत्वों सहित उर्वरकों का संतुलित मात्रा में उपयोग करें।
- तत्काल नियंत्रण के लिए कार्बेन्डाजिम 50% डव्लूपी 0.1% की ड्रेंचिंग करें।
- तत्काल रोग नियंत्रण के लिए शाम को कॉलर क्षेत्र के आस-पास की मिटटी को कॉपर ऑक्सीक्लोराइड 50% डव्लूपी 3 ग्राम प्रति लीटर पानी में घोलकर ड्रेंचिंग करें।

चूर्णी फफूंदी (Powdery Mildew)

यह रोग ***एरीसिपे पिसी* (*Erysiphe pisi*)** नामक फफूंद से होता है। इस रोग में पत्तियों, टहनियों, प्रतानों और फलियों पर दानों के रूप में सफेद से हल्के भूरे, चूर्ण जैसे कवकीय बीजाणु दिखाई देते हैं। शीघ्र ही ये दाने आपस में मिल जाते हैं और सभी पर्णीय भाग को ढक लेते हैं। फलियों के संक्रमण से दाने आंशिक रूप से भर जाते हैं और फलियाँ आकार में छोटी रह जाती हैं। संक्रमित फलियों की बाहरी त्वचा धूसर और खुरदरी हो जाती है।

प्रबंधन (Management)

- रोगरोधी किस्मों के चयन करें।

- प्रकोप के शुरुआत में सल्फर 80% डब्ल्यूजी 2000-2500 ग्राम प्रति हेक्टेयर 750-1000 लीटर पानी में घोलकर छिडकाव करें।
- फलियों की तुड़ाई के बाद संक्रमित फसल अवशेषों को जला देना चाहिए।

रतुआ (Rust)

यह रोग ***यूरोमाइसिस फैबे, यूरोमाइसिस पिसी* और *यूरोमाइसिस फेजोली*** (***Uromyces fabae, Uromyces pisi* and *Uromyces phaseoli***) नामक फफूंदों से होता है। जमीन से ऊपर के सभी पौधों के हिस्सों पर विशेष लक्षण सूक्ष्म, थोड़े उभरे हुए दानों के रूप में दिखाई देते हैं। आमतौर पर तने पर लम्बे दाने दिखाई देते हैं।

प्रबंधन (Management)

- इनोकुलम को कम करने के लिए संक्रमित फसल अवशेषों को जलाना बहुत प्रभावी है।
- रोगरोधी किस्मों के चयन करें।
- यदि खेत में प्रति पत्ती औसतन दो दाने दिखाई दें तो महत्वपूर्ण अवधि में कवकनाशी स्प्रे किया जाना चाहिए।
- प्रभावी नियंत्रण के लिए 5-7 दिनों के अंतराल पर फ्लुसिलाज़ोल 40% ईसी 300 मिली प्रति हेक्टेयर 500 लीटर पानी या हेक्साकोनाज़ोल 5% ईसी 1000 मिली प्रति हेक्टेयर 500 लीटर पानी में घोलकर छिडकाव करें।

पत्ती अंगमारी (Leaf Blight)

यह रोग ***स्यूडोसरकोस्पोरा क्रुएंटा* और *सर्कोस्पोरा क्रुएंटा*** (***Pseudocercospora cruenta* and *Cercospora cruenta***) नामक फफूंद से होता है। इस रोग में सभी पर्णीय भागों पर काले, कालिख और फंगस के विकास के रूप में प्रकट होता है। प्रारंभ में बीजाणु पिंड जैतूनी गहरे भूरे रंग के होते हैं और खेत में बहुत तेजी से फैलते हैं। शीघ्र पतझड़ रोग की विशेषता है, जिससे पौधे पर नंगे तने और टहनियाँ रह जाती हैं। ***सर्कोस्पोरा*** के लक्षण लाल किनारे वाले छोटे गोलाकार भूरे धब्बे के रूप में देखे जाते हैं।

प्रबंधन (Management)

- रोग की शुरुआत के तुरंत बाद छिड़काव शुरू कर देना चाहिए। बहुत तेजी से द्वितीयक संक्रमण दर के कारण स्प्रे शेड्यूल में देरी से उचित नियंत्रण नहीं हो सकता है।
- खरीफ लोबिया की बुवाई में देरी से बचें और इसे जून के अंतिम सप्ताह तक पूरा कर लें।
- पतझड़ वाली पत्तियों को इकट्ठा करें और खेत में ही जला दें ताकि स्रोत पर ही इनोकुलम कम हो जाए।
- प्रभावी नियंत्रण के लिए 5-7 दिनों के अंतराल पर हेक्साकोनाज़ोल 5% ईसी 1000 मिली प्रति हेक्टेयर 500 लीटर पानी या डाइफेनोकोनाज़ोल 25% ईसी 250 मिली प्रति हेक्टेयर 500 लीटर पानी में घोलकर छिडकाव करें।

स्क्लेरोटिनिया ब्लाइट (Sclerotinia Blight)

यह रोग ***स्क्लेरोटिनिया स्क्लेरोटोरियम*** (***Sclerotinia sclerotiorum***) नामक फफूंद से होता है। रोग को ऊतकों के गीले, मुलायम और सफेद सड़ांध के रूप में देखा जाता है। सड़े हुए भाग पर शीघ्र ही सफेद कवक की वृद्धि देखी जाती है। बाद में सफेद कवकजाल में अंतःस्थापित स्क्लेरोशिया संक्रमित भाग के साथ-साथ गूदे और फली के भीतरी भाग पर बन जाता है। लोबिया पर प्राथमिक संक्रमण हमेशा फलियों के बाद मौखिक संक्रमण से शुरू होता है। स्क्लेरोटिया में परिवर्तित बीज थ्रेशिंग के दौरान सहवर्ती मिश्रण बन जाते हैं।

प्रबंधन (Management)

- पौधों के सूखने से पहले सभी संक्रमित भागों को सावधानी से इकट्ठा करके जला देना चाहिए।
- थ्रेशिंग और प्रोसेसिंग के दौरान स्क्लेरोटियल मिश्रण को हटाने के लिए बीज की सफाई आवश्यक है।
- गहरी जुताई, नीची भूमि वाले धान में लगातार पानी रुके रहने से स्क्लेरोटियल कम हो जाता है।
- खरपतवारों की रोकथाम करें ।
- फफूंदनाशियों का छिडकाव फूल खिलने की अवस्था में शुरू किया जाना चाहिए।
- प्रभावी नियंत्रण के लिए 7-10 दिनों के अंतराल पर कार्बेन्डाजिम 50% डव्लूपी 500 ग्राम प्रति हेक्टेयर 500 लीटर पानी या मैनकोज़ेब 75% डव्लूपी 1250 ग्राम प्रति हेक्टेयर 500 लीटर पानी में घोलकर छिडकाव करें।

जीवाणु झुलसा (Bacterial Blight)

यह रोग *जैंथोमोनास कैंपेस्ट्रिस* पीवी. *फेसिओली* (सामान्य झुलसा); *जैंथोमोनास फेजोली* किस्म *फुस्केन्स* (फुसकस ब्लाइट), *स्यूडोमोनास सिरिंज* पीवी. *फेजोलिकोला* (हेलो ब्लाइट), *स्यूडोमोनास सिरिंज* पीवी. *सिरिंज* (ब्राउन स्पॉट ब्लाइट) (*Xanthomonas campestris* pv. *phaseoli* (common blight); *X. phaseoli* var. *fuscans* (Fuscous blight), *Pseudomonas syringae* pv. *phaseolicola* (Halo blight), *P. syringae* pv. *syringae* (Brown spot blight). नामक जीवाणु से होता है। रोग पहले पत्तियों पर छोटे पारभासी, पानी से भरे धब्बों के रूप में देखा जाता है। सामान्य अंगमारी, फफूंद झुलसा और भूरी अंगमारी के लक्षणों में आकस्मिक जीव के अलगाव को छोड़कर लक्षणों के आधार पर अलग-अलग पहचान करना मुश्किल है। हालांकि, संक्रमित ऊतक पीला हो सकता है और विभिन्न आकार और आकार के घावों के रूप में मर सकता है। आम झुलसा रोग के गंभीर मामलों में विशेषकर बरसात के मौसम में पत्तियों पर बड़े धब्बे दिखाई देते हैं। अलग-अलग उम्र की फलियों पर छोटे-छोटे धब्बे दिखाई देते हैं। संवहनी मलिनकिरण गंभीर घटनाओं में स्पष्ट है। हेलो ब्लाइट में क्लोरोटिक हेलो के साथ सामान्य ब्लाइट के अधिकांश लक्षण होते हैं।

प्रबंधन (Management)

- सर्दियों के जीवाणुओं को खत्म करने के लिए लगभग 2-3 वर्षों का फसल चक्र पर्याप्त है।
- सभी संक्रमित पत्तियों और फसल अवशेषों को जलाकर खेत की सफाई करें ।
- स्वच्छ, रोगमुक्त बीज एवं प्रतिरोधक किस्मों का उपयोग करें।
- बीजों को 30 मिनट के लिए 100 पीपीएम @ स्ट्रेप्टोसाइक्लिन के घोल में भिगोकर बुआई करें ।
- पानी के ठहराव से बचने के लिए खेत में उचित जल निकासी बनाए रखनी चाहिए।
- बुवाई का समय इस तरह से समायोजित किया जाना चाहिए कि फलने का चरण भारी बारिश की अवधि के साथ मेल नहीं खाना चाहिए।

लोबिया गोल्डन मोज़ेक (Cow pea Golden Mosaic)

यह एक **विषाणु जनित** बीमारी है जो की पॉटी वायरस के कारण होती है यह माहू से संचरण होती है। जबकि सफेद मक्खी से फैलने वाला मोज़ेक जेमिनी वायरस है। शीर्ष पत्तियों पर पीले और हरे मोज़ेक धब्बे के रूप में लक्षण दिखाई देते हैं। बाद में अधिकांश पत्तियाँ पूरी तरह पीली हो जाती हैं। संक्रमित फलियाँ सामान्य हरे रंग से पीली हो जाती हैं। संक्रमित पौधों में फलों का बनना भी कम हो जाता है।

प्रबंधन (Management)

- बीज बुवाई के दौरान मिट्टी में कार्बोफ्यूरान 30 किग्रा/हेक्टेयर की दर से उपयोग करें।
- अर्का गरिमा, लोबिया-263 और KS-10 जैसी प्रतिरोधी लाइनों का उपयोग करें।
- रोग के प्रसार को रोकने के लिए डाइमेथोएट 30% ईसी 500 मिली प्रति हेक्टेयर 500 लीटर पानी मे घोलकर छिडकाव करें या इमिडाक्लोप्रिड 17.8% एसएल 150 मिली प्रति हेक्टेयर 500 लीटर पानी मे घोलकर छिडकाव करें।

16

फ्रेंचबीन

परिचय (Introduction)

फ्रेंचबीन (French bean) में कई पोषक तत्व पाए जाते हैं जो सेहत के लिए लाभकारी होते हैं। इसका उत्पत्ति स्थान **दक्षिणी मेक्सिको और मध्य अमेरिका (Southern Mexico and central America)** माना जाता है। इसमें मुख्य रूप से पानी, प्रोटीन, कुछ मात्रा में वसा तथा कैल्सियम, फास्फोरस, आयरन, कैरोटीन, थायमीन, राइबोफ्लेविन, नियासीन, विटामिन-सी आदि तरह के मिनरल और विटामिन मौजूद होते हैं। इसका सेवन हृदय रोगियों के लिए लाभकारी पाया गया है। ये शरीर में बढ़े हुए कोलेस्टेरोल की मात्रा को कम करता है, जिससे हृदय रोग का खतरा कम होता है। इसलिए ये हृदय रोगियों के लिए काफी फायदेमंद माना गया है।

वानस्पतिक विवरण (Botanical discription)

फ्रेंचबीन का वानस्पतिक नाम ***फेसियोलुस वुलगारिस* एल.(*Phaseolus vulgaris* L.)** है। यह **फेबेसी पूर्व में लेगुमिनोसी (Fabaceae formerly Leguminosae)** कुल के अंतर्गत आती है। यह एक वार्षिक पौधा है, जिसका एक वर्ष का जीवन चक्र होता है। फ्रेंचबीन एक **स्वः परागित (self-pollinated)** फसल है । फ्रेंचबीन में दैहिक गुणसूत्र संख्या (somatic chromosome number) 2n = 22 होते हैं। पुष्पक्रम कई फूलों वाला एक कठोर अक्षीय रेसमी होता है। फूल सफेद, गुलाबी, लाल या बैंगनी रंग के होते हैं, 4-5 के गुच्छों में, प्रत्येक में 2 बड़े बेसल सहपत्र होते हैं, परागकोष एक समान होते हैं, ऊपरी 2 बाह्यदल बैंगनी से गुलाबी या सफेद होते हैं, प्रत्येक नोड पर 2-4 लम्बी रेसमे तक 2.5 सेमी लंबा होता है । फलियाँ चपटी या फूली हुई, रोमिल या चिकनी, पपड़ीदार, सीधी या कुछ घुमावदार, सफ़ेद, हरे या बैंगनी रंग की होती हैं और लंबाई में लगभग 5 - 20 सेमी और चौड़ाई 1- 5 सेमी से भिन्न हो सकती हैं। बीज आकार और रंग में परिवर्तनशील होते हैं, रंग सफेद, लाल, भूरा, काला या धब्बेदार होता है। आकार में गोल या अंडाकार, हिलम सफेद, लंबाई लगभग 10 मिमी, 100 बीजों का औसत वजन 25 से 40 ग्राम होता है। अंकुरण एपिजील होता है।

उपयुक्तजलवायु (Suitable climate)

फ्रेंचबीन ठण्डे मौसम की फसल है। किन्तु अधिक तापक्रम और कम तापक्रम से उपज में कमी हो जाती है। बीजों के अंकुरण के लिए 18-24 डिग्री सेल्षियस तापमान सर्वोत्तम माना गया है।

मृदा का चयन (Selection of soil)

इसकी खेती सभी प्रकार की भूमियों में की जा सकती है। किंतु इसकी फसल पैदावार के लिए उचित जल निकास वाली दोमट भूमि सर्वोत्तम रहती है।

उन्नत किस्में (Improved varieties)

अर्का कोमल (Arka Komal)

इस किस्म के पौधे खड़े और झाड़ीदार, प्रकाश-संवेदी होते हैं । फली चपटी, हरी सीधी होती हैं । परिवहन और उत्कृष्ट खाना पकाने की गुणवत्ता के लिए अच्छी किस्म है। इस किस्म की औसत उपज 70-75 दिनों में 200 क्विंटल प्रति हेक्टेयर है।

अर्का सुविधा (Arka Suvidha)

इस किस्म के पौधे झाड़ीदार और प्रकाश संवेदी होते हैं। फलियाँ सीधी, अंडाकार, हल्की हरी, मांसल, डोरी रहित और कुरकुरी होती हैं। इस किस्म की औसत उपज 70-75 दिनों में 190 क्विंटल प्रति हेक्टेयर है।

अर्का बोल्ड (Arka Bold)

इस किस्म के पौधे झाड़ीदार और प्रकाश-संवेदी होते हैं। फलियाँ चपटी डोरी रहित, मांसल, कुरकुरी, अधिक बड़ी और मध्यम लंबी होती हैं। यह किस्म गेरुआ रोग के लिए प्रतिरोधी है । इस किस्म की औसत उपज 70-75 दिनों में 150 क्विंटल प्रति हेक्टेयर है।

अर्का अनूप (Arka Anoop)

इस किस्म के पौधे झाड़ीदार, प्रकाश-संवेदी होते हैं। यह किस्म गेरुआ और बैक्टीरियल ब्लाइट रोग दोनों के लिए प्रतिरोधी है । इस किस्म की फलियाँ लंबी, चपटी और सीधी होती हैं । इस किस्म की औसत उपज 70-75 दिनों में 200 क्विंटल प्रति हेक्टेयर है।

अर्का शरथ (Arka Sharath)

इस किस्म के पौधे झाड़ीदार और प्रकाश-संवेदी होते हैं। फलियाँ कुरकुरी, मांसल बिना चर्मपत्र वाली और अनुप्रस्थ काट पर पूरी तरह गोल होती हैं। इस किस्म की औसत उपज 70 दिनों में 185 क्विंटल प्रति हेक्टेयर है।

अर्का अर्जुन (Arka Arjun)

इस किस्म के पौधे झाड़ीदार, जोरदार और प्रकाश-संवेदी होते हैं। फलियाँ हरी, बिना डंक वाली चिकनी सतह वाली होती हैं। यह किस्म रबी और गर्मी दोनों के लिए उपयुक्त होती है। यह किस्म MYMV रोग के लिए प्रतिरोधी है । इस किस्म की औसत उपज 70 दिनों में 170 क्विंटल प्रति हेक्टेयर है।

अर्का सुकोमल (Arka Sukomal)

यह उच्च उपज वाली गेरुआ रोग प्रतिरोधी पोल बीन किस्म है । फलियाँ धागे रहित, अंडाकार, हरी और लंबी (23 से.मी.) होती हैं। यह किस्म खरीफ और रबी दोनों मौसमों के लिए उपयुक्त है। इस किस्म की औसत उपज 100 दिनों में 240 क्विंटल प्रति हेक्टेयर है।

काशी सम्पन्न (Kashi Sampann (VRFBB-1)

यह देर से पकने वाली, झाड़ी प्रकार की, हल्की हरी फलियों के साथ उच्च उपज क्षमता वाली, जीवाईएमवी के प्रति सहिष्णु किस्म है। इस किस्म की औसत उपज 250-300 क्विंटल प्रति हेक्टेयर है।

काशी राजहंस (Kashi Rajhans)

यह झाड़ीदार किस्म है, फली गहरी हरी, पतली गोल, थोडी घुमावदार मांसल, चर्मपत्र से मुक्त और चिकनी सतह वाली होती हैं । यह किस्म गोल्डन येलो मोज़ेक वायरस के प्रति सहिष्णु है । इस किस्म की औसत उपज 240 क्विंटल प्रति हेक्टेयर है।

काशी परम (Kashi Param)

इस किस्म को शुद्ध लाइन चयन के माध्यम से विकसित किया गया है। पौधे दृढ़ (70 सेमी लंबे) होते हैं और पत्तियां गहरे हरे रंग की होती हैं। फलियाँ मांसल, लंबाई 14.7 सें.मी., गोल, गहरी हरी होती हैं । इस किस्म की औसत उपज 120-140 क्विंटल प्रति हेक्टेयर है। इस किस्म को जम्मू-कश्मीर, हिमाचल प्रदेश, उत्तरांचल और मध्य प्रदेश में खेती के लिए फसल मानक अधिसूचना और बागवानी फसलों के लिए किस्मों की रिहाई पर केंद्रीय उप समिति की बारहवीं बैठक के दौरान जारी और अधिसूचित किया गया है।

पूसा पार्वती (Pusa Parvati)

इस किस्म का विकास भारतीय कृषि अनुसंधान परिषद द्वारा किया गया है। यह शीघ्र तैयार होने वाली किस्म है। पौधा झाड़ीनुमा तथा फलियाँ आकर्षक हल्की हरी और गूदेदार होती हैं।

कण्टेडर (Contender)

यह एक अगेती किस्म है। बुआई के 50-55 दिनों बाद तुड़ाई के लिए तैयार हो जाती है। पौधा झाड़ीनुमा होता है। जिस पर गुलाबी रंग के फूल लगते हैं, फलियाँ हरी और बड़े आकार की होती हैं । यह किस्म चित्ती और चूर्णी फफूँदी रोगों के लिए सहनशील है।

खेती की तैयारी (Field prepration)

खेत की पहली जुताई मिट्टी पलटने वाले हल से करने के बाद 2-3 जुताई कल्टीवेटर से करें। तदुपरांत खेत में रोटावेटर चलाकर खेत की मिट्टी को भुरभुरी बना लेवें । इसके बाद मिट्टी में पाटा लगाकर खेत को समतल कर लेवें।

एकीकृत पोषक तत्व प्रबंधन (Integrated Nutrient Management)

खाद एवं उर्वरकों का उपयोग मृदा परीक्षण के आधार पर करें। सामान्यतः गोबर की खाद या कम्पोस्ट 250 क्विंटल, नत्रजन 40 किलो, स्फुर 80 किलो तथा पोटाष 60 किलो प्रति हेक्टेयर देना चाहिए। गोबर की खाद को भूमि की तैयारी के समय डालकर अच्छी तरह से मिट्टी में मिलायें। नत्रजन की आधी मात्रा, स्फुर तथा पोटाश की पूरी मात्रा बुआई के समय खेत में डालें। नत्रजन की शेष मात्रा बुआई के 30 और 60 दिन बाद टॉप ड्रेसिंग के रुप में खेत में डाल दें।

बीज दर एवं बीजोपचार (Seed rate and seed treatment)

फ्रेंचबीन की झाड़ीदार किस्मों के लिए 90 किलोग्राम तथा बेल वाली किस्मों के लिए 25-30 किलोग्राम बीज प्रति हेक्टेयर पर्याप्त होता है। फ्रेंचबीन को उकटा एवं जड़ सड़न रोग से बचाव हेतु बीज को बुआई से पूर्व थायरम 2 ग्राम + कार्बेन्डाजिम 1 ग्राम प्रति किलो बीज या *ट्राइकोडर्मा विरडी* 4 ग्राम प्रति किलोग्राम बीज की दर से उपचारित करें। इसके उपरान्त बीज को राइजोवियम एवं पीएसबी कल्चर प्रत्येक की 5 ग्राम मात्रा प्रति किलो बीज की दर से उपचारित करें। इस हेतु 100 ग्राम गुड़ का आधा लीटर पानी में घोल बनायें घोल को गुनगुना गर्म करें तथा ठंडा कर राइजोवियम कल्चर एवं पीएसबी कल्चर मिलाऐं। घोल को बीज के ऊपर समान रूप से छिड़क दें और धीरे-धीरे हाथ से मिलाऐं ताकि बीज के ऊपर कल्चर अच्छे से चिपक जाऐं। उपचारित बीज को कुछ समय के लिए छाँव में सुखाएं । बीज उपचार के बाद बीजों की तुरंत

बुआई करें।

बुवाई का समय एवं विधि (Time of sowing and method)

शरदऋतु की फसल की बुआई अगस्त-सितम्बर में तथा ग्रीष्मऋतु की फसल की बुआई जनवरी-फरवरी में करना चाहिए। बुआई कतारों में करनी चाहिए। बुवाई करते इस बात का ध्यान रखें की बुवाई हमेशा कतार में करें ताकि निराई-गुडाई के काम में आसानी रहे। बुवाई के समय पंक्ति से पंक्ति की दूरी 45-60 सेमी. और बीज से बीज की दूरी 10 सेमी. रखनी चाहिए। वहीं बेलदार किस्में लगा रहे हैं तो पंक्ति से पंक्ति की दूरी 100 सेमी रखना अच्छा रहता है। बीज के अंकुरण के लिए भूमि में पर्याप्त मात्रा में नमी होनी चाहिए। बेलदार किस्मों के लिए पौधों को सहारा देने का प्रबंध भी करना जरूरी है। इसके लिए लकड़ी, बांस या लोहे की छड़ को सहारे के लिए प्रयोग किया जा सकता है।

सिंचाई प्रबन्धन (Irrigation management)

फ्रेंचबीन को हल्की सिंचाई की आवष्यकता होती है। खेत में अधिक समय तक पानी भरा रहने पर पौधों को नुकसान पहुंचता है। साधारणतया शरद कालीन फसल में 10-15 दिन के अन्तर से सिंचाई करना चाहिए।

खरपतवार प्रबंधन (Weed management)

फ्रेंचबीन के साथ उगे खरपतवारों को निकालने के लिए समय≤ पर निराई-गुड़ाई करते रहें । 2-3 बार निराई-गुड़ाई पर्याप्त रहती है।

तुड़ाई (Harvesting)

बुआई के 55-60 दिनों बाद फलियाँ तुड़ाई के लिए तैयार हो जाती हैं । फलियों की तुड़ाई कोमल अवस्था में करनी चाहिए। फलियों की तुड़ाई देर से करने पर ये कठोर हो जाती है व इनमें रेशे आ जाते है। जिसके कारण इन फलियों का उचित बाजार मूल्य नही मिल पाता है। इसलिए समय समय पर सेम की तुड़ाई करते रहना चाहिए।

संभावित उपज (Potential yield)

फ्रेंचबीन की वैज्ञानिक तकनीक का इस्तेमाल करके इसकी हरी फली की उपज 75-100 क्विंटल/हेक्टेयर तक प्राप्त की जा सकती है। फसल की उपज जलवायु, मिट्टी, किस्म, सिंचाई समेत सुरक्षा प्रबंधन आदि पर निर्भर करती है।

एकीकृत कीट एवं रोग प्रबंधन (Integrated Pest and Disease Management)

प्रमुख कीट (Major insects)

चितीदार फली छेदक (Spotted Pod Borer)

इस कीट का वैज्ञानिक नाम ***मारुका टेस्टुलालिस* गेयर** (*Maruca testulalis* Geyer) है। इस कीट का पाइरालिड शलभ जैसे ही फूल आना शुरू होता है, छोटे फूलों की कलियों पर अंडे देता है। इस कीट की इल्लियाँ, पुष्प, कली एवं फलों में छेद करती हैं । लार्वा को विकसित होने और फलियों को खाने से रोकने के लिए फूल की कली के चरण में ही नियंत्रण उपायों को अपनाया जाना चाहिए ।

प्रबंधन (Management)

- पुष्पन अवस्था पर नीम खली 250 किग्रा/हेक्टेयर की दर से उपयोग करें और पहला छिड़काव फूल की कली बनने पर चूर्णित नीम बीज पाउडर सत 4% (पीएनएसपीई) करें एक हफ्ते बाद पुनः दोहराएं।
- साइपरमेथ्रिन 25% ईसी @ 0.5 मिली/ली या क्लोरोपायरीफास 20% ईसी @ 2.5 मिली/लीटर या इंडोक्साकार्ब 14.5% एससी @ 0.5 मिली/लीटर का छिड़काव करें।

फील्ड बीन पॉड बोरर (Field Bean Pod Borer)

इस कीट का वैज्ञानिक नाम ***आदिसुरा एटकिन्सोनी*, लेथिएरी** (*Adisura atkinsoni*, Lethierry) है। यह फील्ड बीन में प्रमुख फली छेदक कीट है और इस कीट की इल्ली *एच. आर्मिगेरा* जैसा दिखता है। अंडे कोमल फलियों पर रखे जाते हैं। युवा लार्वा इन फलियों में छेद करते हैं और अंदर विकसित होते हैं और चौथी अवस्था प्राप्त करने के बाद बाहर निकलते हैं, जो एक प्रवासी अवस्था है। इसलिए, फसल की कोमल फली अवस्था में नियंत्रण के उपाय आवश्यक है।

प्रबंधन (Management)

- पुष्पन अवस्था पर नीम खली 250 किग्रा/हेक्टेयर की दर से उपयोग करें और पहला छिड़काव फूल की कली बनने पर चूर्णित नीम बीज पाउडर सत 4% (NSPE) करें एक हफ्ते बाद पुनः दोहराएं।
- साइपरमेथ्रिन 25% ईसी @ 0.5 मिली/ली या क्लोरोपायरीफास 20% ईसी @ 2.5 मिली/लीटर या इंडोक्साकार्ब 14.5% एससी @ 0.5 मिली/लीटर का छिड़काव करें।

माहू (Aphids)

इस कीट का वैज्ञानिक नाम ***एफ़िस क्रेसिवोरा*** कोच और ***एक्रिथोसिफॉन पिसम*** हैरिस (*Aphis craccivora* Koch & *Acrythosiphon pisum* Harris) है ।इस कीट के शिशु और वयस्क दोनों पौधे के युवा भागों जैसे प्ररोह युक्तियों और पुष्पक्रम से रस चूसते हैं। ***एफ़िस क्रेसिवोरा*** हरा काला होता है और ***एक्रिथोसिफॉन पिसम*** हरे रंग का होता है।

प्रबंधन (Management)

- संक्रमित टहनियों को काट दें और 1% की दर से नीम साबुन या पोंगामिया साबुन का छिड़काव करें।
- एसेफेट 75% डब्लूपी @ 0.75 ग्राम प्रति लीटर या डाइमेथोएट 30% ईसी 2 मिली प्रति लीटर का छिड़काव करें।

Bugs (बग्स)

इस कीट का वैज्ञानिक नाम ***नेज़ारा विरिडुला*** और ***कोप्टोसोमा क्रिब्रारिया*** (*Nezara viridula and Coptosoma cribraria*) है ।यह कीट फलीदार फसलों पर हमला करने के लिए जाने जाते हैं। यह कीट ज्यादातर लोबिया और सेम पर हमला करते हैं। पौधे के कोमल भागों पर अंडे दिए जाते हैं। निम्फ और वयस्क पत्तियों, फूलों के हिस्सों और फलियों से रस चूसते हैं और एक विशेष खराब गंध निकालते हैं।

प्रबंधन (Management)

- अंकुरण के तुरंत बाद नीम की खली 250 किग्रा प्रति हेक्टेयर उपयोग करें। 10 दिनों के अंतराल पर नीम साबुन 1% या चूर्णित नीम बीज पाउडर सत 4% (NSPE) का छिड़काव करें।
- यदि प्रकोप अधिक हो तो इंडोक्साकार्ब 0.5 मिली/ली. का छिड़काव करें।

बीन फ्लाई (Bean Fly)

इस कीट का वैज्ञानिक नाम ***ओ. फेसोली*** (*O. phaseoli*)है। यह कीट खरीफ (जून-अगस्त) की अवधि के दौरान गंभीर और जनवरी-फरवरी के बाद जब तापमान 30 डिग्री सेल्सियस से ऊपर बढ़ जाता है और पौधों की 70% से अधिक नुकसान पहुंचा सकता है। वयस्क छोटी मक्खियाँ होती हैं और अंकुरण के तुरंत बाद आने वाली एकपर्णीय पत्तियों में अंडे देती हैं। यह पत्ती में छेद कर देता है, पत्ती की एपिडर्मिस के नीचे अंडे देता है जो सफेद धब्बे में बदल जाते हैं, जो अक्सर बीमारी से भ्रमित होते हैं। बीजों के अंकुरण के 2-3 दिनों के भीतर ये सूखे अंडाकार छिद्र देखे जाते हैं। लार्वा पत्ती पटल, शिराओं, मध्यशिरा और पर्णवृंत को खोदकर तने में प्रवेश कर जाता है जिसके परिणामस्वरूप मृत्यु हो जाती है। विशेष रूप से जून-जुलाई के महीनों में बारिश के बीच लंबे समय तक सूखे के दौरान घटना अधिक होती है। जब घटना जल्दी और उच्च होती है, तो पौधे हमेशा मर जाते हैं। यह मृत्यु दर 25-30 दिनों के बाद ही देखी जाती है, जब पौधे फूलने वाले होते हैं। उस समय किए गए कोई भी नियंत्रण उपाय उपयोगी नहीं होते हैं।

प्रबंधन (Management)

- अंकुरण के तुरंत बाद नीम की खली 250 किग्रा/हेक्टेयर की दर से उपयोग करें । विशेष रूप से खरीफ की अवधि के दौरान देरी न करें।
- अंकुरण के तुरंत बाद कीट की वयस्क गतिविधियों निगरानी करें।
- जैसे ही कुछ व्यस्क फसल के ऊपर मंडराते हुए दिखाई दें, एसेफेट 75% डब्लूपी @ 0.75 ग्राम प्रति लीटर या चूर्णित नीम बीज पाउडर सत 4% (PNSPE 4%) या नीम तेल 10000 ppm 2 मिली प्रति लीटर का छिडकाव करें।
- 10 पत्तियों पर 5 पत्तियों में डंठल खाने के लक्षण दिखाई देने पर दूसरा छिड़काव बुवाई के 15-20 दिनों के बाद करें।

प्रमुख रोग (Major diseases)

जड़ और तना सड़न (Root and Stem Rot)

यह रोग ***फ्यूसैरियम सोलानी, फुसैरियम ऑक्सीस्पोरम*** एफ. स्पीशीज. ***पिसी*** एवं ***राइज़ोक्टोनिया सोलानी*** (*Fusarium solani, Fusarium oxysporum* f.sp. *pisi* and *Rhizoctonia solani*) नामक फफूंदों से होता है। संक्रमण से पौधों की वृद्धि के प्रारंभिक चरण में पौधे मुरझा जाते हैं। कभी-कभी फुसैरियम संक्रमण के कारण लोबिया में पूरे पौधे का सामान्य पीलापन देखा जाता है। तने के गूदे का भीतरी भाग खोखला हो जाता है। नम मौसम में संक्रमण के प्रारंभिक चरण में मिट्टी के पास सुस्त सफेद फुई (mycelial) वृद्धि देखी जाती है।

प्रबंधन (Management)

- गेहूं और बाजरा के साथ लम्बी अवधि का फसल चक्र अपनाएँ ।
- सभी संक्रमित पौधों को उखाड़कर खेत की सफाई करें ।
- गर्मियों में परती, सिंचाई के बाद जुताई के बाद गर्मियों में फिर से जुताई करके मिट्टी के इनोकुलम को कम किया जा सकता है।
- जून और जुलाई में हरी खाद की जुताई के तुरंत बाद *ट्राइकोडर्मा विरडी* @ 5 किग्रा/हेक्टेयर की दर से मिट्टी में डालें।
- मिट्टी और रोगजनक स्थिति के आधार पर *ट्राइकोडर्मा विरडी* 1% @ 4 ग्राम प्रति किलोग्राम बीज की दर से बीज उपचार करें ।
- बीज की बुवाई के 20 दिनों के बाद ट्राइकोडर्मा *विरडी* 1% की ड्रेंचिंग करें ।
- खेत में उचित जल निकासी और वातायन बनाए रखें ।
- सूक्ष्म पोषक तत्वों सहित उर्वरकों का संतुलित मात्रा में उपयोग करें ।
- तत्काल नियंत्रण के लिए कार्बेन्डाजिम 50% डब्लूपी 1 ग्राम प्रति लीटर पानी में घोलकर ड्रेंचिंग करें ।

कॉलर राट (Collar Rot)

यह रोग ***स्क्लेरोटियम रॉल्फसी*(*Sclerotium rolfsii*)** नामक फफूंद से होता है। व्यापक मेजबान सीमा के साथ रोग सर्वव्यापी हो जाता है। प्रारंभ में छाल की गीली सड़ांध देखी जाती है। सड़ांध कॉलर क्षेत्र के पास पौधे की पूरी छाल को ढक लेती है। विशिष्ट लक्षण प्रभावित हिस्से के साथ-साथ संपर्क मिट्टी पर सफेद, कवक वृद्धि के रूप में देखे जाते हैं। धीरे-धीरे हाइपल चटाई छोटे, सरसों जैसे स्क्लेरोटिया में परिवर्तित हो जाती है जो मिट्टी में जीवित रहती है।

प्रबंधन (Management)

- धान और अन्य धान्य फसलों के साथ लम्बी अवधि का फसल चक्र अपनाएँ ।
- सभी संक्रमित पौधों को उखाड़कर खेत की सफाई करें ।
- गर्मियों में परती, सिंचाई के बाद जुताई के बाद गर्मियों में फिर से जुताई करके मिट्टी के इनोकुलम को कम किया जा सकता है।
- जून और जुलाई में हरी खाद की जुताई के तुरंत बाद *ट्राइकोडर्मा विरडी* @ 5 किग्रा/हेक्टेयर की दर से मिट्टी में डालें।
- मिट्टी और रोगजनक स्थिति के आधार पर *ट्राइकोडर्मा विरडी* 1% @ 4 ग्राम प्रति किलोग्राम बीज की दर से बीज उपचार करें ।
- बीज की बुवाई के 20 दिनों के बाद ट्राइकोडर्मा *विरडी* 1% की ड्रेंचिंग करें ।
- खेत में उचित जल निकासी और वातायन बनाए रखें ।
- सूक्ष्म पोषक तत्वों सहित उर्वरकों का संतुलित मात्रा में उपयोग करें ।
- तत्काल नियंत्रण के लिए कार्बेन्डाजिम 50% डब्लूपी 0.1% की ड्रेंचिंग करें ।
- तत्काल रोग नियंत्रण के लिए शाम को कॉलर क्षेत्र के आस-पास की मिटटी को कॉपर ऑक्सीक्लोराइड 50% डब्लूपी 3 ग्राम प्रति लीटर पानी में घोलकर ड्रेंचिंग करें ।

चूर्णी फफूंदी (Powdery Mildew)

यह रोग ***एरीसिपे पिसी*** (***Erysiphe pisi***) नामक फफूंद से होता है। इस रोग में पत्तियों, टहनियों, प्रतानों और फलियों पर दानों के रूप में सफेद से हल्के भूरे, चूर्ण जैसे कवकीय बीजाणु दिखाई देते हैं। शीघ्र ही ये दाने आपस में मिल जाते हैं और सभी पर्णीय भाग को ढक लेते हैं। फलियों के संक्रमण से दाने आंशिक रूप से भर जाते हैं और फलियाँ आकार में छोटी रह जाती हैं। संक्रमित फलियों की बाहरी त्वचा धूसर और खुरदरी हो जाती है।

प्रबंधन (Management)

- रोगरोधी किस्मों के चयन करें।
- प्रकोप के शुरुआत में सल्फर 80% डब्ल्यूजी 2000-2500 ग्राम प्रति हेक्टेयर 750-1000 लीटर पानी में घोलकर छिडकाव करें।
- फलियों की तुड़ाई के बाद संक्रमित फसल अवशेषों को जला देना चाहिए।

रतुआ (Rust)

यह रोग ***यूरोमाइसिस फैबे, यूरोमाइसिस पिसी*** और ***यूरोमाइसिस फेजोली*** (***Uromyces fabae, Uromyces pisi*** **and** ***Uromyces phaseoli***) नामक फफूंदों से होता है। जमीन से ऊपर के सभी पौधों के हिस्सों पर विशेष लक्षण सूक्ष्म, थोड़े उभरे हुए दानों के रूप में दिखाई

देते हैं। आमतौर पर तने पर लम्बे दाने दिखाई देते हैं।

प्रबंधन (Management)

- इनोकुलम को कम करने के लिए संक्रमित फसल अवशेषों को जलाना बहुत प्रभावी है।
- रोगरोधी किस्मों के चयन करें।
- यदि खेत में प्रति पत्ती औसतन दो दाने दिखाई दें तो महत्वपूर्ण अवधि में कवकनाशी स्प्रे किया जाना चाहिए।
- प्रभावी नियंत्रण के लिए 5-7 दिनों के अंतराल पर फ्लुसिलाज़ोल 40% ईसी 300 मिली प्रति हेक्टेयर 500 लीटर पानी या हेक्साकोनाज़ोल 5% ईसी 1000 मिली प्रति हेक्टेयर 500 लीटर पानी में घोलकर छिडकाव करें।

पत्ती अंगमारी (Leaf Blight)

यह रोग *स्यूडोसरकोस्पोरा क्रुएंटा* और *सर्कोस्पोरा क्रुएंटा* (*Pseudocercospora cruenta* and *Cercospora cruenta*) नामक फफूंद से होता है। इस रोग में सभी पर्णीय भागों पर काले, कालिख और फंगस के विकास के रूप में प्रकट होता है। प्रारंभ में बीजाणु पिंड जैतूनी गहरे भूरे रंग के होते हैं और खेत में बहुत तेजी से फैलते हैं। शीघ्र पतझड़ रोग की विशेषता है, जिससे पौधे पर नंगे तने और टहनियाँ रह जाती हैं। *सर्कोस्पोरा* के लक्षण लाल किनारे वाले छोटे गोलाकार भूरे धब्बे के रूप में देखे जाते हैं।

प्रबंधन (Management)

- रोग की शुरुआत के तुरंत बाद छिड़काव शुरू कर देना चाहिए। बहुत तेजी से द्वितीयक संक्रमण दर के कारण स्प्रे शेड्यूल में देरी से उचित नियंत्रण नहीं हो सकता है।
- खरीफ लोबिया की बुवाई में देरी से बचें और इसे जून के अंतिम सप्ताह तक पूरा कर लें।
- पतझड़ वाली पत्तियों को इकट्ठा करें और खेत में ही जला दें ताकि स्रोत पर ही इनोकुलम कम हो जाए।
- प्रभावी नियंत्रण के लिए 5-7 दिनों के अंतराल पर हेक्साकोनाज़ोल 5% ईसी 1000 मिली प्रति हेक्टेयर 500 लीटर पानी या डाइफेनोकोनाज़ोल 25% ईसी 250 मिली प्रति हेक्टेयर 500 लीटर पानी में घोलकर छिडकाव करें।

स्क्लेरोटिनिया ब्लाइट (Sclerotinia Blight)

यह रोग *स्क्लेरोटिनिया स्क्लेरोटोरियम* (*Sclerotinia sclerotiorum*) नामक फफूंद से होता है। रोग को ऊतकों के गीले, मुलायम और सफेद सड़ांध के रूप में देखा जाता है। सड़े हुए भाग पर शीघ्र ही सफेद कवक की वृद्धि देखी जाती है। बाद में सफेद कवकजाल में अंतःस्थापित स्क्लेरोशिया संक्रमित भाग के साथ-साथ गूदे और फली के भीतरी भाग पर बन जाता है। लोबिया पर प्राथमिक संक्रमण हमेशा फलियों के बाद मौखिक संक्रमण से शुरू होता है। स्क्लेरोटिया में परिवर्तित बीज थ्रेशिंग के दौरान सहवर्ती मिश्रण बन जाते हैं।

प्रबंधन (Management)

- पौधों के सूखने से पहले सभी संक्रमित भागों को सावधानी से इकट्ठा करके जला देना चाहिए।
- थ्रेशिंग और प्रोसेसिंग के दौरान स्क्लेरोटियल मिश्रण को हटाने के लिए बीज की सफाई आवश्यक है।
- गहरी जुताई, नीची भूमि वाले धान में लगातार पानी रुके रहने से स्क्लेरोटियल कम हो जाता है।
- खरपतवारों की रोकथाम करें ।
- फफूंदनाशियों का छिडकाव फूल खिलने की अवस्था में शुरू किया जाना चाहिए।
- प्रभावी नियंत्रण के लिए 7-10 दिनों के अंतराल पर कार्बेन्डाजिम 50% डब्लूपी 500 ग्राम प्रति हेक्टेयर 500 लीटर पानी या मैनकोज़ेब 75% डब्लूपी 1250 ग्राम प्रति हेक्टेयर 500 लीटर पानी में घोलकर छिडकाव करें।

जीवाणु झुलसा (Bacterial Blight)

यह रोग *जैंथोमोनास कैंपेस्ट्रिस* पीवी. *फेसिओली* (सामान्य झुलसा); *जैंथोमोनास फेजोली* किस्म *फुस्केन्स* (फुसकस ब्लाइट), *स्यूडोमोनास सिरिंज* पीवी. *फेजोलिकोला* (हेलो ब्लाइट), *स्यूडोमोनास सिरिंज* पीवी. *सिरिंज* (ब्राउन स्पॉट ब्लाइट) (*Xanthomonas campestris* pv. *phaseoli* (common blight); *X. phaseoli* var. *fuscans* (Fuscous blight), *Pseudomonas syringae* pv. *phaseolicola* (Halo blight), *P. syringae* pv. *syringae* (Brown spot blight). नामक जीवाणु से होता है। रोग पहले पत्तियों पर छोटे पारभासी, पानी से भरे धब्बों के रूप में देखा जाता है। सामान्य अंगमारी, फफूंद झुलसा और भूरी अंगमारी के लक्षणों में आकस्मिक जीव के

अलगाव को छोड़कर लक्षणों के आधार पर अलग-अलग पहचान करना मुश्किल है। हालांकि, संक्रमित ऊतक पीला हो सकता है और विभिन्न आकार और आकार के घावों के रूप में मर सकता है। आम झुलसा रोग के गंभीर मामलों में विशेषकर बरसात के मौसम में पत्तियों पर बड़े धब्बे दिखाई देते हैं। अलग-अलग उम्र की फलियों पर छोटे-छोटे धब्बे दिखाई देते हैं। संवहनी मलिनकिरण गंभीर घटनाओं में स्पष्ट है। हेलो ब्लाइट में क्लोरोटिक हेलो के साथ सामान्य ब्लाइट के अधिकांश लक्षण होते हैं।

प्रबंधन (Management)

- सर्दियों के जीवाणुओं को खत्म करने के लिए लगभग 2-3 वर्षों का फसल चक्र पर्याप्त है।
- सभी संक्रमित पत्तियों और फसल अवशेषों को जलाकर खेत की सफाई करें ।
- स्वच्छ, रोगमुक्त बीज एवं प्रतिरोधक किस्मों का उपयोग करें।
- बीजों को 30 मिनट के लिए 100 पीपीएम @ स्ट्रेप्टोसाइक्लिन के घोल में भिगोकर बुआई करें ।
- पानी के ठहराव से बचने के लिए खेत में उचित जल निकासी बनाए रखनी चाहिए।
- बुवाई का समय इस तरह से समायोजित किया जाना चाहिए कि फलने का चरण भारी बारिश की अवधि के साथ मेल नहीं खाना चाहिए।

17

ग्वारफली

ग्वारफली की उन्नत खेती

परिचय (Introduction)

ग्वारफली (Cluster bean) गरीबों की सब्जी मानी जाती है। फलियाँ सब्जी के रुप में उपयोग की जाती हैं । इसका उत्पत्ति स्थान **भारत (India)** माना जाता है। ग्वारफली में प्रोटीन, कैल्सियम तथा विटामिन "ए" पर्याप्त मात्रा में पाये जाते हैं। ग्वार गौंद के स्रोत के रूप में फलियों के महत्व को अत्यधिक सराहा गया है। ग्वार के बीज में भ्रूणपोष में लगभग 30-33% गोंद होता है। गोंद का उपयोग कई खाद्य पदार्थों जैसे आइसक्रीम, बेक्ड और डेयरी उत्पादों आदि के लिए किया जाता है। इसके अलावा, इसके गोंद का उपयोग कई अन्य उद्योगों जैसे फार्मास्यूटिकल्स, सौंदर्य प्रसाधन, खनन, कपड़ा, कागज, तेल ड्रिलिंग, विस्फोटक उद्योग आदि में भी किया जाता है।

वानस्पतिक विवरण (Botanical discription)

ग्वारफली का वानस्पतिक नाम ***सायमोप्सिस टेट्रागोनोलोबा*** **(एल.) ताउब(*Cyamopsis tetragonoloba* (L.) Taub.)** है। यह **फेबेसी पूर्व में लेगुमिनोसी (Fabaceae formerly Leguminosae)** कुल के अंतर्गत आती है। यह एक वार्षिक पौधा है, जिसका एक वर्ष का जीवन चक्र होता है। ग्वारफली एक **स्वः परागित (self-pollinated)** फसल है । ग्वारफली में दैहिक गुणसूत्र संख्या (somatic chromosome number) 2n = 14 होते हैं। ग्वार का पौधा सीधा बढ़ता है, 2-3 मीटर की अधिकतम ऊंचाई तक पहुंचता है। इसमें एक मुख्य एकल तना होता है जिसमें या तो बेसल ब्रांचिंग होती है या स्टेम के साथ बारीक ब्रांचिंग होती है। फूल पूर्ण और उभयलिंगी होते हैं जिनमें पेपिलिओनेसियस कोरोला होता है, जिसमें आमतौर पर दस पुंकेसर होते हैं। प्रत्येक पुंकेसर में दो परागकोष होते हैं जो वर्तिकाग्र ग्रहणशील होने पर परागकणों को मुक्त करने के लिए परिपक्वता पर फट जाते हैं। इस प्रकार स्व परागण सुनिश्चित करता है। आमतौर पर, परिपक्व बीज सफेद या भूरे रंग के होते हैं।

जलवायु (Climate)

ग्वार फली एक उष्णकटिबंधीय पौधा है। इसके लिए गर्म मौसम की आवश्यकता होती है। फसल को उचित अंकुरण के लिए बुवाई के समय 30 से 35डिग्री सेल्सियस तापमान की आवश्यकता होती है। और 32 से 38 डिग्री सेल्सियस तापमान अच्छी वनस्पति वृद्धि को प्रोत्साहित करता है, लेकिन फूल आने की अवस्था में उच्च तापमान के कारण समय से पहले फूल गिर सकते हैं।

भूमि (Soil)

ग्वार फली को विभिन्न प्रकार की मिट्टी में उगाया जा सकता है। अच्छी जल निकासी वाली, ऊपर की ओर रेतीली दोमट मिट्टी में इसकी फसल सबसे अच्छी होती है। यह बहुत भारी और जल जमाव वाली मिट्टी पर अच्छी तरह से नहीं पनपता है। यह लवणीय और क्षारीय मिट्टी में भी अच्छी तरह से नहीं पनपता है। इसे 7 से 8.5 पीएच वाली मिट्टी में सफलतापूर्वक उगाया जा सकता है।

उन्नत किस्में (Improved varieties)

पूसा नवबहार (Pusa Naubahar)

यह किस्म सभी मौसम में उगाई जा सकती है। पौधा एक मीटर ऊँचा होता है। फलियाँ 10-12 से.मी. लम्बी मुलायम हल्के रंग की होती हैं। फलियाँ गुच्छे में लगती हैं।

पूसा सदाबहार (Pusa Sadabahar)

यह किस्म ग्रीष्म तथा वर्षा ऋतु के लिए उपयुक्त है। फलियाँ 10-12 सेमी. लम्बी, मुलायम और रेषा रहित होती है। फलियाँ बुआई के 45-50 दिनों में तैयार हो जाती हैं।

पूसा मौसमी (Pusa Mausmi)

यह किस्म वर्षाऋतु में बुआई के लिए उपयुक्त है। फलियाँ 10-13 सेमी. लम्बी, चिकनी, चमकीली हरी होती हैं। यह किस्म बुआई के 65-80 दिनों में तैयार हो जाती है।

खेती की तैयारी (Field prepration)

ग्वारफली की खेती करने के लिए बुवाई से पहले खेत को अच्छी तरह से तैयार करना चाहिए । इसके लिए पहले खेत में मौजूद पुरानी फसल के अवशेषों को पूरी तरह से नष्ट करना होता है। इन अवशेषों को नष्ट करने के लिए खेत की मिट्टी पलटने वाले हल से गहरी जुताई कर दी जाती है। गहरी जुताई के बाद खेत में रोटावेटर चलाकर खेत की मिट्टी को भुरभुरी बना लेवें इसके बाद मिट्टी में पाटा लगाकर खेत को समतल कर लिया जाता है, इससे भूमि में जलभराव नहीं होता है।

बीज दर एवं बीजोपचार (Seed rate and seed treatment)

ग्वारफली फसल के लिए 12-15 किलोग्राम बीज प्रति हेक्टेयर की आवश्यकता होती है। ग्वारफली को उकटा एवं जड़ सड़न रोग से बचाव हेतु बीज को बुआई से पूर्व थायरम 2 ग्राम + कार्बेन्डाजिम 1 ग्राम प्रति किलोग्राम बीज या *ट्राइकोडर्मा विरडी* 4 ग्राम प्रति किलोग्राम बीज की दर से उपचारित करें। इसके उपरान्त बीज को राइजोवियम एवं पीएसबी कल्चर प्रत्येक की 5 ग्राम मात्रा प्रति किलो बीज की दर से उपचारित करें। इस हेतु 100 ग्राम गुड़ का आधा लीटर पानी में घोल बनायें घोल को गुनगुना गर्म करें तथा ठंडा कर राइजोवियम कल्चर एवं पीएसबी कल्चर मिलाऐं। घोल को बीज के ऊपर समान रूप से छिड़क दें और धीरे-धीरे हाथ से मिलाऐं ताकि बीज के ऊपर कल्चर अच्छे से चिपक जाऐं। उपचारित बीज को कुछ समय के लिए छाँव में सुखाएं । बीज उपचार के बाद बीजों की तुरंत बुआई करें।

बुवाई का समय एवं तरीका(Time of sowing and method)

ग्वारफली की ग्रीष्मकालीन फसल की बुआई फरवरी-मार्च तथा वर्षाकालीन फसल की बुआई जून-जुलाई में करनी चाहिए। बुआई पंक्तियों में करें। वर्षाऋतु की फसल में पंक्तियों की आपसी दूरी 40 सेमी. व पौधे से पौधे की दूरी 30 से.मी. रखें। ग्रीष्मकालीन फसल में पंक्तियों की आपसी दूरी 30 सेमी. व पौधे से पौधे की दूरी 20 सेमी रखें।

एकीकृत पोषक तत्व प्रबंधन (Integrated Nutrient Management)

ग्वारफली में खाद एवं उर्वरकों का उपयोग मृदा परीक्षण के आधार पर करें। सामान्यतः गोबर की खाद या कम्पोस्ट 250 क्विंटल, नत्रजन 25 किलोग्राम, स्फुर 50 किलोग्राम और पोटाश 25 किलोग्राम प्रति हेक्टेयर आवश्यक होता है। गोबर की खाद या कम्पोस्ट, नत्रजन की आधी मात्रा एवं स्फुर तथा पोटाश की पूरी मात्रा को खेत की तैयारी के समय देना चाहिए। नत्रजन की आधी मात्रा को बुआई के 20 दिन बाद देना चाहिए।

सिंचाई प्रबन्धन (Irrigation management)

ग्वारफली की वर्षा ऋतु की फसल में सिंचाई की आवश्यकता नहीं होती है। ग्रीष्म ऋतु की फसल में 4-5 दिन के अन्तर पर सिंचाई करें।

खरपतवार प्रबंधन (Weed management)

ग्वारफली की फसल से अच्छी पैदावार प्राप्त करने के लिये खेत को खरपतवारों से मुक्त रखना चाहिये। सेम की फसल के साथ उगे खरपतवारों की रोकथाम के लिए 2-3 बार निराई-गुड़ाई करनी चाहिए।

तुड़ाई (Harvesting)

ग्वारफली की नर्म व कच्ची फलियों की तुड़ाई नियमित रुप से 4-5 दिन के अंतराल में करें।

संभावित उपज (Potential yield)

ग्वारफली की फलियाँ शीघ्र ही कड़ी हो जाती है। अतः पूर्ण विकसित होने पर फलियों की तुड़ाई कर लेना चाहिए। ग्वारफली की फसल से 50-60 क्विंटल हरी फलियाँ प्रति हेक्टेयर प्राप्त हो जाती हैं। फसल की यह उत्पादकता जलवायु, मिट्टी, किस्म, सिंचाई समेत सुरक्षा प्रबंधन आदि पर निर्भर करती है।

एकीकृत कीट एवं रोग प्रबंधन (Integrated Pest and Disease Management)

प्रमुख कीट (Major insects)

चितीदार फली छेदक (Spotted Pod Borer)

इस कीट का वैज्ञानिक नाम ***मारुका टेस्टुलालिस*** गेयर (*Maruca testulalis* Geyer) है। इस कीट का पाइरालिड शलभ जैसे ही फूल आना शुरू होता है, छोटे फूलों की कलियों पर अंडे देता है। इस कीट की इल्लियाँ, पुष्प, कली एवं फलों में छेद करती हैं । लार्वा को विकसित होने और फलियों को खाने से रोकने के लिए फूल की कली के चरण में ही नियंत्रण उपायों को अपनाया जाना चाहिए ।

प्रबंधन (Management)

- पुष्पन अवस्था पर नीम खली 250 किग्रा/हेक्टेयर की दर से उपयोग करें और पहला छिड़काव फूल की कली बनने पर चूर्णित नीम बीज पाउडर सत 4% (पीएनएसपीई) करें एक हफ्ते बाद पुन: दोहराएं।

- साइपरमेथ्रिन 25% ईसी @ 0.5 मिली/ली या क्लोरोपायरीफास 20% ईसी @ 2.5 मिली/लीटर या इंडोक्साकार्ब 14.5% एससी @ 0.5 मिली/लीटर का छिड़काव करें।

फील्ड बीन पॉड बोरर (Field Bean Pod Borer)

इस कीट का वैज्ञानिक नाम ***आदिसुरा एटकिन्सोनी,* लेथिएरी** (*Adisura atkinsoni*, Lethierry) है। यह फील्ड बीन में प्रमुख फली छेदक कीट है और इस कीट की इल्ली *एच. आर्मिगेरा* जैसा दिखता है। अंडे कोमल फलियों पर रखे जाते हैं। युवा लार्वा इन फलियों में छेद करते हैं और अंदर विकसित होते हैं और चौथी अवस्था प्राप्त करने के बाद बाहर निकलते हैं, जो एक प्रवासी अवस्था है। इसलिए, फसल की कोमल फली अवस्था में नियंत्रण के उपाय आवश्यक है।

प्रबंधन (Management)

- पुष्पन अवस्था पर नीम खली 250 किग्रा/हेक्टेयर की दर से उपयोग करें और पहला छिड़काव फूल की कली बनने पर चूर्णित नीम बीज पाउडर सत 4% (NSPE) करें एक हफ्ते बाद पुनः दोहराएं।
- साइपरमेथ्रिन 25% ईसी @ 0.5 मिली/ली या क्लोरोपायरीफास 20% ईसी @ 2.5 मिली/लीटर या इंडोक्साकार्ब 14.5% एससी @ 0.5 मिली/लीटर का छिड़काव करें।

माहू (Aphids)

इस कीट का वैज्ञानिक नाम ***एफ़िस क्रेसिवोरा* कोच और *एक्रिथोसिफॉन पिसम* हैरिस** (***Aphis craccivora* Koch & *Acrythosiphon pisum* Harris) है** ।इस कीट के शिशु और वयस्क दोनों पौधे के युवा भागों जैसे प्ररोह युक्तियों और पुष्पक्रम से रस चूसते हैं। ***एफ़िस क्रेसिवोरा*** हरा काला होता है और ***एक्रिथोसिफॉन पिसम*** हरे रंग का होता है।

प्रबंधन (Management)

- संक्रमित टहनियों को काट दें और 1% की दर से नीम साबुन या पोंगामिया साबुन का छिड़काव करें।
- एसेफेट 75% डब्लूपी @ 0.75 ग्राम प्रति लीटर या डाइमेथोएट 30% ईसी 2 मिली प्रति लीटर का छिड़काव करें।

Bugs (बग्स)

इस कीट का वैज्ञानिक नाम ***नेज़ारा विरिड्डुला* और *कोप्टोसोमा क्रिब्रारिया* (*Nezara viridula and Coptosoma cribraria*) है** ।यह कीट फलीदार फसलों पर हमला करने के लिए जाने जाते हैं। यह कीट ज्यादातर लोबिया और सेम पर हमला करते हैं। पौधे के कोमल भागों पर अंडे दिए जाते हैं। निम्फ और वयस्क पत्तियों, फूलों के हिस्सों और फलियों से रस चूसते हैं और एक विशेष खराब गंध निकालते हैं।

प्रबंधन (Management)

- अंकुरण के तुरंत बाद नीम की खली 250 किग्रा प्रति हेक्टेयर उपयोग करें। 10 दिनों के अंतराल पर नीम साबुन 1% या चूर्णित नीम बीज पाउडर सत 4% (NSPE) का छिड़काव करें।
- यदि प्रकोप अधिक हो तो इंडोक्साकार्ब 0.5 मिली/ली. का छिड़काव करें।

बीन फ्लाई (Bean Fly)

इस कीट का वैज्ञानिक नाम ***ओ. फेसोली* (*O. phaseoli*)है**। यह कीट खरीफ (जून-अगस्त) की अवधि के दौरान गंभीर और जनवरी-फरवरी के बाद जब तापमान 30 डिग्री सेल्सियस से ऊपर बढ़ जाता है और पौधों की 70% से अधिक नुकसान पहुंचा सकता है। वयस्क छोटी मक्खियाँ होती हैं और अंकुरण के तुरंत बाद आने वाली एकपर्णीय पत्तियों में अंडे देती हैं। यह पत्ती में छेद कर देता है, पत्ती की एपिडर्मिस के नीचे अंडे देता है जो सफेद धब्बे में बदल जाते हैं, जो अक्सर बीमारी से भ्रमित होते हैं। बीजों के अंकुरण के 2-3 दिनों के भीतर ये सूखे अंडाकार छिद्र देखे जाते हैं। लार्वा पत्ती पटल, शिराओं, मध्यशिरा और पर्णवृंत को खोदकर तने में प्रवेश कर जाता है जिसके परिणामस्वरूप मृत्यु हो जाती है। विशेष रूप से जून-जुलाई के महीनों में बारिश के बीच लंबे समय तक सूखे के दौरान घटना अधिक होती है। जब घटना जल्दी और उच्च होती है, तो पौधे हमेशा मर जाते हैं। यह मृत्यु दर 25-30 दिनों के बाद ही देखी जाती है, जब पौधे फूलने वाले होते हैं। उस समय किए गए कोई भी नियंत्रण उपाय उपयोगी नहीं होते हैं।

प्रबंधन (Management)

- अंकुरण के तुरंत बाद नीम की खली 250 किग्रा/हेक्टेयर की दर से उपयोग करें। विशेष रूप से खरीफ की अवधि के दौरान देरी न करें।
- अंकुरण के तुरंत बाद कीट की वयस्क गतिविधियों निगरानी करें।
- जैसे ही कुछ व्यस्क फसल के ऊपर मंडराते हुए दिखाई दें, एसेफेट 75% डव्लूपी @ 0.75 ग्राम प्रति लीटर या चूर्णित नीम बीज पाउडर सत 4% (PNSPE 4%) या नीम तेल 10000 ppm 2 मिली प्रति लीटर का छिडकाव करें।
- 10 पत्तियों पर 5 पत्तियों में डंठल खाने के लक्षण दिखाई देने पर दूसरा छिड़काव बुवाई के 15-20 दिनों के बाद करें।

प्रमुख रोग (Major diseases)

जड़ और तना सड़न (Root and Stem Rot)

यह रोग ***फ्यूसैरियम सोलानी, फुसैरियम ऑक्सीस्पोरम*** **एफ. स्पीशीज.** ***पिसी*** **एवं** ***राइज़ोक्टोनिया सोलानी*** **(*Fusarium solani, Fusarium oxysporum* f.sp. *pisi* and *Rhizoctonia solani*)** नामक फफूंदों से होता है। संक्रमण से पौधों की वृद्धि के प्रारंभिक चरण में पौधे मुरझा जाते हैं। कभी-कभी फुसैरियम संक्रमण के कारण लोबिया में पूरे पौधे का सामान्य पीलापन देखा जाता है। तने के गूदे का भीतरी भाग खोखला हो जाता है। नम मौसम में संक्रमण के प्रारंभिक चरण में मिट्टी के पास सुस्त सफेद फुई (mycelial) वृद्धि देखी जाती है।

प्रबंधन (Management)

- गेहूं और बाजरा के साथ लम्बी अवधि का फसल चक्र अपनाएँ।
- सभी संक्रमित पौधों को उखाड़कर खेत की सफाई करें।
- गर्मियों में परती, सिंचाई के बाद जुताई के बाद गर्मियों में फिर से जुताई करके मिट्टी के इनोकुलम को कम किया जा सकता है।
- जून और जुलाई में हरी खाद की जुताई के तुरंत बाद *ट्राइकोडर्मा विरडी* @ 5 किग्रा/हेक्टेयर की दर से मिट्टी में डालें।
- मिट्टी और रोगजनक स्थिति के आधार पर *ट्राइकोडर्मा विरडी* 1% @ 4 ग्राम प्रति किलोग्राम बीज की दर से बीज उपचार करें।
- बीज की बुवाई के 20 दिनों के बाद ट्राइकोडर्मा *विरडी* 1% की ड्रेंचिंग करें।
- खेत में उचित जल निकासी और वातायन बनाए रखें।
- सूक्ष्म पोषक तत्वों सहित उर्वरकों का संतुलित मात्रा में उपयोग करें।
- तत्काल नियंत्रण के लिए कार्बेन्डाजिम 50% डव्लूपी 1 ग्राम प्रति लीटर पानी में घोलकर ड्रेंचिंग करें।

कॉलर रोट (Collar Rot)

यह रोग ***स्क्लेरोटियम रॉल्फसी*****(*Sclerotium rolfsii*)** नामक फफूंद से होता है। व्यापक मेजबान सीमा के साथ रोग सर्वव्यापी हो जाता है। प्रारंभ में छाल की गीली सड़ांध देखी जाती है। सड़ांध कॉलर क्षेत्र के पास पौधे की पूरी छाल को ढक लेती है। विशिष्ट लक्षण प्रभावित हिस्से के साथ-साथ संपर्क मिट्टी पर सफेद, कवक वृद्धि के रूप में देखे जाते हैं। धीरे-धीरे हाइपल चटाई छोटे, सरसों जैसे स्क्लेरोटिया में परिवर्तित हो जाती है जो मिट्टी में जीवित रहती है।

प्रबंधन (Management)

- धान और अन्य धान्य फसलों के साथ लम्बी अवधि का फसल चक्र अपनाएँ।
- सभी संक्रमित पौधों को उखाड़कर खेत की सफाई करें।
- गर्मियों में परती, सिंचाई के बाद जुताई के बाद गर्मियों में फिर से जुताई करके मिट्टी के इनोकुलम को कम किया जा सकता है।
- जून और जुलाई में हरी खाद की जुताई के तुरंत बाद *ट्राइकोडर्मा विरडी* @ 5 किग्रा/हेक्टेयर की दर से मिट्टी में डालें।
- मिट्टी और रोगजनक स्थिति के आधार पर *ट्राइकोडर्मा विरडी* 1% @ 4 ग्राम प्रति किलोग्राम बीज की दर से बीज उपचार करें।
- बीज की बुवाई के 20 दिनों के बाद ट्राइकोडर्मा *विरडी* 1% की ड्रेंचिंग करें।
- खेत में उचित जल निकासी और वातायन बनाए रखें।
- सूक्ष्म पोषक तत्वों सहित उर्वरकों का संतुलित मात्रा में उपयोग करें।
- तत्काल नियंत्रण के लिए कार्बेन्डाजिम 50% डव्लूपी 0.1% की ड्रेंचिंग करें।
- तत्काल रोग नियंत्रण के लिए शाम को कॉलर क्षेत्र के आस-पास की मिटटी को कॉपर ऑक्सीक्लोराइड 50% डव्लूपी 3 ग्राम प्रति लीटर पानी में घोलकर ड्रेंचिंग करें।

चूर्णी फफूंदी (Powdery Mildew)

यह रोग ***एरीसिपे पिसी*** (*Erysiphe pisi*) नामक फफूंद से होता है। इस रोग में पत्तियों, टहनियों, प्रतानों और फलियों पर दानों के रूप में सफेद से हल्के भूरे, चूर्ण जैसे कवकीय बीजाणु दिखाई देते हैं। शीघ्र ही ये दाने आपस में मिल जाते हैं और सभी पर्णीय भाग को ढक लेते हैं। फलियों के संक्रमण से दाने आंशिक रूप से भर जाते हैं और फलियाँ आकार में छोटी रह जाती हैं। संक्रमित फलियों की बाहरी त्वचा धूसर और खुरदरी हो जाती है।

प्रबंधन (Management)

- रोगरोधी किस्मों के चयन करें।

- प्रकोप के शुरुआत में सल्फर 80% डब्ल्यूजी 2000-2500 ग्राम प्रति हेक्टेयर 750-1000 लीटर पानी में घोलकर छिडकाव करें।
- फलियों की तुड़ाई के बाद संक्रमित फसल अवशेषों को जला देना चाहिए।

रतुआ (Rust)

यह रोग ***यूरोमाइसिस फैबे, यूरोमाइसिस पिसी*** और ***यूरोमाइसिस फेजोली*** (*Uromyces fabae, Uromyces pisi* and *Uromyces phaseoli*) नामक फफूंदों से होता है। जमीन से ऊपर के सभी पौधों के हिस्सों पर विशेष लक्षण सूक्ष्म, थोड़े उभरे हुए दानों के रूप में दिखाई देते हैं। आमतौर पर तने पर लम्बे दाने दिखाई देते हैं।

प्रबंधन (Management)

- इनोकुलम को कम करने के लिए संक्रमित फसल अवशेषों को जलाना बहुत प्रभावी है।
- रोगरोधी किस्मों के चयन करें।
- यदि खेत में प्रति पत्ती औसतन दो दाने दिखाई दें तो महत्वपूर्ण अवधि में कवकनाशी स्प्रे किया जाना चाहिए।
- प्रभावी नियंत्रण के लिए 5-7 दिनों के अंतराल पर फ्लुसिलाज़ोल 40% ईसी 300 मिली प्रति हेक्टेयर 500 लीटर पानी या हेक्साकोनाज़ोल 5% ईसी 1000 मिली प्रति हेक्टेयर 500 लीटर पानी में घोलकर छिडकाव करें।

पत्ती अंगमारी (Leaf Blight)

यह रोग ***स्यूडोसरकोस्पोरा क्रुएंटा*** और ***सर्कोस्पोरा क्रुएंटा*** (*Pseudocercospora cruenta* and *Cercospora cruenta*) नामक फफूंद से होता है। इस रोग में सभी पर्णीय भागों पर काले, कालिख और फंगस के विकास के रूप में प्रकट होता है। प्रारंभ में बीजाणु पिंड जैतूनी गहरे भूरे रंग के होते हैं और खेत में बहुत तेजी से फैलते हैं। शीघ्र पतझड़ रोग की विशेषता है, जिससे पौधे पर नंगे तने और टहनियाँ रह जाती हैं। ***सर्कोस्पोरा*** के लक्षण लाल किनारे वाले छोटे गोलाकार भूरे धब्बे के रूप में देखे जाते हैं।

प्रबंधन (Management)

- रोग की शुरुआत के तुरंत बाद छिड़काव शुरू कर देना चाहिए। बहुत तेजी से द्वितीयक संक्रमण दर के कारण स्प्रे शेड्यूल में देरी से उचित नियंत्रण नहीं हो सकता है।
- खरीफ लोबिया की बुवाई में देरी से बचें और इसे जून के अंतिम सप्ताह तक पूरा कर लें।
- पतझड़ वाली पत्तियों को इकट्ठा करें और खेत में ही जला दें ताकि स्रोत पर ही इनोकुलम कम हो जाए।
- प्रभावी नियंत्रण के लिए 5-7 दिनों के अंतराल पर हेक्साकोनाज़ोल 5% ईसी 1000 मिली प्रति हेक्टेयर 500 लीटर पानी या डाइफेनोकोनाज़ोल 25% ईसी 250 मिली प्रति हेक्टेयर 500 लीटर पानी में घोलकर छिडकाव करें।

स्क्लेरोटिनिया ब्लाइट (Sclerotinia Blight)

यह रोग ***स्क्लेरोटिनिया स्क्लेरोटोरियम*** (*Sclerotinia sclerotiorum*) नामक फफूंद से होता है। रोग को ऊतकों के गीले, मुलायम और सफेद सड़ांध के रूप में देखा जाता है। सड़े हुए भाग पर शीघ्र ही सफेद कवक की वृद्धि देखी जाती है। बाद में सफेद कवकजाल में अंतःस्थापित स्क्लेरोशिया संक्रमित भाग के साथ-साथ गूदे और फली के भीतरी भाग पर बन जाता है। लोबिया पर प्राथमिक संक्रमण हमेशा फलियों के बाद मौखिक संक्रमण से शुरू होता है। स्क्लेरोटिया में परिवर्तित बीज थ्रेशिंग के दौरान सहवर्ती मिश्रण बन जाते हैं।

प्रबंधन (Management)

- पौधों के सूखने से पहले सभी संक्रमित भागों को सावधानी से इकट्ठा करके जला देना चाहिए।
- थ्रेशिंग और प्रोसेसिंग के दौरान स्क्लेरोटियल मिश्रण को हटाने के लिए बीज की सफाई आवश्यक है।
- गहरी जुताई, नीची भूमि वाले धान में लगातार पानी रुके रहने से स्क्लेरोटियल कम हो जाता है।
- खरपतवारों की रोकथाम करें ।
- फफूंदनाशियों का छिडकाव फूल खिलने की अवस्था में शुरू किया जाना चाहिए।
- प्रभावी नियंत्रण के लिए 7-10 दिनों के अंतराल पर कार्बेन्डाजिम 50% डव्लूपी 500 ग्राम प्रति हेक्टेयर 500 लीटर पानी या मैनकोज़ेब 75% डव्लूपी 1250 ग्राम प्रति हेक्टेयर 500 लीटर पानी में घोलकर छिडकाव करें।

जीवाणु झुलसा (Bacterial Blight)

यह रोग *जैंथोमोनास कैंपेस्ट्रिस* पीवी. *फेसिओली* (सामान्य झुलसा); *जैंथोमोनास फेजोली* किस्म *फुस्केन्स* (फुसकस ब्लाइट), *स्यूडोमोनास सिरिंज* पीवी. *फेजोलिकोला* (हेलो ब्लाइट), *स्यूडोमोनास सिरिंज* पीवी. *सिरिंज* (ब्राउन स्पॉट ब्लाइट) (*Xanthomonas campestris* pv. *phaseoli* (common blight); *X. phaseoli* var. *fuscans* (Fuscous blight), *Pseudomonas syringae* pv. *phaseolicola* (Halo blight), *P. syringae* pv. *syringae* (Brown spot blight). नामक जीवाणु से होता है। रोग पहले पत्तियों पर छोटे पारभासी, पानी से भरे धब्बों के रूप में देखा जाता है। सामान्य अंगमारी, फफूंद झुलसा और भूरी अंगमारी के लक्षणों में आकस्मिक जीव के अलगाव को छोड़कर लक्षणों के आधार पर अलग-अलग पहचान करना मुश्किल है। हालांकि, संक्रमित ऊतक पीला हो सकता है और विभिन्न आकार और आकार के घावों के रूप में मर सकता है। आम झुलसा रोग के गंभीर मामलों में विशेषकर बरसात के मौसम में पत्तियों पर बड़े धब्बे दिखाई देते हैं। अलग-अलग उम्र की फलियों पर छोटे-छोटे धब्बे दिखाई देते हैं। संवहनी मलिनकिरण गंभीर घटनाओं में स्पष्ट है। हेलो ब्लाइट में क्लोरोटिक हेलो के साथ सामान्य ब्लाइट के अधिकांश लक्षण होते हैं।

प्रबंधन (Management)

- सर्दियों के जीवाणुओं को खत्म करने के लिए लगभग 2-3 वर्षों का फसल चक्र पर्याप्त है।
- सभी संक्रमित पत्तियों और फसल अवशेषों को जलाकर खेत की सफाई करें ।
- स्वच्छ, रोगमुक्त बीज एवं प्रतिरोधक किस्मों का उपयोग करें।
- बीजों को 30 मिनट के लिए 100 पीपीएम @ स्ट्रेप्टोसाइक्लिन के घोल में भिगोकर बुआई करें ।
- पानी के ठहराव से बचने के लिए खेत में उचित जल निकासी बनाए रखनी चाहिए।
- बुवाई का समय इस तरह से समायोजित किया जाना चाहिए कि फलने का चरण भारी बारिश की अवधि के साथ मेल नहीं खाना चाहिए।

18

शकरकंद

परिचय (Introduction)

शकरकंद (Sweet potato) एक प्राकृतिक रूप से मीठी जड़ वाली सब्जी है। इसको आमतौर पर उष्णकटिबंधीय क्षेत्रों में उगाया जाता है। इसका उत्पत्ति स्थान **दक्षिण अमेरिका** (South America) माना जाता है। यह पूरे साल भर बाजार में देखनों को मिल जाती हैं। लेकिन यह विशेष रूप से सर्दियों के मौसम में ज्यादा होती है। आलू की तरह दिखने वाली शकरकंद की खेती ओडिशा, बिहार, उत्तर प्रदेश, मध्य प्रदेश, पश्चिम बंगाल व महाराष्ट्र जैसे राज्यों में बड़े पैमाने पर की जाती है। आज भारत सहित पूरी दुनिया में शकरकंद को पसंद किया जा रहा है। भारत में उगने वाले शकरकंद का स्वाद आज पूरी दुनिया को भा रहा है। वर्तमान समय में भारत से शकरकंद का निर्यात काफी बड़े पैमाने पर किया जा रहा है। भारत में शकरकंद की खेती 130.6 हजार हेक्टेयर में होती है तथा उत्पादन 1500.5 हजार मीट्रिक टन एवं उत्पादकता 11.5 मीट्रिक टन प्रति हेक्टेयर है। (2017-2018, **स्रोतः हॉर्टिकल्चरल स्टेटिस्टिक्स एट ए ग्लांस 2018)**। भारत में ओडिशा, केरल, उत्तर प्रदेश एवं पशिम बंगाल प्रमुख शकरकंद उत्पादक राज्य है।

वानस्पतिक विवरण (Botanical description)

शकरकंद का वानस्पतिक नाम ***इपोमोया बटाटास*** (एल.) लाम. (*Ipomoea batatas*(L.) Lam.) है, यह **कॉनवोलवुलेसी (Convolvulaceae)** कुल के अंतर्गत आती है। इसके पौधे में गुणसूत्रों की संख्या x = 15, 2n = 6x = 90 होती है। शकरकंद एक बारहमासी है, हालांकि इसे वार्षिक रूप में उगाया जाता है। यह इंगित करता है कि यह मूल गुणसूत्र संख्या x = 15 वाला एक **हेक्साप्लोइड (Hexaploid)** पौधा है। यह पौधा एक हर्बेसियस बारहमासी लता है, जिसमें वैकल्पिक रूप से दिल के आकार का या पामेटली लोब्ड पत्तियां और मध्यम आकार के सिंपेटलस फूल होते हैं। पत्तियां सरल, सर्पिल में व्यवस्थित, पूरी या गहरी लोबदार, अंडाकार, हरी या बैंगनी रंग की, 15 x 15 सेमी; डंठल 5-30 सेमी लम्बी होती है । यह एक रेंगने वाला (creeping) पौधा है जिसके तनों में इंटरनोड्स होते हैं जिससे जड़ें निकलती हैं। मिट्टी की सतह के ठीक नीचे कंद पैदा करता है, जो गोलाकार, चिकना या खांचा वाला, सफेद, पीला, नारंगी, लाल या बैंगनी रंग का होता है । पुष्पक्रम आम तौर पर एक **साइम (Cyme)** होता है जिसमें पेडुनकल दो अक्षीय पेडन्यूल्स में विभाजित होता है; फूल बनने के बाद हर एक को आगे दो में विभाजित (द्विध्रुवीय साइम) किया जाता है । फूल उभयलिंगी होते हैं । कैलीक्स और कोरोल के अलावा, उनमें पुंकेसर और स्त्रीकेसर होता है। फल एक **कैप्सूल (Capsule)** होता है।

उपयुक्त जलवायु (Suitable climate)

शकरकंद को उष्णकटिबंधीय क्षेत्रों में उगाया जाता है। इसकी खेती के लिए तापमान 20 से 24 डिग्री सेल्सियस तक उपयुक्त रहता हैं। पौधों को आरंभ में अंकुरित होने के लिए 22 डिग्री तापमान की आवश्यकता होती है। 10 डिग्री से कम तापमान पर पौधों को नुकसान होता है ।

मृदा का चयन (Selection of soil)

शकरकंद की खेती के लिए भूमि उचित जल निकासी वाली होनी चाहिए। इसकी खेती में भूमि का पीएच मान 5.5 से 6.6 के मध्य होना उपयुक्त होता है। कठोर व पत्थरीली मिट्टी वाली भूमि का चुनाव इसकी खेती के लिए नहीं करना चाहिए।

उन्नत किस्में (Improved varieties)

श्री वर्धिनी (Sree Vardhini)

यह शकरकंद की अधिक उपज देने वाली किस्म है। यह अर्ध फैलने वाली, जल्दी पकने वाली (100-105 दिन) दोहरे उद्देश्य वाली किस्म ही । कैरोटीन की मात्रा 1200 IU/100 ग्राम होती है । इस किस्म की औसत उपज 200-250 क्विंटल /हेक्टेयर।

श्री रत्ना (Sree Rethna)

यह शकरकंद की अधिक उपज देने वाली किस्म है। यह छोटी अवधि (90-105 दिन) की फैलने वाली किस्म है। पत्तियाँ पाँच पालियों वाली, मध्यम आकार की, उभरी हुई पत्तियाँ बैंगनी रंग की होती हैं। इसके कंद गोलाकार होते हैं, जिनका छिलका बैंगनी होता है और गूदा का रंग नारंगी होता है। कंद में 31% शुष्क पदार्थ, 23% स्टार्च, 2% चीनी और कैरोटीन की मात्रा 3500 IU/100 ग्राम होती है।

श्री भद्रा (Sree Bhadra)

यह शकरकंद की अधिक उपज देने वाली किस्म है। यह एक छोटी अवधि का क्लोन (90-105 दिन) है। अर्ध फैलने वाली किस्म, चौड़ी, गहरे बैंगनी रंग की उभरती हुई पत्तियाँ, हरी भूरी बेलें होती हैं । कंद समान आकार, छोटे, गुलाबी त्वचा और गूदा क्रीम रंग का होता है । कंद में 33% शुष्क पदार्थ, स्टार्च 20%, कुल चीनी 2.9%, कैरोटीन सामग्री 972 IU/100 ग्राम होती है।

शंकर (Sankar)

यह एक अच्छी उपज और उत्कृष्ट खाना पकाने की गुणवत्ता वाली मध्यम अवधि की किस्म। यह किस्म 120 दिनों में पकती है और औसत उपज 137 क्विंटल /हेक्टेयर है। इस किस्म को उड़ीसा के लिए जारी किया गया है ।

वर्षा (Varsha)

यह शकरकंद की अधिक उपज देने वाली संकर किस्म है। अर्ध फैलने वाली, सूखा सहनशील होती है । यह किस्म 120 दिनों में पकती है और औसत उपज 172 क्विंटल /हेक्टेयर है। इस किस्म को महाराष्ट्र के कोंकण क्षेत्र के लिए जारी किया गया है ।

एच 41 (H-41)

यह शकरकंद की अधिक उपज देने वाली संकर किस्म है। अर्ध फैलने वाली होती है । यह किस्म 120 दिनों में पकती है और औसत उपज 200-250 क्विंटल /हेक्टेयर है।

एच 42 (H-42)

यह शकरकंद की अधिक उपज देने वाली संकर किस्म है। हाइब्रिड, सेमी स्प्रेडिंग टाइप। अवधि 120 अर्ध फैलने वाली होती है । यह किस्म 120 दिनों में पकती है और औसत उपज 200-250 क्विंटल /हेक्टेयर है।

खेती की तैयारी (Field prepration)

खेत तैयार करने के लिए एक बार मिट्टी पलटने वाले हल से गहरी जुताई करनी चाहिए। दो से तीन बार कल्टीवेटर से जुताई करें इसके बाद एक बार रोटावेटर चलाकर खेत को समतल कर लेवें। खेती के लिए भूमि तैयार करते समय 200 से 250 क्विंटल गोबर की खाद प्रति हेक्टेयर की दर से शकरकंद की रोपाई के 15 से 20 दिन पहले खेत में मिला देनी चाहिए।

एकीकृत पोषक तत्व प्रबंधन (Integrated Nutrient Management)

शकरकंद में खाद एवं उर्वरकों का उपयोग मृदा परीक्षण के आधार पर करें। इसकी अच्छी उपज के लिए फसल को समय-समय पर उचित पोषण के लिए खाद व उर्वरक का विशेष ध्यान देने की जरूरत है। खेती तैयार करते समय जैविक खाद के तौर पर 200 से 250 क्विंटल गोबर की खाद प्रति हेक्टेयर की दर से का इस्तेमाल कर सकते हैं। इसके अलावा 40-60 किलोग्राम नाइट्रोजन, 40 से 60 किलोग्राम फास्फोरस और 60 किलोग्राम पोटाश प्रति हेक्टेयर देनी चाहिए। नाइट्रोजन की आधी मात्रा दो बार में खड़ी फसल में देनी चाहिए।

बीज दर एवं बीजोपचार (Seed rate and seed treatment)

शकरकंद की रोपाई इसकी बेल कलम के द्वारा की जाती हैं। कलमें 20-45 सेमी लम्बी, 3-5 नोड्स वाली होना चाहिए। इसकी रोपाई के लिए 83000 हजार कलमों की प्रति हेक्टेयर आवश्यकता होती है।

बुवाई का समय एवं विधि (Time of sowing and method)

शकरकंद की रोपाई खरीफ में जून - जुलाई के महीने में एवं रबी में अक्टूबर- नवम्बर में की जाती है। इसकी अच्छी पैदावार व बढ़िया गुणवता की शकरकंद प्राप्त करने के लिए इसके बेल कलमों की बुवाई डोलियाँ पर ही करनी चाहिए। शंकरकंद की रोपाई करते समय कतारों के बीच 60 सेंटीमीटर की दूरी रखे। तथा पौधे के बीच 20 सेंटीमीटर की दूरी रखें । इस मान से एक हेक्टेयर के लिए 83000 कलमों की आवश्यकता होती है ।

सिंचाई प्रबन्धन (Irrigation management)

शकरकंद को हल्की सिंचाई की जरूरत होती है। शकरकंद को तीन से चार सिंचाइयों की आवश्यकता होती है। बारिश के मौसम में इसे सिंचाई की ज्यादा आवश्यकता नहीं होती है।

खरपतवार प्रबंधन (Weed management)

शकरकंद की अच्छी पैदावार के लिए फसल को खरपतवारों से मुक्त रखना आवश्यक है। खरपतवार पोषक तत्वों, मिट्टी की नमी, स्थान और सूर्य प्रकाश के लिए पौधों से प्रतिस्पर्धा करते हैं एवं फसल की वृद्धि एवं विकास में बाधा पहुचाते हैं, जिसके कारण फसल की गुणवत्ता एवं उपज में कमी आती है। शकरकंद की बुवाई के 15-30 दिन बाद खरपतवारों को नियंत्रण करने के लिए प्राकृतिक तरीके से निराई-गुडाई करें।

खुदाई (Digging)

शकरकंद की फसल रोपाई के 120 से 130 दिनों में ही तैयार हो जाती है। इसके पौधों पर लगी पत्तियां पीले रंग की दिखाई देने लगें, उस दौरान इसके कंदो की खुदाई कर ली जाती है।

संभावित उपज (Potential yield)

शकरकंद से प्रति हेक्टेयर भूमि से लगभग 200-250 क्विंटल प्रति हेक्टेयर उत्पादन हासिल कर सकते हैं। फसल की यह उत्पादकता जलवायु, मिट्टी, किस्म, सिंचाई समेत सुरक्षा प्रबंधन आदि पर निर्भर करती है।

एकीकृत कीट एवं रोग प्रबंधन (Integrated Pest and Disease Management)

प्रमुख कीट (Major insects)

शकरकंद घुन (Sweet potato weevil)

इस कीट का वैज्ञानिक नाम ***साइलास फार्मिकेरियस*** (*Cylas formicarius*) है । यह शकरकंद का एक विशिष्ट कीट है। इस कीट के ग्रब तनों में छेद करते हैं, अंदर सुरंग बनाते हैं और कोमल ऊतकों को खाते हैं। ग्रब और वयस्क दोनों खेत और भंडारण गोदामों में कंदों में छेद कर देते हैं। प्रभावित कंदों पर काले धब्बे बन जाते हैं, जो बाद में सड़ने लगते हैं। संक्रमित बेलों के माध्यम से कीट एक खेत से दूसरे खेत में फैल जाता है और कटाई के बाद खेतों में छोड़े गए क्षतिग्रस्त कंदों में प्रजनन करके अगले मौसम तक ले जाया जाता है।

प्रबंधन (Management)

- पिछली शकरकंद की फसल के अवशेषों को हटा दें और वैकल्पिक मेज़बान ***इपोमिया*** एसपी. को नष्ट कर दो।
- साल दर साल एक ही खेत में शकरकंद नहीं उगायें ।
- रोपण सामग्री के रूप में कीट-मुक्त बेलों का उपयोग करें।
- प्रकाश प्रपंच का उपयोग करें।
- रोपण के 50 दिन बाद पौधों पर मिट्टी चढ़ावें।
- रोपण के 30 दिनों के बाद 30 क्विंटल/हेक्टेयर की दर से ***यूपेटोरियम*** की पत्तियों से पलवार करें ।

- मिट्टी को क्लोरोपायरीफास 20% ईसी @ 2 मिली/लीटर से ड्रेंच करें। आवश्यकता पड़ने पर रोपाई के 30 दिन बाद क्लोरोपायरीफास 20% ईसी 1500 मिली प्रति हेक्टेयर 750 लीटर पानी में घोलकर छिड़काव करें।
- पकने के तुरंत बाद फसल की कटाई करें।
- गोदामों में की सतह को मैलाथियोन 50% ईसी @ 2 मिली/लीटर से उपचारित करें।

पत्ती मोडक (Leaf folder)

इस कीट का वैज्ञानिक नाम ***ब्राचमिया कन्वोल्वुली*** (***Brachmia convolvuli***) है । इस कीट के युवा लार्वा पत्तों की कोमल सतह के ऊतकों को खुरचते हैं और हरे ऊतक खा जाते हैं जिसके परिणामस्वरूप पत्तियाँ सूख जाती हैं। बाद में पत्तियाँ अनुदैर्ध्य रूप से मुड़ जाती हैं तह आमतौर पर एकल होते हैं, लेकिन कभी-कभी दो तहें बनाई जाती हैं, या दो पत्तियां एक साथ जुड़ जाती हैं।

प्रबंधन (Management)

- कीट मुक्त रोपण सामग्री का प्रयोग करें।
- ***इचिमोनिड*** परजीवी, ***मैक्रोसेंट्रस*** एसपी. का संरक्षण करें जो युवा लार्वा पर तब हमला करता है ।
- मुड़ी हुई पत्तियों को अंडे के गुच्छों, लार्वा और प्यूपा के साथ इकट्ठा करके नष्ट कर दें ।
- व्यापक संक्रमण को नियंत्रित करने के लिए क्लोरोपायरीफास 20% ईसी 1000 मिली प्रति हेक्टेयर 500 लीटर पानी में घोलकर छिड़काव करें।

प्रमुख रोग (Major diseases)

काला सडन (Black Rot)

यह रोग ***सेराटोसिस्टिस फिम्ब्रिएटा*** (*Ceratocystis fimbriata*) नामक फफूंद से होता है। इस रोग में शकरकंद की जड़ों पर गोलाकार, लगभग काले धब्बे दिखाई देते हैं। छोटे, काले घाव अक्सर भूमिगत तनों को पूरी तरह से घेर लेते हैं।

प्रबंधन (Management)

- फसल चक्र अपनाएँ ।
- प्रतिरोधी या सहिष्णु किस्मों का उपयोग करें ।

स्कर्फ (Scurf)

यह रोग ***मोनिलोचैट्स इन्फस्केन्स*** (*Monilochaetes infuscans*) नामक फफूंद से होता है। इस रोग में जड़ों के बाहर हल्के भूरे रंग के धब्बे के रूप में प्रकट होता है। ये क्षेत्र छोटे हो सकते हैं या बड़े, अनियमित पैच बनाने के लिए एक साथ चल सकते हैं। हालांकि सतही, केवल त्वचा की गहराई, संक्रमण ग्रेड को कम करता है और भंडारण में अनुचित संकोचन का कारण बनता है।

प्रबंधन (Management)

- गीली या खराब जल निकासी वाली मिट्टी में स्कर्फ सबसे अधिक गंभीर होता है।
- रोग रहित रोपण सामग्री का चयन करें।

जीवाणु तना एवं जड़ सडन (Bacterial Stem and Root Rot)

यह रोग ***इरविनिया क्रिसेंथेमी*** (*Erwinia chrysanthemi*) नामक जीवाणु से होता है। यह रोग खेतों की तुलना में भंडारण में अधिक आम है। शकरकंद के अंदर के संक्रमित हिस्से हल्के भूरे और पानीदार होते हैं जाते। पौधों के तनों पर गहरे भूरे से काले रंग के घाव दिखाई देते हैं और संवहनी ऊतक में गहरे रंग की लकीरें दिखाई देती हैं। भंडारण जड़ संक्रमण और बेल संक्रमण अक्सर एक दूसरे से स्वतंत्र होते हैं। जीवाणु उच्च तापमान और आर्द्र परिस्थितियों के पक्षधर हैं। कुछ किस्में दूसरों की तुलना में अधिक संवेदनशील होती हैं।

प्रबंधन (Management)

- फसल चक्र अपनाएँ ।
- प्रतिरोधी या सहिष्णु किस्मों का उपयोग करें ।

मृदा सड़ांध (Soil Rot)

यह रोग ***स्ट्रेप्टोमीस आईपोमिया*** (*Streptomyces ipomoea*) नामक जीवाणु से होता है। मृदा सड़ांध, जिसे पॉक्स भी कहा जाता है, एक भंडारण जड़ और रेशेदार पौधे की जड़ की बीमारी है। भंडारण की जड़ें अक्सर खुरदरी, पपड़ीदार गड्ढों या उथले सतह के घावों से विकृत हो जाती हैं जिसके परिणामस्वरूप निशान होते हैं। रेशेदार जड़ें गहरे, परिगलित घाव विकसित करती हैं जो अंततः जड़ को मार देती हैं। रोपाई के तुरंत बाद भारी संक्रमण होने पर पौधों को गंभीर नुकसान होता है।

प्रबंधन (Management)

- फसल चक्र अपनाएँ ।
- प्रतिरोधी या सहिष्णु किस्मों का उपयोग करें ।

रसेट क्रैक और इंटरनल कॉर्क (Russet Crack and Internal Cork)

यह रोग **स्वीट पोटैटो फेदरी मोटल वायरस (Sweetpotato feathery mottle virus)** नामक विषाणु से होता है। यह रोग माहू द्वारा फैलता हैं। हालाँकि, लक्षण वायरस और विविधता के तनाव के आधार पर भिन्न होते हैं। इस रोग में छोटे, अनुदैर्ध्य दरारें भंडारण सड़ांध के हिस्सों को घेरती हैं । जड़ों के गूदे में भूरे से काले कॉर्की क्षेत्र विकसित होते हैं और काटने के पहले तक किसी का पता नहीं चल सकता है। आधुनिक समय की किस्में इन दो लक्षणों के लिए प्रतिरोधी हैं। पर्णीय लक्षणों में बैंगनी छल्लेदार धब्बों से लेकर शिराओं के समाशोधन तक भिन्न-भिन्न होते हैं।

प्रबंधन (Management)

- फसल चक्र अपनाएँ ।
- प्रतिरोधी या सहिष्णु किस्मों का उपयोग करें ।
- माहू का नियंत्रण करें ।

जड़ ग्रंथि (Root Knot)

यह रोग ***मेलोइडोगाइन* एसपी.** (*Meloidogyne* sp.) नामक **नेमाटोड** से होता है। इस रोग में लताओं का विकास रुक सकता है और पोषक तत्वों की कमी दिखाई देती है। रेशेदार जड़ों पर छोटे फोड़े या सूजन का देखे जा सकते हैं।

प्रबंधन (Management)

- फसल चक्र अपनाएँ।
- प्रतिरोधी या सहिष्णु किस्मों का उपयोग करें।

19

अरबी

परिचय (Introduction)

अरबी (Colocasia) को उष्ण और उपोष्ण कटिबंधीय क्षेत्रों में उगाया जाता है। इसका उत्पत्ति स्थान इंडो-**मलायन क्षेत्र** (Indo-Malayan region) माना जाता है। दुनियाभर में अरबी को कई नामों से जाना जाता है, जैसे अरुई, घुइयां, कच्चु, अरवी इत्यादि। अरबी के कन्द, और पत्तों का उपयोग सब्जी के लिए किया जाता है। यह बहुत प्राचीन काल से उगाई जाने वाली एक प्रकार की सब्जी है। अरबी में खुजलाहट का गुण कैल्शियम ऑक्जेलेट के कारण होता है। हालांकि ये लवण पकने पर नष्ट हो जाता है। अरबी का कंद कार्बोहाइड्रेट और प्रोटीन का अच्छा स्त्रोत हैं। इसके कंदो में स्टार्च की मात्रा आलू तथा शकरकंद से अधिक होती हैं। इसमें फाइबर, प्रोटीन, पोटैशियम, विटामिन ए, विटामिन सी, कैल्शियम और आयरन से भरपूर मात्रा में होती हैं। इसके अलावा इसमें भरपूर मात्रा में एंटी-ऑक्सीडेंट भी पाए जाते हैं। यहां तक इसकी पत्तियों में भी विटामिन ए खनिज लवण जैसे फास्फोरस, कैल्शियम व आयरन और बीटा कैरोटिन भरपूर मात्रा में पाया जाता हैं। इसके प्रति 100 ग्राम में 112 किलो कैलोरी ऊर्जा, 26.46 ग्राम कार्बोहाइड्रेट्स, 43 मिली ग्राम कैल्शियम, 591 मिली ग्राम पोटेशियम पाया जाता है। भारत में अरबी की खेती मुख्यतः पंजाब, मणिपुर, हिमाचल प्रदेश, असम, गुजरात, महाराष्ट्र, केरल, आंध्रप्रदेश, उत्तराखंड, उड़ीसा, पश्चिमी बंगाल, कर्नाटक और तेलंगाना आदि राज्यों में विस्तारित रूप से की जाती है।

वानस्पतिक विवरण (Botanical description)

अरबी का वानस्पतिक नाम ***कोलोकैसिया एस्कुलेंटा*** **एल. (*Colocasia esculenta* L.)** है, यह **ऐरेसी(Araceae)** कुल के अंतर्गत आती है। इसमें **क्रोमोसोम नम्बर (2n = 28)** होते हैं । यह एक बारहमासी पौधा है, जिसके पत्ते दिल के आकार के होते हैं और पौधा 1-2 मीटर ऊंचे होते हैं। पत्ती के ब्लेड 60 सेमी (24 इंच) लंबे और 50 सेमी (20 इंच) चौड़े, तीर के आकार के, ऊपरी सतह गहरे हरे और मखमली; पत्तियां पेलेटेट (ब्लेड के पीछे से डंठल); डंठल बड़े, रसीले, अक्सर शीर्ष के पास बैंगनी रंग के होते हैं। पत्ती के डंठल से छोटे मांसल डंठल पर पुष्पक्रम; मांसल डंठल का एक भाग जो एक लंबे पीले सहपत्र (स्पैथ) से घिरा होता है। प्रत्येक पुष्पक्रम में एक स्पैडिक्स होता है जो स्पैथ से ढका होता है। स्पाडिक्स को एक महिला भाग (निचला भाग), एक बाँझ क्षेत्र, एक पुरुष भाग और एक बाँझ परिशिष्ट में विभाजित किया गया है। मादा (स्त्रीकेसर) फूल बिना डण्ठल वाले और हरे रंग के होते हैं, जिनमें अच्छी तरह से विकसित अंडाशय और वर्तिकाग्र होते हैं। फूल छोटे, मांसल डंठल के ऊपरी भाग पर सघन रूप से भरे हुए, नीचे मादा फूल और ऊपर नर फूल होते हैं। भूमिगत तना (कॉर्म) गोलाकार से बेलनाकार, आकार में परिवर्तनशील; एपिडर्मिस चिकनी या पपड़ीदार; गूदा अधिक या कम रेशेदार, सफेद, गुलाबी, पीला या बैंगनी होता है। यह एक अलोगैमस, प्रोटोगाइनस प्रजाति है, जिसके लिए मुख्य परागणकर्ता कीट हैं। अरबी के लिए रिपोर्ट किए गए गुणसूत्रों की संख्या में 2n = 22, 26, 28, 38 और 42 शामिल हैं। संख्या में असमानता इस तथ्य के कारण हो सकती है कि इसमें गुणसूत्र कोशिका विभाजन के दौरान अप्रत्याशित व्यवहार के लिए उत्तरदायी होते हैं। सबसे अधिक रिपोर्ट किए गए परिणाम 2n = 28 या 42 हैं। यह एक **पर-परागित (cross-pollinated)** फसल है।

उपयुक्त जलवायु (Suitable climate)

उष्ण और समशीतोष्ण जलवायु को अरबी की खेती के लिए उपयुक्त माना जाता हैं। इसे गर्मी और बरसात दोनों मौसम में उगा सकते हैं। इसके पौधे बारिश और गर्मियों के मौसम में अच्छे से विकास करते है, किन्तु अधिक गर्म और सर्द जलवायु इसके पौधों के लिए हानिकारक होता हैं। सर्दियों के मौसम में गिरने वाला पाला पौधों की वृद्धि रोक देता हैं। अरबी को 21-27 डिग्री सेल्सियस के औसत तापमान के साथ गर्म और नम जलवायु की आवश्यकता होती है।

मृदा का चयन (Selection of soil)

अरबी की खेती किसी भी तरह की जीवांश युक्त उपजाऊ मिट्टी में की जा सकती हैं। किन्तु अरबी के लिए पर्याप्त जीवांश एवं उचित जल निकास युक्त रेतीली दोमट भूमि उपयुक्त रहती है। इसकी खेती में भूमि का पीएच मान 6.5 से 7.5 के मध्य होना चाहिए।

उन्नत किस्में (Improved varieties)

श्री रश्मि (Sree Rashmi)

यह अरबी की अधिक उपज देने वाली किस्म है । इसके पौधे लम्बे (100 - 150 से.मी.) होते हैं। पौधे के सभी भाग तीखे नहीं होते हैं। फसल अवधि 7 -8 महीने होती है । कॉर्मेल्स में खाना पकाने की अच्छी गुणवत्ता और उत्कृष्ट स्वाद होता है। ताजा वजन के आधार पर स्टार्च 15% और प्रोटीन 2.5% पाया जाता है । इस किस्म की औसत उपज 150-200 क्विंटल /हेक्टेयर है।

श्री पल्लवी (Sree Pallavi)

यह अरबी की अधिक उपज देने वाली किस्म है । पौधे लम्बे (1-1.5 मी.) होते हैं। कॉर्मेल्स छोटे और अधिक संख्या में (20-25 प्रति पौधा) होते हैं । फसल अवधि 6.5 - 7 महीने होती है । ताजा वजन के आधार पर स्टार्च 16-17% और प्रोटीन 2-3% पाया जाता है। इस किस्म की औसत उपज 150-180 क्विंटल/हेक्टेयर है।

खेती की तैयारी (Field prepration)

खेत तैयार करने के लिए एक बार मिट्टी पलटने वाले हल से गहरी जुताई करनी चाहिए। दो से तीन बार कल्टीवेटर से जुताई करें इसके बाद एक बार रोटावेटर चलाकर खेत को समतल कर लेवें। खेती के लिए भूमि तैयार करते समय 200 से 250 क्विंटल गोबर की खाद प्रति हेक्टेयर की दर से अरबी की बुवाई के 15 से 20 दिन पहले खेत में मिला देनी चाहिए। अरबी की बुवाई समतल या मेड़ पर की जाती है। इसके लिए तैयार खेत में पहले मेड़ को तैयार करना होता है। पहले से तैयार खेत में एक से ड़ेढ फीट की ऊंचाई रखते हुए मेड़ को तैयार करें। क्यारियों का पहले से तैयार खेत में तैयार करना होता है।

एकीकृत पोषक तत्व प्रबंधन (Integrated Nutrient Management)

अरबी में खाद एवं उर्वरकों का उपयोग मृदा परीक्षण के आधार पर करें। अरबी के लिए खेत तैयार करते समय 200 से 250 क्विंटल प्रति हेक्टेयर के हिसाब से सडी गोबर की खाद या कम्पोस्ट खाद और आधार उर्वरक को अंतिम जुताई करते समय मिला देना चाहिए। रासायनिक उर्वरक नत्रजन 80 से 100 किलोग्राम, फास्फोरस 60 किलोग्राम और पोटाश 100 किलोग्राम प्रति हेक्टेयर की दर से प्रयोग करें। नत्रजन तथा पोटाश की पहली मात्रा आधार के रूप में बुवाई के पहले दें एवं रोपण के एक माह पश्चात नत्रजन की दूसरी मात्रा का प्रयोग करें।

बीज दर एवं बीजोपचार (Seed rate and seed treatment)

अरबी की खेत की बुवाई इसके कंद के द्‌वारा की जाती हैं। इसके कंद को खेत में उचित गहराई में बोना चाहिए, ताकि इसके कंदों का समुचित विकास हो सकें। अरबी की बुवाई के लिए 20-25 ग्राम वजन के 800 किलोग्राम कंद प्रति हेक्टेयरकी आवश्यकता होती है। बोने से पहले कंदों को मैंकोजेब 75% डब्ल्यूपी 2 ग्राम/लीटर पानी के घोल में 10 मिनट डुबोकर उपचारित कर बुवाई करना चाहिए।

बुवाई का समय एवं विधि (Time of sowing and method)

अरबी की खेती खरीफ और रबी दोनों मौसम में की जाती हैं। खरीफ की फसल की बुवाई जून-जुलाई माह में की जाती हैं। जो दिसंबर और जनवरी महीने तक तैयार हो जाती है। वहीं रबी सीजन की फसल अक्टूबर महीने में लगाई जाती है, जो अप्रैल और मई माह में तैयार हो जाती है। अरबी की बुआई दो तरह से की जात है।

खेत में मेड़ बनाकर:- इसके लिए पहले से तैयार खेत में 45 सें.मी की दूरी पर मेड़ बनाकर दोनों किनारों पर 30 सें.मी की दूरी पर इसके कंदों की बुवाई करें। बुवाई के बाद कंद को मिट्टी से अच्छी तरह से ढंक देना चाहिए।

क्यारियों में बुवाई:- क्यारियों में बुवाई के लिए तैयार समतल खेत में पंक्ति से पंक्ति की आपसी दूर 45 सें.मी रखते हुए क्यारियों को तैयार करें। तथा पौधें की दूरी 30 सें.मी और कंदों की 05 सें.मी की गहराई पर बुवाई करें। बुवाई के बाद कंद को मिट्टी से अच्छी तरह ढक देना चाहिए।

सिंचाई प्रबन्धन (Irrigation management)

अरबी की गर्मी के मौसम वाली फसल को अधिक सिंचाई की जरूरत होती हैं। गर्मी के मौसम के दौरान इसके खेत में नमी को बनाएं रखने के लिए आरम्भ में 7 से 8 दिन के अंतराल में सिंचाई की आवश्यकता होती है। इसके अतिरिक्त यदि कंदो की बुवाई बारिश के मौसम में की गई है, तो इसे अधिक सिंचाई की आवश्यकता नहीं होती हैं। यदि बारिश समय पर नहीं होती हैं, तो 15 से 20 दिन के अंतराल में सिंचाई कर देनी चाहिए। अरबी फसल की गुणवत्ता और उपज में वृद्‌धि के लिए ड्रिप सिंचाई का उपयोग करना चाहिए। ड्रिप सिंचाई के उपयोग से ड्रिप सिंचाई फसलों के लिए सबसे कुशल जल और पोषक तत्व वितरण प्रणाली है। यह सही समय पर, सही मात्रा में पानी और पोषक तत्वों को सीधे पौधे की जड़ों तक पहुँचाती है, इस विधि में प्रत्येक पौधे को समान रूप से जल एवं पोषक तत्व मिलते हैं । मिटटी में नमी के अनुसार ड्रिप से प्रतिदिन या एक दिन छोड़कर सिंचाई करें।

खरपतवार प्रबंधन (Weed management)

अरबी की अच्छी पैदावार के लिए फसल को खरपतवारों से मुक्त रखना आवश्यक है। खरपतवार पोषक तत्वों, मिट्टी की नमी, स्थान और सूर्य प्रकाश के लिए पौधों से प्रतिस्पर्धा करते हैं एवं फसल की वृद्‌धि एवं विकास में बाधा पहुचाते हैं, जिसके कारण फसल की गुणवत्ता

एवं उपज में कमी आती है। खरपतवार नियंत्रण के लिए अरबी के खेत की समय समय पर प्राकृतिक विधि से निराई-गुड़ाई करें। एंव खेत में ज्यादा खरपतवार हैं, तो रासायनिक विधि का प्रयोग करें। अरबी की पहली निराई-गुड़ाई कार्य खेत की बुवाई के 30 से 35 दिनों के पश्चात करें। व दूसरी निराई-गुड़ाई 60 से 65 दिन पश्चात करें। निराई-गुड़ाई के दौरान इसके पौधों की जड़ों पर मिट्टी चढ़ाएं। यदि इसके पौधें से तने अधिक मात्रा में निकल रहे हो, तो एक या दो तनों को छोड़कर शेष तनों की कटाई करें।

खुदाई (Digging)

अरबी की खुदाई उसकें किस्मों के अनुसार उचित समय पर निर्भर करती हैं। अरबी की फसल 130 से 140 दिन में पककर तैयार हो जाती है। कंदों को संपूर्ण पकने के बाद ही बाजार में भेजने और संग्रहित करने के लिए खोदना चाहिए।

संभावित उपज (Potential yield)

अरबी की उपज 80-100 क्विंटल प्रति हेक्टेयर तक होती है। फसल की यह उत्पादकता जलवायु, मिट्टी, किस्म, सिंचाई समेत सुरक्षा प्रबंधन आदि पर निर्भर करती है।

एकीकृत कीट एवं रोग प्रबंधन (Integrated Pest and Disease Management)

प्रमुख कीट (Major insects)

कंद छेदक (Corm borer)

इस कीट का वैज्ञानिक नाम ***एप्लोसोनीक्स चैलिबियस* (*Aplosonyx chalybaeus*)** है । इस कीट के व्यस्क पत्तियों में 20-30% और कंद में 80-90% तक नुकसान पहुंचाता है। वयस्क चमकदार, चमकीले धात्विक नीले या गुलाबी रंग के होते हैं। मादा पत्तियों के खोल में अंडे देती है और 4-5 दिनों में लार्वा निकल आते हैं। लार्वा मुख्य रूप से कॉर्म में छेद और सुरंग बनाकर खाते हैं। वे मुख्य रूप से कॉर्म के आसपास की मिट्टी में पाए जाते हैं। प्रभावित कंद सड़ जाते हैं और विपणन और पशु चारा के लिए अनुपयुक्त हो जाते हैं। गंभीर रूप से प्रभावित पौधा मर जाता है और प्रभावित पौधों से दुर्गंध आने लगेती है । वयस्क भृंग पत्तियों को खाते हैं और कई गोलाकार छेद बनाते हैं। वयस्क भृंग मिट्टी की दरारों और दरारों में और खोल में छिप जाते हैं। वे दिन के समय सक्रिय होते हैं। मिश्रित फसल प्रणाली की तुलना में एकल फसल में इसका प्रकोप अधिक होता है।

सफेद मक्खी (Whitefly)

इस कीट का वैज्ञानिक नाम ***बेमिसिया टबैकी* (*Bemisia tabaci*)** है। इस कीट के वयस्क और शिशु दोनों पौधे का रस चूसते हैं और पौधे की शक्ति को कम करते हैं। मादा ज्यादातर पत्तियों के नीचे शिराओं के पास अंडे देती हैं।

प्रबंधन (Management)

- सफेद मक्खी की निगरानी के लिए पीले चिपचिपे कार्ड 25 प्रति हेक्टेयर की दर से खेत में लगावें।
- कीट के प्रकोप की शुरुआत में *वर्टीसिलीयम लेकेनाई* 1.50% @ 2000 मिली प्रति हेक्टेयर 500 लीटर पानी मे घोलकर छिडकाव करें।
- अधिक प्रकोप की अवस्था में थायोमिथाक्साम 25% डब्ल्यूजी 200 ग्राम प्रति हेक्टेयर 500 लीटर पानी मे घोलकर छिडकाव करें या इमिडाक्लोप्रीड 17.8% एसएल 150 मिली प्रति हेक्टेयर 500 लीटर पानी मे घोलकर छिडकाव करें।

थ्रिप्स (Thrips)

इस कीट का वैज्ञानिक नाम ***थ्रिप्स स्पीशीज*(*Thrips* sp.)** है। इस कीट के शिशु और वयस्क थ्रिप्स पत्तियों और पत्ती के डंठल के आधार पर भोजन करते हैं, जिसके कारण पत्तियाँ विकृति हो जाती हैं।

प्रबंधन (Management)

- नीले चिप चिपे कार्ड 25 प्रति हेक्टेयर की दर से फसल से 15 सेमी की ऊँचाई पर लगावें।
- अधिक प्रकोप की अवस्था में फिप्रोनिल 5% एसी 1000 मिली प्रति हेक्टेयर 500 लीटर पानी मे घोलकर छिडकाव करें या साइंट्रानिलिप्रोएल 10.26% ओडी 600 मिली प्रति हेक्टेयर 500 पानी मे घोलकर छिडकाव करें।

प्रमुख रोग (Major diseases)

टारो पत्ती झुलसा (Taro leaf blights (TLB)

यह रोग ***फाइटोफ्थोरा कोलोकैसिया*** (*Phytophthora colocasiae*) नामक फफूंद से होता है। कवक मुख्य रूप से पत्तियों को प्रभावित करता है, और संक्रमण पर्णवृन्तों और फूलों तक फैलता है। कॉर्म में, कवक कॉर्म सड़ांध का कारण बनता है। पत्तियों की ऊपरी सतह पर छोटे, हल्के भूरे या गहरे भूरे रंग के धब्बे दिखाई देंगे। गोलाकार धब्बे जल्द ही बड़े हो जाते हैं और तेजी से अन्य भागों में फैल जाते हैं। पत्तियों के

निचले हिस्से में पानी से लथपथ, सूखे, भूरे रंग के धब्बे दिखाई देते हैं। 85% से अधिक की सापेक्ष आर्द्रता के साथ तापमान 20 - 28 डिग्री सेल्सियस होने पर रोग तेजी से फैलता है । रोगज़नक़ संक्रमित रोपण सामग्री द्वारा एक खेत से दूसरे खेत में और लंबी दूरी तक फैलता है। कटाई के बाद खेत में बचे हुए कंद भी इनोकुलम के रूप में काम करते हैं। इस रोग से 50% से अधिक उपज हानि हो सकती है।

प्रबंधन (Management)

- मिट्टी को अच्छी तरह से तैयार करें और यदि कैल्शियम, मैग्नीशियम, या फास्फोरस की आवश्यकता हो तो रोपण से पहले इसे संशोधित करें।
- फसल चक्र अपनाएँ।
- रोगग्रस्त पौधों को रोगग्रस्त हटाएं, उन्हें रोपण क्षेत्र से दूर ले जाएं और उन्हें नष्ट कर दें।
- रोग के लक्षण दिखाई देते ही मेन्कोजेब 75% डब्ल्यूपी 1500 ग्राम प्रति हेक्टेयर 750 लीटर पानी मे घोलकर छिडकाव करें।

20

आलू

परिचय (Introduction)

आलू (Potato) का सब्जियों में एक महत्वपूर्ण स्थान है। भारत में आलू का उत्पादन मुख्यतः सब्जी के लिए किया जाता है। सब्जी के अलावा इसका उपयोग आटा, चिप्स, फ्रेंच फ्राई, बिस्कुट इत्यादि बनाने में भी किया जाता है। इसका उदभव स्थान **दक्षिण अमेरिका (South America)** माना जाता है। भारत में आलू की खेती 2141.72 हजार हेक्टेयर में होती है तथा उत्पादन 51310.01 हजार मीट्रिक टन प्राप्त होता है। भारत में आलू की औसत उत्पादकता 23.96 मीट्रिक टन प्रति हेक्टेयर है। (2017-2018, **स्रौतः हॉर्टिकल्चरल स्टेटिस्टिक्स एट ए ग्लांस 2018)**। भारत में उत्तर प्रदेश, पशिम बंगाल, बिहार, गुजरात, मध्य प्रदेश एवं पंजाब प्रमुख आलू उत्पादक राज्य है। किसान भाई आलू की उन्नत तकनीक अपनाकर अधिक उत्पादन प्राप्त कर सकते हैं ।

वानस्पतिक विवरण (Botanical description)

आलू का वानस्पतिक नाम ***सोलेनम ट्यूबरोसम* एल. (*Solanum tuberosum* L.)** है। यह **सोलेनेसी (Solanaceae)** कुल के अंतर्गत आता है। आलू की लगभग 72% प्रजातियां द्विगुणित (2n = 24) और लगभग 12% टेट्राप्लोइड (2n = 48) हैं। बाकी ट्रिपलोइड (2n=36), पेंटाप्लोइड (2n=60) और हेक्साप्लोइड (2n=72) हैं। खेती किए जाने वाले आलू, *सोलनम ट्यूबरोसम* एल., एक ऑटोटेट्राप्लोइड (autotetraploid) (2n=4x=48) प्रजाति है जो टेट्रासोमिक वंशानुक्रम प्रदर्शित करती है। दुनिया भर में उगाई जाने वाली प्रमुख प्रजाति *सोलेनम ट्यूबरोसम* (48 गुणसूत्रों वाला एक टेट्राप्लोइड) है, और इस प्रजाति की उन्नत किस्मों की सबसे व्यापक रूप से खेती की जाती हैं। टेट्राप्लोइड *सोलेनम ट्यूबरोसम* स्व-संगत (self-compatible) है, हालांकि अधिकांश संबंधित द्विगुणित प्रजातियां स्वयं-असंगत (self-incompatible) हैं। पराग बाँझपन (Pollen sterility) अक्सर *सोलेनम ट्यूबरोसम* में होती है, और अंडाशय बाँझपन (ovule sterility) कभी-कभी होती है; कई प्रजातियों में किसी भी वनस्पति बीज का उत्पादन नहीं करती हैं। स्व-असंगति आमतौर पर कंद पैदा करने वाली *सोलेनम* प्रजातियों में होती है, विशेष रूप से द्विगुणित प्रजातियों में । बहु एलील (multiple alleles) के साथ लोकस एस (locus S) गैमेटोफाइटिक स्व-असंगति (gametophytic self-incompatibility.) को नियंत्रित करता है। आलू का कंद एक भूमिगत तने का बढ़ा हुआ भाग होता है।

पुष्पन एवं फलन (Flowering and Fruiting)

आलू में टर्मिनल इन्फ्लोरेसेंस (terminal inflorescences) 5-11 सेंटीमीटर लंबे साइमीस (cymes) होते हैं और आमतौर पर पौधे के बाहर के आधे हिस्से में पाए जाते हैं। आलू के फूल उभयलिंगी होते हैं। उनके पास एक फूल के सभी चार आवश्यक भाग कैलेक्स, कोरोला, पुंकेशवर और स्त्रीकेसर होते हैं । आलू में मुख्य रूप से स्व-परागण होता है, हालांकि कुछ क्रॉस परागण अक्सर भौंरों (bumblebees) द्वारा किया जाता है। आलू (*सोलनम ट्यूबरोसम*) को वानस्पतिक (क्लोनली) और बीज दोनों तरह से प्रवर्धित किया जा सकता है। आलू का बीज जिसे आमतौर पर "ट्रू पोटैटो सीड" (TPS) कहा जाता है, एक व्यावसायिक आलू की फसल उगाने के लिए बीज कंद का एक विकल्प है।

उपयुक्त जलवायु (Suitable climate)

आलू की बढ़वार के लिए मध्यम शीत की आवश्यकता होती है। मैदानी क्षेत्रो में बहुधा शीतकाल (रबी) में आलू की खेती की जाती है । आलू की वृद्धि एवं विकास के लिए इष्टतम तापक्रम 15- 25° सेल्सियस के मध्य होना चाहिए। कन्द विकास के लिए रात्रि तापमान 21° सेल्सियस से कम उपयुक्त होता है, रात्रि तापमान 21° सेल्सियस से अधिक होने पर कन्द बनने की प्रकिया में तेजी से गिरावट आती है, अधिक तापमान (29° सेल्सियस) होने पर आलू के कन्द का विकास बहुत कम होता है। बदली भरे दिन, वर्षा तथा उच्च आर्द्रता का मौसम आलू की फसल में फफूँद व जीवाणु जनित रोगों को फैलाने के लिए सहायक होते हैं।

मृदा का चयन (Selection of soil)

आलू को सभी प्रकार की मृदाओं में उगाया जा सकता है, परन्तु हल्की, उचित जल निकास वाली जीवांश युक्त रेतीली दोमट मिटटी इसकी खेती के लिए सर्वोत्तम होती है मिटटी का pH मान 5.5 से 7.5 उपयुक्त पाया गया है।

उन्नत किस्में (Improved varieties)

कुफरी अशोक (Kufri Ashoka)

यह अगेती किस्म है। जिसके पौधे मध्यम उंचाई वाले 60 से 80 सेंटीमीटर होते हैं।इसके कंद सफ़ेद रंग के होते हैं ।इसकी 250 से 300 क्विंटल प्रति हेक्टेयर पैदावार मिल जाती है। यह किस्म उत्तर भारतीय मैदानी इलाकों के लिए अनुशंसित है।

कुफरी अरुण (Kufri Arun)

यह किस्ममध्यम अवधि में पककर तैयार हो जाती है। इस किस्म के पौधे लम्बे और अर्ध-कॉम्पैक्ट होते हैं फूल लाल-बैंगनी रंग के होते हैं । मध्यम गहरी आंखों के साथ कंद लाल, अंडाकार होते हैं। यह किस्म पछेती अंगमारी के लिए मध्यम प्रतिरोधी है। इस किस्म की उपज क्षमता 300-350 क्विंटल/हेक्टेयर है। यह किस्म उत्तर भारतीय मैदानी इलाकों के लिए अनुशंसित है।

कुफरी बादशाह (Kufri Badshah)

यह किस्ममध्यम अवधि में पककर तैयार हो जाती है। यह किस्म अगेती व पछेती अंगमारी के प्रति मध्यम प्रतिरोधी है। इसके कंद बड़े अंडाकार तथा सफ़ेद छिलके वाले होते हैं।इस किस्म की उपज क्षमता 300-350 क्विंटल/हेक्टेयर है। यह किस्म उत्तर भारतीय मैदानों और पठारी क्षेत्रों के लिए अनुशंसित है।

कुफरी बहार (Kufri Bahar)

यह मध्यम अवधि की किस्म है। सफेद फूलों के साथ मध्यम-लंबे और अर्ध-कॉम्पैक्ट पौधे पैदा करती है। कंद सफेद क्रीम, मध्यम गहरी आंखों के साथ अंडाकार होते हैं। इस किस्म की उपज क्षमता 300-350 क्विंटल/हेक्टेयर है। यह किस्म उत्तर भारतीय मैदानी इलाकों के लिए अनुशंसित है।

कुफरी चंद्रमुखी (Kufri Chandramukhi)

यह अगेती किस्म है। इसके कंद बड़े अंडाकार तथा सफ़ेद छिलके व उथले आँखों वाले होते हैं।इस किस्म पर पछेती अंगमारी रोग का अधिक प्रकोप होता है।यह मैदानी क्षेत्रों में 200 से 250 क्विंटल प्रति हेक्टेयर पैदावार देती है। यह किस्म उत्तर भारतीय मैदानों और पठारी क्षेत्रों के लिए अनुशंसित है।

कुफरी चिप्सोना -1 (Kufri Chipsona-1)

यह मध्यम अवधि की किस्म है। यह किस्म सफेद फूलों के साथ मध्यम-लंबे और अर्ध-कॉम्पैक्ट पौधे पैदा करती है। कंद सफेद क्रीम, उथली आंखों के साथ अंडाकार होते हैं। यह किस्म पछेती अंगमारी के प्रति प्रतिरोधी है और यह प्रसंस्करण के लिए उपयुक्त है। इस किस्म की उपज क्षमता 300-350 क्विंटल/हेक्टेयर है। यह किस्म उत्तर भारतीय मैदानी इलाकों के लिए अनुशंसित है।

कुफरी चिप्सोना -2 (Kufri Chipsona-2)

यह मध्यम अवधि की किस्म है। यह किस्म सफेद फूलों के साथ मध्यम-लंबे और अर्ध-कॉम्पैक्ट पौधे पैदा करती है। कंद सफेद क्रीम, उथली आंखों के साथ अंडाकार होते हैं। यह किस्म पछेती अंगमारी के प्रति प्रतिरोधी है और यह चिप्स और फ्रेंच फ्राइज़ दोनों बनाने के लिए उपयुक्त है। इस किस्म की उपज क्षमता 300-350 क्विंटल/हेक्टेयर है। यह किस्म उत्तर भारतीय मैदानी इलाकों के लिए अनुशंसित है।

कुफरी चिप्सोना -3 (Kufri Chipsona-3)

यह किस्ममध्यम अवधि में पककर तैयार हो जाती है। यह किस्म सफेद फूलों के साथ लंबे और अर्ध-कॉम्पैक्ट पौधे पैदा करती है। कंद सफेद क्रीम, उथली आंखों के साथ अंडाकार होते हैं। यह किस्म पछेती अंगमारी के प्रति प्रतिरोधी है। कंदों में उच्च शुष्क पदार्थ, कम अपचायक शर्करा और कम फिनोल होते हैं। चिप्स और फ्रेंच फ्राइज़ बनाने के लिए यह किस्म अत्यधिक उपयुक्त है। इस किस्म की उपज क्षमता 300-350 क्विंटल/हेक्टेयर है। यह किस्म उत्तर भारतीय मैदानी इलाकों के लिए अनुशंसित है।

कुफरी चिप्सोना -4 (Kufri Chipsona-4)

यह किस्ममध्यम अवधि में पककर तैयार हो जाती है। यह किस्म सफेद फूलों के साथ लंबे, कॉम्पैक्ट पौधे पैदा करती है। कंद सफेद क्रीम, उथली आँखों के साथ गोल होते हैं । यह किस्म पछेती अंगमारी के प्रति प्रतिरोधी है। कंद में उच्च शुष्क पदार्थ, नगण्य ग्लाइको अल्कलॉइड सामग्री, प्रसंस्करण के लिए उपयुक्त है। इस किस्म की उपज क्षमता 300-350 क्विंटल/हेक्टेयर है। यह किस्म मध्य प्रदेश, पश्चिम बंगाल और कर्नाटक के लिए अनुशंसित है।

कुफरी फ्रायसोना (Kufri Frysona)

यह किस्ममध्यम अवधि में पककर तैयार हो जाती है। यह किस्म लाल-बैंगनी फूलों के साथ लंबे और खुले पौधे पैदा करती है। कंद सफेद क्रीम होते हैं, उथली आंखों के साथ लंबे-तिरछे होते हैं। यह किस्म पछेती अंगमारी और मस्से के प्रति प्रतिरोधी है। इस किस्म में उच्च शुष्क पदार्थ, कम कम करने वाली शर्करा और कम फिनोल होते हैं। फ्रेंच फ्राइज़ बनाने के लिए उपयुक्त पहली भारतीय आलू की किस्म। इस किस्म

की उपज क्षमता 300-350 क्विंटल/हेक्टेयर है। यह किस्म उत्तर भारतीय मैदानी इलाकों के लिए अनुशंसित है।

कुफरी गिरधारी (Kufri Girdhari)

यह किस्ममध्यम अवधि में पककर तैयार हो जाती है। यह किस्म सफेद फूलों के साथ मध्यम-लंबे और खुले पौधे पैदा करती है। कंद सफेद क्रीम, उथली आंखों के साथ अंडाकार होते हैं। यह किस्म पछेती अंगमारी के प्रति उच्च प्रतिरोधी है। इस किस्म की उपज क्षमता 300-350 क्विंटल/हेक्टेयर है। यह किस्म भारतीय पहाड़ियों के लिए अनुशंसित है।

कुफरी हिमालिनी (Kufri Himalini)

यह किस्ममध्यम अवधि में पककर तैयार हो जाती है। किस्म लाल-बैंगनी फूलों के साथ मध्यम-लंबे और अर्ध-कॉम्पैक्ट पौधों का उत्पादन करती है। कंद सफेद क्रीम, मध्यम गहरी आंखों के साथ अंडाकार होते हैं। यह किस्म पछेती अंगमारी के प्रति मध्यम प्रतिरोधी है। इस किस्म की उपज क्षमता 300-350 क्विंटल/हेक्टेयर है। यह उत्तर किस्म उत्तर भारतीय पहाड़ियों के लिए अनुशंसित है।

कुफरी हिमसोना (Kufri Himsona)

यह किस्मदेरी से पकती है। यह किस्म के लाल-बैंगनी फूलों के साथ लंबे और अर्ध-कॉम्पैक्ट पौधों का उत्पादन करती है। कंद सफेद क्रीम, उथली आंखों के साथ गोल होते हैं। यह किस्म पछेती झुलसा और मस्से के प्रति प्रतिरोधी है। प्रसंस्करण के लिए उपयुक्त। इस किस्म की उपज क्षमता 150-200 क्विंटल/हेक्टेयर है। यह किस्म भारतीय पहाड़ियों के लिए अनुशंसित है।

कुफरी ज्योति (Kufri Jyoti)

यह किस्ममध्यम अवधि में पककर तैयार हो जाती है। कंद सफेद - क्रीम, उथली आंखों के साथ अंडाकार होते हैं। मध्य मैदानों के गर्म क्षेत्रों में उगाए जाने पर यह प्रसंस्करण के लिए भी उपयुक्त है। यह किस्म पछेती अंगमारी के प्रति मध्यम प्रतिरोधी है। यह मस्से के रोगाणुओं से प्रतिरक्षित है। इसमें व्यापक अनुकूलन क्षमता और अध: पतन की धीमी दर है। इस किस्म की उपज क्षमता पहाड़ों में 200 क्विंटल/हेक्टेयर है और मैदानी इलाकों में 300 क्विंटल/हेक्टेयर है। यह किस्म उत्तर और दक्षिण भारतीय पहाड़ियों, उत्तर भारतीय मैदानों और पठारों के लिए अनुशंसित है।

कुफरी कंचन (Kufri Kanchan)

यह किस्ममध्यम अवधि में पककर तैयार हो जाती है। यह किस्म नीले-बैंगनी फूलों के साथ मध्यम लम्बे, अर्ध-कॉम्पैक्ट पौधों का उत्पादन करती है। मध्यम गहरी आंखों के साथ कंद लाल, अंडाकार होते हैं। यह किस्म पछेती झुलसा और मस्से के प्रति प्रतिरोधी है। इस किस्म की उपज क्षमता 250-300 क्विंटल/हेक्टेयर है। यह किस्म उत्तर बंगाल की पहाड़ियों और सिक्किम के लिए अनुशंसित है।

कुफरी ख्याति (Kufri Khyati)

यह अगेती किस्म है। यह किस्म सफेद फूलों के साथ मध्यम-लंबे और अर्ध-कॉम्पैक्ट पौधों का उत्पादन करती है। कंद सफेद क्रीम, मध्यम गहरी आंखों के साथ अंडाकार होते हैं। यह किस्म अगेती एवं पछेती अंगमारी के प्रति प्रतिरोधी है। इस किस्म की उपज क्षमता 250-300 क्विंटल/हेक्टेयर है। यह किस्म उत्तर भारतीय मैदानी इलाकों के लिए अनुशंसित है।

कुफरी लवकर (Kufri Lauvkar)

यह अगेती किस्म है। इस किस्म के कंद गोल, मध्यम गहरी आंखों वाली सफेद क्रीमी होते हैं। मध्य मैदानों के गर्म क्षेत्रों में उगाए जाने पर यह किस्म प्रसंस्करण के लिए उपयुक्त होती है। गर्मी के प्रति सहनशील और बड़ी बीमारियों के लिए अतिसंवेदनशील। इस किस्म की उपज क्षमता 200-250 क्विंटल/हेक्टेयर है। यह किस्म पठारी क्षेत्र के लिए अनुशंसित है।

कुफरी मोहन(Kufri Mohan)

यह मध्यम अवधि में पकने वाली किस्म है। यह **MS/92-1090 X CP1704** के बीच क्रॉस से क्लोनल चयन के द्वारा विकसित की गई है। पौधे लम्बे ओजपूर्ण और अर्ध-कॉम्पैक्ट होते हैं। इस किस्म के कन्द सफेद क्रीम, उथली आंखों वाले अंडाकार और सफेद गूदे वाले होते हैं । इसमें भण्डारण की अच्छी क्षमता होती है, मध्यम कंद शुष्क पदार्थ **(15-18%)** होता है। यह किस्म पछेती अंगमारी के प्रति प्रतिरोधी है। इस किस्म की उपज क्षमता 350-400 क्विंटल/हेक्टेयर है। यह किस्म भारत-गंगा के मैदानों (उत्तरी और पूर्वी) में खेती के लिए उपयुक्त है।

कुफरी पुखराज (Kufri Pukhraj)

यह किस्मजल्दी से मध्यम अवधि में पककर तैयार हो जाती है। यह किस्म सफेद फूलों के साथ मध्यम-लंबे और अर्ध-कॉम्पैक्ट पौधों का उत्पादन करती है। कंद पीले, मध्यम-गहरी आंखों के साथ अंडाकार होते हैं और सूर्य के संपर्क में आने पर हल्का बैंगनी रंग विकसित हो जाता है। यह किस्म अगेती अंगमारी के प्रति प्रतिरोधी एवं पछेती अंगमारी के प्रति मध्यम प्रतिरोधी है। इस किस्म की उपज क्षमता 350-400 क्विंटल/हेक्टेयर है। यह किस्म उत्तर भारतीय मैदानों और पठारी क्षेत्रों के लिए अनुशंसित है।

कुफरी पुष्कर (Kufri Pushkar)

यह किस्ममध्यम अवधि में पककर तैयार हो जाती है। यह किस्म सफेद फूलों के साथ मध्यम-लंबे और कॉम्पैक्ट पौधों का उत्पादन करती है। मध्यम गहरी आंखों के साथ कंद पीले, अंडाकार होते हैं। यह किस्म पछेती अंगमारी के प्रति प्रतिरोधी और मस्से के प्रति प्रतिरोधी

है। इस किस्म की उपज क्षमता 300-350 क्विंटल/हेक्टेयर है। यह किस्म उत्तर भारतीय मैदानी इलाकों के लिए अनुशंसित है।

कुफरी सिंदूरी (Kufri Sindhuri)

यह किस्मदेरी से पककर तैयार होती है। इसके कंद मध्यम आकार के गोल तथा गुलाबी रंग के होते है, कंद की आंखे गहरी होती है।यह किस्म पछेती अंगमारी के प्रति ग्राही है। इस किस्म की उपज क्षमता 300-350 क्विंटल/हेक्टेयर है। यह किस्म उत्तर भारतीय मैदानी इलाकों के लिए अनुशंसित है।

कुफरी सदाबहार (Kufri Sadabahar)

यह किस्ममध्यम अवधि में पककर तैयार हो जाती है। यह किस्म सफेद फूलों के साथ मध्यम-लंबे और कॉम्पैक्ट पौधों का उत्पादन करती है। कंद सफेद क्रीम, उथली आंखों के साथ अंडाकार होते हैं। यह किस्म पछेती अंगमारी के प्रति मध्यम प्रतिरोधी है। इस किस्म की उपज क्षमता 300-350 क्विंटल/हेक्टेयर है। यह किस्म उत्तर प्रदेश और आसपास के क्षेत्रों के लिए अनुशंसित है।

कुफरी शैलजा (Kufri Shailja)

यह किस्ममध्यम अवधि में पककर तैयार हो जाती है। यह किस्म लाल-बैंगनी फूलों के साथ मध्यम लम्बे और अर्ध-कॉम्पैक्ट पौधों का उत्पादन करती है। कंद सफेद क्रीम, मध्यम गहरी आंखों के साथ अंडाकार होते हैं। यह किस्म पछेती अंगमारी के प्रति मध्यम प्रतिरोधी है। इस किस्म की उपज क्षमता 300-350 क्विंटल/हेक्टेयर है। यह किस्म उत्तर भारतीय मैदानी इलाकों के लिए अनुशंसित है।

कुफरी सूर्या (Kufri Surya)

यह अगेती किस्म है। यह किस्म लाल-बैंगनी फूलों के साथ लंबे और अर्ध-कॉम्पैक्ट पौधों का उत्पादन करती है। कंद सफेद क्रीम होते हैं, उथली आँखों के साथ तिरछे होते हैं। यह गर्मी सहन करने वाली किस्म है, जिसे रात के तापमान 20° सेल्सियस से ऊपर वाले क्षेत्रों में उगाया जा सकता है। मैदानी इलाकों में जल्दी रोपण के लिए उपयुक्त। यह किस्म मस्से के प्रति प्रतिरक्षित और हॉपर बर्न के प्रति सहिष्णु है। यह किस्म पछेती अंगमारी के प्रति ग्राही है। इस किस्म की उपज क्षमता 200-300 क्विंटल/हेक्टेयर है। यह किस्म उत्तर भारतीय मैदानों और पठारी क्षेत्रों के लिए अनुशंसित है।

कुफरी स्वर्णा (Kufri Swarna)

यह किस्ममध्यम अवधि में पककर तैयार हो जाती है। यह किस्म सफेद फूलों के साथ मध्यम-लंबे और अर्ध-कॉम्पैक्ट पौधे पैदा करती है। कंद सफेद क्रीम, उथली आंखों के साथ गोल होते हैं। यह किस्म पछेती अंगमारी, मस्से और सिस्ट नेमाटोड के प्रति प्रतिरोधी है। इस किस्म की उपज क्षमता 300-350 क्विंटल/हेक्टेयर है। यह किस्म दक्षिण भारतीय पहाड़ियों के लिए अनुशंसित है।

कुफरी थार- 1 (Kufri Thar-1)

यह किस्ममध्यम अवधि में पककर तैयार हो जाती है। यह किस्म सूखा सहनशील (20% पानी की बचत) है। इस किस्म की उपज क्षमता 300-350 क्विंटल/हेक्टेयर है। यह किस्म पूर्वी तट के मैदान और मध्य भारत-गंगा के मैदानों (ओडिशा एवं उत्तर प्रदेश) के लिए अनुशंसित है।

कुफरी थार- 2 (Kufri Thar-2)

यह किस्ममध्यम अवधि में पककर तैयार हो जाती है। यह किस्म सूखा सहनशील (20% पानी की बचत) है। इस किस्म की उपज क्षमता 350 क्विंटल/हेक्टेयर है। यह किस्म उत्तर प्रदेश, राजस्थान, हरियाणा और छत्तीसगढ़ के लिए अनुशंसित है।

कुफरी थार- 3 (Kufri Thar-3)

यह किस्ममध्यम अवधि में पककर तैयार हो जाती है। यह किस्म सूखा सहनशील (20% पानी की बचत) है। इस किस्म की उपज क्षमता 450 क्विंटल/हेक्टेयर है। यह किस्म उत्तर प्रदेश, हरियाणा और छत्तीसगढ़ के लिए अनुशंसित है।

नोटः

मैदानों में:अगेती किस्में **(70-90** दिन **)**, मध्यम अवधि में पकने वाली किस्में **(90-110** दिन **)**, देरी से पकने वाली किस्में **(>110** दिन**)** पककर तैयार हो जाती हैं।

पहाड़ी क्षेत्रों में:अगेती किस्में **(100-110**दिन**)**, मध्यम अवधि में पकने वाली किस्में **(110-120** दिन**)** एवं देरी से पकने वाली किस्में **(>120**दिन**)** पककर तैयार हो जाती हैं।

खेत की तैयारी कैसे करें (How to prepare land)

आलू की बुआई के लिए एक जुताई मिट्टी पलटने वाले हल से करने के बाद 2-3 जुताई कल्टीवेटर से करनी चाहिए। 6 से 9 इंच की गहराई तक मिट्टी भुरभुरी बना लेनी चाहिए। गोबर कि खाद बुबाई से पूर्व खेत में मिला दें उर्वरकों की सिफारिश की गयी मात्रा आखिरी जुताई के साथ डालें।

बीज का चुनाव (Selection of seeds)

आलू के बीज का आकार और उसकी उपज से लाभ का आपस मे गहरा सम्बन्ध है। बडे माप के बीजों से उपज तो अधिक होती है परन्तु बीज की कीमत अधिक होने से पर्याप्त लाभ नही होता। बहुत छोटे माप का बीज सस्ता होगा परन्तु रोगयुक्त आलू पैदा होने का खतरा बढ जाता है। इसलिए अच्छे लाभ के लिए 3 से.मी.से 3.5 से.मी.आकार या 30-40 ग्राम भार के आलूओं को ही बीज के रूप में बोना चाहिए।

बुआई का समय एवं बीज दर (Time of sowing and seed rate)

आलू की बुआई का उपयुक्त समय अक्तूबर के प्रथम सप्ताह से 15 नवम्बर तक होता है। इसके लिए 25 क्विंटल बीज प्रति हेक्टेयर पर्याप्त होता है। आलू की बुआई हेतु उचित माप के बीज का चयन करें।

बीजोपचार (Seed treatment)

आलू में काली रूसी रोग की रोकथाम के लिए आलू की बुआई के पूर्व बीज को थाईफलूजामाइड़ 24% एससी 2.5 मिली प्रति 10 किलोग्राम बीज या कार्बोक्सिन 37.5% + थाइरम 37.5% डब्ल्यूएस 2.5 ग्राम प्रति किलोग्राम बीज की दर से बीजोपचार करें।

बुआई (Sowing)

आलू की बुआई पंक्तियों मे 60 सेमी के आपसी अंतराल पर व पौधों से पौधों के बीच 20 सेमी की दूरी पर करना चाहिए। आलू बीज को भूमि में 5-6 सेमी गहराई पर गाड़ना चाहिए।

एकीकृत पोषक तत्व प्रबंधन (Integrated Nutrient Management

आलू की भरपूर पैदावार के लिए फसल में खाद एवं उर्वरकों का उपयोग मृदा परीक्षण की अनुशंसा के अनुसार करना चाहिए। सामान्तया आलू की फसल को 175-200 किलोग्राम नत्रजन, 75-80 किलोग्राम फॉस्फोरस एवं 90-100 किलोग्राम पोटेशियम की प्रति हेक्टेयर आवश्यकता होती है। आलू की फसल में प्रति हेक्टेयर 250 क्विंटल गोबर की खाद, 350 किलोग्राम कैल्शियम अमोनियम नाइट्रेट, 500 किलोग्राम सिंगल सुपर फॉस्फेट, 175 किलोग्राम म्यूरेट ऑफ पोटाश प्रति एकर बुआई के पूर्व खेत मे डालें। 125 किलोग्राम यूरिया प्रति हेक्टेयर मिट्टी चढाते समय देनी चाहिए। यदि मृदा में जिंक की कमी हो तो 25 किलोग्राम जिंक सलफेट प्रति हेक्टेयर की दर से रोपाई के पूर्व खेत मे मिलाएं।

सिंचाई प्रबंधन (Irrigation management)

आलू में रोपण से पहले पहली सिंचाई एक समान अंकुरण के लिए फायदेमंद है। अगर रोपण के पूर्व सिंचाई नहीं दी गई है तो रोपण के अगले दिन सिंचाई दी जा सकती है। दूसरी सिंचाई लगभग एक सप्ताह के बाद दी जानी चाहिए। इसके बाद 10-12 दिन के अंतराल पर सिंचाई करनी चाहिए। बहुत ज्यादा या बहुत कम सिंचाई से बचा जाना चाहिए। फसल की खुदाई से 10 दिन पहले सिंचाई बंद कर देना चाहिए।

खरपतवारप्रबंधन (Weed management)

आलू की फसल के साथ उगे खरपतवार की रोकथाम करने हेतु आलू की फसल में एक बार ही निंदाई गुड़ाई की आवश्यकता पड़ती है, जिसे बुआई के 25-30 दिन बाद कर देना चाहिये। गुड़ाई करते समय यह ध्यान रखना चाहिये कि भूमि के भीतर के तने बाहर न आ जायँ नहीं तो वे सूर्य की रोशनी से हरे हो जाते है । आलू में रासायनिक विधि से खरपतवार नियंत्रण लिए मैट्रीब्यूजिन 70% डब्ल्यूपी 1250 ग्राम प्रति हेक्टेयर 500 लीटर पानी में घोलकर बुवाई के बाद 2 दिन के अंदर अंकुरण से पूर्व छिडकाव करें या आक्सीफ्लोरफेन 23.5% ईसी 425-850 मिली प्रति हेक्टेयर 500-750 लीटर पानी में घोलकर बुवाई के बाद 2 दिन के अंदर अंकुरण से पूर्व छिडकाव करें।

खुदाई (Harvesting)

आलू की फसल की खुदाई एक महत्वपूर्ण कृषि क्रिया है। फसल की खुदाई का समय उपज के उपयोग के आधार पर तय किया जाता है। यदि फसल की तत्काल विक्री की जाना है, तो बाजार की कीमतों के आधार पर किसी भी समय फसल की खुदाई की जा सकती है। यदि आलू को बीज के लिए संग्रहीत किया जाना है, तो कटाई के समय के आधार पर कटाई निर्धारित की जानी चाहिए। प्रसंस्करण के लिए भी कटाई का समय निर्धारण एक महत्वपूर्ण क्रिया है क्योंकि इस मामले में फसल को उसकी शारीरिक कार्यकीय परिपक्वता पर काटा जाना होता है और जल्दी और देर से कटाई कंद की गुणवत्ता को खराब करती है।

संभावित उपज (Potential yield)

आलू की उपज किस्म, जलवायु, मिटटी एवं फसल प्रबंधन पर निर्भर करती है। सामान्तया अच्छी तरह से प्रबंधित फसल से लगभग 250 से 375 क्विंटल प्रति हेक्टेयर उपज प्राप्त हो सकती है।

एकीकृत कीट एवं रोग प्रबंधन (Integrated Pest and Disease Management

आलू के प्रमुख कीट (Major insects of potato)

माहू (Aphid)

इस कीट का वैज्ञानिक नाम ***मायज़स पर्सिकी*** **(*Myzus persicae*)** एवं ***एफिस गॉसिपाई*** **(*Aphis gossypii*)** है । इस कीट के शिशु एवं प्रौढ़ दोनों पत्तियों एवं पौधों के कोमल भागों से रस चूसते हैं, जिसके कारण पत्तियां ठीक से खुलती नहीं हैं एवं छोटी रह जाती हैं। अधिक प्रकोप के के कारण प्ररोह मुरझा कर सूख जाते हैं।

प्रबंधन (Management)

- नीम बीज गिरी सत (NSKE) 5% का छिडकाव करें।
- अधिक प्रकोप होने पर थायमेथॉक्साम 25% डब्ल्यूजी 100 ग्राम प्रति हेक्टेयर 500 लीटर पानी में घोलकर छिडकाव करें।

सफेद मक्खी (Whitefly)

इस कीट का वैज्ञानिक नाम ***बेमिसिया टाबाकी*** (***Bemisia tabaci***) है। सफेद मक्खी एक रस चूसक कीट है। छोटे मुलायम शरीर वाली सफेद मक्खियाँ पत्तियों का रस चूसती हैं। पत्तियों से रस चूसने के कारण पौधे कमजोर हो जाते हैं। यह आलू में लीफ कर्ल विषाणु रोग का संचरण भी करती है।

प्रबंधन (Management)

- आलू की फसल पर सफेद मक्खियों की संख्या का निरीक्षण करने एवं इन्हे पकड़ने हेतु पीले चिपचिपे कार्ड 25 प्रति हेक्टेयर की दर से खेत मे लगावें ।
- नीम बीज गिरी सत (NSKE) 5% का छिडकाव करें।
- अधिक प्रकोप होने पर इमिडाक्लोप्रिड 17.8% एसएल 150 मिली/ हेक्टेयर 500 लीटर पानी में घोलकर छिड़काव करें।

कटुवा इल्ली (Cut worm)

इस कीट का वैज्ञानिक नाम ***एग्रोटिस सेगेटम*** (***Agrotis segetum***) है। इस कीट की इल्लियाँ रात के समय आलू की नई शाखाओं या जमीन के नीचे दबे हुए कंदों को खाती हैं। फसल की प्रारम्भिक अवस्था में इल्ली अपना भोजन नए पौधे की शाखाओं से ग्रहण करती है। बाद में यह कन्दों में छेदकर नुकसान पहुँचाती हैं जिससे कारण पैदावार तो घटती ही है, साथ ही आलू की गुणवत्ता में भी कमी आती है।

प्रबंधन (Management)

- खेत की गर्मियों में जुताई करके शंखी अवस्था में ही कटुआ कीट को नियंत्रित किया जा सकता है। जुताई के कारण जमीन से बाहर आए हुए इन शंखियों को इसके प्रकृतिक शत्रु खा लेते हैं।
- अंडे और पहले इंस्टार लार्वा के नियंत्रण के लिए नीम बीज गिरी सत (NSKE) 5% का छिडकाव करें।
- कटुआ इल्ली का प्रकोप देखते ही पत्तियों पर कीटनाशक क्लोरोरपाइरीफास 20% ईसी 1000 मिली प्रति हेक्टेयर 500 लीटर पानी मे घोलकर छिड़काव करें।

सफेद लट (White grub)

इस कीट का वैज्ञानिक नाम ***लचनोस्टर्न लॉगिपेन्नी*** (***Lachnosterna longipenni***) है। सफेद सूँडी भी आलू की फसल को नुकसान पहुंचाती है। इस कीट की सूड़ियाँ आलू के पौधों और शाखाओं और उगते हुए कंदों को काट देती हैं बाद कि अवस्था में इसकी सूँडी कंदों में छेद कर देती है जिससे कंदों का बाजार भाव कम हो जाता है यह कीट रात में फसल को क्षति पहुंचाता है।

प्रबंधन (Management)

- ग्रीष्म काल मे खेत की गहरी जुताई करें और मिट्टी को धूप में खुला छोड़ें ।
- गोबर की अच्छी तरह से पकी खाद ही खेत में उपयोग करें।

- क्लोरोपाइरीफास 20% ईसी 2 मिली/लीटर पानी में घोलकर मृदा में ड्रेंचिंग करें।

तेला /लीफ हॉपर (Jassids/ leaf hoppers)

इस कीट का वैज्ञानिक नाम ***अमरास्का डेवास्टांस*** (***Amrasca devastans***) है। इस कीट के शिशु एवं प्रौढ़ दोनों पत्तियों एवं पौधों के कोमल भागों से रस चूसते हैं, जिसके कारण पत्तियां मुड जाती हैं एवं पीली, कांस्य रंग की हो जाती हैं और अंत में सूख जाती हैं।

प्रबंधन (Management)

- नीम बीज गिरी सत (NSKE) 5% का छिडकाव करें।

- अधिक प्रकोप होने पर इमिडाक्लोप्रिड 17.8% एसएल 150 मिली/ हेक्टेयर 500 लीटर पानी में घोलकर छिड़काव करें।

आलू कंद कीट (Potato tuber moth)

इस कीट का वैज्ञानिक नाम ***फ्थोरिमेई ओपेरकुलेला*** (***Phthorimaea operculella***) है। पोटैटो टूबर मोथ कंद और पत्ते दोनों को प्रभावित करते हैं। लार्वा या तो खेत में या भंडारण में कंद को खाते हैं। आम तौर पर भंडारण में गंभीर संक्रमण होता है, जिससे ट्यूब के अंदर अनियमित गैलरी और 'सुरंग' हो जाते हैं। लार्वा का मल छिद्र के पास देखा जा सकता है। लार्वा आलू के पौधों के तनों और पत्तियों पर हमला करते हैं। इस कीट की मौथ पत्तियों में प्रवेश कर अंदर से पत्तियों को खाती है।

प्रबंधन (Management)

- बीज कंदों को 10 सेमी की गहराई पर रोपने से पारंपरिक रोपण गहराई 6 सेमी की तुलना में इसकी क्षति काफी हद तक कम हो जाती है।
- रोपण के 6 से 7 सप्ताह के बाद खेतों में मिटटी चढायें ताकि कंद मिट्टी की सतह से कम से कम 25 सेमी नीचे दब जाएं।
- उन क्षेत्रों में जहां आलू कंद कीट की आबादी काफी अधिक है और गंभीर कंद क्षति की उम्मीद है, दो बार मिटटी चढाई जानी चाहिए ताकि अंडे देने और संक्रमण के लिए कंद किसी भी समय उजागर न हों।
- समय पर और पर्याप्त सिंचाई मिट्टी की दरार को कम करती है और इस तरह आलू कंद कीट हमले या उनके अंडे देने के लिए कंद के जोखिम को कम करती है।
- यह समस्या उन क्षेत्रों में काफी आम है जहां भारी मिट्टी में आलू की फसल ली जाती है। कटे हुए कंदों को जितनी जल्दी हो सके खेत से हटा देना चाहिए।
- फसल के बाद बचे हुए कंदों को भी एकत्र कर लेना चाहिए। सोलानेसी परिवार से संबंधित खरपतवारों सहित सभी पौधों के मलबे को भी एकत्र करके नष्ट कर देना चाहिए।
- टमाटर, तंबाकू, मिर्च और बैंगन जैसी फसलें आलू के खेतों के आसपास नहीं उगानी चाहिए, खासकर आलू कंद कीट प्रभावित क्षेत्रों में।
- स्वस्थ (आलू कंद कीट मुक्त) आलू को लैंटाना कैमरा, नीम या यूकेलिप्टस स्पीशीज के कटे हुए सूखे पत्तों की 2-3 सेंटीमीटर मोटी परतों के साथ कोल्ड स्टोर में स्टोर करें।
- आलू कंद कीट सेक्स फेरोमोन ट्रैप @ 10 ट्रैप/हेक्टेयर की दर से नर पतंगों को बड़े पैमाने पर फँसाने के लिए लगावें ।
- फसल पर बीटी (109 सीएफयू/एमएल) @ 3 मिली/लीटर पानी का छिड़काव करें।
- क्विनालफॉस 20% ईसी 1500 मिली प्रति हेक्टेयर 750 लीटर पानी में घोलकर छिड़काव करें।

प्रमुख रोग (Major diseases)

अगेती अंगमारी (Early blight)

यह रोग ***अल्टरनेरिया सोलानी*** (***Alterneria solani***) नामक फफूंद के कारण होता है। इस रोग में नीचे की पत्तियों पर हल्के भूरे रंग के छोटे- छोटे पूरी तरह बिखरे हुए धब्बे बन जाते हैं। जो अनुकूल मौसम पाकर पत्तियों पर फैलने लगते हैं। जिससे पत्तियॉ नष्ट हो जाती हैं। इस रोग के लक्षण आलू के कंदों पर भी दिखते हैं। भूरे रंग के धब्बें जो बाद मे फैल जाते हैं जिससे आलू खाने योग्य नही रहता है।

प्रबंधन (Management)

- बुवाई से पूर्व खेत की सफाई कर पौधों के अवशेषों को एकत्र कर नष्ट देना चाहिए।
- रोग प्रतिरोधक किस्मों को लगाएं।
- आलू के कंदो को मेंकॉज़ेब 75% डब्ल्यूपी 2.5 ग्राम प्रति लीटर पानी के घोल में 5 मिंनट तक डुबाकर उपचारित करके बोना चाहिए।
- रोग के लक्षण दिखाई देते ही मेनकॉज़ेब 75% डब्ल्यूपी 1500-2000 ग्राम प्रति हेक्टेयर 750 लीटर पानी मे घोलकर छिड़काव करें।
- रोग का अधिक प्रकोप होने पर क्लोरोथालोनिल 75% डब्ल्यूपी 825-750 ग्राम प्रति हेक्टेयर 600-800 लीटर पानी मे घोलकर छिडकाव करें यह किटाज़िन 48% ईसी 500 मिली प्रति हेक्टेयर 500 लीटर पानी मे घोलकर छिडकाव करें या मेटिराम 70% डब्ल्यूजी 2500 ग्राम प्रति हेक्टेयर 500-600 लीटर पानी मे घोलकर छिड़काव करें या प्रोपिनेब 70% डब्ल्यूपी 1500 ग्राम प्रति हेक्टेयर 500 लीटर पानी मे घोलकर छिड़काव करें या एजोक्सिस्ट्रोबिन 11% + टेबुकोनाज़ोल 18.3% एससी 750 मिली प्रति हेक्टेयर 800 लीटर पानी मे घोलकर छिडकाव करें या क्रेसोज़िम-मिथाइल 15% + क्लोरोथालोनिल 56% डब्ल्यूजी 1250 ग्राम प्रति हेक्टेयर 500 लीटर पानी मे घोलकर छिडकाव करें।

पछेती अंगमारी (Late blight)

यह रोग ***फाइटोफ्थोरा इन्फेस्टैन्स*** (*Phytophthora infestans*) नामक फफूंद के कारण से होता है। रोग के लक्षण सबसे पहले नीचे की पत्तियों पर हल्के हरे रंग के धब्बें के रूप में दिखाई देते हैं जो जल्द ही भूरे रंग के हो जाते हैं। यह धब्बें अनियमित आकार के बनते हैं। जो अनुकूल मौसम पाकर बड़ी तीव्रता से फैलते हैं और पत्तियों को नष्ट कर देते है। रोग की विशेश पहचान पत्तियों के किनारें और शीर्ष भाग का भूरा होकर झुलस जाना है। इस रोग के लक्षण कंदो पर भी दिखाई पड़ते हैं। जिससे उनका विगलन होने लगता है।

प्रबंधन (Management)

- प्रमाणित बीज का उपयोग किया जाना चाहिए ।
- रोग प्रतिरोधक क़िस्मों का चयन किया जाना चाहिए।
- आलू के कंदो को मेंकॉज़ेब 75% डब्ल्यूपी 2.5 ग्राम प्रति लीटर पानी के घोल में 5 मिंनट तक डुबाकर उपचारित करके बोना चाहिए।
- रोग के लक्षण दिखाई देते ही एजोक्सिस्ट्रोबिन 23% एससी 500 मिली प्रति हेक्टेयर 500 लीटर पानी मे घोलकर छिडकाव करें ।
- रोग का अधिक प्रकोप होने पर साइज़ोफामिड 34.5% एससी 200 मिली प्रति हेक्टेयर 500 लीटर पानी मे घोलकर छिडकाव करें या मंडीप्रोपामिड 23.4% एससी 400 मिली प्रति हेक्टेयर 500 लीटर पानी मे घोलकर छिडकाव करें या फैमोक्सैडोन 16.6% + सिमोक्सानिल 22.1% एससी 500 मिली प्रति हेक्टेयर 500 लीटर पानी मे घोलकर छिडकाव करें या मेटलैक्सिल एम 4% + मैनकोज़ब 64% डब्ल्यूपी 1250 ग्राम प्रति हेक्टेयर 500 लीटर पानी मे घोलकर छिडकाव करें या मेटलैक्सिल एम 3.3% + क्लोरोथालोनिल 33.1% एससी 1000 मिली प्रति हेक्टेयर 500 लीटर पानी मे घोलकर छिडकाव करें या मेटिराम 55% + पायराक्लोस्ट्रोबिन 5% डब्ल्यूजी 1250 ग्राम प्रति हेक्टेयर 500 लीटर पानी मे घोलकर छिड़काव करें या सायमोक्सानिल 8%+ मेनकॉज़ेब 64% डब्ल्यूपी 1250 ग्राम प्रति हेक्टेयर 500-750 लीटर पानी मे घोलकर छिड़काव करें।

जीवाणु म्रदु गलन (Bacterial soft rot)

यह रोग ***इरविनिया कैरोटोवोरा*** (*Erwinia carotovora*) नामक जीवाणु से होता है। रोग ग्रसित पौधे सामान्य पौधों से छोटे होते हैं। जो कुछ ही समय मे हरे के हरे ही मुरझा जाते हैं। प्रभावित पौधों की जड़ों को काटकर कॉच के ग्लास मे साफ पानी में रखने से जीवाणु रिसाव स्पष्ट देखा जा सकता हैं। अगर इन पौधों मे कंद बनता है तो काटने पर एक भूरा घेरा देखा जा सकता है।

प्रबंधन (Management)

- ग्रीष्म कालीन गहरी जुताई किया जाना चाहिए ।
- प्रमाणीत बीज का पउपयोग किया जाना चाहिए ।
- कंद लगाते समय 10-12 किलोग्राम प्रति हेक्टेयर की दर से ब्लीचिंग पाउडर उर्वरक के साथ कुंड मे मिलायें।
- रोग दिखाई देने पर नत्रजन अमोनियम सल्फेट के रूप मे देना चाहिए जो रोगजनक पर विपरीत प्रभाव डालता है।

काली रुसी (Black scurf)

यह रोग ***राइजोक्टोनिया सोलेनाई*** (*Rhizoctonia solani*) नामक फफूंद के कारण होता है। इस रोग के प्रमुख लक्षण कंदो पर पर दिखाई पड़ते हैं। कंदों पर काले रंग के मस्सो की तरह उभार दिखाई देते हैं जिससे कंद खाने योग्य नही रह जाते हैं।

प्रबंधन (Management)

- प्रमाणीत बीज का उपयोग किया जाना चाहिए ।
- प्रतिरोधक किस्मों का उपयोग किया जाना चाहिए।
- आलू की बुआई के पूर्व बीज को कार्बोक्सिन 37.5% + थीरम 37.5% डब्ल्यूएस 2.5 ग्राम प्रति किलोग्राम आलू की दर से बीजोपचार करें या
- आलू की बुआई के पूर्व बीज को थाईफलूजामाइड़ 24% एससी 2.5 मिली प्रति 10 किलोग्राम आलू की दर से बीजोपचार करें।

सामान्य स्कैब (Common scab)

यह रोग ***स्ट्रेप्टोमाइसेस स्केबीज*** (*Streptomyces scabies*) फफूंद के कारण से होता है। इस रोग के प्रमुख लक्षण पौधो कंदो पर पर दिखाई पड़ता हैं। कंदो मे हल्के भूरे रंग के फोड़े के समान स्केब दिखाई पड़ते हैं जो की कुछ उभरे और कुछ गहरे स्केब दिखई पड़ते है जिसके

कारण कंद खाने योग्य नही रह जाते।

प्रबंधन (Management)

- प्रमाणीत बीज का उपयोग किया जाना चाहिए ।
- बीज को मेंकॉज़ेब 75% डब्ल्यूपी 2.5 ग्राम प्रति लीटर पानी के घोल मे 5 मिनट तक डुबोकर उपचारित करें।

विषाणु रोग (Viral diseases)

आलू की फसल में कई प्रकार के विषाणु रोगों का प्रकोप होता है तथा इनसे उपज अधिक प्रभावित होती है आलू के विषाणु जनित रोगों में से पत्ती मोड़क रोग सबसे अधिक व्यापक रोग है तथा इसके द्वारा 25-30% आलू की उपज में कमी हो जाती है। यह रोग लगभग सभी आलू उगाने वाले क्षेत्रों में आता है। यह पत्ती मोड़क विषाणु रोग मुख्य रोग वाहक कीट माहू (*माइजस परिसिकि*) के द्वारा फैलता है। इस रोग का विषाणु कंदो में जीवित रहता है अतः संक्रमित कंदों को बीज के रूप में उपयोग नही करना चाहिए। इस रोग में संक्रमित पौधों में पत्तियाँ किनारों से सिकुड़कर उपर की ओर मुड़ जाती हैं। पौधे की निचली पत्तियाँ पहले मुड़ती है तथा बाद में उपरी हिस्से की पत्तियाँ भी मुड़ती हैं एवं मुड़ी पत्तियाँ मोटी हो जाती हैं। पौधे बौने रह जाते हैं एवं वृद्धि रूक जाती है।

प्रबंधन (Management)

- रोगग्रस्त पौधों को उखाड़कर नष्ट करें।
- रोग के वाहक कीट माहू के नियंत्रण के लिए थायोमिथॉक्साम 25% डब्ल्यूजी 100 ग्राम प्रति हेक्टेयर 500 लीटर पानी में घोलकर छिडकाव करें।

जड़ गाँठ सूत्रकृमि (Root knot nematode)

रूट-नॉट नेमाटोड आलू के पौधों की जड़ों और कंदों को संक्रमित करता है जिससे पोषक तत्व और पानी के अवशोषण/स्थानांतरण के सामान्य कार्यों में बाधा उत्पन्न होती है। संक्रमित पौधे बौने, हरितहीन होते हैं और उनके पत्ते रुक जाते हैं और जड़ों का विकास कम होता है। जड़ों पर गाठें छोटी होती हैं और अक्सर किसी का ध्यान नहीं जाता है, लेकिन कंदों में मस्सा या खुरदरी सतह होती है जो उनके बाजार मूल्य को कम कर देती है।

प्रबंधन (Management)

- गर्मी के महीनों के दौरान खेतों की गहरी जुताई करें।
- फसल चक्र अपनाएं।
- अक्टूबर के दूसरे सप्ताह के दौरान शरद ऋतु में और वसंत के लिए जनवरी की शुरुआत में आलू की फसल बोने से कंदों पर जड़ गाँठ सूत्रकृमि संक्रमण सीमित हो सकता है।
- आलू की 2 या 3 पंक्तियों के बीच एक पंक्ति गेंदा की उगाने से जड़ गाँठ सूत्रकृमि संक्रमण को कम करके फसल के प्रदर्शन में सुधार होता है।
- जड़ गाँठ सूत्रकृमि प्रभावित खेत से खोदे गए आलू को बाद की फसल के लिए बीज के रूप में इस्तेमाल नहीं करना चाहिए। प्रभावित खेतों से मिट्टी और पानी को जड़ गाँठ सूत्रकृमि मुक्त खेतों में जाने से भी बचना चाहिए। इसके अलावा, खेत को खरपतवारों से मुक्त रखा जाना चाहिए क्योंकि जड़ गाँठ सूत्रकृमि की एक विस्तृत मेजबान सीमा होती है और अधिकांश खरपतवार उनकी मदद करते हैं।
- कार्बोफुरन 3% सीजी 100 किलो प्रति हेक्टेयर की दर से दो बराबर भागों में बांटकर अर्थात आधा रोपण के समय और शेष आधा मिटटी चढाते समय उपयोग करें ।

21

मटर

परिचय (Introduction)

मटर (Pea) का शीतकालीन सब्जियों में का प्रमुख स्थान है। यह ठंडे मौसम की फसल है जो पूरी विश्व में उगाई जाती है। इसकी खेती हरी फली (सब्जी), एवं दाल के लिये किया जाता है। इसका उत्पत्ति स्थान **मध्य एशिया, निकट पूर्व, अबीसीनिया और भूमध्यसागरीय क्षेत्र (Central Asia, the Near East, Abyssinia and the Mediterranean region)** माना जाता है। इसमे प्रचुर मात्रा मे प्रोटीन, कार्बोहाइड्रेट, रेशा, फास्फोरस, पोटेशियम एवं विटामिन्स पाया जाता है। आजकल मटर की डिब्बा बंदी भी काफी लोकप्रिय है। भारत में 540.48 हजार हेक्टेयर में मटर की खेती की जाती है, जिससे 6094.9 हजार मीट्रिक टन उत्पादन प्राप्त होता है। भारत में मटर की औसत उत्पादकता 10.0 मीट्रिक टन प्रति हेक्टेयर है (**हॉर्टिकल्चर स्टेटिस्टिक्स एट ए ग्लांस 2018**)। भारत में लगभग सभी राज्यों में मटर की खेती की जाती है। भारत में उत्तर प्रदेश, मध्य प्रदेश, पंजाब, गुजरात, झारखण्ड एवं हिमाचल प्रदेश प्रमुख मटर उत्पादक राज्य हैं।

वानस्पतिक विवरण (Botanical discription)

मटर का वानस्पतिक नाम ***पाइसम सैटिवुम*** **एल.(*Pisum sativum* L.)** है। यह **फेबेसी (Fabaceae)** कुल के अंतर्गत आती है। यह एक वार्षिक पौधा है, जिसका एक वर्ष का जीवन चक्र होता है। फूल नीले, गुलाबी, बैंगनी और सफेद रंग के होते हैं । बीज गोलाकार, चिकने या झुर्रीदार होते हैं, दाने हरे या पीले रंग के हो सकते हैं, एक फली में कई दाने होते हैं। मटर एक **स्वः परागित (self-pollinated)** फसल है । मटर में दैहिक गुणसूत्र संख्या (somatic chromosome number) 2n = 14 होते हैं।

उपयुक्तजलवायु (Suitable climate)

मटर ठंडी व नम जलवायु चाहने वाली फसल है। इसकी बीज अंकुरण के लिये औसत 22 डिग्री सेल्सियस एवं अच्छी वृद्धि एवं विकास के लिये 10-18 डिग्री सेल्सियस तापमान की आवश्यकता होती है। यदि फलियों के निर्माण के समय गर्म या शुष्क मौसम हो जाये तो मटर के गुणों एवं उत्पादन पर प्रतिकूल प्रभाव पड़ता है।

मृदा का चयन (Selection of soil)

मटर की सफल खेती के लिये उचित जल निकास क्षमता वाली, जीवांश पदार्थ युक्त दोमट तथा बलुई दोमट मृदा उपयुक्त मानी जाती है। भूमि का पीएच (pH) मान 6.0 से 7.5 होना उपयुक्त रहता है।

उन्नत किस्में (Improved varieties)

आर्केल (Arkel)

यह शीघ्र पकने वाली (बुआई के 45-50 दिनों बाद) किस्म है। पौधे बौने (35-45 सेमी) होते हैं, निचले नोड्स पर डबल पॉड्स और ऊपरी नोड्स पर एकान्त होते हैं। फली आकर्षक, गहरे हरे रंग की, 8-9 सेमी लंबी, बाहर के सिरे पर सीवन की ओर मुड़ी हुई (दरांती के आकार की), अच्छी तरह से 7-8 बीज/फली से भरी हुई होती हैं। यह किस्म ताजा बाजार और निर्जलीकरण के लिए उपयुक्त। यदि उच्च तापमान के तहत बोया जाता है तो पौधे कॉलर रोट के लिए अतिसंवेदनशील होते हैं। इस किस्म की औसत उपज 75-80 क्विंटल प्रति हेक्टेयर उपज दें। यह किस्म पूरे भारत में अनुशंसित है।

बोनेविले (Bonneville)

इस किस्म के पौधे मध्यम-लम्बे होते हैं, बीज बोने के बाद 55-60 दिनों में दो फली तुड़ाई के लिए तैयार हो जाती हैं। फली हल्की हरी, सीधी, 8-9 सेमी लंबी होती हैं, जिसमें प्रति फली में 6-7 दाने होते हैं और 45% छिलका होता है। बीज हरे और झुर्रीदार होते हैं। इस किस्म की औसत उपज 65-70 क्विंटल प्रति हेक्टेयर । यह किस्म पूरे भारत के लिए अनुशंसित है।

काशी नंदिनी (Kashi Nandini)

यह शीघ्र तैयार होने वाली किस्म है। पौधे 47-51 सेमी ऊँचाई के होतें हैं । 50% पौधों में बुवाई के 31 दिनों के बाद फूल आ जाते हैं। फलियां आकर्षक, 8- 9 सेमी लम्बी, 8 से 9 दानों वाली होती है। पहली तुड़ाई बुवाई के 55 दिन बाद की जा सकती है। यह किस्म फली छेदक एवं लीफ माइनर के प्रति सहनशील है। इस किस्म की औसत उपज 75-80 क्विंटल प्रति हेक्टेयर है। यह किस्म जम्मू-कश्मीर, हिमाचल प्रदेश, उत्तराखंड, पंजाब, उत्तर प्रदेश के तराई क्षेत्र, बिहार, झारखंड, कर्नाटक, तमिलनाडु और केरल के लिए अनुशंसित है।

काशी उदय (Kashi Uday)

इस किस्म के पौधे की ऊंचाई 60-65 सेमी होती है और 50% पौधे बुवाई के 34-35 दिन बाद फूल आते हैं। पौधों में गहरे हरे पत्ते और 8-10 फली/पौधे के साथ छोटे इंटर्नोड होते हैं। फली 9-10 सेमी लंबी होती है, 8-9 मोटे बीज/फली के साथ आकर्षक, गोलाबारी प्रतिशत 50-51 के साथ। बुवाई के 58-60 दिनों के बाद से कटाई शुरू हो जाती है और 3-4 तुड़ाई में 85-90 क्विंटल प्रति हेक्टेयर की कुल उपज प्राप्त की जा सकती है। यह किस्म उत्तर प्रदेश के लिए अनुशंसित है।

काशी समृद्धि (Kashi Samridhi)

इस किस्म में गहरे हरे रंग की फलियों के साथ पौधे का प्रकार अर्ध-निर्धारण, मध्यम परिपक्व, प्रति फली बीजों की संख्या 7-8 होती है। यह किस्म चूर्णी फफूंदी के लिए प्रतिरोधी है । इस किस्म की औसत उपज 125 क्विंटल/हेक्टेयर है। यह किस्म उत्तर प्रदेश, पंजाब, बिहार और झारखंड राज्यों में खेती के लिए अनुशंसित की गई है ।

काशी मुक्ति (Kashi Mukti)

यह किस्म जल्दी पकने वाली पाउडर फफूंदी के लिए प्रतिरोधी है । इस किस्म को क्रॉस नंबर 7 x पीएम-5 से वंशावली चयन के माध्यम से विकसित किया गया है। पौधे की ऊंचाई 50-53 सेमी होती है और 50% पौधे बुवाई के 35-36 दिनों के बाद फूलने लगते हैं। फली 8.5-9 सेंटीमीटर लंबी होती है, आकर्षक 8-9 बोल्ड नरम बनावट वाले बीजों से भरी होती है, यह किस्म 110-120 क्विंटल प्रति हेक्टेयर उपज देती है। इस किस्म को उत्तर प्रदेश, पंजाब और झारखंड में खेती के अधिसूचित किया गया है।

अर्का अजीत (Arka Ajit)

यह मध्य-मौसम की किस्म है । फलियाँ मध्यम लंबी, हल्के हरे रंग की होती हैं। बीज मोटे, हरे और मीठे होते हैं। यह किस्म चूर्णी फफूंदी और गेरुआ रोग के लिए प्रतिरोधी है । इस किस्म की औसत उपज 90 दिनों में 100 क्विंटल /हेक्टेयर है ।

अर्का कार्तिक (Arka Karthik)

यह मध्य-मौसम की किस्म है । फलियाँ मध्यम लंबी, हल्के हरे रंग की होती हैं। बीज मोटे, हरे और मीठे होते हैं। यह किस्म चूर्णी फफूंदी और गेरुआ रोग के लिए प्रतिरोधी है । इस किस्म की औसत उपज 90 दिनों में 110 क्विंटल /हेक्टेयर है ।

अर्का सम्पूर्णा (Arka Sampoorna)

यह मध्य-मौसम और पूरी फली खाने योग्य मटर की किस्म। फलियाँ मध्यम लंबी, हल्के हरे रंग की होती हैं। बीज मध्यम मोटे, हल्के हरे और मीठे होते हैं। यह किस्म चूर्णी फफूंदी और गेरुआ रोग के लिए प्रतिरोधी है । इस किस्म की औसत उपज 90 दिनों में 80 क्विंटल /हेक्टेयर है ।

अर्का प्रिया (Arka Priya)

यह मध्य-मौसम की किस्म है । फली और बीज दोनों गोल और गहरे हरे रंग के होते हैं। बीज बहुत ही मीठे और बोल्ड होते हैं। यह किस्म चूर्णी फफूंदी और गेरुआ रोग के लिए प्रतिरोधी है । इस किस्म की औसत उपज 90 दिनों में 120 क्विंटल /हेक्टेयर है ।

अर्का प्रमोद (Arka Pramodh)

यह मध्य-मौसम की किस्म है । फलियाँ हरी, चौड़ी और लंबी होती हैं। बीज मोटे, गोल, मीठे और गहरे हरे रंग के होते हैं। यह किस्म चूर्णी फफूंदी और गेरुआ रोग के लिए प्रतिरोधी है । इस किस्म की औसत उपज 90 दिनों में 120 क्विंटल /हेक्टेयर है ।

अर्का अपूर्वा (Arka Apoorva)

यह मध्य-मौसम और पूरी फली खाने योग्य मटर की किस्म है । फलियाँ मध्यम लंबी, गहरे हरे रंग की होती हैं। बीज मध्यम मोटे, गहरे हरे और बनावट में बहुत मीठे, कुरकुरे होते हैं। यह किस्म चूर्णी फफूंदी और गेरुआ रोग के लिए प्रतिरोधी है । इस किस्म की औसत उपज 90 दिनों में 110 क्विंटल /हेक्टेयर है।

अर्का निर्मल (Arka Nirmal)

यह एक अगेती किस्म है, खरीफ और रबी दोनों के लिए उपयुक्त है । फलियाँ छोटी, गोल और सीधी होती हैं। बीज गहरे हरे और मोटे होते हैं। इस किस्म की औसत उपज 60 दिनों में 85 क्विंटल /हेक्टेयर है।

अर्का हरिणी (Arka Harini)

यह एक अगेती किस्म है, खरीफ और रबी दोनों के लिए उपयुक्त। फलियाँ सीधी और गोल होती हैं जिनमें गहरे हरे, मोटे और मीठे बीज होते हैं। इस किस्म की फली की औसत उपज 60 दिनों में 80 क्विंटल /हेक्टेयर है।

अर्का मयूर (Arka Mayur)

यह एक अगेती किस्म है, खरीफ और रबी दोनों के लिए उपयुक्त। फलियाँ छोटी, सीधी और अंडाकार होती हैं। बीज गहरे हरे, मोटे और मीठे होते हैं। इस किस्म की फली की औसत उपज 60 दिनों में 80 क्विंटल/हेक्टेयर है।

अर्का तापस (Arka Tapas)

इस किस्म के पौधे माध्यम-लम्बे होते हैं। यह मध्य-मौसमी किस्म है, उच्च तापमान (35°C तक) के प्रति सहिष्णु है । फलियाँ छोटी और गहरे हरे रंग की होती हैं। बीज गहरे हरे, आकार में गोल और मीठे होते हैं। इस किस्म की फली की औसत उपज 90 दिनों में 60 क्विंटल /हेक्टेयर है।

अर्का उत्तम (Arka Uttam

इस किस्म के पौधे लम्बे होते हैं। यह मध्य-मौसमी किस्म है, उच्च तापमान (35°C तक) के प्रति सहिष्णु है । फलियाँ लंबी और गहरे हरे रंग की होती हैं। बीज गहरे हरे, आकार में गोल और मीठे होते हैं। इस किस्म की फली की औसत उपज 90 दिनों में 70 क्विंटल /हेक्टेयर है।

अर्का चित्रा (Arka Chaitra)

इस किस्म के पौधे लम्बे होते हैं। यह मध्य-मौसमी किस्म है, उच्च तापमान (35°C तक) के प्रति सहिष्णु है । फलियाँ लंबी और हल्के हरे रंग की होती हैं। बीज हल्के हरे, आकार में गोल और मीठे होते हैं। इस किस्म की फली की औसत उपज 90 दिनों में 70 क्विंटल /हेक्टेयर है।

जवाहर मटर 3 (Jawahar Matar-3)

यह किस्म जबलपुर में टी 19 व अर्ली बैजर के संकरण के बाद सिलेक्शन द्वारा विकसित की गई है। इस किस्म में दाना प्राप्ति प्रतिशत अधिक (45 प्रतिशत) होता है। बुवाई के 50-50 दिनों के बाद पहली तुड़ाई प्रारंभ होती है। इस किस्म की औसत उपज 40 क्विंटल / हेक्टेयर है।

जवाहर मटर 4 (Jawahar Matar-4)

यह किस्म जबलपुर में संकर टी 19 और लिटिल मार्वल से उन्नत पीढ़ी वरणों द्वारा विकसित की गई थी। इसकी 70 दिनों के बाद पहली तुड़ाई शुरू की जा सकती है। इस किस्म की औसत उपज 70 क्विंटल / हेक्टेयर है।

पंत सब्जी मटर 5 (Pant Sabji Matar-5)

यह जल्दी तैयार होने वाली किस्म है। इसकी पहली हरी फली तुड़ाई 60 से 65 दिनों के भीतर की जा सकती है और बीज परिपक्वता बुआई के 100 से लेकर 110 दिनों में होती है। यह किस्म चूर्णिल फफूंदी रोग प्रतिरोधी होती है। इसकी हरी फली उपज 90-100 क्विंटल प्रति हैक्टेयर है। यह किस्म कुमाऊं की पहाडि़यों और उत्तराखंड के मैदानों में खेती के लिए उपयुक्त है।

खेती की तैयारी (Field prepration)

खरीफ की फसल की कटाई के बाद भूमि की जुताई 2-3 बार कल्टीवेटर से करके रोटावेटर चलाकर भूमि तैयार करनी चाहिए। धान के खेतों में मिट्टी के ढेलों को तोडऩे का प्रयास करना चाहिए। अच्छे अंकुरण के लिए मिट्टी में नमी होना जरुरी है।

बीज दर एवं बीजोपचार (Seed rate and seed treatment)

मटर की अगेती किस्मों के लिये 100 किलोग्राम एवं मध्यम व पछेती किस्मों के लिये 80 किलोग्राम बीज प्रति हेक्टेयर आवश्यक होता है। मटर को उकटा एवं जड़ सड़न रोग से बचाव हेतु बीज को बुआई से पूर्व थायरम 2 ग्राम + कार्बेन्डाजिम 1 ग्राम प्रति किलो बीज या *ट्राइकोडर्मा विरडी* 4 ग्राम प्रति किलोग्राम बीज की दर से उपचारित करें। इसके उपरान्त बीज को राइजोवियम एवं पीएसबी कल्चर प्रत्येक की 5 ग्राम मात्रा प्रति किलो बीज की दर से उपचारित करें। 100 ग्राम गुड़ का आधा लीटर पानी में घोल बनायें घोल को गुनगुना गर्म करें तथा ठंडा कर राइजोवियम कल्चर एवं पीएसबी कल्चर मिलाऐं। घोल को बीज के ऊपर समान रूप से छिड़क दें और धीरे-धीरे हाथ से मिलाऐं ताकि बीज के ऊपर कल्चर अच्छे से चिपक जाऐं। उपचारित बीज को कुछ समय के लिए छाँव में सुखाएं । बीज उपचार के बीजों की तुरंत बुआई करें।

बुवाई का समय एवं तरीका(Time of sowing and method)

मटर की बुआई अच्छे उत्पादन के लिये मध्य अक्टूबर से नवंबर माह तक कर लेना चाहिए । इसकी बुआई सीड ड्रील द्वारा की जाती है। पौधों की आपस मे दूरी 10 सेमी एवं कतार से कतार की दूरी 30 सेमी रखना चाहिए ।

एकीकृत पोषक तत्व प्रबंधन (Integrated Nutrient Management)

मटर में खाद एवं उर्वरकों का उपयोग मृदा परीक्षण के आधार पर करें। सामान्यतः मटर को गोबर या कम्पोस्ट खाद 150-200 क्विंटल/ हेक्टेयर खेत की तैयारी के समय देवें। चूंकि यह दलहनी फसल है इसलिये इसकी जड़ें नत्रजन स्थरीकरण का कार्य करती हैं, अत: फसल को कम नत्रजन देने की आवश्यकता पड़ती है। रासायनिक खाद के रूप मे 50 किलोग्राम नाइट्रोजन, 75 किलोग्राम फास्फोरस एवं 40 किलोग्राम पोटाश/ हेक्टेयर बुवाइ्र के समय ही कतारों में बीज के नीचे दिया जाना चाहिए।

खरपतवार प्रबंधन (Weed management)

मटर की अच्छी पैदावार प्राप्त करने के लिये खेत को खरपतवारों से मुक्त रखना चाहिये। कम से कम 2 बार निराई-गुड़ाई करना चाहिये। रासायनिक विधि में पेण्डीमेथिलिन 30% ईसी 3.33 लीटर/ हेक्टेयर 500 लीटर पानी में घोलकर बुवाड़ के बाद एवं अंकुरण के पूर्व मृदा पर छिडकाव करें।

सिंचाई प्रबन्धन (Irrigation management)

बीज बोने के तुरंत बाद हल्की सिंचाई करना चाहिये। पहली सिंचाई बुआई के 30 दिन बाद या फूल आने से पूर्व करे एवं दूसरी सिंचाई फलियों के निर्माण के समय करना आवश्यक रहता है। सिंचाई मे ध्यान रखे कि अधिक जल भराव से फसल पर हानिकारक प्रभाव पड़ता है।

संभावित उपज (Potential yield)

अगेती क़िस्मों से हरी फलियों की पैदावार 60-80 क्विंटल प्रति हेक्टेयर मध्यम एवं देरी की अवधि वाली किस्मों से 100-110 क्विन्टल प्रति हेक्टेयर उपज प्राप्त हो जाती है।

एकीकृत कीट एवं रोग प्रबंधन (Integrated Pest and Disease Management)

प्रमुख कीट (Major insects)

फली छेदक (Pod borer)

इस कीट का वैज्ञानिक नाम *हेलीकोवरपा आर्मिगेरा हुबनेर* (*Helicoverpa armigera* Hubner) है। इस कीट की हल्के हरे रंग की तीन धारी वाली सूँडी फली पर वृत्ताकार छेद बनाती है। इस कीट की सूड़ियाँ फलियों में छेद करके अन्दर बीज व कोमल भागों को खाती हैं जिसका सही पहचान यह है कि इसके शरीर का आधा हिस्सा बाहर व आधा हिस्सा अन्दर होता है।

प्रबंधन (Management)

- प्रकाश प्रपंच @ 1/हेक्टेयर का प्रयोग करें और शाम 6 बजे से रात 10 बजे के बीच करें।
- वयस्क पतंगों की गतिविधि की निगरानी के लिए फेरोमोन ट्रैप 10-12 ट्रैप/हेक्टेयर की दर से लगावें (हर 2-3 सप्ताह के बाद चारा को नए चारा से बदलें) ।
- नीम गिरी 4% या *बैसिलस थ्रूजेंसिस* (बी.टी.) 1000 ग्राम प्रति हेक्टेयर 500 लीटर पानी मे घोलकर छिडकाव करें।
- अधिक प्रकोप की अवस्था मे इल्लियों के प्रभावी नियंत्रण हेतु अधिक प्रकोप की अवस्था में फल छेदक इल्लियों के प्रभावी नियंत्रण हेतु इमामेक्टिन बेंजोएट 5% एसजी 200 ग्राम प्रति हेक्टेयर 500 लीटर पानी या क्लोरोन्ट्रेनिलीप्रोल 18.5% एससी 150 मिली प्रति हेक्टेयर 500 लीटर पानी मे घोलकर छिडकाव करें।

मटर माहू (Pea aphid)

इस कीट का वैज्ञानिक नाम *एक्रिथोसिफॉन पाइसम* (*Acrythosiphon pisum*) है। इस कीट का प्रकोप जनवरी माह से आरम्भ हो जाता है। इस कीट के शिशु एवं वयस्क दोनों पौधों के कोमल भागों से रस चूसकर हानि पहुँचाते हैं। इस कीट के आक्रमण के उपरान्त पत्तियों पर काले-काले धब्बे बन जाते हैं। जिसका प्रभाव पौधों की वृद्धि और उपज पर पड़ता है।

प्रबंधन (Management)

- पौधे के तने अथवा अन्य भाग जहाँ माहू की कालोनी दिखाई दें उसको तोड़कर नष्ट कर दें।
- नीम तेल 1500 पीपीएम 2.5 लीटर प्रति हेक्टेयर 500 लीटर में घोलकर 10 दिनो के अन्तराल पर छिड़काव करें।
- अधिक प्रकोप की अवस्था में डाइमेथोएट 30% ईसी 500 मिली प्रति हेक्टेयर 500 लीटर पानी मे घोलकर छिडकाव करें या इमिडाक्लोप्रिड 17.8% एसएल 150 मिली प्रति हेक्टेयर 500 लीटर पानी मे घोलकर छिडकाव करें।

पत्ती सुरंगक (Leaf minar)

इस कीट का वैज्ञानिक नाम *क्रोमैटोमिया हॉर्टिकोला* (*Chromatomyia horticola*) है। यह कीट पौध वृद्धि अवस्था में ज्यादा हानिकारक होता है। इस कीट की मैगट पत्तियों में टेड़े-मेढ़े सुरंग बनाकर पत्तियों के हरे भागों को खाकर नष्ट कर देती है।

प्रबंधन (Management)

- इस कीट के नियंत्रण के लिए 4 प्रतिशत नीम गिरी चूर्ण का छिड़काव (40 ग्राम नीम गिरी चूर्ण प्रति लीटर पानी) लाभकारी पाया गया है।
- अधिक प्रकोप की अवस्था मे इमिडाक्लोप्रिड 17.8% एसएल 100 मिली प्रति हेक्टेयर 500 लीटर पानी में घोलकर 15 दिन के अंतराल पर छिड़काव करना चाहिए।

प्रमुख रोग (Major diseases)

भभूतिया रोग (Powdery mildew)

यह रोग ***एरीसिपे पिसी*** **डीसी.(*Erysiphe pisi* DC.)** नामक फफूंद से होता है। इस रोग में तना, पत्तियां तथा फलियाँ प्रभावित होती हैं। प्रभावित स्थान पर हल्के दाग बनते हैं, जो बाद में, सफेद पाउडर के रूप में बढ़कर एक दूसरे से मिल जाते हैं और धीरे-धीरे पूरी की पूरी पत्ती एवं पौधा सफेद चूर्ण से ढ़ँक जाता है एवं बाद में पत्तियां गिर जाती हैं।

प्रबंधन (Management)

- रोगरोधी किस्मों के चयन करें।

- प्रकोप के शुरुआत में सल्फर 80% डब्ल्यूजी 2000-2500 ग्राम प्रति हेक्टेयर 750-1000 लीटर पानी में घोलकर छिडकाव करें।

उकठा (Wilt)

यह रोग ***फुसैरियम ऑक्सीस्पोरम*** एफ ***स्पीशीज पिसी*** **(*Fusarium oxysporum* f. sp. *pisi*)** नामक फफूंद से होता है। इस रोग से प्रभावित पत्तियाँ पीली पड़ जाती हैं एवं बाद में पौधा सूख जाता है।

प्रबंधन (Management)

- उकटा रोग प्रतिरोधी किस्मों का चयन करना चाहिए।
- उकटा रोग की रोकथाम के लिए बुआई के पूर्व बीज को थायरम 2 ग्राम + कार्बेन्डाजिम 1 ग्राम प्रति किलोग्राम बीज या *ट्राइकोडर्मा विरडी* 4 ग्राम प्रति किलोग्राम की दर से उपचारित करके ही बुआई करनी चाहिए।
- खड़ी फसल में रोग की रोकथाम के लिये कार्बेन्डाजिम 50% डब्ल्यूपी 500 ग्राम प्रति हेक्टेयर 500 लीटर पानी मे घोलकर जड़ क्षेत्र में मृदा में डालें।

रतुआ (Rust)

यह रोग ***यूरोमाइसेस फैबे*** **(*Uromyces fabae*)** नामक फफूंद से होता है। संक्रमित पौधों की पत्तियों में आमतौर पर निचली सतह पर कई छोटे, नारंगी-भूरे रंग के दाने दिखाई देते हैं। गंभीर रूप से संक्रमित पत्तियाँ मुरझा जाती हैं और पौधे से झड़ जाती हैं। तनों पर बड़े-बड़े दाने हो जाते हैं और फलियों पर अलग-अलग दाने पाए जा जाते हैं। गंभीर संक्रमण के परिणामस्वरूप बीज का आकार कम हो सकता है और उपज में 30% तक की हानि हो सकती है।

प्रबंधन (Management)

- रोग प्रतिरोधी किस्मों का चयन करना चाहिए।
- कटाई के बाद सभी रोगग्रस्त पौधों के अवशेषों को नष्ट कर दें।
- गैर फलीदार फसलों के साथ उपयुक्त फसल चक्र अपनाएं।
- प्रभावी नियंत्रण के लिए 5-7 दिनों के अंतराल पर फ्लुसिलाज़ोल 40% ईसी 300 मिली प्रति हेक्टेयर 500 लीटर पानी या हेक्साकोनाज़ोल 5% ईसी 1000 मिली प्रति हेक्टेयर 500 लीटर पानी में घोलकर छिडकाव करें।

तुलासिता/रोमिल फफूंद (Downy mildew)

यह रोग ***पेरोनोस्पोरा विसिया*** **(*Peronospora viciae*)** नामक फफूंद से होता है। इस रोग के कारण पत्ती की निचली सतह पर एक धूसर-सफ़ेद, फफूंदीदार वृद्धि दिखाई देती है, और पत्ती के विपरीत तरफ एक पीलापन लिए हुए क्षेत्र दिखाई देता है। यदि मौसम ठंडा और नम है तो संक्रमित पत्तियाँ पीली पड़ सकती हैं और मर सकती हैं। तने विकृत और अवरुद्ध हो सकते हैं। फलियों पर भूरे रंग के धब्बे दिखाई देते हैं, और फलियों के अंदर फफूँद बढ़ सकती है।

प्रबंधन (Management)

- रोगग्रस्त पौधों को खेत में पता लगने के तुरंत बाद हटा देना चाहिए और जला देना चाहिए।

- रोग का प्रकोप अधिक होने पर अधिक होने पर मेन्कोजेब 75% डव्लूपी 1000 ग्राम प्रति हेक्टेयर 500 लीटर पानी में घोलकर छिडकाव करना चाहिए।

स्क्लेरोटिनिया ब्लाइट (Sclerotinia Blight)

यह रोग ***स्क्लेरोटिनिया स्क्लेरोटोरियम*** **(*Sclerotinia sclerotiorum*)** नामक फफूंद से होता है। रोग को ऊतकों के गीले, मुलायम और सफेद सड़ांध के रूप में देखा जाता है। सड़े हुए भाग पर शीघ्र ही सफेद कवक की वृद्धि देखी जाती है। बाद में सफेद कवकजाल में अंतःस्थापित स्क्लेरोशिया संक्रमित भाग के साथ-साथ गूदे और फली के भीतरी भाग पर बन जाता है। मटर पर प्राथमिक संक्रमण हमेशा फलियों के बाद मौखिक संक्रमण से शुरू होता है। स्क्लेरोटिया में परिवर्तित बीज थ्रेशिंग के दौरान सहवर्ती मिश्रण बन जाते हैं।

प्रबंधन (Management)

- पौधों के सूखने से पहले सभी संक्रमित भागों को सावधानी से इकट्ठा करके जला देना चाहिए।
- थ्रेशिंग और प्रोसेसिंग के दौरान स्क्लेरोटियल मिश्रण को हटाने के लिए बीज की सफाई आवश्यक है।
- गहरी जुताई, नीची भूमि वाले धान में लगातार पानी रुके रहने से स्क्लेरोटियल कम हो जाता है।
- खरपतवारों की रोकथाम करें ।
- फफूंदनाशियों का छिडकाव फूल खिलने की अवस्था में शुरू किया जाना चाहिए।
- प्रभावी नियंत्रण के लिए 7-10 दिनों के अंतराल पर कार्बेन्डाजिम 50% डव्लूपी 500 ग्राम प्रति हेक्टेयर 500 लीटर पानी या मैनकोज़ेब डव्लूपी 1250 ग्राम प्रति हेक्टेयर 500 लीटर पानी में घोलकर छिडकाव करें।

जीवाणु झुलसा (Bacterial Blight)

यह रोग *जैंथोमोनास कैंपेस्ट्रिस* पीवी. *फेसिओली* (सामान्य झुलसा); *जैंथोमोनास फेजोली* किस्म *फुस्केन्स* (फुसकस ब्लाइट), *स्यूडोमोनास सिरिंज* पीवी. *फेजोलिकोला* (हेलो ब्लाइट), *स्यूडोमोनास सिरिंज* पीवी. *सिरिंज* (ब्राउन स्पॉट ब्लाइट) (*Xanthomonas campestris* pv. *phaseoli* (common blight); *X. phaseoli* var. *fuscans* (Fuscous blight), *Pseudomonas syringae* pv. *phaseolicola* (Halo blight), *P. syringae* pv. *syringae* (Brown spot blight). नामक जीवाणु से होता है। रोग पहले पत्तियों पर छोटे पारभासी, पानी से भरे धब्बों के रूप में देखा जाता है। सामान्य अंगमारी, फफूंद झुलसा और भूरी अंगमारी के लक्षणों में आकस्मिक जीव के अलगाव को छोड़कर लक्षणों के आधार पर अलग-अलग पहचान करना मुश्किल है। हालांकि, संक्रमित ऊतक पीला हो सकता है और विभिन्न आकार और आकार के घावों के रूप में मर सकता है। आम झुलसा रोग के गंभीर मामलों में विशेषकर बरसात के मौसम में पत्तियों पर बड़े धब्बे दिखाई देते हैं। अलग-अलग उम्र की फलियों पर छोटे-छोटे धब्बे दिखाई देते हैं। संवहनी मलिनकिरण गंभीर घटनाओं में स्पष्ट है। हेलो ब्लाइट में क्लोरोटिक हेलो के साथ सामान्य ब्लाइट के अधिकांश लक्षण होते हैं।

प्रबंधन (Management)

- सर्दियों के जीवाणुओं को खत्म करने के लिए लगभग 2-3 वर्षों का फसल चक्र पर्याप्त है।
- सभी संक्रमित पत्तियों और फसल अवशेषों को जलाकर खेत की सफाई करें ।
- स्वच्छ, रोगमुक्त बीज एवं प्रतिरोधक किस्मों का उपयोग करें।
- बीजों को 30 मिनट के लिए 100 पीपीएम @ स्ट्रेप्टोसाइक्लिन के घोल में भिगोकर बुआई करें ।
- पानी के ठहराव से बचने के लिए खेत में उचित जल निकासी बनाए रखनी चाहिए।
- बुवाई का समय इस तरह से समायोजित किया जाना चाहिए कि फलने का चरण भारी बारिश की अवधि के साथ मेल नहीं खाना चाहिए।

22

प्याज

परिचय (Introduction)

प्याज (Onion)एक नकदी फसल (Cash Crop) है। इसमें विटामिन सी, फास्फोरस आदि पौष्टिक तत्व प्रचुर मात्रा में पाये जाते हैं। इसका उपयोग सलाद, सब्जी, अचार एवं मसाले के रूप में किया जाता है। इसका उत्पत्ति स्थान **मध्य एशिया (Central Asia)** माना जाता है। प्याज के कंदों में तेज गंध एक वाष्पशील तेल **एलाइल प्रोपाइल डायसल्फाइड (ally lpropyl disulphide)** के कारण होती है। भारत में रबी तथा खरीफ दोनों ऋतुओं में प्याज उगाया जाता है। भारत मे 1285 हजार हेक्टेयर में प्याज की खेती की जाती है, जिससे 23262.3 हजार मीट्रिक टन उत्पादन प्राप्त होता है। भारत में प्याज की औसत उत्पादकता 18.10 मीट्रिक टन प्रति हेक्टेयर है **(हॉर्टिकल्चर स्टेटिस्टिक्स एट ए ग्लांस 2018)**। भारत मेंमहाराष्ट्र, मध्य प्रदेश, कर्नाटक, बिहार, आंध्र प्रदेश, उड़ीसा, राजस्थान, हरियाणा तथा गुजरात प्रमुख प्याज उत्पादक राज्य हैं। मध्य प्रदेश मे 150.87 हजार हेक्टेयर में प्याज की खेती की जाती है जिससे 3701.01 हजार मीट्रिक टन उत्पादन प्राप्त होता है। मध्य प्रदेश में प्याज की औसत उत्पादकता 24.53 मीट्रिक टन प्रति हेक्टेयर है **(हॉर्टिकल्चर स्टेटिस्टिक्स एट ए ग्लांस 2018)**। किसान भाई प्याज की खेती कर अच्छा लाभ प्राप्त कर सकते हैं ।

वानस्पतिक विवरण (Botanical description)

प्याजका वानस्पतिक नाम ***एलियम सेपा एल.*** **(*Allium cepa* L.)** है। यह **ऐमेरीलीडेसी (Amaryllidaceae)** कुल के अंतर्गत आता है। प्याज (एलियम सेपा एल.) Amaryllidceae परिवार से संबंधित है, इसमें क्रोमोसोम नंबर 2n= 2x=16 होते हैं । इसके पौधे में उथली रेशेदार जड़ें, एक बल्ब और हरी, ट्यूबलर पत्तियां होती हैं। इसके फूल प्रोटैन्ड्रस प्रकृति के होते हैं और पराग (pollen) के झड़ने से पहले वर्तिकाग्र (stigma) ग्रहणशील हो जाता है। प्याज एक **पर- परागित (cross-pollinated)** फसल है, प्याज में पर परागण मधुमक्खियों, मक्खियों और अन्य कीटों से होता है। प्याज के बल्ब आकार में सपाट से गोलाकार और लेकर आयताकार तक होते हैं, और आमतौर पर बल्ब लाल, सफेद या पीले रंग के होते हैं।

उपयुक्त जलवायु (Suitable climate)

प्याज शीतोष्ण जलवायु की फसल है लेकिन इसे उष्ण-कटिबंधीय जलवायु (Tropical climate) और उपोष्ण-कटिबंधीय जलवायु (Sub- tropical climate) में भी लगाया जा सकता है। हल्के मौसम में इसकी अच्छी उपज प्राप्त की जा सकती है, अत्यधिक गर्मी या ठंड हो नही हो और न ही अत्यधिक वर्षा। भारत में लघु दिवस प्याज मैदानों में लगाया जाता है, जिसे 10-12 घंटे लंबे दिन की आवश्यकता होती है। दीर्घ दिवस प्याज को 13-14 घंटे प्रकाश दिन की आवश्यकता होती है और यह पहाड़ियों में उगाया जाता है। वनस्पति विकास के लिए, कम प्रकाश समय के साथ कम तापमान की आवश्यकता होती है, जबकि उच्च तापमान के साथ लंबा प्रकाश समय प्याज के विकास और परिपक्वता के लिए आवश्यक है। वनस्पति चरण और प्याज के विकास के लिए **अनुकूलतम तापमान (Optimum temperature)** क्रमशः 13-24 डिग्री सें.और 16-25 डिग्री सें. है। इसकी अच्छी वृध्दि के लिए 70% सापेक्ष आर्द्रता की आवश्यकता होती है। जहाँ मानसून के दौरान अच्छे वितरण के साथ औसतन वार्षिक वर्षा 650-750 मिमी हो वहाँ प्याज की उपज अच्छी आती है। कम (<650 मीमी) या भारी (>750 मीमी) वर्षा के क्षेत्र इस फसल के लिए उपयुक्त नहीं है।

उपयुक्त मृदा(Suitable soil)

प्याज सभी प्रकार की मिट्टीयों (Soils) में उगाई जा सकता है जैसे कि रेतीली, दोमट, गाद दोमट और भारी मिट्टी। सफल प्याज की खेती के लिए सबसे अच्छी मिट्टी दोमट और जलोढ़ हैं जिसमें समुचित जल निकासी के साथ अच्छी नमी धारण क्षमता और पर्याप्त कार्बनिक पदार्थ (Organic matters) हों। प्याज की फसल के लिए **मृदा पीएच (pH) इष्टतम 6.0 - 7.5** होना चाहिए, लेकिन प्याज हल्की क्षारीय मिट्टी में भी उगाया जा सकता है।

उन्नत किस्में (Improved Varieties)

भीमा डार्क रेड (Bhima Dark Red)

यह किस्म विशेष रूप से अपने आकर्षक गहरे लाल रंग के फ्लैट ग्लोब के कारण अनुशंसित की जाती है। यह किस्म रोपाई के 95-100 दिनों बाद फसल पककर तैयार हो जाती है। इस किस्म की औसत उपज 200-220 क्विंटल/हेक्टैयर है। यह किस्म छत्तीसगढ़, दिल्ली, गुजरात, हरियाणा, कर्नाटक, मध्य प्रदेश, महाराष्ट्र, ओडिशा, पंजाब, राजस्थान और तमिलनाडु में खरीफ सीजन के लिए जारी की गई है।

भीमा सुपर (Bhima Super)

इस किस्म के कंद ठोस, गोल, सकेन्द्रक, मध्यम लाल रंग के होते हैं। खरीफ में यह किस्म रोपाई के 100-105 दिन बाद एवं पछेती खरीफ में 110-120 दिन बाद फसल पककर तैयार हो जाती है। पछेती फसल को 4 माह तक भण्डारित किया जा सकता है। इस किस्म की औसत उपज खरीफ में 200-220 क्विंटल /हेक्टैयर एवं पछेती खरीफ में 400-450 क्विंटल /हेक्टेयर है। यह किस्म खरीफ एवं पछेती खरीफ मौसम में छत्तीसगढ़, दिल्ली, गुजरात, हरियाणा, कर्नाटक, मध्य प्रदेश, महाराष्ट्र, ओडिशा, पंजाब, राजस्थान और तमिलनाडु में उगाने के लिए उपयुक्त है।

भीमा राज (Bhima Raj)

इस किस्म के कंद पतली गर्दन के साथ एकल केंद्रित बल्ब गहरे लाल रंग के होते हैं। यह किस्म रोपाई के 120-125 दिन बाद पककर तैयार हो जाती है। इस किस्म की औसत उपज 250-300 क्विंटल /हेक्टैयर है। यह किस्म महाराष्ट्र, कर्नाटक और गुजरात राज्यों में खरीफ और देर से खरीफ सीजन में उगाने के लिए अनुशंसित की गई है।

भीमा किरन (Bhima Kiran)

इस किस्म के कंद मध्यम लाल रंग के, दीर्घवृत्ताकार से गोल आकार के होते हैं। इस किस्म की भण्डारण क्षमता अच्छी होती है एवं 5-6 माह तक भण्डारित किया जा सकता है। रोपाई के 130 दिनों बाद पककर तैयार हो जाती है। इस किस्म की औसत उपज क्षमता 415 क्विंटल/हेक्टैयर है। इस किस्म को महाराष्ट्र, कर्नाटक, आंध्र प्रदेश, दिल्ली, यूपी, हरियाणा, बिहार और पंजाब में रबी मौसम में उगाने के लिए अनुशंसित किया गया है।

भीमा शक्ति (Bhima Shakti)

इस किस्म के कंद आकर्षक लाल रंग के गोल होते हैं। रोपाई के 130 दिन बाद फसल पककर तैयार हो जाती है। इस किस्म से खरीफ में 459 क्विंटल/हेक्टेयर एवं रबी में 427 क्विंटल/हेक्टेयर प्राप्त की गई है। यह किस्म महाराष्ट्र, कर्नाटक, आंध्र प्रदेश, दिल्ली, यूपी, हरियाणा, बिहार, पंजाब, राजस्थान, गुजरात, एमपी, छत्तीसगढ़ और उड़ीसा में पछेती खरीफ एवं रबी मौसम में उगाने के लिए विमोचित की गई है।

भीमा लाइट रेड (Bhima Light Red)

यह एक मध्यम परिपक्वता (रोपाई के 115 दिन बाद) है, जिसमें पतली गर्दन और 13% के घुलनशील ठोस पदार्थों के साथ लगभग 70 ग्राम हल्के लाल ग्लोब के बल्ब होते हैं। अनुशंसित क्षेत्र में बहुस्तरीय परीक्षणों में इसकी औसत उपज 385 क्विंटल प्रति हेक्टेयर थी। चार महीने के भंडारण के बाद कुल वजन में कमी 25% से कम थी। यह डबल्स और बोल्टर्स से लगभग मुक्त है। यह किस्म कर्नाटक और तमिलनाडु में रबी मौसम में खेती के लिए अनुशंसित है।

भीमा रेड (Bhima Red)

इस किस्म के कंद आकर्षक लाल रंग के गोल होते हैं। महाराष्ट्र और मध्य प्रदेश में रबी सीजन के लिए पहले से ही सुझाई जाने वाली इस किस्म को दिल्ली, गुजरात, हरियाणा, कर्नाटक, महाराष्ट्र, पंजाब, राजस्थान और तमिलनाडु में खरीफ के लिए रिलीज करने की भी सिफारिश की गई है। इस किस्म से खरीफ में 190-210 क्विंटल/ हेक्टैयर पछेती खरीफ में 480-520 क्विंटल/ हेक्टैयर एवं रबी में 300-320 क्विंटल/ हेक्टैयर उपज प्राप्त हो जाती है।

भीमा श्वेता (Bhima Shweta)

इस किस्म के कंद गोल आकर्षक सफेद रंग के होते हैं। यह किस्म रोपाई में 110-120 दिनों बाद पककर तैयार हो जाती है। भण्डारण क्षमता मध्यम होती है। इस किस्म की औसत उपज 260-300 क्विंटल/हेक्टेयर है। यह किस्म छत्तीसगढ़, गुजरात, कर्नाटक, मध्य प्रदेश, महाराष्ट्र, ओडिशा, राजस्थान और तमिलनाडु में रबी मौसम में उगाने के लिए विमोचित की गई है।

भीमा शुभ्रा (Bhima Shubra)

इस किस्म के कंद दीर्घवृत्ताकार से गोल आकार के आकर्षक सफेद रंग के होते हैं। यह किस्म खरीफ में रोपाई के 110-115 दिनों बाद एवं पछेती खरीफ में 120-130 दिनों बाद पककर तैयार हो जाती है। इस किस्म की औसत उपज खरीफ में 180-200 क्विंटल/हेक्टेयर एवं पछेती खरीफ खरीफ में 360-420 क्विंटल/हेक्टेयर है। यह किस्म छत्तीसगढ़, गुजरात, कर्नाटक, मध्य प्रदेश, महाराष्ट्र, ओडिशा, राजस्थान और तमिलनाडु खरीफ में उगाने के लिए विमोचित की गई है। यह महाराष्ट्र में देर से खरीफ के लिए भी अनुशंसित है।

एग्रीफाउण्ड डार्क रेड (Agrifound Dark Red)

इस किस्म के कंद गोल, गहरे लाल, 4-6 सेमी व्यास के होते हैं । यह किस्म फसल रोपाई के 95 - 110 दिन में पककर तैयार हो जाती है। यह किस्म खरीफ के लिए उपयुक्त होती है । इस किस्म की औसत उपज 300 क्विंटल प्रति हेक्टेयर होती है।

एग्रीफाउण्ड लाइट रेट (Agrifound Light Red)

इस किस्म के कंद गोल, हल्के लाल 4-6 सेमी व्यास के होते हैं। यह किस्म रबी के लिए अनुशंषित की जाती है। फसल रोपाई के 120-125 दिन में पककर तैयार हो जाती है । इस किस्म की औसत उपज 300 क्विंटल प्रति हेक्टेयर है।

अर्का स्वादिष्ट (Arka Swadista)

यह किस्म वंशावली प्रजनन के माध्यम से विकसित की गई है । इसका रंग सफेद होता है । इसकी टीएसएस 20° ब्रिक्स है। कंद की उपज 300 क्विंटल /हेक्टेयर है।

अर्का सोना (Arka Sona)

अर्का सोना पीला प्याज है, जिसका विकास एशियाई देशों में निर्यात हेतु वंशवाली विधि द्वारा किया गया है। कंद की उपज 120 दिनों में 450 क्विंटल /हेक्टेयर है।

अर्का भीम (Arka Bheem)

यह तीन जनक वाली सिंथेटिक किस्म है, जिसका रंग लाल से गुलाबी लाल और आकार दीर्घाकार ग्लोब के जैसा है। कंद की औसत वज़न 120 ग्राम है। इस किस्म की उपज 130 दिनों में 470 क्विंटल /हेक्टेयर है।

अर्का विश्वास (Arka Vishwas)

इसका विकास एशियाई देशों में निर्यात हेतु वंशवाली विधि द्वारा किया गया है। कंद की उपज 300 क्विंटल/हेक्टेयर है।

अर्का उज्ज्वल (Arka Ujjwal)

यह किस्म वंशावली प्रजनन के माध्यम से निर्यात बाज़ार के लिए विकसित की गई है । इसकी टीएसएस 18° ब्रिक्स है। कंद की उपज 300 क्विंटल /हेक्टेयर है।

अर्का लालिमा (Arka Lalima)

इस किस्म के मध्यम से बड़े व ग्लोब के आकार और ठोस बनावट वाले कंद होते हैं । यह किस्म भिन्नाश्रयी प्रजनन (नरबंध्य आधारित) के माध्यम से विकसित की गई है। यह किस्म रोगों व कीटों के प्रति प्रक्षेत्र सहनशील है । खरीफ़ व रबी के लिए उपयुक्त है । कंद की उपज 470 क्विंटल /हेक्टेयर है।

अर्का कीर्तिमान (Arka Kirhiman)

इस किस्म के कंद मध्यम से बड़े व ग्लोब के आकार और ठोस बनावट वाले होते हैं। यह किस्म भिन्नाश्रयी प्रजनन (नरबंध्य आधारित) के माध्यम से विकसित की गई है । यह किस्म रोगों व कीटों के प्रति प्रक्षेत्र सहनशील । खरीफ़ व रबी के लिए उपयुक्त है । कंद की उपज 450 क्विंटल /हेक्टेयर है।

अर्का पीताम्बर (Arka Pitamber)

इस किस्म के बल्ब एक समान पीले रंग के ग्लोब आकार के और पतली गर्दन के साथ मध्यम आकार के होते हैं । इसमें टीएसएस 11° ब्रिक्स होता है।यह किस्म बैंगनी धब्बा, बेसल सडन रोगों के प्रति सहिष्णु है और भण्डारण (3-4 महीने) एवं निर्यात बाजार के लिए उपयुक्त है ।

अर्का बिंदु (Arka Bindu)

यह किस्म अत्यंत तीखी, निर्यातोन्मुखी होती है । इस किस्म का मलेशिया, सिंगापुर, इंडोनेशिया और बंग्लादेश में निर्यात किया जाता है । कंद आकर्षक चमकीले गहरे लाल, चपटा, ग्लोबाकार के होते हैं। रबी और खरीफ़ के लिए उपयुक्त है । इस किस्म की कंद उपज 250 क्विंटल /हेक्टेयर है।

अर्का प्रगति (Arka Pragati)

इस किस्म के कंद ग्लोबाकार के और पतली गर्दन वाले, मध्यम आकार के होते हैं, जिनके बाहरी शल्क गहरे पीले होते हैं। यह अत्यंत तीखा है। कंद का औसत वज़न 100-160 ग्राम होता है । इस किस्म की कंद उपज 350 क्विंटल /हेक्टेयर है।

अर्का निकेतन (Arka Niketan)

इस किस्म के कंद मध्यम आकार के हल्के लाल व तीखे सुवास वाले होते हैं । इस किस्म को सामान्य तापमान में 5 महीने तक रखा जा सकता है। रबी के लिए उपयुक्त है । कंद की उपज 340-370 क्विंटल/हेक्टेयर है।

अर्का कल्याण (Arka Kalyan)

इस किस्म के कंद आकर्षक लाल, चपटा ग्लोबार के, 100-140 ग्राम के होते हैं। यस किस्म बैंगनी धब्बा रोग के लिए प्रतिरोधी है । देश के कई कृषि-पारिस्थितिकीय क्षेत्रों में बहुत ही लोकप्रिय और व्यापक रूप से अपनाई गई किस्म है । कंद उपज 400 क्विंटल /हेक्टेयर है।

खेत की तैयारी कैसे करें (How to prepare field)

प्याज की रोपाई के लिए दो-तीन जुताइयां कल्टीवेटर चलाकर करें, यदि खेत में ढेलें हो तो एक बार रोटावेटर चलाकर खेत को समतल कर लेवें। इसके बाद रोपाई के लिए क्यारियां बना लेवें।

बीज की बुवाई कब करें (When to sow seeds)

प्याज के बीज की बुवाई खरीफ मौसम में मई के अन्तिम सप्ताह से लेकर जून के मध्य तक करते हैं। प्याज की रबी फसल हेतु नर्सरी में बीज की बुवाई नवम्बर माह में करनी चाहिए।

स्वस्थ पौध कैसे तैयार करें (How to grow healthy seedlings)

उचित पौधशाला (Nursery) प्रबंधन और रोपाई का प्याज की फसल में महत्वपूर्ण योगदान है। लगभग 500 वर्ग मीटर क्षेत्र की पौधशाला (Nursery) 1 हेक्टेयर में रोपाई हेतु पर्याप्त है। इसके लिए खेत की 2-3 बार जुताई करना चाहिए जिससे ढ़ेले टूट जाए और मिट्टी भूरभूरी होकर अच्छी तरह से पानी धारण कर सके। भूमि की तैयारी से पहले पिछली फसल के बचे हुए भाग, खरपतवार और पत्थर हटा देने चाहिए। अंतिम जुताई के समय 10 क्विंटल पकी हुई हुइ गोबर की खाद 500 वर्ग मीटर क्षेत्र में मिट्टी के साथ अच्छी तरह से मिलाना चाहिए। साथ ही डीएपी 5 किलोग्राम + मयूरेट ऑफ पोटाश 2.5 किलोग्राम बीज की बुआई के पूर्व मिटटी में मिलावें। पौधशाला (Nursery) के लिए 10-15 सेंमी ऊंचाई, 1मी. चौड़ाई और सुविधा के अनुसार लंबाई की उठी हुई क्यारियां (Beds) तैयार की जानी चाहिए। क्यारियों के बीच की दूरी कम से कम 30 सेमी होनी चाहिए, जिससे एक समान पानी का बहाव हो सके और अतिरिक्त पानी की निकासी भी संभव हो। उठी हुई क्यारियों की पौधशाला के लिए सिफारिश की गई है, क्योंकि समतल क्यारियों में ज्यादा पानी की वजह से बीज बह जाने का खतरा रहता है। लगभग 10 किलोग्राम बीज एक हेक्टेयर में रोपाई के लिए आवश्यक होता है। बीज को बुवाई से पहले थाइरम 2 ग्राम + कार्वेनिन्डाजिम 1 ग्राम प्रति किलोग्राम की दर से उपचार करें या *ट्रायकोडरमा विरीडी* (*Trichoderma viride*) 4 ग्राम प्रति किलोग्राम बीज की दर से बीज उपचार (Seed treatment)करें। बीज को 5 सेमी 7.5 सेमी की कतार से कतार की दूरी पर कतारों में बोया जाना चाहिए, जिससे बीज बुवाई के बाद निराई–गुड़ाई और कीटनाशकों का छिड़काव आसानी से हो सके। बुवाई के बाद बीज को सड़ी हुई गोबर की खाद या कम्पोस्ट से ढँक देना जाना चाहिए और फिर हल्के पानी का छिड़काव करना चाहिए। सुक्ष्म फव्वारा (Micro- sprinkler) प्रणाली के माध्यम से सिंचाई करने पर पानी की बचत होती है। कीटों का प्रकोप अधिक होने पर फिप्रोनील 5% ईसी 1 मिली प्रति लीटर पानी में घोलकर पत्तों पर छिड़काव करना चाहिए। प्याज के पौध खरीफ में 35-40 दिनों में और पछेती खरीफ एवं रबी में 45-50 दिनों में रोपाई के लिए तैयार हो जाते हैं।

पौध रोपण (Transplanting)

रोपाई के लिए पौध का चयन करते समय उचित ध्यान रखना चाहिए। कम और अधिक आयु के पौध रोपाई के लिए नहीं लेने चाहिए। रोपाई के समय पौध के शीर्ष का एक तिहाई भाग काट देना चाहिए जिससे उनकी अच्छी स्थापना हो सके। रोपाई के समय पंक्तियों के बीच 15 सेंमी और पौधों के बीच 10 सेंमी इष्टतम अंतर होना चाहिए।

एकीकृत पोषक तत्व प्रबंधन (Integrated Nutrient Management)

प्याज की फसल से भरपूर उत्पादन प्राप्त करने हेतु खाद एवं उर्वरकों का उपयोग मृदा परीक्षण की अनुशंसा के अनुसार करें। सामान्तया अच्छी फसल लेने के लिये 250 क्विंटल प्रति हेक्टेयर अच्छी सड़ी गोबर खाद (FYM) खेत की अंतिम जुताई के समय मिला दें साथ में जैव उर्वरक *ऐजोस्पाइरिलियम (Azospirillum)* और पीएसबी जीवाणु की 5 किलोग्राम/ हेक्टेयर की दर से मिट्टी में मिलावें। प्याज को 120 किलोग्राम नत्रजन, 40 किलोग्राम फॉस्फोरस, 50 किलोग्राम पोटाश एवं 20 किलोग्राम सल्फर प्रति हेक्टेयर की आवश्यकता होती है। यदि मृदा में जिंक की कमी हो तो 25 किलोग्राम जिंक सल्फेट 33% (Zinc Sulphate 33%) प्रति हेक्टेयर बुआई के पूर्व उपयोग करना चाहिए।

उच्च गुणवत्ता हेतु जैव उर्वरक का उपयोग (Use of bio fertilizers for higher quality)

जैव उर्वरकों (Bio-fertilizers) में सूक्ष्मजीव (Micro-organisms) उपस्थित होते हैं। जैव उर्वरकों का उपयोग बीज उपचार या फिर मिट्टी में डालने के लिए किया जाता है। जब इन्हें बीज या मिट्टी में डालते हैं, तब इनमें उपस्थित सूक्ष्म जीव नत्रजन स्थिरीकरण, फॉस्फोरस घुलनशीलता और दूसरे विकास वर्धक पदार्थों द्वारा प्राथमिक पोषक तत्वों की उपलब्धता में वृद्धि करते है जिससे पौधो का विकास होता है। प्याज एवं लहसुन अनुशंधान निदेशालय (DOGR) में किए गए प्रयोगों के आधार पर, जैविक उर्वरक *ऐजोस्पाइरिलियम (Azospirillum)* और फॉस्फोरस घोलनेवाले जीवाणु (Phosphate solubilizing bacteria) की 5 किलोग्राम/ हेक्टेयर की दर से प्याज फसल के लिए सिफारिश की गई है। *ऐजोस्पाइरिलियम (Azospirillum)* जैविक नत्रजन स्थिरीकरण द्वारा मिट्टी में नत्रजन की उपलब्धता को बढ़ाते हैं और फास्फोरस घोलनेवाले जीवाणु (Phosphate solubilizing bacteria) के इस्तेमाल से मृदा में मौजूद अनुपलब्ध फॉस्फोरस पौधों के लिए उपलब्ध होते हैं जिससे फास्फोरस उर्वरकों की क्षमता बढ़ती है।

अच्छी उपज हेतुपानी में घुलनशील उर्वरकों का पर्णीय छिडकाव (Foliar spraying of water soluble fertilizers for good yield)

- यदि वानस्पतिक वृद्धी कम हो तो 19:19:19 पानी मे घुलनशील उर्वरक 2.5 किलोग्राम प्रति हेक्टेयर 500 लीटर पानी मे घोलकर बुआई के 30, 45 एवं 60 दिन बाद छिडकाव करें। इसके बाद 13:0:45 पानी में घुलनशील उर्वरक 2.5 किलोग्राम प्रति हेक्टेयर 500 लीटर पानी मे घोलकर बुआई के 75, 90 एवं 105 दिन बाद छिडकाव करें।
- अच्छी उपज व गुणवत्ता के लिए सूक्ष्म पोषक तत्वों का मिश्रण 500 ग्राम प्रति हेक्टेयर 500 लीटर पानी मे घोलकर बुआई के 45 और 60 दिन बाद छिडकाव करें।

खरपतवार प्रबंधन कैसे करें (How to manage weed)

प्याज की फसल को सकरी एवं चौड़ी पत्ती वाले खरपतवार नुकसान पहुचाते हैं। प्याज में खरपतवारों से 40-80% तक उपज में कमी दर्ज की गई है, उपज में कमी का प्रतिशत खरपतवारों की सघनता एवं फसल अवधि पर निर्भर करता है। रोपाई के 15 से 60 दिनों तक फसल से खरपतवारों की प्रतियोगिता सबसे अधिक होती है। फसल को खरपतवारों (Weeds) से मुक्त रखने के लिए समय-समय पर निराई-गुड़ाई करके खरपतवारों को निकालते रहना चाहिए। इसके अतिरिक्त खरपतवारनाशी (Herbicides) जैसे **पेंडिमेथेलिन 30% ईसी** 3.3 लीटर प्रति हेक्टेयर बुआई के बाद 0-3 के अंदर अंकुरण पूर्व 500 लीटर पानी में घोलकर छिडकाव करें या **ऑक्सिफलौरफेन 23.5% ईसी** 625 मिली मिली प्रति हेक्टेयर बुआई के पूर्व या बुआई के शीघ्र बाद 500 लीटर पानी में घोलकर छिडकाव करें। यदि खड़ी फसल में खरपतवारों की रोकथाम के लिए **क्विज़लफोप इथाइल 4% + ऑक्सिफलौरफेन 6% ईसी** 1000 मिली प्रति हेक्टेयर 500 लीटर पानी में घोलकर खरपतवारों की 2-3 पत्ती अवस्था पर या बुआई के 15-20 दिन बाद खेत में नमी होने पर छिडकाव करें।

जल प्रबंधन (Water management)

प्याज में मौसम, मिट्टी का प्रकार, सिंचाई की विधि और फसल की आयु के आधार पर सिंचाई (Irrigation) की आवश्यकता निर्भर करती है। आम तौर पर रोपाई के समय, रोपाई से तीन दिनों बाद और मिट्टी की नमी के आधार पर 7-10 दिनों के अंतराल पर सिंचाई की जरूरत होती है। खरीफ फसल में 5-8 बार, पछेती खरीफ फसल में 10-12 बार और रबी की फसल में 12-15 बार सिंचाई की जरूरत है। फसल परिपक्व होने के पश्चात (फसल कटाई से 10-15 दिन पहले) सिंचाई बंद करनी चाहिए। इससे भंडारण (Storage) के दौरान सड़न को कम करने में मदद मिलती है। अतिरिक्त सिंचाई प्याज की फसल के लिए हानिकारक होती है तथा शुष्क समय के बाद सिंचाई करने से दुफाड कन्द बनते हैं।

प्याज में टपक सिंचाई का उपयोग कैसे करें (How to use drip irrigation in onion)

आधुनिक सिंचाई तकनीक जैसे टपक (Drip) सिंचाई और फव्वारा सिंचाई से पानी की बचत और प्याज की विपणन योग्य उपज में बढ़ौतरी होती है। टपक सिंचाई में, पौध को 15 सें.मी. ऊंची, 120 सें.मी. चौड़ी क्यारियों में 10 x 15 सें.मी. की दूरी पर लगाना चाहिए। हर चौड़ी उठी हुई क्यारी में 60 सें.मी. की दूरी पर दो टपक लेटरल नलियां (16 मि.मी. आकार) अंतर्निहित उत्सर्जकों के साथ होनी चाहिए। दो अंतर्निहित उत्सर्जकों के बीच की दूरी 30-50 सें.मी. और प्रवाह की दर 4 ली./घंटा (4lph) होनी चाहिए।

फव्वारा सिंचाई प्रणाली का उपयोग कैसे करें (How to use the sprinkler irrigation system)

फव्वारा (Sprinkler) सिंचाई प्रणाली में दो लेटरल (20 मि.मी.) के बीच की दूरी 6 मी. और निर्वहन दर 135 लि./घंटा होनी चाहिए। शोध परिणामों से पता चलता है कि बाढ़ सिंचाई की तुलना में टपक सिंचाई से ए श्रेणी के कन्द की अधिकता, 35-40% पानी की बचत और 20-30%श्रम की बचत के साथ कन्द उपज में 15-25% वृध्दि होती है।

फर्टीगेशन कैसे करें (How to do fertigation)

उर्वरकों को टपक (Drip) सिंचाई द्वारा इस्तेमाल करना एक प्रभावी और कारगर तरीका है। इसमें पानी को पोषक तत्वों के वाहक एवं वितरक के रुप में उपयोग किया जाता है। उच्च विपणन योग्य कन्द उपज और मुनाफा प्राप्त करने के लिए 15 किलोग्राम नत्रजन प्रति एकड़ रोपाई के समय आधारीय मात्रा के रूप में और शेष नत्रजन का उपयोग छह भागों में, रोपाई से 60 दिनों तक 10 दिनों के अंतराल पर टपक सिंचाई के माध्यम से किया जाना चाहिए। टपक सिंचाई (Drip irrigation) प्रणाली न केवल पानी की बचत करने में मदद करता है बल्कि भूमिगत जल में नत्रजन के रिसाव को कम करता है क्योंकि इस में पोषक तत्व का इस्तेमाल केवल जड़ों में किया जाता है, जिससे यह पोषक तत्व पर्याप्त मात्रा में पौधों को मिलते हैं।

खुदाई (Harvesting)

प्याज की फसल 50 प्रतिशत गर्दन गिरने के बाद निकाली जानी चाहिए जो कि फसल परिपक्वता का संकेतक है। हालांकि, खरीफ के मौसम में रोपाई के 90-110 दिनों में एवं रबी में रोपाई के 120 -125 दिनों बाद कन्द (Bulb) परिपक्व हो जाते हैं, लेकिन पौधे सक्रिय विकास के चरण में ही रहते है और गर्दन गिरने के लक्षण नहीं दिखाई देते। ऐसे समय में रंगद्रव्य और प्याज के आकार को भी खरीफ मौसम के दौरान परिपक्वता के लिए सूचकांक के रूप में लिया जाता है। कन्द के संपूर्ण विकास के बाद,कटाई से दो-तीन दिन पहले गर्दन गिरावट को प्रेरित करने के लिए खाली ड्रम घुमाना चाहिए। कटे हुए कन्द को तीन दिनों के लिए खेतों में सूखने के लिए छोड़ देना जाना चाहिए, जिससे कन्द

शुष्क हो जाते हैं। इससे उनकी जीवनावधि बढ़ जाती है। तीन दिनों के बाद 2.0-2.5 सें.मी. गर्दन को छोड़ सबसे ऊपर का भाग हटा देना चाहिए तथा उसके बाद 10-12 दिनों के लिए कन्दों को छाया में रखना चाहिए जिससे कि बेहतर भंडारण हो सके। समयपूर्व कटाई करने से कार्यिकीय भार क्षती, सड़न और अंकुरण के कारण सस्योत्तर नुकसान बढ़ता है।

उपज क्षमता (Yield potential)

प्याज की वैज्ञानिक तकनीक से खेती करने पर औसतन 250-300 क्विंटल/ हेक्टेयर तक उपज प्राप्त हो जाती है।

श्रेणीकरण (Gradating)

प्याज के कन्दों (Bulbs) को तीन श्रेणियों यानी अ (>80मि.मी.), ब (50-80 मि.मी.) और स (30-50 मि.मी.) में आकार के आधार पर वर्गीकृत करना चाहिए। भारत मेंप्याज का श्रेणीकरण सामान्यतः भंडारण से पहले याविपणन से पहले हाथों से किया जाता है। यह एक कष्टकर प्रक्रिया है और इसके लिए कई मजदूरों की आवश्यकता होती है। यंत्र से श्रेणीकरण करने से श्रम शुल्क कम होता हैऔर अचूकता भी बढ़ती है। भा.कृ.अनु.प.-प्या.ल.अनु.नि.ने प्याज के श्रेणीकरण के लिए हाथ से और मोटर से चलने वाला श्रेणीकरण यंत्र, विकसित किए हैं। प्याज को श्रेणीकरण यंत्र के द्वारा आकार के आधार पर पांच श्रेणियों में वर्गीकृत किया जाता है। हस्त चालित श्रेणीकरण यंत्र की क्षमता हाथ से श्रेणीकरण की तुलना में पांच गुना अधिक है,जबकि मोटर चालित श्रेणीकरण यंत्र की क्षमता लगभग 20 गुना अधिक है। प्याज की श्रेणीकरण की अचूकता, श्रेणीकरण यंत्र के साथ 90% है जबकि हस्त चालित श्रेणीकरण यंत्र के साथ 70% के आसपास है।

एकीकृत कीट एवं रोग प्रबंधन (Integrated Pest and Disease Management)

प्रमुख कीट (Major insects)

थ्रिप्स (Thrips)

इस कीट का वैज्ञानिक नाम ***थ्रिप्स टाबाकाई* (*Thrips tabaci*)** है। यह छोटे और पीले रंग के कीट होते हैं, जो पत्तियों का रस चूसते है। जिससे पत्तियों पर सफेद या चांदी के समान धब्बे दिखाई देते हैं ।

गंभीर प्रकोप में पूरा पौधा मुरझाया हुआ दिखता है और सफेद हो जाता है।

प्रबंधन (Management)

- रोपाई से कम से कम 30 दिन पहले मक्का की दो पंक्तियों या मक्का की एक बाहरी पंक्ति और गेहूं की एक भीतरी पंक्ति को प्याज की फसल के आसपास एक बाधा फसल के रूप में लगाने से वयस्क थ्रिप्स की आवाजाही को अवरुद्ध करने में मदद मिलती है।
- जब थ्रिप्स की आबादी 30 थ्रिप्स/पौधे के आर्थिक स्तर को पार कर जाए तो कीटनाशक का छिड़काव करें।
- संक्रमण की गंभीरता के आधार पर लैम्बडा-सायलोथ्रिन 5% ईसी 300 मिली प्रति हेक्टेयर 300-400 लीटर पानी मे घोलकर छिडकाव करें या फिप्रोनिल 80% डब्ल्यूजी 75 ग्राम प्रति हेक्टेयर 500 लीटर पानी मे घोलकर छिडकाव करें।

एरोफाइड माइट (Eriophyid mite)

इसका वैज्ञानिक नाम ***एसेरिया ट्यूलिपे* (*Aceria tulipae*)** मकड़ी के प्रकोप के कारण पत्तियां पूरी तरह से नहीं खुलती हैं। पूरा पौधा मुडा हुआ दिखाता है। पत्तियों पर पीले धब्बे ज्यादातर पत्तियों के किनारों पर देखे जाते हैं।

प्रबंधन (Management)

- खेत में लक्षण दिखाई देने पर फेनजाक्विन 10% ईसी 1250 मिली प्रति हेक्टेयर 500 लीटर पानी मे घोलकर छिडकाव करें। यदि आवश्यक हो तो 15 दिनों के बाद दोबारा छिड़काव करें।

प्रमुख रोग (Major diseases)

डेम्पिंग ऑफ (Damping off)

यह रोग *पाइथियम स्पीशीज* (*Pythium spp.*), *राइजोक्टोनिया सोलानी* (कुहन) (*Rhizoctonia solani* (Kühn), *फुसैरियम ऑक्सीस्पोरम* (श्लेचट) (*Fusarium oxysporum* (Schlecht), *फुसैरियम ऑक्सीस्पोरम* एफ. स्पीशीज *केपी* (श्लेच. एमेंड. स्नाइडर और हैनसेन) *F. oxysporum* f. sp. *cepae* (Schlecht. emend. Snyder & Hansen), *स्क्लेरोशियम रॉल्फिस* (सैक.) (*Sclerotium rolfsii* (Sacc.), *स्क्लेरोशियम सेपिवोरम* (बर्क) (*Sclerotium cepivorum* (Berk) और *कोलेटोट्रिचम* स्पीशीज (*Colletotrichum* sp) से होता है । इस रोग में मिट्टी से निकलने के बाद अंकुर गिर जाते हैं। यह आमतौर पर जमीनी स्तर पर या भूमि से नीचे होता है और संक्रमित ऊतक नरम और पानी से लथपथ दिखाई देते हैं।

प्रबंधन (Management)

- बीज को बुवाई से पहले थाइरम 2 ग्राम + कार्बेनिन्डाजिम 1 ग्राम प्रति किलोग्राम की दर से उपचार करें या ***ट्रायकोडरमा विरीडी*** (*Trichoderma viride*) 4 ग्राम प्रति किलोग्राम बीज की दर से बीज उपचार करें।
- नर्सरी बेड को कैप्टन या थिरम 2 ग्राम प्रति लीटर पानी या कार्बेन्डाजिम @ 1 ग्राम प्रति लीटर पानी या कॉपर ऑक्सीक्लोराइड 3 ग्राम प्रति लीटर पानी से ड्रेचिंग करें ।
- उठे हुई क्यारियों में बीज की बुआई करें ।

बैंगनी धब्बा (Purple blotch)

यह रोग ***अल्टरनेरिया पोरी*** (***Alternaria porri***) नामक फफूँद के कारण होता है। प्रारंभ में छोटे, क्लोरोटिक मार्जिन से घिरे हुए बैंगनी-भूरे रंग के अण्डाकार घाव या धब्बे बनते हैं । जब धब्बे बड़े हो जाते हैं, तो क्लोरोटिक मार्जिन वास्तविक घाव के ऊपर और नीचे फैल जाता है। घाव आमतौर पर पत्तियों को घेर लेते हैं, जिससे वे गिर जाती हैं। घाव पुराने पत्तों के शीर्ष पर भी शुरू हो जाते हैं । यह रोग 28-30° सेल्सियस तापमान और 80-90% सापेक्ष आर्द्रता की अनुकूल परिस्थितियों में तेजी से फैलता है।

प्रबंधन (Management)

- पर्पल रोग के प्रति सहनशील किस्म भीमा सुपर लगावें।
- प्याज में पर्पल ब्लाच रोग की रोकथाम के लिए डाईफेनाकोनाज़ोल 25% ईसी 500 मिली प्रति हेक्टेयर 500 लीटर पानी मे घोलकर छिडकाव करें या
- किटाज़िन 48% ईसी 500 मिली प्रति हेक्टेयर 500 लीटर पानी मे घोलकर छिडकाव करें या
- एजोक्सिस्ट्रोबिन 23% एससी 500-750 मिली प्रति हेक्टेयर 500-750 लीटर पानी मे घोलकर छिडकाव करें या
- एजोक्सिस्ट्रोबिन 11% + टेबुकोनाज़ोल 18.3% एससी 750 मिली प्रति हेक्टेयर 800 लीटर पानी मे घोलकर छिडकाव करें।

स्टेंमफायलियम झुलसा रोग (Stemphylium blight)

यह रोग ***स्टेमफिलियम वेसिकारियम (Stemphylium vesicarium)*** नामक फफूंद के कारण होता है। इस रोग में पत्ती के बीच में पीले से नारंगी रंग के छोटे-छोटे धब्बे या धारियाँ विकसित होती हैं जो जल्द ही लम्बी, धुरी के आकार में विकसित हो जाती हैं, जो कि विशिष्ट गुलाबी रंग के मार्जिन से घिरे लंबे विसरित धब्बे होते हैं। धब्बे सिरे से पत्तियों के आधार तक बढ़ते हैं। धब्बे विस्तारित पैच में जमा हो जाते हैं, धीरे-धीरे पूरे पत्ते को झुलसा देते हैं।

प्रबंधन (Management)

- बोसकेलिड 25.2% + पाइरक्लोस्ट्रोबिन 12.8% डब्ल्यूजी 500 ग्राम प्रति हेक्टेयर 500 लीटर पानी मे घोलकर छिडकाव करें या
- एजोक्सिस्ट्रोबिन 18.2% + डायफेनाकोनाजोल 11.4% एससी 500 मिली प्रति हेक्टेयर 500 लीटर पानी मे घोलकर छिडकाव करें।

जलेबी रोग (Twister disease)

यह रोग ***कोलेटोट्रिचम ग्लियोस्पोरियोड्स (Colletotrichum gleosporiodes)***नामक फफूँद के कारण होता है। इस रोग की शुरुआत में हल्के पीले पानी से भीगे हुए अंडाकार धँसे हुए घाव पत्ती के ब्लेड पर दिखाई देते हैं। मध्य भाग में कई काले रंग की थोड़ी उभरी हुई संरचनाएं उत्पन्न होती हैं, जिन्हें संकेंद्रित वलयों में व्यवस्थित किया जा सकता है। प्रभावित पत्तियाँ सिकुड़ जाती हैं, नीचे गिर जाती हैं और अंत में मुरझा जाती हैं। इस रोग का विशिष्ट लक्षण कर्लिंग, मरोड़ना, पत्तियों का क्लोरोसिस और गर्दन का असामान्य बढ़ाव (झूठा तना) हैं।

प्रबंधन (Management)

- उचित जल निकास वाले खेत का चयन करें।
- जल भराव से बचें।
- उठी हुई क्यारी पर प्याज का रोपण करना चाहिए।
- मैंकोज़ेब 75% डव्लूपी 1250 ग्राम प्रति हेक्टेयर 500 लीटर पानी मे घोलकर छिडकाव करें।

आयरिश येलो स्पॉट वायरस (Irish Yellow Spot Virus (IYSV)

यह एक विषाणु जनित रोग है। इस रोग में पत्तियों पर हरे केंद्रों के या बिना हरे केन्द्रों के पीले या भूरे रंग की किनारों के साथ पहले भूरे रंग के, सूखे, धुरी या हीरे के आकार के घावों के रूप में दिखाई देते हैं। फूल के डंठल पर रोग के लक्षण अधिक स्पष्ट होते हैं। संक्रमित पत्ते और डंठल आगे चलकर गिर जाते हैं।

- थ्रिप्स और आइरिस येलो स्पॉट वायरस से मुक्त उच्च गुणवत्ता वाली पौध की रोपाई करें ।

- प्याज की फसल के बीच तीन साल या उससे अधिक समय तक चक्र अपनाएँ ।
- प्याज के खेतों में और उसके आसपास खरपतवारों को हटा दें।
- थ्रिप्स का नियंत्रण, आईरिस के पीले धब्बे में कुछ कमी प्रदान कर सकता है, लेकिन बीमारी को आर्थिक रूप से नियंत्रित करने के लिए अकेले थ्रिप्स नियंत्रण पर्याप्त नहीं है।

प्याज पीला बौना वायरस (Onion Yellow Dwarf Virus (OYDV)

यह एक विषाणु जनित रोग है। इस रोग में पत्तियों पर हल्के हरे रंग की धारियों से लेकर चमकीली पीली धारियां बन जाती हैं। साथ ही पत्तियों का मुड़ना और पौधों का विकास रूक जाता है।

प्रबंधन (Management)

- विषाणु मुक्त रोपण सामग्री का उपयोग करें।
- प्रतिरोधी किस्मों का उपयोग करें।
- प्याज पीला बौना वायरस के फैलाव लिए माहू वाहक कीट है, इसका नियंत्रण करें।

23

लहसुन

परिचय (Introduction)

लहसुन (Garlic) पूरे भारत में उगाई जाने वाली सबसे महत्वपूर्ण बल्ब फसलों में से एक है। इसका उपयोग पूरे भारत में एक मसाले के रूप में किया जाता है। इसका उत्पत्ति स्थान **मध्य एशिया (Central Asia)** माना जाता है। इसकी एक खास गंध होती है, तथा स्वाद तीखा होता है जो पकाने से काफी हद तक बदल कर मृदुल हो जाता है। इसमें पाये जाने वाले सल्फर यौगिक ही इसके तीखे स्वाद और गंध के लिए उत्तरदायी होते हैं। लहसुन में रासायनिक तौर पर गंधक की अधिकता होती है। इसे पीसने पर **ऐलिसिन (Allicin)** नामक यौगिक प्राप्त होता है जो प्रतिजैविक विशेषताओं से भरा होता है। भारत में 317 हजार हेक्टेयर में लहसुन की खेती की जाती है, जिससे 1611 हजार मीट्रिक टन उत्पादन प्राप्त होता है। **(हॉर्टिकल्चर स्टेटिस्टिक्स एट ए ग्लांस 2018)**। किसान भाई लहसुन की खेती कर अच्छा लाभ प्राप्त कर सकते हैं।

वानस्पतिक विवरण (Botanical description)

लहसुन (Garlic) का वानस्पतिक नाम ***एलियम सैटिवम* एल.** (*Allium sativum* L.) है। यह **एलिएसी (Alliaceae)** कुल के अंतर्गत आता है। इसके पौधे लगभग 60 सेमी की ऊंचाई तक बड़ते हैं। इसमें 15 - 30 सेमी की छोटी, सपाट सीधी पत्तियाँ होती हैं। भूमिगत सफेद छिलके वाले बल्ब जो कई कलियों में विभाजित होते हैं।

उपयुक्त जलवायु (Suitable climate)

लहसुन को विभिन्न प्रकार की जलवायु परिस्थितियों में उगाया जाता है। हालाँकि, यह बहुत अधिक गर्म और बहुत ठंडे तापमान का सामना नहीं कर सकती है। इसे वानस्पतिक वृद्धि और बल्ब विकास चरणों के दौरान ठंडी और नम जलवायु एवं परिपक्वता के दौरान गर्म शुष्क मौसम की आवश्यकता होती है । सामान्य तौर पर, ठंडी बढ़ती अवधि के परिणामस्वरूप गर्म परिस्थितियों की तुलना में अधिक उपज होती है। किस्म के आधार पर 1-2 माह के लिए 18 डिग्री सेल्सियस या उससे कम तापमान पर बल्बों का विकास अच्छा होता है।

उपयुक्त मृदा (Suitable Soils)

लहसुन की खेती कई प्रकार की मिट्टी में सफलतापूर्वक की जा सकती है, लेकिन इस फसल को उगाने के लिए 6-8 पीएच के साथ अच्छी जल निकासी वाली उपजाऊ दोमट मिट्टी वांछनीय है। प्याज की तरह, लहसुन अत्यधिक अम्लीय, क्षार और लवणीय मिट्टी और जल भराव की स्थिति के प्रति संवेदनशील है। उच्च कार्बनिक पदार्थों वाली मिट्टी को उनकी बढ़ी हुई नमी और पोषक तत्वों को धारण करने की क्षमता के कारण पसंद किया जाता है। इनमें क्रस्टिंग और संघनन की संभावना कम होती है। भारी मिट्टी में, उत्पादित बल्ब विकृत हो सकते हैं। खराब जल निकासी वाली मिट्टी में बल्ब मुरझा जाते हैं।

उन्नत किस्में (Improved varieties)

भीमा ओंकार (Bhima Omkar)

इस किस्म के बल्ब, ठोस एवं मध्यम आकार के होते हैं। इस किस्म की दिल्ली, गुजरात, हरियाणा और राजस्थान राज्यों में खेती के लिए सिफारिश की गई है। यह किस्म 120-135दिनों में परिपक्व होती है। इस किस्म की औसत उपज 80-140 क्विंटल / हेक्टेयर है।

भीमा बैंगनी (Bhima Purple)

इस किस्म के बल्ब बैगनी छिलका वाले आकर्षक होते हैं। इस किस्म की आंध्र प्रदेश, बिहार, दिल्ली, हरियाणा, कर्नाटक, महाराष्ट्र, पंजाब और उत्तर प्रदेश में खेती के लिए सिफारिश की गई है। यह 120-135 दिनों में परिपक्व हो जाती है। इस किस्म की औसत उपज 60-70 क्विंटल / हेक्टेयर है।

यमुना सफेद 1 (G-1)

प्रत्येक शल्क कन्द ठोस तथा बाहय त्वचा चांदी की तरह सफेद ए कली क्रीम के रंग की होती है। यह 150-160 दिनों में तैयार हो जाती है। इसकी पैदावार 150-160 क्विन्टल प्रति हेक्टयर मिल जाती है।

यमुना सफेद 2 (G-50)

शल्क कन्द ठोस त्वचा सफेद गुदा, क्रीम रंग का होता है। पैदावार 130- 140 क्विन्टल प्रति हेक्टयर हो जाती है। फसल 165-170 दिनों में तैयारी हो जाती है। यह किस्म बैंगनी धब्बा तथा झुलसा रोग के प्रति सहनशील होती है।

यमुना सफेद 3 (G-282)

इसके शल्क कन्द सफेद बड़े आकार ब्यास (4.76 से.मी.) क्लोब का रंग सफेद तथा कली क्रीम रंग का होता है। 15-16 क्लोब प्रति शल्क पाया जाता है। यह जाति 140-150 दिनों में तैयार हो जाती है। इसकी पैदावार 175-200 क्विंटल / हेक्टेयर है। यह किस्म निर्यात की दृष्टी से बहुत ही अच्छी हैं।

यमुना सफेद 4 (G-323)

इसके शल्क कन्द सफेद बड़े आकार (ब्यास 4.5 से.मी.) क्लोब का रंग सफेद तथा कली क्रीम रंग का होता है। 18-23 क्लोब प्रति शल्क पाया जाता है। यह जाति 165-175 दिनों में तैयार हो जाती है। इसकी पैदावार 200-250 क्विंटल/ हेक्टेयर है। यह किस्म निर्यात की दृष्टी से बहुत ही अच्छी है।

खेत की तैयारी (Field preparation)

लहसुन की अच्छी पैदावार के लिए खेत को अच्छी तरह से तैयार करना बेहद जरुरी है। खेत में पकी हुई गोबर की खाद को डालकर उसे अच्छे से मिट्टी में मिला दें। खाद को मिट्टी में मिलाने के लिए खेत की कल्टीवेटर के माध्यम से दो से तीन जुताई कर दें। उसके बाद खेत में अनुशंसित मात्रा में रासायनिक खाद को छिड़ककर खेत में रोटावेटर चला दें। इसके बाद 4-6 मीटर लम्बी एवं 1.5 से 2 मीटर चौड़ी क्यारियां बना लें ।

बुआई (Sowing)

लहसुन के रोपण का उपयुक्त समय अक्टूबर माह होता है। रोपण हेतु स्वस्थ एवं बड़े आकार की शल्क कंदो (Cloves) का उपयोग किया जाता है। बीज दर 5 क्विंटल प्रति हेक्टेयर होती है। रोपण के लिए बड़ी कली (Clove) (>1.5 ग्राम) का चयन किया जाना चाहिए। छोटी, रोगग्रस्त और क्षतिग्रस्त लौंग को खारिज कर देना चाहिए। स्थापना के दौरान कवक रोगों की घटनाओं को कम करने के लिए रोपण से ठीक पहले कलियों को कार्बेन्डाजिम 1 ग्राम प्रति लीटर पानी के घोल घोल से उपचारित करना चाहिए। उपचार के बाद लहसुन की कलियों को 2 से.मी. की गहराई में गाड़कर उपर से हलकी मिट्टी से ढक देना चाहिए। रोपण के समय कलियों के पतले हिस्से को उपर ही रखते है। रोपण के समय कलियों से कलियों की दूरी 10 से.मी. व कतारों की दूरी 15 से.मी.रखना उपयुक्त होता है। बड़े क्षेत्र में फसल के रोपण के लिये गार्लिक प्लान्टर (Garlic Planter) का भी उपयोग किया जा सकता है।

एकीकृत पोषक तत्व प्रबंधन (Integrated Nutrient Management)

लहसुन की अच्छी उपज एवं गुणवत्ता हेतु खाद व उर्वरकों का उपयोग मृदा परीक्षण के आधार पर करना चाहिये। सामान्य तौर पर 200-250 क्विंटल गोबर की खाद प्रति हेक्टेयर + 100:50:50:50 किग्रा एनपीकेएस/ हेक्टेयर उपयोग की सिफारिश की जाती है। अनुशंसित गोबर की खाद को अंतिम जुताई से पहले मिट्टी में अच्छी तरह मिला देना चाहिए। नाइट्रोजन की एक तिहाई और फास्फोरस, पोटेशियम और सल्फर की पूरी अनुशंसित मात्रा को रोपण के समय आधार खुराक के रूप में डालना चाहिए। शेष दो तिहाई नत्रजन को दो बराबर भागों में बाटकर बुआई के 30 और 45 दिन बाद खड़ी फसल में टॉप ड्रेसिंग के रूप में देना चाहिए। यदि मृदा में जिंक की कमी हो तो 25 किलोग्राम जिंक सल्फेट 33% (Zinc Sulphate 33%) प्रति हेक्टेयर बुआई के पूर्व उपयोग करना चाहिए।

लहसुन की अच्छी उपज हेतुघुलनशील उर्वरकों का पर्णीय छिडकाव (Foliar spray of soluble fertilizers for good yield of garlic)

- यदि वानस्पतिक वृद्धी कम हो तो 19:19:19 पानी मे घुलनशील उर्वरक 2.5 किलोग्राम प्रति हेक्टेयर 500 लीटर पानी मे घोलकर बुआई के 30, 45 एवं 60 दिन बाद छिडकाव करें। इसके बाद 13:0:45 पानी में घुलनशील उर्वरक 2.5 किलोग्राम प्रति हेक्टेयर 500 लीटर पानी मे घोलकर बुआई के 75, 90 एवं 105 दिन बाद छिडकाव करें।
- अच्छी उपज व गुणवत्ता के लिए सूक्ष्म पोषक तत्वों का मिश्रण 500 ग्राम प्रति हेक्टेयर 500 लीटर पानी मे घोलकर बुआई के 45 और 60 दिन बाद छिडकाव करें।

सिंचाई (Irrigation)

लहसुन में रोपण के तत्काल बाद हल्की सिंचाई कर देनी चाहिए। इसके बाद 7-10 दिन के अंतराल पर सिंचाई करते रहना चाहिए। सिंचाई हमेशा हल्की एवं खेत में पानी भरने नही देना चाहिए। अधिक अंतराल पर सिंचाई करने से कलियां बिखर जाती हैं । फसल परिपक्वता के समय खुदाई के 10 से 15 दिन पूर्व सिंचाई बंद कर देना चाहिए।

एकीकृत खरपतवार प्रबंधन (Integrated Weed Management)

जड़ों में उचित वायु संचार हेतु खुरपी द्वारा रोपण के 25-30 दिन बाद प्रथम निदाई-गुडाई एवं दूसरी निदाई-गुडाई 45-50 दिन बाद करनी चाहिए। लहसुन में खरपतवारनाशी से खरपतवार नियंत्रण हेतु पेड़ामेंथिलीन 30% ईसी (Pendimethalin 30% EC) 3.3 लीटर प्रति हेक्टेयर बुआई के बाद 0-3 के अंदर अंकुरण पूर्व 500 लीटर पानी में घोलकर छिडकाव करना चाहिए। या ऑक्सिफलौरफेन 23.5% ईसी (Oxyflorfen 23.5% EC) 750 मिली प्रति हेक्टेयर बुआई के पूर्व या बुआई के शीघ्र बाद 500 लीटर पानी में घोलकर छिडकाव करें। लहसुन की खड़ी फसल में सकरी पत्ती के खरपतवारों की रोकथाम के लिए क्विज़लफोप इथाइल 5% ईसी (Quizalofop Ethyl 5% EC) 1000 मिली प्रति हेक्टेयर 500 लीटर पानी मे घोलकर बुआई के 30 दिन बाद छिडकाव करें।

खुदाई (Harvesting)

लहसुन की जिस समय पौधों की पत्तियाँ पीली पड़ जायें और सूखने लग जाये तब खुदाई के 10 से 15 दिन पूर्व सिंचाई बन्द कर देनी चाहिए एवं खुदाई की जाना चाहिए। इसके बाद गाँठो को 3-4 दिनों तक छाया में सुखा लेते हैं। फिर 2 से 2.25 से.मी. छोड़कर पत्तियों को कन्दों से अलग कर लेते हैं । कन्दो को साधारण भण्डारण में पतली तह में रखते हैं। ध्यान रखें कि फर्श पर नमी न हो। लहसुन पत्तियों के साथ जुड़े बांधकर भण्डारण किया जाता है।

छटाई (Grading)

लहसुन को बाजार या भण्डारण में रखने के लिए उनकी अच्छी प्रकार छटाई रखने से अधिक से अधिक लाभ मिलता है तथा भण्डारण में हानि काम होती है इससे कटे फटे बीमारी तथा कीड़ों से प्रभावित लहसुन छांटकर अलग कर लेते हैं।

उपज (Potential yield)

लहसुन की उपज उसकी जातियों भूमि और फसल की देखरेख पर निर्भर करती है प्रति हेक्टेयर 125-150 क्विंटल उपज मिल जाती है।

भण्डारण (Storage)

लहसुन मुख्य रूप से रबी की फसल है जिसे मार्च के दौरान उखाड़ा जाता है और खपत के लिए पूरे वर्ष इसकी आवश्यकता होती है। इसलिए, लहसुन के बल्बों को ठीक से संग्रहीत किया जाना चाहिए। अच्छी तरह से सूखी लहसुन को हवादार भंडारण संरचनाओं में कम सापेक्ष आर्द्रता (<70%) पर 5-6 महीने के लिए संग्रहीत किया जा सकता है। बल्बों को भंडारण से पहले वर्गीकृत किया जाना चाहिए और 20-25 पौधों को शीर्ष के साथ बंडलों में बांधा जाना चाहिए। शीर्ष को तीन खंडों में विभाजित किया जाना चाहिए और कसकर आपस में जोड़ा जाना चाहिए। इस तरह के बंडलों को 15 दिनों के लिए छाया में सीधा रखा जाता है और उन्हें सूखे और अच्छी तरह हवादार क्षेत्र में लटका दिया जाता है। लहसुन को लम्बे समय तक भंडारण के लिए, कोल्ड स्टोर में कम सापेक्ष आर्द्रता (60-70%) के साथ -1 डिग्री सेल्सियस से 0 डिग्री सेल्सियस के तापमान पर भंडारित किया जा सकता है।

एकीकृत कीट एवं रोग प्रबंधन
(Integrated Pest and Disease Management)

प्रमुख कीट (Major insects)

थ्रिप्स (Thrips)

इस कीट का वैज्ञानिक नाम ***थ्रिप्स टाबाकाई (Thrips tabaci)*** है। यह छोटे और पीले रंग के कीट होते हैं, जो पत्तियों का रस चूसते है। जिससे पत्तियों पर सफेद या चांदी के समान धब्बे दिखाई देते हैं । गंभीर प्रकोप में पूरा पौधा मुरझाया हुआ दिखता है और सफेद हो जाता है।

प्रबंधन (Management)

- प्रतिरोधी/सहनशील किस्मों का उपयोग करें।
- प्याज या अन्य पसंदीदा/वैकल्पिक मेजबान जैसे गोभी, कपास, टमाटर, ककड़ी, खरबूजे, कद्दू, स्ट्रॉबेरी आदि के क्रमिक रोपण से बचें।
- नई फसल को पहले से बोई गई फसल की हवा के विपरीत दिशा में रोपें जो प्रारंभिक अवस्था में पुराने रोपण से कुछ हद तक संक्रमण से बचने में मदद करती है।
- बुआई की तारीखों को समायोजित करें।
- रिफ्लेक्टिव प्लास्टिक सिल्वर कलर और एल्युमिनियम पेंटेड ब्लैक मल्च का इस्तेमाल थ्रिप्स (बीज फसल) को दूर भगाता है।
- स्प्रिंकलर सिंचाई के उपयोग से ड्रिप और सतही सिंचाई की तुलना में थ्रिप्स की आबादी काफी कम हो जाती है।
- मक्के की दो पंक्तियाँ या गेहूँ की भीतरी पंक्ति और मक्के की बाहरी पंक्ति लहसुन के खेत के चारों ओर बैरियर फसल के रूप में उगावें (राष्ट्रीय बागवानी मिशन 2012) ।
- अधिक प्रकोप की अवस्था में इस कीट के नियंत्रण के लिए फिप्रोनिल 5% एससी 1000 मिली प्रति हेक्टेयर 500 लीटर पानी में घोलकर 15 दिन के अन्तराल पर छिडकाव करना चहिए।

एरियोफिड माइट (Eriophyid mite)

इसका वैज्ञानिक नाम ***एसेरिया ट्यूलिपे (Aceria tulipae)*** है। इसके शिशु एवं वयस्क दोनों युवा पत्तियों पर और लहसुन की कलियों की परतों के बीच रस चूसते हैं उनके चूसने से पौधों में बौनापन, मरोड़, मुड़ना और पत्ते का रंग फीका पड़ जाना और स्कारिफ़िकेशन और बल्ब टिश्यू का सूखना होता है।

प्रबंधन (Management)

- लगातार एक ही खेत में प्याज या लहसुन की फसलें लगाने से बचें।
- खुली सिंचाई से मिट्टी में मकड़ी का स्तर कम हो जाता है।
- जैसे ही लक्षण दिखाई दें डाइकोफोल 18.5% ईसी 1250 मिली प्रति हेक्टेयर 500 लीटर पानी में घोलकर छिड़काव करें। यदि आवश्यक हो तो **15** दिनों के बाद दोबारा छिड़काव करें।

लाल मकड़ी (Red spider mite)

इसका वैज्ञानिक नाम ***टेट्रानिकस अर्टिके(Tetranychus urticae)*** है। पत्तियों का सफेद मलिनकिरण जिसमें मल, अंडे, लार्वा और वयस्क घुन के छोटे धब्बे होते हैं। पत्तियों पर पीले या कांसे के धब्बे। पत्तों पर मकड़ी का जाला बनना प्रमुख लक्षण हैं।

प्रबंधन (Management)

- लगातार एक ही खेत में प्याज या लहसुन की फसलें लगाने से बचें।
- जैसे ही लक्षण दिखाई दें डाइकोफोल 18.5% ईसी 1250 मिली प्रति हेक्टेयर 500 लीटर पानी में घोलकर छिड़काव करें। यदि आवश्यक हो तो **15** दिनों के बाद दोबारा छिड़काव करें।

प्रमुख रोग (Major diseases)

बैंगनी धब्बा (Purple blotch)

यह रोग ***अल्टरनेरिया पोरी (Alternaria porri)*** नामक फफूंद से होता है। इस रोग के प्रभाव से प्रारम्भ में पत्तियों तथा उर्ध्व तने पर सफेद एवं अंदर की तरफ धब्बे बनते है, जिससे तना एवं पत्ती कमजोर होकर गिर जाती है। फरवरी एवं अप्रेल में इसका प्रक्रोप ज्यादा होता है।

प्रबंधन (Management)

- बुआई के लिए स्वस्थ बीजों का उपयोग करें।
- गैर-पोषक फसलों के साथ 2-3 वर्ष फसल चक्र अपनाएं।
- नियमित अंतराल पर उचित जल निकासी का पालन करें।
- उर्वरकों की अनुशंसित मात्रा का उपयोग करें।
- प्रतिरोधी किस्मों का प्रयोग करें।
- अधिक प्रकोप की अवस्था में मेन्कोजेब 75% डब्ल्यूपी 1250 ग्राम प्रति हेक्टेयर 500 लीटर पानी में घोलकर 15 दिन के अंतराल पर दो बार छिडकाव करें या एजोक्सिस्ट्रोबिन 23% एससी 500 मिली प्रति हेक्टेयर 500 लीटर पानी मे घोलकर छिडकाव करें।

स्टेमफायलमपत्तीझुलसा रोग (Stemphylium leaf blight)

यह रोग ***स्टेंफिलियम सेसिकारियम/वेसिकारियम (Stemphylium cesicarium/ vesicarium)*** नामक फफूंद से होता है। इसके लक्षण पत्तियों के बीच में छोटे पीले से नारंगी रंग के चकत्तों या धारियों के रूप में दिखाई देते हैं, जो जल्द ही गुलाबी रंग के किनारे से घिरे लंबे स्पिंडल के आकार के धब्बों में विकसित हो जाते हैं। पुष्पवृक्क डंठल पर रोग बीज की फसल को गंभीर नुकसान पहुंचाता है।

प्रबंधन (Management)

- रोगग्रस्त फसल अवशेषों को इकट्ठा करके जलाएं।
- गैर-पोषक फसलों के साथ लंबे चक्रों का पालन करें।
- उचित जल निकासी का पालन करें और पौधों के घनत्व को कम करें।

- अधिक प्रकोप की अवस्था में मेन्कोजेब 75% डव्लूपी 1250 ग्राम प्रति हेक्टेयर 500 लीटर पानी या एजोक्सिस्ट्रोबिन 18.2% + डायफेनाकोनाजोल 11.4% एससी 500 मिली प्रति हेक्टेयर 500 लीटर पानी मे घोलकर छिडकाव करें।

सफेद गलन (White rot)

यह रोग ***स्क्लेरोटियम सेपिवोरम*** (*Sclerotium cepivorum*) नामक फफूंद से होता है। इस रोग के प्रमुख लक्षण पत्ती की युक्तियों का पीलापन और मरना। जड़ें सामान्य रूप से नष्ट हो जाती हैं। भूरा या काला स्क्लेरोटिया सतह पर या ऊतक के भीतर विकसित होता है।

प्रबंधन (Management)

- फसल चक्र अपनाना चाहिए, संक्रमित पौधे को नष्ट किया जा सकता है और इन पौधों के आसपास की मिट्टी का उपचार किया जाना चाहिए।
- उच्च तापमान पर मृदा सौरीकरण रोग की घटनाओं को कम करता है।
- कार्बेन्डाजिम 50% डव्लूपी 500 ग्राम प्रति हेक्टेयर 500 लीटर पानी मे घोलकर छिडकाव करें।

24

गाजर

परिचय (Introduction)

गाजर (Carrot) का जड़ वाली सब्जियों में प्रमुख स्थान है। इसे संपूर्ण भारत में उगाया जाता है। इसका उपयोग सलाद, अचार, हलुआ आदि बनाने में किया जाता है। इसका उत्पत्ति स्थान **दक्षिण पश्चिमी एशिया विशेष रूप से अफगानिस्तान (South Western Asia especially Afghanistan)** माना जाता है। गाजर एक महत्वपूर्ण विश्व फसल बनी हुई है, जिसका उत्पादन एशिया में तेजी से बढ़ रहा है। गाजर में विटामिन "ए" अधिक मात्रा में पाया जाता है। गाजर का पीला/नारंगी रंग प्लास्टिड-बाउंड पिगमेंट **कैरोटेनॉयड्स**, **कैरोटीन** और **ज़ैंथोफिल** के कारण होता है। बैंगनी गाजर में **एंथोसायनिन** होता है, जो एक शक्तिशाली एंटीऑक्सीडेंट होता है।

वानस्पतिक विवरण(Botanical description)

गाजर का वानस्पतिक नाम ***डौकस कैरोटा*** **एल((*Daucus carota* L.)** है। यह **एपेसी पहले अम्बेलीफेरी कुल के तहत वर्गीकृत (Apiaceae previously classified under Umbelliferae)** कुल के अंतर्गत आती है। गाजर एक द्विवार्षिक पौधा है, जिसका अर्थ है कि पौधे का जीवन चक्र पूरा होने में दो वर्ष लगते हैं। पुष्पक्रम एक मिश्रित अंबेल होता है। गाजर का फूल उभयलिंगी होता है। फूलों को छत्रक में और छत्रक को छत्र में व्यवस्थित किया जाता है। गाजर के फूल पांच छोटे बाह्यदल, पांच पंखुड़ी, पांच पुंकेसर और दो अंडप के साथ अधिजठर होते हैं। गाजर भ्रूणकोश मोनोस्पोरिक (कैलाज़ल मैक्रोस्पोर से विकसित) और 8-न्यूक्लिएट है। गाजर का फल एक बिलोक्यूलर **स्किज़ोकार्प** है, जो सूख जाता है और परिपक्व होने पर विभाजित होकर एक बीज के साथ दो मेरिकार्प्स (एसीन) देता है। गाजर में पुंकेसर पहले परिपक्व होते हैं और इस प्रकार प्रकृति में उभयलिंगी होते हैं, इसके कारण पर-परागण होता है।

उपयुक्तजलवायु (Suitable climate)

यह मुख्य रूप से ठंडे मौसम की फसल है। बीजों के अंकुरण के लिए 17.2 से 23.9 डिग्री सेल्सियस और जड़ों के बेहतर विकास के लिए 18.3 से 23.9 डिग्री सेल्सियस तापमान उपयुक्त होता है। जड़ों के बेहतर रंग विकास के लिए इष्टतम तापमान 15.6-21.1 डिग्री सेल्सियस होता है।

मृदा का चयन (Selection of soil)

गाजर को विभिन्न प्रकार की भूमियों में उगाया जा सकता है। लेकिन, अच्छी उपज के लिए उचित जल निकास वाली भुर-भुरी दोमट भूमि सर्वोत्तम रहती है। भूमि का पीएच (pH) मान 6.0 से 7.0 तक होना उपयुक्त पाया गया है।

उन्नत किस्में (Improved varieties)

नैन्टिस (Nantes)

इस किस्म के हरी पत्तियों के साथ छोटे शीर्ष; जड़ें अच्छी, छोटी, नारंगी, पूरी तरह से बेलनाकार, छोटी पतली पूंछ में अचानक समाप्त होने वाली, नारंगी और मीठी होती हैं। यह किस्म अक्टूबर के मध्य से दिसंबर के प्रारंभ तक बुवाई के लिए उपयुक्त होती है; यह किस्म **90-100** दिन में परिपक्व हो जाती है । इस किस्म की उपज **120** क्विंटल प्रति हेक्टेयर है। यह किस्म पूरे भारत के लिए अनुशंसित है।

पूसा केसर (Pusa Kesar)

इस किस्म की जड़े गहरे लाल रंग की और शंक्वाकार होती हैं। पौधे में कम शाखायें निकलती हैं। यह किस्म **80** से **90** दिन में तैयार हो जाती है। यह किस्म औसतन **250** क्विंटल प्रति हेक्टेयर तक उपज दे देती है।

पूसा असिता (Pusa Asita)

यह किस्म पूसा केसर की तुलना में **30%** से अधिक उपज देती है। जड़ें काले रंग की होती हैं। यह किस्म **95-100** दिन में परिपक्व हो जाती है । इस किस्म की औसत उपज 300क्विंटल प्रति हेक्टेयर है। यह किस्म एनसीआर के लिए अनुशंसित है।

पूसा मेघाली (Pusa Meghali)

इस किस्म में चिकनी जड़ों, नारंगी मांस, स्व-रंगीन कोर और थोड़ा पतला जड़ों के साथ छोटे शीर्ष होते हैं। यह जल्दी (अगस्त-सितंबर) के साथ-साथ देर (अक्टूबर-नवंबर) में बुवाई के लिए उपयुक्त है। इसे अगेती बुवाई के लिए पसंद किया जाता है और 110-120 दिनों में इसका विपणन किया जा सकता है। इस किस्म की औसत उपज 250-280 क्विंटल प्रति हेक्टेयर है। यह किस्म मध्य प्रदेश और महाराष्ट्र के लिए अनुशंसित है।

पूसा नयनज्योति (Pusa Nayanjyoti)

यह शीतोष्ण संकर गाजर है जो कि पहाड़ी क्षेत्रों में अप्रैल से अगस्त तक एवं उत्तरी मैदानी क्षेत्रों में नवम्बर-दिसम्बर में बुआई के लिए उपयुक्त है। यह किस्म बीटा-कैरोटीन (7.55 **mg**/100 **g**) से भरपूर है। बुवाई का समय: अप्रैल-अगस्त (हिल्स); नवंबर-दिसंबर (उत्तर भारतीय मैदान) होता है । इस किस्म की जड़ें नारंगी, चिकनी, एक समान, शंक्वाकार होती हैं। इस किस्म की औसत उपज 350-450 क्विंटल प्रति हेक्टेयर है। यह किस्म एनसीआर और हिमाचल प्रदेश के लिए अनुशंसित है।

पूसा रुधिरा (Pusa Rudhira)

यह किस्म पूसा केसर से **50%** से अधिक उपज देती है। इस किस्म की जड़ें लम्बी, लाल रंग की होती हैं। यह किस्म 85-90 दिन में तैयार हो जाती है। इस किस्म की औसत उपज 330 क्विंटल प्रति हेक्टेयर है। यह किस्म एनसीआर के लिए अनुशंसित है।

पूसा वृष्टि (Pusa Vrishti)

यह एक नई गर्मी सहिष्णु उष्णकटिबंधीय गाजर किस्म है। यह उत्तर भारत के मैदानी इलाकों में जुलाई में अगेती बुवाई के लिए उपयुक्त है। यह किस्म 85-90 दिन में तैयार हो जाती है। इस किस्म की औसत उपज **250** क्विंटल प्रति हेक्टेयर है। यह किस्म एनसीआर के लिए अनुशंसित है।

अर्का सूरज (Arka Suraj)

यह किस्म उष्णकटिबंधीय परिस्थितियों में फूल और बीज सेट करती है। इसकी जड़ें चिकनी सतह वाली गहरे नारंगी रंग की शंक्वाकार आकार होती हैं । जड़ की लंबाई **15-18** सेमी, जड़ का व्यास **3-4** सेमी होता है । टीएसएस **8-10** ब्रिक्स, कैरोटीन सामग्री **11.27** मिलीग्राम होता है । यह किस्म चूर्णी फफूंदी और सूत्रकृमि के प्रति सहिष्णु है।

काशी कृष्णा (Kashi Krishna) (VRCAR- 126)

इस किस्म की जड़ें आकर्षक काले रंग की होती हैं। यह किस्म बोल्टिंग के प्रति सहिष्णु, कम माध्यमिक जड़ें/निशान, सलाद, जूस, हलवा, कांजी (किण्वित रस) और न्यूट्रास्यूटिकल उद्देश्य के लिए उपयुक्त होती है । यह किस्म एंथोसायनिन (**285** मिलीग्राम/**100** ग्राम परिवार कल्याण), फेनोलिक्स और एंटीऑक्सीडेंट का समृद्ध स्रोत है । इस किस्म की औसत उपज 200-220 क्विंटल प्रति हेक्टेयर है। यह किस्म उत्तर प्रदेश में खेती के लिए अनुशंसित है ।

खेती की तैयारी (Field prepration)

गाजर की खेती करने के लिए बुवाई से पहले खेत को अच्छी तरह से तैयार करना चाहिए । प्रथम जुताई मिट्टी पलटने वाले हल से करने के बाद **2-3** बार कल्टीवेटर चलाकर खेत को समतल कर लें। इसके बाद मिट्टी में पाटा लगाकर खेत को समतल कर लिया जाता है, इससे भूमि में जलभराव नहीं होता है।

एकीकृत पोषक तत्व प्रबंधन(Integrated Nutrient Management)

गाजर में खाद एवं उर्वरकों का उपयोग मृदा परीक्षण के आधार पर करें। सामान्यतः गोबर की खाद या कम्पोस्ट **150** क्विंटल, नत्रजन **75** किलोग्राम, स्फुर **50** किलोग्राम तथा पोटाश **75** किलोग्राम प्रति हेक्टेयर की दर से उपयोग करना चाहिए । गोबर की खाद, स्फुर तथा पोटाश की पूरी मात्रा एवं नत्रजन की आधी मात्रा को भूमि की तैयारी के समय तथा नत्रजन की शेष मात्रा को बुआई के **15** तथा **30** दिनों बाद देना चाहिए।

बीजदरएवंबीजोपचार (Seed rate and seed treatment)

गाजरके लिए 5-6 किलोग्राम बीज प्रति हेक्टेयर आवश्यक होता है। गाजर को जड़ सड़न रोग से बचाव हेतु बीज को बुआई से पूर्व थायरम 2 ग्राम + कार्बेन्डाजिम 1 ग्राम प्रति किलो बीज या *ट्राइकोडर्माविरडी* 4 ग्राम प्रति किलोग्राम बीज की दर से उपचारित कर बाई करना चाहिए।

बुवाईकासमयएवंविधि (Time of sowing and method)

गाजर की बुआई उसकी जातियों के ऊपर निर्भर करती है । मध्य अगस्त से नवम्बर तक का समय इसकी बुआई के लिए उपयुक्त रहता है। गाजर की बुआई समतल क्यारियों में या डोलियों पर की जाती है। पंक्तियों और पौधों की आपसी दूरी क्रमश: 45 X **7.5** सेमी. रखना चाहिए।

सिंचाई प्रबन्धन(Irrigation management)

पहली सिंचाई बीज बोने के तुरन्त बाद करें, तदुपरान्त **4-5** दिन बाद दूसरी हल्की सिंचाई करनी चाहिए। बाद में **10-15** दिन के अंतर में सिंचाई करनी चाहिए। ड्रिप सिंचाई के उपयोग से जल की बचत एवं गुणवत्ता और उपज में वृद्धि होती है अत: ड्रिप सिंचाई के उपयोग करना

चाहिए।

खरपतवारप्रबंधन(Weed management)

खरपतवार फसल से पोषक तत्व, जल, हवा एवं सूर्य प्रकाश के लिए प्रतियोगिता करते हैं एवं फसल की वृद्धि एवं विकास में बाधा पहुचाते हैं, जिसके कारण फसल की गुणवत्ता एवं उपज में कमी आती है। खरपतवारों के नियंत्रण के लिए खेत की 2-3 बार निराई-गुड़ाई करें। दूसरी निराई-गुड़ाई करने के समय पौधों की छटनी कर दें।

खुदाई (Harvesting)

गाजर की खुदाई का समय विषेष रुप से उसकी उगाई जाने वाली किस्मों पर निर्भर करता है। वैसे जब गाजर की जड़ों के ऊपरी भाग 2.5-3.5 सेमी. व्यास के हो जायें तब उनकी खुदाई कर लेनी चाहिए।

संभावित उपज (Potential yield)

प्रति हेक्टेयर 200-250 क्विंटल तक उपज मिल जाती है। फसल की यह उत्पादकता जलवायु, मिट्टी, किस्म, सिंचाई समेत सुरक्षा प्रबंधन आदि पर निर्भर करती है।

एकीकृत कीट एवं रोग प्रबंधन (Integrated Pest and Disease Management)

प्रमुख कीट (Major insects)

माहू (aphid)

इस कीट का वैज्ञानिक नाम ***माइजस परिसिकी*** (*Myzus persicae*) है। इस कीट के शिशु एवं प्रौढ़ दोनों ही गाजर की पत्तियों से रस चूसते हैं।यदि माहू का प्रकोप अधिक हो तो इसके कारण पत्तियां पीली पड़ जाती हैं, पत्तियों पर नेक्रोटिक धब्बे पड़ सकते हैं। माहू, हनीड्यू नामक एक चिपचिपा, मीठा पदार्थ स्रावित करते हैं, जो पौधों पर काली फफूंदी के विकास को प्रोत्साहित करता है। माहू **मोटल ड्वार्फ वायरस** जैसे रोगों को प्रसारित करता है।

प्रबंधन(Management)

- सहिष्णु किस्मों का उपयोग करें।
- विषाणुओं के प्रसार को रोकने के लिए स्वच्छता, कटाई के तुरंत बाद सभी फसल अवशेषों की जुताई करें।
- परावर्तक मल्च का उपयोग करें ।
- परभक्षियों का उपयोग जैसे कि हरा लेसविंग लार्वा, लेडी बीटल, और सिरिफिड फ्लाई लार्वा इस एफिड का शिकार करते हैं।
- एफिड्स को नियंत्रित करने के लिए तेल जैसे नीम या कनोला तेल आदि का उपयोग किया जाता है।
- अधिक प्रकोप होने पर डायमिथोएट 30% ईसी 2 मिली/लीटर पानी में घोलकर छिड़काव करें।

एस्टर लीफहॉपर (Aster leafhopper)

इस कीट का वैज्ञानिक नाम ***मेक्रोस्टेलेस कुअद्रिलिनेअतुस*** (*Macrosteles quadrilineatus*)है। एस्टर लीफहॉपर गाजर का एक हानिकारक कीट है क्योंकि यह एस्टर येलो फाइटोप्लाज्मा रोग को प्रसारित करता है। इस कीट के शिशु एवं प्रौढ़ रस निकालने के लिए पौधे को चूसकर भोजन करते हैं। जब लीफहॉपर भोजन करने के लिए दूसरे पौधे में जाता है, तो वह अपनी लार में रोगज़नक़ों को प्रसारित करता है। वयस्क लीफहॉपर्स हरे आकार के और लगभग ½ इंच लंबे होते हैं। ये बहुभक्षी प्रकृति के होते हैं। वयस्कों के सिर के काले भाग पर छह धब्बे होते हैं। निम्फ वयस्कों के आकार के समान होते हैं, लेकिन क्रीम रंग के होते हैं और पूर्ण विकसित पंखों की कमी होती है। वयस्क अत्यधिक सक्रिय होते हैं और कूदते, रेंगते या उड़ते हैं। निम्फ कम सक्रिय होते हैं लेकिन तेजी से रेंगते हैं।

प्रबंधन(Management)

- एस्टर लीफहॉपर को फ्लोटिंग रो कवर के साथ गाजर रोपण से प्रभावी रूप से नियंत्रित किया जा सकता है।
- पीले चिपचिपे कार्ड को बसंत ऋतु की शुरुआत में खेत में लगावें जब पौधे नए अंकुरित हों।
- खेत के किनारों से खरपतवार हटा दें क्योंकि ये रोगज़नक़ों के लिए आश्रय स्थल होते हैं।
- अधिक प्रकोप होने पर डायमिथोएट 30% ईसी 2 मिली/लीटर पानी में घोलकर छिड़काव करें।

कटुआ इल्ली (Cutworm)

इस कीट का वैज्ञानिक नाम ***एग्रोटिस इप्सीलोन*** (*Agrotis ipsilon*) है। इस कीट की इल्लियाँ रात में जमीन की सतह के ठीक नीचे भोजन करते हैं। इस कीट की इल्ली पौधे की छोटी अवस्था में रात्रि के समय आधार के पास से पौधों को काट देती हैं । लार्वा अक्सर कटे हुए

पौधे के तने को भूमिगत बिल में खींच लेते हैं।

प्रबंधन(Management)

- गहरी जुताई और खेतों में पानी भरना ताकि कैटरपिलर पक्षियों और अन्य दुश्मनों के संपर्क में आ जाएं।
- क्षतिग्रस्त पौधे के ठीक नीचे पाई जाने वाली इल्लियों को हाथ से उठाकर नष्ट करना।
- कीट का प्रकोप देखते ही क्लोरोपायरीफास 20% ईसी **2** मिली प्रति लीटर पानी में घोल बनाकर ड्रेंचिंग करें।

प्रमुख रोग(Major diseases)

बैक्टीरियल ब्लाइट (Bacterial blight)

यह रोग ***ज़ैंथोमोनास कैंपेस्ट्रिस* पीव्ही.*केरोटी*** (*Xanthomonas campestris* **pv.*carotae***) नामक जीवाणु द्वारा होता है। जीवाणु द्वारा पत्तियों पर अनियमित भूरे धब्बे, पर्णवृंतों पर गहरे भूरे रंग की धारियाँ बना देता है और पुष्प भागों को झुलसा देता है। पत्तियों पर धब्बे छोटे पीले धब्बों के रूप में शुरू होते हैं। जल्द ही धब्बे के बीच में वे अनियमित प्रभामंडल के साथ शुष्क और भंगुर हो जाते हैं।

प्रबंधन(Management)

- कॉपर ऑक्सीक्लोराइड 50% डव्लूपी 2.5 ग्राम प्रति लीटर पानी में घोलकर छिड़काव करें ।

जीवाणुज मृदु विगलन (Bacterial soft rot)

यह रोग ***इर्विनिया कैरोटोवोरा* स्पीशीज *कैरोटोवोरा***(***Erwinia carotovora*** **sp.** ***Carotovora***) नामक जीवाणु द्वारा होता है। इस रोग में कोशिकाएँ पानी से लथपथ हो जाती हैं, मध्य पटलिका नष्ट हो जाती है और कोशिकाएँ एक नरम, पानी जैसे गंदे द्रव्यमान में ढक जाती हैं। सड़े हुए ऊतक भूरे रंग के होते हैं और उनसे दुर्गंध आती है। क्षय सबसे तेजी से जड़ के कोर के साथ विकसित होता है।

प्रबंधन(Management)

- भंडारण से पहले **1:500** सोडियम हाइपोक्लोराइट के घोल में डुबाने से रोग का प्रकोप कम होता है।

सर्कोस्पोरा पत्ती धब्बा (Cercospora leaf spot)

यह रोग ***सर्कोस्पोरा केरोटी*** (***Cercospora carotae***) नामक जीवाणु द्वारा होता है। पहला लक्षण आमतौर पर पत्ती खंड के किनारों पर लंबे घावों के रूप में प्रकट होता है। गैर-सीमांत घाव छोटे, पिन-पॉइंट क्लोरोटिक स्पॉट के रूप में दिखाई देते हैं जो एक फैलाने वाले क्लोरोटिक सीमा से घिरे एक नेक्रोटिक केंद्र में विकसित होते हैं। धब्बों का आपस में मिलना आम बात है। रैखिक गहरे घाव डंठल पर विकसित होते हैं, कभी-कभी बाद वाले को घेर लेते हैं और पत्ती को मार देते हैं।

प्रबंधन(Management)

- कैप्टान 4 ग्राम/किग्रा की दर से से बीज उपचार करें।
- रोग के प्रथम लक्षण दिखाई देने पर कॉपर ऑक्सीक्लोराइड 50% डव्लूपी 1250 ग्राम प्रति हेक्टेयर 500 लीटर पानी या मैंकोजेब 75% डव्लूपी 1250 ग्राम प्रति हेक्टेयर 500 लीटर पानी में घोलकर 10 दिन के अंतराल पर छिड़काव करें।

25

मूली

परिचय (Introduction)

मूली (Radish) का जड़ वाली सब्जियों में प्रमुख स्थान है। इसकी खेती सम्पूर्ण भारत वर्ष में की जाती है। इसका उपयोग सलाद के रुप में किया जाता है। इसका उत्पत्ति स्थान **भूमध्य सागरीय क्षेत्र (Mediterranean region)** माना जाता है। मूली में विशिष्ट तीखा स्वाद वाष्पशील आइसोथियोसाइनेट्स की उपस्थिति के कारण होता है।

वानस्पतिक विवरण(Botanical description)

मूली का वानस्पतिक नाम ***राफानुस सैटिवस*** एल.(*Raphanus sativus* L.) है। यह **ब्रैसिकेसी (पहले क्रूसिफेरा के नाम से जाना जाता था) Brassicaceae (previously known as cruciferae)** कुल के अंतर्गत आती है। मूली की जड़ का खाने योग्य भाग प्राथमिक जड़ और हाइपोकोटिल दोनों से विकसित होता है। मूली की जड़ें आकार, आकार और अन्य बाहरी लक्षणों के साथ-साथ खेती के आधार पर लंबाई में भिन्न होती हैं। पुष्पक्रम क्रूसिफ़र्स का विशिष्ट टर्मिनल रेसमे है, और फूल सफेद, गुलाब या बकाइन रंग के होते हैं। फूल उभयलिंगी, कीट परागित और छोटे होते हैं। मूली अत्यधिक पर-परागित फसल है, परागण मुख्य रूप से मधुमक्खियों द्वारा होता है। मूली में एक स्थान पर एस एलील्स द्वारा निर्धारित स्व-असंगति की एक स्पोरोफाइटिक प्रणाली होती है। मूली में गुणसूत्र संख्या 2n= 2x=18 होती है।

उपयुक्तजलवायु (Suitable climate)

यह मुख्य रूप से ठंडी मौसम की फसल है और ठंडी या मध्यम जलवायु के लिए सबसे उपयुक्त है। सर्वोत्तम आकार, स्वाद और बनावट की जड़ें लगभग 10-15° सेल्सियस पर विकसित होती हैं।

मृदा का चयन (Selection of soil)

सभी प्रकार की भूमि उपयुक्त रहती है। लेकिन उच्च कार्बनिक पदार्थ वाली बलुई दोमट मिट्टी उपयुक्त रहती है। इष्टतम मिट्टी का पीएच 5.5 से 6.8 होता है।

उन्नत किस्में (Improved varieties)

काशी लोहित (Kashi Lohit (VRRAD-131-2)

इस किस्म की जड़ें आकर्षक लाल रंग की होती है, यह किस्म एंटी-ऑक्सीडेंट का उत्कृष्ट स्रोत (सफेद मूली से **80-100%** अधिक), विटामिन सी और फाइटोकेमिकल्स यानी एंथोसायनिन और फेनोलिक सामग्री का अच्छा स्रोत है । इस किस्म की औसत जड़ उपज 400-450 क्विंटल प्रति हेक्टेयर है । यह किस्म उत्तर प्रदेश में खेती के लिए अनुशंसित है ।

काशी मूली-40 (Kashi Mooli-**40** (VRRAD-**203**)

यह किस्म उच्च तापमान (35-42 डिग्री सेल्सियस) के प्रति सहिष्णु, गर्मियों की खेती के लिए उपयुक्त है। इस किस्म में विलंबित बोल्टिंग, प्रतिष्ठित जड़ का आकार, आकर्षक सफेद रंग होता है। सामान्य मौसम में इस किस्म की औसत जड़ उपज 300-350 क्विंटल प्रति हेक्टेयर और गर्मी के मौसम में 200-230 क्विंटल प्रति हेक्टेयर है। यह किस्म उत्तर प्रदेश में खेती के लिए अनुशंसित।

अर्का निशांत (Arka Nishant)

इस किस्म की जड़ें लंबी, मार्बल सफ़ेद रंग की कुरकुरी बनावट और हल्के तीखी होती हैं । यह किस्म समय से पहले बोल्टिंग, रूट ब्रांचिंग और फोर्किंग के लिए प्रतिरोधी। इस किस्म की औसत जड़ उपज 250-300 क्विंटल प्रति हेक्टेयर है ।

पूसा चेतकी (Pusa Chetki)

इसकी जड़ें मध्यम बड़ी और ठूंठदार, शुद्ध सफेद, कोमल और चिकनी और हल्की तीखी होती हैं। यह बिजाई के 40-50 दिनों में कटाई के लिए तैयार हो जाती है। उच्च तापमान को सहन करने के कारण यह मार्च के मध्य से अगस्त के मध्य तक बुवाई के लिए उपयुक्त है। यह मैदानों में विपुल बीज सेट दिखाता है। इसे अप्रैल-सितंबर में गर्मियों और मानसून की फसल के रूप में उगाया जा सकता है और इसकी उपज

क्षमता 200-250 क्विंटल प्रति हेक्टेयर है। समशीतोष्ण क्षेत्र को छोड़कर पूरे भारत में इसकी खेती की सिफारिश की जाती है।

पूसा हिमानी (Pusa Himani)

इस किस्म की जड़ें सफेद, 30-35 सेमी लंबी, मध्यम मोटी, टेपरिंग, हल्के हरे कंधों के साथ; सफेद, कुरकुरा, हल्का तीखी होती हैं। उत्तरी मैदानी इलाकों में दिसंबर से फरवरी तक और पहाड़ी क्षेत्रों में सर्दियों के महीनों को छोड़कर पूरे साल बुवाई के लिए उपयुक्त है । यह किस्म 50-55 दिन में परिपक्व हो जाती है । इस किस्म की औसत जड़ उपज 325 क्विंटल प्रति हेक्टेयर है । यह किस्म पूरे भारत के लिए अनुशंसित है।

पूसा रेशमी (Pusa Reshmi)

इस किस्म की जड़ें 30-35 सेमी लंबी, मध्यम मोटी, हरे कंधे के साथ सफेद, समान रूप से चिकनी, हल्की तीखी; शीर्ष मध्यम, पत्ते हल्के हरे होते हैं । उत्तरी मैदानों में सितंबर के मध्य से अक्टूबर तक बुवाई के लिए उपयुक्त होती है । यह किस्म 55-60 दिन में परिपक्व हो जाती है । इस किस्म की औसत जड़ उपज 350 क्विंटल प्रति हेक्टेयर है । यह किस्म पूरे भारत के लिए अनुशंसित है।

खेती की तैयारी (Field prepration)

मूली की खेती करने के लिए बुवाई से पहले खेत को अच्छी तरह से तैयार करना चाहिए । प्रथम जुताई मिट्टी पलटने वाले हल से करने के बाद **2-3** बार कल्टीवेटर चलाकर खेत को समतल कर लें। इसके बाद मिट्टी में पाटा लगाकर खेत को समतल कर लिया जाता है, इससे भूमि में जलभराव नहीं होता है।

एकीकृत पोषक तत्व प्रबंधन(Integrated Nutrient Management)

मूली में खाद एवं उर्वरकों का उपयोग मृदा परीक्षण के आधार पर करें। सामान्यतः **150** क्विंटल गोबर की खाद या कम्पोस्ट, **100** किलो नाइट्रोजन, **50** किलो स्फुर तथा **100** किलो पोटाश प्रति हेक्टेयर आवशयक होता है। गोबर की खाद, स्फुर तथा पोटाश की पूरी मात्रा तथा नत्रजन की आधी मात्रा खेत की तैयारी के समय तथा नत्रजन की शेष मात्रा को दो भागों में बुआई के **15** और **30** दिन बाद देनी चाहिए।

बीजदरएवंबीजोपचार (Seed rate and seed treatment)

मूली के बीज की मात्रा उसकी जाति, बोने की विधि और बीज के आकार पर निर्भर करती है। सामान्तया **5-10** किलोग्राम बीज प्रति हेक्टेयर आवश्यक होता है। बीज को बुआई से पूर्व थायरम 2 ग्राम + कार्बेन्डाजिम 1 ग्राम प्रति किलो बीज या *ट्राइकोडर्माविरडी* 4 ग्राम प्रति किलोग्राम बीज की दर से उपचारित कर बाई करना चाहिए।

बुवाईकासमयएवंविधि (Time of sowing and method)

मूली वर्ष भर उगाई जा सकती है, फिर भी व्यावसायिक स्तर पर इसे सितम्बर से जनवरी तक बोया जाता है। बीजों को क्यारियों में या मेड़ों पर कतारों में बोना चाहिए। पंक्तियों और पौधों की आपसी दूरी क्रमश: **30** सेमी और **10** सेमी. रखनी चाहिए। समतल खेत की अपेक्षा डौलियों पर बुआई करने से मूली की जड़ों का विकास अच्छा होता है।

सिंचाई प्रबन्धन(Irrigation management)

पहली सिंचाई बीज बोने के तुरन्त बाद करें, तदुपरान्त **4-5** दिन बाद दूसरी हल्की सिंचाई करनी चाहिए। बाद में **10-15** दिन के अंतर में सिंचाई करनी चाहिए।

खरपतवारप्रबंधन(Weed management)

खरपतवारों के नियंत्रण के लिए खेत की **2-3** बार निराई-गुड़ाई करें। दूसरी निराई-गुड़ाई करने के समय पौधों की छटनी कर दें।

खुदाई (Harvesting)

मूली की खुदाई का समय विषेष रुप से उसकी उगाई जाने वाली किस्मों पर निर्भर करता है। जब जड़े पूर्ण विकसित हो जायें तब कड़ी होने से पहले मुलायम अवस्था में ही खोद लेना चाहिए।

संभावित उपज (Potential yield)

प्रति हेक्टेयर **200-250** क्विंटल तक उपज मिल जाती है। फसल की यह उत्पादकता जलवायु, मिट्टी, किस्म, सिंचाई समेत सुरक्षा प्रबंधन आदि पर निर्भर करती है।

एकीकृत कीट एवं रोग प्रबंधन (Integrated Pest and Disease Management)

प्रमुख कीट (Major insects)

सरसों की आरा मक्खी (Mustard saw fly)

इस कीट का वैज्ञानिक नाम ***अथालिया लुगेन्स प्रॉक्सिमा(Athalia lugens proxima)*** है।अकेले ग्रब विनाशकारी होते हैं। यह मुख्य रुप से पौधों की वानस्पतिक वृद्धि तथा पुष्प आने के समय क्षति पहुँचाते है। वे नई पत्तियों में छेद करते हैं और कभी-कभी उन्हें खाकर छलनी कर देते हैं, यहां तक कि प्ररोह की ऊपरी त्वचा को भी खा जाते हैं। लार्वा काले पृष्ठीय धारियों और झुर्रीदार शरीर के साथ गहरे हरे रंग के होते हैं।

प्रबंधन(Management)

- सरसों की आरा मक्खी के प्यूपा को नष्ट करने के लिए ग्रीष्मकालीन जुताई करें।
- आरी मक्खी के सुंडियों को सुबह-शाम एकत्र करना एवं नष्ट करें ।
- वानस्पतिक वृद्धि के समय क्लोरोपायरीफास 20% ईसी 1 लीटर प्रति हेअच्यते हेक्टेयर 500 लीटर पानी में घोल कर छिड़काव करें।

पत्तागोभी छेदक (Cabbage Borer)

इस कीट का वैज्ञानिक नाम***हेलुलाअंडलिस*(*Hellula undalis*)** है। इस कीट की इल्लियाँ सुरंग बनाकर पत्तों को खाती हैं तथा बाद में फूल को भेदकर बर्बाद कर देती है। लार्वा अपनी पहली दो अवस्थाओं में पत्ती को शिरा के किनारों से खोदता है और उसमें भरे हुए मल के साथ एक कागजी सफेद संरचना बनाता है। इसके बाद, यह पत्ती को कुतरता है ।

प्रबंधन(Management)

- इस कीट के नियंत्रण के लिए *बेसिलसथूरिनजेंसिस* 1000 ग्राम प्रति हेक्टेयर 500 लीटर पानी में घोलकर छिडकाव करें या
- क्लोरोन्ट्रेनिलीप्रोल 18.5% एससी 50 मिली प्रति हेक्टेयर 500 पानी में घोलकर छिडकाव करें ।

चितकबराबग(Painted bug)

इस कीट का वैज्ञानिक नाम***बगराडा क्रूसिफेरारम* (*Bagrada cruciferarum*)** है। इस कीट के निम्फ और वयस्क दोनों ही अक्सर गुच्छों में पौधे का रस चूसकर नुकसान पहुंचाते हैं। प्रभावित पौधे रुग्ण, सूखे या बौने दिखाई देते हैं।

प्रबंधन(Management)

- इस कीट के संक्रमण से बचने के लिए इस कीट को आश्रय देने वाली खरपतवारों को हटाकर खेत को साफ करना अत्यावश्यक है।
- फसल की कटाई के बाद फसल अवशेषों को खेत से हटा दें क्योंकि ये कीट इन पर खूब पनपते हैं।
- नीम बीज अर्क (4 प्रतिशत) का छिड़काव करें या
- क्लोरोन्ट्रेनिलीप्रोल 18.5% एससी 50 मिली प्रति हेक्टेयर 500 लीटर पानी में घोलकर छिडकाव करें।

माहू (Aphid)

इस कीट का वैज्ञानिक नाम ***माइज़स पर्सिकी, ब्रेविकोरीन ब्रैसिका, लिपाफिस एरिसिमी* (*Myzus persicae, Brevicoryne brassicae, Lipaphis erysimi*)** है। इस कीट केशिशु एवं प्रौढ़ दोनों ही पौधे के कोमल भागों से रस चूसते हैं। प्रभावित भाग फीका पड़ जाता है और विकृत हो जाता है। उच्च आर्द्रता इस कीट के तेजी से गुणन में सहायक होती है।

प्रबंधन(Management)

- अधिक प्रकोषित पत्तों को निकाल कर नष्ट कर दें।
- लेडी बर्ड बीटल का संरक्षण करें।
- एसिटामिप्रिड़ 20% एसपी 75 ग्राम प्रति हेक्टेयर 5 00 लीटर पानी में घोलकर छिडकाव करें ।

प्रमुखरोगMajor diseases)

अल्टरनेरिया ब्लाइट (Alternaria blight)

यह रोग ***अल्टरनेरिया रफानी* (*Alternaria raphani*)** नामक फफूंद से होता है। रोगज़नक़ पत्तियों, तने, फलियों और बीजों को प्रभावित करता है। रोग के लक्षण सबसे पहले बीज के तने की पत्तियों पर छोटे, पीले, थोड़े उभरे हुए घावों के रूप में दिखाई देते हैं। घाव बाद में तनों और बीज फलियों पर दिखाई देते हैं। बारिश के मौसम में संक्रमण तेजी से फैलता है, और पूरी फली इतनी संक्रमित हो सकती है कि स्टाइलर का सिरा काला और सिकुड़ा हुआ हो जाता है। कवक फली के ऊतकों में घुस जाता है, अंततः बीजों को संक्रमित करता है। संक्रमित बीज अंकुरित नहीं हो पाता है।

प्रबंधन(Management)

- केवल प्रमाणित, रोगमुक्त बीज ही लगाएं।
- बोने से पहले बीजों को गर्म पानी से उपचारित करें।
- फसलों को गैर-ब्रासिका प्रजातियों के साथ फसल चक्र अपनाएँ ।
- टेबुकोनाजोल 38.39% एससी 600 मिली प्रति प्रति हेक्टेयर 500 लीटर पानी में घोलकर छिडकाव करें।

सफेद रतुआ (White rust)

यह रोग ***अल्बुगो कैंडिडा*** (*Albugo candida*) नामक फफूँद के कारण होता है। सफेद रतुआ मूली के सबसे विनाशकारी पर्ण रोगों में से एक है। यह रोग चाक-सफ़ेद, लजीज, उभरे हुए बीजाणु द्रव्यमान (सोरी) द्वारा आसानी से पहचाना जाता है, जो ज्यादातर निचली सतहों पर होता है, गंभीर प्रकोप आमतौर पर वसंत और पतझड़ के महीनों में ठंडी ओस वाली रातों की लंबी अवधि एवं थोड़ा गर्म दिन के दौरान होता है। यह पत्तियों, डंठलों, तनों और जड़ों को प्रभावित करता है। सामान्य जड़ विकास मंद हो जाता है, जिससे प्राथमिक जड़ वुडी हो जाती है और कई पार्श्व जड़ें बन जाती हैं। माध्यमिक, सड़ांध पैदा करने वाले बैक्टीरिया और कवक सफेद रतुआ संक्रमण के माध्यम से प्रवेश कर सकते हैं और अतिरिक्त नुकसान पहुंचा सकते हैं। प्रभावित पत्तियाँ मुरझा सकती हैं और समय से पहले गिर सकती हैं जिससे पौधे कमजोर हो जाते हैं।

प्रबंधन(Management)

- स्वच्छ खेती, प्रतिरोधी किस्मों का उपयोग करने से रोग को रोकने में मदद मिलती है।
- फसल पर मेन्कोजेब 75% डब्लूपी 1250 ग्राम प्रति हेक्टेयर 500 लीटर पानी में घोलकर छिड़काव करें।

क्लब रॉट (Club root)

यह रोग ***प्लास्मोडियोफोरा ब्रैसिकी*** (***Plasmodiophora brassicae***) नामक फफूँद के कारण होता है। क्लब रॉट रोग एक बाध्यकारी रोगज़नक़ के कारण होता है और क्रूसिफेरस फसलों की सबसे गंभीर बीमारियों में से एक है। रोगज़नक़ पौधों की जड़ों को संक्रमित करता है, जिससे असामान्य वृद्धि होती है और अंततः, एक विशाल पित्त बनता है, जिसे क्लब कहा जाता है। असामान्य वृद्धि जड़ को पानी और पोषक तत्वों को अवशोषित करने से रोकती है, जिसके परिणामस्वरूप मेजबान पौधे की धीमी वृद्धि होती है। नतीजतन रोग, उत्पादों की गुणवत्ता और व्यावसायिक मूल्य को कम कर देता है। क्योंकि रोगज़नक़ मिट्टी में लंबे समय तक आराम करने वाले बीजाणुओं के रूप में जीवित रहता है, सांस्कृतिक प्रथाओं या कृषि रसायनों का उपयोग करके रोग को नियंत्रित करना कठिन है।

प्रबंधन(Management)

- फसल चक्र और स्वच्छ जुताई प्राथमिक इनोकुलम की मात्रा को कम करके रोग के जोखिम को कम करने में मदद करते हैं।
- फसलों को गैर-ब्रासिका प्रजातियों के साथ फसल चक्र अपनाएँ ।
- रोग प्रतिरोधक किस्मों का उपयोग करें।
- पीएच को **7.2** तक बढ़ाने के लिए मिट्टी में हाइड्रेटेड चूना क्लब रॉट को कम करता है।

मूली की जड़ सड़न (Root rot of Radish)

यह एक जीवाणु जनित रोग है, जो ***इरविनिया रापोंटिसी***(***Erwinia rhapontici***) नामक जीवाणु से होता है। यह रोग औजारों और सिंचाई के पानी से फैलता है। इसके लक्षण मज्जा के ऊतकों के सड़ने के रूप में दिखाई देते हैं जिसके परिणामस्वरूप गुहा का निर्माण होता है और पौधे मुरझा जाते हैं। रोग तब फैलता है जब जड़ों को बीज उत्पादन के लिए प्रत्यारोपित किया जाता है।

प्रबंधन(Management)

- बुवाई के समय एग्रीमाइसिन-**100** (**100** पीपीएम) के घोल में बीजों को डुबोना रोग की रोकथाम में प्रभावी होता है।

मोजेक (Mosaic)

यह एक विषाणु जनित रोग है। जिसका संचरण माँहू द्वारा होता है। इस रोग में नई पत्तियाँ धब्बेदार हो जाती हैं। पत्तियों पर हरिमहीनता के क्षेत्र बन जाते हैं। जो धीरे-धीरे अनियमित आकार के हरिमहीन धब्बों में परिवर्तित हो जाते हैं।

प्रबंधन(Management)

- रोग प्रतिरोधक किस्मों का उपयोग करें।
- रोगग्रस्त पौधों को उखाड़कर नष्ट करें।
- रोग के वाहक कीट माहू के नियंत्रण के लिए थायोमिथॉक्साम 25% डब्ल्यूजी 100 ग्राम प्रति हेक्टेयर 500 लीटर पानी में घोलकर छिडकाव करें।

फायलोड़ी (Phyllody)

यह फायटोप्लाज्मा (**Phytoplasma**) जनित रोग है। जिसका संचरण लीफ हापर के द्‌वारा होता है। रोगग्रस्त पौधे हल्के भूरे से हल्के बैंगनी रंग के हो जाते हैं और इस प्रकार आसानी से दूर से पहचाने जा सकते हैं। इस रोग के लक्षण फूल आने के समय दिखाई देते हैं जहां फूलों के सभी भाग हरे, मोटी घुंडीनुमा पत्तियां बन जाते हैं। बीजांड पत्तेदार संरचना में रूपांतरित हो जाते हैं।

प्रबंधन(Management)

- खेत में पता लगते ही संक्रमित पौधों को उखाड़कर नष्ट करें ।
- और रोग फैलाने वाले कीट रोगवाहक को नियंत्रित करने के लिए सुरक्षित कीटनाशकों का उपयोग करके रोग के प्रसार को कम किया जा सकता है।

26

शलजम

परिचय (Introduction)

शलजम (Turnip) एक जड़ वाली सब्जी है जो दुनिया भर में समशीतोष्ण जलवायु में अपनी बल्बनुमा मूसला जड़ों के लिए उगाई जाती है। इसका उपयोग सब्जी और सलाद के रुप में किया जाता है। इसका उत्पत्ति स्थान **भूमध्य सागरीय क्षेत्र (Mediterranean region)** माना जाता है।

वानस्पतिक विवरण(Botanical description)

शलजम का वानस्पतिक नाम ***ब्रैसिका रापा* एल.(*Brassica rapa* L.)** है। यह **ब्रैसिकेसी (पहले क्रुसिफेरी के नाम से जाना जाता था) Brassicaceae (previously known as cruciferae)** कुल के अंतर्गत आती है। पौधे में सीधा तना होता है और **8-12** पत्तियाँ एक मुकुट बनाती हैं। पत्तियाँ हल्के हरे रंग की, बालों वाली और पतली होती हैं। पौधा हल्के पीले रंग के फूल पैदा करता है जो एक रेसमे के शीर्ष पर गुच्छेदार होते हैं और अक्सर टर्मिनल कलियों के ऊपर विस्तारित होते हैं। पत्तियां लंबाई में **30.5-35.5** सेमी तक पहुंच सकती हैं, जबकि फूलों की शाखाएं **30.5-91.5** सेमी तक पहुंच सकती हैं। पौधे की मुख्य जड़ एक बल्बनुमा कंद है, लगभग पूरी तरह गोल, जो आमतौर पर बैंगनी, सफेद और पीले रंग का मिश्रण होता है। यह एक पर-परागित फसल है। पुष्पक्रम मुख्य तने पर टर्मिनल रेसमे होता है। फल स्लिकुआ कहलाता है । शलजम में गुणसूत्र संख्या 2n= 2x=20 होती है। इसमें **स्पोरोफाइटिक स्व -निशेचता** (Sporophytic self incompatibility) पाई जाती है।

उपयुक्तजलवायु (Suitable climate)

शलजम मूलतः ठण्डी जलवायु की फसल है। तापमान बढ़ने से इसकी उपज पर प्रतिकूल प्रभाव पड़ता है। क्योंकि गांठों में पानी की मात्रा कम हो जाती है। फलस्वरुप शलजम की गांठे कठोर और तीखी हो जाती है। इसकी खेती के लिए **10-15** डिग्री सेल्सियस तापमान की आवश्यकता होती है।

मृदा का चयन (Selection of soil)

शलजम की खेती के लिए उचित जल निकास वाली गहरी, ढीली दोमट भूमि सर्वोत्तम रहती है। क्योंकि ऐसी भूमि में शलजम का समुचित विकास होता है। हल्की रेतीली भूमि में भी इसे उगाया जा सकता है। मिटटी का पीएच 6.0 और 7.0 के बीच उपयुक्त होता है।

उन्नत किस्में (Improved varieties)

पर्पल टॉप व्हाइट ग्लोब (Purple Top White Globe)

इस किस्म की जड़ें बड़ी, गोल, चिकनी, चमकदार बैंगनी-लाल ऊपरी आधे हिस्से में, निचला भाग क्रीमी सफेद होता है। गूदा सफेद, दृढ़ और कुरकुरा होता है । यह किस्म मैदानी इलाकों में अक्टूबर से दिसंबर तक बुवाई के लिए उपयुक्त है । यह किस्म बुआई के 60-65 दिन में परिपक्व हो जाती है । इस किस्म की औसत उपज 300 क्विंटल प्रति हेक्टेयर है। यह किस्म पूरे भारत के लिए अनुशंसित है।

पूसा चन्द्रिमा (Pusa Chandrima)

यह जल्दी परिपक्व होने वाली किस्म है। जड़ें मध्यम से बड़ी, लगभग गोलाकार, मध्यम शीर्ष, चिकनी, शुद्ध सफेद त्वचा के साथ बारीक दाने, मीठा और कोमल गूदा होता है। यह किस्म अक्टूबर से दिसंबर की बुवाई के लिए उपयुक्त होती है । इस किस्म की औसत उपज **350** क्विंटल प्रति हेक्टेयर है। यह किस्म पूरे भारत के लिए अनुशंसित है।

पूसा कंचन (Pusa Kanchan)

इस किस्म में सबसे ऊपर हल्का हरा; जड़ें हल्की लाल, मध्यम बड़ी, गोल; अच्छा स्वाद और गूदा मलाईदार पीला होता है। यह किस्म मैदानी इलाकों में सितंबर से मध्य अक्टूबर तक बुवाई के लिए उपयुक्त होती है।यह किस्म बुआई के **55-60** दिनों में परिपक्व हो जाती है । इस किस्म की औसत उपज **250** क्विंटल प्रति हेक्टेयर है। यह किस्म पूरे भारत के लिए अनुशंसित है।

पूसा स्वर्णिमा (Pusa Swarnima)

इस किस्म की जड़ें चपटी गोल और सुनहरी पीली त्वचा वाली और कोमल होती हैं । इसका गूदा मीठा और मुलायम होता है जो खाने में स्वादिष्ट होता है। यह किस्म बुआई के बाद 60-65 दिनों में तैयार हो जाती है। इस किस्म की औसत उपज 350 क्विंटल प्रति हेक्टेयर है। यह किस्म पूरे भारत के लिए अनुशंसित है।

पूसा श्वेती (Pusa Sweti)

यह उष्णकटिबंधीय और उपोष्णकटिबंधीय प्रकार की किसम है। इस किस्म की जड़ें शुद्ध सफेद, मध्यम आकार की, गोल से चपटी गोल, कोमल, गूदा सफेद; पत्ते बारीक, लोबदार और हल्के हरे रंग के होते हैं।यह किस्म मैदानी इलाकों में अगस्त से सितंबर तक बुवाई के लिए उपयुक्त होती है। यह किस्म बुआई के बाद 40-45 दिनों में तैयार हो जाती है। । इस किस्म की औसत उपज 250 क्विंटल प्रति हेक्टेयर है। यह किस्म पूरे भारत के लिए अनुशंसित है।

खेती की तैयारी (Field prepration)

शलजम की अधिक पैदावार लेने के लिए एक जुताई मिट्टी पलटने वाले हल से करने के बाद 2-3 बार कल्टीवेटर चलायें। जुताई के बाद पाटा चलाकर खेत को समतल कर लें।

एकीकृत पोषक तत्व प्रबंधन(Integrated Nutrient Management)

शलजम में खाद एवं उर्वरकों का उपयोग मृदा परीक्षण के आधार पर करें। सामान्यतः 200 किलोग्राम गोबर की खाद या कम्पोस्ट 60 किलोग्राम नत्रजन, 50 किलोग्राम स्फुर तथा 50 किलोग्राम पोटाश प्रति हेक्टेयर दें। नत्रजन की आधी मात्रा फास्फोरस और पोटाश की पूरी मात्रा का मिश्रण बनाकर अंतिम जुताई के समय भूमि में डाल देना चाहिए। नत्रजन की शेष आधी मात्रा को उस समय डालना चाहिए जब जड़ें बननी शुरु हो जायें।

बीजदरएवंबीजोपचार (Seed rate and seed treatment)

शलजम के लिए 3-4 किलोग्राम बीज प्रति हेक्टेयर की आवश्यकता होती है। बीज को बुआई से पूर्व थायरम 2 ग्राम + कार्बेन्डाजिम 1 ग्राम प्रति किलोग्राम बीज या *ट्राइकोडर्माविरडी* 4 ग्राम प्रति किलोग्राम बीज की दर से उपचारित कर बुआई करना चाहिए।

बुवाईकासमयएवंविधि (Time of sowing and method)

शलजम की बुआई उसकी जातियों के ऊपर निर्भर करती है। व्यावसायिक स्तर पर इसकी बुआई सितम्बर से दिसम्बर तक की जा सकती है। शलजम की बुआई समतल क्यारियों में और डोलियों पर की जाती है। बीज को 2-2.5 सेमी से अधिक गहरा नहीं बोना चाहिए ।

सिंचाई प्रबन्धन (Irrigation management)

पहली सिंचाई बीज बोने के तुरंत बाद करें। बाद में 10-15 दिन के अन्तर से सिंचाई करते रहें। शलजम में फसल की गुणवत्ता और उपज में वृद्धि के लिए ड्रिप सिंचाई का उपयोग करना चाहिए । ड्रिप सिंचाई के उपयोग से ड्रिप सिंचाई फसलों के लिए सबसे कुशल जल और पोषक तत्व वितरण प्रणाली है। यह सही समय पर, सही मात्रा में पानी और पोषक तत्वों को सीधे पौधे की जड़ों तक पहुँचाती है, इस विधि में प्रत्येक पौधे को समान रूप से जल एवं पोषक तत्व मिलते हैं । मिटटी में नमी के अनुसार ड्रिप से प्रतिदिन या एक दिन छोड़कर सिंचाई करें।

खरपतवारप्रबंधन(Weed management)

खरपतवार पोषक तत्वों, मिट्टी की नमी, जगह और सूर्य प्रकाश के लिए पौधों से प्रतिस्पर्धा करते हैं एवं फसल की वृद्धि एवं विकास में बाधा पहुचाते हैं, जिसके कारण फसल की गुणवत्ता एवं उपज में कमी आती है। खरपतवारों के नियंत्रण के लिए खेत की 2-3 बार निराई-गुड़ाई करें।

खुदाई (Harvesting)

शलजम की खुदाई का समय विषेष रुप से उसकी उगाई जाने वाली किस्मों पर निर्भर करता है। जब जड़ें 3-5 सेमी. व्यास की हो जायें, तब उनकी खुदाई कर लेनी चाहिए।छोटे शलजम को अक्सर मिट्टी से हाथ से खींचकर उखाड़ा जा सकता है, लेकिन भारी मिट्टी में बड़ी जड़ों को कुदाली से धीरे से खुदाई करें ।

संभावित उपज (Potential yield)

शलजम से प्रति हेक्टेयर 250-300 क्विंटल तक उपज मिल जाती है। फसल की यह उत्पादकता जलवायु, मिट्टी, किस्म, सिंचाई समेत सुरक्षा प्रबंधन आदि पर निर्भर करती है।

एकीकृत कीट एवं रोग प्रबंधन (Integrated Pest and Disease Management)

प्रमुख कीट (Major insects)

गोभी माहू (Cabbage aphid)

इस कीट का वैज्ञानिक नाम*ब्रेविकोरीनब्रासिका(Brevicoryne brassicae)* है। इस कीट के शिशु व वयस्क दोनों ही पत्तों से रस चूसते हैं जिससे पत्ते टेढ़े-मेंढ़े हो जाते हैं। पौधे की पत्तियों पर माहू दिखाई देते हैं और छोटे, भूरे-हरे रंग के और मुलायम शरीर वाले होते हैं।

प्रबंधन (Management)

- यदि माहू की आबादी केवल कुछ पत्तियों या टहनियों तक सीमित है तो नियंत्रण प्रदान करने के लिए संक्रमण को छंटाई की जा सकती है।
- लेडी बर्ड बीटल का संरक्षण करें।
- नीम बीज अर्क (4 प्रतिशत) का छिड़काव करें या अधिक प्रकोप की अवस्था में एसिटामिप्रिड 20% एसपी 75 ग्राम प्रति हेक्टेयर 500 लीटर पानी में घोलकर छिडकाव करें ।

पिस्सू भृंग (Flea beetles)

इस कीट का वैज्ञानिक नाम ***फायलोट्रेट्रा* स्पीशीज** (*Phyllotreta* spp.) है।गहरे रंग का भृंग जो अक्सर दिखने में चमकदार होते हैं फल को नुकसान पहुचाते हैं । यह कीटपत्तियों में छोटे छेद बना देते हैं; युवा पौधे और अंकुर विशेष रूप से अतिसंवेदनशील होते हैं; पौधे की वृद्धि कम हो जाती है; यदि क्षति गंभीर है तो पौधा मर सकता है ।

प्रबंधन (Management)

- उन क्षेत्रों में जहां पिस्सू भृंग एक समस्या है, युवा पौधों की सुरक्षा के लिए भौतिक अवरोध प्रदान करने के लिए बीटल के उभरने से पहले पंक्ति कवर का उपयोग करना चाहिए है ।
- नीम बीज अर्क (4 प्रतिशत) का छिड़काव करें ।

प्रमुखरोग (Major diseases)

अल्टरनेरिया पत्ती धब्बा (Alternaria leaf spot)

यह रोग ***अल्टरनेरिया* स्पीशीज** (***Alternaria* spp.**) नामक फफूंद द्वारा होता है। इस रोग में पत्तियों पर छोटे काले धब्बे जो भूरे से स्लेटी रंग में बदल जाते हैं; घाव गोल या कोणीय हो सकते हैं और बैंगनी-काले किनारे वाले हो सकते हैं; घाव गाढ़ा छल्ले बनाते हैं और बीच में दरार पड़ जाती है; तनों और डंठलों पर गहरे भूरे रंग के लंबे घाव विकसित होते हैं।

प्रबंधन (Management)

- रोगज़नक़ मुक्त बीज लगाएं।
- फसल चक्र अपनाएं।

एन्थ्रेक्नोज (Anthracnose)

यह रोग ***कोलेटोट्रिचम हिगिनिसियनम*** (***Colletotrichum higginisianum***) नामक फफूंद द्वारा होता है। इस रोग में छोटे गोलाकार या अनियमित आकार के सूखे धब्बे जो पत्तियों पर भूरे से पुआल के रंग बन जाते हैं ।धब्बों की अधिक संख्या के कारण पत्ती मर सकती है; घाव आपस में मिलकर बड़े परिगलित धब्बे बना सकते हैं जिससे पत्तियाँ पीली होकर मुरझा जाती हैं; सूखे केंद्रों में घाव फट सकते हैं; जड़ों पर सूखे धंसे हुए धब्बे जो बड़े हो जाते हैं और भूरे या भूरे रंग के हो जाते हैं।

प्रबंधन (Management)

- बोने से पहले बीजों को गर्म पानी से उपचारित करें।
- फसल चक्र अपनाएं।
- जल निकास की समुचित व्यवस्था करें।
- सभी क्रुसिफेरी कुल के खरपतवारों को हटा दें जो कवक के लिए आश्रय स्थल के रूप में कार्य कर सकते हैं।

काला विगलन (Black rot)

यह रोग ***जैन्थेमोनास कैम्पेस्ट्रिस*** (*Xanthomonas campestris*) नामक जीवाणु के कारण होता है। इस रोग में अंकुर मुरझाए हुए पीले से भूरे पत्तों में विकसित हो जाते हैं और गिर जाते हैं; परिपक्व पत्तियों के किनारों पर पीले, वी-आकार के घाव; गहरे रंग के छल्ले तने के अनुप्रस्थ काट में दिखाई पड़ते हैं।

प्रबंधन (Management)

- खेत में रोगग्रसित फसल के अवषेषों को नष्ट कर चाहिए तथा द्विवर्षीय फसल-चक्र अपनाना चाहिए।
- रोग रहित बीजों की बुआई करनी चाहिए।
- बीजों को 30 मिनट तक 52 डिग्री सेल्सियस तापक्रम पर गर्म पानी में डुबोकर स्ट्रेप्टो साइक्लिन 1 ग्राम प्रति 10 लीटर पानी में घोल में 30 मिनट तक डुबोएं।
- स्ट्रप्टोमाइसिन 50 पीपीएम का छिड़काव, रोपण एवं फूल बनने की अवस्था पर करें।

क्लब रॉट (Club **rot**)

यह रोग ***प्लास्मोडियोफोरा ब्रैसिका*** (*Plasmodiophora brassicae*) नामक फफूंद द्वारा होता है। धीमी गति से बढ़ने वाले, छोटे पौधे; पीले रंग की पत्तियाँ जो दिन के समय मुरझा जाती हैं और रात में आंशिक रूप से फिर से जीवंत हो जाती हैं। संक्रमित पौधों की जड़ें फूल कर मुग्दरनुमा हो जाती है।

प्रबंधन (Management)

- एक बार मिट्टी में रोगज़नक़ मौजूद होने के बाद यह कई वर्षों तक जीवित रह सकता है, अतः संक्रमित मिट्टी में इस फसल को नहीं लगाना चाहिए।
- रोग का प्रकोप अम्लीय मिट्टी में अधिक होता है अतः अम्लीय मिट्टी में चूना मिलाना चाहिए।

शलजम मोज़ेक (Turnip mosaic)

यह रोग **शलजम मोज़ेक वायरस** (Turnip mosaic virus (TuMV) नामक विषाणु द्वारा होता है। इस रोग में पत्तियों पर पीले और हरे मोज़ेक पैटर्न; पत्तियों पर नेक्रोटिक क्षेत्र; पुरानी पत्तियों में शिराओं की सफाई और हरित हीनता हो जाती है।तनों पर काले धब्बे और भूरी नेक्रोटिक धारियाँ; पौधों की वृद्धि में कमी और उपज में कमी होती है। यह रोग गोभी एफिड्स और पीच एफिड्स सहित एफिड्स की कई प्रजातियों द्वारा प्रसारित होता है ।

प्रबंधन (Management)

- परावर्तक मल्च का उपयोग एफिड फीडिंग को रोकने में मदद कर सकता है ।
- माहू के नियंत्रण के लिए एसिटामिप्रिड़ 20% एसपी 75 ग्राम प्रति हेक्टेयर 500 लीटर पानी में घोलकर छिडकाव करें।

27

चुकंदर

परिचय (Introduction)

चुकंदर (Beetroot) खाद्य जड़ के लिए उगाई जाने वाली द्विवार्षिक जड़ वाली सब्जी है। इसका उपयोग सब्जी और सलाद के रुप में किया जाता है। चुकंदर की जड़ प्रोटीन, कार्बोहाइड्रेट, केल्शियम, फस्फोरस, आयरन और विटामिन सी से भरपूर होती है। इसका उत्पत्ति स्थान **भूमध्य सागरीय क्षेत्र (Mediterranean region)** माना जाता है।

वानस्पतिक विवरण (Botanical description)

चुकंदर का वानस्पतिक नाम ***बीटा वुलगेरिस*** **एल. (*Beta vulgaris* L.)** है। यह **चीनोपोडिऐसी (Chenopodiaceae)** कुल के अंतर्गत आती है। इसका पौधा आमतौर पर एक लंबी मुख्य जड़ और तनों पर उगने वाले पत्तों के रोसेट के साथ खड़ा होता है। पतियां आकार में अंडाकार होती हैं, तने पर वैकल्पिक रूप से व्यवस्थित होती हैं और लंबाई में 20–40 सेमी बढ़ती हैं। जड़ें आमतौर पर लाल रंग की होती हैं। पौधा बिना डण्ठल वाले हरे फूल पैदा करता है और ऊंचाई में 1-2 मीटर तक पहुंच सकता है। पुष्पक्रम एक बड़ा स्पाइक होता है, जो सामान्यतः दूसरे वर्ष में विकसित होता है। फल एग्रीगेट कहलाते हैं, जो ज्यादातर दो या दो से अधिक फलों के संयोजन से बनते हैं और फूले हुए पेरिएंथ (बाह्यदलपुंज) आधार द्वारा एक साथ रखे जाते हैं और इस प्रकार एक अनियमित सूखे कॉर्क जैसे शरीर का निर्माण करते हैं जिसे सीड बॉल या बीज के रूप में जाना जाता है। चुकंदर में गुणसूत्र संख्या 2n= 2x=18 होती है।

उपयुक्तजलवायु (Suitable climate)

चुकंदर ठंडे मौसम की सब्जी है जो लंबे समय तक बढ़ती हैं।यह ठंडी जलवायु में सबसे अच्छे होती है लेकिन कुछ गर्मी के साथ-साथ कुछ ठंड को भी सहन कर सकती हैं। इसके विकास के लिए इष्टतम तापमान **15.5 और 18.3** डिग्री सेल्सियस के बीच उपयुक्त होता है।

मृदा का चयन (Selection of soil)

चुकंदर की खेती के लिए उचित जल निकास वाली गहरी, ढीली दोमट भूमि सर्वोत्तम रहती है। क्योंकि ऐसी भूमि में कंद का समुचित विकास होता है। मिटटी का पीएच 6.0 और 7.0 के बीच उपयुक्त होता है।

उन्नत किस्में (Improved varieties)

ऊटी 1, क्रिमसन ग्लोब, डेट्रायट डार्क रेड और रेड बॉल चुकंदर की लोकप्रिय किस्में हैं।

खेती की तैयारी (Field prepration)

चुकंदर की अधिक पैदावार लेने के लिए एक जुताई मिट्टी पलटने वाले हल से करने के बाद 2-3 बार कल्टीवेटर चलायें। जुताई के बाद पाटा चलाकर खेत को समतल कर लें।

एकीकृत पोषक तत्व प्रबंधन (Integrated Nutrient Management)

चुकंदर में खाद एवं उर्वरकों का उपयोग मृदा परीक्षण के आधार पर करें। सामान्यतःप्रति हेक्टेयर **200** क्विंटल गोबर की खाद या कम्पोस्ट 120 किलोग्राम नत्रजन, 160 किलोग्राम स्फुर तथा 100 किलोग्राम पोटाश की आवश्यकता होती है। नत्रजन की आधी मात्रा फास्फोरस और पोटाश की पूरी मात्रा का मिश्रण बनाकर अंतिम जुताई के समय भूमि में डाल देना चाहिए। नत्रजन की शेष आधी मात्रा को उस समय डालना चाहिए जब पौधों की तेजी से वृद्धि हो रही हो।

बीज दर एवं बीजोपचार (Seed rate and seed treatment)

चुकंदर के लिए प्रति हेक्टेयर 7-8 किलोग्राम बीज की आवश्यकता होती है। बुआई से पूर्व बीज को थायरम 3 ग्राम प्रति किलोग्राम बीज या *ट्राइकोडर्मा विरडी* 4 ग्राम प्रति किलोग्राम बीज की दर से उपचारित कर बुआई करना चाहिए।

बुवाई का समय एवं विधि (Time of sowing and method)

चुकंदर की बुआई उसकी जातियों के ऊपर निर्भर करती है। व्यावसायिक स्तर पर इसकी बुआई सितम्बर से दिसम्बर तक की जा सकती है। चुकंदर की बुआई 20 सेमी ऊँची डोलियों (Ridges) पर 45 X 15-20 सेमी की दूरी पर की जाती है। बीज को **2-2.5** सेमी से अधिक गहरा नहीं बोना चाहिए ।

सिंचाई प्रबन्धन (Irrigation management)

चुकंदर में पहली सिंचाई बीज बुआई के तुरंत बाद करें। बाद में **10-12** दिन के अन्तर से सिंचाई करते रहें । ड्रिप सिंचाई फसलों के लिए सबसे कुशल जल और पोषक तत्व वितरण प्रणाली है। यह सही समय पर, सही मात्रा में पानी और पोषक तत्वों को सीधे पौधे की जड़ों तक पहुँचाती है, इस विधि में प्रत्येक पौधे को समान रूप से जल एवं पोषक तत्व मिलते हैं । ड्रिप सिंचाई के उपयोग से जल की बचत एवं फसल की गुणवत्ता और उपज में वृद्धि होती है अतः ड्रिप सिंचाई के उपयोग करना चाहिए ।

खरपतवार प्रबंधन (Weed management)

खरपतवार पोषक तत्वों, मिट्टी की नमी, जगह और सूर्य प्रकाश के लिए पौधों से प्रतिस्पर्धा करते हैं एवं फसल की वृद्धि एवं विकास में बाधा पहुचाते हैं, जिसके कारण फसल की गुणवत्ता एवं उपज में कमी आती है। खरपतवारों के नियंत्रण के लिए खेत की **2-3** बार निराई-गुड़ाई करें।

खुदाई (Harvesting)

चुकंदर की खुदाई का समय विषेष रुप से उसकी उगाई जाने वाली किस्मों पर निर्भर करता है। सामान्तया बुआई के 60-75 दिनों बाद जड़ें खुदाई के लिए तैयार हो जाती हैं । जब जड़ें 3-5 सेमी. व्यास की हो जायें, तब उनकी खुदाई कर लेनी चाहिए।

संभावित उपज (Potential yield)

चुकंदर से प्रति हेक्टेयर 200-250 क्विंटल तक उपज मिल जाती है। फसल की यह उत्पादकता जलवायु, मिट्टी, किस्म, सिंचाई समेत सुरक्षा प्रबंधन आदि पर निर्भर करती है।

एकीकृत कीट एवं रोग प्रबंधन (Integrated Pest and Disease Management)

प्रमुख कीट (Major insects)

डार्कलिंग बीटल (Darkling beetle)

इस कीट का वैज्ञानिक नाम ***ब्लापस्टिनस*** स्पीशीज, ***स्टैफिलिनिड*** स्पीशीज (*Blapstinus* spp., *Staphylinid* spp) है। इस कीट के भृंग आमतौर पर रात में सक्रिय होते हैं; दिन के दौरान भृंग जैविक मलबे में छिप जाते हैं। कीट लगभग 0.6 सेमी लंबा नीला-काला या भूरा भृंग है । यह कीट उगते हुए पौधों के अंकुरों को खाता है ।

प्रबंधन (Management)

- उन क्षेत्रों में जहां पिस्सू भृंग एक समस्या है, पानी से भरे गड्ढों से निकटवर्ती खेतों में से बीटल के प्रसार को रोका जा सकता है।
- नीम बीज अर्क (4 प्रतिशत) का छिड़काव करें ।

पत्ती सुरंगक (Leaf Miner)

इस कीट का वैज्ञानिक नाम ***लिरियोमाइज़ा*** स्पीशीज (***Liriomyza spp***) है। यह कीटपत्तियों पर पतले, सफ़ेद, घुमावदार निशान बनाते हैं। अधिक क्षति के परिणामस्वरूप पत्तियों पर सफेद धब्बे हो सकते हैं और पत्तियाँ समय से पहले गिर जाती हैं। वयस्क लीफमाइनर एक छोटी काली और पीली मक्खी होती है जो पत्ती में अपने अंडे देती है; लार्वा अंडे से निकलते हैं और पत्ती के भीतरी हिस्से को खाते हैं।

प्रबंधन (Management)

- नीम बीज अर्क (4 प्रतिशत) का छिड़काव करें ।
- कीटनाशकों का उपयोग केवल तभी करें जब लीफमाइनर क्षति की पहचान की गई हो क्योंकि अनावश्यक छिड़काव से उनके प्राकृतिक दुश्मनों की आबादी भी कम हो जाएगी।

प्रमुख रोग (Major diseases)

सर्कोस्पोरा पत्ती धब्बा (Cercospora leaf spot)

यह रोग ***सर्कोस्पोरा बेटिकोला*** (*Cercospora beticola*) नामक फफूंद द्वारा होता है। इस रोग में पत्तियों पर लाल-बैंगनी प्रभामंडल से घिरे भूरे धब्बे या पीले या भूरे रंग के नेक्रोटिक धब्बे बन जाते हैं । फफूंद बीजाणु हवा और बारिश से फैलते हैं; उच्च तापमान और आर्द्रता संक्रमण को बढ़ावा मिलता है । कवक सर्दियों में फसल अवशेषों या बीजों में जीवित रहता है।

प्रबंधन (Management)

- रोगज़नक़ मुक्त बीज लगाएं।
- फसल चक्र अपनाएं।
- रोग के प्रथम लक्षण दिखाई देने पर कॉपर ऑक्सीक्लोराइड 50% डव्लूपी 1250 ग्राम प्रति हेक्टेयर 500 लीटर पानी या मैंकोजेब 75% डव्लूपी 1250 ग्राम प्रति हेक्टेयर 500 लीटर पानी में घोलकर 10 दिन के अंतराल पर छिड़काव करें।

चुकंदर कर्ली टॉप रोग (Beet curly top disease)

यह रोग **चुकंदर कर्ली टॉप वायरस**Beet curly top virus (BCTV) नामक विषाणु द्वारा होता है। इस रोग में संक्रमित पत्तियाँ बौनी हो जाती हैं, सिकुड़ जाती हैं और ऊपर और अंदर की ओर मुड़ जाती हैं। निचली सतह पर नसें अनियमित रूप से सूज जाती हैं। रोगग्रस्त चुकंदर संवहनी ऊतक के मलिनकिरण को दर्शाता है। युवा जड़ें बौनी हो जाती हैं और जड़ें मुड़ और विकृत हो जाती हैं। रूटलेट्स के मरने से नए रूटलेट्स का विकास होता है जो बालों वाली जड़ का रूप देता है। बीट कर्ली टॉप वायरस बीट लीफहॉपर, सर्कुलीफर टेनेलस द्वारा प्रसारित होता है। वायरस कई खरपतवार पौधों को संक्रमित करता है और अगले फसल के मौसम के लिए इनोकुलम के स्रोत के रूप में कार्य करता है।

प्रबंधन (Management)

- प्रतिरोधी किस्मों को उगाएं।
- खेत को खरपतवारों से मुक्त रखें।

- लीफहॉपर्स को नियंत्रित करने के लिए डायमिथोएट 30% ईसी 2 मिली/लीटर पानी में घोलकर छिड़काव करें।

28

मेथी

परिचय (Introduction)

मेथी (Fenugreek) की खेती मुख्यतः सब्जियों एवं दानों (मसाला) के लिये की जाता है। मेथी के सूखे दानों का उपयोग मसाले के रूप मे, सब्जियो के छौकने व बघारने, अचार बनाने में एवं दवाइयों के निर्माण में किया जाता है। इसकी भाजी अत्यंत गुणकारी है जिसकी तुलना काड लीवर आयल से की जाती है। मेथी का उत्पत्ति स्थान **दक्षिण-यूरोप, भूमध्यसागरीय क्षेत्र और पश्चिमी एशिया** (South-Europe, **Mediterranean area and Western Asia**) माना जाता है । इसके बीज में **डायोस्जेनिंन (Diosgenin)** नामक स्टेरायड पाया जाता है जिसके कारण फार्मास्यूटिकल उद्योग में इसकी मांग रहती है। इसका उपयोग विभिन्न आयुर्वेदिक दवाओं को बनाने में किया जाता है। भारत मेथी का प्रमुख निर्यातक देश है। भारत में मेथी की खेती 149 हजार हेक्टेयर में की जाती है, जिससे 202 हजार मीट्रिक टन उत्पादन प्राप्त होता है। भारत में मेथी की औसत उत्पादकता 1.35 मीट्रिक टन प्रति हेक्टेयर है (**हॉर्टिकल्चर स्टेटिस्टिक्स एट ए ग्लांस 2018**) ।

वानस्पतिक विवरण (Botanical description)

मेथी का वानस्पतिक नाम ***ट्राइगोनेला फेनम-ग्रेकेम*** **एल. (*Trigonella foenum-graecum* L.)**, यह **फेबेसी** (Fabaceae) कुल के अंतर्गत आती है। इसमें क्रोमोसोम नम्बर (2n = 16) होते हैं । पौधा लगभग तीन फीट की ऊंचाई तक बढ़ता है, इसमें तीन भाग होते हैं, लंबे पतले तने में त्रिपक्षीय, दांतेदार, भूरे-हरे मोटे 2-2.5 सेमी. लम्बे पत्ते होते हैं। जड़ें उँगलियों की संरचनाओं का एक द्रव्यमान है। फूल कक्षीय, सेसाइल, सफेद या पीले रंग के होते हैं, फली 5-7 सेंटीमीटर लंबी, चोंच वाली, 10-20 बीजों वाली वाली होती हैं । जिसमें घुमावदार चोंच जैसी नोक होती है। पौधा एक मसालेदार गंध विकीर्ण करता है जो छूने के बाद हाथों पर बनी रहती है।

उपयुक्त जलवायु (Suitable climate)

मेथी शरदकालीन फसल है तथा इसकी खेती रबी के मौसम में की जाती है। इसकी वानस्पतिक वृद्धि के लिए लम्बे ठंडे मौसम, आर्द्र जलवायु तथा कम तापमान उपयुक्त रहता है। फूल बनते समय या दाने बनते समय वायु में अधिक नमी और बादल छाये रहने पर बीमारी तथा कीटों का प्रकोप बढ़ जाता है। फसल पकने के समय ठण्डा एवं शुष्क मौसम उपज के लिये लाभप्रद होता है। मेथी अन्य फसलो की तुलना मे अधिक पाला सहनशील होता है।

मृदा का चयन (Selection of soil)

मेथी को अच्छी जल निकासी वाली लगभग सभी प्रकार की मिट्टी में उगाया जा सकता है, लेकिन अच्छी जल निकासी वाली दोमट मिट्टी में सबसे अच्छा होती है। मेथी की खेती के लिए कार्बनिक पदार्थ समृद्ध मिट्टी-दोमट मिट्टी का भी उपयोग किया जा सकता है लेकिन फसल रेतीली या गंभीर मिट्टी में सबसे अच्छी तरह से नहीं बढ़ती है। बारानी खेती के लिए काली कपास मिट्टी सबसे उपयुक्त होती है। हालांकि फसल 8.4 पीएच तक लवणता के प्रति सहनशील है, लेकिन अच्छी उपज पीएच 6.5 से 7.5 मान वाली मिट्टीयों में होती है, यह हमेशा बेहतर गुणवत्ता वाले पत्तों के साथ अधिक उपज देती है।

उन्नत किस्में (Improved varieties)

अजमेर मेथी-1 (Ajmer Methi -1)

एनआरसीएसएस, अजमेर में स्थानीय जर्मप्लाज्म से शुद्ध लाइन चयन के माध्यम से यह किस्म विकसित की गई है। बीज मोटे और बड़े होते हैं। प्रति फली में बीज की संख्या **17 से 20** तक होती है। फसल को परिपक्व होने में **137** दिन लगते हैं और **27.2** क्विंटल प्रति हेक्टेयर की बीज उपज मिलती है। विशेष रूप से पत्ती के उद्देश्य से उगाई जाने वाली फसल से तीन कटाई से **76** क्विंटल/हेक्टेयर हरी पत्तियां देती है।

अजमेर मेथी-2 (Ajmer Methi -2)

एनआरसीएसएस, अजमेर में स्थानीय जर्मप्लाज्म से शुद्ध लाइन चयन के माध्यम से यह किस्म विकसित की गई है। बीज आकार में छोटे होते हैं। प्रति फली में बीजों की संख्या **16-18** के बीच होती है। फसल को परिपक्व होने में **138** दिन लगते हैं और **18.1** क्विंटल /

हेक्टेयर की बीज उपज देती है। पत्ती के प्रयोजन के लिए विशेष रूप से उगाई जाने वाली फसल से तीन कटाई से 72 क्विंटल/हेक्टेयर हरी पत्तियां उत्पन्न करती है।

आरएमटी-1 (RMt-1)

इसे स्थानीय संग्रह से शुद्ध लाइन चयन के माध्यम से एसकेएन कॉलेज ऑफ एग्रीकल्चर (आरएयू), जोबनेर में विकसित किया गया था। पौधे अर्ध-खड़े, लम्बे और मध्यम शाखाओं वाले, मोटे होते हैं, जिनमें आमतौर पर पीले रंग के दाने होते हैं। यह गुजरात और राजस्थान राज्यों के लिए उपयुक्त है और 140-150 दिनों में परिपक्व होती है और औसतन 14.7 क्विंटल प्रति हेक्टेयर उपज देती है। यह जड़ सड़न के लिए मध्यम प्रतिरोधी और चूर्णी फफूंदी के प्रति सहनशील है।

आरएमटी-143 (RMt-143)

इसे जोधपुर क्षेत्र से शुद्ध लाइन चयन के माध्यम से एसकेएन कॉलेज ऑफ एग्रीकल्चर (आरएयू), जोबनेर में विकसित किया गया था और 1997 में रिलीज के लिए पहचाना गया था। यह किस्म राजस्थान के लिए उपयुक्त है और 16 क्विंटल / हेक्टेयर की औसत उपज देती है। यह राजस्थान के भीलवाड़ा, झालावाड़ और जोधपुर क्षेत्रों के लिए उपयुक्त है।

आरएमटी-305 (RMt-305)

इसे एसकेएन कॉलेज ऑफ एग्रीकल्चर (आरएयू), जोबनेर में विकसित किया गया था। यह RMt-1 में उत्परिवर्तन प्रजनन के माध्यम से विकसित किया गया था और मेथी का पहला निर्धारित प्रकार है, जो 13 क्विंटल/ हेक्टेयर उपज देता है। पौधा बौना, दृढ़, बहुगुणित, परिपक्वता में जल्दी, चूर्णी फफूंदी और जड़ गाँठ नेमाटोड के लिए प्रतिरोधी और मेथी उगाने वाले सभी क्षेत्रों के लिए उपयुक्त है।

जीएम-1 (GM-1)

यह किस्म गुजरात कृषि विश्वविद्यालय, जगुदन द्वारा विकसित की गई थी। इसके पौधे बौने होते हैं और औसत उपज 18.6 क्विंटल प्रति हेक्टेयर होती है। यह किस्म गुजरात क्षेत्र के लिए उपयुक्त है।

सीओ-1 (CO-1)

इसे तमिलनाडु कृषि विश्वविद्यालय द्वारा IARI के TG 2336 से चयन के माध्यम से विकसित किया गया था और 1982 में जारी किया गया था। पौधे छोटे और मध्यम आकार के भूरे नारंगी बीज के साथ हरे होते हैं। यह जड़ सड़न के प्रति सहनशील है। यह किस्म 95 दिनों में पक जाती है और औसतन 6.80 क्विंटल प्रति हेक्टेयर उपज देती है।

राजेंद्र क्रांति (Rajandra Kranti)

इसे राजेंद्र कृषि विश्वविद्यालय, पूसा द्वारा रघुनाथपुर जर्मप्लाज्म से बड़े पैमाने पर चयन के माध्यम से विकसित किया गया था और 1987 में जारी किया गया था। पौधे मध्यम आकार के सुनहरे पीले बीज के साथ झाड़ीदार हरे होते हैं। यह किस्म चूर्णी फफूंदी, इल्ली और माहू के लिए मध्यम प्रतिरोधी है। यह किस्म 120 दिनों में पक जाती है और औसतन 12.50 क्विंटल प्रति हेक्टेयर उपज देती है।

लाम सिलेक्शन -1 (Lam Selection -1)

इसे आंध्र प्रदेश कृषि विश्वविद्यालय, गुंटूर द्वारा मध्य प्रदेश से एकत्र किए गए जर्मप्लाज्म से चयन के माध्यम से विकसित किया गया था। और 1992 में जारी किया गया। पौधे मध्यम आकार के सुनहरे पीले बीजों के साथ प्रकृति में झाड़ीदार होते हैं। यह किस्म जड़ सड़न, चूर्णी फफूंदी, इल्ली और माहू के लिए के प्रति सहिष्णु है। यह 90 दिनों में पक जाती है और औसतन 7.40 क्विंटल प्रति हेक्टेयर उपज देती है।

हिसार सोनाली (Hisar Sonali)

इसे सीसीएस, हरियाणा कृषि विश्वविद्यालय, हिसार द्वारा स्थानीय जर्मप्लाज्म से शुद्ध लाइन चयन के माध्यम से विकसित किया गया था और 1983 में पहचाना गया था। पौधे घने पीले आकर्षक बीज (13-15 ग्राम / 1000 बीज) के साथ झाड़ीदार, अर्ध-खड़े होते हैं। यह किस्म पती धब्बे और जड़ सड़न रोग के लिए मध्यम प्रतिरोधी है। यह 140-150 दिनों में पक जाती है और औसतन 19.0 क्विंटल प्रति हेक्टेयर उपज देती है।

हिसार सुवर्णा (Hisar Suvarna)

इस किस्म को सीसीएस हरियाणा कृषि विश्वविद्यालय, हिसार द्वारा स्थानीय जर्मप्लाज्म से शुद्ध लाइन चयन के माध्यम से विकसित किया गया था। यह एक दोहरे उद्देश्य वाली खेती है और हरियाणा, राजस्थान और गुजरात के लिए उपयुक्त है।यह किस्म चूर्णी फफूंदी के लिए प्रतिरोधी है और मध्यम रूप से कोमल फफूंदी के लिए प्रतिरोधी है। यह 19-20 क्विंटल प्रति हेक्टेयर की औसत उपज देता है।

हिसार मुक्ता (Hisar Mukta)

इस किस्म को सीसीएस हरियाणा कृषि विश्वविद्यालय, हिसार में भी विकसित किया गया था। यह एक प्राकृतिक हरा बीज कोट उत्परिवर्ती है, जिसे IL-335-1 जर्मप्लाज्म लाइन से चुना गया है, इसकी उपज लगभग 20-23 क्विंटल प्रति हेक्टेयर है। यह डाउनी मिल्ड्यू के लिए प्रतिरोधी है और चूर्णी फफूंदी के लिए मध्यम प्रतिरोधी है। यह उत्तर भारत के सभी मेथी उत्पादक राज्यों में खेती के लिए उपयुक्त है।

हिसार माधवी (एचएम - 350) (Hisar Madhavi (HM – 350)

इसे सीसीएस हरियाणा कृषि विश्वविद्यालय, हिसार द्वारा पीएलएमई 46-1 लाइन से एकल पौध चयन के माध्यम से विकसित किया गया था। यह परिपक्वता में मध्यम है और इसकी औसत उपज 19-20 क्विंटल प्रति हेक्टेयर है। यह किस्म चूर्णी फफूंदी के लिए प्रतिरोधी है और मध्यम रूप से डाउनी मिल्ड्यू के लिए प्रतिरोधी है।

पंत रागिनी (Pant Ragini)

इस किस्म को जीबी पंत कृषि और प्रौद्योगिकी विश्वविद्यालय, पंतनगर द्वारा विकसित किया गया था। यह एक दोहरे उद्देश्य वाली किस्म है जिसका मतलब पत्ती के साथ-साथ बीज के लिए भी उगाया जा सकता है। पौधे लम्बे और झाड़ीदार प्रकार के होते हैं। यह किस्म डाउनी मिल्ड्यू और जड़ गाँठ नेमाटोड के लिए प्रतिरोधी है। यह 170-175 दिनों में पक जाती है।

पूसा अर्ली बंचिंग (Pusa Early Bunching)

यह किस्म भारतीय कृषि अनुसंधान संस्थान, नई दिल्ली में विकसित की गई है। यह 100-125 दिनों में पक जाती है और तेजी से बढ़ने वाली किस्म है जिसमें सीधे अंकुरों में बोल्ड बीज होते हैं। यह बीज के साथ-साथ पत्ती काटने के लिए उपयुक्त है और औसत बीज उपज 12 क्विंटल प्रति हेक्टेयर देता है।

पूसा कसूरी (Pusa Kasuri)

यह किस्म भारतीय कृषि अनुसंधान संस्थान, नई दिल्ली में विकसित की गई है। यह छोटे बीज वाली किस्म है, जिसकी खेती मुख्य रूप से पत्तों के उद्देश्य से की जाती है, न कि के लिए। यह देर से फूलने वाली किस्म है जिसमें रोसेट प्रकार के पत्ते होते हैं और 5-7 कटाई की जा सकती है। यह विशेष सुगंध के साथ हरी पत्तियों की भारी उपज है। यह 5-7 क्विंटल प्रति हेक्टेयर की औसत बीज उपज देती है और केवल पत्तियों के लिए उगाई जाने वाली फसल लगभग 80 क्विंटल/हेक्टेयर की औसत उपज देती है।

खेती की तैयारी (Field prepration)

खेत साफ स्वच्छ एवं भुरभुरा तैयार होना चाहिए अन्यथा अंकुरण प्रभावित होता है। खरीफ की फसल की कटाई के बाद एक बार कल्टीवेटर से जुताई करें। जुतार्इ के बाद पलेवा करें उसके बाद एक बार रोटावेटर चलाकर खेत को समतल कर लेवें।

एकीकृत पोषक तत्व प्रबंधन (Integrated Nutrient Management)

मेथी में खाद एवं उर्वरकों का उपयोग मृदा परीक्षण के आधार पर करें। सामान्यतः मेथी को गोबर या कम्पोस्ट खाद 100 क्विंटल/ हेक्टेयर खेत की तैयारी के समय देवें। चूंकि यह दलहनी फसल है इसलिये इसकी जड़ें नत्रजन स्थरीकरण का कार्य करती हैं, अतः फसल को कम नत्रजन देने की आवश्यकता पड़ती है। रासायनिक खाद के रूप मे 20-25 किलोग्राम नाइट्रोजन, 40-50 किलोग्राम फास्फोरस एवं 25-30 किलोग्राम पोटाश/ हेक्टेयर बुवार्इ के समय ही कतारों में बीज के नीचे दिया जाना चाहिए।

बीज दर एवं बीजोपचार (Seed rate and seed treatment)

मेथी का बीज 20-25 किलोग्राम मात्रा प्रति हेक्टेयर लगता है। बीज को बोने के पूर्व फफूँदनाशी दवा थीरम 2 ग्राम + कार्बेन्डाजिम 1 ग्राम प्रति किलोग्राम बीज की दर से उपचारित करें या *ट्राइकोडर्मा विरिडी* 4 ग्राम प्रति किलोग्राम बीज की दर से बीजोपचार कर बुवाई करें। बीज को फफूंदनाशक दवा से उपचारित करने के बाद बीज का उपचार *राइजोबियम मेलोलेटी* कल्चर 5 ग्राम प्रति किलो बीज एवं पीएसबी कल्चर 5 ग्राम प्रति किलोग्राम बीज की दर से उपचार करें।

बुवाई का समय एवं तरीका(Time of sowing and method)

मेथी की बुवार्इ के लिए मध्य अक्टूबर से मध्य नवम्बर तक का समय सर्वोत्तम रहता है। देरी से बुवार्इ करने पर उपज कम प्राप्त होती है। अधिक उत्पादन के लिये इसकी बुंवार्इ पंक्तियों मे 25-30 सेमी कतार से कतार दूरी पर 10-15 सेमी पौधे से पौधे की दूरी के हिसाब से करते हैं। बीज की गहरार्इ 5 सेमी से ज्यादा नहीं होना चाहिए।

खरपतवार प्रबंधन (Weed management)

खरपतवार पोषक तत्वों, मिट्टी की नमी, जगह और सूर्य प्रकाश के लिए पौधों से प्रतिस्पर्धा करते हैं एवं फसल की वृद्धि एवं विकास में बाधा पहुचाते हैं, जिसके कारण फसल की गुणवत्ता एवं उपज में कमी आती है। बुआई के 15-20 एवं 40-45 दिन बाद हाथ से निदाई कर खेत को खरपतवारों से रहित रखें। रासायनिक विधि में पेण्डीमेथिलिन 30% ईसी 3.33 लीटर/ हेक्टेयर 500 लीटर पानी में घोलकर बुवार्इ के बाद एवं अंकुरण के पूर्व मृदा पर छिडकाव करें।

सिंचाई प्रबन्धन (Irrigation management)

मेथी के उचित अंकुरण के लिये मृदा मे पर्याप्त नमी का होना बहुत जरूरी है। खेत मे नमी की कमी होने पर हल्की सिंचार्इ करना चाहिये। बीज के लिए फसल ली जा रही है, तो बोआई के 1 महीने बाद और फूल बनते समय सिंचाई जरूर करनी चाहिए। फलियां भरते वक्त सिंचाई करने से बीजों की संख्या एवं वजन बढ़ता है।

कटाई एवं गहाई (Harvesting and threshing)

मेथी की कटाई इसकी किस्मों एवं उपयोग मे लाये जाने वाले भाग पर निर्भर करती है। सब्जियों के लिये पहली कटाई मेथी पत्ती की हरी अवस्था में बुआई के लगभग 20-25 दिनों बाद की जाती है। पौधे को भूमि सतह के पास से काटते है। सामान्यतः 4-5 कटाई 15-20 दिनों के अंतराल पर की जा सकती हैं। दानों के लिये इसकी कटाई जब फसल पीली पड़ने लगे तथा अधिकांश पत्तियाँ ऊपरी पत्तियों को छोड़कर गिर जायें एवं फलियों का रंग पीला पड़ जाये तो फसल की कटाई करनी चाहिए क्योकि सही अवस्था मे कटाई ना करने से फलियों से दानों का झड़ना प्रारंभ हो जाता है। कटाई के बाद पौधो को बंडलो मे बांधकर 1 सप्ताह के लिये छाया में सुखाया जाता है सूखाने के बाद थ्रेसर द्वारा गहाई की जाती है। दानों को साफ करने के बाद बोरियों मे भरकर नमी रहित हवादार कमरों मे भंडारित करना चाहिये।

संभावित उपज (Potential yield)

मेथी की उपज इसकी किस्मों निर्भर करती है। यदि उन्नत किस्मों एवं सही समय पर उचित शस्य क्रियाओं को अपनाया जाये तो 50-60 किंवटल हरी पत्तियां या 15-20 किंवटल दाने प्रति हेक्टेयर प्राप्त हो जाते हैं।

एकीकृत कीट एवं रोग प्रबंधन (Integrated Pest and Disease Management)

प्रमुख कीट (Major insects)

माहू (Aphids)

इस कीट का वैज्ञानिक नाम ***एक्रिथोसिफॉन पाइसम*** **, हेनिस. (*Acrythosiphon pisum*, Henis.), *माईजस पर्सिकी*, सल्जर (*Myzus persicae*, Sulzer)** एवं ***एफिस क्रेसीवोरा*, कोच. (*Aphis craccivora*, Koch.)** है। मेथी की फसल पर हमला करने वाला सबसे आम कीट माहू है और कॉलोनियों में पत्तियों, तने और पुष्पक्रम पर पैच में बहुत गंभीर पाया जाता है। शिशु और वयस्क दोनों कोमल पत्तियों, फूलों आदि से रस चूसते हैं। गंभीर संक्रमण पत्तियों की उपज और गुणवत्ता को बुरी तरह प्रभावित करता है। माहू के हमले से पौधे पीले हो जाते हैं और इसके परिणामस्वरूप बीज सिकुड़ जाते हैं और बीज की उपज के साथ-साथ गुणवत्ता में भी कमी आती है। यूरिया, अमोनियम सल्फेट और सिंचाई जैसे नाइट्रोजनयुक्त उर्वरकों का अधिक उपयोग पौधे को रसीला बनाता है और बाद में उच्च कीट आबादी का निर्माण करता है।

प्रबंधन (Management)

- अधिक प्रकोप की अवस्था में डाइमेथोएट 30% ईसी 500 मिली प्रति हेक्टेयर 500 लीटर पानी मे घोलकर छिडकाव करें या इमिडाक्लोप्रिड 17.8% एसएल 150 मिली प्रति हेक्टेयर 500 लीटर पानी मे घोलकर छिडकाव करें।

सफेद मक्खी (White fly)

इस कीट का वैज्ञानिक नाम ***बेमिसिया टेबेकाई*** **(*Bemisia tabaci*)** है। सफेद मक्खी कुछ क्षेत्रों में मेथी का गंभीर कीट है। यह प्रारंभिक अवस्था में फसल पर हमला करती है और फली बनने की अवस्था तक जारी रहता है। शिशु और वयस्क पौधे का रस चूसते हैं जिससे पौधे का रंग पीला हो जाता है और बाद में पौधा मर जाता है।

प्रबंधन (Management)

- अधिक प्रकोप की अवस्था में इमिडाक्लोप्रिड 17.8% एसएल 150 मिली प्रति हेक्टेयर 500 लीटर पानी मे घोलकर छिडकाव करें।

फली छेदक (Pod borer)

इस कीट का वैज्ञानिक नाम ***हेलीकोवरपा आर्मिगेरा*** **हुबनेर (*Helicoverpa armigera* Hubner)** है। यह कीट पत्तियों, फूलों और फलियों को खाता है। अंडे पत्तियों पर दिए जाते हैं, बाद में लार्वा पत्तियों को खाते हैं। लार्वा के पहले इंस्टार फलियों में छेद क्र दानों को खाकर और उन्हें नुकसान पहुंचाते हैं, अगर इस कीट का नियंत्रण नहीं किया जाए तो 10-90% नुकसान होता है।

प्रबंधन (Management)

- *बेसिलस थूरिनजेंसिस* 1000 ग्राम प्रति हेक्टेयर 500 लीटर पानी मे घोलकर छिडकाव करें।
- अधिक प्रकोप की अवस्था में फल छेदक इल्लियों के प्रभावी नियंत्रण हेतु इमामेक्टिन बेंजोएट 5% एसजी 200 ग्राम प्रति हेक्टेयर 500 लीटर पानी मे घोलकर छिडकाव करें।

प्रमुख रोग (Major diseases)

आद्र गलन (Damping off)

यह रोग ***पाइथियम एफ़ानिडर्मेटम*** (***Pythium aphanidermatum***) नामक फफूंद से होता है। पानी से लथपथ घाव (Water soaked lesions) अंततः कॉलर क्षेत्र में एपिडर्मल या ऊर्ध्वाधर ऊतकों के सड़ने से नुकसान पहुंचाते हैं और इसके परिणामस्वरूप अंकुर नीचे गिर जाते हैं और मुरझा जाते हैं और रोग बढ़ जाता है, तना आधार पर संकुचित हो जाता है और पौधे गिर जाते हैं। कवक का स्क्लेरोटिक तापमान और नमी के आधार पर मिट्टी में कई महीनों तक जीवित रह सकता है। प्रारंभिक संक्रमण पूर्व-संक्रमित मिट्टी से शुरू होता है। मायसेलियम सभी दिशाओं में ऊतकों के अंदर बढ़ता है, द्वितीयक संक्रमण की शुरुआत करता है और रोगग्रस्त भागों पर स्क्लेरोटिक पैदा करता है। संक्रमित अंकुर पानी से भीगे हुए, मुरझाए हुए और मुलायम दिखाई देते हैं, जिससे दुर्गंध निकलती है।

प्रबंधन (Management)

- संक्रमण के स्रोत को कम करने के लिए फसल चक्र और रोगग्रस्त पौधों को हटाना प्रभावी है।
- बीज को थीरम 2 ग्राम + कार्बेन्डाजिम 1 ग्राम प्रति किलोग्राम बीज की दर से उपचारित करें।

जड़ सड़न (Root rot)

यह रोग ***अल्टरनेरिया अल्टरनेटा*** (***Alternaria alternata***) नामक फफूंद से होता है। यह एक मृदा जनित रोग है जो मेथी उगाने वाले प्रमुख क्षेत्रों में एक समस्या है और उपज को काफी कम कर देता है। युवा पौधे इस रोग के प्रति अपेक्षाकृत अधिक संवेदनशील होते हैं। संक्रमित पौधों की बौनापन देखा जाता है और पौधों को बाहर निकालने पर मिट्टी के स्तर पर आसानी से अलग हो जाते हैं। आमतौर पर 30-45 दिन पुराने पौधों में पते पीले पड़ जाते हैं। प्रभावित पौधे बाद में मुरझा कर सूख जाते हैं।

प्रबंधन (Management)

- गर्मी में खेत की गहरी जुताई और फसल चक्र अपनाकर रोग के प्रकोप को कम किया जा सकता है।
- बीज को थीरम 2 ग्राम + कार्बेन्डाजिम 1 ग्राम प्रति किलोग्राम बीज की दर से उपचारित करें या *ट्राइकोडर्मा विरिडी* 4 ग्राम प्रति किलोग्राम बीज की दर से बीजोपचार कर बुवाई करें।
- नीम केक 250 किग्रा/हेक्टेयर बुआई के पूर्व मिटटी में मिलावें।
- कार्बेन्डाजिम 50% डब्लूपी 1 ग्राम प्रति लीटर पानी में घोलकर ड्रेंचिंग करें।

चूर्णी फफूंदी (Powdery mildew)

यह रोग ***एरीसिपे पॉलीगोनी* डीसी** (***Erysiphe polylgoni* D.C.**) और ***लवीलुला टूरिका* लेव.** (***Laveillula tourica* Lev.**) नामक फफूंद से होता है। *एरीसिफे पॉलीगोनी* पत्तियों की सतह और पौधों के वायवीय भागों पर सफेद आटे के धब्बे पैदा करता है जबकि *लेवेलुला टौरिका* पत्तियों पर मायसेलिया पैच का उत्पादन करता है। क्लीस्टोथेसिया बाद के चरण में मायसेलिया मैट में डूबे हुए काले धब्बों के रूप में दिखाई देता है। रोगज़नक़ लेवेइलुला टॉरिका एक बाध्यकारी परजीवी है, जो पिछले फसल मौसम के मलबे पर मौजूद क्लिस्टोथेसिया के माध्यम से व्याप्त है।

प्रबंधन (Management)

- जल्दी बोई गई (20 अक्टूबर से 30 अक्टूबर) फसल में पाउडर फफूंदी रोग की तीव्रता देर से बोई गई फसल (20 नवंबर से 30 नवंबर) की तुलना में तुलनात्मक रूप से कम पाई गई।
- चूर्णी फफूंदी की रोकथाम के लिए 30 मेश सल्फर डस्ट 25 किलोग्राम प्रति हेक्टेयर भुरकाव करें ।

मृदु रोमिल असिता (Downy mildew)

यह रोग ***पेरोनोस्पोरा ट्राइगोनेला* गौम.** (***Peronospora trigonella* Gaum.**) नामक फफूंद से होता है।रोगज़नक़ों के कारण होने वाले घाव ज्यादातर कॉलर क्षेत्र में पाए जाते हैं। पानी से लथपथ घाव अंततः कॉलर क्षेत्र में एपिडर्मल या ऊर्ध्वाधर ऊतकों के सड़ने से नुकसान पहुंचाते हैं और इसके परिणामस्वरूप पौधे मरना शुरू हो जाते हैं । लक्षणों में संबंधित क्षेत्रों में ऊपरी सतह पर पीले धब्बे की उपस्थिति शामिल है। संक्रमण के अग्रिम चरण में, पत्तियां पीली हो जाती हैं और गिर जाती हैं, इस प्रकार पौधे की वृद्धि को प्रतिकूल रूप से रोक दिया जाता है।

प्रबंधन (Management)

- मृदु रोमिल असिता फफूंदी के नियंत्रण के लिए बोर्डो मिश्रण (1%) का प्रतिबंधित उपयोग के रूप में छिड़काव फायदेमंद साबित हुआ है।

- इस रोग के नियंत्रण के लिए ज़िनेब (3 ग्राम/लीटर) की दो छिडकाव 15 दिनों के अंतराल पर करने की भी सलाह दी जाती है।

पत्ती धब्बा (Leaf spot)

यह रोग ***सर्कोस्पोरा ट्रैवर्सियाना*** (***Cercospora traversiana***) नामक फफूंद से होता है। यह रोग आंतरिक रूप से बीज जनित है। बीज का अंकुरण आंतरिक बीज-जनित इनोकुलम से प्रभावित नहीं होता है, लेकिन उभरने के बाद भारी नुकसान होता है और इनोकुलम को बीज से रोपाई तक प्रेषित किया जाता । इस रोग के शुरूआती लक्षण एंथेसिस के दौरान और बाद में पत्तियों और शाखाओं पर बड़े धब्बे के रूप में दिखाई देते हैं । धब्बे केंद्र में सफेद और परिधि पर भूरे रंग के होते हैं। प्रभावित पत्तियां समय से पहले झड़ जाती हैं। युवा फली जल्द ही संक्रमित हो जाती है और कवक अपरिपक्व बीजों पर आक्रमण कर देता है। रोग का प्रकोप हरी पत्तियों की बाजार गुणवत्ता पर प्रतिकूल प्रभाव डालती है।

प्रबंधन (Management)

- रोगग्रस्त क्षेत्रों में कम से कम 2 वर्ष फसल चक्र अपनाएं और बुवाई के समय स्वस्थ बीज का प्रयोग करें।
- आंतरिक बीज जनित संक्रमण को मिटाने के लिए प्रणालीगत कवकनाशी के साथ बीज उपचार किया जाना चाहिए।
- मैनकोज़ेब 75% डव्लूपी 1000 ग्राम प्रति प्रति हेक्टेयर 500 लीटर पानी में घोलकर दो छिडकाव 15 दिनों के अंतराल पर करें।

29

पालक

परिचय (Introduction)

पालक(Spinach)का पत्ते वाली सब्जियों में प्रमुख स्थान है। पालक पोषक गुणों से भरपूर सब्जी है। इसमें कैल्सियम, प्रोटीन और विटामिन "ए" प्रचुर मात्रा में पाये जाते हैं।पालक का उत्पत्ति स्थान **प्राचीन फारस (अब ईरान)(ancient Persia (now Iran)** माना जाता है । इसे व्यापक रूप से उत्तरी यूरोप और संयुक्त राज्य अमेरिका में उगाया जाता है, पालक को ताजा, डिब्बाबंद और जमे हुए विपणन किया जाता है। युवा पत्तियों को आमतौर पर "बेबी पालक" के रूप में बेचा जाता है। 1920के दशक में इसे एक फसल के रूप में काफी प्रोत्साहन मिला, जब पहली बार इसमें आयरन और विटामिन ए और सी की उच्च सामग्री पर ध्यान दिया गया था। पालक को हरे सलाद और पकी हुई सब्जी के रूप में उपयोग किया जाता है।

वानस्पतिक विवरण (Botanical description)

पालक का वानस्पतिक नाम ***स्पाइनेसिया ओलेरासियाएल.*** (*Spinacia oleracea* L.), यह**ऐमारैंथैसी**(Amaranthacea) कुल के अंतर्गत आती है। इसमें क्रोमोसोम नम्बर (2n = 12) होते हैं । पालक के पौधे में साधारण पत्तियाँ होती हैं जो पौधे के केंद्र से निकलती हैं और लगभग 2-30 सेमी (0.8-12.0 इंच) लंबी और 1 से 15 सेमी (0.4-6.0 इंच) चौड़ी होती हैं। पत्तियां रोसेट में बढ़ती हैं और झुर्रीदार या सपाट दिखाई देती हैं। पौधे छोटे पीले-हरे फूल पैदा करता है जो व्यास में 3-4 मिमी (0.1 इंच) होते हैं। फूल छोटे गुच्छों का निर्माण करते हैं जिनमें बीज होते हैं। पालक एक वार्षिक है और केवल एक बढ़ते मौसम में जीवित रहता है और ऊंचाई में 30 सेमी (12 इंच) तक पहुंच सकता है।

उपयुक्त जलवायु (Suitable climate)

ठण्डी जलवायु की आवश्यकता होती है। किन्तु मध्यम गर्म वातावरण में भी हो सकती है। अधिक तापमान उपयुक्त नहीं होता है। तापमान अधिक होने पर पौधों की बढ़वार रुक जाती है।

मृदा का चयन (Selection of soil)

पालक की खेती के लिए एक उचित जल निकास वाली सभी प्रकार की भूमि उपयुक्त रहती है।पीएच **6-6.5** की सीमा में होना चाहिए।कम मिट्टी का पीएच फसल की वृद्धि और विकास के लिए हानिकारकहोता है।

उन्नत किस्में (Improved varieties)

पूसा भारती (Pusa Bharati)

पत्तियां चिकनी, कोमल, हरी, बिना किसी लाल रंजकता के; पूसा ज्योति की तुलना में उच्च विटामिन बी और सी अधिक होता है। बुआई के बाद **30-40** दिनों में पहली कटाई के लिए पत्तियां तैयार हो जाती हैं। यह किस्म उत्तर भारत में सर्दियों और शुरुआती वसंत में खेती के लिए अनुशंसित है। इस किस्म की औसत उपज **500** क्विंटल/हेक्टेयर है। यह किस्म पूरे भारत के लिए अनुशंसित है।

पूसा हरित (Pusa Harit)

इस किस्म के पौधे खड़े; पत्तियाँ सीधी, मोटी, गहरे हरे रंग की, थोड़ी लहराती किनारों वाली, छोटी डंठल वाली होती हैं।कटिंग के बाद त्वरित कायाकल्प; बोल्टिंग बहुत देर से होती है । पहाड़ी परिस्थितियों में, यदि गर्मियों के दौरान उगाया जाता है, तो पूरे वर्ष पत्ती की कटाई जारी रहती है। इस किस्म की औसत उपज 260क्विंटल/ हेक्टेयर है। यह किस्म पूरे भारत के लिए अनुशंसित है।

पूसा ज्योति (Pusa Jyoti)

इस किस्म के पत्ते मोटे, गहरे हरे, मांसल, सिकुड़े हुए, बड़े आकार के, लहरदार किनारे वाले होते हैं। बोल्टिंग बहुत देर से होती है । यह किस्म की पत्तियां विटामिन और खनिजों से भरपूर होती हैं । सितंबर की बुवाई के लिए उपयुक्त। इस किस्म की उपज उपज 425 क्विंटल/ हेक्टेयर है। यह किस्म पूरे भारत के लिए अनुशंसित है।

अर्काअनुपमा (Arka Anupama)

यह बहुकटाई वाली किस्म है , मध्यम बड़े, गहरे हरे, मोटे और रसीले पत्ते होते हैं, फूल देरी से आते हैं ।75 80दिनों में 4कटिंग से400 क्विंटल /हेक्टेयर उपज प्राप्त हो जाती है । यह किस्म कर्नाटक में खेती के लिए अनुशंसित है ।

खेती की तैयारी (Field prepration)

खेत साफ स्वच्छ एवं भुरभुरा तैयार करना चाहिए अन्यथा अंकुरण प्रभावित होता है। दो बार कल्टीवेटर से जुताई करें इसके बाद एक बार रोटावेटर चलाकर खेत को समतल कर लेवें ।

एकीकृत पोषक तत्व प्रबंधन(Integrated Nutrient Management)

पालक में खाद एवं उर्वरकों का उपयोग मृदा परीक्षण के आधार पर करें। इसकी भरपूर पैदावार लेने के लिए संतुलित मात्रा में एवं उर्वरक देना अत्यंत आवश्यक है। एक हेक्टेयर में **250-300** क्विंटल गोबर की खाद, **100** किलो नत्रजन, **60-80** किलो स्फुर तथा **60** किलो पोटाश देना चाहिए। गोबर की खाद, स्फुर एवं पोटाश की पूरी मात्रा को खेत की तैयारी के समय दें। नत्रजन को **4-5** भागों में बांटकर प्रत्येक कटाई के बाद दें।

बीजदरएवंबीजोपचार (Seed rate and seed treatment)

एक हेक्टेयर के लिए **25-30** किलो बीज पर्याप्त होता है। पालक के बीज बहुत छोटे होते हैं। अतः उन्हें एक समान वितरित करने के लिए रेत में मिलाकर बुआई करते हैं। बीज को बोने के पूर्व फफूँदनाशी दवा थीरम 2 ग्राम + कार्बेन्डाजिम 1 ग्राम प्रति किलोग्राम बीज की दर से उपचारित करें या *ट्राइकोडर्माविरिडी*4 ग्राम प्रति किलोग्राम बीज की दर से बीजोपचार कर बुवाई करें।

बुवाईकासमयएवंविधि (Time of sowing and method)

पालक की बुआई वर्षभर की जाती है। लेकिन अधिक उपज लेने के लिए फरवरी-मार्च, सितम्बर-नवम्बर एवं जून-जुलाई में बुआई करनी चाहिए। पालक की बुआई क्यारियों में छिटकवां विधि से की जाती है किन्तु इसकी अधिक पैदावार लेने के लिए इसकी बुआई पंक्तियों में करनी चाहिए। पंक्तियों और पौधों की आपसी दूरी क्रमशः **20** से.मी. और **15** सेमी. रखे। बीज को **2-3** सेमी गहराई पर बोयें एवं बुआई के बाद बीज को ऊपर से मिट्टी से ढँक दें।

सिंचाई प्रबन्धन(Irrigation management)

पत्तीदार सब्जी होने के कारण अधिक सिंचाई की आवष्यकता होती है। इसकी उचित बढ़वार के लिए भूमि में पर्याप्त नमी होना चाहिए। ग्रीष्म ऋतु में **4-5** दिन के अंतर से तथा शीत ऋतु में **10-12** दिन के अंतर से सिंचाई करना चाहिए।

खरपतवारप्रबंधन(Weed management)

खरपतवार पोषक तत्वों, मिट्टी की नमी, जगह और सूर्य प्रकाश के लिए पौधों से प्रतिस्पर्धा करते हैं एवं फसल की वृद्धि एवं विकास में बाधा पहुचाते हैं, जिसके कारण फसल की गुणवत्ता एवं उपज में कमी आती है। खरपतवारों के नियंत्रण के लिए खेत की **2-3** बार निराई-गुड़ाई करें।

कटाई (Harvesting)

पत्तियाँ जब पूर्ण विकसित हो जाएं तब काट लेना चाहिए।

संभावित उपज (Potential yield)

हरी पत्तियों की औसत उपज 80-100 क्विंटल प्रति हेक्टेयर है। फसल की यह उत्पादकता जलवायु, मिट्टी, किस्म, सिंचाई समेत सुरक्षा प्रबंधन आदि पर निर्भर करती है।

एकीकृत कीट एवं रोग प्रबंधन (Integrated Pest and Disease Management)

प्रमुख कीट (Major insects)

पत्ती खाने वाली सुंडी/चना फली छेदक (Leaf eating caterpillar/gram pod borer)

इस कीट का वैज्ञानिक नाम ***हेलिकोवर्पा आर्मीगेरा* हुबनेर(*Helicoverpa armigera* Hubner) है**। युवा लार्वा पत्तियों को खाता है। आंतरिक ऊतक गंभीर रूप से खाए जाते हैं और पत्तियों को पूरी तरह से खोखला कर दिए जाते हैं।

प्रबंधन (Management)

- लाइट ट्रैप @ 1/हेक्टेयर का प्रयोग करें और शाम 6 बजे से रात 10 बजे के बीच करें।
- वयस्क पतंगों की गतिविधि की निगरानी के लिए फेरोमोन ट्रैप 10-12 ट्रैप/हेक्टेयर की दर से लगावें (हर 2-3 सप्ताह के बाद चारा को नए चारा से बदलें) ।
- कौवा, आम मैना आदि जैसे शिकारी पक्षियों को प्रोत्साहित करने के लिएटी आकार की खूटियाँ 50/ हेक्टेयर की दर से पक्षियों के बसेरे का निर्माण।
- नीम गिरी 4% या *बैसिलस थ्रूजेंसिस* (बी.टी.) 1000 ग्राम प्रति हेक्टेयर 500 लीटर पानी मे घोलकर छिडकाव करें।

- अधिक प्रकोप की अवस्था मे इल्लियों के प्रभावी नियंत्रण हेतु अधिक प्रकोप की अवस्था में फल छेदक इल्लियों के प्रभावी नियंत्रण हेतु इमामेक्टिन बेंजोएट 5% एसजी 200 ग्राम प्रति हेक्टेयर 500 लीटर पानी मे घोलकर छिडकाव करें।

तम्बाकू कैटरपिलर (Tobacco caterpillar)

इस कीट का वैज्ञानिक नाम ***स्पोडोप्टेरा लिटुरा* फैब.(*Spodoptera litura* Fab.) है**। प्रारंभिक अवस्था में, कैटरपिलर यूथचारी होते हैं और पत्ती पटल की क्लोरोफिल सामग्री को खुरच कर इसे कागज़ जैसा सफेद रूप देते हैं। बाद में वे पेटू भक्षण करने वाले बन जाते हैं और पत्तियों पर अनियमित छिद्र बना देते हैं। शुरू में पत्तियों पर अनियमित छिद्र और बाद में कंकालीकरण, केवल शिराएं और पर्णवृन्त छोड़कर भारी पतझड़।

प्रबंधन (Management)

- लाइट ट्रैप @ 1/हेक्टेयर का प्रयोग करें और शाम 6 बजे से रात 10 बजे के बीच करें।
- वयस्क पतंगों की गतिविधि की निगरानी के लिए फेरोमोन ट्रैप 10-12 ट्रैप/हेक्टेयर की दर से लगावें (हर 2-3 सप्ताह के बाद चारा को नए चारा से बदलें)।
- कौवा, आम मैना आदि जैसे शिकारी पक्षियों को प्रोत्साहित करने के लिएटी आकार की खूटियाँ 50/ हेक्टेयर की दर से पक्षियों के बसेरे का निर्माण।
- नीम गिरी 4% या *बैसिलस थूर्जेंसिस* (बी.टी.) 1000 ग्राम प्रति हेक्टेयर 500 लीटर पानी मे घोलकर छिडकाव करें।
- अधिक प्रकोप की अवस्था मे इल्लियों के प्रभावी नियंत्रण हेतु अधिक प्रकोप की अवस्था में फल छेदक इल्लियों के प्रभावी नियंत्रण हेतु इमामेक्टिन बेंजोएट 5% एसजी 200 ग्राम प्रति हेक्टेयर 500 लीटर पानी मे घोलकर छिडकाव करें।

चुकंदर आर्मीवॉर्म (Beet armyworm)

इस कीट का वैज्ञानिक नाम ***स्पोडोप्टेरा एक्सिगुआ* हुबनेर (*Spodoptera exigua* Hubner) है**। लार्वा पत्ते खाते हैं। युवा लार्वा सामूहिक रूप से खाते हैं और पर्णसमूह को कंकाल कर देते हैं। जैसे-जैसे वे परिपक्व होते हैं, लार्वा एकान्त हो जाते हैं और पर्णसमूह में बड़े अनियमित छिद्रों बन जाते हैं।

प्रबंधन (Management)

- लाइट ट्रैप @ 1/हेक्टेयर का प्रयोग करें और शाम 6 बजे से रात 10 बजे के बीच करें।
- वयस्क पतंगों की गतिविधि की निगरानी के लिए फेरोमोन ट्रैप 10-12 ट्रैप/हेक्टेयर की दर से लगावें (हर 2-3 सप्ताह के बाद चारा को नए चारा से बदलें)।
- कौवा, आम मैना आदि जैसे शिकारी पक्षियों को प्रोत्साहित करने के लिएटी आकार की खूटियाँ 50/ हेक्टेयर की दर से पक्षियों के बसेरे का निर्माण।
- नीम गिरी 4% या *बैसिलस थूर्जेंसिस* (बी.टी.) 1000 ग्राम प्रति हेक्टेयर 500 लीटर पानी मे घोलकर छिडकाव करें।
- अधिक प्रकोप की अवस्था मे इल्लियों के प्रभावी नियंत्रण हेतु अधिक प्रकोप की अवस्था में फल छेदक इल्लियों के प्रभावी नियंत्रण हेतु इमामेक्टिन बेंजोएट 5% एसजी 200 ग्राम प्रति हेक्टेयर 500 लीटर पानी मे घोलकर छिडकाव करें।

कटवर्म (Cutworm)

इस कीट का वैज्ञानिक नाम ***एग्रोटिस इप्सिलॉन* हफनागेल (*Agrotis ipsilon* Hufnagel) है**। लार्वा अपने विकास के दौरान 400 वर्ग सेमी से अधिक पर्णसमूह का उपभोग कर सकते हैं, लेकिन 80% से अधिक टर्मिनल इंस्टार के दौरान होता है, और इंस्टार में लगभग 10% अंतिम से ठीक पहले होता है। इस प्रकार, विकास के प्रारंभिक चरणों के दौरान बहुत कम पर्ण हानि होती है। एक बार चौथा इंस्टार प्राप्त करने के बाद, लार्वा युवा पौधों को काटकर काफी नुकसान पहुंचा सकता है, और एक लार्वा एक ही रात में कई पौधों को काट सकता है।

प्रबंधन (Management)

- लाइट ट्रैप @ 1/हेक्टेयर का प्रयोग करें और शाम 6 बजे से रात 10 बजे के बीच करें।
- वयस्क पतंगों की गतिविधि की निगरानी के लिए फेरोमोन ट्रैप 10-12 ट्रैप/हेक्टेयर की दर से लगावें (हर 2-3 सप्ताह के बाद चारा को नए चारा से बदलें)।

- कौवा, आम मैना आदि जैसे शिकारी पक्षियों को प्रोत्साहित करने के लिएटी आकार की खूटियाँ 50/ हेक्टेयर की दर से पक्षियों के बसेरे का निर्माण।
- नीम गिरी 4% या ***बैसिलस थूर्जेंसिस*** (बी.टी.) 1000 ग्राम प्रति हेक्टेयर 500 लीटर पानी मे घोलकर छिडकाव करें।
- अधिक प्रकोप की अवस्था मे इल्लियों के प्रभावी नियंत्रण हेतु अधिक प्रकोप की अवस्था में फल छेदक इल्लियों के प्रभावी नियंत्रण हेतु इमामेक्टिन बेंजोएट 5% एसजी 200 ग्राम प्रति हेक्टेयर 500 लीटर पानी मे घोलकर छिडकाव करें।

माहू (Aphid)

इस कीट का वैज्ञानिक नाम ***एफिस गॉसिपी* ग्लोवर** (*Aphis gossypii* Glover) **है**। इस कीट के शिशु एवं वयस्क दोनों पौधों के कोमल भागों से रस चूसकर हानि पहुँचाते हैं। इस कीट के आक्रमण के उपरान्त पत्तियों पर काले-काले धब्बे बन जाते हैं। जिसका प्रभाव पौधों की वृद्धि और उपज पर पड़ता है।

प्रबंधन (Management)

- पौधे के तने अथवा अन्य भाग जहाँ माहू की कालोनी दिखाई दें उसको तोड़कर नष्ट कर दें।
- नीम तेल 1500 पीपीएम 2.5 लीटर प्रति हेक्टेयर 500 लीटर में घोलकर 10 दिनो के अन्तराल पर छिड़काव करें।
- अधिक प्रकोप की अवस्था में डाइमेथोएट 30% ईसी 500 मिली प्रति हेक्टेयर 500 लीटर पानी मे घोलकर छिडकाव करें या इमिडाक्लोप्रिड 17.8% एसएल 150 मिली प्रति हेक्टेयर 500 लीटर पानी मे घोलकर छिडकाव करें।

लीफ माइनर (Leaf miner**)**

इस कीट का वैज्ञानिक नाम ***लिरिओमाइज़ा ट्राइफोली* बर्गेस**(*Liriomyza trifolii* Burgess) **है**। इस कीट की मैगट पत्तियों में टेड़े-मेढ़े सुरंग बनाकर पत्तियों के हरे भागों को खाकर नष्ट कर देती है। मैगट एपिडर्मल परतों को छेद देता है और परतों के बीच क्लोरोफिल सामग्री को खुरच देता है। गंभीर मामलों में प्रकाश संश्लेषक गतिविधि कम हो जाती है और पौधे की मृत्यु हो जाती है।

प्रबंधन (Management)

- इस कीट के नियंत्रण के लिए 4 प्रतिशत नीम गिरी चूर्ण का छिड़काव (40 ग्राम नीम गिरी चूर्ण प्रति लीटर पानी) लाभकारी पाया गया है।
- अधिक प्रकोप की अवस्था मे इमिडाक्लोप्रिड 17.8% एसएल 100 मिली प्रति हेक्टेयर 500 लीटर पानी में घोलकर 15 दिन के अंतराल पर छिड़काव करना चाहिए।

पालक क्राउन माइट (Spinach crown mite**)**

इस कीट का वैज्ञानिक नाम ***राइजोग्लिफस* एसपी.** (*Rhizoglyphus* sp.) **है**। क्राउन माइट्स अंकुरित बीजों, अंकुरण से पहले या बाद में, या पुराने पौधों को नुकसान पहुंचा सकते हैं। वे मुख्य रूप से नए विस्तार पर भोजन करते हैं। क्षति विकृत पत्तियों के रूप में या फैलती हुई पत्तियों में छोटे छिद्रों के रूप में दिखाई देती है। जैसे-जैसे पौधे तेजी से बढ़ते हैं, फसल को नुकसान पहुंचाने की उनकी क्षमता कम होती जाती है।

प्रबंधन (Management)

- मकड़ी के नियंत्रण हेतु फेनजाक्विन 10% ईसी 1250 मिली प्रति हेक्टेयर 400-600 लीटर पानी मे घोलकर छिडकाव करें या
- स्पिरोमेसिफेन 22.9% एससी 400 मिली प्रति हेक्टेयर 500-750 लीटर पानी मे घोलकर छिडकाव करें।

प्रमुख रोग (Major diseases)

मृदु रोमिल फफूंदी (Downy mildew)

यह रोग ***पेरोनोस्पोरा फेरिनोसा* एफ. स्पीशीज.*स्पिनेसी*** (*Peronospora farinosa* f.sp. *spinaceae*) नामक फफूँद द्वारा होता है। प्रारंभ में बीजपत्रों और पत्तियों पर हल्के से चमकीले पीले धब्बे बनते हैं। बाद में धब्बे बड़े हो जाते हैं और भूरे और सूखे हो जाते हैं। पत्ती के नीचे के भाग का बारीकी से निरीक्षण करने पर अक्सर कवक के बैंगनी विकास का पता चलता है। यदि रोग का विकास व्यापक है, तो पत्तियाँ मुड़ी हुई और विकृत दिखाई देती हैं और कई संक्रमण स्थलों के परिणामस्वरूप एक झुलसा हुआ प्रभाव ले लेती हैं।

प्रबंधन (Management)

- ग्रीष्म कालीन गहरी जुताई करें।
- वैकल्पिक मेज़बान पौधों को नष्ट करें।
- गैर-धारक पालक की फसल के साथ फसल चक्र अपनाएं।
- अत्यधिक पानी देने और खेत के खराब जल निकासी वाले क्षेत्रों से बचना चाहिए और उठी हुई क्यारियों का उपयोग करना चाहिए । नमी के प्रबंधन के लिए पानी की निकासी के लिए 35 सेमी से अधिक ऊंचाई बेहतर होती हैं ।
- रोगग्रस्त पौधों को खेत में पता लगने के तुरंत बाद हटा देना चाहिए और जला देना चाहिए।
- रोग का प्रकोप अधिक होने पर अधिक होने पर मेन्कोजेब 75% डव्लूपी 1000 ग्राम प्रति हेक्टेयर 500 लीटर पानी में घोलकर छिडकाव करना चाहिए।

एन्थ्रेक्नोज (Anthracnose)

यह रोग ***कोलेटोट्रिचम डेमेटियम* (पर्स.) ग्रोव**(*Colletotrichum dematium* (Pers.) Grove) नामक फफूँद द्वारा होता है। प्रारंभ में नई और पुरानी दोनों पत्तियों पर छोटे, गोलाकार, पानी से भरे हुए घाव बन जाते हैं । बाद की अवस्था में घाव भूरे से रंग में बदल जाता है, और पतला और कागज जैसा हो जाता है। छोटे काले फलने वाले शरीर (एसरवुली) रोगग्रस्त ऊतक में प्रचुर मात्रा में बनते हैं और इसकी एक विशेषता है ।

प्रबंधन (Management)

- ग्रीष्म कालीन गहरी जुताई करें।
- वैकल्पिक मेज़बान पौधों को नष्ट करें।
- गैर-धारक पालक की फसल के साथ फसल चक्र अपनाएं।
- रोगग्रस्त पौधों को खेत में पता लगने के तुरंत बाद हटा देना चाहिए और जला देना चाहिए।
- रोग का प्रकोप अधिक होने पर अधिक होने पर मेन्कोजेब कापर ओक्सीक्लोराइड 50% डव्लूपी 1500 ग्राम प्रति हेक्टेयर 500 लीटर पानी में घोलकर छिडकाव करना चाहिए।

क्लैडोस्पोरियम लीफ स्पॉट (Cladosporium leaf spot)

यह रोग ***क्लैडोस्पोरियम वेरिएबाइल*(कुक) डे व्रीज़ (*Cladosporium variabile* (Cooke) de Vries)**नामक फफूँद द्वारा होता है। गोल, भूरे रंग के पत्ते के धब्बे जो शायद ही कभी 0.2 इंच व्यास से अधिक हो। गहरे हरे रंग के बीजाणु और कवकजाल बाद में धब्बों के केंद्र में विकसित होते हैं। गहरे हरे रंग के स्पोरुलेशन की उपस्थिति क्लैडोस्पोरियम लीफ स्पॉट को एन्थ्रेक्नोज और स्टेमफिलियम लीफ स्पॉट रोगों से अलग करती है, ये दोनों ही गोलाकार घाव भी बनाते हैं।

प्रबंधन (Management)

- ग्रीष्म कालीन गहरी जुताई करें।
- वैकल्पिक मेज़बान पौधों को नष्ट करें।
- गैर-धारक पालक की फसल के साथ फसल चक्र अपनाएं।
- रोगग्रस्त पौधों को खेत में पता लगने के तुरंत बाद हटा देना चाहिए और जला देना चाहिए।
- रोग का प्रकोप अधिक होने पर अधिक होने पर मेन्कोजेब 75% डव्लूपी 1000 ग्राम प्रति हेक्टेयर 500 लीटर पानी में घोलकर छिडकाव करना चाहिए।

स्टेमफायलियम लीफ स्पॉट(Stemphylium leaf spot)

यह रोग ***स्टेमफायलियम बोट्रियोसम*वालर** (*Stemphylium botryosum* Wallr)नामक फफूँद द्वारा होता है। प्रारम्भ में छोटा (0.1 से 0.2 इंच व्यास), गोलाकार से अंडाकार, भूरे-हरे पत्ते पर धब्बे बनते हैं । बाद की अवस्था में पत्ती के धब्बे बड़े हो जाते हैं, गोलाकार से अंडाकार आकार में रहते हैं, और भूरे रंग के हो जाते हैं। पुराने धब्बे आपस में मिल जाते हैं, सूख जाते हैं और बनावट में कागज जैसे हो जाते हैं। कवक के विकास के दृश्य संकेत आमतौर पर धब्बों से अनुपस्थित होते हैं; इसलिए इस लक्षण को पर्ण रोगों से आसानी से अलग किया जाता है जिसमें बैंगनी विकास (डाउनी फफूंदी), हरे बीजाणु (क्लैडोस्पोरियम लीफ स्पॉट), या एसरवुली (एन्थ्रेक्नोज) गोलाकार घावों के भीतर विकसित होते हैं। कुल मिलाकर, कीटनाशक या उर्वरक विषाक्तता के कारण होने वाले भूरे, गोलाकार धब्बे जैसे लक्षण दिखाई देते हैं। कवक बीजों में

जीवित रहता है और संक्रमित बीज प्राथमिक इनोकुलम के स्रोत होते हैं। माध्यमिक संक्रमण कोनिडिया के माध्यम से होता है।

प्रबंधन (Management)

- ग्रीष्म कालीन गहरी जुताई करें।
- वैकल्पिक मेज़बान पौधों को नष्ट करें।
- गैर-धारक पालक की फसल के साथ फसल चक्र अपनाएं।
- रोगग्रस्त पौधों को खेत में पता लगने के तुरंत बाद हटा देना चाहिए और जला देना चाहिए।
- रोग का प्रकोप अधिक होने पर अधिक होने पर मेन्कोजेब 75% डव्लूपी 1000 ग्राम प्रति हेक्टेयर 500 लीटर पानी में घोलकर छिडकाव करना चाहिए।

आद्र गलन और जड़ सड़न (Damping off and root rot)

यह रोग ***पाइथियम* एसपी. और *राइजोक्टोनिया* एसपी.** (*Pythium* sp. and *Rhizoctonia* sp.) नामक फफूँद द्वारा होता है। डैम्पिंग-ऑफ और रूट सड़ांध के लक्षणों में खराब बीज अंकुरण, अंकुरों की पूर्व-उद्भव मृत्यु, नए उभरे हुए अंकुरों की मृत्यु के बाद की मृत्यु, छोटे पौधे, पीली निचली पत्तियां, सामान्य खराब वृद्धि, मुरझाना और अंततः पतन और पुराने पौधों की मृत्यु शामिल हैं। संक्रमित पौधों की जड़ें पानी से भीगी हुई या भूरे से काले रंग की दिखाई दे सकती हैं। ऊपरी मूसला जड़ परिगलित घाव से घिरी हो सकती है, या मूसला जड़ का सिरा परिगलित हो सकता है। गंभीर मामलों में, लगभग सभी जड़ें कटी या सड़ सकती हैं। गंभीरता कल्टीवेटर, मिट्टी की बनावट, सिंचाई और रोगजनक आबादी से प्रभावित होती है। पालक की सभी अवस्थाएं जड़ सड़ांध वाले जीवों से संक्रमित हो सकती हैं, नए उभरते पौधे और नए पौधे अतिसंवेदनशील होते हैं।

प्रबंधन (Management)

- ग्रीष्म कालीन गहरी जुताई करें।
- बीज उपचार कर बुआई करें।
- गैर-धारक पालक की फसल के साथ फसल चक्र अपनाएं।
- अत्यधिक पानी देने और खेत के खराब जल निकासी वाले क्षेत्रों से बचना चाहिए और उठी हुई क्यारियों का उपयोग करना चाहिए । नमी के प्रबंधन के लिए पानी की निकासी के लिए 35 सेमी से अधिक ऊंचाई बेहतर होती हैं ।
- रोगग्रस्त पौधों को खेत में पता लगने के तुरंत बाद हटा देना चाहिए और जला देना चाहिए।
- रोग का प्रकोप अधिक होने पर अधिक होने पर मेन्कोजेब 75% डव्लूपी 1000 ग्राम प्रति हेक्टेयर 500 लीटर पानी में घोलकर छिडकाव करना चाहिए।

30

धनिया

परिचय (Introduction)

धनिया (Coriander) के सभी भागों जैसे पत्ते, बीज और फलों का खाना पकाने के साथ-साथ औषधीय उपयोग भी होता है। धनिया के बीज एवं पत्तियां भोजन को सुगंधित एवं स्वादिष्ट बनाने के काम आते हैं। धनिया का उत्पत्ति स्थान **भूमध्य और पूर्वी क्षेत्र (Mediterranean and east regions)** माना जाता है । धनिया एक महत्वपूर्ण बीज मसाला फसल है। धनिया बीज औषधीय गुण होने के कारण कुलिनरी के रूप में, कार्मिनेटीव और डायरेटिक के रूप में उपयोग में आते हैं। धनिया में वाष्पशील तेल (0.3 से 1%) होता है। भारत धनिया का प्रमुख निर्यातक देश है। भारत में 532.32 हजार हेक्टेयर में धनिया की खेती की जाती है, जिससे 709.84 हजार मीट्रिक टन उत्पादन प्राप्त होता है। **(हॉर्टिकल्चर स्टेटिस्टिक्स एट ए ग्लांस 2018)**। भारत में मध्य प्रदेश, राजस्थान एवं गुजरात प्रमुख धनिया उत्पादक राज्य हैं। किसान भाई धनिया की खेती वैज्ञानिक विधि से करें, तो इसकी फसल से अच्छा उत्पादन प्राप्त किया जा सकता है।

वानस्पतिक विवरण (Botanical discription)

धनिया का वानस्पतिक नाम ***कोरिंडर सैटाइवमएल.*** (*Coriandrum sativum*L.) है, यह **एपीऐसी** (Apiaceae) कुल के अंतर्गत आता है। जीनस *कोरियनड्रम* में उगाए जाने वाले पौधे *सी. सैटाइवम* और जंगली प्रजातियां सी. *टॉर्डिलियम* शामिल हैं।धनिया एक वार्षिक शाक है और जलवायु परिस्थितियों के अनुसार शीत ऋतु की वार्षिक फसल के रूप में इसकी खेती की जाती है।अंकुरण एपिगेल होता है और पौधे में मूसला जड़ होती है।तना सीधा और समपोदियल, मोनोकैसियल-शाखित, कभी-कभी बेसल नोड पर कई पार्श्व शाखाओं के साथ होता है।पुष्पक्रम एक मिश्रित अंबेल होता है।फूल उभरे हुए होते हैं। गर्भनाल के केंद्रीय फूल पुंकेसर या कभी-कभी बाँझ होते हैं। छतरियों के भीतरी फूल पुंकेसरयुक्त होते हैं।धनिया में एक निचला अंडाशय होता है और स्टाइलोपोडियम के आसपास के पांच कैलीक्स दांत अभी भी पके फल में दिखाई देते हैं।फल स्किज़ोकार्प, गोलाकार या अंडाकार होते हैं, जिनका व्यास 6 मिमी तक होता है।धनिया एक **पर परागित (cross-pollinated)** फसल है । इसमें क्रोमोसोम संख्या 2n=22 होती है।

उपयुक्त जलवायु (Suitable climate)

धनिया के लिए शुष्क व ठंडा मौसम अच्छा उत्पादन प्राप्त करने के लिये अनुकूल होता है। बीजों के अंकुरण के लिये 25 से 26° सेल्सियस तापमान अच्छा होता है। धनिया को फूल एवं दाना बनने की अवस्था पर पाला रहित मौसम की आवश्यकता होती है। धनिया को पाले से बहुत नुकसान होता है। धनिया बीज की उच्च गुणवत्ता एवं अधिक वाष्पशील तेल के लिये ठंडी जलवायु, अधिक समय के लिये तेज धूप की आवश्यकता होती है।

मृदा का चयन (Selection of soil)

धनिया की सिंचित फसल के लिये अच्छी जल निकास वाली अच्छी दोमट भूमि सबसे अधिक उपयुक्त होती है और असिंचित फसल के लिये काली भारी भूमि अच्छी होती है। धनिया क्षारीय एवं लवणीय भूमि को सहन नही करता है। मिट्टी का पी.एच. 6.5 से 7.5 होना चाहिए।

उन्नत किस्में (Improved varieties)

अर्का ईशा (Arka Isha)

यह एक मल्टी-कट प्रकार, झाड़ीदार पौधे, चौड़ी पत्तियां, अच्छी सुगंध के साथ, अच्छी गुणवत्ता रखने वाली (21 दिन प्रशीतन के तहत) किस्म है । यह किस्म विटामिन सी (167 mg/100 g) से भरपूर है । 70 दिनों में 3 कटिंग से 120 क्विंटल प्रति हेक्टेयर उपज दे देती है।

अजमेर धनिया-1 (एसीआर-1)

यह किस्म पत्तों और बीजों के उत्पादन के लिए उपयुक्त है। दाने मध्यम से छोटे होते हैं, जिनमें तेल की मात्रा **0.5%** तक होती है। यह किस्म तना गाल रोग के लिए प्रतिरोधी और चूर्णी फफूंदी के प्रति सहनशील है। इस किस्म की औसत उपज 12.50क्विंटल बीज प्रति हेक्टेयर।

अजमेर धनिया-2 (एसीआर-2)

यह किस्म गुणवत्ता में श्रेष्ठ है, बीज में 0.54% आवश्यक तेल और 71.7% लिनालूल होता है। यह किस्म तना गाल रोग के लिए प्रतिरोधी है। इस किस्म की औसत उपज 12.93 क्विंटल बीज प्रति हेक्टेयर।

जीसी- 2 (गुजरात धनिया- 2)

इस किस्म के दाने मध्यम आकार के, मध्यम ऊंचाई के पौधे, असीमित शाखायें, गहरी हरी पत्तियां, उकठा स्टेमगाल, भभूतिया सहनशील, हरी पत्तियों के लिये उपयुक्त और 110 से 115 दिन में पकने वाली किस्म तथा पैदावार क्षमता 15 से 16 क्विंटल प्रति हेक्टेयर तक है।

हिसार सुगंध

इस किस्म का दाना मध्यम आकार का, अच्छी सुगंध, पौधे मध्यम ऊंचाई के, उकठा, स्टेमगाल प्रतिरोधक और फसल अवधि 120 से 125 दिन तथा इस किस्म की पैदावार क्षमता 19 से 20 क्विंटल प्रति हेक्टेयर तक है।

आरसीआर 41

इस किस्म के दाने छोटे, टाल वैरायटी, गुलाबी फूल, उकठा एवं स्टेमगाल प्रतिरोधक, भभूतिया सहनशील, पत्तियों के लिए उपयुक्त, 0.25 प्रतिशत तेल की मात्रा और फसल पकने की अवधि 130 से 140 दिन तथा उपज क्षमता 9 से 10 क्विंटल प्रति हेक्टेयर तक प्राप्त होती है।

आरसीआर 435

इस धनिया की उन्नत किस्म के दाने बड़े, जल्दी पकने वाली किस्म, पौधों की झाड़ीनुमा वृद्धि, उकठा, स्टेमगाल, भभूतिया सहनशील और फसल पकने की अवधि 110 से 130 दिन तथा औसत पैदावार क्षमता 11 से 12 क्विंटल प्रति हेक्टेयर तक है।

आरसीआर 436

इस किस्म के दाने बड़े, शीघ्र पकने वाली किस्म, उकठा, स्टेमगाल, भभूतिया सहनशील और फसल तैयार होने की अवधि 90 से 100 दिन तथा औसत पैदावार 11 से 12 क्विंटल प्रति हेक्टेयर तक है।

आरसीआर 446

इस किस्म के दाने मध्यम आकार के, शाखायें सीधी, पौधे मध्यम ऊंचाई के, अधिक पत्ती वाले , हरी पत्तियों के लिए उपयुक्त, उकठा, स्टेमगाल, भभूतिया सहनशील, असिंचित क्षेत्रों के लिए भी उपयुक्त है और फसल पकाव अवधि 110 से 130 दिन तथा उपज क्षमता 12 से 13 क्विंटल प्रति हेक्टेयर है।

आरसीआर 480

इस किस्म के दाने मध्यम आकार के, पौधे मध्यम ऊंचाई के, उकठा, स्टेमगाल, भभूतिया निरोधक, सिंचित के लिये उपयुक्त है, औसत पैदावार 13 से 14 क्विंटल प्रति हेक्टेयर तथा फसल पकने की अवधि 120 से 125 दिन है।

आरसीआर 684

इस किस्म के दाने बड़े, अण्डाकार, भूसा कलर, बोनी किस्म, उकठा स्टेमगाल, भभूतिया सहनशील, माहू कीट प्रतिरोधक और फसल पकने की अवधि 110 से 120 दिन तथा उपज क्षमता 13 से 14 क्विंटल प्रति हेक्टेयर तक पाई गई है।

आरसीआर -728

इस किस्म के दाने छोटे, गोल, सफेद फूल, भभूतिया सहनशील, उकठा, स्टेमगाल निरोधक, सिंचित, असिंचित एवं हरी पत्तियों के लिये उपयुक्त तथा औसत उपज क्षमता 14 से 15 क्विंटल प्रति हेक्टेयर और 125 से 130 दिन में तैयार होने वाली किस्म है।

पंत हरितमा

इस किस्म के दाने गोल, मध्यम आकार के, पौधे मध्यम ऊंचाई के , उकठा, स्टेमगाल,भभूतिया प्रतिरोधक, बीज एवं पत्तियों के लिए उपयुक्त एवं फसल पकाव अवधि 120 से 125 दिन तथा पैदावार क्षमता 15 से 20 क्विंटल प्रति हेक्टेयर तक है।

सिम्पो एस 33

इस किस्म के दाने बड़े, अण्डाकार, पौधे मध्यम ऊचाई के, उकठा, स्टेमगाल प्रतिरोधक, भभूतिया सहनशील, बीज के लिये उपयुक्त और 140 से 150 दिन में पकने वाली किस्म तथा औसत 18 से 20 क्विंटल उपज क्षमता है।

कुंभराज

इस किस्म के दाने छोटे, सफेद फूल, उकठा , स्लेमगाल, भभूतिया सहनशील, पौधे मध्यम ऊंचाई के और फसल पकाव की अवधि 115 से 120 दिन तथा उत्पादन क्षमता 14 से 15 क्विंटल प्रति हेक्टेयर तक है।

खेत की तैयारी Preparation of field)

सिंचित क्षेत्र में अगर जुताई के समय भूमि में पर्याप्त नमी नहीं हो तो जुताई पलेवा देकर करनी चाहिए। जिससे जमीन में जुताई के समय ढेले भी नही बनेंगे तथा खरपतवार के बीज अंकुरित होने के बाद जुताई के समय नष्ट हो जाएंगे । बारानी फसल के लिये खरीफ फसल की कटाई के बाद दो बार आड़ी-खड़ी जुताई करके तुरन्त पाटा लगा देना चाहिए।

बुआई का समय (Time of sowing)

धनिया की बुआई रबी मौसम में की जाती है । धनिया बुआई का सबसे उपयुक्त समय 15 अक्टूबर से 15 नवम्बर है । दानों के लिये धनिया की बुआई का उपयुक्त समय नवम्बर का प्रथम पखवाड़ा हैं । हरे पत्तों की फसल के लिये अक्टूबर से दिसम्बर का समय बिजाई के लिये उपयुक्त होता है । पाले से बचाव के लिये धनिया को नवम्बर के द्वितीय सप्ताह मे बोना उपयुक्त होता है।

बुआई की विधि (Method of sowing)

सिंचित अवस्था में प्रति हेक्टेयर 12-15 किलोग्राम बीज की आवश्यकता होती है।मिटटी एवं बीज जनित रोगों से बचाव के लिये बीज को बुआई के पूर्व कार्बेन्डाजिम+थाइरम (2:1) 3 ग्राम/किलोग्राम बीज या कार्बोक्सिन 37.5% + थाइरम 37.5% @ 3 ग्राम/किलोग्राम बीज या *ट्राइकोडर्मा विरिडी* 4 ग्राम/ किलोग्राम बीज की दर से उपचारित करें। बोने के पहले धनिया बीज को सावधानीपूर्वक हल्का रगड़कर बीजों को दो भागो में तोड़कर दाल बनावें । धनिया की बोनी सीड ड्रील से कतारों में करें । कतार से कतार की दूरी 30 से.मी. एवं पौधे से पौधे की दूरी 10 से.मी. रखें । भारी भूमि या अधिक उर्वरा भूमि में कतारों की दूरी 40 से.मी. रखना चाहिए। कूड में बीज की गहराई 3-4 से.मी. तक होना चाहिए । बीज को अधिक गहराई पर बोने से अंकुरण कम प्राप्त होता है ।

एकीकृत पोषक तत्व प्रबंधन (Integrated Nutrient Management)

धनिया में खाद एवं उर्वरकों का उपयोग मृदा परीक्षण के आधार करना चाहिए। सामान्यतः सिंचित धनिया की अच्छी पैदावार लेने के लिए गोबर खाद 100-125 क्विंटल / हेक्टेयर के साथ 50 किलोग्राम नत्रजन, 30 किलोग्राम स्फुर, 20 किलोग्राम पोटाश तथा 20 किलोग्राम सल्फर प्रति हेक्टेयर की दर से तथा असिंचित अवस्था में 30 किलोग्राम नत्रजन, 30 किलोग्राम स्फुर, 20 किलोग्राम पोटाश तथा 20 किलोग्राम सल्फर प्रति हेक्टेयर की दर से उपयोग करें । सिंचित अवस्था में नाइट्रोजन की एक तिहाई मात्रा एवं फास्फोरस, पोटाश एवं सल्फर की पूरी मात्रा बोने के पहले अंतिम जुताई के समय देना चाहिए। उर्वरकों को हमेशा बीज के नीचे देवें एवं उर्वरक और बीज को मिलाकर बुआई नहीं करें। नाइट्रोजन की शेष मात्रा को दो बराबर भागों में बांटकर खड़ी फसल में टाप ड्रेसिंग के रूप में बुआई के 30 एवं 60 दिनों के बाद देना चाहिए । धनिया की फसल में एजेटोबेक्टर एवं पीएसबी कल्चर का उपयोग 5 किलोग्राम/ हेक्टेयर के हिसाब से 50 किलोग्राम गोबर खाद मे मिलाकर बोने के पहले डालना लाभदायक पाया गया है।

सिंचाई प्रबन्धन (Irrigation management)

धनिया में पहली सिंचाई बुआई के 30-40 दिन बाद, दूसरी सिंचाई 50-60 दिन, तीसरी सिंचाई 70-80 दिन बाद तथा चौथी सिंचाई 90-100 दिन बाद करना चाहिए ।

खरपतवार प्रबंधन (Weed management)

धनिया में फसल-खरपतवार प्रतिस्पर्धा की क्रांतिक अवधि 35-40 दिन है । इस अवधि में खरपतवारों की निंदाई नहीं करते है तो धनिया की उपज 40-45 प्रतिशत कम हो जाती है। धनिया में खरपतवरों की अधिकता या सघनता होने पर निम्न में से किसी एक खरपतवानाशी दवा का प्रयोग कर सकते हैं। धनिया में पेड़ामेथिलीन 30% ईसी 3.33 लीटर प्रति हेक्टेयर 500 लीटर पानी मे घोलकर बुआई के 2 दिन बाद के अंदर अंकुरण पूर्व छिडकाव करें। खड़ी फसल में यदि सकरी पत्ती वाले खरपतवार अधिक हो तो क्विज़लफोप-पी-इथाइल 5% ईसी 1000 मिली प्रति हेक्टेयर 500 लीटर पानी मे घोलकर बुआई के 15 से 20 दिन बाद छिडकाव करें।

कटाई (harvesting)

धनिया की फसल बुआई के 100 से 150 दिनों में किस्म के अनुसार पककर तैयार हो जाती है। फसल की कटाई उपयुक्त समय पर करनी चाहिए । धनिया दाना दबाने पर मध्यम कठोर तथा पत्तिया पीली पड़ने लगे, धनिया डोड़ी का रंग हरे से चमकीला भूरा/पीला होने पर तथा दानों में 18 प्रतिशत नमी रहने पर कटाई करना चाहिए । कटाई में देरी करने से दानों का रंग खराब हो जाता है । जिससे बाजार में उचित कीमत नही मिल पाती है । अच्छी गुणवत्तायुक्त उपज प्राप्त करने के लिए 50 प्रतिशत धनिया डोड़ी का हरा से चमकीला भूरा कलर होने पर कटाई करना चाहिए।

गहाई (Threshing)

धनिया का हरा-पीला कलर एवं सुगंध प्राप्त करने के लिए धनिया की कटाई के बाद छोटे-छोटे बण्डल बनाकर 1-2 दिन तक खेत में खुली धूप में सूखाना चाहिए । बण्डलों को 3-4 दिन तक छाया में सूखाये या खेत मे सूखाने के लिए सीधे खड़े बण्डलों के ऊपर उल्टे बण्डल रख कर ढेरी बनावें । ढेरी को 4-5 दिन तक खेत में सूखने देवे। सीधे-उल्टे बण्डलों की ढेरी बनाकर सूखाने से धनिया बीजों पर तेज धूप नही लगने के कारण वाष्पशील तेल उड़ता नही है ।

उपज क्षमता (Potential yield)

सिंचित फसल की वैज्ञानिक विधि से खेती करने पर 12-15 क्विंटल बीज तथा असिंचित फसल से 5-7 क्विंटल/ हेक्टेयर उपज प्राप्त हो जाती है ।

भण्डारण (Storage)

भण्डारण के समय धनिया बीज में 9-10 प्रतिशत नमी रहना चाहिए। धनिया बीज का भण्डारण पतले जूट के बोरों में करना चाहिए। बोरों को जमीन पर तथा दीवार से सटे हुए नही रखना चाहिए। जमीन पर लकड़ी के गट्टों पर बोरों को रखना चाहिए। बीज के 4-5 बोरों से ज्याद एक के ऊपर नही रखना चाहिए। बीज के बोरों को ऊंचाई से नही फटकना चाहिए। बीज के बोरें न सीधे जमीन पर रखें और न ही दीवार पर सटाकर रखें। बोरियों मे भरकर रखा जा सकता है। बोरियों को ठण्डे किन्तु सूखे स्थानो पर भण्डारित करना चाहिए। भण्डारण में 6 माह बाद धनिया की सुगन्ध में कमी आने लगती है।

प्रसंस्करण (Processing)

धनिया प्रसंस्करण द्वारा 97 प्रतिशत धनिया बीजों की पिसाई कर पावडर बनाया जाता है। जो मसाले के रूप में भोजन को स्वादिष्ट,सुगंधित एवं महकदार बनाने के उपयोग में आता है। शेष तीन प्रतिशत धनिया बीज, धनिया दाल एवं वाष्पशील तेल बनाने में उपयोग होता है।

एकीकृत कीट एवं रोग प्रबंधन (Integrated Pest and Disease Management)

प्रमुख कीट (Major insects)

माहू(Aphids)

धनिया में दो प्रकार के माहू, *हयाडाफिस कोरिन्डरी(Hyadaphis coriandri)* और *एफिस गॉसिपि(Aphis gossypii)* का प्रकोप होता है। इस कीटे के शिशु व प्रौढ़ दोनो ही पौधे के तनों, फूलों एवं बनते हुए बीजों से रस चूसते हैं। जिसके कारण उपज में कमी आती है।

प्रबंधन (Management)

- नीम बीज गिरी सत (NSKE) 5% का छिड़काव करें।
- अधिक प्रकोप की अवस्था में इमिडाक्लोप्रीड 17.8% एसएल 150 मिली प्रति हेक्टेयर 500 लीटर पानी मे घोलकर छिडकाव करें।

प्रमुख रोग (Major diseases)

उकटा (Wilt)

यह रोग ***फ्यूजेरियम आक्सीस्पोरम*** एफ. स्पीशीज ***कोरिएनड्री*** (*Fusarium oxysporium*F. Spp.*coriandri*) नामक फफूंद के द्वारा होता है। इस रोग के कारण पौधे मुरझा जाते है और अंत में सूख जाते हैं।

प्रबंधन (Management)

- ग्रीष्मकालीन गहरी जुताई करें एवं उचित फसल चक्र अपनाएं।
- बीज की बुवाई नवम्बर के प्रथम से द्वितीय सप्ताह में करें।
- बुवाई के पूर्व बीजों को कार्बेन्डिजम 50% डब्ल्यूपी 2 ग्राम /किलोग्राम बीज या *ट्रायकोडरमा विरडी* 4 ग्राम /किलोग्राम बीज की दर से उपचारित कर बुवाई करें।
- उकठा के लक्षण दिखाई देने पर कार्बेन्डिजम 50% डब्ल्यूपी 2.5 ग्राम लीटर पानी में घोलकर जड़ों में दवा का घोल डालें।

तना पिटिका (Stem gall)

यह रोग ***प्रोटामाइसेस मेक्रोस्पोरस*** (*Protomyces macrosporus*) नामक फफूंद के द्वारा होता है। रोग के कारण फसल को अत्यधिक क्षति होती है। पौधो के तनों पर सूजन हो जाती है। तनों, फूल वाली टहनियों एवं अन्य भागों पर गांठें बन जाती है। बीजों में भी विकृतिया आ जाती हैं।

प्रबंधन (Management)

- ग्रीष्मकालीन गहरी जुताई करें एवं उचित फसल चक्र अपनाएं।
- बीज की बुवाई नवम्बर के प्रथम से द्वितीय सप्ताह में करें।
- बुवाई के पूर्व बीजों को कार्बेन्डाजिम 50% डब्ल्यूपी 2 ग्राम /किलोग्राम बीज या *ट्रायकोडरमा विरडी* 4 ग्राम/किलोग्राम बीज की दर से उपचारित कर बुवाई करें।

भभूतिया (Powdery mildew)

यह रोग ***इरीसिफी पॉलीगॉन*** (***Erysiphe polygoni***) नामक फफूंद के द्वारा होता है। रोग की प्रारंभिक अवस्था में पत्तियों एवं शाखाओं सफेद चूर्ण की परत जम जाती है। अधिक प्रभावित पत्तियां पीली पड़कर सूख जाती है ।

प्रबंधन (Management)

- बीज की बुवाई नवम्बर के प्रथम से द्वितीय सप्ताह में करें ।
- खड़ी फसल में भभूतिया रोग के लक्ष्ण दिखने पर सल्फर 85% डीपी 15-20 किलोग्राम प्रति हेक्टेयर की दर से भुरकाव करें।

31

चौलाई

परिचय (Introduction)

चौलाई (Amaranthus) गर्मी एवं बरसात की प्रमुख हरी शाक वाली सब्जी है। इसकी पत्तियाँ तथा कोमल रसीली शाखायें अन्य पत्ती वाली शाक की तरह सब्जी बनाने के काम में आती हैं। चौलाई प्रोटीन, कार्बोहाइड्रेट, लोहा, केल्शियम विटामिन ''ए'' तथा विटामिन ''सी'' का प्रमुख स्त्रोत है। चौलाई का उत्पत्ति स्थान **मध्य और दक्षिण अमेरिका, भारत, दक्षिण-पूर्व एशिया** (Central and South America, India, South –East Asia) माना जाता है।

वानस्पतिक विवरण (Botanical description)

चौलाई का वानस्पतिक नाम ***अमरान्थस ब्लिटम*** (*Amaranthus blitum*) (छोटी चौलाई), ***अमरान्थस ट्राईकलर*** (*Amaranthus tricolor*) (बड़ी चौलाई) है, यह ***अमरंथेसी*** (Amaranthaceae) कुल के अंतर्गत आती है। इसमें **क्रोमोसोम नम्बर(2n = 32)** होते हैं । पुष्पक्रम टर्मिनल और एक्सिलरी, शाखित स्पाइक्स, फूल छोटे, नियमित, ज्यादातर एकलिंगी होते हैं । सामान्य तौर पर खेती की जाने वाली प्रजातियाँ **उभयलिंगी (monoecious)** होती हैं। ऐमारैंथस की सभी एकलिंगी प्रजातियां **प्रोटोगिनी** (protogyny) प्रदर्शित करती हैं, और पुष्पक्रम संरचना **पर परागण (cross pollination)** सुनिश्चित करती है। पर परागण मुख्य रूप से हवा से होता है।

उपयुक्त जलवायु (Suitable climate)

यह नम एवं उष्ण जलवायु की शाक है, अतः भारत के मैदानी भागों में इसे गर्मी एवं बरसात में उगाते हैं। शीतोष्ण जलवायु में इसकी खेती गर्मी में होती है। कार्यिकी दृष्टि से यह कार्बन-4 पौधा समूह में आता है। प्रकाश संश्लेषण की अद्भुत क्षमता होने के कारण यह सूर्य के प्रकाश का पूर्ण उपयोग करती है। इसका जीवन चक्र छोटा और तेज होता है।

मृदा का चयन (Selection of soil)

इसकी खेती सभी प्रकार की मिट्टी में कर सकते हैं, परंतु जीवांश युक्त दोमट बलुई मिट्टी सर्वोत्तम होती है। खेत में जल निकास का अच्छा प्रबंध होना चाहिए। मिट्टी का पीएच मान **6-7.5** बीच होना उपयुक्त होता है।

उन्नत किस्में (Improved varieties)

अर्का सुगुना (Arka Suguna)

इस किस्म की कई बार कटाई की जा सकती है। इस किस्म के हल्के हरे पत्ते और रसीला तना होता है।यह किस्म कैल्शियम और आयरन से भरपूर होती है । यह किस्म सफेद गेरुआ रोग के लिए मध्यम प्रतिरोधी है। यह किस्म 90 दिनों की अवधि में 8 कटिंग से 250-300 क्विंटल /हेक्टेयर उपज दे देती है। यह किस्म कर्नाटक में खेती के लिए अनुशंसित है।

अर्का अरुणिमा (Arka Arunima)

यह बहु कटाई एवं तेजी से बढ़ने वाली किस्म है। पत्तियाँ एवं तना जामुनी रंग का होता है । यह किस्म सफेद गेरुआ रोग के लिए प्रतिरोधी है। यह किस्म 60 दिनों की अवधि में 3 कटिंग से 260-280 क्विंटल /हेक्टेयर उपज दे देती है।

अर्का समरक्षा (Arka Samraksha)

यह एक खींच (pulling) प्रकार की किस्म है । यह किस्म एंटीऑक्सीडेंट में समृद्ध (499 मिलीग्राम एईएसी इकाइयां), नाइट्रेट्स और ऑक्सालेट्स में कम होती है । यह किस्म 30-35 दिनों में 100-120 क्विंटल/हेक्टेयर उपज दे देती है। यह किस्म कर्नाटक में खेती के लिए अनुशंसित है।

अर्का वर्णा (Arka Varna)

यह एक खींच (pulling) प्रकार की किस्म है । यह किस्म एंटीऑक्सीडेंट में समृद्ध (417 मिलीग्राम एईएसी इकाइयां), नाइट्रेट्स और ऑक्सालेट्स में कम होती है । यह किस्म 30-35 दिनों में 100-120 क्विंटल/हेक्टेयर उपज दे देती है। यह किस्म कर्नाटक में खेती के लिए

अनुशंसित है।

काशी सुहावनी (Kashi Suhaavani (VRAM-42)

इस किस्म की चमकीली हरी छतरी एवं मुलायम रसीली हरी पत्ती होती हैं। इस किस्म में देरी से फूल आते हैं, पौधों की वृद्धि अच्छी होती है। यह किस्म गर्मी और बरसात के मौसम में उगाने के लिए उपयुक्त है। इस किस्म में सूखे वजन के आधार पर 15.50% प्रोटीन होती है। यह किस्म सफेद रतुआ के प्रति सहिष्णु है । इस किस्म की औसत उपज क्षमता 300-330 क्विंटल /हेक्टेयर है । यह किस्म उत्तर प्रदेश में खेती के लिए अनुशंसित की गई है।

पूसा किरण (Pusa Kiran)

यह किस्म बरसात के मौसम में बुवाई के लिए उपयुक्त है । पत्तियाँ एवं तना चमकीला चिकना हरा होता है। बुआई के **25-30** दिनों बाद कटाई के लिए तैयार हो जाती है। इस किस्म की औसत उपज **350** क्विंटल प्रति हेक्टेयर है। यह किस्म पूरे भारत के लिए अनुशंसित है।

पूसा कीर्ति (Pusa Kirti)

यह किस्म गर्मी के मौसम में बुवाई के लिए उपयुक्त है । इस किस्म के पत्ते हरे, चौड़े और अंडाकार होते हैं; तना हरा और कोमल होता है।बुआई के 30-35 दिनों बाद कटाई के लिए तैयार हो जाती है। इस किस्म की औसत उपज 500 क्विंटल प्रति हेक्टेयर है। यह किस्म पूरे भारत के लिए अनुशंसित है।

पूसा लाल चौलाई (Pusa Lal chaulai)

इस किस्म की पत्तियों की ऊपरी सतह गहरे लाल या मैजेंटा और निचली सतह बैंगनी-लाल रंग की होती है; तना गहरा लाल होता है। इस किस्म की वसंत- ग्रीष्म में **35** दिनों के बाद और खरीफ मौसम में **25** दिनों के बाद पहली कटाई हो जाती है । इस किस्म की औसत उपज गर्मियों में **450** क्विंटल/हेक्टेयर और खरीफ में **400** क्विंटल/हेक्टेयर होती है। यह किस्म पूरे भारत के लिए अनुशंसित है।

खेती की तैयारी (Field prepration)

खेत साफ स्वच्छ एवं भुरभुरा तैयार करना चाहिए अन्यथा अंकुरण प्रभावित होता है। दो बार कल्टीवेटर से जुताई करें इसके बाद एक बार रोटावेटर चलाकर खेत को समतल कर लेवें ।

एकीकृत पोषक तत्व प्रबंधन(Integrated Nutrient Management)

खाद एवं उर्वरकों का उपयोग मृदा परीक्षण के आधार पर करें। सामान्य रुप से उत्पादक इसके लिए खाद एवं उर्वरक का प्रयोग कम ही करते हैं। प्रायः यह पूर्ववर्ती फसल द्वारा मिट्टी में छोड़े गए अवषेषों से ही अपना पोषक तत्व प्राप्त कर लेती हैं। चैलाई अनुपजाऊ भूमि में भी पोषक तत्व प्राप्त करने में सक्षम होती है। इसे पोटाश की अधिक मात्रा में आवश्यकता पड़ती है। अच्छी उपज के लिए खेत तैयार करते समय 250-**250** क्विंटल प्रति हेक्टेयर गोबर की खाद मिट्टी में अच्छी तरह मिला देते हैं। इसके अतिरिक्त **35-40** किलो नाइट्रोजन, **25** किलोग्राम फास्फोरस तथा **50** किलो ग्राम पोटाश प्रति हेक्टेयर प्रयोग में लाते हैं। नाइट्रोजन को **3** बराबर भागों में बाँट कर देते हैं। पहली बार बुआई के एक माह के बाद फिर पहली एवं दूसरी कटाई के बाद टाप ड्रेसिंग के रुप में देते हैं।

बीजदरएवंबीजोपचार (Seed rate and seed treatment)

एक हेक्टर की बुआई के लिए **1.5-2** किलो ग्राम बीज की आवश्यकता पड़ती है। चैलाई के बीज बहुत छोटे होते हैं। अतः उन्हें एक समान वितरित करने के लिए रेत में मिलाकर बोते हैं। बीज को बोने के पूर्व फफूँदनाशी दवा थीरम 2 ग्राम + कार्बेन्डाजिम 1 ग्राम प्रति किलोग्राम बीज की दर से उपचारित करें या *ट्राइकोडर्माविरिडी*4 ग्राम प्रति किलोग्राम बीज की दर से बीजोपचार कर बुवाई करें।

बुवाई का समय एवं विधि (Time of sowing and method)

उत्तर भारत के मैदानी भागों में गर्मी की फसल के लिए इसकी बुआई फरवरी-मार्च में करते हैं। जबकि बरसाती फसल के लिए बुआई जून-जुलाई में करते हैं। दक्षिण भारत में इसकी बुआई सालभर होती है। प्रायः बीज चैरस खेत में बिखेर कर बोते हैं। बीजों को चैरस क्यारियों में **20-30** सेमी की दूरी पर पंक्तियों में बोना चाहिए। पौध शाला में पौधे तैयार कर भी इसकी रोपाई की जा सकती है। अंकुरण के **3-4** सप्ताह बाद पौधों को 20 X 10 सेमी की दूरी पर प्रोपित कर देते हैं।

सिंचाई प्रबन्धन(Irrigation management)

भारी मिट्टी में बुआई के समय पर्याप्त नमी होनी चाहिए। हल्की मिट्टी में बुआई के बाद तुरंत सिंचाई कर सकते हैं। गर्मी के दिनों में 4-5 दिन के अंतर पर सिंचाई करते हैं। बरसात में प्रायः सिंचाई की आवश्यकता नहीं पड़ती है।

खरपतवारप्रबंधन(Weed management)

खरपतवार पोषक तत्वों, मिट्टी की नमी, जगह और सूर्य प्रकाश के लिए पौधों से प्रतिस्पर्धा करते हैं एवं फसल की वृद्धि एवं विकास में बाधा पहुचाते हैं, जिसके कारण फसल की गुणवत्ता एवं उपज में कमी आती है। खरपतवारों के नियंत्रण के लिए खेत की **2-3** बार निराई-गुड़ाई करें।

कटाई (Harvesting)

बुआई या प्रतिरोपण के 3-4सप्ताह बाद इसकी पहली कटाई करते हैं। एक फसल में 8-10 बार कटाई प्राप्त हो जाती है।

संभावित उपज (Potential yield)

हरी पत्तियों की औसत उपज 100 से 500 क्विंटल प्रति हेक्टेयर है। फसल की यह उत्पादकता जलवायु, मिट्टी, किस्म, सिंचाई समेत सुरक्षा प्रबंधन आदि पर निर्भर करती है।

एकीकृत कीट एवं रोग प्रबंधन (Integrated Pest and Disease Management)

प्रमुख कीट (Major insects)

माहू(Aphids)

इस कीट का वैज्ञानिक नाम ***मायजस पर्सिकी*** (*Myzus persicae*) है। इस कीटे के शिशु व प्रौढ़ पत्तियों से रस चूसते हैं। जिससे पत्तियां पीली पड़ जाती हैं और सूख जाती हैं। गंभीर संक्रमण के परिणामस्वरूप पत्तियां मुड़ जाती हैं, विकास अवरुद्ध हो जाता है और धीरे-धीरे पौधा सूख जाता है और पौधों का कोमल भाग मर जाता है। माहू प्रचुर मात्रा में हनीड्यू का स्त्राव करते हैं, जो एक माध्यम के रूप में कार्य करता है जिस पर काली फफूंदी बढ़ता है। काली फफूंदी पत्ती को काला कर देती है और पौधे की प्रकाश संश्लेषक गतिविधि को कम कर देती है। माहू संक्रमण से बीज उत्पादन में बाधा आती है, यह विकृत बीज, फूल और बीज के गठन में कमी या बीज की व्यवहार्यता को कम कर सकता है। यह कई महत्वपूर्ण पादप विषाणुओं को भी प्रसारित करता है जैसे कि पोटैटो लीफ रोल वायरस (PLRV), पोटैटो वायरस Y (PVY), ककड़ी मोज़ेक वायरस (CMV), और पेपर वेनल मोटल वायरस (PVMV)।

प्रबंधन (Management)

- नीम बीज गिरी सत (NSKE) 5% का छिड़काव करें।
- अधिक प्रकोप की अवस्था में इमिडाक्लोप्रीड 17.8% एसएल 150 मिली प्रति हेक्टेयर 500 लीटर पानी मे घोलकर छिडकाव करें।

ऐमारैंथ स्टेम वीविल्स (Amaranth stem weevils)

इस कीट का वैज्ञानिक नाम ***हाइपोलिक्सस ट्रंकैटुलस*** (*Hypolixus truncatulus*), ***एच. न्यूबिलोसस*** (*H. nubilosus*) है। यह ऐमारैंथस का एक प्रमुख कीट है, इस कीट के लार्वा तनों में सुरंग बनाते हैं और वयस्क कोमल पत्तियों को खाते हैं। वयस्क पत्तियों को खाकर नुकसान पहुंचाते हैं, कोमल तने पर अनियमित खरोंच बनाते हैं और कभी-कभी तने की सभी आंतरिक सामग्री को खा जाते हैं और केवल एपिडर्मिस और हाइपोडर्मल ऊतकों को छोड़ देते हैं। लार्वा टेढ़े-मेढ़े तरीके से तनों के भीतर सुरंग बनाकर नुकसान पहुँचाते हैं जिससे पौधों की जीवन शक्ति और ताक़त कम हो जाती है। ऐसे कई तने बाद में अनुदैर्ध्य रूप से फट जाते हैं जिससे सूखने का जोखिम होता है; कभी-कभी तने के अनुप्रस्थ खंडों में 2-3 सुरंगें भी देखी जा सकती हैं।

प्रबंधन (Management)

- आसपास के सभी जंगली चौलाई के पौधों को नष्ट कर दें।
- जैसे ही संक्रमण दिखाई दे, तुरंत सभी प्रभावित पौधों को हटा दें और नष्ट कर दें, जिसके अंदर ग्रब हों।
- नीम बीज गिरी सत (NSKE) 5% का छिड़काव करें।
- कीट का अधिक प्रकोप होने पर क्लोरोपायरीफास 20% ईसी 1000 मिली प्रति हेक्टेयर 500 लीटर पानी में घोलकर पर छिड़काव करें।

पत्ती सुरंगक (Leafminer)

इस कीट का वैज्ञानिक नाम ***लिरिओमाइज़ा हाइडोब्रेन्सिस*** (*Hypolixus truncatulus*) है। इस कीट के मैगोट्स पत्तों पर टेढ़े – मेडी सुरंगें बनाती हैं जो आमतौर पर नम काले और सूखे भूरे क्षेत्रों के साथ सफेद होती हैं। एक ही पत्ती पर भोजन करने वाले कई लार्वा सुरंग जैसा द्वितीयक धब्बा उत्पन्न करते हैं जिससे पत्ती मुरझा जाती है।

प्रबंधन (Management)

- प्रारंभिक अवस्था में कीड़ों से संक्रमित पत्तियों को हाथ से तोड़ना और नष्ट करना कीटों की संख्या को कम करने में प्रभावी होता है।
- नीम बीज गिरी सत (NSKE) 5% का छिड़काव करें।

प्रमुख रोग (Major diseases)

एन्थ्रेक्नोज (Anthracnose)

यह रोग ***कोलेटोट्रिचम ग्लियोस्पोरियोइड्स*** *(Colletotrichum gloeosporioides)* नामक फफूंद से होता है। पत्तियों पर परिगलित घाव बन जाते हैं; पत्ती एवं शाखाएं मर जाती हैं ।

प्रबंधन (Management)

- रोगजनकों के प्रवेश के लिए पौधों को नुकसान पहुँचाने और घाव बनाने से बचें ।
- रोग प्रतिरोधी किस्में उगावें ।

डंपिंग-ऑफ (Damping-off)

यह रोग ***राइजोक्टोनिया*** **एसपीपी.** (*Rhizoctonia* spp.) एवं ***पाइथियम*** **एसपीपी.** (*Pythium* spp.) नामक फफूंद से होता है। खराब अंकुरण; अंकुर पतन; भूरी-काली घाव मिट्टी की रेखा के करीब तना घेरना रोग एक प्रमुख लक्षण हैं । अंकुर मिट्टी से निकलने में विफल रहता है।

प्रबंधन (Management)

- बहुत गहराई तक बीज बोने से बचें।
- पौधों को अधिक पानी न दें।
- जल निकास की समुचित व्यवस्था करें।

गीला सड़ांध (Wet rot)

यह रोग ***चोएनफोरा कुकुर्बिटेरम*** (*Choanephora cucurbitarum*) नामक फफूंद से होता है। इस रोग में तनों पर पानी से भरे हुए घाव; फंगल बीजाणुओं की उपस्थिति के कारण घावों में बालों की उपस्थिति होती है; पत्तियों की हानि हो सकती है। कवक मुख्य रूप से उन पौधों पर हमला करता है जो कीड़ों या यांत्रिक तरीकों से क्षतिग्रस्त हो गए हैं। यह रोग वायु और संक्रमित बीज के माध्यम से फैलता है; रोग का उद्भव गर्म, नम स्थितियों में अधिक होता है।

प्रबंधन (Management)

- रोग प्रतिरोधी पौधों की किस्में उगावें।
- प्रमाणित बीज का ही प्रयोग करें।
- घनी फसल न लगाएं।
- रोग के लक्षण दिखाई देने पर कॉपर कवकनाशी का छिडकाव करें।

32
लौकी

परिचय (Introduction)

लौकी (Bottle gourd) का कद्दूवर्गीय सब्जियों में प्रमुख स्थान है। लौकी का उत्पत्ति स्थान **दक्षिण अफ्रीका और भारत** (South Africa and India) माना जाता है। इसे भारत में बड़े पैमाने पर उगाया जाता है। इसका उपयोग सब्जी तथा मिठाईयाँ बनाने के लिए किया जाता है। उत्तर भारत के मैदानी क्षेत्रों में इसकी खेती जायद एवं खरीफ दोनों ऋतुओं में की जाती है। भारत में 156.98 हजार हेक्टेयर में लौकी की खेती की जाती है, जिससे 2682.85 हजार मीट्रिक टन उत्पादन प्राप्त होता है (**हॉर्टिकल्चर स्टेटिस्टिक्स एट ए ग्लांस 2018**)। बिहार, उत्तर प्रदेश, मध्य प्रदेश, हरियाणा, ओडीशा और पश्चिम बंगाल प्रमुख लौकी उत्पादक राज्य है।

वानस्पतिक विवरण (Botanical description)

लौकी का वानस्पतिक नाम ***लगेनेरिया सिसेरिया*** (मोल.) स्टैंडल. (*Lagenaria siceraria* (Mol.) Standl.) है, यह ***कुकरबिटेसी*** (Cucurbitaceae) कुल के अंतर्गत आती है। इसमें **क्रोमोसोम नम्बर(2n = 22)** होते हैं । लौकी के फूल एक-एक करके पत्तियों की धुरी पर, नर लंबे डंठलों पर और मादा छोटे डंठलों पर पैदा होते हैं। फूल सफेद और आकर्षक होते हैं, जिनका व्यास **4** इंच तक होता है, और पंखुड़ियाँ फैलती हैं। परागकोष फूल के केंद्र में समूहित छोटे तंतुओं पर पैदा होते हैं। वर्तिकाग्र छोटे, गाढ़े और शाखित होते हैं।सफ़ेद हरे गूदे में भूरे रंग के बीज असंख्य होते हैं। प्रत्येक बीज आकार में कुछ हद तक आयताकार होता है जिसमें संलग्न सिरे के पास खांचे होते हैं। लौकी एक **पर-परागित(cross-pollinated)** फसल है और पर-परागण मधुमक्खियों अन्य पतंगों के माध्यम से होता है।वानस्पतिक तौर पर लौकी के फल को **पेपो (Pepo)** कहा जाता है ।

उपयुक्त जलवायु (Suitable climate)

लौकी की खेती के लिए गर्म और आर्द्र जलवायु की आवश्यकता होती है। अधिक वर्षा और बादल वाले दिन रोग व कीटों के प्रकोप को बढ़ावा देते हैं।

मृदा का चयन (Selection of soil)

लौकी की खेती विभिन्न प्रकार की मृदाओं में की जा सकती है। किंतु उचित जल निकास वाली हल्की दोमट मृदा इसकी खेती के लिए सर्वोत्तम रहती है। मिट्टी का पीएच मान 6.5 -**7.5** बीच होना उपयुक्त होता है।

उन्नत किस्में (Improved varieties)

काशी कीर्ति (Kashi Kirti (VRBOG- 63-02)

इस किस्म के फल हरे, छोटे, बेलनाकार आकार (गुटखा प्रकार) के होते हैं। यह किस्म तुड़ाई के बाद दूरस्थ विपणन और परिवहन के लिए उपयुक्त है एवं डाउनी मिल्ड्यू रोग के लिए प्रतिरोधी। यह किस्म उत्तर प्रदेश में खेती के लिए अनुशंसित है।

काशी गंगा (Kashi Ganga)

यह क्रॉस IC-92465 x DVBG-151 से प्राप्त एक अगेती किस्म है। इस किस्म के फल हल्के हरे, लंबाई 30 सेमी, व्यास 7 सेमी, फल वजन 800-900 ग्राम और उपज 480-550 क्विंटल/हेक्टेयर होती है। यह एन्थ्रेक्नोज के प्रति सहिष्णु है और बरसात और गर्मी के मौसम की खेती के लिए उपयुक्त है। यह किस्म यूपी, पंजाब और झारखंड में खेती के लिए अनुशंसित है।

काशी बहार (Kashi Bahar)

यह लंबी फल वाली संकर है जिसमें तेजी से वृद्धि होती है, फल सीधा, हल्का हरा, लंबाई 30-32 सेमी और औसत वजन 780-850 ग्राम और उपज 500-550 क्विंटल/ होती है। यह बरसात और गर्मी के मौसम की खेती के लिए उपयुक्त है। यह किस्म एन्थ्रेक्नोज, डाउनी मिल्ड्यू और सर्कोस्पोरा लीफ स्पॉट के प्रति सहिष्णु है। यह किस्म यूपी, पंजाब, बिहार और झारखंड में खेती के लिए अनुशंसित है।

अर्का बहार (Arka Bahar)

इस किस्म के फल मध्यम लंबे, बिना टेढ़े-मेढ़े सीधे होते हैं। नर्म होने पर फलों का हल्का हरा चमकीला छिलका, फल का औसत वजन 1 कि.ग्रा. होता है । यह किस्म सड़ांध के प्रति सहिष्णु है । इस किस्म की औसत उपज 400-450 क्विंटल/हेक्टेयर होती है।

अर्का गंगा (Arka Ganga)

यह एक संकर किस्म है, इस किस्म के फल हरे और आयताकार/अंडाकार होते हैं। यह किस्म गमी स्टेम ब्लाइट (*डिडिमेला ब्रायोनिया*) के लिए प्रतिरोधी है। यहकिस्म रोपण के 56 दिन बाद पहली तुड़ाई के लिए तैयार हो जाती है । यह एक खुली परागित किस्म है। इस किस्म की औसत उपज 580 क्विंटल/हेक्टेयर है।

अर्का श्रेया (Arka Shreya)

इस किस्म के फल हरे और क्लब आकार के होते हैं। यह किस्म 60 दिनों में पहली तुड़ाई के लिए तैयार हो जाती है । यह किस्म गमी स्टेम ब्लाइट (*डिडिमेला ब्रायोनिया*) के लिए प्रतिरोधी है। इस किस्म की औसत उपज 480 क्विंटल/हेक्टेयर है।

अर्का नूतन (Arka Nutan)

इस किस्म के फल हल्के हरे रंग के मध्यम बेलनाकार होते हैं। यह किस्म 56 दिनों में पहली तुड़ाई के लिए तैयार हो जाती है । यह किस्म गमी स्टेम ब्लाइट (*डिडिमेला ब्रायोनिया*) के लिए मध्यम प्रतिरोधी है है। इस किस्म की औसत उपज 460 क्विंटल/हेक्टेयर है।

काशी किरण (Kashi Kiran (VRBG-4)

इस किस्म के फल हल्के हरे आकर्षक गोल, डाउनी मिल्ड्यू के प्रति सहिष्णु होते हैं । फलों का औसत वजन 600-700 ग्राम, फलों की संख्या 13-14/पौधा, औसत उपज 450-480 क्विंटल/ होती है। यह किस्म उत्तर प्रदेश में खेती के लिए अनुशंसित है।

काशी कुंडल (Kashi Kundal (VRBOG- 16)

इस किस्म के फल आकर्षक नाशपाती के आकार के हरे, मध्यम आकार के होते हैं । यह किस्म जुलाई से सितंबर की बुवाई के लिए उपयुक्त होती है । इस किस्म के फलों का औसत भार 1.3 से 1.5 किग्रा, फलों की संख्या 12-14/पौधा होती है यह किस्म डाउनी मिल्ड्यू के लिए प्रतिरोधी है । यह किस्म उत्तर प्रदेश में खेती के लिए अनुशंसित अनुशंसित है।

पूसा हाईब्रिड-3 (Pusa Hybrid 3)

यह किस्म 1983 में विमोचित की गई है। फल हरे रंग के बिना, गर्दन वाले होते हैं। फल बुआई के 50-55 दिन बाद तुड़ाई के लिए तैयार हो जाते हैं। यह किस्म लम्बी दूरी के परिवहन के लिए उपयुक्त है। इस किस्म की औसत उपज 425 क्विंटल प्रति हेक्टेयर है। यह किस्म पूरे भारत के लिए अनुशंसित है।

पूसा नवीन (Pusa Naveen)

इस किस्म के फल बेलनाकार, सीधे और प्रत्येक का वजन 550 ग्राम होता है। यह वसंत-गर्मी और बरसात के मौसम में खेती के लिए उपयुक्त है। इस किस्म की उपज 350-400 क्विंटल/ हेक्टेयर है। यह किस्म महाराष्ट्र और मध्य प्रदेश के लिए अनुशंसित है।

पूसा सम्रद्धि (Pusa Samridhi)

इस किस्म के फल बिना गर्दन के लंबे होते हैं। यह किस्म पौष्टिक गुणों में श्रेष्ठ होती है । यह किस्म बुआई के 50-55 दिन में तुड़ाई के लिए तैयार हो जाती है । वसंत-ग्रीष्म में में 308 क्विंटल/हेक्टेयर है। यह किस्म एनसीआर के लिए अनुशंसित है।

पूसा सन्देश (Pusa Sandesh)

इस किस्म की बेलें मध्यम लंबी; फल आकर्षक हरा, गोल, गहरा चपटा, मध्यम आकार का, औसत फल वजन 600 ग्राम होता है। पहली तुड़ाई खरीफ में 55-60 दिन तथा गर्मी में 60-65 दिन में करें। गर्मी और खरीफ दोनों मौसमों के लिए उपयुक्त। इस किस्म की उपज 320 क्विंटल/ हेक्टेयर है। यह किस्म एनसीआर के लिए अनुशंसित है।

पूसा संतुष्टि (Pusa Santushti)

इस किस्म के फल नाशपाती के आकार के होते हैं । वसंत-ग्रीष्म और खरीफ में 290 क्विंटल/हेक्टेयर, फल कम तापमान (10-12 डिग्री सेल्सियस) के साथ-साथ उच्च तापमान (35-40 डिग्री सेल्सियस) पर भी सेट हो जाते हैं। बुआई के 55-60 दिन में तुड़ाई के लिए तैयार हो जाती है । ए.वी. उपज 260 क्विंटल/हे. यह दिल्ली, पंजाब, उत्तराखंड, बिहार, मध्य प्रदेश के लिए अनुशंसित है। और महाराष्ट्र। इस किस्म की उपज 260 क्विंटल/ हेक्टेयर है। यह किस्म दिल्ली, पंजाब, उत्तराखंड, बिहार, मध्य प्रदेश और महाराष्ट्र के लिए अनुशंसित है।

पूसा समर प्रोलिफिक लाँग (Pusa Summer Prolific Long)

इस किस्म के फल 40-50 सेमी लम्बे, हल्के हरे रंग के होते हैं। यह किस्म गर्मी और वर्षा दोनों ही मौसमों में उगाने के लिए उपयुक्त है। प्रति हेक्टेयर औसतन 250-300 क्विंटल उपज दे देती है।

खेती की तैयारी (Field prepration)

लौकी के अच्छे उत्पादन के लिए खेत साफ स्वच्छ एवं भुरभुरा तैयार करना चाहिए । दो से तीन बार कल्टीवेटर से जुताई करें इसके बाद एक बार रोटावेटर चलाकर खेत को समतल कर लेवें ।

एकीकृत पोषक तत्व प्रबंधन(Integrated Nutrient Management)

लौकी में खाद एवं उर्वरकों का उपयोग मृदा परीक्षण के आधार पर करें। सामान्यतः गोबर की खाद या कम्पोस्ट 200-250 क्विंटल, नत्रजन 80 किलो, स्फुर 60 किलो तथा पोटाश 60 किलो प्रति हेक्टेयर की दर से देना चाहिए। गोबर की खाद, स्फुर, पोटाश एवं नत्रजन की एक तिहाई मात्रा खेत में बीज बोते समय देना चाहिए। शेष नत्रजन की मात्रा दो समान भागों में बांटकर पौधों में फूल बनने के पहले वानस्पतिक वृद्धि के समय व फूल आने के बाद टॉप ड्रेसिंग के रुप में देना चाहिए।

बीजदरएवंबीजोपचार (Seed rate and seed treatment)

एक हेक्टेयर खेत के लिए 5-6 किलोग्राम बीज पर्याप्त होता है। बीज को बोने के पूर्व फफूँदनाशी दवा थीरम 2 ग्राम + कार्बेन्डाजिम 1 ग्राम प्रति किलोग्राम बीज की दर से उपचारित करें या *ट्राइकोडर्माविरडी* 4 ग्राम प्रति किलोग्राम बीज की दर से बीजोपचार कर बुवाई करें।

बुवाई का समय एवं विधि (Time of sowing and method)

ग्रीष्मकालीन फसल की बुआई फरवरी-मार्च में करनी चाहिए। लौकी को कतारों में बुआई करें। कतार से कतार की दूरी 2 मीटर एवं पौधे से पौधे की दूरी 1 मीटर रखें। एक स्थान पर दो बीज 2.5-3 से.मी. की गहराई पर बोयें।

सिंचाई प्रबन्धन(Irrigation management)

ग्रीष्मकालीन फसल में 4-5 दिन के अन्तर पर सिंचाई करें। तथा वर्षाकालीन फसल मे वर्षा नहीं होने पर सिंचाई करें। लौकी में फसल की गुणवत्ता और उपज में वृद्धि के लिए ड्रिप सिंचाई का उपयोग करना चाहिए । ड्रिप सिंचाई के उपयोग से ड्रिप सिंचाई फसलों के लिए सबसे कुशल जल और पोषक तत्व वितरण प्रणाली है। यह सही समय पर, सही मात्रा में पानी और पोषक तत्वों को सीधे पौधे की जड़ों तक पहुँचाती है, इस विधि में प्रत्येक पौधे को समान रूप से जल एवं पोषक तत्व मिलते हैं । मिटटी में नमी के अनुसार ड्रिप से प्रतिदिन या एक दिन छोड़कर सिंचाई करें।

खरपतवारप्रबंधन(Weed management)

खरपतवार पोषक तत्वों, मिट्टी की नमी, जगह और सूर्य प्रकाश के लिए पौधों से प्रतिस्पर्धा करते हैं एवं फसल की वृद्धि एवं विकास में बाधा पहुचाते हैं, जिसके कारण फसल की गुणवत्ता एवं उपज में कमी आती है। लौकी की फसल के साथ अनेक खरपतवार उग आते हैं। अतः उनकी रोकथाम के लिए फरवरी-मार्च वाली फसल में 2-3 बार और जून-जुलाई वाली फसल में 3-4 बार निदाई-गुड़ाई करनी चाहिए।

तुड़ाई(Harvesting)

फलों की तुड़ाई पूर्ण विकसित होने पर कोमल अवस्था में किसी तेज चाकू से करनी चाहिए। तुड़ाई के बाद तुरंत विक्रय हेतु बाजार में भेजना चाहिए।

संभावित उपज (Potential yield)

ग्रीष्मकालीन फसल में औसतन 100-125 क्विंटल प्रति हेक्टेयर तथा वर्षाकालीन फसल से 150-200 क्विंटल प्रति हेक्टेयर उपज प्राप्त हो जाती है। फसल की यह उत्पादकता जलवायु, मिट्टी, किस्म, सिंचाई समेत सुरक्षा प्रबंधन आदि पर निर्भर करती है।

कद्दूवर्गीय सब्जियों में एकीकृत कीट एवं रोग प्रबंधन (Integrated Pest and Disease Management in Cucurbitaceous Vegetables)

प्रमुख कीट (Major insects)

कद्दू भृंग (Pumpkin beetles)

इस कीट का वैज्ञानिक नाम ***रैफिडोपाल्पा फोविकोलिस, औलाकोफोरा इंटरमीडिया, ए. सिंक्टा*** (***Raphidopalpa foveicollis, Aulacophora intermedia, A. cincta***) है। भृंग *रैफिडोपाल्पा फोविकोलिस* में लाल भूरे रंग का एलिट्रा होता है । *औलाकोफोरा इंटरमीडिया* में नीला काला एलीट्रा होता है; और *ए. सिंक्टा* में काली सीमा के साथ ग्रे एलीट्रा होता है। भृंग अधिक विनाशकारी होते हैं। भृंग पत्तियों, फूलों और बीजपत्रों में छेद करके उन्हें नुकसान पहुँचाते हैं। अंडों से निकलने के बाद ग्रब, मिट्टी की सतह के नीचे पौधों की जड़ों को खाते हैं।

प्रबंधन (Management)

- गर्मियों में गहरी जुताई करने से ग्रब और प्यूपा तेज धूप में आने से नष्ट हो जाते हैं।
- पौधों के आस-पास अच्छी प्रकार से निराई-गुड़ाई करनी चाहिए।
- प्रौढ़ कीटों को एकत्रित कर केरोसिन मिश्रित पानी में डाल कर नष्ट किया जा सकता है।
- नीम तेल 1500 पीपीएम 2.5 लीटर प्रति हेक्टेयर 500 लीटर पानी में घोलकर 10 दिन के अंतराल पर छिड़काव करें।
- अधिक प्रकोप होने पर क्लोरोपायरीफास 20% ईसी 1000 मिली हेक्टेयर 500 लीटर पानी में घोलकर 10 दिन के अंतराल पर छिड़काव करें।

- जिन क्षेत्रों में भृंग का प्रकोप प्रतिवर्ष होता है, वहाँ बुवाई के समय कार्बोफ्युरान 3 जी 32 किलोग्राम प्रति हेक्टेयर की दर से भूमि में डालना चाहिए।

फल मक्खी (Fruit fly)

इस कीट का वैज्ञानिक नाम ***बैक्ट्रोसेरा कुकरबिटी*** (बड़ा आकार), ***बैक्ट्रोसेरा डॉर्सेलिस*** (मध्यम आकार) ***Bactrocera cucurbitae*** (big size), ***Bactrocera dorsalis*** (medium size) है। वयस्क मक्खी लाल-भूरे रंग के होती हैं, वक्ष पर नींबू के पीले निशान के साथ चित्तीदार पंख होते हैं। यह फलों को छेद कर अंडे देती है। अंडे फल के भीतर ही फूटते हैं और उनसे निकले मैगट फल के भीतर बढ़ते रहते हैं। यह फल के गूदे से अपना आहार प्राप्त करते हैं। कीट ग्रस्त फल विकृत हो जाते हैं या सड़ जाते हैं। बरसात के मौसम में नुकसान अधिक होता है।

प्रबंधन (Management)

- फल मक्खी के प्रबंधन के लिए सर्वप्रथम सड़े हुए या गिरे हुए या इससे ग्रसित फसल को इकट्ठा करके नष्ट कर देना चाहिए।
- एक किलोग्राम कद्दू को कूटकर उसमें 100 ग्राम गुड़ और 10 मिली मैलाथियान 50% ईसी डालकर खेत में (10-15 जगह प्रति हेक्टेयर) रख दें। कद्दू के किण्वन से वयस्क आकर्षित होते हैं और अंडे देते हैं और मर जाते हैं। एक फसल के दौरान इस प्रक्रिया को 2-3 बार दोहराएं।
- नर फल मक्खियों को आकर्षित करने और फंसाने के लिए प्रति हेक्टेयर 10 फेरोमोन ट्रैप लगाएं।
- पुष्पन के बाद नीम बीज निम्बोली सत 4% या नीम तेल 10000 पीपीएम 1000 मिली प्रति हेक्टेयर 500 लीटर पानी में घोलकर 10 दिन के अंतराल पर छिडकाव करें ।
- अधिक प्रकोप होने पर मैलाथियान 50% ईसी नामक कीटनाशी की 30 मिली मात्रा को 150 ग्राम गुड़ एवं 15 लीटर पानी के साथ घोलकर छिड़काव करें।

एपिलैकना भृंग (Epilachna beetles)

इस कीट का वैज्ञानिक नाम ***एपिलाचना विगिन्टिऑक्टोपंक्टाटा, एपिलाचना डोडेकास्टिग्मा*** (***Epilachna vigintioctopunctata, Epilachna dodecastigma***) है। ग्रब और वयस्क के चबाने वाले मुखांग होते हैं। इसलिए, वे पत्तियों की एपिडर्मल परतों से क्लोरोफिल को खुरचते हैं। अधिक प्रकोप में पत्तियाँ छलनी हो जाती हैं, यानी पत्ती पर एक पपड़ीदार संरचना का निर्माण होता है।

प्रबंधन (Management)

- गर्मियों में गहरी जुताई करने से ग्रब और प्यूपा तेज धूप में आने से नष्ट हो जाते हैं।
- पौधों के आस-पास अच्छी प्रकार से निराई-गुड़ाई करनी चाहिए।
- प्रौढ़ कीटों को एकत्रित कर केरोसिन मिश्रित पानी डाल कर नष्ट किया जा सकता है।
- नीम तेल 1500 पीपीएम 2.5 लीटर प्रति हेक्टेयर 500 लीटर पानी में घोलकर 10 दिन के अंतराल पर छिड़काव करें।
- अधिक प्रकोप होने पर क्लोरोपायरीफास 20% ईसी 1000 मिली हेक्टेयर 500 लीटर पानी में घोलकर 10 दिन के अंतराल पर छिड़काव करें।
- जिन क्षेत्रों में भृंग का प्रकोप प्रतिवर्ष होता है, वहाँ बुवाई के समय कार्बोफ्युरान 3 जी 32 किलोग्राम प्रति हेक्टेयर की दर से भूमि में डालना चाहिए।

पत्ती सुरंगक (Serpentine leaf miner)

इस कीट का वैज्ञानिक नाम ***लिरियोमाइजा ट्राइफोलाई*** **(बर्गेस)** (***Liriomyza trifolii*** **(Burgess)**) है। यह कई कद्दू वर्गीय सब्जियों पर होने वाला एक प्रचलित कीट है। इस कीट पर एक देशी लार्वा परजीवी, *हेमिप्टरसेनस वेरिकोर्निस* प्रमुख परजीवी है। इस कीट की इल्लियाँ पत्तियों पर सर्पाकार सुरंगें बना देती हैं। अधिक प्रकोप के कारण पत्तियाँ सूख जाती हैं।

प्रबंधन (Management)

- अधिक कीटनाशकों के छिड़काव करने से हानिकारक कीटों के प्राकृतिक शत्रु मर जाते हैं। परिणामस्वरुप इस कीट का प्रकोप बढ़ जाता है। अतः कीटनाशकों को छिड़काव अत्यंत आवश्यक होने पर ही करें।
- अंकुरण के तुरंत बाद नीम की खली 250 किग्रा/हेक्टेयर की दर से मिट्टी में डालें।

- नीम बीज निम्बोली सत 4% या नीम तेल 10000 पीपीएम 1000 मिली प्रति हेक्टेयर 500 लीटर पानी में घोलकर बुवाई के 15 दिनों के बाद छिड़काव करें और यदि आवश्यक हो तो 15 दिनों के बाद दोहराएं।
- यदि प्रकोप अधिक है तो पहले सभी गंभीर रूप से ग्रसित पत्तियों को हटा दें और नष्ट कर दें। इसके बाद नीम बीज निम्बोली सत 4% या नीम तेल 10000 पीपीएम 1000 मिली प्रति हेक्टेयर 500 लीटर पानी में घोलकर करें।

कद्दू की पत्ती खाने वाली इल्ली (Pumpkin leaf caterpillar)

इस कीट का वैज्ञानिक नाम ***डायफेनिया इंडिका* (*Diaphania indica*)** है। यह पत्तियों को मोड़ देती है और हरे पदार्थ को खुरच देती है। फलस्वरूप पत्तियाँ सूख जाती हैं। यह फूल के अंडाशयों को भी खाती है, कभी-कभी इल्ली विकासशील फलों में छेद कर देती है।

प्रबंधन (Management)

- अंकुरण के तुरंत बाद नीम की खली 250 किग्रा/हेक्टेयर की दर से मिट्टी में डालें।
- नीम बीज निम्बोली सत 4% या नीम तेल 10000 पीपीएम 1000 मिली प्रति हेक्टेयर 500 लीटर पानी में घोलकर बुवाई के 15 दिनों के बाद छिड़काव करें और यदि आवश्यक हो तो 15 दिनों के बाद दोहराएं।

माहू (Aphids)

इस कीट का वैज्ञानिक नाम ***एफिस गोसीपाई ग्लोवर* (*Aphis gossypii* (Glover)** है। ये अत्यंत छोटे-छोटे हरे रंग के कीट होते हैं जो पौधों के कोमल भागों से रस चूसते हैं। इन कीटों की संख्या में बहुत तेजी से वृद्धि होती हैं। ये विषाणु फैलाने का भी काम करते हैं। पत्तियाँ पीली पड़ जाती है तथा उनके ओज पर प्रतिकूल प्रभाव पड़ता है।

प्रबंधन (Management)

- कीट के प्रकोप की प्रारंभिक अवस्था में नीम बीज निम्बोली सत 4% या नीम तेल 10000 पीपीएम 1000 मिली प्रति हेक्टेयर 500 लीटर पानी में घोलकर 10-15 दिनों के अंतराल पर छिड़काव करें।
- अधिक प्रकोप की अवस्था में इमिडाक्लोप्रिड 70% डब्ल्यूजी 35 ग्राम प्रति हेक्टेयर 500 लीटर पानी में घोलकर छिडकाव करें।

थ्रिप्स (Thrips)

इस कीट का वैज्ञानिक नाम ***थ्रिप्स पाल्मी* (*Thrips palmi*)** है। इस कीट के शिशु और वयस्क दोनों नए प्ररोह, पत्तियों और पुष्प भागों रस चूसते हैं और टोस्पो वायरस के संदिग्ध वेक्टर हैं। इस कीट का प्रकोप गर्मी के महीनों के दौरान गंभीर होता है।

प्रबंधन (Management)

- अंकुरण के तुरंत बाद नीम की खली 250 किग्रा/हेक्टेयर एवं पुन: पुष्पन के समय 250 किग्रा/हेक्टेयर की दर से मिट्टी में डालें।
- कीट के प्रकोप की प्रारंभिक अवस्था में नीम बीज निम्बोली सत 4% या नीम तेल 10000 पीपीएम 1000 मिली प्रति हेक्टेयर 500 लीटर पानी में घोलकर 10-15 दिनों के अंतराल पर छिड़काव करें।
- अधिक प्रकोप की अवस्था में इमिडाक्लोप्रिड 70% डब्ल्यूजी 35 ग्राम प्रति हेक्टेयर 500 लीटर पानी में घोलकर छिडकाव करें।

लाल मकड़ी (Red Spider Mite)

इसका वैज्ञानिक नाम ***टेट्रानाइकस नियोकैलेडोनिकस* (*Tetranychus neocaledonicus*)** है। गर्म जलवायु के दौरान यह कीट कद्दू वर्गीय फसलों पर गंभीर होता है। मकड़ियों का समूह पत्तियों की निचली सतह पर दिखाई देता है। यह शिराओं के पास अण्डे देती हैं। वयस्क, पत्तियों का रस चूसती हैं तथा अपने चारो और रेशमी चमकीला जाला तैयार कर लेती हैं। मकड़ी ग्रस्त पत्तियों की शिराओं के आसपास का क्षेत्र पीले रंग का हो जाता हैं। प्रकोप की तीव्र अवस्था में पत्तियाँ चितकबरी होकर चमकीली पीली हो जाती हैं। इस अवस्था में पौधे से पत्तियों का गिरना शुरू हो जाता हैं। फलस्वरूप कद्दूवर्गीय सब्जियों की वृद्धि एवं उपज दोनों पर विपरीत प्रभाव पड़ता हैं।

प्रबंधन (Management)

- मकड़ी के प्रकोप की प्रारंभिक अवस्था में नीम तेल 1500 पीपीएम 2.5 लीटर प्रति हेक्टेयर 500 लीटर पानी में घोलकर 10 दिन के अंतराल पर छिड़काव करें।

- अधिक प्रकोप की अवस्था में फेनाज़ेक्विन 10 % ईसी 1000 मिली हेक्टेयर 500 लीटर पानी या स्पिरोमेसिफेन 22.9% एससी 250 मिली हेक्टेयर 500 लीटर लीटर पानी मे घोलकर छिडकाव करें।

प्रमुखरोग (Major diseases)

मृदु रोमिल फफूँदी (Downy mildew)

यह रोग ***स्यूडोपेरोनोस्पोरा क्युबेन्सिस*** (*Pseudoperonospora cubensis*) नामक फफूँद के कारण होता है। रोग का आक्रमण मुख्य रुप से खरबूज, तरबूज, ककड़ी, खीरा, करेला एवं पेठे पर अधिक होता है। इस रोग में पत्तियों की ऊपरी सतह पर शिराओं द्वारा पीले, कोणीय धब्बे दिखाई देते हैं। इन धब्बों की तदनुरूपी निचली सतह नम मौसम में बैंगनी रंग की अधोमुखी वृद्धि दर्शाती है। धब्बे उम्र के साथ नेक्रोटिक हो जाते हैं। रोगग्रस्त पत्तियाँ पीली होकर नीचे गिर जाती हैं रोगग्रस्त पौधे बौने हो जाते हैं और मर जाते हैं। उत्पादित फल परिपक्व नहीं होते हैं और उनका स्वाद खराब हो जाता है।

प्रबंधन (Management)

- अच्छी जल निकास वाली भूमि में उचित दूरी पर फसल उगानी चाहिए।
- रोग रोधी किस्में उगानी चाहिए।
- रोग ग्रसित पौधों के अवशेषों को नष्ट करना चाहिए।

- बीज उत्पादन ग्रीष्म ऋतु में ही करना चाहिए क्योंकि ग्रीष्म ऋतु की फसल प्राय: रोगमुक्त होती है।
- रोग की प्रारम्भिक अवस्था पर सात दिनों के अंतराल पर मैनकोजेब 75% डब्ल्यूपी 1000 ग्राम प्रति हेक्टेयर 500 लीटर पानी मे घोलकर छिड़काव करें।
- अधिक प्रकोप की अवस्था पर क्लोरोथालोनिल 75% डब्ल्यूपी 1000 ग्राम प्रति हेक्टेयर 500 लीटर पानी मे घोलकर छिडकाव करें या एजोक्सिस्ट्रोबिन 23% एससी 500 मिली प्रति हेक्टेयर 500 लीटर पानी मे घोलकर छिडकाव करें या डाइमेथोमॉर्फ 12% + पाइराक्लोस्ट्रॉबिन 6.7% डब्ल्यूजी 1500 ग्राम प्रति हेक्टेयर 500 लीटर पानी में घोलकर छिड़काव करें।

चूर्णित आसिता (Powdery mildew)

यह रोग ***एरीसिपे सिकोरेसिएरम*** (*Erysiphe cichoracearum*) नामक फफूँद के कारण होता है। इसका आक्रमण मुख्य रुप से तरबूज, खरबूज़ा, लौकी, खीरा, फूट, ककड़ी तथा कुम्हड़ा पर होता है। इस रोग में पुरानी पत्तियों की निचली सतह पर सफेद धब्बे उभर आते हैं। धीरे-धीरे इन धब्बों की संख्या और आकार में वृद्धि हो जाती है तथा बाद में पत्तियों के दोनों ओर सफेद पावडर जैसी तह जम जाती है। पत्तियों के अलावा तना तथा फूल फल पर भी आक्रमण होता है। पत्तियों की सामान्य वृद्धि रुक जाती है और पीली पड़ जाती है। यह रोग सूखे मौसम में अधिक होता है। खरबूज में फल, समय से पूर्व पक जाते हैं तथा इसकी उपज, स्वाद एवं गंध पर प्रतिकूल प्रभाव पड़ता है।

प्रबंधन (Management)

- रोग ग्रसित पौधों के अवशेषों को नष्ट करना चाहिए।
- रोग की प्रारम्भिक अवस्था पर एजोक्सिस्ट्रोबिन 23% एससी 500 मिली प्रति हेक्टेयर 500 लीटर पानी मे घोलकर छिडकाव करें।

फ्यूजेरियम उकटा (Fusarium wilt)

यह रोग ***फुसैरियम ऑक्सीस्पोरम*** (***Fusarium oxysporum***) नामक फफूँद द्वारा होता है। रोग का पहला लक्षण पत्तियों में क्लोरोसिस का होना है। जल्द ही पर्णवृंत और पत्तियां मुरझा जाती हैं। युवा अनुगामी पौधे में, शिराओं की सफाई और पर्णवृन्तों का गिरना लक्षण होते हैं। खेत में निचली पत्तियाँ पहले पीली पड़ जाती हैं और प्रभावित पत्तियाँ मुरझाकर मर जाती हैं। बाद की पत्तियों में लक्षण जारी रहते हैं। बाद के चरण में, संवहनी तंत्र में भूरापन होता है। पौधे बौने हो जाते हैं और मर जाते हैं।

प्रबंधन (Management)

- रोग प्रतिरोधी किस्मों का उपयोग करें।
- फसल चक्र अपनाएं।
- भूमि सौर्यीकरण करने से भी इस बीमारी को कम कर सकते हैं।

- भूमि शोधन हेतु *ट्राइकोडर्मा विरडी* 1 किग्रा. प्रति एकर + 20 किग्रा. गोबर की खाद में मिलाकर हल्के पानी का छीटा देकर 8-10 दिन तक छाया में रखने के उपरान्त बुवाई से पूर्व भूमि में मिला देना चाहिए।
- बीज को बोने के पूर्व फफूँदनाशी दवा थीरम 2 ग्राम + कार्बेन्डाजिम 1 ग्राम प्रति किलोग्राम बीज की दर से उपचारित करें या *ट्राइकोडर्मा विरिडी* 4 ग्राम प्रति किलोग्राम बीज की दर से बीजोपचार कर बुवाई करें।
- पानी के ठहराव से बचें और उचित जल निकासी बनाए रखें।
- संक्रमित पौधों और पौधों के अवशेषों को हटा दें और नष्ट कर दें।

एन्थ्रेक्नोज (Anthracnose)

यह रोग ***कोलेटोट्रिचम ऑर्बिकुलारे और सी. लैगेनेरियम*** (***Colletotrichum orbiculare & C. lagenarium***) नामक फफूँद द्वारा होता है। रोग का आक्रमण मुख्य रुप से तरबूज, खरबूजा, लौकी, चिचिण्डा तथा खीरा में होता हैं। गर्म एवं नए मौसम में रोग का प्रकोप अधिक होता है। पत्तियों पर रोग पानी से भीगे हुए छोटे पीले धब्बों के रूप में देखा जाता है जो बड़े होकर भूरे रंग में बदल जाते हैं। परिगलित भाग सूखकर बिखर जाता है। तने पर लम्बे पानी से लथपथ, दबे हुए घाव दिखाई देते हैं। इन तने के घावों का हल्का पीला से भूरा मलिनकिरण प्रचुर मात्रा में स्पोरुलेशन के कारण होता है। छोटे, धंसे हुए, हल्के भूरे, फटे हुए धब्बों के रूप में किशोर फलों में गंभीर प्रकोप के परिणामस्वरूप संक्रमण देखा जाता है।

प्रबंधन (Management)

- बीज हमेशा स्वस्थ फलों और रोग मुक्त क्षेत्र से एकत्र किया जाना चाहिए।
- कद्दू कुल के जंगली पौधों को इकट्ठा कर नष्ट करना चाहिए।
- रोग ग्रसित फसल के अवशेषों को नष्ट करना चाहिए।
- खेत में जल निकासी का उचित प्रबंध करें।
- बीज को बोने के पूर्व फफूँदनाशी दवा थीरम 2 ग्राम + कार्बेन्डाजिम 1 ग्राम प्रति किलोग्राम बीज की दर से उपचारित करें या *ट्राइकोडर्मा विरिडी* 4 ग्राम प्रति किलोग्राम बीज की दर से बीजोपचार कर बुवाई करें।
- रोग के प्रकोप की प्रारम्भिक अवस्था पर कॉपर ऑक्सिक्लोराइड 50% डब्ल्यूपी 1250 ग्राम प्रति हेक्टेयर या क्लोरोथालोनिल 75% डब्ल्यूपी 1000 ग्राम प्रति हेक्टेयर 500 लीटर पानी में घोलकर छिड़काव करें ।

फल सडन (Fruit rot)

यह रोग ***फाइटोफ्थोरा सिनामोमी, पाइथियम, राइजोक्टोनिया, फ़ोमोप्सिस कुकुरबिटी*** (***Phytophthora cinnamomi, Pythium, Rhizoctonia, Phomopsis cucurbitae***)नामक फफूँदों द्वारा होता है। रोग ज्यादातर परिपक्व फलों पर अपेक्षाकृत शुष्क सड़ांध के रूप में देखा जाता है, इसके ऊपर विशिष्ट पाइक्नीडिया होता है। आमतौर पर मिट्टी की सतह को छूने वाले फलों का निचला हिस्सा प्रभावित होता है। *पी. सिनामोमी* से परवल की बेलों, पत्तियों और फलों में सड़न होती है, राइजोक्टोनिया फ्रूट रॉट खरबूज में सबसे गंभीर होता है, जबकि फ़ोमोप्सिस फल पेठे को प्रभावित करता है।

प्रबंधन (Management)

- बोवर सिस्टम और पौधे के स्टेकिंग का उपयोग करके फलों के मिट्टी के संपर्क से बचाएं।
- खेत में जल निकासी की समुचित व्यवस्था करें।
- हरी खाद के बाद मिट्टी में 5 किग्रा/हेक्टेयर की दर से *ट्राइकोडर्मा* का प्रयोग फलों के सड़ने को रोकने में बहुत प्रभावी है।
- प्रभावित फलों को इकट्ठा करें और प्राथमिक इनोकुलम को कम करने के लिए उन्हें नष्ट कर दें।

गमी स्टेम ब्लाइट (Gummy Stem Blight)

यह रोग ***डिडिमेला ब्रायोनियाटेलोमॉर्फ*** और ***फोमा कुकुर्बिटेसीरम एनामॉर्फ*** (***Didymella bryoniaeteleomorph*** and ***Phoma cucurbitacearum anamorph***) नामक फफूँदों द्वारा होता है। यह रोग खरबूज और लौकी में अब गंभीर होता जा रहा है। अधिकांश संकर किस्में रोग के लिए अतिसंवेदनशील होते हैं। प्रारंभ में मिट्टी की रेखा के पास तने पर पानी से लथपथ क्षेत्र देखा जाता है। बाद में प्रभावित हिस्से से निकलने वाला पारभासी गोंद जैसा स्राव उसके ऊपर जमा हो जाता है। प्रभावित छाल पर पाइक्नीडिया (pycnidia) जैसा काला बिंदु भी देखा जाता है।

प्रबंधन (Management)

- विदेशी संकर और उच्च स्तर की संवेदनशीलता वाली किस्मों से बचें।
- गर्मियों की जुताई और हरी खाद के बाद *ट्राइकोडर्मा* का प्रयोग करें।
- खेत में उचित जल निकासी और वातन बनाए रखें।
- बीज को बोने के पूर्व कार्बेन्डाजिम 50% डव्लूपी 2 ग्राम प्रति किलोग्राम बीज की दर से उपचारित करें।
- कॉलर क्षेत्र के पास कार्बेन्डाजिम 50% डव्लूपी 1 ग्राम प्रति लीटर पानी में घोलकर ड्रेंचिंग करें।

पत्ती धब्बा (Leaf Spots)

यह रोग ***सर्कोस्पोरा सिट्रुलिना, अल्टरनेरिया कुकुमेरिना*** तथा ***कोरिनेस्पोरा मेलोनिस, डिडिमेला ब्रायोनिया (टेलीमॉर्फ)*** **और** ***फोमा कुकुर्बिटेसीरम एनामॉर्फ*** (*Cercospora citrullina, Alternaria cucumerina* and *Corynespora melonis, Didymella bryoniae (teleomorph)* and *Phoma cucurbitacearum anamorph*) नामक फफूँदों द्वारा होता है। इस रोग की गंभीरता हर साल बढ़ रही है और यह परवल, कद्दू और लौकी को अपनी चपेट में ले रही है। लौकी और तुरई की संकर और विदेशी सामग्री डिडिमेला पत्ती अंगमारी के लिए अत्यधिक संवेदनशील हैं। यह रोग क्युकरबिट्स उगाने वाले क्षेत्र में फैल रहा है। डिडिमेला में लयबद्ध बड़े धब्बों के साथ शॉट होल के बाद पपीरी देखी गई है। पुराने धब्बों पर काले छोटे बिंदु जैसी फलने वाली संरचनाएँ भी देखी जाती हैं। सुबह के समय धब्बों के बाहरी किनारों पर सफेद फफूंद की वृद्धि स्पष्ट रूप से दिखाई देती है। अलग-अलग कद्दू वर्गीय पौधों पर कई अन्य प्रकार के पत्तों के धब्बे पाए जाते हैं। अक्सर ये लीफ स्पॉट रोग परिपक्वता अवस्था में अधिक स्पष्ट होते हैं। पत्ती पटल पर परिवर्ती आकार के वृत्ताकार धब्बे देखे जाते हैं। सर्कोस्पोरा में सफेद केंद्र के साथ हल्के भूरे से गहरे भूरे रंग के होते हैं।

प्रबंधन (Management)

- खेत की साफ-सफाई, स्वस्थ बीजों का चयन और फसल चक्रीकरण से रोग का प्रकोप कम होता है।
- रोग के प्रकोप की प्रारम्भिक अवस्था पर मेनकोजेब 75% डब्ल्यूपी 1000 ग्राम प्रति हेक्टेयर 500 लीटर पानी मे घोलकर छिड़काव करें।
- बीज उत्पादन ग्रीष्म ऋतु में ही करना चाहिए क्योंकि ग्रीष्म ऋतु की फसल में प्रायः रोग का प्रकोप कम देखा गया है।

जीवाणु उकटा (Bacterial Wilt)

यह रोग ***इरविनिया ट्रेचेफिला*** (*Erwinia tracheiphila*) नामक जीवाणु के कारण होता है। जीवाण्विक म्लानि ककड़ी, खरबूजा, स्क्वैश और कद्दू पर एक आम और अक्सर विनाशकारी बीमारी है। विल्ट के पहले लक्षण आमतौर पर अलग-अलग पत्तियों पर गिरने के रूप में दिखाई देते हैं, जो धूप के मौसम में शुष्क हो जाते हैं। जैसे-जैसे रोग बढ़ता है, अधिक पत्तियाँ मुरझा जाती हैं और अंततः पूरा पौधा मुरझा जाता है। जब मुरझाए हुए तने क्रॉस-सेक्शन करते हैं, तो संवहनी बंडलों से चिपचिपा बैक्टीरिया मैट्रिक्स निकलता है। यह संवहनी रोगज़नक़ है और अन्य इरविनिया स्पीशीज से अलग है। बैक्टीरिया वयस्क ककड़ी भृंग के शरीर में रहता है, विशेष रूप से लाल धारीदार और चितीदार भृंग में । प्राथमिक संक्रमण तब उत्पन्न होता है जब भृंग नई पत्तियों या बीजपत्रों को खाते हैं। संक्रमित पौधों में मौजूद जीवाणु मृत पौधों के सूखने के एक या दो महीने के भीतर मर जाते हैं।

प्रबंधन (Management)

- ककड़ी भृंग के नियंत्रण के लिए नीम की खली 250 किग्रा/हेक्टेयर की दर से मिट्टी में डालें।
- विदेशी ककड़ी की किस्मों का उपयोग नहीं करें एवं सहिष्णु किस्मों को उगाया जाना चाहिए।
- भृंगों के सभी चरणों को उजागर करने के लिए मिट्टी की ग्रीष्मकालीन गहरी जुताई करें।

कुकुम्बर मोज़ेक (Cucumber mosaic)

यह रोग **कुकुम्बर मोज़ेक वायरस (Cucumber Mosaic Virus)** से होता है। रोग के प्रभाव से पत्तियों पर पीले धब्बे पड़ जाते हैं तथा पत्तियाँ सिकुड़ जाती है, अंत में पत्तियाँ पीली होकर सूख जाती है। फलों पर हल्की कर्बुरण से लेकर मस्सेदार वृद्धि तक दिखाई पड़ती है। फल आकार में छोटे, टेढ़े-मेढ़े, प्रायः सफेद तथा कम संख्या में बनते हैं। यह रोग मुख्य रुप से एफिड द्वारा फैलता है।

प्रबंधन (Management)

- रोग ग्रस्त पौधों को नष्ट कर देना चाहिए तथा प्रतिरोधक किस्मों को ही उगाना चाहिए।
- मक्का या ज्वार जैसी अवरोधक फसलों की 4 कतारें फसल के चारों ओर उगावें।
- रोग के वाहक कीट माहू के नियंत्रण के लिए इमिडाक्लोप्रिड 70% डब्ल्यूजी 35 ग्राम प्रति हेक्टेयर 500 लीटर पानी में घोलकर छिडकाव करें।

कलिका नेक्रोसिस (Bud Necrosis)

यह विषाणु जनित रोग भारत में तरबूज की फसल को नुकसान पहुंचाता है। यह रोग **तरबूज कली नेक्रोसिस टोस्पोवायरस (WBNV)** के कारण होता है। यह रोग मुख्य रूप से थ्रिप्स द्वारा फैलता है। इस रोग में पत्तियों की शिराओं से नेक्रोसिस धारियां बन जाती है। इन्टरनोड छोटे रह जाते हैं। शीर्ष कलिका की नेक्रोसिस हो जाती है, बाद में शीर्ष कलिका सूख जाती है। धीरे धीरे ऊपर से नीचे की ओर पूरी शाखा सूखने लगती है।

प्रबंधन (Management)

- रोग ग्रसित पौधों को उखाड़कर नष्ट करें।
- स्वस्थ बीज बोना चाहिए ।
- खेत के चारों ओर मक्क या ज्वार की फसल उगायें जिससे वाहक कीटों के आवागमन में बाधा पहुँचती है।
- खेत मे नीले चिप चिपे कार्ड 25 प्रति हेक्टेयर की दर से लगावें ।
- इस रोग का वाहक कीट थ्रिप्स के नियंत्रण के लिए फिप्रोनिल 5% एससी 1000 मिली प्रति हेक्टेयर 500 लीटर पानी मे घोलकर छिडकाव करें।

जड़ ग्रंथि नेमाटोड (Root-knot Nematodes)

जड़ ग्रंथि नेमाटोड***मेलोइडोगाइन इन्कॉग्निटा* (*Meloidogyne incognita*)** फसल के विकास के प्रारंभिक चरणों से **जड़ ग्रंथि (root galls)** का कारण बनता है। लार्वा जड़ों पर खाते हैं, बाद में पूरी जड़ प्रणाली में भारी गांठे दिखाई देती हैं । पत्ते हल्के पीले रंग के हो जाते हैं; पौधे बौने हो जाते हैं और परिणामस्वरूप फूल और फल गिर जाते हैं। सिंचाई के बावजूद पौधे मुरझाते हुए दिखाई देते हैं।

प्रबंधन (Management)

- बीज को बुवाई के पूर्व ***स्यूडोमोनास फ्लोरेसेंस*** 10 ग्राम/किलोग्राम बीज की दर से बीजोपचार करें।
- बुवाई से पहले ***पेसिलोमाइसेस लिलासिनस*** से समृद्ध 50 क्विंटल गोबर की खाद प्रति हेक्टेयर की दर से मिटटी में मिलावें।

- बुवाई के समय कार्बोफ्युरान 3 जी 32 किलोग्राम प्रति हेक्टेयर की दर से भूमि में डालना चाहिए। और 45 दिनों के बाद पुन: उपयोग करें।

33

कद्दू

परिचय (Introduction)

कद्दू (Pumpkin) गरीबों की लोकप्रिय सब्जी है। इसकी खेती संपूर्ण भारत वर्ष में की जाती है। कद्दू का उत्पत्ति स्थान **दक्षिण अमेरिका के उत्तर पश्चिमी भाग** (north western part of South America) माना जाता है। कच्चा फल सब्जी के रुप में उपयोग किया जाता है। और पके फल से सब्जी तथा जैम आदि तैयार किया जाता है। कद्दू विटामिन ए का एक उत्कृष्ट स्रोत है, इसका नारंगी रंग बीटा-कैरोटीन की उच्च सामग्री का संकेत देता है। कद्दू में प्रमुख एंटीऑक्सीडेंट यौगिक कैरोटीनॉयड है। भारत में 78 हजार हेक्टेयर में कद्दू की खेती की जाती है, जिससे 1714 हजार मीट्रिक टन उत्पादन प्राप्त होता है **(हॉर्टिकल्चर स्टेटिस्टिक्स एट ए ग्लांस 2018)।**

वानस्पतिक विवरण (Botanical description)

कद्दू का वानस्पतिक नाम ***कुकरबिटा मोस्चाटा* (ड्यूशेन) ड्यूशेन एक्स पॉयर)** (*Cucurbita moschata (Duchesne)*Duchesne ex Poir.) है, यह ***कुकरबिटेसी*** **(Cucurbitaceae)** कुल के अंतर्गत आता है। इसमें **क्रोमोसोम नम्बर (2n = 40)** होते हैं । इसके पौधे **एकलिंगाश्रयी** (Monoecious) (एक ही पौधे पर अलग-अलग नर और मादा फूल आते हैं) होते हैं, फूल एकलिंगी, पत्ती की धुरी में एकान्त होते हैं। स्टैमिनेट फूल बड़े दानों के साथ पराग का उत्पादन करते हैं, जो मधुमक्खी (*एपिस मेलिफेरा*), भौंरा मधुमक्खी (*बॉम्बस* एसपीपी.) और, सबसे अधिक, स्क्वैश मधुमक्खी (*पेपोनापिस प्रुइनोसा*) द्वारा परागित होते हैं। कद्दू एक पर-परागित (cross-pollinated) फसल है।वानस्पतिक तौर पर कद्दू के फल को **पेपो** (Pepo) कहा जाता है।

उपयुक्त जलवायु (Suitable climate)

कद्दू की खेती के लिए गर्म जलवायु उपयुक्त रहती है। 18-30 डिग्री सेल्सियस तापमान इष्टतम होता है। छोटे दिन, उच्च सापेक्ष आर्द्रता, तेज धूप इसकी खेती के लिए आदर्श होते हैं।

मृदा का चयन (Selection of soil)

इसे सभी प्रकार की भूमियों में उगाया जा सकता हैं। रेतीली दोमट कार्बनिक पदार्थ से भरपूर और अच्छी जल निकासी वाली मिटटी इसकी खेती के लिए सर्वोत्तम रहती है। मिट्टी का पीएच मान 6.5 -**7.5** बीच होना उपयुक्त होता है।

उन्नत किस्में (Improved varieties)

अर्का चन्दन (Arka Chandan)

इस किस्म के फल मध्यम आकार के 1.5-3.5 किलो भार के गोल और दोनों सिरों पर कुछ दबे हुए होते हैं। इसके फलों का छिलका हल्का हरा होता है। गूदा सुनहरे चमकीले रंग का होता है। बुआई के लगभग 120 दिनों में 330 क्विंटल उपज प्राप्त हो जाती है।

अर्का सूर्यमुखी (Arka Suryamukhi)

इस किस्म के फल छोटे 1-1.5 किलोग्राम भार वाले होते हैं। फल आकार में गोल जिन पर सफेद रंग की धारियाँ पाई जाती हैं। गूदा चमकदार नारंगी रंग का होता है। बुआई के 100 दिन बाद फसल तैयार हो जाती है। यह किस्म फल मक्खी के लिए प्रतिरोधी है । प्रति हेक्टेयर 340 क्विंटल तक उपज मिल जाती है।

काशी शिशिर (Kashi Shishir (VRPKH-01)

यह एक संकर किस्म है, इस किस्म के फल छोटे गोल और धब्बेदार हरे (2-2.25 किग्रा वजन के) एवं 3-4 फल/पौधे लगते हैं । यह किस्म गर्मी और खरीफ दोनों मौसमों में उगाई जा सकती है। इस किस्म की औसत उपज 380-420 क्विंटल प्रति हेक्टेयर है। यह किस्म उत्तर प्रदेश में खेती के लिए अनुशंसित की गई है ।

काशी हरित (Kashi Harit)

यह किस्म वंशावली चयन के माध्यम से NDPK-24 x PKM के बीच संकरण से प्राप्त की गई है। बेलें छोटी होती हैं, पत्ते गहरे हरे रंग के सफेद धब्बों के साथ होते हैं। फल हरे, गोलाकार, हरे रंग की अवस्था में वजन 2.5-3.0 किग्रा होता है। इस किस्म से फसल अवधि के 65 दिनों में 300-350 क्विंटल/हेक्टेयर की उपज प्राप्त हो जाती है । यह किस्म यूपी, पंजाब और झारखंड में खेती के लिए अधिसूचित की गई है।

पूसा विश्वास (Pusa Vishwas)

इस किस्म का विकास भारतीय कृषि अनुसंधान संस्थान, नई दिल्ली द्वारा किया गया है। इसे बसन्त और ग्रीष्मकालीन दोनों ऋतुओं में उगाया जाता है। फल मध्यम आकार के होते हैं गूदा सुनहरा पीला रंग का होता है। बुआई के लगभग 115-120 दिनों में 400-425 क्विंटल उपज प्राप्त हो जाती हैं। हेक्टेयर। यह किस्म जम्मू एवं कश्मीर, हिमाचल प्रदेश, उत्तरांचल, पंजाब, उत्तर प्रदेश, बिहार, छत्तीसगढ़, उड़ीसा, आंध्र प्रदेश, मध्य प्रदेश के लिए अनुशंसित है।

पूसा विकास (Pusa Vikas)

इस किस्म की लताएँ बौनी 2-2.5 मीटर लम्बी, पत्तियाँ मुलायम, हल्के हरे रंग पीले धब्बे लिए हुए होती हैं। फल छोटे, 2 किग्रा. वजन के, चपटे-गोल, पीले गूदे वाले एवं विटामिन ए से भरपूर होते हैं। इस किस्म की औसत उपज 300 क्विंटल प्रति हेक्टेयर है। यह किस्म एनसीआर के लिए अनुशंसित है।

पूसा हाईब्रिड-1 (Pusa Hybrid 1)

इस किस्म के फल चपटे-गोल, मध्यम आकार के 4.75 किग्रा. भार वाले होते हैं। गूदा सुनहरा पीला होता है। रबी एवं खरीफ दोनों मौसम में लगाने के लिए उपयुक्त है। इस किस्म की औसत उपज 520 क्विंटल प्रति हेक्टेयर है। यह किस्म एनसीआर के लिए अनुशंसित है।

खेती की तैयारी (Field prepration)

कद्दू के अच्छे उत्पादन के लिए खेत खरपतवारों रहित एवं भुरभुरा तैयार करना चाहिए । दो से तीन बार कल्टीवेटर से जुताई करें इसके बाद एक बार रोटावेटर चलाकर खेत को समतल कर लेवें।

एकीकृत पोषक तत्व प्रबंधन (Integrated Nutrient Management)

कद्दू में खाद एवं उर्वरकों का उपयोग मृदा परीक्षण के आधार पर करें। सामान्यतः गोबर की खाद या कम्पोस्ट 250 क्विंटल, नाइट्रोजन 100 किलोग्राम, स्फुर 60 किलोग्राम तथा पोटाश 40 किलोग्राम प्रति हेक्टेयर की दर से दें। गोबर की खाद, स्फुर, पोटाश एवं नत्रजन की एक तिहाई मात्रा खेत में बीज बोते समय देना चाहिए। शेष नत्रजन की मात्रा दो समान भागों में बांटकर पौधों में फूल बनने के पहले वानस्पतिक वृद्धि के समय व फूल आने के बाद टॉप ड्रेसिंग के रुप में देना चाहिए।

बीज दर एवं बीजोपचार (Seed rate and seed treatment)

एक हेक्टेयर खेत के लिए 7-8 किलोग्राम बीज पर्याप्त होता है। बीज को बोने के पूर्व फफूँदनाशी दवा थीरम 2 ग्राम + कार्बेन्डाजिम 1 ग्राम प्रति किलोग्राम बीज की दर से उपचारित करें या *ट्राइकोडर्मा विरडी* 4 ग्राम प्रति किलोग्राम बीज की दर से बीजोपचार कर बुवाई करें।

बुवाई का समय एवं विधि (Time of sowing and method)

ग्रीष्मकालीन फसल की बुआई फरवरी-मार्च में करनी चाहिए। कद्दू की पंक्तियों में बुआई करें। पंक्तियों की आपसी दूरी ग्रीष्मकालीन फसल के लिए 2 मीटर व वर्षाकालीन फसल के लिए 3 मीटर रखें एवं पौधे से पौधे की दूरी 1 मीटर रखें। एक स्थान पर दो बीज 2.5-3 से.मी. की गहराई पर बोयें।

सिंचाई प्रबन्धन (Irrigation management)

ग्रीष्मकालीन फसल में 4-5 दिन के अन्तर पर सिंचाई करें। तथा वर्षाकालीन फसल मे वर्षा नहीं होने पर सिंचाई करें। कद्दू में फसल की गुणवत्ता और उपज में वृद्धि के लिए ड्रिप सिंचाई का उपयोग करना चाहिए । ड्रिप सिंचाई के उपयोग से ड्रिप सिंचाई फसलों के लिए सबसे कुशल जल और पोषक तत्व वितरण प्रणाली है। यह सही समय पर, सही मात्रा में पानी और पोषक तत्वों को सीधे पौधे की जड़ों तक पहुँचाती है, इस विधि में प्रत्येक पौधे को समान रूप से जल एवं पोषक तत्व मिलते हैं । मिटटी में नमी के अनुसार ड्रिप से प्रतिदिन या एक दिन छोड़कर सिंचाई करें।

प्लास्टिकमल्च(Plastic mulch)

कद्दू की आधुनिक खेती में सिंचाई के लिए ड्रिप पद्धति के साथ-साथ 30 माइक्रोन मोटाई वाली सिल्वर ब्लैक कलर की प्लास्टिक मल्चिंग शीट का उपयोग किया जाता है। जिससे खरपतवार प्रबंधन के साथ साथ सिंचाई जल की मात्रा में भी कम आती है एवं कद्दू में रस चूसक कीट का प्रकोप कम होता है । मल्चिंग तकनीक से उपज में 40 से 50% की वृद्धि पाई गई है।

खरपतवार प्रबंधन (Weed management)

कद्दू की अच्छी पैदावार के लिए फसल को खरपतवारों से मुक्त रखना आवश्यक है। खरपतवार पोषक तत्वों, मिट्टी की नमी, स्थान और सूर्य प्रकाश के लिए पौधों से प्रतिस्पर्धा करते हैं एवं फसल की वृद्धि एवं विकास में बाधा पहुचाते हैं, जिसके कारण फसल की गुणवत्ता एवं उपज में कमी आती है। कद्दू की फसल के साथ अनेक खरपतवार उग आते हैं। अतः उनकी रोकथाम के लिए फरवरी-मार्च वाली फसल में

2-3 बार और जून-जुलाई वाली फसल में 3-4 बार निदाई-गुड़ाई करनी चाहिए।

तुड़ाई (Picking)

फलों की तुड़ाई पूर्ण विकसित होने पर कोमल अवस्था में किसी तेज चाकू से करनी चाहिए। तुड़ाई के बाद तुरंत विक्रय हेतु बाजार में भेजना चाहिए।

संभावित उपज (Potential yield)

कद्दू फसल से 200-250 क्विंटल प्रति हेक्टेयर उपज प्राप्त हो जाती है। फसल की यह उत्पादकता जलवायु, मिट्टी, किस्म, सिंचाई समेत सुरक्षा प्रबंधन आदि पर निर्भर करती है।

पौध संरक्षण - लौकी के समान

34

करेला

परिचय (Introduction)

करेला (Bitter gourd) का ग्रीष्मकालीन सब्जियों में महत्वपूर्ण स्थान है। हालांकि इसे वर्षाकालीन फसल के रुप में भी उगाया जाता है। इसका उत्पत्ति स्थान **उष्णकटिबंधीय एशिया (Tropical Asia)** माना जाता है। करेला में लौहा, फास्फोरस, विटामिन "ए" तथा "सी" प्रचुर मात्रा में पाये जाते हैं। करेला में कड़वाहट **कुकुर्बिटासिन (cucurbitacin)** जैसे अल्कलॉइड **मोमोर्डिसिन (momordicine)** और **ट्राइटरपीन ग्लाइकोसाइड्स (triterpene glycosides)** के कारण होती है। करेले के फल कार्बोहाइड्रेट, प्रोटीन, विटामिन और खनिजों का एक अच्छा स्रोत हैं। इसका उपयोग सब्जी और औषधि के रूप में किया जाता है। उच्च आयरन और एस्कॉर्बिक एसिड सामग्री के कारण करेला में अपेक्षाकृत उच्च पोषण मूल्य होता है। भारतीयों ने परंपरागत रूप से पत्तियों और फलों का उपयोग मधुमेह, शूल और त्वचा के घावों और घावों को ठीक करने के लिए दवा के रूप में किया है। करेले में एंटीऑक्सीडेंट, एंटीमाइक्रोबियल, एंटीवायरल और एंटीडायबिटिक गुण पाए जाते हैं। भारत में 97 हजार हेक्टेयर में करेला की खेती की जाती है, जिससे 1137 हजार मीट्रिक टन उत्पादन प्राप्त होता है (**हॉर्टिकल्चर स्टेटिस्टिक्स एट ए ग्लांस 2018**)।

वानस्पतिक विवरण (Botanical description)

करेला का वानस्पतिक नाम ***मोमोर्डिका चारैन्टिया*** एल.(*Momordica charantia*L.) है, यह ***कुकरबिटेसी*** **(Cucurbitaceae)** कुल के अंतर्गत आता है। इसमें **क्रोमोसोम नम्बर (2n = 22)** होते हैं । इसके पौधे **एकलिंगाश्रयी (Monoecious)** (एक ही पौधे पर अलग-अलग नर और मादा फूल आते हैं) होते हैं। पीले, एकान्त नर और मादा फूल पत्ती की धुरी पर पैदा होते हैं। करेला एक **पर-परागित फसल (Cross pollinated crop)** है। पौधा लगभग 2 से 4 मीटर ऊँचा वार्षिक लता पर चढ़ने वाला होता है। पौधे में दांतेदार किनारों वाली विशेष पत्तियाँ होती हैं जो आम तौर पर काटने जैसी दिखती हैं। प्रत्येक पौधे में अलग-अलग पीले रंग के नर और मादा फूल होते हैं। करेले की विभिन्न किस्मों के फल अलग-अलग आकार के होते हैं, जो डिस्क के आकार के या अंडाकार या दीर्घवृत्ताभ से लेकर आयताकार और अंत की ओर नुकीले होते हैं । आमतौर पर फल 2 से 10 सेमी लंबे होते हैं। फलों का बाहरी भाग मस्सेदार होता है और अनुप्रस्थ काट गूदा की पतली परत के साथ खोखला होता है। केंद्रीय गुहा में चपटा बीज और गूदा देखा जाता है जो पतली मांस से घिरा हुआ है। अपरिपक्व फल सफेद या हल्के हरे रंग के होते हैं जबकि परिपक्व हल्के हरे, हरे और गहरे हरे रंग में किस्मों के आधार पर देखे जा सकते हैं और पकने पर रंग नारंगी पीले रंग में बदल जाता है। करेले के फल को पकने में 45 से 80 दिन लगते हैं । इसके फल को वानस्पतिक रूप से **पेपो (Pepo)** कहा जाता है। करेले के बीज 8 से 15 मिलीमीटर लंबे होते हैं जो भूसे के रंग के होते हैं और वे गूदे से ढके होते हैं ।

उपयुक्त जलवायु (Suitable climate)

यह मुख्य रूप से उपोष्ण कटिबंधीय और गर्म-शुष्क क्षेत्रों में उगाई जाने वाली गर्म मौसम की फसल है। इसके लिए गर्म एवं आर्द्र जलवायु की आवश्यकता होती है। यह हल्के पाले के प्रति अतिसंवेदनशील होते हैं और सर्दियों के महीनों के दौरान उगाए जाने पर उन्हें आंशिक सुरक्षा की आवश्यकता होती है। बेलों के विकास के लिए 24- 27 डिग्री सेल्सियस की तापमान सीमा को इष्टतम माना जाता है। 18 डिग्री सेल्सियस से अधिक तापमान होने पर बीज सबसे अच्छा अंकुरित होता है। वनस्पति विकास के समय उच्च आर्द्रता फसल को विभिन्न कवक रोगों के लिए अतिसंवेदनशील बना देती है।

मृदा का चयन (Selection of soil)

करेला की खेती विभिन्न प्रकार की भूमियों में की जा सकती है। किन्तु उचित जल धारण क्षमता वाली जीवांशयुक्त हल्की दोमट भूमि इसकी खेती के लिए सर्वोत्तम होती है। 6.5 से 7.5 तक की पीएच मान वाली मिट्टी खेती के लिए उपयुक्त होती है।

उन्नत किस्में (Improved varieties)

काशी उर्वशी (Kashi Urvasi)

यह किस्म **IC-85650B x IC-44435A** से क्रॉस कर प्राप्त की गई है, जिसमें गहरे हरे और लंबे फल, हल्के प्रक्षेपण, लंबाई 16-18 सेमी, फल वजन 90-110 ग्राम होता है। यह किस्म बरसात और गर्मी दोनों मौसमों में खेती के लिए उपयुक्त है। इस किस्म की औसत उपज 200-220 क्विंटल प्रति हेक्टेयर है। यह किस्म यूपी, पंजाब और झारखंड में खेती के लिए अधिसूचित की गई है।

अर्का हरित (Arka Harit)

इस किस्म के फल मध्यम आकार के पतले, हरी छाल वाले होते हैं गूदा मोटा तथा मध्यम कड़वापन वाला होता है। यह किस्म ग्रीष्म तथा वर्षा ऋतु दोनों में उगाई जा सकती है। फसल अवधि 120 दिन की होती है। उपज 120 क्विंटल प्रति हेक्टेयर होती है।

पूसा दो मौसमी (Pusa Do Mousami)

इस किस्म का विकास भारतीय कृषि संस्थान अनुसंधान नई दिल्ली द्वारा किया गया है। इसके फल फल गहरे हरे रंग के, लंबे, मध्यम मोटे, 7-8 लगातार लकीरों के साथ क्लब के आकार के, खाने योग्य अवस्था में 18 सेंटीमीटर लंबे, 8-10 फलों का वजन एक किलोग्राम होता है। इस किस्म को वर्षाकालीन और ग्रीष्मकालीन फसल के रुप में उगाया जा सकता है। बुआई के 55 दिनों में फल पहली तोड़ाई के लिए तैयार हो जाते हैं। प्रति हेक्टेयर 120-150 क्विंटल तक उपज दे देती है। यह किस्म दिल्ली, पंजाब, हरियाणा, यूपी और बिहार के लिए अनुशंसित है।

पूसा विशेष (Pusa Vishesh)

यह उच्च पौध घनत्व में रोपण के लिए उपयुक्त एक बौनी बेल किस्म है। फल चमकदार हरे, मध्यम लंबे और मोटे होते हैं। यह किस्म अचार बनाने और निर्जलीकरण के लिए सब्जी के रूप में उपयुक्त होते हैं। प्रति हेक्टेयर 80-100 क्विंटल तक उपज दे देती है। यह किस्म दिल्ली, पंजाब, हरियाणा, यूपी और बिहार के लिए अनुशंसित है।

पूसा हाईब्रिड-2 (Pusa Hybrid-2)

इस किस्म के फल मध्यम लंबे और मोटे, चमकदार-हरे, अचार बनाने और निर्जलीकरण के लिए उपयुक्त होते हैं। पहली तुड़ाई बीज बोने के 55-60 दिन बाद शुरू होती है। इस किस्म की औसत उपज 190-200 क्विंटल प्रति हेक्टेयर है। यह किस्म पंजाब, यूपी, बिहार, झारखंड, छत्तीसगढ़, उड़ीसा, आंध्र प्रदेश, राजस्थान, गुजरात, हरियाणा और दिल्ली के लिए अनुशंसित है।

पूसा हाईब्रिड-1 (Pusa Hybrid-1)

इस किस्म के फल मध्यम लंबे, मध्यम मोटे, चमकदार हरे होते हैं। यह किस्म नमकीन बनाने और निर्जलीकरण के लिए उपयुक्त होती है। बुआई के 55-60 दिनों में पहली तुड़ाई हो जाती है । यह किस्म वसंत-गर्मी के मौसम में उगाने के लिए उपयुक्त है । इस किस्म की औसत उपज 200 क्विंटल प्रति हेक्टेयर है। यह किस्म एनसीआर के लिए अनुशंसित है।

खेती की तैयारी (Field prepration)

करेला के अच्छे उत्पादन के लिए खेत साफ एवं भुरभुरा तैयार करना चाहिए। दो से तीन बार कल्टीवेटर से जुताई करें इसके बाद एक बार रोटावेटर चलाकर खेत को समतल कर लेवें।

एकीकृत पोषक तत्व प्रबंधन (Integrated Nutrient Management)

करेला में खाद एवं उर्वरकों का उपयोग मृदा परीक्षण के आधार पर करें। सामान्यतः गोबर की खाद या कम्पोस्ट 250 क्विंटल, नाइट्रोजन 100 किलोग्राम, स्फुर 50 किलोग्राम तथा पोटाश 50 किलोग्राम प्रति हेक्टेयर की आवश्यकता होती है। खेत की प्रारंभिक जुताई से पूर्व गोबर की खाद को समानरुप से बखेर कर मिट्टी पलटने वाले हल से जुताई कर देनी चाहिये। नाइट्रोजन की आधी मात्रा फास्फोरस और पोटाश की पूरी मात्रा की जुताई के समय भूमि में डाल दें। नाइट्रोजन की शेष मात्रा को दो बराबर भागों में बांटकर दो बार में 4-5 पत्तियां निकल आने पर और फूल निकलते समय टॉप ड्रेसिंग द्वारा पौधों के चारों ओर देनी चाहिए। करेला में GA_3 (5-10 पीपीएम) और बीए (25 पीपीएम) का पौधे के 2 और 4 पत्ते के चरणों में प्रयोग मादा फूलों की संख्या, जल्दी कटाई, फल/पौधों की अधिक संख्या और उच्च फल उपज को बढ़ाने के लिए प्रभावी पाया गया है।

बीज दर एवं बीजोपचार (Seed rate and seed treatment)

एक हेक्टेयर के लिए 5-6 किलोग्राम बीज पर्याप्त होता है। बीज को बोने के पूर्व फफूँदनाशी दवा थीरम 2 ग्राम + कार्बेन्डाजिम 1 ग्राम प्रति किलोग्राम बीज की दर से उपचारित करें या *ट्राइकोडर्मा विरडी* 4 ग्राम प्रति किलोग्राम बीज की दर से बीजोपचार कर बुवाई करें।

बुवाई का समय एवं विधि (Time of sowing and method)

ग्रीष्मकालीन फसल की बुआई फरवरी-मार्च तथा वर्षाकालीन फसल की बुआई जून-जुलाई में की जाती है। करेला की बुआई नालियों में की जाती है। नालियों की आपसी दूरी 1.5-2.0 मीटर व पौधे से पौधे की दूरी 1 मीटर रखनी चाहिए। एक स्थान पर दो बीज 2.5 से 4.0 सेमी. की गहराई पर बोने चाहिए।

सिंचाई प्रबन्धन (Irrigation management)

करेला में सिंचाई भूमि एवं मौसम के अनुसार करनी चाहिए। ग्रीष्मकालीन फसल में 4-5 दिन के अन्तर पर सिंचाई करें। तथा वर्षाकालीन फसल मे वर्षा नहीं होने पर सिंचाई करें। करेला में फसल की गुणवत्ता और उपज में वृद्धि के लिए ड्रिप सिंचाई का उपयोग करना चाहिए ।

ड्रिप सिंचाई के उपयोग से ड्रिप सिंचाई फसलों के लिए सबसे कुशल जल और पोषक तत्व वितरण प्रणाली है। यह सही समय पर, सही मात्रा में पानी और पोषक तत्वों को सीधे पौधे की जड़ों तक पहुँचाती है, इस विधि में प्रत्येक पौधे को समान रूप से जल एवं पोषक तत्व मिलते हैं। मिटटी में नमी के अनुसार ड्रिप से प्रतिदिन या एक दिन छोड़कर सिंचाई करें।

प्लास्टिकमल्च(Plastic mulch)

करेला की आधुनिक खेती में सिंचाई के लिए ड्रिप पद्धति के साथ-साथ 30 माइक्रोन मोटाई वाली सिल्वर ब्लैक कलर की प्लास्टिक मल्चिंग शीट का उपयोग किया जाता है। जिससे खरपतवार प्रबंधन के साथ साथ सिंचाई जल की मात्रा में भी कम आती है एवं करेला में रस चूसक कीट का प्रकोप कम होता है । मल्चिंग तकनीक से उपज में 40 से 50% की वृद्धि पाई गई है।

खरपतवार प्रबंधन (Weed management)

करेला की अच्छी पैदावार के लिए फसल को खरपतवारों से मुक्त रखना आवश्यक है। खरपतवार पोषक तत्वों, मिट्टी की नमी, स्थान और सूर्य प्रकाश के लिए पौधों से प्रतिस्पर्धा करते हैं एवं फसल की वृद्धि एवं विकास में बाधा पहुचाते हैं, जिसके कारण फसल की गुणवत्ता एवं उपज में कमी आती है। करेला की फसल के साथ अनेक खरपतवार उग आते हैं। अतः उनकी रोकथाम के लिए फरवरी-मार्च वाली फसल में 2-3 बार और जून-जुलाई वाली फसल में 3-4 बार निदाई-गुड़ाई करनी चाहिए।

तुड़ाई(Harvesting)

फलों की तुड़ाई पूर्ण विकसित होने पर कोमल अवस्था में किसी तेज चाकू से करनी चाहिए। तुड़ाई के बाद तुरंत विक्रय हेतु बाजार में भेजना चाहिए।

संभावित उपज (Potential yield)

करेला फसल से 100-125 क्विंटल प्रति हेक्टेयर उपज प्राप्त हो जाती है। फसल की यह उत्पादकता जलवायु, मिट्टी, किस्म, सिंचाई समेत सुरक्षा प्रबंधन आदि पर निर्भर करती है।

पौध संरक्षण - लौकी के समान

35

खीरा

परिचय (Introduction)

खीरा (Cucumber) गर्मियों की एक आम सब्जी है। यह एक बेल वाला पौधा है जिसका उपयोग पूरे भारत में गर्मियों की सब्जी के रूप में किया जाता है। खीरा का उत्पत्ति स्थान **भारत (India)** माना जाता है। खीरे के फल को कच्चा खाया जाता है या सलाद के रूप में परोसा जाता है या सब्जी के रूप में पकाया जाता है। कब्ज, पीलिया और अपच से पीड़ित लोगों के लिए फल अच्छे होते हैं। खीरे के बीजों का उपयोग तेल निकालने के लिए किया जाता है जो शरीर और मस्तिष्क के लिए अच्छा होता है।

वानस्पतिक विवरण (Botanical description)

खीरा का वानस्पतिक नाम ***कुकुमिस सैटिवसएल.***(*Cucumis sativus* L.) है, यह ***कुकरबिटेसी*** **(Cucurbitaceae)** कुल के अंतर्गत आता है। इसमें **क्रोमोसोम नम्बर (2n = 14)** होते हैं । खीरा के पौधे वार्षिक पौधे हैं, जो केवल एक बढ़ते मौसम में जीवित रहते हैं और लताएं लंबाई में 5 मीटर (16.4 फीट) तक पहुंच सकती हैं। पत्तियाँ आकार में तिकोनी होती हैं, पौधे की पत्तियाँ बेलों पर वैकल्पिक रूप से व्यवस्थित होती हैं, जिनमें 3-7 नुकीले लोब होते हैं और बालों वाली होती हैं। खीरे के पौधे पर पीले फूल लगते हैं जिनका व्यास 4 सेंटीमीटर (1.6 इंच) होता है। इसके पौधे **एकलिंगाश्रयी (Monoecious)** (एक ही पौधे पर अलग-अलग नर और मादा फूल आते हैं) होते हैं और इसके अक्षीय फूल एक्टिनोमोर्फिक और शायद ही कभी उभयलिंगी होते हैं। स्टैमिनेट और पिस्टिलेट दोनों फूलों में 0.5-1 सेंटीमीटर लंबे सफेद प्यूब्सेंट सेपल्स से बना एक प्यूब्सेंट 5-पार्टेड कैलेक्स होता है। सेपल्स लंबे, संकीर्ण और तीव्र होते हैं; पिस्टिलेट फूलों पर, बाह्यदलपुंज अंडाशय से जुड़ा होता है और एक हाइपैंथियम बनाता है। कोरोला लगभग 2 सेमी लंबा, पीला, इसकी लंबाई के आधे से भी कम जुड़ा हुआ है, कैम्पैनुलेट, 5-विभाजित लोबों के लिए आयताकार लोब है। स्टैमिनेट फूल एकान्त या 3-7 यौवन पेडिकल्स (0.5-2cm लंबे) पर होते हैं, जिनमें 3 पुंकेसर होते हैं, जिनमें से दो में 2-कोशिका वाले परागकोष (0.3-0.4cm लंबे) और एक 1-कोशिका वाले परागकोष होते हैं। पिस्टिलेट फूल फलों के विकास से पहले स्टैमिनेट (<0.5cm लंबे) से छोटे पेडिकल्स पर एकान्त या जोड़े में होते हैं, जबकि फलों के विकास के दौरान पेडिकल्स 5 सेमी तक लंबे हो सकते हैं। पिस्टिलेट के फूलों में 3 स्टैमिनोड्स, एक प्यूब्सेंट, दीर्घवृत्ताभ, एककोशिकीय अंडाशय 2-5 सेमी लंबा, एक छोटी शैली और 3 कलंक के साथ होता है। खीरा एक **पर-परागित फसल** (Cross pollinated crop) है। यह मधुमक्खियों द्वारा परागित होता है जो फूलों द्वारा उत्पादित मकरंद का संग्रह करती हैं। पराग चिपचिपा होता है, जो वायु परागण को असंभव बना देता है। खीरा का फल आकार में भिन्न होता है, लेकिन आम तौर पर दोनों सिरों पर गोलाकार घुमावदार सिलेंडर होता है । फल चमकदार होते हैं, और चिकने या मस्सेदार, पीले या हरे रंग के हो सकते हैं, जिनकी लंबाई 5-100 सें.मी. तक हो सकती है और वजन 50 ग्राम से 4 किग्रा तक हो सकता है। वानस्पतिक तौर पर खीरा के फल को **पेपो** (Pepo) कहा जाता है । प्रत्येक पौधा 25 फल तक पैदा कर सकता है। बीज सफेद लंबाई में 0.5-1.8 सें.मी. तक होते हैं, और नुकीले सिरों के साथ उभरे हुए और अण्डाकार होते हैं। एक ग्राम बीज में 33-40 बीज होते हैं।

उपयुक्त जलवायु (Suitable climate)

खीरा गर्म जलवायु का पौधा है। यह अधिक ठंड एवं पाला सहन नहीं कर सकता है, जहाँ वातावरण में आर्द्रता कम हो और सूर्य का प्रकाश पर्याप्त मात्रा में हो तो खीरे की खेती अच्छी प्रकार से की जा सकती है। 18-24 डिग्री सेल्सियस तापमान बेलों की बढ़वार एवं उपज के लिए उत्तम रहता है।

मृदा का चयन (Selection of soil)

खीरे की खेती सभी प्रकार की भूमि में की जा सकती है। खीरे की फसल के लिए बलुई या बलुई-दोमट मिट्टी अच्छी मानी जाती है, लेकिन अधिक उपज के लिए जीवांश युक्त दोमट मिट्टी उपयुक्त मानी जाती है। 6.5 से 7.5 तक की पीएच मान वाली मिट्टी खेती के लिए उपयुक्त होती है। खीरे की अधिक पैदावार के लिए जल निकास का उचित प्रबंध होना चाहिए।

उन्नत किस्में (Improved varieties)

काशी नूतन (Kashi Nutan (VRCUH-01)

यह एक जल्दी पकने वाली संकर किस्म है, फल बेलनाकार, लम्बे हल्का हरे रंग के डंठल की तरफ धब्बेदार होते हैं । यह किस्म डाउनी मिल्ड्यू के लिए प्रतिरोधी है । यह किस्म बरसात और गर्मी के मौसम में उगाने लिए उपयुक्त है । इस किस्म की औसत उपज 178 क्विंटल प्रति हेक्टेयर है । यह किस्म उत्तर प्रदेश में खेती के लिए अनुशंसित है ।

पूसा संयोग (Pusa Sanyog)

यह अगेती किस्म है। फल 28-30 सें.मी. लम्बे, बेलनाकार, आकर्षक, गहरे हरे रंग के पीले कांटेदार, कुरकुरे गूदे वाले होते हैं। इस किस्म की औसत उपज 200 क्विंटल प्रति हेक्टेयर है । यह किस्म उत्तर भारतीय पहाड़ियों के लिए अनुशंसित है।

पूसा उदय (Pusa Uday)

यह किस्म वसंत-गर्मी और बरसात दोनों मौसमों में खेती के लिए उपयुक्त है । बुआई के 50-55 दिन में पहली तुड़ाई हो जाती है। इस किस्म की औसत उपज 150 क्विंटल प्रति हेक्टेयर है । यह किस्म एनसीआर के लिए अनुशंसित है।

पंत पार्थेनोकार्पिक खीरा-2 (Pant Parthenocarpic khira-2)

यह एक पार्थेनोकार्पिक खीरे की किस्म है । यह पॉली हाउस में खेती के लिए उपयुक्त है। इस किस्म की औसत उपज क्षमता 210 क्विंटल/हेक्टेयर है। यह किस्म यूपी और उत्तराखंड के लिए अनुशंसित है।

पन्त संकर खीरा -1 (Pant Sankar Khira-1)

इस किस्म के फल लगभग 20 सेमी लंबे, बेलनाकार और हल्की धारियों वाले हरे रंग के होते हैं। बेल की लंबाई लगभग 120 सेंटीमीटर होती है। पहली बार तुड़ाई में 50 दिन लगते हैं, उपज क्षमता 200 क्विंटल/हेक्टेयर है। यह किस्म यूपी और उत्तराखंड के लिए अनुशंसित है।

खेती की तैयारी (Field prepration)

खीरा के अच्छे उत्पादन के लिए खेत साफ एवं भुरभुरा तैयार करना चाहिए। दो से तीन बार कल्टीवेटर से जुताई करें इसके बाद एक बार रोटावेटर चलाकर खेत को समतल कर लेवें।

एकीकृत पोषक तत्व प्रबंधन (Integrated Nutrient Management)

खीरा में खाद एवं उर्वरकों का उपयोग मृदा परीक्षण के आधार पर करें। सामान्यतः खेत की तैयारी करते समय 200-250 क्विंटल गोबर की खाद या कम्पोस्ट बुआई से एक माह पूर्व प्रति हेक्टेयर की दर से खेत में मिला देना चाहिए। इसके अतिरिक्त तत्व के रुप में 60 किलोग्राम नाइट्रोजन, 50 किलोग्राम फास्फोरस एवं 50 किलोग्राम पोटाश प्रति हेक्टेयर की दर से देना चाहिए । नाइट्रोजन की आधी मात्रा तथा फास्फोरस एवं पोटाश की पूरी मात्रा बुआई के समय थाले में डालना चाहिए। शेष नाइट्रोजन की मात्रा बुआई के 30 एवं 45 दिन बाद बराबर-बराबर पौधों की जड़ों के पास थाले में देना चाहिए। खाद डालते समय खेत में पर्याप्त नमी होना चाहिए, अन्यथा खाद को मिट्टी में मिलाकर पानी देना चाहिए।

बीज दर एवं बीजोपचार (Seed rate and seed treatment)

एक हेक्टेयर खेत की बुआई के लिए 2.5-3.5 किलोग्राम की आवश्यकता होती है। बीज को बोने के पूर्व फफूँदनाशी दवा थीरम 2 ग्राम + कार्बेन्डाजिम 1 ग्राम प्रति किलोग्राम बीज की दर से उपचारित करें या *ट्राइकोडर्मा विरडी* 4 ग्राम प्रति किलोग्राम बीज की दर से बीजोपचार कर बुवाई करें।

बुवाई का समय एवं विधि (Time of sowing and method)

जायद की फसल की बुआई 15 फरवरी से 15 मार्च तक, खरीफ की फसल की बुआई 15 जून से 15 जुलाई तक पहाड़ी क्षेत्रों में बुआई का समय मार्च से जून तक रहता है। अच्छी प्रकार से तैयार खेत में 1.5-2 मीटर की दूरी पर 30 से.मी. चौड़ी नालियाँ बना लेते हैं, नालियों के दोनों किनारों पर 60 से.मी की दूरी पर थाला बनाकर बीज की बुआई करते हैं। एक थाला में दो या तीन बीज ही बोते हैं। बीज जमने पर प्रत्येक थाले में एक पौधे को छोड़कर बाकी पौधे निकाल देते हैं। खीरा की अगेती फसल लेने के लिए बीज सीधे खेत में न बोकर पहले प्लास्टिक की थैलियों में जिसेमं 1/3 भाग सड़ी हुई गोबर की खाद मिलाकर भरें, इसके पश्चात उपचारित बीजों को इन थौलियों में बोएं एवं झारे से सिंचाई करें। थैलियों में जमें पौधों को थैलियों से निकालकर मिट्टी सहित खेत में स्थानांतरित कर देते हैं।

सिंचाई प्रबन्धन (Irrigation management)

खीरा में सिंचाई भूमि एवं मौसम के अनुसार करनी चाहिए। ग्रीष्मकालीन फसल में 4-5 दिन के अन्तर पर सिंचाई करें। तथा वर्षाकालीन फसल मे वर्षा नहीं होने पर सिंचाई करें। खीरा में फसल की गुणवत्ता और उपज में वृद्धि के लिए ड्रिप सिंचाई का उपयोग करना चाहिए । ड्रिप सिंचाई के उपयोग से ड्रिप सिंचाई फसलों के लिए सबसे कुशल जल और पोषक तत्व वितरण प्रणाली है। यह सही समय पर, सही मात्रा में पानी और पोषक तत्वों को सीधे पौधे की जड़ों तक पहुँचाती है, इस विधि में प्रत्येक पौधे को समान रूप से जल एवं पोषक तत्व मिलते हैं । मिटटी में नमी के अनुसार ड्रिप से प्रतिदिन या एक दिन छोड़कर सिंचाई करें।

प्लास्टिकमल्च(Plastic mulch)

खीरा की आधुनिक खेती में सिंचाई के लिए ड्रिप पद्धति के साथ-साथ 30 माइक्रोन मोटाई वाली सिल्वर ब्लैक कलर की प्लास्टिक मल्चिंग शीट का उपयोग किया जाता है। जिससे खरपतवार प्रबंधन के साथ साथ सिंचाई जल की मात्रा में भी कम आती है एवं खीरा में रस चूसक कीट का प्रकोप कम होता है । मल्चिंग तकनीक से उपज में 40 से 50% की वृद्धि पाई गई है।

खरपतवार प्रबंधन (Weed management)

खीरा की अच्छी पैदावार के लिए फसल को खरपतवारों से मुक्त रखना आवश्यक है। खरपतवार पोषक तत्वों, मिट्टी की नमी, स्थान और सूर्य प्रकाश के लिए पौधों से प्रतिस्पर्धा करते हैं एवं फसल की वृद्धि एवं विकास में बाधा पहुचाते हैं, जिसके कारण फसल की गुणवत्ता एवं उपज में कमी आती है। खीरा की फसल के साथ अनेक खरपतवार उग आते हैं। अतः उनकी रोकथाम के लिए फरवरी-मार्च वाली फसल में 2-3 बार और जून-जुलाई वाली फसल में 3-4 बार निदाई-गुड़ाई करनी चाहिए।

सहारा देना (Staking)

स्टैकिंग से सभी पौधों के लिए समान धूप और वायु मिलती है। खीरा को सहारा देने से बहुत फायदा होता है इससे गुणवत्ता एवं उत्पादन में वृद्धि होती है।

तुड़ाई(Harvesting)

फलों की तुड़ाई पूर्ण विकसित होने पर कोमल अवस्था में किसी तेज चाकू से करनी चाहिए। तुड़ाई के बाद तुरंत विक्रय हेतु बाजार में भेजना चाहिए।

संभावित उपज (Potential yield)

खीरा फसल से 100-150 क्विंटल प्रति हेक्टेयर उपज प्राप्त हो जाती है। फसल की यह उत्पादकता जलवायु, मिट्टी, किस्म, सिंचाई समेत सुरक्षा प्रबंधन आदि पर निर्भर करती है।

पौध संरक्षण - लौकी के समान

36

गिल्की

परिचय (Introduction)

गिल्की (Sponge gourd) के फल आकार में बेलनाकार होते हैं और बाहरी छिलका चिकना हरा होता है। फल में सफेद आंतरिक गूदा होता है जो रेशेदार होता है। इसका उत्पत्ति स्थान **भारत सहित एशियाई क्षेत्र** (Asian regions including India) माना जाता है। यह डाइटरी फाइबर, विटामिन सी, विटामिन ए, राइबोफ्लेविन, जिंक, थायमिन, आयरन और मैग्नीशियम जैसे पोषक तत्वों से भरपूर होती है। इसके फल में एंटीऑक्सीडेंट, जीवाणुरोधी और एंटीफंगल गुण पाए गए हैं। भारत में यह पंजाब, बिहार, यू.पी., दिल्ली, गुजरात, हरियाणा, राजस्थान और झारखंड में उगाई जाती है।

वानस्पतिक विवरण (Botanical description)

गिल्की का वानस्पतिक नाम *लुफ्फ़ा सिलिंडरिका* एल.(*Luffa cylindrica* L.)है, यह *कुकरबिटेसी* (Cucurbitaceae) कुल के अंतर्गत आती है। इसमें **क्रोमोसोम नम्बर** (2n = 26) होते हैं । गिल्की एक **पर-परागित फसल** (Cross pollinated crop) है। यह एक **एकलिंगाश्रयी** (Monoecious) बेल वाला पौधा है, जिसके तने कोणयुक्त और मुड़े हुए होते हैं, प्रतान तिकोने होते हैं। पत्तियां ऑर्बिकुलर-रेनीफॉर्म, पामेटली 5-लोब्ड, डेंटेट, बेस कॉर्डेट होती हैं । पुष्पक्रम कक्षीय या एकान्त होता है । पुष्प कक्षीय 4-20-पुष्पीय रेसमेम्स में नर फूल, शीर्ष पर भीड़ वाले फूल, प्रत्येक में एक छोटा सहपत्र होता है। कैलिक्स-लोब्स 5, लांसोलेट, पंखुड़ियाँ 5, मुक्त, आयताकार, पीली होती हैं । पुंकेसर 5, विशिष्ट, मादा फूल एकान्त होते हैं । बाह्यदलपुंज और दलपुंज नर पुष्पों के समान ही होते हैं। स्टैमिनोड्स आमतौर पर 5, अंडाशय अवर, बेलनाकार-आयताकार, अपरा 3, बीजांड (कई, क्षैतिज), शैली स्तंभकार, कलंक 3-लोब्ड वाले होते हैं । फल **पेपो** (Pepo), बड़ा बेलनाकार, दोनों सिरों पर कुंद, अनुदैर्ध्य रेखाओं के साथ चिह्नित, एक ढक्कन द्वारा शीर्ष पर खुलता है, कई बीज, लुगदी में एम्बेडेड होते है ।

उपयुक्त जलवायु (Suitable climate)

इसकी खेती के लिए गर्म और आर्द्र जलवायु उपयुक्त होती है। खेती के लिए आवश्यक तापमान 24 से 37 डिग्री सेल्सियस के बीच होना चाहिए। फूल आने और फलने की अवस्था में अत्यधिक वर्षा से उपज कम हो सकती है। कम तापमान अंकुरण में देरी और शुरुआती वृद्धि को धीमा कर सकता है।

मृदा का चयन (Selection of soil)

गिल्की की खेती सभी प्रकार की सभी प्रकार की मिट्टी में की जा सकती है लेकिन मिट्टी में विशेष रूप से गर्मियों में नमी धारण करने की क्षमता अच्छी होनी चाहिए। मिट्टी का पीएच 5.5-6.5 की सीमा में होना चाहिए।

उन्नत किस्में (Improved varieties)

काशी रक्षिता (Kashi Rakshita)

इस किस्म की बेल की लंबाई 3.5 से 5 मीटर, फल का रंग गहरा हरा, पहला नर फूल 4-6वीं गांठ पर जबकि पहला मादा फूल 8-10वीं गांठ पर दिखाई देता है। फल/पौधों की औसत संख्या 12-14 के बीच होती है। बुवाई के 48-52 दिन बाद फल तुड़ाई के लिए तैयार हो जाते हैं। यह किस्म डाउनी मिल्ड्यू और गिल्की मोज़ैक वायरस के प्रति प्रतिरोधी है। यह किस्म पंजाब, उत्तर प्रदेश, बिहार, झारखंड के लिए अनुशंसित है।

काशी श्रेया (Kashi Shreya)

इस किस्म की बेल की लंबाई 3 से 5.5 मीटर, फल बेलनाकार और गहरे हरे रंग के होते हैं । रोपण के 45 दिन बाद पौधे में फूल आने लगते हैं। फल का व्यास 3-3.75 सेमी और फल का वजन 100 से 150 ग्राम होता है। यह किस्म मृदुरोमिल आसिता, चूर्णिल आसिता और गिल्की मोज़ेक विषाणु के प्रति प्रतिरोधी है एवं पत्ती सुरंगक , फल मक्खी और लाल कद्दू भृंग के प्रति सहिष्णु हैं । यह किस्म पंजाब, उत्तर प्रदेश, बिहार, झारखंड के लिए अनुशंसित है।

काशी दिव्या (Kashi Divya)

यह उच्च उपज क्षमता, मध्यम आकार, आकर्षक और बेलनाकार फल वाली पहली किस्म है जो दूर के विपणन के लिए उपयुक्त है। इसे बरसात और गर्मी के मौसम में सफलतापूर्वक उगाया जा सकता है और यह किस्म मध्यम आर्द्रता में 25-30 डिग्री सेल्सियस पर बेहतर प्रदर्शन करती है। इस किस्म की औसत उपज 250-270 क्विंटल प्रति हेक्टेयर है। यह किस्म उत्तर प्रदेश, दिल्ली, पंजाब, बिहार, झारखंड, मध्य प्रदेश, छत्तीसगढ़, उत्तराखंड और पश्चिम बंगाल में खेती के लिए अनुशंसित।

काशी सौम्या (Kashi Saumya (VRSGH-3)

यह एक संकर किस्म है, फल आकर्षक गहरे हरे, मध्यम आकार के होते हैं । यह किस्म गिल्की मोज़ेक वायरस के लिए प्रतिरोधी है एवं तहत डाउनी और पाउडरी मिल्ड्यू के लिए सहिष्णु है । इस किस्म की औसत उपज 185-195 क्विंटल प्रति हेक्टेयर है। यह किस्म उत्तर प्रदेश में खेती के लिए अनुशंसितहै ।

पूसा चिकनी (Pusa Chikni)

यह किस्म बरसात और वसंत गर्मी के मौसम में खेती के लिए उपयुक्त है। फल चिकने, गहरे हरे और बेलनाकार होते हैं। एक पौधे में 15-17 फल लगते हैं। बुवाई के 60 दिनों बाद फल तुड़ाई के लिए तैयार हो जाते हैं। इस किस्म की औसत उपज 200-225 क्विंटल प्रति हेक्टेयर है। यह किस्म पूरे भारत के लिए अनुशंसित है।

पूसा सुप्रिया (Pusa Supriya)

इस किस्म की इसकी लताएँ 2.5-2.8 सेमी लंबी और 4-5 शाखाएँ वाली होती हैं। पत्तियाँ गहरे हरे रंग की, आकार में छोटी, छः पालियों वाली डंठल वाली, नोक नुकीली और सरल होती हैं। फल हल्के हरे, चिकने, 15-20 सेमी लंबे, सीधे और तने के सिरे पर थोड़े मुड़े हुए, बाहर का नुकीला सिरा, बिना बालों वाले, गूदा कोमल होता है। यह किस्म वसंत ग्रीष्म और खरीफ मौसम के लिए उपयुक्त है। वसंत-गर्मी में बुवाई के 50-55 दिन बाद और खरीफ में बुवाई के 44-48 दिन बाद फल तुड़ाई के लिए तैयार हो जाते हैं। इस किस्म की औसत उपज 130-140 क्विंटल प्रति हेक्टेयर है। यह किस्म पंजाब, यूपी, बिहार, झारखंड, राजस्थान, गुजरात, हरियाणा और दिल्ली के लिए अनुशंसित है।

पूसा स्नेहा (Pusa Sneha)

इस किस्म के फल 20-25 सेमी लम्बे, चिकने, सीधे एवं गहरे हरे रंग के जिन पर काली-हरी सकरी धारियाँ होती हैं। फलों का गूदा मुलायम एवं छिलका कठोर होता है। यह किस्म लम्बी दूरी के परिवहन के लिए उपयुक्त है। फल बुआई के 45-50 दिनों बाद तुड़ाई के लिए तैयार हो जाते हैं। यह किस्म अधिक तापक्रम के लिए सहनशील है। पौधे 2.5-3.0 मीटर लम्बे होते हैं। इस किस्म की औसत उपज 120 क्विंटल प्रति हैक्टेयर है।

थार तपिश (Thar Tapish)

इस किस्म का चयन AHSG-4 x AHSG-16 के संयोजन से संकरण प्रजनन के माध्यम से किया गया है। आईसीएआर-सीआईएएच, बीकानेर द्वारा 2018 में गर्म शुष्क जलवायु के तहत खेती के लिए इसकी सिफारिश की गई है। इसे उच्च तापमान और अजैविक तनाव वाली परिस्थितियों में विपणन योग्य गुणवत्ता वाले फल उपज के लिए विकसित किया गया है। बुआई के बाद पहली बार फलों की तुड़ाई में 50 दिन लगते हैं । फलों का औसत वजन 95-145 ग्राम होता है। पौधे 4.82-5.33 शाखाओं के साथ वृद्धि में मध्यम (2.52 मीटर) होते हैं। इस किस्म की औसत उपज 145.8 क्विंटल प्रति हेक्टेयर है।

खेती की तैयारी (Field prepration)

गिल्की के अच्छे उत्पादन के लिए खेत साफ एवं भुरभुरा तैयार करना चाहिए। दो से तीन बार कल्टीवेटर से जुताई करें इसके बाद एक बार रोटावेटर चलाकर खेत को समतल कर लेवें।

एकीकृत पोषक तत्व प्रबंधन (Integrated Nutrient Management)

गिल्की में खाद एवं उर्वरकों का उपयोग मृदा परीक्षण के आधार पर करें। सामान्यतः गोबर की खाद या कम्पोस्ट 200 क्विंटल, नत्रजन 100 किलो, स्फुर 80 किलो एवं पोटाश 60 किलो प्रति हेक्टर की दर से देनी चाहिए। नत्रजन को तीन भागों में बांटकर जब बेल एक मीटर लंबी हो जाए, जब शाखाएं निकलने लगे एवं 20 प्रतिशत फूल निकलने पर डालना चाहिए। नत्रजन उर्वरक को पौधे की जड़ों से थोड़ा दूर देना चाहिए। अंकुरण पश्चात 4-6 पत्तियों की अवस्था में इथ्रेल 30-40 मिली 100 लीटर में मिलाकर छिड़काव करने से मादा पुष्पों की संख्या बढ़ती है।

बीज दर एवं बीजोपचार (Seed rate and seed treatment)

एक हेक्टेयर खेत की बुआई के लिए 3.5 किलोग्राम की आवश्यकता होती है। बीज को बोने के पूर्व फफूँदनाशी दवा थीरम 2 ग्राम + कार्बेन्डाजिम 1 ग्राम प्रति किलोग्राम बीज की दर से उपचारित करें या *ट्राइकोडर्मा विरडी* 4 ग्राम प्रति किलोग्राम बीज की दर से बीजोपचार कर बुवाई करें।

बुवाई का समय एवं विधि (Time of sowing and method)

ग्रीष्म ऋतु में फरवरी-मार्च एवं वर्षा ऋतु में जून-जुलाई में बुआई करना चाहिए। पंक्तियों की आपसी दूरी 1.5-2.5 मीटर एवं पौधे से पौधे की दूरी 0.75-1.0 मीटर रखें एक स्थान पर दो बीज 2.5-3 से.मी. की गहराई पर बोयें। पॉलीथीन की थैलियों या पत्ते के दोनों में भी बीज से पोधे तैयार कर खेत में लगा सकते हैं इससे शीघ्र फसल प्राप्त करने में सरलता होती है।

सिंचाई प्रबन्धन (Irrigation management)

गिल्की में सिंचाई भूमि एवं मौसम के अनुसार करनी चाहिए। ग्रीष्मकालीन फसल में 4-5 दिन के अन्तर पर सिंचाई करें। तथा वर्षाकालीन फसल मे वर्षा नहीं होने पर सिंचाई करें। गिल्की में फसल की गुणवत्ता और उपज में वृद्धि के लिए ड्रिप सिंचाई का उपयोग करना चाहिए। ड्रिप सिंचाई के उपयोग से ड्रिप सिंचाई फसलों के लिए सबसे कुशल जल और पोषक तत्व वितरण प्रणाली है। यह सही समय पर, सही मात्रा में पानी और पोषक तत्वों को सीधे पौधे की जड़ों तक पहुँचाती है, इस विधि में प्रत्येक पौधे को समान रूप से जल एवं पोषक तत्व मिलते हैं। मिटटी में नमी के अनुसार ड्रिप से प्रतिदिन या एक दिन छोड़कर सिंचाई करें।

प्लास्टिकमल्च(Plastic mulch)

गिल्की की आधुनिक खेती में सिंचाई के लिए ड्रिप पद्धति के साथ-साथ 30 माइक्रोन मोटाई वाली सिल्वर ब्लैक कलर की प्लास्टिक मल्चिंग शीट का उपयोग किया जाता है। जिससे खरपतवार प्रबंधन के साथ साथ सिंचाई जल की मात्रा में भी कम आती है एवं गिल्की में रस चूसक कीट का प्रकोप कम होता है। मल्चिंग तकनीक से उपज में 40 से 50% की वृद्धि पाई गई है।

सहारा देना (Staking)

स्टैकिंग से सभी पौधों के लिए समान धूप और वायु मिलती है। गिल्की को सहारा देने गुणवत्ता एवं उत्पादन में वृद्धि होती है।

तुड़ाई(Harvesting)

फल लगने पर तुड़ाई जल्दी करनी चाहिए, नहीं तो फल कड़े हो जाते हैं एवं बाजार में भाव कम मिलते हैं। फलों की तुड़ाई पूर्ण विकसित होने पर कोमल अवस्था में किसी तेज चाकू से करनी चाहिए। तुड़ाई के बाद तुरंत विक्रय हेतु बाजार में भेजना चाहिए।

संभावित उपज (Potential yield)

गिल्की फसल से 150-200 क्विंटल प्रति हेक्टेयर उपज प्राप्त हो जाती है। फसल की यह उत्पादकता जलवायु, मिट्टी, किस्म, सिंचाई समेत सुरक्षा प्रबंधन आदि पर निर्भर करती है।

पौध संरक्षण - लौकी के समान

37

तोरई

परिचय (Introduction)

तोरई (Ridge gourd) गर्मियों की एक कद्दू वर्गीय सब्जी है जो उत्तर पूर्वी क्षेत्र में साल भर उगाई जाती है और इसका उपयोग सब्जियों के रूप में किया जाता है। यह एक लता है और इसकी चढ़ाई या अनुगामी आदत है। फलों के आकार और लंबाई में व्यापक भिन्नता होती है। तोरई का उत्पत्ति स्थान **भारत सहित उपोष्णकटिबंधीय एशियाई क्षेत्र (Sub-tropical Asian regions including India)** माना जाता है।

वानस्पतिक विवरण (Botanical description)

तोरई (Ridge gourd) का वानस्पतिक नाम ***लुफ्फा एक्यूटंगुला*** एल.(*Luffa acutangula* L.) है, यह ***कुकरबिटेसी*** **(Cucurbitaceae)** कुल के अंतर्गत आती है। इसमें **क्रोमोसोम नम्बर (2n = 26)** होते हैं । यह **एकलिंगाश्रयी** (Monoecious) (एक ही पौधे पर अलग-अलग नर और मादा फूल आते हैं) एवं पर-परागित फसल (**Cross pollinated crop**) है। पत्तियाँ पाँच से सात पालियों वाली, लगभग चमकीली होती हैं। फूल पीले और दिखावटी होते हैं। पाँच पंखुड़ियाँ होती हैं। स्टैमिनेट फूल रेसमेम्स में होते हैं जबकि पिस्टिलेट फूल एकान्त और छोटे या लंबे पेडुंकुलेट होते हैं। परागकोष स्वतंत्र होते हैं। फल आयताकार या बेलनाकार होता है। पकने पर छिलका सूख जाता है। पिस्टिलेट और स्टैमिनेट फूल एक ही पत्ती के कक्ष में भी हो सकते हैं। फल लगभग बेलनाकार, 1-2 फीट लम्बे, सीधे या घुमावदार होते हैं। बीज काले, चपटे, बिना किनारे के चिकने, 10-15 मिमी लंबे होते हैं।

उपयुक्त जलवायु (Suitable climate)

गर्म और आर्द्र जलवायु इसकी वृद्धि और विकास के लिए अनुकूल है। इष्टतम तापमान की आवश्यकता 25-30 डिग्री सेल्सियस होती है।

मृदा का चयन (Selection of soil)

तोरई को विभिन्न प्रकार की मिट्टी में उगाया जाता है। बलुई दोमट मिट्टी में उगाने पर यह सर्वोत्तम परिणाम देती है। मिट्टी का पीएच मान 6.5-7.0 के बीच होना चाहिए है।

उन्नत किस्में (Improved varieties)

काशी ज्योति (Kashi Jyoti (VRSG-1-17)

इस किस्म के फल 100-150 ग्राम वजन के हल्के हरे होते हैं, यह किस्म मोज़ेक वायरस के लिए प्रतिरोधी है एवं डाउनी मिल्ड्यू और रूट नॉट नेमाटोड के प्रति सहिष्णु । इस किस्म की औसत उपज 150-180 क्विंटल प्रति हेक्टेयर है। यह किस्म उत्तर प्रदेश में खेती के लिए अनुशंसित है।

काशी खुशी (Kashi Khushi (VRS-01)

यह एक गुच्छेदार एवं जल्दी पकने वाली किस्म है । इसके फल हल्के हरे रंग के होते हैं, जिसमें दस गहरे सतही और निरंतर अनुदैर्ध्य लकीरें होती हैं। यह किस्म खरीफ के मौसम के लिए उपयुक्त और बसंत के मौसम में भी उगाया जा सकता है। इस किस्म की औसत उपज 127 क्विंटल प्रति हेक्टेयर है। यह किस्म उत्तर प्रदेश में खेती के लिए अनुशंसित है।

काशी शिवानी (Kashi Shivaani)

इस किस्म के पत्ते हरे, मध्यम लता (3.5-5.25 मी.) और हर गांठ पर फल देने वाले होते हैं। पहले नर और मादा फूल क्रमशः नोड संख्या 5-10 और 15-24 पर दिखाई देते हैं। फल हरे, लंबे सीधे (20-30 सें.मी. और बोवर पर 40 सें.मी. तक बढ़ सकते हैं) 3-4 सें.मी. व्यास के होते हैं। औसत फल का वजन 100 ग्राम से 150 ग्राम तक होता है। बुआई के 50-60 दिनों के बाद फल तुड़ाई के लिए तैयार हो जाते हैं। इस किस्म की उपज क्षमता 180-200 क्विंटल/हे. है। यह किस्म एन्थ्रेक्नोज के लिए प्रतिरोधी है और डाउनी और पाउडरी मिल्ड्यू रोग के प्रति सहिष्णु है। यह किस्म पंजाब, उत्तर प्रदेश, बिहार और झारखंड में खेती के लिए अनुशंसित है ।

अर्का विक्रम (Arka Vikram)

यह एक अगेती संकर (पहली तुड़ाई बुआई के 46 दिन बाद) किस्म है । फल हरे, लंबे, कोमल और उत्कृष्ट गुणवत्ता वाले होते हैं। इस किस्म की 120-135 दिनों में औसत उपज 340 क्विंटल प्रति हेक्टेयर है। यह किस्म कर्नाटक में खेती के लिए अनुशंसित है।

अर्का प्रसन (Arka Prasan)

यह एक खुली परागण वाली वाली किस्म (पहली तुड़ाई बुआई के 42-45 दिन बाद) है। फल हरे, लंबे, कोमल फल और उत्कृष्ट गुणवत्ता वाले होते हैं । इस किस्म की120-135 दिनों में औसत उपज 260 क्विंटल प्रति हेक्टेयर है। यह किस्म कर्नाटक में खेती के लिए अनुशंसित है।

अर्का सुमीत (Arka Sumeet)

इस किस्म के फल हरे-भरे और कोमल लंबे (50-65 से.मी.) उभरी हुई लकीरों, नाजुक सुगंध और उच्च गुणवत्ता वाले होते हैं। परिवहन की द्रष्टि से अच्छे होते हैं । इस किस्म की औसत उपज 500 क्विंटल प्रति हेक्टेयर है। यह किस्म कर्नाटक में खेती के लिए अनुशंसित है।

अर्का सुजात (Arka Sujat)

इस किस्म के फल हरे-भरे और कोमल, मध्यम लंबे (35-45 सें.मी.) फल प्रमुख शिराओं नाजुक सुगंध और उच्च गुणवत्ता वाले होते हैं। परिवहन की द्रष्टि से अच्छे होते हैं । इस किस्म की औसत उपज 530 क्विंटल प्रति हेक्टेयर है। यह किस्म कर्नाटक में खेती के लिए अनुशंसित है।

पूसा नसदार (Pusa Nasdar)

यह मध्यम अगेती किस्म है। जिसमें लगभग 50 दिनों में फूल आ जाते हैं। फल हरे तथा उभरी धारियों वाले होते हैं। प्रति बेल 15-20 फल लगते हैं। यह अधिक उपज वाली किस्म है। यह किस्म पूरे भारत के लिए अनुशंसित है।

पूसा नूतन (Pusa Nutan)

इस किस्म के फल 25-30 से.मी. लम्बे, सीधे, आकर्षक हरे रंग के, औसतन 105 ग्राम भार वाले होते हैं। गूदा मुलायम होता है। यह किस्म वसंत ग्रीष्म और खरीफ मौसम के लिए उपयुक्त है। यह किस्म ल्यूफा पीला मोजेक विषाणु के प्रति सहनशील है। इस किस्म की औसत उपज 160 क्विंटल प्रति हेक्टेयर है।

एकीकृत पोषक तत्व प्रबंधन (Integrated Nutrient Management)

तोरई में खाद एवं उर्वरकों का उपयोग मृदा परीक्षण के आधार पर करें। सामान्यतः गोबर की खाद या कम्पोस्ट 200-250 क्विंटल, नत्रजन 100 किलोग्राम, स्फुर 80 किलोग्राम तथा पोटाश 60 किलोग्राम प्रति हेक्टेयर की दर से देना चाहिए। गोबर की खाद, स्फुर, पोटाश एवं नत्रजन की एक तिहाई मात्रा खेत में बीज बोते समय देना चाहिए। शेष नत्रजन की मात्रा दो समान भागों में बांटकर पौधों में फूल बनने के पहले वनस्पति वृद्धि के समय व फूल आने के बाद टॉप ड्रेसिंग के रुप में देना चाहिए। अंकुरण पश्चात 4-6 पत्तियों की अवस्था में इथ्रेल 30-40 मिली 100 लीटर में मिलाकर छिड़काव करने से मादा पुष्पों की संख्या बढ़ती है।

बीज दर एवं बीजोपचार (Seed rate and seed treatment)

एक हेक्टेयर खेत की बुआई के लिए 3.5-4.0 किलोग्राम की आवश्यकता होती है। बीज को बोने के पूर्व फफूँदनाशी दवा थीरम 2 ग्राम + कार्बेन्डाजिम 1 ग्राम प्रति किलोग्राम बीज की दर से उपचारित करें या *ट्राइकोडर्मा विरडी* 4 ग्राम प्रति किलोग्राम बीज की दर से बीजोपचार कर बुवाई करें।

बुवाई का समय एवं विधि (Time of sowing and method)

ग्रीष्मकालीन फसल की बुआई फरवरी-मार्च में करनी चाहिए एवं वर्षाकालीन फसल की बुआई जून- जुलाई में करनी चाहिए। कतार से कतार की दूरी 2.5 मीटर एवं पौधे से पौधे की दूरी 1 मीटर रखें। एक स्थान पर 2 बीज 2.5-3 से.मी. की गहराई पर बोयें।

सिंचाई प्रबन्धन (Irrigation management)

तोरई में सिंचाई भूमि एवं मौसम के अनुसार करनी चाहिए। ग्रीष्मकालीन फसल में 4-5 दिन के अन्तर पर सिंचाई करें। तथा वर्षाकालीन फसल मे वर्षा नहीं होने पर सिंचाई करें। तोरई में फसल की गुणवत्ता और उपज में वृद्धि के लिए ड्रिप सिंचाई का उपयोग करना चाहिए । ड्रिप सिंचाई के उपयोग से ड्रिप सिंचाई फसलों के लिए सबसे कुशल जल और पोषक तत्व वितरण प्रणाली है। यह सही समय पर, सही मात्रा में पानी और पोषक तत्वों को सीधे पौधे की जड़ों तक पहुँचाती है, इस विधि में प्रत्येक पौधे को समान रूप से जल एवं पोषक तत्व मिलते हैं । मिटटी में नमी के अनुसार ड्रिप से प्रतिदिन या एक दिन छोड़कर सिंचाई करें।

प्लास्टिकमल्च(Plastic mulch)

तोरई की आधुनिक खेती में सिंचाई के लिए ड्रिप पद्धति के साथ-साथ 30 माइक्रोन मोटाई वाली सिल्वर ब्लैक कलर की प्लास्टिक मल्चिंग शीट का उपयोग किया जाता है। जिससे खरपतवार प्रबंधन के साथ साथ सिंचाई जल की मात्रा में भी कम आती है एवं तोरई में रस चूसक कीट का प्रकोप कम होता है । मल्चिंग तकनीक से उपज में 40 से 50% की वृद्धि पाई गई है।

सहारा देना (Staking)

स्टैकिंग से सभी पौधों के लिए समान धूप और वायु मिलती है। तोरई को सहारा देने गुणवत्ता एवं उत्पादन में वृद्धि होती है।

तुड़ाई(Harvesting)

फल लगने पर तुड़ाई जल्दी करनी चाहिए, नहीं तो फल कड़े हो जाते हैं एवं बाजार में भाव कम मिलते हैं। फलों की तुड़ाई पूर्ण विकसित होने पर कोमल अवस्था में किसी तेज चाकू से करनी चाहिए। तुड़ाई के बाद तुरंत विक्रय हेतु बाजार में भेजना चाहिए।

संभावित उपज (Potential yield)

तोरई फसल से 125-150 क्विंटल प्रति हेक्टेयर उपज प्राप्त हो जाती है। फसल की यह उत्पादकता जलवायु, मिट्टी, किस्म, सिंचाई समेत सुरक्षा प्रबंधन आदि पर निर्भर करती है।

पौध संरक्षण - लौकी के समान

38

टिण्डा

परिचय (Introduction)

टिण्डा (Round gourd) को मुख्य रुप से वर्षा ऋतु एवं ग्रीष्म ऋतु में उगाया जाता है, जिसे भारतीय गोल लौकी, सेब लौकी, भारतीय कद्दू, या टिंडा लौकी के रूप में भी जाना जाता है। इसका उत्पत्ति स्थान **उष्णकटिबंधीय अफ्रीका (Tropical Africa)** माना जाता है। मध्यप्रदेश में इसे ज्यादातर ग्रीष्म ऋतु में ही लगाया जाता है। इसका उपयोग मसालेदार सब्जियों, मसालेदार भरवां सब्जियों के अचार और कई अन्य महंगे व्यंजनों में किया जाता है।

वानस्पतिक विवरण (Botanical description)

टिण्डा का वानस्पतिक नाम ***प्रेसिट्रलस फिस्टुलोसस*** **(स्टॉक्स) पैंगालो(*Praecitrullus fistulosus*** (Stocks) Pangalo) है, यह ***कुकरबिटेसी*** **(Cucurbitaceae)** कुल के अंतर्गत आता है। इसमें **क्रोमोसोम नम्बर (2n = 22)** होते हैं । वानस्पतिक रूप से, यह वार्षिक, चढ़ने वाली बेल है, जिसमें बालों वाला मृदुल और पतला तना होता है। पौधा **एकलिंगाश्रयी** (Monoecious) होता है, फूल आमतौर पर पत्ती की धुरी में एकान्त होते हैं, तुलनात्मक रूप से छोटे, नियमित, पंचकोणीय, बाह्यदलपुंज कैम्पैनुलेट, पंखुड़ी वाली, पीले, बालों वाले, तीन पुंकेसर वाले नर फूल, अवर, गोलाकार और बालों वाले अंडाशय वाले मादा फूल होते हैं। यह एक **पर-परागित फसल** (Cross pollinated crop) है। फल एक प्रकार का बेरी है जिसे **पेपो** (Pepo) कहा जाता है। फल लगभग गोलाकार और 5-8 सेमी व्यास का होता है।

उपयुक्त जलवायु (Suitable climate)

यह गर्म और शुष्क जलवायु में अच्छी तरह से बढ़ता है लेकिन इसे गर्म और हल्के जलवायु दोनों में उगाया जा सकता है। सम तापमान अंकुरण एवं बेल की वृद्धि के लिए अच्छा होता है। परंतु फलन के समय उच्च तापमान को भी सहन कर लेती है। फूल आने और फलने की अवस्था में अत्यधिक वर्षा से उपज कम हो सकती है। कम तापमान अंकुरण में देरी और शुरुआती वृद्धि को धीमा कर सकता है।

मृदा का चयन (Selection of soil)

इसकी खेती सभी प्रकार की सभी प्रकार की मिट्टी में की जा सकती है लेकिन अच्छी जल निकासी और 6.5-7.5 की पीएच सीमा के साथ कार्बनिक पदार्थों से भरपूर रेतीली दोमट मिट्टी इसकी खेती के लिए उपयुक्त होती है ।

उन्नत किस्में (Improved varieties)

खेती की तैयारी (Field prepration)

टिण्डा के अच्छे उत्पादन के लिए खेत को खरपतवारों से रहित एवं भुरभुरा तैयार करना चाहिए। दो से तीन बार कल्टीवेटर से जुताई करें इसके बाद एक बार रोटावेटर चलाकर खेत को समतल कर लेवें।

एकीकृत पोषक तत्व प्रबंधन (Integrated Nutrient Management)

टिण्डा में खाद एवं उर्वरकों का उपयोग मृदा परीक्षण के आधार पर करें। सामान्यतः गोबर की खाद या कम्पोस्ट 200 क्विंटल, नत्रजन 100 किलोग्राम , स्फुर 50 किलोग्राम एवं पोटाश 50 किलोग्राम प्रति हेक्टर की दर से देनी चाहिए। नाइट्रोजन की शेष मात्रा को दो बराबर भागों में बांटकर दो बार में 4-5 पत्तियां निकल आने पर और फूल निकलते समय टॉप ड्रेसिंग द्वारा पौधों के चारों ओर देनी चाहिए। नत्रजन उर्वरक को पौधे की जड़ों से थोड़ा दूर देना चाहिए। अंकुरण पश्चात 4-6 पत्तियों की अवस्था में इथ्रेल 30-40 मिली 100 लीटर में मिलाकर छिड़काव करने से मादा पुष्पों की संख्या बढ़ती है।

बीज दर एवं बीजोपचार (Seed rate and seed treatment)

एक हेक्टेयर खेत की बुआई के लिए 3.5 किलोग्राम की आवश्यकता होती है। बीज को बोने के पूर्व फफूँदनाशी दवा थीरम 2 ग्राम + कार्बेन्डाजिम 1 ग्राम प्रति किलोग्राम बीज की दर से उपचारित करें या *ट्राइकोडर्मा विरडी* 4 ग्राम प्रति किलोग्राम बीज की दर से बीजोपचार कर बुवाई करें।

बुवाई का समय एवं विधि (Time of sowing and method)

ग्रीष्म ऋतु में फरवरी-मार्च एवं वर्षा ऋतु में जून-जुलाई में बुआई करना चाहिए । पंक्तियों की आपसी दूरी 1.5 मीटर एवं पौधे से पौधे की दूरी 0.75 मीटर रखें एक स्थान पर दो बीज 2.5-3 से.मी. की गहराई पर बोयें।

सिंचाई प्रबन्धन (Irrigation management)

टिण्डा में सिंचाई भूमि एवं मौसम के अनुसार करनी चाहिए। ग्रीष्मकालीन फसल में 4-5 दिन के अन्तर पर सिंचाई करें। तथा वर्षाकालीन फसल मे वर्षा नहीं होने पर सिंचाई करें। गिल्की में फसल की गुणवत्ता और उपज में वृद्धि के लिए ड्रिप सिंचाई का उपयोग करना चाहिए । ड्रिप सिंचाई के उपयोग से ड्रिप सिंचाई फसलों के लिए सबसे कुशल जल और पोषक तत्व वितरण प्रणाली है। यह सही समय पर, सही मात्रा में पानी और पोषक तत्वों को सीधे पौधे की जड़ों तक पहुँचाती है, इस विधि में प्रत्येक पौधे को समान रूप से जल एवं पोषक तत्व मिलते हैं । मिटटी में नमी के अनुसार ड्रिप से प्रतिदिन या एक दिन छोड़कर सिंचाई करें।

खरपतवार प्रबंधन (Weed management)

टिण्डा की अच्छी पैदावार के लिए फसल को खरपतवारों से मुक्त रखना आवश्यक है। खरपतवार पोषक तत्वों, मिट्टी की नमी, स्थान और सूर्य प्रकाश के लिए पौधों से प्रतिस्पर्धा करते हैं एवं फसल की वृद्धि एवं विकास में बाधा पहुचाते हैं, जिसके कारण फसल की गुणवत्ता एवं उपज में कमी आती है। टिण्डा की फसल के साथ अनेक खरपतवार उग आते हैं। अतः उनकी रोकथाम के लिए फरवरी-मार्च वाली फसल में 2-3 बार और जून-जुलाई वाली फसल में 3-4 बार निदाई-गुड़ाई करनी चाहिए।

तुड़ाई(Harvesting)

फल लगने पर तुड़ाई जल्दी करनी चाहिए, नहीं तो फल कड़े हो जाते हैं एवं बाजार में भाव कम मिलते हैं। फलों की तुड़ाई पूर्ण विकसित होने पर कोमल अवस्था में करनी चाहिए। तुड़ाई के बाद तुरंत विक्रय हेतु बाजार में भेजना चाहिए।

संभावित उपज (Potential yield)

टिण्डा फसल से 75-100 क्विंटल प्रति हेक्टेयर उपज प्राप्त हो जाती है। फसल की यह उत्पादकता जलवायु, मिट्टी, किस्म, सिंचाई समेत सुरक्षा प्रबंधन आदि पर निर्भर करती है।

पौध संरक्षण - लौकी के समान

39

पेठा

परिचय (Introduction)

पेठा (Ash gourd) एक कद्दूवर्गीय सब्जी है। पेठा का उत्पत्ति स्थान **एशिया में विशेष रूप से जावा और जापान** (Asia specifically in Java and Japan) माना जाता है। पेठा कद्दू का रंग हल्का हरा होता है, जिस पर पाउडर जैसी परत चढ़ी होती है। यह वसा, प्रोटीन, कार्बोहाइड्रेट और रेशे का उच्च स्त्रोत है।इससे प्रसिद्ध खाने वाली मिठाई पेठा भी इसी से बनाई जाती है। पेठे की खेती सब से ज्यादा पश्चिमी उत्तर प्रदेश में की जाती है। इस के अलावा पूर्वी उत्तर प्रदेश, बिहार, मध्य प्रदेश, राजस्थान में इसकी खेती की जाती है।

वानस्पतिक विवरण (Botanical description)

पेठा का वानस्पतिक नाम ***बेनिनकासा प्रुरिएन्स*** **एफ.** ***हेपिडा*** **(थुनब.)**(*Benincasa pruriens* f. *hispida*(Thunb.)है, यह ***कुकरबिटेसी*** **(Cucurbitaceae)** कुल के अंतर्गत आता है। इसमें **क्रोमोसोम नम्बर (2n = 24)** होते हैं । यह **एकलिंगाश्रयी** (Monoecious) फसल लंबे डंठल वाले बड़े नर फूल और एक ही पौधे पर घने बालों वाले अंडाशय और छोटे डंठल वाले मादा फूल पैदा करती है। दलपुंज पीले रंग का और आकार में बड़ा होता है। पेठे पर नर और मादा फूल एक ही पौधे पर अलग-अलग होते हैं। क्रॉस परागण कीड़ों द्वारा होता है पुंकेसर और स्त्रीकेसर के फूलों का अनुपात **34:1** है। एन्थेसिस सुबह **4.30 - 7.30** बजे होता है और पराग स्फुटन सुबह **3.00 - 5.00** बजे होता है। स्टिग्मा एंथेसिस के **8** घंटे पहले से **18** घंटे बाद तक ग्रहणशील होता है। पेठा एक **पर-परागित** (cross-pollinated) फसल है।वानस्पतिक तौर पर पेठा के फल को **पेपो** (Pepo) कहा जाता है।

उपयुक्त जलवायु (Suitable climate)

यह गर्म, नम उष्णकटिबंधीय जलवायु में अच्छी तरह से बढ़ता है। इसकी खेती के लिए 22-35 डिग्री सेल्सियस तापमान इष्टतम होता है।

मृदा का चयन (Selection of soil)

इसे सभी प्रकार की भूमियों में उगाया जा सकता हैं। रेतीली दोमट कार्बनिक पदार्थ से भरपूर और अच्छी जल निकासी वाली मिटटी इसकी खेती के लिए सर्वोत्तम रहती है। मिट्टी का पीएच मान 6.5 -**7.5** बीच होना उपयुक्त होता है।

उन्नत किस्में (Improved varieties)

काशी सुरभि (Kashi Surbhi)

इस किस्म के फल आयताकार, दीर्घवृत्त, हरे रंग के सफेद, गूदा सफेद होता है। फलों का औसत वजन 10-12 किग्रा होता है। यह किस्म फल लंबी दूरी के परिवहन के लिए उपयुक्त है। इस किस्म की औसत उपज खरीफ में 600-700 क्विंटल हेक्टेयर एवं रबी में 510-550 क्विंटल हेक्टेयर है।

काशी धवल (Kashi Dhawal)

इस किस्म का विकास एक स्थानीय संग्रह से किया गया है। बेल की लंबाई 7.5-8 मीटर है। फल आयताकार होते हैं, गूदा सफेद, मोटाई 8.5-8.7 सेमी, बीज व्यवस्था रैखिक, औसत वजन 11-12 किलोग्राम होता है फसल की अवधि 120 दिन होती है। इस किस्म की औसत उपज 550-650 क्विंटल हेक्टेयर है। यह किस्म यू.पी., पंजाब, बिहार और झारखंड में खेती के लिए अनुशंसित, की गई है।

काशी उज्जवल (Kashi Ujwal)

इस किस्म के फल गोलाकार होते हैं, प्रत्येक का वजन 10-12 किलोग्राम और कम बीज होता है। फसल की अवधि के 130-140 दिनों में 600-610 क्विंटल /हेक्टेयर की उपज क्षमता होती है । यह किस्म पंजाब, यू.पी., बिहार, झारखंड, कर्नाटक, तमिलनाडु और केरल के लिए अनुशंसित है।

पूसा उज्जवल (Pusa Ujwal)

इस किस्म के फल आयताकार, दीर्घवृत्त, हरे रंग के सफेद होते हैं, जबकि गूदा सफेद होता है। फलों का औसत वजन 7.0 किग्रा होता है यह किस्म फल लंबी दूरी के परिवहन के लिए आदर्श है। इस किस्म की औसत उपज 480-500 क्विंटल हेक्टेयर है। यह किस्म कर्नाटक, तमिलनाडु और केरल के लिए अनुशंसित है।

खेती की तैयारी (Field prepration)

पेठा के अच्छे उत्पादन के लिए खेत खरपतवारों रहित एवं भुरभुरा तैयार करना चाहिए । दो से तीन बार कल्टीवेटर से जुताई करें इसके बाद एक बार रोटावेटर चलाकर खेत को समतल कर लेवें।

एकीकृत पोषक तत्व प्रबंधन (Integrated Nutrient Management)

पेठा में खाद एवं उर्वरकों का उपयोग मृदा परीक्षण के आधार पर करें। सामान्यतः गोबर की खाद या कम्पोस्ट 150-200 क्विंटल, नाइट्रोजन 45-60 किलोग्राम, स्फुर 50-60 किलोग्राम तथा पोटाश 60-80 किलोग्राम प्रति हेक्टेयर की दर से दें। गोबर की खाद, स्फुर, पोटाश एवं नत्रजन की एक तिहाई मात्रा खेत में बीज बोते समय देना चाहिए। शेष नत्रजन की मात्रा दो समान भागों में बांटकर पौधों में फूल बनने के पहले वानस्पतिक वृद्धि के समय व फूल आने के बाद टॉप ड्रेसिंग के रुप में देना चाहिए।

बीज दर एवं बीजोपचार (Seed rate and seed treatment)

एक हेक्टेयर खेत के लिए 5-7 किलोग्राम बीज पर्याप्त होता है। बीज को बोने के पूर्व फफूँदनाशी दवा थीरम 2 ग्राम + कार्बेन्डाजिम 1 ग्राम प्रति किलोग्राम बीज की दर से उपचारित करें या *ट्राइकोडर्मा विरडी* 4 ग्राम प्रति किलोग्राम बीज की दर से बीजोपचार कर बुवाई करें।

बुवाई का समय एवं विधि (Time of sowing and method)

ग्रीष्मकालीन फसल की बुआई फरवरी-मार्च में करनी चाहिए। पेठा की पंक्तियों में बुआई करें। पंक्तियों की आपसी दूरी ग्रीष्मकालीन फसल के लिए 1.5-2 मीटर व वर्षाकालीन फसल के लिए 3 मीटर रखें एवं पौधे से पौधे की दूरी 0.60-1.20 मीटर रखें। एक स्थान पर दो बीज 2.5-3 से.मी. की गहराई पर बोयें।

सिंचाई प्रबन्धन (Irrigation management)

ग्रीष्मकालीन फसल में 4-5 दिन के अन्तर पर सिंचाई करें। तथा वर्षाकालीन फसल मे वर्षा नहीं होने पर सिंचाई करें। पेठा में फसल की गुणवत्ता और उपज में वृद्धि के लिए ड्रिप सिंचाई का उपयोग करना चाहिए । ड्रिप सिंचाई के उपयोग से ड्रिप सिंचाई फसलों के लिए सबसे कुशल जल और पोषक तत्व वितरण प्रणाली है। यह सही समय पर, सही मात्रा में पानी और पोषक तत्वों को सीधे पौधे की जड़ों तक पहुँचाती है, इस विधि में प्रत्येक पौधे को समान रूप से जल एवं पोषक तत्व मिलते हैं । मिटटी में नमी के अनुसार ड्रिप से प्रतिदिन या एक दिन छोड़कर सिंचाई करें।

प्लास्टिकमल्च(Plastic mulch)

पेठा की आधुनिक खेती में सिंचाई के लिए ड्रिप पद्धति के साथ-साथ 30 माइक्रोन मोटाई वाली सिल्वर ब्लैक कलर की प्लास्टिक मल्चिंग शीट का उपयोग किया जाता है। जिससे खरपतवार प्रबंधन के साथ साथ सिंचाई जल की मात्रा में भी कम आती है एवं पेठा में रस चूसक कीट का प्रकोप कम होता है । मल्चिंग तकनीक से उपज में 40 से 50% की वृद्धि पाई गई है।

खरपतवार प्रबंधन (Weed management)

पेठा की अच्छी पैदावार के लिए फसल को खरपतवारों से मुक्त रखना आवश्यक है। खरपतवार पोषक तत्वों, मिट्टी की नमी, स्थान और सूर्य प्रकाश के लिए पौधों से प्रतिस्पर्धा करते हैं एवं फसल की वृद्धि एवं विकास में बाधा पहुचाते हैं, जिसके कारण फसल की गुणवत्ता एवं उपज में कमी आती है। पेठा की फसल के साथ अनेक खरपतवार उग आते हैं। अतः उनकी रोकथाम के लिए फरवरी-मार्च वाली फसल में 2-3 बार और जून-जुलाई वाली फसल में 3-4 बार निदाई-गुड़ाई करनी चाहिए।

तुड़ाई (Picking)

फलों की तुड़ाई पूर्ण विकसित होने पर कोमल अवस्था में किसी तेज चाकू से करनी चाहिए। तुड़ाई के बाद तुरंत विक्रय हेतु बाजार में भेजना चाहिए।

संभावित उपज (Potential yield)

पेठा फसल से 100-150 क्विंटल प्रति हेक्टेयर उपज प्राप्त हो जाती है। फसल की यह उत्पादकता जलवायु, मिट्टी, किस्म, सिंचाई समेत सुरक्षा प्रबंधन आदि पर निर्भर करती है।

पौध संरक्षण - लौकी के समान

40

छप्पन कद्दू

परिचय (Introduction)

छप्पन कद्दू (Summer squash) कुकुरबिटेसी परिवार से संबंधित एक प्रसिद्ध सब्जी है। छप्पन कद्दू का उत्पत्ति स्थान **उत्तरी अमेरिका (North America)** माना जाता है। समर स्क्वैश को भारत में कई नामों से जाना जाता है, जैसे कि चप्पन कादू, विलयती कादू, कुमडा और सफेड कद्दू आदि। छप्पन कद्दू खनिजों का एक उत्कृष्ट स्रोत है, विशेष रूप से मैग्नीशियम, तांबा और पोटेशियम का इसमें अच्छी मात्रा में फाइबर भी होता है। इसके फल विटामिन ए (β- कैरोटीन), राइबोफ्लेविन, विटामिन बी 6, फोलिक एसिड, नियासिन और विटामिन सी का एक बहुत समृद्ध स्रोत होते हैं । भारत में, इसकी खेती पंजाब, हरियाणा, दिल्ली, उत्तर प्रदेश, जम्मू और कश्मीर, हिमाचल प्रदेश और पश्चिम बंगाल के राज्यों में की जाती है।

वानस्पतिक विवरण (Botanical description)

छप्पन कद्दू का वानस्पतिक नाम ***कुकरविटा पेपो एल.***(*Cucurbita pepo* L.)है, यह ***कुकरबिटेसी*** **(Cucurbitaceae)** कुल के अंतर्गत आता है। इसमें **क्रोमोसोम नम्बर (2n = 40)** होते हैं । छप्पन कद्दू चढ़ाई वाली, रेंगने वाली या कुछ किस्मों में झाड़ीदार, **5**-कोणीय तनों वाली **15** मीटर तक लंबी एक वार्षिक शाक है। उथली जड़ प्रणाली शाखाओं वाली होती है, जो एक अच्छी तरह से विकसित मूसला जड़ से बढ़ रही होती है। तने खुरदरे और सेटोज़ होते हैं, शाखाओं में बँटते हैं, अक्सर गांठों पर जड़ें जमाते हैं। डंठल सेटोज़, ग्रूव्ड, **6-24** सें.मी. लंबे और एस्टीप्युलेट होते हैं। पौधे में पत्ती सम्मिलन के लिए **90** डिग्री पर टेंड्रिल होते हैं, जो कुंडलित होते हैं, और **1-6**-शाखित होते हैं। पतली पत्तियाँ सरल, वैकल्पिक, मोटे तौर पर ओवेट से डेल्टॉइड, बेसली कॉर्डेट, एपिकली एक्यूट, पामेटली लोब्ड **5-7** लोब, मामूली दांतेदार, स्कैब्रस, पामेटली वेन, **20-30** सेमी लंबी और **10-35** सेमी चौड़ी होती हैं। यह **एकलिंगाश्रयी (Monoecious)** (एक ही पौधे पर नर और मादा के साथ) होता है और इसमें एकान्त एक्टिनोमोर्फिक फूल होते हैं जो मधुरस पैदा करते हैं। बाह्यदलपुंज **5** मुक्त बाह्यदलों के साथ घुमक्कड़ है; प्रत्येक बाह्यदल रेखीय और **0.9-3** सेमी लंबा, स्त्रीकेसर के फूलों पर छोटा होता है। पीला दलपुंज कैंपानुलेट, **5**-विभाजित (कभी-कभी **6**-विभाजित) होता है, जिसमें पंखुड़ियाँ फैली हुई होती हैं, जो लगभग **5-10** सेमी लंबी होती हैं, और लगभग तीखी होती हैं। छोटे फूलों पर **3** सेमी चौड़ा। पुंकेसर के फूल **3-20** सेंटीमीटर लंबे डंठल पर पैदा होते हैं, और मुक्त तंतुओं (**1.5** सेंटीमीटर लंबे) के साथ **3** पुंकेसर होते हैं और मुड़े हुए परागकोश (**1** सेमी लंबे) होते हैं। पिस्टिलेट के फूल केवल **2-5** सेमी लंबे छोटे पेडन्यूल्स पर पैदा होते हैं, और बेलनाकार अंडाशय के लिए एक अवर **1**-लोक्यूलर ग्लोबोज होता है, और **3** द्वि-लोब वाले कलंक के साथ एक मोटी शैली होती है। विकासशील फल का डंठल कठोर, थोड़ा मुड़ा हुआ, फल के जोड़ पर फैलता है, और व्यास में **5.6** से **15.1** मिमी तक होता है स्क्वैश एक प्राकृतिक रूप से पर-परागित (cross-pollinated) फसल है और स्व-परागण **0-5%** तक होता है। वानस्पतिक तौर पर छप्पन कद्दू के फल को **पेपो (Pepo)** कहा जाता है।

उपयुक्त जलवायु (Suitable climate)

इसे उच्च और निम्न तापमान दोनों स्थितियों में उगाया जा सकता है। पौधों को 24-27 डिग्री सेल्सियस तापमान रेंज के बीच सफलतापूर्वक उगाया जा सकता है।

मृदा का चयन (Selection of soil)

इसे सभी प्रकार की भूमियों में उगाया जा सकता हैं। रेतीली दोमट कार्बनिक पदार्थ से भरपूर और अच्छी जल निकासी वाली मिट्टी इसकी खेती के लिए सर्वोत्तम रहती है। मिट्टी का पीएच मान **6.5 -7.5** बीच होना उपयुक्त होता है।

उन्नत किस्में (Improved varieties)

काशी सुभांगी (Kashi Subhangi (VRSS-06-12)

यह मध्यम अवधि में तैयार होने वाली, फलन गुच्छे में होता है, 8-10 मध्यम आकार लम्बे गहरे हरे रंग के चमकते फल होते हैं, फलों का औसत फल वजन 800-900 ग्राम होता है । यह किस्म डाउनी मृदु रोमिल असिता रोग के लिए प्रतिरोधी है । यह किस्म शरद ऋतु के लिए

सबसे उपयुक्त है और वसंत के मौसम में भी उगाया जा सकता है। इस किस्म की औसत उपज 600-650 क्विंटल हेक्टेयर है। यह किस्म उत्तर प्रदेश में खेती के लिए अनुशंसित की गई है।

पूसा अलंकार (Pusa Alankar)

यह एक जल्दी तैयार होने वाली और उच्च उपज वाली संकर किस्म है। फल हल्के रंग की धारियों के साथ गहरे हरे रंग के , 20-25 सेमी लम्बे, स्टेम अंत की ओर थोड़ा टेपिंग, स्वादिष्ट गूदा वाले होते हैं। यह किस्म पूरे भारत के लिए अनुशंसित है।

खेती की तैयारी (Field prepration)

छप्पन कद्दू के अच्छे उत्पादन के लिए खेत खरपतवारों रहित एवं भुरभुरा तैयार करना चाहिए । दो से तीन बार कल्टीवेटर से जुताई करें इसके बाद एक बार रोटावेटर चलाकर खेत को समतल कर लेवें।

एकीकृत पोषक तत्व प्रबंधन (Integrated Nutrient Management)

छप्पन कद्दू में खाद एवं उर्वरकों का उपयोग मृदा परीक्षण के आधार पर करें। सामान्यतः गोबर की खाद या कम्पोस्ट 200-250 क्विंटल, नाइट्रोजन 45-60 किलोग्राम, स्फुर 50-60 किलोग्राम तथा पोटाश 60-80 किलोग्राम प्रति हेक्टेयर की दर से दें। गोबर की खाद, स्फुर, पोटाश एवं नत्रजन की एक तिहाई मात्रा खेत में बीज बोते समय देना चाहिए। शेष नत्रजन की मात्रा दो समान भागों में बांटकर पौधों में फूल बनने के पहले वानस्पतिक वृद्धि के समय व फूल आने के बाद टॉप ड्रेसिंग के रुप में देना चाहिए।

बीज दर एवं बीजोपचार (Seed rate and seed treatment)

एक हेक्टेयर खेत के लिए 3.5-4.5 किलोग्राम बीज पर्याप्त होता है। बीज को बोने के पूर्व फफूँदनाशी दवा थीरम 2 ग्राम + कार्बेन्डाजिम 1 ग्राम प्रति किलोग्राम बीज की दर से उपचारित करें या *ट्राइकोडर्मा विरडी* 4 ग्राम प्रति किलोग्राम बीज की दर से बीजोपचार कर बुवाई करें।

बुवाई का समय एवं विधि (Time of sowing and method)

ग्रीष्मकालीन फसल की बुआई फरवरी-मार्च में करनी चाहिए। छप्पन कद्दू की पंक्तियों में बुआई करें। पंक्तियों की आपसी दूरी ग्रीष्मकालीन फसल के लिए 1 मीटर व वर्षाकालीन फसल के लिए 3 मीटर रखें एवं पौधे से पौधे की दूरी 1 मीटर रखें। एक स्थान पर दो बीज 2.5-3 से.मी. की गहराई पर बोयें।

सिंचाई प्रबन्धन (Irrigation management)

ग्रीष्मकालीन फसल में 4-5 दिन के अन्तर पर सिंचाई करें। तथा वर्षाकालीन फसल मे वर्षा नहीं होने पर सिंचाई करें। छप्पन कद्दू में फसल की गुणवत्ता और उपज में वृद्धि के लिए ड्रिप सिंचाई का उपयोग करना चाहिए । ड्रिप सिंचाई के उपयोग से ड्रिप सिंचाई फसलों के लिए सबसे कुशल जल और पोषक तत्व वितरण प्रणाली है। यह सही समय पर, सही मात्रा में पानी और पोषक तत्वों को सीधे पौधे की जड़ों तक पहुँचाती है, इस विधि में प्रत्येक पौधे को समान रूप से जल एवं पोषक तत्व मिलते हैं । मिटटी में नमी के अनुसार ड्रिप से प्रतिदिन या एक दिन छोड़कर सिंचाई करें।

प्लास्टिकमल्च(Plastic mulch)

छप्पन कद्दू की आधुनिक खेती में सिंचाई के लिए ड्रिप पद्धति के साथ-साथ 30 माइक्रोन मोटाई वाली सिल्वर ब्लैक कलर की प्लास्टिक मल्चिंग शीट का उपयोग किया जाता है। जिससे खरपतवार प्रबंधन के साथ साथ सिंचाई जल की मात्रा में भी कम आती है एवं छप्पन कद्दू में रस चूसक कीट का प्रकोप कम होता है । मल्चिंग तकनीक से उपज में 40 से 50% की वृद्धि पाई गई है।

खरपतवार प्रबंधन (Weed management)

छप्पन कद्दू की अच्छी पैदावार के लिए फसल को खरपतवारों से मुक्त रखना आवश्यक है। खरपतवार पोषक तत्वों, मिट्टी की नमी, स्थान और सूर्य प्रकाश के लिए पौधों से प्रतिस्पर्धा करते हैं एवं फसल की वृद्धि एवं विकास में बाधा पहुचाते हैं, जिसके कारण फसल की गुणवत्ता एवं उपज में कमी आती है। छप्पन कद्दू की फसल के साथ अनेक खरपतवार उग आते हैं। अतः उनकी रोकथाम के लिए फरवरी-मार्च वाली फसल में 2-3 बार और जून-जुलाई वाली फसल में 3-4 बार निदाई-गुड़ाई करनी चाहिए।

तुड़ाई (Picking)

फलों की तुड़ाई पूर्ण विकसित होने पर कोमल अवस्था में किसी तेज चाकू से करनी चाहिए। तुड़ाई के बाद तुरंत विक्रय हेतु बाजार में भेजना चाहिए।

संभावित उपज (Potential yield)

छप्पन कद्दू फसल से 200-300 क्विंटल प्रति हेक्टेयर उपज प्राप्त हो जाती है। फसल की यह उत्पादकता जलवायु, मिट्टी, किस्म, सिंचाई समेत सुरक्षा प्रबंधन आदि पर निर्भर करती है।

पौध संरक्षण - लौकी के समान

41

परवल

परिचय (Introduction)

परवल (Pointed gourd) दुनिया के उष्णकटिबंधीय और उपोष्णकटिबंधीय क्षेत्रों में सबसे महत्वपूर्ण कद्दू वर्गीय सब्जियों में से एक है। इसका उत्पत्ति स्थान **भारत (India)** माना जाता है। यह आमतौर पर बिहार, पश्चिम बंगाल, पूर्वी उत्तर प्रदेश और राजस्थान, मध्य प्रदेश, गुजरात, असम और महाराष्ट्र में उगाया जाता है।परवल के फल प्रोटीन और विटामिन ए से भरपूर होते हैं और इसमें औषधीय गुण भी होते हैं जो रक्त शर्करा और सीरम ट्राइग्लिसराइड्स को कम कर सकते हैं। फलों का विभिन्न प्रकार से सेवन किया जाता है, जिसमें सब्जी करी, अचार और विभिन्न कन्फेक्शन शामिल हैं। इनकी बाजार में लंबे समय तक उपलब्धता रहती है, और परवल के उच्च पोषण और औषधीय गुण उन्हें एक संपूर्ण सब्जी बनाते हैं। भारत में 20 हजार हेक्टेयर में परवल की खेती की जाती है, जिससे 310 हजार मीट्रिक टन उत्पादन प्राप्त होता है (**हॉर्टिकल्चर स्टेटिस्टिक्स एट ए ग्लांस 2018**)।

वानस्पतिक विवरण (Botanical description)

परवल का वानस्पतिक नाम ***ट्राइकोसांथेस डाइओका*** **रॉक्स्ब.**(*Trichosanthes dioica* Roxb.) है, यह ***कुकरबिटेसी*** **(Cucurbitaceae)** कुल के अंतर्गत आता है। इसमें **क्रोमोसोम नम्बर (2n = 22)** होते हैं । परवल अपनी अच्छी तरह से स्थापित डायोसिज्म, बारहमासी प्रकृति और प्रसार के वानस्पतिक साधनों के कारण अन्य कुकुर्बिटेशियस प्रजातियों से रूपात्मक रूप से अलग है। परवल में कंदमय जड़ें और एक लंबी मूसला जड़ प्रणाली होती है। पुष्पक्रम एकरस होता है; फूल अवृन्त, एकान्त, आयताकार-बेलनाकार बाह्यदलपुंज नली के साथ सहपत्री होते हैं। *टी. डाइओका* का फल **(पेपो)** ग्लोबोज, आयताकार और चिकना होता है, जहां खाने योग्य भाग मुख्य रूप से थोड़ा मेसोकार्प के साथ पेरिकार्प होता है। पौधे **द्विलिंगाश्रायी (dioecious)** (नर फूल एवं मादा फूल अलग-अलग पौधों पर पैदा होते हैं) होते हैं। इसमें 100% पर-परागण **(Cross pollination)** होता है।

उपयुक्त जलवायु (Suitable climate)

परवल गर्म या मध्यम गर्म और आर्द्र जलवायु में अच्छी तरह से पनपती है, और उचित वृद्धि के लिए इष्टतम तापमान 25 से 35 डिग्री सेल्सियस तक होता है। धूप की प्रचुरता और काफी अधिक वर्षा फसल की अच्छी उपज के लिए अनुकूल होती है। नए अंकुरों का पुनर्जनन आम तौर पर 20 डिग्री सेल्सियस से नीचे बिगड़ जाता है और 5 डिग्री सेल्सियस से नीचे गंभीर ठंड फसल के लिए हानिकारक होती है। सर्दियों के दौरान बेल की वृद्धि अत्यधिक प्रतिबंधित हो जाती है, जो वसंत की शुरुआत में मांसल जड़ से अंकुरित होने के साथ फिर से शुरू हो जाती है, हालांकि, परवल को कठोर सर्दियों के महीनों (नवंबर से फरवरी) के दौरान विभिन्न नदी-तलियों या नदी घाटियों में उगाया जा सकता है।

मृदा का चयन (Selection of soil)

इसकी खेती सभी प्रकार की सभी प्रकार की मिट्टी में की जा सकती है लेकिन अच्छी जल निकासी और 6.5-7.5 की पीएच सीमा के साथ कार्बनिक पदार्थों से भरपूर रेतीली दोमट मिट्टी इसकी खेती के लिए उपयुक्त होती है । यह कम मिट्टी की नमी के तनाव का सामना कर सकती है लेकिन जल जमाव के तनाव को सहन नहीं कर सकती।

उन्नत किस्में (Improved varieties)

काशी अमूल्य (Kashi Amulya (VRPG-89)

इस किस्म में कम बीज (सामान्य किस्म में 25-30 बीजों की तुलना में 5-8 बीज/फल होते हैं । यह किस्म कन्फेक्शनरी उद्देश्य के लिए उपयुक्त होती है । फल अधिक मांसल, कम वितरित सफेद धारियों वाला आकर्षक हल्का हरा होता है । इस किस्म की उपज क्षमता 200-220 क्विंटल/ हेक्टेयर है। यह किस्म उत्तर प्रदेश में खेती के लिए अनुशंसित है ।

काशी सुफल (Kashi Suphal (VRPG-2)

इस किस्म के फल हल्के धारियों के साथ आकर्षक हल्का हरे, नरम बीज के साथ मांसल होते हैं, पौधे में लंबे समय तक फल धारण करने की क्षमता होती है । यह किस्म पाक उद्देश्य और मिठाई बनाने के लिए उपयुक्त बेहतर गुणवत्ता रखने वाली है । इस किस्म की उपज क्षमता 180-200 क्विंटल/ हेक्टेयर है। यह किस्म उत्तर प्रदेश में खेती के लिए अनुशंसित है ।

काशी अलंकार (Kashi Alankar)

काशी अलंकार आईसीएआर-आईआईवीआर में क्लोनल चयन के माध्यम से विकसित परवल की उच्च उपज वाली किस्म है। इस किस्म के फल हल्के हरे रंग के होते हैं और 6-7 सेमी लंबाई और 2-3 व्यास वाले औसत फल वाले किसी भी सफेद पट्टी से रहित होते हैं। फलों का वजन 25-27 ग्राम होता है । इस किस्म के पौधे 120-130 फल/बेल पैदा करने में सक्षम होते हैं। इस किस्म की औसत उपज 180-190 क्विंटल/हेक्टेयर है। यह किस्म यूपी, बिहार और झारखंड राज्यों में रिलीज़ और खेती के लिए अनुशंसित की गई है ।

अर्का नीलांचल कीर्ति (Arka Neelachal Kirti)

इस किस्म के फल धुरी के आकार के, गहरे हरे रंग के, क्रीम रंग की 3-4 खंडित धारियों वाले और मध्यम आकार के (10.45 x 3.5 सेमी) ठोस कोर के साथ लगभग 40-45 ग्राम वजन के होते हैं। इस किस्म की उपज क्षमता 150 क्विंटल/ हेक्टेयर है।

स्वर्ण रेखा (Swarna Rekha)

इस किस्म को बिहार के चंपारण जिले के जर्मप्लाज्म से क्लोन चयन के माध्यम से एचएआरपी, रांची में विकसित किया गया है। यह किस्म लंबे, हरे-धारीदार और मुलायम बीज वाले फल पैदा करती है। इस किस्म की उपज क्षमता 150-200 क्विंटल/ हेक्टेयर है।

स्वर्ण अलौकिक (Swarna Alaukik)

इस किस्म को बिहार के भागलपुर जिले से एकत्रित जर्मप्लाज्म से क्लोनल चयन के माध्यम से एचएआरपी, रांची में भी विकसित किया गया है। यह किस्म लंबे समय तक चलने वाले फल पैदा करती है और मीठा बनाने के लिए उपयुक्त है। इस किस्म की उपज क्षमता 200-250 क्विंटल/ हेक्टेयर है।

खेती की तैयारी (Field prepration)

परवल के अच्छे उत्पादन के लिए खेत को खरपतवारों से रहित एवं भुरभुरा तैयार करना चाहिए। दो से तीन बार कल्टीवेटर से जुताई करें इसके बाद एक बार रोटावेटर चलाकर खेत को समतल कर लेवें।

एकीकृत पोषक तत्व प्रबंधन (Integrated Nutrient Management)

परवल में खाद एवं उर्वरकों का उपयोग मृदा परीक्षण के आधार पर करें। परवल लंबी अवधि की फसल होने के कारण पोषण के अनुकूल प्रतिक्रिया करती है। सामान्यतः गोबर की खाद या कम्पोस्ट 200-250 क्विंटल, नत्रजन 90 किलोग्राम , स्फुर 60 किलोग्राम एवं पोटाश 60 किलोग्राम प्रति हेक्टेयर की दर से देनी चाहिए। नाइट्रोजन की एक तिहाई मात्रा और फास्फेटिक और पोटाश युक्त उर्वरकों की पूरी मात्रा का प्रयोग टीले की तैयारी के समय बेसल अनुप्रयोग के रूप में किया जाना चाहिए और नाइट्रोजन की शेष मात्रा दो भागों में, एक फूल आने की शुरुआत में और दूसरी एक माह के बाद में डाली जानी चाहिए।

बीज दर एवं बीजोपचार (Seed rate and seed treatment)

खराब अंकुरण और अप्रत्याशित भिन्नता के कारण परवल का बीज से प्रवर्धन अवांछनीय है; परवल को तने और जड़ की कलम के माध्यम से प्रवर्धित किया जाता है। एक हेक्टेयर खेत में रोपण के लिए 2500 कलमों की आवश्यकता होती है।

बुवाई का समय एवं विधि (Time of sowing and method)

परवल रोपण के समय को इस तरह से समायोजित किया जाना चाहिए कि सर्दियों में कम तापमान की शुरुआत से पहले 25-35 डिग्री सेल्सियस की इष्टतम तापमान सीमा में पुनर्जनन और बेल की वृद्धि पूरी हो सके । सर्दियों की शुरुआत के बाद जड़ या बेल की कटिंग लगाने से लताओं के अंकुरण और स्थापना में देरी होती है।ऊपरी भूमि में आदर्श रोपण समय मध्य अगस्त से अक्टूबर और नदी तल में नवंबर होता है। दक्षिण भारतीय परिस्थितियों में, कलमों को जुलाई-अगस्त या सितंबर-अक्टूबर में 2 × 2 मीटर की दूरी पर गड्ढों में लगाया जाता है। कलमों को परिपक्व लताओं से लिया जाता है । जड़ और बेल दोनों से बहुत छोटी या बहुत बड़ी कटिंग कभी भी आदर्श नहीं होती है, 15 सेमी रूट कटिंग और 60 सेमी बेल की कटिंग 10-15 नोड्स के साथ सबसे अच्छी प्रचार सामग्री मानी जाती है। खेत की अच्छी तरह से जुताई के बाद, दो क्यारियों के बीच 60-75 सेमी की दूरी रखते हुए 15 सेमी ऊंचाई, 3 मीटर चौड़ाई और सुविधाजनक लंबाई की उठी हुई क्यारियां तैयार की जाती हैं।

रोपण की विधियाँ (Planting methods)

1. **सीधी बेल या अंगूठी विधि**- नम गांठ विधि में, नम मिट्टी में 60-90 सेमी लंबाई की कलम को 15 सेमी के दोनों सिरों को मुक्त रखते हुए 10 सेमी गहरी मिट्टी में दबा दिया जाता है और कलम वाले सिरों को मिट्टी के ऊपर छोड़ दिया जाता है।

2. **सीधी बेल विधि**- इस विधि में, कलमों को क्षैतिज रूप से 15 सेमी गहराई में लगाया जाता है और दोनों सिरों को मिट्टी के ऊपर छोड़ दिया जाता है।

पौध जनसंख्या घनत्व (Plant population density)

परवल लगभग 8 महीने की लंबी अवधि की फसल है, और इसलिए, बहुत अधिक सघन रोपण इसकी वृद्धि और उपज को प्रतिकूल रूप से प्रभावित करता है। आमतौर पर 2 × 2 मीटर की दूरी पर रोपण किया जाता है। परवल एक द्विभाजित फसल होने के कारण मादा क्लोनों में पैदा होने वाले फलों में बीजांडों के उचित निषेचन के लिए पराग की निरंतर आपूर्ति के लिए खेत में कुछ नर पौधों की आवश्यकता होती है। अच्छी तरह से विकसित और विपणन योग्य फल प्राप्त करने के लिए उचित निषेचन अनिवार्य है। अधिकतम फल सेट के लिए खेत में लगभग 10% नर पौधों की आबादी पर्याप्त मानी जाती है।हालांकि लाल भूरे बीटल (*कार्पोफिलस डिमिडियाटस*) परागण की क्रिया करने में महत्वपूर्ण योगदान देता है, लेकिन मादा फूलों में हाथ परागण, परागणकर्ता आबादी और पर्यावरण प्रदूषण की कमी के कारण आजकल व्यापक रूप से अभ्यास किया जाता है। एक नर फूल से प्राप्त परागकण 7-8 मादा फूलों को परागित करने के लिए पर्याप्त होते हैं। नर और मादा कलियों को विकसित होने और पूरी तरह से खुलने में क्रमश: 11-16 और 7-12 दिन लगते हैं। एंथेसिस से 6 घंटे पहले स्टिग्मा ग्रहणशील हो जाता है । शाम 6 से 11 बजे के बीच एंथिसिस के दौरान अधिकतम पराग अंकुरण होता है। रात्रि 9.00 से 9.30 बजे चरम के साथ, और फिर, धीरे-धीरे मंद हो जाता है, इसलिए हस्त परागण यथाशीघ्र सुबह के घंटों में पूरा किया जाना चाहिए, अधिमानतः 5.0- 5.30 बजे के समय के भीतर किया जाना चाहिए ।

सिंचाई प्रबन्धन (Irrigation management)

परवल में सिंचाई भूमि एवं मौसम के अनुसार करनी चाहिए। परवल मूल रूप से एक सूखा सहिष्णु फसल है, इस प्रकार, कम मिट्टी की नमी के तनाव का सामना कर सकती है लेकिन जल भराव की स्थिति नहीं। मानसून के मौसम के दौरान, इसे किसी भी सिंचाई की आवश्यकता नहीं होती है, लेकिन सर्दियों और गर्मियों के महीनों के दौरान, फसल की उचित वृद्धि और विकास के लिए विशेष रूप से अंकुरण के समय फसलों की उचित सिंचाई की जानी चाहिए। परवल में फसल की गुणवत्ता और उपज में वृद्धि के लिए ड्रिप सिंचाई का उपयोग करना चाहिए । ड्रिप सिंचाई के उपयोग से ड्रिप सिंचाई फसलों के लिए सबसे कुशल जल और पोषक तत्व वितरण प्रणाली है। यह सही समय पर, सही मात्रा में पानी और पोषक तत्वों को सीधे पौधे की जड़ों तक पहुँचाती है, इस विधि में प्रत्येक पौधे को समान रूप से जल एवं पोषक तत्व मिलते हैं । मिटटी में नमी के अनुसार ड्रिप से प्रतिदिन या एक दिन छोड़कर सिंचाई करें।

खरपतवार प्रबंधन (Weed management)

परवल की अच्छी पैदावार के लिए फसल को खरपतवारों से मुक्त रखना आवश्यक है। खरपतवार पोषक तत्वों, मिट्टी की नमी, स्थान और सूर्य प्रकाश के लिए पौधों से प्रतिस्पर्धा करते हैं एवं फसल की वृद्धि एवं विकास में बाधा पहुचाते हैं, जिसके कारण फसल की गुणवत्ता एवं उपज में कमी आती है। एक बार जब बेलें बढ़ने लगती हैं और कुछ उपलब्ध जगह को कवर कर लेती हैं, तो फसल और खरपतवार दोनों का प्रबंधन करना मुश्किल हो जाता है, चाहे फसल क्यारियों में उगाई गई हो या बोवरों पर। परवल में प्रमुख खरपतवार प्रजातियाँ *सायनोडोन डैक्टाइलॉन, चेनोपोडियम एल्बम, इचिनोक्लोआ कोलोना* आदि उगते हैं। मल्चिंग भी खरपतवार की स्थिति को काफी समय तक कम रख सकता है।

पलवार (Mulching)

पुआल, गन्ने की पत्तियां, सूखी घास, बुरादा, कागज, या सिल्वर -ब्लैक पॉलीथीन से मल्चिंग की जा सकती है। धान के पुआल की गीली घास किफायती और आसानी से उपलब्ध होने के कारण बड़े पैमाने पर खेती में व्यापक रूप से उपयोग की जाती है, और यह पाया गया है कि मल्चिंग से बिना मल्च वाली खेती की तुलना में फलों की संख्या और उपज में क्रमशः 88 और 81% की वृद्धि हुई है।

तुड़ाई(Harvesting)

परवल के फल रोपण के 80-90 दिन बाद तुड़ाई के लिए तैयार हो जाते हैं। फलों की तुड़ाई अपरिपक्व, कोमल एवं हरी अवस्था में करना करनी चाहिए। फल लगने पर तुड़ाई जल्दी- जल्दी करनी चाहिए, नहीं तो फल कड़े हो जाते हैं एवं बाजार में भाव कम मिलते हैं। तुड़ाई के बाद तुरंत विक्रय हेतु बाजार में भेजना चाहिए।

संभावित उपज (Potential yield)

परवल की उपज आम तौर पर पौधे की आबादी और फलने की अवधि के दौरान प्रचलित मौसम की स्थिति पर निर्भर करती है। परवल से प्रथम वर्ष में औसतन 60-80 क्विंटल/हेक्टेयर तक उपज प्राप्त हो जाती है एवं दुसरे वर्ष में औसतन 140-150 क्विंटल/हेक्टेयर तक उपज प्राप्त हो जाती है ।

पौध संरक्षण - लौकी के समान

42

कुंदरू

परिचय (Introduction)

कुंदरू (**Ivy gourd**) दुनिया के उष्णकटिबंधीय और उपोष्णकटिबंधीय क्षेत्रों में सबसे महत्वपूर्ण कद्दू वर्गीय सब्जियों में से एक है। इसका उत्पत्ति स्थान **भारत (India)** माना जाता है। अपरिपक्व फल कई खनिजों और विटामिनों का समृद्ध स्रोत होते हैं। कुंदरू का खाने योग्य भाग लगभग 90% होता है। कुंदरू की व्यावसायिक खेती मध्य प्रदेश (छत्तीसगढ़), गुजरात (खेड़ा और बडोदरा), आंध्र प्रदेश, कर्नाटक, उत्तर प्रदेश, ओडिशा, पश्चिम बंगाल, तमिलनाडु और असम में की जाती है। इस सब्जी के निर्यात के लिए पर्याप्त गुंजाइश है।

वानस्पतिक विवरण (Botanical description)

कुंदरू का वानस्पतिक नाम ***कोकिनिया ग्रैंडिस* एल.(*Coccinia grandis* L.)** है, यह **कुकरबिटेसी (Cucurbitaceae)** कुल के अंतर्गत आता है। इसमें **क्रोमोसोम नम्बर (2n = 24)** होते हैं । कुंदरू का पौधा एक बारहमासी लता है, जिसमें एकल प्रतान और चमकदार पत्तियां होती हैं। जड़ें और तने रसीले होते हैं और शायद पौधे को लंबे समय तक सूखे से बचे रहने में सक्षम बनाते हैं। पौधे **द्विलिंगाश्रयी (dioecious)** (नर फूल एवं मादा फूल अलग-अलग पौधों पर पैदा होते हैं) होते हैं। इसमें **पर-परागण (Cross pollination)** होता है। मधुमक्खियों (*एपिस मेलिफेरा*) और चींटियों सहित हाइमनोप्टेरा समूह के विभिन्न कीड़े, जो परागण में काफी सहायक होते हैं, फूलों पर देखे गए हैं। इसकी पत्तियाँ तने के साथ बारी-बारी से व्यवस्थित होती हैं; वे दिल से लेकर पंचकोणीय आकार तक भिन्न होते हैं और 10 सेमी तक चौड़े और लंबे होते हैं। फूल बड़े, सफेद और तारे के आकार के होते हैं। बाह्यदलपुंज में पांच सबुलेट, पुनरावर्तित लोब होते हैं, प्रत्येक 2-5 मिमी हाइपैंथियम पर लंबा होता है; डंठल 1-5 सेमी लंबा होता है । फल युवा अवस्था में सफेद धारियों के साथ गहरे हरे या हरे रंग के होते हैं और परिपक्व होने पर लाल या गहरे नारंगी रंग के अण्डाकार, 15-35 मिमी व्यास के, डंठल पर बाल रहित 10-40 मिमी लम्बे होते हैं । बीज भूरे रंग के और 6-7 मिमी लंबे होते हैं। दक्षिणी भारत में, पौधे हमेशा वानस्पतिक अवस्था में रहते हैं और 2-3 फ्लश में फल पैदा करते हैं, हालांकि फल देना सफल परागण पर निर्भर करता है। वानस्पतिक तौर पर कुंदरू के फल को **पेपो (Pepo)** कहा जाता है ।

उपयुक्त जलवायु (Suitable climate)

कुंदरू के गर्म और आर्द्र जलवायु की आवश्यकता होती है। इसकी सफल खेती और गुणवत्तापूर्ण उत्पादन के लिए अच्छी तरह से वितरित वर्षा और काफी उच्च आर्द्रता की आवश्यकता होती है। जलवायु संबंधी कारकों में सापेक्षिक आर्द्रता का नर और मादा पुष्पों के परागकोश और परागकोश स्फुटन के साथ महत्वपूर्ण संबंध होता है । इसकी खेती के लिए 20-30 डिग्री सेल्सियस तापमान आदर्श होता है। यह फसल पाला और ठंडे तापमान के प्रति बहुत संवेदनशील है क्योंकि 15 डिग्री सेल्सियस से कम तापमान पौधे के वानस्पतिक भागों को नुकसान पहुंचाता है। कड़ाके की ठंड में पौधे का ऊपरी भाग यानी तना और पत्तियां मर जाती हैं लेकिन भूमिगत कंद वाला हिस्सा सुप्त रहता है और तापमान बढ़ने पर फरवरी के महीने में फिर से अंकुरण शुरू हो जाता है। सामान्य तौर पर, फलन फरवरी से शुरू होता है और दिसंबर तक जारी रहता है।

मृदा का चयन (Selection of soil)

इसकी खेती सभी प्रकार की सभी प्रकार की मिट्टी में की जा सकती है लेकिन अच्छी जल निकासी और 6.5-7.5 की पीएच सीमा के साथ कार्बनिक पदार्थों से भरपूर रेतीली दोमट मिट्टी इसकी खेती के लिए उपयुक्त होती है । अत्यधिक अम्लीय और सोडिक स्थितियां पौधों के स्वास्थ्य के लिए हानिकारक होती हैं।

उन्नत किस्में (Improved varieties)

अर्का नीलाचल कुंखी (Arka Neelachal Kunkhi)

यह एक उच्च उपज (200-250 क्विंटल /हेक्टेयर) के साथ एक दोहरे उद्देश्य वाली (सलाद के साथ-साथ पकाई हुई) किस्म है । फल अतिरिक्त लंबे (8.39 सेमी), वजन लगभग 15-20 ग्राम, समान, आकर्षक धारियों के साथ बेलनाकार होते हैं।

अर्का नीलाचल सबुजा (Arka Neelachal Sabuja)

इस किस्म के पौधे बहुत ओजस्वी (>10 मीटर लंबे) होते हैं और उच्च बायोमास का उत्पादन करते हैं। फल दिखने में गहरे हरे रंग के, खंडित पट्टी और आकार में शंक्वाकार होते हैं। यह प्रति मौसम (10-11 महीने) में 70-80 फल देती है और 200-250 क्विंटल /हेक्टेयर तक उपज देती है।

इंदिरा कुंदरू-5 (Indira Kundru-5)

इंदिरा गांधी कृषि विश्वविद्यालय, रायपुर में विकसित की गई है। इस किस्म के पौधे हल्के हरे अंडाकार आकार के फल 4.30 सेमी लंबाई और 2.63 सेमी व्यास के होते हैं। इसके फलों की उपज 22.94 किग्रा/पौधा होती है।

इंदिरा कुंदरू-35 (Indira Kundru-35)

इंदिरा गांधी कृषि विश्वविद्यालय, रायपुर विकसित की गई है। इस किस्म के पौधे हल्के हरे रंग के लंबे फल 6.0 सेमी लंबाई और 2.43 सेमी व्यास के होते हैं। इसके फलों की उपज 21.08 किग्रा/पौधा होती है।

खेती की तैयारी (Field prepration)

कुंदरू के अच्छे उत्पादन के लिए खेत को खरपतवारों से रहित एवं भुरभुरा तैयार करना चाहिए।

अप्रैल-मई माह में एक जुताई मिट्टी पलटने वाले हल करें। जुताई के बाद खेत को कुछ दिनों के लिए खुला छोड़ देना चाहिए ताकि अत्यधिक गर्मी के कारण खरपतवार, कीट और रोग के कीटाणु नष्ट हो जाएं। गर्मियों में गहरी जुताई के बाद कल्टीवेटर से 2-3 जुताई करने के बाद पाटा लगाना अच्छी फसल प्राप्त करने के लिए बारिश से पहले आवश्यक होता है।

एकीकृत पोषक तत्व प्रबंधन (Integrated Nutrient Management)

कुंदरू में खाद एवं उर्वरकों का उपयोग मृदा परीक्षण के आधार पर करें। कुंदरू लंबी अवधि की फसल होने के कारण पोषण के अनुकूल प्रतिक्रिया करती है। सामान्यतः गोबर की खाद या कम्पोस्ट 200-250 क्विंटल, नत्रजन 60 किलोग्राम , स्फुर 40 किलोग्राम एवं पोटाश 40 किलोग्राम प्रति हेक्टेयर की दर से देनी चाहिए। नाइट्रोजन की एक तिहाई मात्रा और फास्फेटिक और पोटाश युक्त उर्वरकों की पूरी मात्रा का प्रयोग टीले की तैयारी के समय बेसल अनुप्रयोग के रूप में किया जाना चाहिए और नाइट्रोजन की शेष मात्रा दो भागों में, एक फूल आने की शुरुआत में और दूसरी एक माह के बाद में डाली जानी चाहिए। जून-जुलाई माह में खेत तैयार करने के बाद 2 मीटर की दूरी पर कतार से कतार और 2 मीटर पौधे से पौधे की दूरी पर 30×30×30 सें.मी. आकार के गड्ढे खोदे जाते हैं और मिट्टी में 4.0 किग्रा सड़ी गोबर की खाद, 100 ग्राम नीम की खली, 200 ग्राम डीएपी और 100 ग्राम म्यूरेट ऑफ पोटाश मिलाकर गड्ढों को भर देना चाहिए। रोपण के 25 और 40 दिनों के बाद, टॉप ड्रेसिंग के रूप में 50 ग्राम यूरिया आधार से 15 सेमी दूर जड़ क्षेत्र में जोड़ा जाता है।

बीज दर एवं बीजोपचार (Seed rate and seed treatment)

कुंदरू को तना कलम के माध्यम से प्रवर्धित किया जाता है। एक हेक्टेयर खेत में रोपण के लिए 2500 कलमों की आवश्यकता होती है।

बुवाई का समय एवं विधि (Time of sowing and method)

कुंदरू का रोपण जून-जुलाई और फरवरी-मार्च के दौरान किया जाता है जब तापमान हल्का होता है। कुंदरू की प्रकृति **द्विलिंगाश्रयी** (dioecious) है (नर और मादा फूल अलग-अलग पौधों पर दिखाई देते हैं), इसलिए बेहतर परागण और उच्च उपज के लिए मादा और नर पौधों को 9:1 के अनुपात में लगाना आवश्यक है। यह सच है कि खेत में नर और मादा पौधों की पहचान केवल फूल आने और फलने की अवस्था में ही की जा सकती है। इसे अर्ध-कठोर बेल कलमों के माध्यम से प्रवर्धित किया जाता है। एक हेक्टेयर भूमि क्षेत्र में रोपण के लिए लगभग 2500 अच्छी तरह से जड़ वाली और अंकुरित कलमों की आवश्यकता होती है। रोपण मानसून की शुरुआत के साथ 2x 2 मीटर की दूरी पर 30 × 30 × 30 सेमी के गड्ढों में किया जाता है।

नर्सरी तैयार करना (Nurseryraising)

कुंदरू को जुलाई-अगस्त के दौरान तने की कटाई के माध्यम से प्रवर्धित किया जाता है जब बेलें उपलब्ध होती हैं और तापमान अंकुरण के लिए अनुकूल होता है। कुंदरू की पेंसिल समान मोटाई की 25 सेंटीमीटर लंबे तने की कटिंग का उपयोग करके सीधे खेत में प्रवर्धित किया जा सकता है और प्रति गड्ढे में दो कटिंग की दर से लगाया जा सकता है। मैदानी इलाकों में कभी-कभी जून-जुलाई में फूल आने और फल लगने के कारण रोपण सामग्री प्राप्त करना मुश्किल हो जाता है। इसलिए जब अक्टूबर-नवंबर में फल आना बंद हो जाए और उत्पादक पौधे के पीछे की ओर जाने लगें तो बेलों को एकत्र कर नर्सरी तैयार की जा सकती है। नर्सरी को जमीन पर पॉलीहाउस या पॉलिथीन बेग्स भी में उगाया जा सकता है। पेंसिल समान मोटाई की 25 सेमी लंबाई और कम से कम 5-7 गांठों वाले तने की कटिंग एक वर्षीय स्वस्थ लताओं से ली जाती है। कलमों को मिट्टी की सतह से 20 सें.मी. की ऊंचाई पर अच्छी तरह से तैयार नर्सरी क्यारियों में लंबवत रूप से लगाया जाता है। कलम को रोपण थेली में भी तैयार किया जा सकता है इसके लिए पॉलिथीन बेग 15 × 10 सेमी आकार की होनी चाहिए जिसमें बेहतर वातन और जल निकासी के लिए नीचे और ऊपरी सतह पर 4-5 छेद हों। मिट्टी, रेत और अच्छी तरह से सड़ी हुई गोबर की खाद या बुरादा कम्पोस्ट को बराबर मात्रा में 4 महीने के लिए तैयार करने से भरे इन पॉलीथीन ट्यूबों / बैगों का उपयोग नर्सरी उत्पादन के लिए किया जा सकता है। 5-7 गांठों वाली एक कटिंग को 5-6 सेमी की गहराई पर रखा जाता है। 15-20 दिनों के बाद अंकुरण शुरू हो जाता है और पौधे 7-8 सप्ताह में रोपाई के

लिए तैयार हो जाते हैं।

रोपण की विधियाँ (Planting methods)

कुंदरू की बुआई निम्नलिखित विधियों द्वारा की जा सकती है:

उठी हुई बेड विधि (Raised Bed Method)

बेहतर गुणवत्ता वाली उपज के साथ अधिक उपज प्राप्त करने के लिए उठी हुई क्यारियों पर कुंदरू की बुवाई की सलाह दी जाती है। इस विधि में उठे हुए बेड्स तैयार किए जाते हैं । 2.0 मीटर की दूरी पर 45 सेंटीमीटर चौड़ी उठी हुई क्यारियां तैयार की जाती हैं। अच्छी तरह से विकसित पौधों को बेड्स पर प्रत्यारोपित किया जाता है।

फ्लैट बेड विधि (Flat Bed Method)

इस विधि में 30×30×30 सेमी आकार के उथले गड्ढे 2 मीटर की अनुशंसित दूरी पर खोदे जाते हैं। आंशिक सौरीकरण के लिए बुवाई से 3 सप्ताह पहले गड्ढों को खुला छोड़ दिया जाता है। फिर, प्रत्येक गड्ढे को मिट्टी और 4 किलो अच्छी तरह से सड़ी हुई गोबर की खाद एवं उर्वरकों के मिश्रण से भर दिया जाता है। यूरिया 40 ग्राम, सिंगल सुपर फास्फेट 100 ग्राम, म्यूरेट ऑफ पोटाश 70 ग्राम, फुरदान 2 ग्राम और नीम केक 100 ग्राम जैसे उर्वरकों का एक भाग गड्ढा तैयार करते समय अवश्य डालना चाहिए।

टीला विधि (Mound Method)

इस विधि में 15-20 सेंटीमीटर ऊंचे टीले तैयार कर लिए जाते हैं। अच्छी तरह से सड़ी हुई गोबर की खाद या कम्पोस्ट @ 4 किग्रा और उर्वरक जैसे यूरिया 25 ग्राम, सिंगल सुपर फॉस्फेट 75 ग्राम, म्यूरेट ऑफ पोटाश 60 ग्राम फुरदान 2 ग्राम, और नीम की खली 100 ग्राम को टीले में मिलाना चाहिए। रोपाई शाम को 20 सेमी की गहराई पर की जाती है।

बोवर्स की तैयारी (Preparation of Bowers)

कुंदरू के पौधों को या तो बोवर पर प्रशिक्षित किया जाता है या जमीन पर फैलने दिया जाता है। यदि लताओं को जमीन पर रेंगने दिया जाए, तो लगभग 40% कम उपज देखी गई है। चूंकि कुंदरू बेलदार होता है, इसलिए बोवर या डंडे पर फसल अधिक और गुणवत्तापूर्ण फल देती है, इसलिए बेल को सिंगल पोल या बोवर सिस्टम पर सहारा देना आवश्यक है। पौधा 2 महीने के भीतर बोवर पर चढ़ना शुरू कर देता है। बोवर तैयार करने के लिए 2.0 मीटर लम्बाई के सीमेंटेड खंभे जिनका आधार 12.5×12.5 सें.मी. तथा ऊपरी सिरा 10×10 सें.मी. आकार का हो, का चयन करना चाहिए। इन खंभों को 45 सेंटीमीटर गहरी मिट्टी में 4 मीटर की दूरी पर रखा जाता है। कोनों के खंभे को झुकने के तरीके से दो अतिरिक्त ध्रुवों द्वारा समर्थित और कड़ा किया जाता है। इसके अलावा प्रत्येक सहायक गड्ढे में एक-एक भारी पत्थर रखा जाता है। पत्थर को 2.0 मिमी मोटाई के कनेक्टिंग तारों के साथ कोने के खंभे से बांध दिया जाता है। पोल फिक्सिंग के दौरान 30-45 सेंटीमीटर लंबी रॉड को पोल के ऊपरी सिरे पर इस तरह रखा जाता है कि 15 सेंटीमीटर लंबाई पोल के ऊपर हो। सीमेंटेड पोल या एंगल आयरन पोल का उपयोग किया जा सकता है। 3 एमएम मोटाई के तारों को नट-बोल्ट के जरिए पत्थरों से बांधा जाता है। हर साल कटाई और बेल की कटाई के बाद तार जरूर कसने चाहिए। पोल से पोल का कनेक्शन 8 मिमी मोटे तार से किया जाना चाहिए।

प्रशिक्षण (Training)

कुंदरू को उच्च उपज और बेहतर गुणवत्ता वाले फल के लिए प्रशिक्षण और छंटाई की आवश्यकता होती है। 30-40 सेमी लंबाई के पौधे को सुतली या पतले जूट की डोरी की सहायता से प्रशिक्षित किया जाना जाता है और बेलों को बोवर के ऊपर तक जाने दिया जाता है। प्रारंभिक अवस्था में, उचित सहारे के लिए बांस की छड़ियों का उपयोग किया जा सकता है। कुंज (Bowers) पर प्रशिक्षण के लिए 2-3 शाखाओं की अनुमति है। बोवर पर शूट को प्रोत्साहित करने के लिए बोवर के नीचे मुख्य तने से बढ़ने वाली केंद्रीय टहनियों को हटा दिया जाना चाहिए। कुंदरू में नवंबर-दिसंबर मृत और रोगग्रस्त बेलों की छंटाई के लिए सबसे अच्छा समय माना जाता है क्योंकि इस समय बेलों में कम तापमान के कारण फूल आना और फल आना बंद हो जाते हैं।

सिंचाई प्रबन्धन (Irrigation management)

कुंदरू की ताजी बेल या अंकुरित कलमों को गड्ढों में लगाने के बाद पौधों की उचित स्थापना के लिए बार-बार सिंचाई करनी चाहिए। स्थापना के बाद, पानी की आवश्यकता और आवृत्ति मिट्टी और मौसम के प्रकार पर निर्भर करती है। पौधे पानी के ठहराव के प्रति बहुत संवेदनशील होते हैं, इसलिए अतिरिक्त पानी को बाहर निकालने के लिए क्यारियों को उचित ढलान देना चाहिए। सामान्यतः हल्के मौसम में 15-20 दिन के अन्तराल पर और गर्मी के मौसम में 5-6 दिन के अन्तराल पर सिंचाई करनी चाहिए। कुंदरू में फसल की गुणवत्ता और उपज में वृद्धि के लिए ड्रिप सिंचाई का उपयोग करना चाहिए । ड्रिप सिंचाई के उपयोग से ड्रिप सिंचाई फसलों के लिए सबसे कुशल जल और पोषक तत्व वितरण प्रणाली है। यह सही समय पर, सही मात्रा में पानी और पोषक तत्वों को सीधे पौधे की जड़ों तक पहुँचाती है, इस विधि में प्रत्येक पौधे को समान रूप से जल एवं पोषक तत्व मिलते हैं । मिटटी में नमी के अनुसार ड्रिप से प्रतिदिन या एक दिन छोड़कर सिंचाई करें। फूल आने और फल लगने की अवस्था के दौरान उचित नमी की आपूर्ति की जानी चाहिए, इसलिए जल निकासी एक महत्वपूर्ण क्रिया है, जिस पर सख्त निगरानी की आवश्यकता होती है। खराब जल निकासी और 18-24 घंटे तक पानी के ठहराव से फसल पीली और मुरझा सकती है।

खरपतवार प्रबंधन (Weed management)

खरपतवार पोषक तत्वों, मिट्टी की नमी, स्थान और सूर्य प्रकाश के लिए पौधों से प्रतिस्पर्धा करते हैं एवं फसल की वृद्धि एवं विकास में बाधा पहुचाते हैं, जिसके कारण फसल की गुणवत्ता एवं उपज में कमी आती है। कुंदरू एक गहरी जड़ वाली बारहमासी सब्जी की फसल है इसलिए इंटरकल्चरल ऑपरेशन फूल और फलने में बहुत महत्वपूर्ण भूमिका निभाते हैं। शुरुआत में फसल की बेहतर वृद्धि और उपज के लिए 2-3 हाथ से निराई आवश्यक है। होईंग और अर्थिंग बहुत ही आवश्यक कार्य हैं, जो रूट ज़ोन के लिए अनुकूल वातावरण बनाने और खरपतवार के विकास को नियंत्रित करने के लिए भी किए जाते हैं। यदि जड़ क्षेत्र में वातन अच्छा है, तो बंपर उपज प्राप्त की जा सकती है। इसे मैन्युअल रूप से कुदाल से या यांत्रिक रूप से ट्रैक्टर चालित कल्टीवेटर द्वारा किया जा सकता है। पोषक जड़ों को नुकसान से बचाने के लिए निराई-गुड़ाई उथली करनी चाहिए।

पलवार (Mulching)

पुआल, गन्ने की पत्तियां, सूखी घास, बुरादा, कागज, या सिल्वर -ब्लैक पॉलीथीन से मल्चिंग की जा सकती है। कुंदरू में मल्चिंग से न केवल मिट्टी में जल प्रतिधारण और जमीन के तापमान में सुधार होता है बल्कि उपज (35%) और फलों की गुणवत्ता में भी सुधार होता है। जैविक सामग्री के साथ मल्चिंग से मिट्टी में कार्बनिक पदार्थ की मात्रा और मिट्टी की उर्वरता में सुधार होता है। धान के पुआल, गेहूं के भूसे, या गन्ने के गुच्छे के साथ मल्चिंग करने से प्रति पौधे फलों की संख्या और प्रति फलों के ताजे वजन में सुधार होता है और अनुपयोगी फलों के प्रतिशत में भी कमी आती है। मल्चिंग से जल्दी फल लगने (2-3 सप्ताह) में भी वृद्धि होती है।

तुड़ाई(Harvesting)

कुंदरू में, रोपण के 10 से 12 सप्ताह बाद से फूल और फल आना शुरू हो जाते हैं, और फल लंबे समय तक (लगभग 8-10 महीने) तक जारी रहते हैं। आम तौर पर, फल फरवरी से शुरू होता है और नवंबर तक जारी रहता है लेकिन अधिकतम उपज जुलाई और नवंबर के बीच प्राप्त की जा सकती है। जिन स्थानों पर सर्दी अपेक्षाकृत अधिक होती है, वहां इस अवधि के दौरान फलों की पैदावार कम हो जाती है। दक्षिण और मध्य भारत में साल भर फल लगते हैं। आमतौर पर बाजार में 5 सेंटीमीटर लंबे या अंडाकार आकार के फल पसंद किए जाते हैं। उत्कृष्ट गुणवत्ता के कोमल फल प्राप्त करने के लिए आमतौर पर एक सप्ताह में 2-3 तुड़ाई की जा सकती है। कटाई का चरण गहरे हरे से चमकीले या हल्के हरे रंग में परिवर्तन द्वारा निर्धारित किया जाता है। कटाई के दौरान, ध्यान रखा जाना चाहिए ताकि बेलों को चोट कम से कम हो सके।

संभावित उपज (Potential yield)

कुंदरू पहले वर्ष में 100-120 क्विंटल/हेक्टेयर की औसत उपज देता है लेकिन दूसरे और तीसरे वर्ष में 150-200 क्विंटल/ हेक्टेयर की औसत उपज प्राप्त की जा सकती है। कुंदरू उचित प्रबंधन परिस्थितियों में 3 से 4 वर्षों के लिए अच्छी उपज देता है।

कटाई उपरान्त प्रबंधन (Post-Harvest Management)

कुंदरू के निर्यात की अपार संभावनाएं हैं। कुंदरू मुख्य रूप से भारत, इंडोनेशिया, मलेशिया और मध्य अफ्रीका जैसे महत्वपूर्ण देशों से निर्यात किया जाता है। कुंदरू के 5 सें.मी. लंबाई वाले फलों को अचार के रूप में प्रसंस्करण के लिए प्रयोग किया जाता है। परिपक्व फल कभी-कभी संरक्षित होते हैं। गूदा को किण्वित या निर्जलित चिप्स में संसाधित किया जा सकता है, जिसे लम्बी अवधि तक संग्रहीत किया जा सकता है।

पौध संरक्षण - लौकी के समान

43

कंकोडा

परिचय (Introduction)

कंकोडा(Spine gourd) दुनिया के उष्णकटिबंधीय और उपोष्णकटिबंधीय क्षेत्रों में एक महत्वपूर्ण कद्दू वर्गीय सब्जी है। इसका उत्पत्ति स्थान इंडो-मलयन क्षेत्र (Indo –Malayan region) माना जाता है। यह भारत के विभिन्न हिस्सों में स्थानीय बोलियों जैसे कांकौड़ा, मीठा करेला, ककरोल, करतोली, कंटोला, भटकरेला, काक्सा, बन करोला आदि में अलग-अलग नामों से जाना जाता है। हरे फलों को बड़े पैमाने पर सब्जी के रूप में उपयोग किया जाता है।इसके फल काफी स्वादिष्ट, बल्कि मीठा और पूरी तरह से कड़वाहट से मुक्त, एंटीऑक्सिडेंट और अन्य पोषक तत्वों का अच्छा स्रोत होता है, जैसे। β-कैरोटीन, विटामिन सी, फोलिक एसिड, मैग्नीशियम, फास्फोरस और पोटेशियमऔर अक्सर लोक चिकित्सा में प्रयोग किया जाता है। सामान्य तौर पर, ताजे फल में लगभग **84.1- 87%** नमी की मात्रा होती है। इसकी खेती मुख्य रूप से पश्चिम बंगाल, गुजरात, मध्य प्रदेश, महाराष्ट्र और कर्नाटक में की जाती है। इसके अलावा, यह सब्जी छतीसगढ़, झारखंड और ओडिशा के वन क्षेत्रों में प्राकृतिक रूप से उगती है।

वानस्पतिक विवरण (Botanical description)

कंकोडा का वानस्पतिक नाम ***मोमोर्डिका डायोइका* रोक्सब. (*Momordica dioica* Roxb.)** है, यह **कुकरबिटेसी (Cucurbitaceae)** कुल के अंतर्गत आता है। इसमें **क्रोमोसोम नम्बर (2n = 28)** होते हैं। कंकोडा का पौधा एक बारहमासी प्रकृति का होता है, जिसमें कंदमय जड़ें होती हैं।पत्तियाँ **1.5-4** इंच लंबी, हृदयाकार, तीव्र लगभग **3-5** लोब वाली होती हैं । पौधे **द्विलिंगाश्रयी (dioecious)** (नर फूल एवं मादा फूल अलग-अलग पौधों पर पैदा होते हैं) होते हैं। इसमें पर-परागण (Cross pollination) होता है। फूल बड़े, द्वैध और पीले रंग के होते हैं।फल **1-3** इंच लंबे, छोटी चोंच वाले, घने मुलायम कांटों से ढके होते हैं।वानस्पतिक तौर पर कंकोडा के फल को **पेपो (Pepo)** कहा जाता है।

उपयुक्त जलवायु (Suitable climate)

कंकोडा एक गर्म मौसम की फसल है, इसकी खेती के लिए गर्म और आर्द्र जलवायु आदर्श होती है। भरपूर धूप और कम नमी इसके विकास के लिए आदर्श स्थितियां हैं। यह 25-35 डिग्री सेल्सियस के तापमान रेंज और 600-4500 मिमी वार्षिक वर्षा के तहत अच्छी तरह से पनपता है।

मृदा का चयन (Selection of soil)

कंकोडा को विभिन्न प्रकार की मिट्टी में उगाया जा सकता है, हालाँकि, यह 5.5 से 7.0 के बीच पीएच वाली रेतीली दोमट मिट्टी में अच्छी तरह से बढ़ता है। इसकी खेती के लिए अच्छी जलनिकासी वाली मिट्टी जिसमें अच्छे कार्बनिक पदार्थ होते हैं सबसे अच्छी होती है।

उन्नत किस्में (Improved varieties)

अर्का नीलांचल श्री (Arka Neelachal Shree)

कंकोडा के एक बड़े जीन पूल से क्लोनल चयन के माध्यम से एक उच्च उपज वाली किस्म विकसित की गई है। यह एक मध्य-अगेती पकने वाली किस्म है जिसमें रोपण के 30-35 दिन बाद से फूल आना शुरू हो जाते हैं। फल नरम चमकदार और हल्के हरे रंग के होते हैं जो बाजार में प्रीमियम कीमत को आकर्षित करते हैं। यह किस्म एन्थ्रेक्नोज और डाउनी फफूंदी के लिए मध्यम प्रतिरोध दिखाती है।

अर्का नीलांचल शांति (Arka Neelanchal Shanti)

इस किस्म को स्पाइन गार्ड और टीसेल गार्ड के बीच संकरण के माध्यम से विकसित किया गया है, प्राकृतिक रूप से परागित, मध्यम आकार के फल (20 ग्राम) के साथ उच्च उपज (15-16 किग्रा / बेल) देती है। यह किस्म फल छेदक, एन्थ्रेक्नोज और डाउनी फफूंदी के प्रति मध्यम सहिष्णु है।

इंदिरा कंकोडा -1 (Indira Kankoda -1)

इस किस्म को इंदिरा गांधी कृषि विश्वविद्यालय, रायपुर द्वारा विकसित किया गया है। इस किस्म के हरे फल बहुत ही आकर्षक, गहरे हरे रंग के तथा पहले साल में बीज से 75-80 दिन में और कंद से 35-40 दिन में दूसरे साल से आगे 5-6 साल तक सब्जी के लिए तुड़ाई के लिए तैयार होते हैं। इसके एक फल का वजन लगभग 14 ग्राम होता है और हरे फलों के लिए 3-4 बार की तुड़ाई की जा सकती है। किस्म इंदिरा कंकोडा-1 की औसत हरी फल उपज पहले वर्ष 8-10 क्विंटल/हेक्टेयर, दूसरे वर्ष 10-15 क्विंटल/हेक्टेयर और तीसरे वर्ष 15-20 क्विंटल/हेक्टेयर प्राप्त हो जाती है।

खेती की तैयारी (Field prepration)

कंकोडा के अच्छे उत्पादन के लिए खेत को खरपतवारों से रहित एवं भुरभुरा तैयार करना चाहिए। अप्रैल-मई माह में एक जुताई मिट्टी पलटने वाले हल करें। जुताई के बाद खेत को कुछ दिनों के लिए खुला छोड़ देना चाहिए ताकि अत्यधिक गर्मी के कारण खरपतवार, कीट और रोग के कीटाणु नष्ट हो जाएं। गर्मियों में गहरी जुताई के बाद कल्टीवेटर से 2-3 जुताई करने के बाद पाटा लगाना अच्छी फसल प्राप्त करने के लिए बारिश से पहले आवश्यक होता है। भूमि को समतल करके अच्छी तरह से जोता और पाटा लगाकर तैयार कर लेना चाहिए। अंतिम जुताई से पहले 15 से 20 टन FYM मिलाने की सलाह दी जाती है ताकि फल की उपज बढ़ सके। तैयार खेत में 2 मीटर x 2 मीटर की दूरी पर 50×50×50 सेमी आकार के गड्ढे तैयार किए जाने चाहिए। इन गड्ढों को मिट्टी, रेत और अच्छी तरह से सड़ी हुई गोबर की खाद (2:1:1) के मिश्रण से उर्वरक की प्रारंभिक खुराक के साथ भरा जाना चाहिए।

एकीकृत पोषक तत्व प्रबंधन (Integrated Nutrient Management)

परवल में खाद एवं उर्वरकों का उपयोग मृदा परीक्षण के आधार पर करें। परवल लंबी अवधि की फसल होने के कारण पोषण के अनुकूल प्रतिक्रिया करती है। सामान्यतः गोबर की खाद या कम्पोस्ट 150-200 क्विंटल, नत्रजन 100 किलोग्राम , स्फुर 60 किलोग्राम एवं पोटाश 40 किलोग्राम प्रति हेक्टेयर की दर से देनी चाहिए। नाइट्रोजन की एक तिहाई मात्रा और फास्फेटिक और पोटाश युक्त उर्वरकों की पूरी मात्रा का प्रयोग गड्डे की तैयारी के समय बेसल अनुप्रयोग के रूप में किया जाना चाहिए और नाइट्रोजन की शेष मात्रा दो भागों में, एक भाग बेल के विकास के समय और दूसरी बार फूल आने की शुरुआत में दी जानी चाहिए।

बीज दर (Seed rate)

कंकोडा को तना कलम के माध्यम से प्रवर्धित किया जाता है। हालाकि कंकोडा को बीजों के माध्यम से भी उगाया जा सकता है, लेकिन पौध आबादी अलग-अलग होगी। कंद और तने की कलम के माध्यम से वानस्पतिक रूप से उगाई गई फसल के पौधे एक समानहोते हैं । ककोड़ा के प्रवर्धन हेतु तने की कलम के माध्यम से प्रसार की वानस्पतिक विधि का उपयोग किया जाता है। कुल 2500-2650 कंद या पौधे जिनमें 2200-2300 मादा और 300-350 नर पौधे होते हैं 1 हेक्टेयर क्षेत्र में खेती करने के लिए पर्याप्त होते हैं।

बुवाई का समय एवं विधि (Time of sowing and method)

सामान्यत: कंकोडा की फसल की अवधि 115-125 दिन होती है तथा कंकोडा की बुवाई जून-जुलाई में मानसून के आगमन के साथ शुरू की जाती है। बिक्री योग्य पहला फल अगस्त के अंतिम सप्ताह में तोड़ा जा सकता है और चार तुड़ाई करने के बाद सितंबर-अक्टूबर में फसल पक जाती है। दूसरे वर्ष से कोई भी रोपण सामग्री बोने की आवश्यकता नहीं है, क्योंकि कंदों का अंकुरण मई के दूसरे पखवाड़े से जून के पहले पखवाड़े तक शुरू होता है और पहली तुड़ाई जुलाई के पहले पखवाड़े में की जाती है। वही कंद 4-5 वर्ष तक रोपण सामग्री का काम करता है।

फूल, परागण और फलन (Flowering, pollination and fruit set)

चूंकि कंकोडा एक **द्विलिंगाश्रयी** (dioecious) (नर फूल एवं मादा फूल अलग-अलग पौधों पर पैदा होते हैं) फसल है, इसलिए पुरुष/महिला अनुपात को अनिवार्य रूप से खेत में बनाए रखने की आवश्यकता होती है। यह आसानी से ऊपर उल्लिखित सलाह में खेती करके आसानी से प्राप्त किया जा सकता है। फूल, परागण और फलों का सेट होना काफी हद तक मौसम की स्थिति से प्रभावित होता है । अनुकूल परिस्थितियों में, पुष्पन कलमों की रोपाई के 50-60 दिन बाद और कंद रोपण के 30-40 दिन बाद शुरू होता है। शाम को एंथेसिस होता है। हस्त परागण में फल सेट में काफी वृद्धि होती है। परागण की कमी से अक्सर कम फल सेट होते हैं और परिणामस्वरूप कम विपणन योग्य पैदावार होती है। इसलिए, फल की उपज और मुनाफे को बढ़ाने के लिए यथासंभव कृत्रिम परागण किया जा सकता है।

सिंचाई प्रबन्धन (Irrigation management)

खेत में पौध रोपण के के तुरंत बाद सिंचाई की जानी चाहिए। इसके बाद, आवश्यकता अनुसार सिंचाई की जाती है। शुष्क मौसम की स्थिति में, एक या दो सिंचाई साप्ताहिक अंतराल पर दी जानी चाहिए। बरसात के मौसम में सिंचाई की आवश्यकता नहीं होती है क्योंकि मिट्टी में पर्याप्त नमी होती है। अतिरिक्त वर्षा जल को बाहर निकालने के लिए सावधानी बरती जानी चाहिए क्योंकि जल भराव से लताओं को सड़ने की समस्या आती है। कंकोडा में फसल की गुणवत्ता और उपज में वृद्धि के लिए ड्रिप सिंचाई का उपयोग करना चाहिए। ड्रिप सिंचाई के उपयोग से ड्रिप सिंचाई फसलों के लिए सबसे कुशल जल और पोषक तत्व वितरण प्रणाली है। यह सही समय पर, सही मात्रा में पानी और पोषक तत्वों को सीधे पौधे की जड़ों तक पहुँचाती है, इस विधि में प्रत्येक पौधे को समान रूप से जल एवं पोषक तत्व मिलते हैं । मिटटी में नमी के अनुसार ड्रिप से प्रतिदिन या एक दिन छोड़कर सिंचाई करें। फूल आने और फल लगने की अवस्था के दौरान उचित नमी की आपूर्ति

की जानी चाहिए।

खरपतवार प्रबंधन (Weed management)

खरपतवार पोषक तत्वों, मिट्टी की नमी, स्थान और सूर्य प्रकाश के लिए पौधों से प्रतिस्पर्धा करते हैं एवं फसल की वृद्धि एवं विकास में बाधा पहुचाते हैं, जिसके कारण फसल की गुणवत्ता एवं उपज में कमी आती है। शुरुआत में फसल की बेहतर वृद्धि और उपज के लिए 2-3 हाथ से निराई आवश्यक है।

सहारा (Staking)

चूंकि, कंकोडा की बेल ऊपर की ओर चढ़ने वाली प्रकृति की होती है, इसलिए इसके विकास के लिए उचित सहारे की आवश्यकता होती है। इसलिए, बेहतर बेल वृद्धि और फलों की उपज के लिए स्टैकिंग की सलाह दी जाती है। बांस या तार का उपयोग संसाधनों और स्टेकिंग सामग्री की उपलब्धता के अनुसार एकल हिस्सेदारी या बोवर या निफिंग प्रणाली का उपयोग स्टेकिंग के लिए किया जा सकता है।

तुड़ाई(Harvesting)

कंकोडा में जब हम कंदों को रोपण सामग्री के रूप में उपयोग करते हैं, तो 40 से 50 दिनों के बाद फल तुड़ाई कटाई के लिए तैयार हो जाते हैं, लेकिन जब तना कलम का उपयोग रोपण सामग्री के रूप में किया जाता है, तो पहली तुड़ाई के लिए 60-70 दिन तक का समय लगता है। जब हम बीजों का उपयोग सामग्री के रूप में उपयोग करते हैं तो फल पहली तुड़ाई प्राप्त करने के लिए 65-75 दिन लगते हैं। तुड़ाई के समय, फल मुलायम, हरे रंग के हरे रंग और बीज नरम होना चाहिए। जब फल योग्य आकार प्राप्त कर लें, तो फलों की तुड़ाई करें।

संभावित उपज (Potential yield)

अच्छी फसल प्रबंधन क्रियाओं के साथ कंद का उपयोग रोपण सामग्री के रूप में करके 40 से 50 क्विंटल प्रति हेक्टेयर की औसत उपज प्राप्त की जा सकती है। बीज या स्टेम कटिंग से उगाये गई फसल के मामले में, पैदावार कम होगी, अर्थात 40 से 50 क्विंटल प्रति हेक्टेयर उपज मिलती है।

पौध संरक्षण - लौकी के समान

44

तरबूज

परिचय (Introduction)

तरबूज (Watermelon) का ग्रीष्म कालीन सब्जियों में प्रमुख स्थान है। इसकी खेती दुनिया के सभी उष्णकटिबंधीय और उपोष्णकटिबंधीय क्षेत्रों में की जाती है। तरबूज का उत्पत्ति स्थान **दक्षिणी अफ्रीका** (Southern Africa) माना जाता है। यह मिठास और स्वाद के कारण अत्यंत लोकप्रिय है। तरबूज के पके फल रसदार व मीठे होते हैं इसके बीजों से गिरियाँ निकालकर विभिन्न प्रकार से उपयोग किया जाता है। भारत में 101.08 हजार हेक्टेयर में तरबूज की खेती की जाती है, जिससे 2520.10 हजार मीट्रिक टन उत्पादन प्राप्त होता है। उत्तर प्रदेश, आंध्र प्रदेश, कर्नाटक, ओडीशा, पश्चिम बंगाल और तमिल नाडू तरबूज के प्रमुख उत्पादक राज्य है।

वानस्पतिक विवरण (Botanical description)

तरबूज का वानस्पतिक नाम ***सिट्रलस लैनाटस* (थुनब.) मात्सुमुरा और नाकई** (*Citrullus lanatus* (Thunb.) Matsumura & Nakai) है, यह ***कुकरबिटेसी* (Cucurbitaceae)** कुल के अंतर्गत आता है। इसमें **क्रोमोसोम नम्बर (2n = 22)** होते हैं। इसके पौधे **एकलिंगाश्रयी** (Monoecious) (एक ही पौधे पर अलग-अलग नर और मादा फूल आते हैं) होते हैं। तरबूज एक अनुगामी बेल के रूप में बढ़ता है; तने पतले, बालों वाले, कोणीय, खांचेदार होते हैं और प्रत्येक नोड पर प्रतान होते हैं। फूल नर (स्टैमिनेट), पूर्ण (हर्मैप्रोडिटिक)या मादा (पिस्टिलेट) होते हैं। फूल पीले रंग के लगभग **1-3** सेमी व्यास के होते हैं। नर फूल चम्मच के आकार के कक्ष में होते हैं। बाह्यदलपुंज ट्यूब मोटे तौर पर घुमक्कड़, विलसहोता है; बाह्यदलपुंज नली जितना लंबा, संकरा भालाकार होता है । दलपुंज **2.5-3** सें.मी. व्यास का होता है, आमतौर पर बाहर की तरफ हरा, अंदर हल्का पीला, विलस होता है। मादा फूल निचले अंडाशय के साथ हर सातवें या आठवें नोड पर पैदा होते हैं; पेडन्यूल्स **2-6** सेमी लम्बा होता है। अंडाशय आयताकार, लानेट; शैली पतला, **4-5** मिमी लम्बा होता है। तरबूज में यौन अभिव्यक्ति पर्यावरणीय कारकों (तापमान, आर्द्रता, प्रकाश) और पोषण से अत्यधिक प्रभावित होती है, इसके अलावा एलील की एक जोड़ी द्वारा आनुवंशिक रूप से नियंत्रित किया जाता है। तरबूज एक **पर-परागित (cross-pollinated)** फसल है।

उपयुक्त जलवायु (Suitable climate)

इसके लिए उच्च तापमान और शुष्क जलवायु की आवश्यकता होती है। पौधों की वृद्धि 28-30 डिग्री सेल्सियस तापमान पर इष्टतम होती है, जबकि 24-27 डिग्री सेल्सियस तापमान पर फलों का विकास बेहतर होता है। उच्च प्रकाश तीव्रता और उच्च तापमान द्वारा फूलों और फलों के विकास को बढ़ावा दिया जाता है। पकने के समय उच्च तापमान लाभकारी होता है।

मृदा का चयन (Selection of soil)

तरबूज की खेती नदियों के किनारे वाली कछारी भूमियों में की जाती है। मैदानी क्षेत्रों में उचित जल निकास वाली रेतीली दोमट भूमि सर्वोत्तम रहती है। मिट्टी का पीएच 6.5-7.5 के बीच उपयुक्त होता है।

उन्नत किस्में (Improved varieties)

अर्का मानिक (Arka Manik)

इस किस्म के फल हल्के हरे रंग के छिलके से लेकर गहरे हरे रंग की धारियों वाले अंडाकार होते हैं। दानेदार बनावट, सुखद सुगंध, बहुत मीठा, टीएसएस 12-150 ब्रिक्स के साथ गहरा लाल गूदा होता है । फल का औसत वजन 6 किलोग्राम होता है। यह किस्म चूर्णी फफूँदी, मृदुरोमिल फफूँदी और एन्थ्रेक्नोज के लिए प्रतिरोधी है । इस किस्म की औसत उपज 600 क्विंटल प्रति हेक्टेयर है। यह किस्म एनथ्रेक्नोज, चूर्णी फफूँदी, मृदुरोमिल फफूँदी के लिए प्रतिरोधी किस्म है।

अर्का मुथु (Arka Muthu)

यह एक अधिक उपज देने वाली, छोटी इंटर नोडल लंबाई और जल्दी पकने वाली किस्म (75-80 दिन) है। इस किस्म के फल गोल, अण्डाकार, गहरी हरी धारी वाले 2.5-3 किलोग्राम भार के होते हैं। गूदा गहरे लाल रंग का होता है। कुल घुलनशील ठोस 12-14 प्रतिशत होता

है। यह किस्म उच्च घनत्व रोपण के लिए उपयुक्त होती है।

अर्का श्याम (Arka Shyama)

यह एक आइसबॉक्स सेगमेंट वाली जल्दी पकने वाली (बुआई के 65-70 दिन बाद) किस्म है। फल आयताकार, गहरे हरे रंग के काले छिलके, गहरे लाल रंग का, कुरकुरा, मीठा गूदा होता है। कुल घुलनशील ठोस 12 प्रतिशत होता है।

शुगर बेबी (Sugar Baby)

इस किस्म की बेलें मध्यम लम्बी होती हैं। फल काले छिलके वाले गोल, गहरे गुलाबी रंग के, भूरे रंग के छोटे बीज और प्रत्येक का वजन 2-5 किलोग्राम होता है। फल बुआई के 85 दिनों में तुड़ाई के लिए तैयार हो जाते हैं। इस किस्म की औसत उपज 150-170 क्विंटल प्रति हेक्टेयर है। यह किस्म छत्तीसगढ़, उड़ीसा, ए.पी., एम.पी., महाराष्ट्र, कर्नाटक, तमिलनाडु और केरल के लिए अनुशंसित है।

आशायी यामातो (Asahi Yamato)

इस किस्म के फल गोल 6-7 किलो भार वाले होते हैं। फल गोल, हल्के हरे, चिकने, बिना धारीदार छिलके वाले; गूदा गहरा लाल, मीठा, टी.एस.एस. 9-11% होता है। फल बुआई के 95-100 दिनों में तुड़ाई के लिए तैयार हो जाते हैं। इस किस्म की औसत उपज 200 क्विंटल प्रति हेक्टेयर है। यह किस्म उत्तर भारतीय पहाड़ियों के लिए अनुशंसित है।

संकर (Hybrids)

अर्का ऐश्वर्या (Arka Aiswarya)

यह एक संकर किस्म है। फल गोल से अण्डाकार, गहरे हरे रंग के जिस पर हल्की हरी धारियाँ होती हैं। फलों का औसत वजन 7.5 कि.ग्रा. होता है। कुल घुलनशील ठोस 12-13 डिग्री ब्रिक्स पाया जाता है। परिवहन क्षमता अच्छी होती है। गूदा लाल रंग का, कुरकुरा, स्वादिष्ट, रसदार होता है। इस किस्म की औसत उपज 800 क्विंटल प्रति हेक्टेयर है।

अर्का आकाश (Arka Akash)

इस किस्म के फल दीर्घाकार औसतन 6.5 किग्रा. वजन के होते हैं। फल का गूदा लाल रंग का, रसदार एवं स्वादिष्ट होता है। संग्रहण क्षमता एवं परिवहन गुण बहुत अच्छे हैं। इस किस्म की औसत उपज 750-800 क्विंटल प्रति हेक्टेयर है।

खेती की तैयारी (Field prepration)

तरबूज के अच्छे उत्पादन के लिए खेत खरपतवारों रहित एवं भुरभुरा तैयार करना चाहिए । दो से तीन बार कल्टीवेटर से जुताई करें इसके बाद एक बार रोटावेटर चलाकर खेत को समतल कर लेवें।

एकीकृत पोषक तत्व प्रबंधन (Integrated Nutrient Management)

तरबूज में खाद एवं उर्वरकों का उपयोग मृदा परीक्षण के आधार पर करें। सामान्यतः गोबर की खाद या कम्पोस्ट 250 क्विंटल, नाइट्रोजन 100 किलोग्राम, स्फुर 60 किलोग्राम तथा पोटाश 40 किलोग्राम प्रति हेक्टेयर की दर से दें। अंतिम जुताई से पहले एजोस्पिरिलम और फॉस्फोबैक्टीरिया @ 2 किग्रा/हेक्टेयर और स्यूडोमोनोआस @ 2.5 किग्रा/हेक्टेयर को गोबर की खाद 50 किग्रा और नीम खली 100 किग्रा/हेक्टेयर के साथ मिलाकर खेत में डालें। गोबर की खाद, स्फुर, पोटाश एवं नत्रजन की एक तिहाई मात्रा खेत में बीज बोते समय देना चाहिए। शेष नत्रजन की मात्रा तीन समान भागों में बांटकर क्रमशः बुआई के 15, 30 तथा 45 दिनों बाद टॉप ड्रेसिंग के रुप में देना चाहिए। जब पौधे 2-4 पत्तियों वाले हो जाएं तब एथ्रेल 250 पीपीएम के घोल का छिड़काव करने से उपज में वृद्धि होती है।

बीज दर एवं बीजोपचार (Seed rate and seed treatment)

एक हेक्टेयर खेत के लिए 3.5-5.0 किलोग्राम बीज पर्याप्त होता है। बीज को बोने के पूर्व फफूँदनाशी दवा थीरम 2 ग्राम + कार्बेन्डाजिम 1 ग्राम प्रति किलोग्राम बीज की दर से उपचारित करें या *ट्राइकोडर्मा विरडी* 4 ग्राम प्रति किलोग्राम बीज की दर से बीजोपचार कर बुवाई करें।

बुवाई का समय एवं विधि (Time of sowing and method)

तरबूज की बुआई के लिए 15 जनवरी से 15 फरवरी का समय उपयुक्त रहता है। तरबूज की पंक्तियों में बुआई करें। पंक्तियों की आपसी दूरी 2 मीटर व वर्षाकालीन फसल के लिए 2.5-3.5 मीटर रखें एवं पौधे से पौधे की दूरी 0.9-1.2 मीटर रखें। एक स्थान पर दो बीज 2.5-3 से.मी. की गहराई पर बोयें।

सिंचाई प्रबन्धन (Irrigation management)

मैदानी क्षेत्रों में उगाई जाने वाली फसल में 5-6 दिन के अन्तर से सिंचाई करें। तरबूज में फसल की गुणवता और उपज में वृद्धि के लिए ड्रिप सिंचाई का उपयोग करना चाहिए । ड्रिप सिंचाई के उपयोग से ड्रिप सिंचाई फसलों के लिए सबसे कुशल जल और पोषक तत्व वितरण प्रणाली है। यह सही समय पर, सही मात्रा में पानी और पोषक तत्वों को सीधे पौधे की जड़ों तक पहुँचाती है, इस विधि में प्रत्येक पौधे को समान रूप से जल एवं पोषक तत्व मिलते हैं । मिटटी में नमी के अनुसार ड्रिप से प्रतिदिन या एक दिन छोड़कर सिंचाई करें।

प्लास्टिकमल्च(Plastic mulch)

तरबूज की आधुनिक खेती में सिंचाई के लिए ड्रिप पद्धति के साथ-साथ 30 माइक्रोन मोटाई वाली सिल्वर ब्लैक कलर की प्लास्टिक मल्चिंग शीट का उपयोग किया जाता है। जिससे खरपतवार प्रबंधन के साथ साथ सिंचाई जल की मात्रा में भी कम आती है एवं तरबूज में रस चूसक कीट का प्रकोप कम होता है । मल्चिंग तकनीक से उपज में 40 से 50% की वृद्धि पाई गई है।

खरपतवार प्रबंधन (Weed management)

तरबूज की अच्छी पैदावार के लिए फसल को खरपतवारों से मुक्त रखना आवश्यक है। खरपतवार पोषक तत्वों, मिट्टी की नमी, स्थान और सूर्य प्रकाश के लिए पौधों से प्रतिस्पर्धा करते हैं एवं फसल की वृद्धि एवं विकास में बाधा पहुचाते हैं, जिसके कारण फसल की गुणवत्ता एवं उपज में कमी आती है। कद्दू की फसल के साथ अनेक खरपतवार उग आते हैं। अतः उनकी रोकथाम के लिए फरवरी-मार्च वाली फसल में 2-3 बार और जून-जुलाई वाली फसल में 3-4 बार निदाई-गुड़ाई करनी चाहिए।

तुड़ाई(Harvesting)

तरबूज की तुड़ाई पकने की अवस्था पर करना चाहिए। जिस फल का सूत सूख जायें और ऊँगलियों को थपथपाने पर छप-छप की आवाज हो फल पका समझना चाहिए।

संभावित उपज (Potential yield)

तरबूज की फसल से 250-300 क्विंटल प्रति हेक्टेयर उपज प्राप्त हो जाती है। फसल की यह उत्पादकता जलवायु, मिट्टी, किस्म, सिंचाई समेत सुरक्षा प्रबंधन आदि पर निर्भर करती है।

पौध संरक्षण - लौकी के समान

45

खरबूज

परिचय (Introduction)

खरबूज (Muskmelon) एक कद्दूवर्गीय फसल है। इसका उत्पत्ति स्थान **उष्णकटिबंधीय अफ्रीका** (Tropical Africa) माना जाता है। इसके फल को खाने के लिए इस्तेमाल करते है, जो स्वाद में अधिक स्वादिष्ट होता है। खरबूजे के बीजो को मिठाइयों में इस्तेमाल किया जाता है। फलो में 0.6% प्रोटीन, 0.2% वसा, 3.5% कार्बोहाइड्रेट्स एवं 1.4 मिलीग्राम आयरन, 16 मिलीग्राम केरोटीन, 26 मिलीग्राम विटामिन सी प्रति 100 ग्राम फल में पाया जाता है। । भारत में 54.10 हजार हेक्टेयर में खरबूज की खेती की जाती है, जिससे 1230. 66 हजार मीट्रिक टन उत्पादन प्राप्त होता है (**हॉर्टिकल्चर स्टेटिस्टिक्स एट ए ग्लांस 2018**)। उत्तर प्रदेश, आंध्र प्रदेश, मध्य प्रदेश, और तमिल नाडू पंजाब खरबूज के प्रमुख उत्पादक राज्य है।

वानस्पतिक विवरण (Botanical description)

खरबूज का वानस्पतिक नाम ***कुकुमिस मेलो*एल.**(*Cucumis melo* L.) है, यह ***कुकरबिटेसी*** (Cucurbitaceae) कुल के अंतर्गत आता है। इसमें **क्रोमोसोम नम्बर (2n = 24)** होते हैं। खरबूज एक वार्षिक पौधा है जिसमें लताओं की अनुगामी वृद्धि होती है। इसके पौधे **एकलिंगाश्रयी** (Monoecious) (एक ही पौधे पर अलग-अलग नर और मादा फूल आते हैं) होते हैं। खरबूजे में दो प्रकार के फूल आते हैं: पूर्ण (जिसमें नर और मादा दोनों भाग होते हैं) और नर (staminate) फूल । परागण और निषेचन के बाद पूर्ण फूल, फलों में विकसित होते हैं। खरबूज एक **पर-परागित** (cross-pollinated) फसल है।खरबूजे को परागण के लिए मधुमक्खियों की आवश्यकता होती है। अधिक पैदावार और बड़े खरबूजे के लिए, प्रति एकड़ खरबूजे के खेतों के पास मधुमक्खियों के एक या दो मजबूत छत्ते लगाएं। वानस्पतिक रूप से तरबूज एक प्रकार का बेरी है, विशेष रूप से एक "**पेपो**"।

उपयुक्त जलवायु (Suitable climate)

इसके लिए उच्च तापमान और शुष्क जलवायु की आवश्यकता होती है। पौधों की वृद्धि एवं विकास के लिए 27-30 डिग्री सेल्सियस तापमान पर इष्टतम होता है ।

मृदा का चयन (Selection of soil)

खरबूज की खेती नदियों के किनारे वाली कछारी भूमियों में की जाती है। मैदानी क्षेत्रों में उचित जल निकास वाली रेतीली दोमट भूमि सर्वोत्तम रहती है। मिट्टी का पीएच 6.5-7.5 के बीच उपयुक्त होता है।

उन्नत किस्में (Improved varieties)

पूसा मधुरस (Pusa Madhuras)

इस किस्म के फल गोलाकार-चपटे होते हैं, प्रत्येक का वजन 1 किलो होता है, हल्के हरे रंग की पट्टियों के साथ जालीदार गूदा नारंगी रंग का, 12-14% टीएसएस के साथ रसदार होता है। इसमें भण्डारण की गुणवत्ता खराब है। पहली तुड़ाई बुवाई के 90-95 दिन बाद शुरू होती है। इस किस्म की औसत उपज 150-170 क्विंटल प्रति हेक्टेयर है। यह किस्म पंजाब, यूपी, बिहार, राजस्थान, गुजरात, हरियाणा, दिल्ली, मध्य प्रदेश, महाराष्ट्र, कर्नाटक, तमिलनाडु और केरल के लिए अनुशंसित है।

पूसा शरवती (Pusa Sharbati)

इस किस्म की मध्यम जाल वाली त्वचा पर हरी धारियां होती हैं। फल गोल, 0.9 से 1 किलो वजन वाले, अच्छी गुणवत्ता रखने वाले; गूदा मोटा, उज्ज्वल नारंगी रंग के होते हैं, स्वाद, मीठा होता है, टीएसएस 10-12% होता है। पहली तुड़ाई बुवाई के 80-85 दिन बाद शुरू होती है। इस किस्म की औसत उपज 160 क्विंटल प्रति हेक्टेयर है। यह किस्म उत्तरी गंगा के मैदानी इलाकों की नदी तल और ऊपरी भूमि की स्थितियों के लिए अनुशंसित है।

पूसा मधुरिमा (Pusa Madhurima)

इस किस्म की पत्तियाँ कमजोर रूप से लोबदार होती हैं और उभयलिंगी सेक्स अभिव्यक्ति दिखाती हैं इस किस्म के फल का छिलका हरे रंग के टांके के साथ क्रीमी पीला होता है। फलों का गूदा गाढ़ा, हरा, रसदार और मध्यम कस्तूरी स्वाद और उच्च मिठास (TSS 120Brix) के साथ कुरकुरा होता है। फलों की सतह मध्यम जाल के साथ खांचेदार होती है और परिपक्वता पर फिसलने योग्य होती है। फल डंठल के सिरे पर निप्पल के आकार के हो जाते हैं। फल बुआई के लगभग 80 दिनों में तुड़ाई के लिए तैयार हो जाते हैं। इसका फल 775 ग्राम के औसत वजन के साथ अंडाकार आकार का होता है। यह उच्च उपज (224 क्विंटल / हेक्टेयर) और बढ़ी हुई शेल्फ लाइफ के साथ एक अद्वितीय आकार की खरबूजे की किस्म है।

काशी मधु (Kashi Madhu)

इस किस्म के पौधों में मध्यम लताएँ होती हैं और पत्तियाँ विरल लोबदार और गहरे हरे रंग की होती हैं, फल गोल होते हैं, खुले प्रमुख हरे रंग के टांके के साथ, वजन 650-725 ग्राम, प्रकृति में आधा फिसलन, पतले छिलके, परिपक्वता पर चिकने और हल्के पीले, गूदे सामन नारंगी (आम का रंग) , गाढ़ा, बहुत रसीला, टीएसएस13-14% और बीज बीज गुहा में शिथिल रूप से भरे होते हैं। भण्डारण क्षमता अच्छी होती है। यह किस्म पाउडरी और डाउनी मिल्ड्यू के प्रति सहिष्णु है, मध्यम परिपक्वता और उपज 200-270 क्विंटल/हेक्टेयर है। यह किस्म यूपी, पंजाब और झारखंड में खेती के लिए अधिसूचित की गई है।

अर्का जीत (Arka Jeet)

इस किस्म के फल गोल लेकिन दोनों सिरों पर सपाट होते हैं । फलों के विकास के प्रारंभिक चरण में त्वचा का रंग गहरा हरा होता है, जो पूर्ण पर्ची अवस्था में सुनहरे नारंगी रंग में बदल जाता है। गूदा सफेद, मध्यम बनावट, उच्च टीएसएस(13-16%) के साथ उत्कृष्ट स्वाद वाले होते हैं । इस किस्म की औसत उपज 140-150 क्विंटल प्रति हेक्टेयर है।

अर्का श्री (Arka Siri)

इस किस्म में नेटिंग के आकर्षक पैटर्न के साथ कैंटालूप प्रकार का फल, क्रीमी नारंगी छिलके की पृष्ठभूमि पर हरे रंग की टांके, मीठा (TSS 12%), गहरा-नारंगी गूदा और एक मजबूत, कस्तूरी सुगंध होती है ।

खेती की तैयारी (Field prepration)

खरबूज के अच्छे उत्पादन के लिए खेत खरपतवारों रहित एवं भुरभुरा तैयार करना चाहिए । दो से तीन बार कल्टीवेटर से जुताई करें इसके बाद एक बार रोटावेटर चलाकर खेत को समतल कर लेवें।

एकीकृत पोषक तत्व प्रबंधन (Integrated Nutrient Management)

खरबूज में खाद एवं उर्वरकों का उपयोग मृदा परीक्षण के आधार पर करें। सामान्यतः गोबर की खाद या कम्पोस्ट 250 क्विंटल, नाइट्रोजन 125 किलोग्राम, स्फुर 62 किलोग्राम तथा पोटाश 62 किलोग्राम प्रति हेक्टेयर की दर से दें। अंतिम जुताई से पहले *एजोस्पिरिलम* और फॉस्फोबैक्टीरिया @ 2 किग्रा/हेक्टेयर और *स्यूडोमोनोआस* @ 2.5 किग्रा/हेक्टेयर को गोबर की खाद 50 किग्रा और नीम खली 100 किग्रा/हेक्टेयर के साथ मिलाकर खेत में डालें। गोबर की खाद, स्फुर, पोटाश एवं नत्रजन की एक तिहाई मात्रा खेत में बीज बोते समय देना चाहिए। शेष नत्रजन की मात्रा तीन समान भागों में बांटकर क्रमशः बुआई के 15, 30 तथा 45 दिनों बाद टॉप ड्रेसिंग के रुप में देना चाहिए। जब पौधे 2-4 पत्तियों वाले हो जाएं तब एथ्रेल 250 पीपीएम के घोल का छिड़काव करने से उपज में वृद्धि होती है।

बीज दर एवं बीजोपचार (Seed rate and seed treatment)

एक हेक्टेयर खेत के लिए 2.5-3.5 किलोग्राम बीज पर्याप्त होता है। बीज को बोने के पूर्व फफूँदनाशी दवा थीरम 2 ग्राम + कार्बेन्डाजिम 1 ग्राम प्रति किलोग्राम बीज की दर से उपचारित करें या *ट्राइकोडर्मा विरडी* 4 ग्राम प्रति किलोग्राम बीज की दर से बीजोपचार कर बुवाई करें।

बुवाई का समय एवं विधि (Time of sowing and method)

खरबूज की बुआई के लिए 15 जनवरी से 15 फरवरी का समय उपयुक्त रहता है। खरबूज की पंक्तियों में बुआई करें। पंक्तियों की आपसी दूरी 2 मीटर व वर्षाकालीन फसल के लिए 1.5-2.5 मीटर रखें एवं पौधे से पौधे की दूरी 0.6-1.2 मीटर रखें।

सिंचाई प्रबन्धन (Irrigation management)

मैदानी क्षेत्रों में उगाई जाने वाली फसल में 5-6 दिन के अन्तर से सिंचाई करें। खरबूज में फसल की गुणवता और उपज में वृद्धि के लिए ड्रिप सिंचाई का उपयोग करना चाहिए । ड्रिप सिंचाई के उपयोग से ड्रिप सिंचाई फसलों के लिए सबसे कुशल जल और पोषक तत्व वितरण प्रणाली है। यह सही समय पर, सही मात्रा में पानी और पोषक तत्वों को सीधे पौधे की जड़ों तक पहुँचाती है, इस विधि में प्रत्येक पौधे को समान रूप से जल एवं पोषक तत्व मिलते हैं । मिटटी में नमी के अनुसार ड्रिप से प्रतिदिन या एक दिन छोड़कर सिंचाई करें। ड्रिप सिस्टम में मेन और सब-मेन पाइप लगाएं और इनलाइन लेटरल ट्यूब को 1.5 मीटर के अंतराल पर लगाएं। 4 एलपीएच और 3.5 एलपीएच क्षमता के साथ क्रमशः 60 सेमी और 50 सेमी के अंतराल पर लेटरल ट्यूब में ड्रिपर लगाएं।

प्लास्टिकमल्च(Plastic mulch)

खरबूज की आधुनिक खेती में सिंचाई के लिए ड्रिप पद्धति के साथ-साथ 30 माइक्रोन मोटाई वाली सिल्वर ब्लैक कलर की प्लास्टिक मल्चिंग शीट का उपयोग किया जाता है। जिससे खरपतवार प्रबंधन के साथ साथ सिंचाई जल की मात्रा में भी कम आती है एवं खरबूज में रस चूसक कीट का प्रकोप कम होता है । मल्चिंग तकनीक से उपज में 40 से 50% की वृद्धि पाई गई है।

खरपतवार प्रबंधन (Weed management)

खरबूज की अच्छी पैदावार के लिए फसल को खरपतवारों से मुक्त रखना आवश्यक है। खरपतवार पोषक तत्वों, मिट्टी की नमी, स्थान और सूर्य प्रकाश के लिए पौधों से प्रतिस्पर्धा करते हैं एवं फसल की वृद्धि एवं विकास में बाधा पहुचाते हैं, जिसके कारण फसल की गुणवत्ता एवं उपज में कमी आती है। कद्दू की फसल के साथ अनेक खरपतवार उग आते हैं। अतः उनकी रोकथाम के लिए फरवरी-मार्च वाली फसल में 2-3 बार और जून-जुलाई वाली फसल में 3-4 बार निदाई-गुड़ाई करनी चाहिए।

तुड़ाई(Harvesting)

खरबूज की तुड़ाई पकने की अवस्था पर करना चाहिए। जिस फल का सूत सूख जायें और ऊँगलियों को थपथपाने पर छप-छप की आवाज हो फल पका समझना चाहिए।

संभावित उपज (Potential yield)

खरबूज की फसल से 250 क्विंटल प्रति हेक्टेयर उपज प्राप्त हो जाती है। फसल की यह उत्पादकता जलवायु, मिट्टी, किस्म, सिंचाई समेत सुरक्षा प्रबंधन आदि पर निर्भर करती है।

पौध संरक्षण - लौकी के समान

46

सहजन

परिचय (Introduction)

सहजन (Drumstick) बहुउपयोगी पौधा है। सहजन के पत्ते, बीज, फूल और जड़ें बहुत पौष्टिक होते हैं, विटामिन ए और सी, आयरन और कैल्शियम से भरपूर होते हैं, जो (ए) त्वचा को स्वस्थ और चिकनी रखने में मदद करते हैं, (बी) लोगों को ठंड और संक्रमण के लिए मजबूत और प्रतिरोधी बनाने में मदद करते हैं। (सी) हमारी हड्डियों को मजबूत रखने के लिए। सहजन के पत्तों में संतरे से 7 गुना विटामिन 'सी', दूध से 4 गुना कैल्शियम, गाजर से 4 गुना विटामिन 'ए', केले से 3 गुना पोटैशियम और दूध से 2 गुना प्रोटीन होता है। इस पौधे को पोषण मूल्य का पावरहाउस माना जा सकता है। सहजन के पौधे की छाया अन्य फसलों की वृद्धि में बाधक नहीं होती है। यह एक बारहमासी, तेजी से बढ़ने वाला, सूखा प्रतिरोधी पेड़ है, जो परिपक्वता पर ऊंचाई में 10-12 मीटर तक पहुंच सकता है। सहजन कई बारहमासी फसलों के साथ मिश्रित फसल के रूप में उगाने के लिए भी उपयुक्त है।

वानस्पतिक विवरण (Botanical discription)

सहजन का वैज्ञानिक नाम ***मोरिंगा ओलीफेरा*** **लाम** (*Moringa oleifera* Lam.) है। यह **मोरिंगेसी (Moringaceae)** परिवार के अंतर्गत आता है। इसके पौधों की ऊंचाई - 10 - 12 मीटर (32 - 40 फीट)। व्यास - 45 सेमी (1.5 फीट)। रंग - छाल - सफेद धूसर युवा अंकुर - बैंगनी (या) हरे, सफेद फूल - सुगंधित, उभयलिंगी और पांच असमान, पतली धारियों वाली, पीली सफेद पंखुड़ियों से घिरे। फूल लगभग 1.0-1.5 सेमी (लंबे) और 2.0 सेमी (चौड़े) होते हैं। फल - उनके पास लटकते प्रकार के फल होते हैं, लगभग 1 सेमी व्यास के गोलाकार बीज होते हैं, कैप्सूल तीन तरफा भूरे रंग का होता है जिसका आकार 20 - 45 सेमी होता है। बीजों में तीन सफेद रंग के पंख होते हैं।

उपयुक्त जलवायु (Suitable climate)

सहजन के लिए सामान्यतया 25-30 डिग्री सेल्शियस के औसत तापमान पर पौधा का हरा-भरा व काफी फैलने वाला विकास होता है। यह ठंढ को भी सहता है। परन्तु पाला से पौधा को नुकसान होता है। फूल आते समय 40 डिग्री सेल्शियस से ज्यादा तापमान पर फूल झड़ने लगता है।

मृदा का चयन (Selection of soil)

सभी प्रकार की मिट्टियों में सहजन की खेती की जा सकती है। यहाँ तक कि बेकार, बंजर और कम उर्वरा भूमि में भी इसकी खेती की जा सकती है, परन्तु व्यवसायिक खेती के लिए साल में दो बार फलनेवाला सहजन के प्रभेदों के लिए 6-7.5 पी.एच. मान वाली बलुई दोमट मिट्टी बेहतर पाया गया है।

सहजन (मुनगा) की उन्नत किस्मे (Improved varieties of drumstick)

पी.के.एम 1 (PKM-1)

बुआई के 7 से 8 माह बाद फल तुड़ाई के लिए तैयार हो जाते है। इस किस्म की कच्ची छड़ी का रंग हरा होता है और स्वादिस्ट होता है। प्रत्येक फली की लंबाई 75 सेमी होती है। प्रत्येक पौधा करीब 220 पहली प्रति पौधा प्रति वर्ष पैदा करता है। यह किस्म अच्छी किस्म की फसल पैदा करता है लेकिन इसमे ज्यादा पानी की जरूरत होती है।

पी.के.एम 2 (PKM-2)

पौधा रोपन के 6 महीने के बाद इसकी उपज शुरू हो जाती है। साल में दो बार इसकी फसल होती है। इसके पौधे से करीब 200 से 350 फली पैदा होती है जो लगातार 4 से 5 साल तक उपज देती है। फली की लंबाई 126 सेंटीमीटर होती है। इसकी प्रत्येक छड़ी लंबाई में बड़ी होती है और स्थानीय बाजार के मुकाबले इसकी मांग खासकर बड़े शहरों में होती है।

प्रवर्धन (Propagation)

सहजन में बीज और शाखा के टुकड़ों दोनों से ही प्रबद्र्धन होता है। अच्छी फलन और साल में दो बार फलन के लिए बीज से प्रबद्र्धन करना अच्छा है। एक हेक्टेयर में खेती करने के लिए 500 ग्राम बीज पर्याप्त है। बीज को सीधे तैयार गड्ढों में या फिर पॉलीथीन बैग में तैयार कर गड्ढों में लगाया जा सकता है। पॉलीथीन बैग में पौध 35 से 40 दिन में लगाने योग्य हो जाता है।

नर्सरी प्रबंधन (Nursery management)

सहजन की खेती में अगर आप नर्सरी में उगाये पौधे का इस्तेमाल करना चाहते हैं तो 18 सेमी की ऊंचाई और 12 सेमी की चौड़ाई वाले पॉली बैग का इस्तेमाल करें। बैग के लिए मिट्टी का मिश्रण हल्का होना चाहिए, उदाहरण के तौर पर तीन भाग मिट्टी और एक भाग बालू। प्रत्येक बैग में एक से दो सेमी गहराई में दो बीज लगाएं। मिट्टी में नमी रखें लेकिन ध्यान रखें कि वो ज्यादा भीगा न हो। बीज की उम्र और प्री ट्रीटमेंट मेथड के हिसाब से अंकुरण 5 से 12 दिन के भीतर शुरू हो जाता है। बैग से अतिरिक्त पौधा निकाल दें और एक पौधा प्रत्येक बैग में छोड़ दें। बुआई के 35 से 40 दिन बाद पौधा रोपाई के लिये तैयार हो जाता है। एक हेक्टेयर के लिए 200 ग्राम बीज की आवश्यकता होती है।

खेत की तैयारी कैसे करें (How to prepare field)

अगर बड़े क्षेत्र में पौधे को लगाना है तो भूमि की पहले अच्छे से जुताई कर लें। बीजारोपन से पहले 45×45×45 सेमी लंबा, चौड़ा और गहरा गड्ढा खोद लें। गोबर की पकी खाद की मात्रा 5 किलो प्रति गड्ढा ऊपरी मिट्टी के साथ मिलाकर गड्ढे के अंदर और चारो तरफ डाल दें।

रोपाई कैसे करें (How to transplant)

सहजन के रोपण सामान्य रूप से बारिश की पहली बौछार के बाद जून के दौरान किया जाता है।नर्सरी से पौधे को निकालने से पहले गड्ढे को पानी से भर दें या फिर अच्छी बारिश का इंतजार करें और उसके बाद बैग से पौधा निकाल कर लगा दें। जिस इलाके में भारी बारिश होती है वहां मिट्टी को ढेर की शक्ल में खड़ा कर सकते हैं ताकि पानी वहां से निकल जाए। शुरुआत के कुछ दिनों तक ज्यादा पानी नहीं दें। अगर पौधा गिरता है तो उसे एक 40 सेमी छड़ी के सहारे बांध दें। रोपण सीधे बीज के माध्यम से भी किया जा सकता है। दो बीज प्रत्येक गड्ढे में लगाए हैं। सहजन या मोरिंगा के सघन उत्पादन के लिए पंक्ति से पंक्ति की दूरी 3 मीटर एवं पौधे से पौधे के बीच की दूरी 2 मीटर होनी चाहिए। सूर्य की पर्याप्त रोशनी और हवा को सुनिश्चित करने के लिए पेड़ को पूर्व से पश्चिम दिशा की ओर लगाएं।

एकीकृत पोषक तत्व प्रबंधन (Integrated Nutrient Management)

पौधा रोपण से पहले 45×45×45 सेमी लंबा, चौड़ा और गहरा गड्ढा खोद लें। गोबर की पकी खाद की मात्रा 10 किलो प्रति गड्ढा ऊपरी मिट्टी के साथ मिलाकर गड्ढे के अंदर और चारो तरफ डाल दें।तैयार पौध को पहले से तैयार किए गये गड्ढों में माह जुलाई-सितम्बर तक रोपनी कर दें। पौध जब लगभग 75 सेंमी. का हो जाये तो पौध के ऊपरी भाग की खोटनी कर दें, इससे बगल से शाखाओं को निकलने में आसानी होगी। रोपण के तीन महीने के बाद 100 ग्राम यूरिया + 100 ग्राम सुपर फास्फेट + 50 ग्राम पोटाश प्रति पौधा की दर से डालें तथा इसके तीन महीने बाद 100 ग्राम यूरिया प्रति पौधा का पुन: उपयोग करें। सहजन पर किए गए शोध से यह पाया गया कि मात्र 15 किलोग्राम गोबर की खाद प्रति गड्ढा तथा एजोसपिरिलम और पीएसबी (2 किलोग्राम/हेक्टेयर) के प्रयोग से जैविक सहजन की खेती, उपज में बिना किसी ह्रास के किया जा सकता है।

सिंचाई प्रबन्धन (Irrigation management)

अच्छे उत्पादन के लिए सिंचाई करना लाभदायक है। गड्ढों में बीज से अगर प्रबद्र्धन किया गया है तो बीज के अंकुरण और अच्छी तरह से स्थापन तक नमी का बना रहना आवश्यक है। फूल लगने के समय खेत ज्यादा सूखा या ज्यादा गीला रहने पर दोनों ही अवस्था में फूल के झड़ने की समस्या होती है। वहीं, व्यावसायिक खेती में सिंचाई की ड्रिप तकनीक का सहारा लिया जा सकता है जिसके तहत गर्मी के मौसम में प्रति पेड़, प्रतिदिन 12 से 16 लीटर पानी दिया जा सकता और अन्य मौसम में ये मात्रा घटकर सीधे आधी रह जाती है।

खरपतवार प्रबंधन कैसे करें (How to manage weeds)

सामान्यतः सहजन में पहली निंदाई 20-25 तथा दूसरी निंदाई 35-40 दिन पश्चात करें या डोरा या कोलपा चलायें। हाथ से निदाई या डोरा/ कोलपा को ही प्राथमिकता देवें। पहले 5 महीनों के लिए खेत को खरपतवार मुक्त करना चाहिए।

काट-छांट (Pruning)

जब पौधा 60-90 सेमी ऊंचाई तक पहुंच जाए, तो टिप को टिप से 10 सेमी नीचे पिंच करें। लगभग एक सप्ताह बाद कई पार्श्व शाखाएं अंकुरित और विकसित होंगी। जब पार्श्व शाखा 60 सेमी लंबी हो जाती है तो इसे फिर से 30 सेमी लंबा काट लें। और बाद में अंकुरित होने पर इसे दोबारा दोहराएं और मुख्य खेत में रोपण के बाद 3 महीने के भीतर 4 पिंचिंग करें।

फलियों की तुड़ाई कब और कैसे करें (When and how to harvest pods)

साल में दो बार फल देने वाले सहजन की किस्मों की तुड़ाई सामान्यतया फरवरी-मार्च और सितम्बर-अक्टूबर में होती है। प्रत्येक पौधे से लगभग 200-250 फलियां (10-15 किलोग्राम) सहजन सालभर में प्राप्त हो जाता है। सहजन की तुड़ाई बाजार और मात्रा के अनुसार 1-2 माह तक चलता है। सहजन के फल में रेशा आने से पहले ही तुड़ाई करने से बाजार में मांग बनी रहती है और इससे लाभ भी ज्यादा मिलता है।

उपज क्षमता (Potential yield)

फसल की पैदावार मुख्य तौर पर बीज के प्रकार और किस्म पर निर्भर करता है। उन्नत विधि से खेती करने पर सहजन की पैदावार प्रति हेक्टेयर 500 से 600 क्विंटल मिल सकती है ।

एकीकृत कीट एवं रोग प्रबंधन (Integrated Pest and Disease Management)

प्रमुख कीट (Major insects)

बड वर्म (Bud worm)

इस कीट का वैज्ञानिक नाम ***नूर्डा मोरिंगे (Noorda moringae)*** है । वयस्क आकार में छोटा होता है जिसके सामने गहरे भूरे रंग के पंख और सफेद हिंद पंख गहरे भूरे रंग के बॉर्डर के साथ होते हैं। यह गुच्छों में या अकेले फूलों की कलियों पर अंडाकार, मलाईदार सफेद अंडे देती है। कैटरपिलर एक प्रमुख मध्य-पृष्ठीय पट्टी और काले सिर और प्रो-थोरेसिक ढाल के साथ गंदे भूरे रंग के होते हैं। पूरी तरह से पोषित किये गए कैटरपिलर बाहर आते हैं और सूखे पत्तों और मलबे के नीचे, या तो मिट्टी में या जमीन पर ही, छोटे भूरे रंग के कोकून में पुतले बनाते हैं। अंडे, लार्वा और प्यूपा की अवधि क्रमशः 3-4, 8-16 और 6-10 दिनों में होती है। लार्वा फूलों की कलियों में छेद करते हैं जिसके कारण 75% तक कलियों गिर जाती हैं। आम तौर पर, संक्रमित कलियों में केवल एक कैटरपिलर होता है। क्षतिग्रस्त कलियाँ शायद ही कभी खिलती हैं और समय से पहले गिर जाती हैं । दक्षिण भारत में गर्मियों के महीनों में इस कीट की गतिविधि अधिक होती है।

प्रबंधन (Management)

- कीट क्षतिग्रस्त पौधों के हिस्सों को इकट्ठा करके नष्ट कर दें।
- जलनिकास की समुचित व्यवस्था करें।
- फूल आने की अवस्था में पानी के दबाव से बचें।
- उर्वरकों का संतुलित मात्रा में उपयोग करें।
- खेत की सफाई रखें।
- संक्रमित टहनियों और बीज कैप्सूलों को एकत्र कर नष्ट करें।
- लाइट ट्रैप @ 1/हेक्टेयर का प्रयोग करें और शाम 6 बजे से 10 बजे के बीच बल्ब जलावें।
- किंग क्रो, कॉमन मैना आदि जैसे शिकारी पक्षियों को प्रोत्साहित करने के लिए 50/हेक्टेयर की दर से बर्ड पर्चो लगावें।
- अधिक प्रकोप होने पर इस कीट की रोकथाम के लिए क्लोरोपायरीफास 20% ईसी 1000 मिली प्रति हेक्टेयर 500 लीटर लीटर पानी या इमामेक्टिन बेन्जोएट 5% एसजी 250 ग्राम प्रति हेक्टेयर 500 लीटर पानी मे घोलकर छिडकाव करें। कीटनाशको का 10 से 15 दिन के अंतराल पर अदल बदल कर छिडकाव करें।

पत्ती खाने वाली इल्ली (Leaf eating caterpillar)

इस कीट का वैज्ञानिक नाम ***नूर्डा ब्लाइटेलिस (Noorda blitealis)*** है। वयस्क मध्यम आकार के पतंगे होते हैं। आगे के पंख आधार के पास एक छोटी सफेद लकीर के साथ समान रूप से गहरे रंग के होते हैं। हिंद पंख गुदा की ओर चौड़ी काली सीमांत पट्टी के साथ हाइलिन होते हैं। अंडे मलाईदार सफेद होते हैं और आमतौर पर पत्तियों की उदर सतह पर बैचों में रखे जाते हैं। मिट्टी में प्यूपेशन होता है। कैटरपिलर लीफ लैमिना पर फ़ीड करते हैं, उन्हें पारदर्शी चर्मपत्र जैसी संरचनाओं में बदल देते हैं। मार्च से अप्रैल और दिसंबर से जनवरी के दौरान संक्रमण की चरम अवधि होती है

प्रबंधन (Management)

- कीट क्षतिग्रस्त पौधों के हिस्सों को इकट्ठा करके नष्ट कर दें।
- जलनिकास की समुचित व्यवस्था करें।
- फूल आने की अवस्था में पानी के दबाव से बचें।
- उर्वरकों का संतुलित मात्रा में उपयोग करें।
- खेत की सफाई रखें।
- लाइट ट्रैप @ 1/ हेक्टेयर का प्रयोग करें और शाम 6 बजे से 10 बजे के बीच बल्ब जलावें।
- किंग क्रो, कॉमन मैना आदि जैसे शिकारी पक्षियों को प्रोत्साहित करने के लिए 50/ हेक्टेयर की दर से बर्ड पर्चो लगावें।
- अधिक प्रकोप होने पर इस कीट की रोकथाम के लिए क्लोरोपायरीफास 20% ईसी 1000 मिली प्रति हेक्टेयर 500 लीटर लीटर पानी या इमामेक्टिन बेन्जोएट 5% एसजी 250 ग्राम प्रति हेक्टेयर 500 लीटर पानी मे घोलकर छिडकाव करें। कीटनाशको का 10 से 15 दिन के अंतराल पर अदल बदल कर छिडकाव करें।

बालों वाली कैटरपिलर (Hairy caterpillar)

इस कीट का वैज्ञानिक नाम ***यूप्टरोट मोलिफेरा*** (***Eupterote mollifera***) है। इस कीट के वयस्क दोनों लिंगों में पीले या दबे हुए होते हैं, पंखों पर लाल भूरे रंग के निशान फैले होते हैं। अंडे पत्तियों और कोमल तने पर गुच्छों में रखे जाते हैं। लार्वा सफेद से काले धब्बेदार होते हैं और सफेद कूबड़ से निकलने वाले काले बालों के पृष्ठीय गुच्छे होते हैं। एक पृष्ठीय नीला-काले बैंड और एक उप-पृष्ठीय गुलाबी बैंड है जो एक ग्रे रेखा से घिरा हुआ होता है, साथ ही साथ छोटे पार्श्व काले धब्बे की एक श्रृंखला भी होती है। लार्वा पेड़ों के तने में समूहों में देखा जाता है, जो बड़े पैमाने पर भोजन करते हैं, छाल को खुरचते हैं और पत्ते काटते हैं। गंभीर संक्रमण से पेड़ की पत्तियां गिर जाती हैं।

प्रबंधन (Management)

- कीट क्षतिग्रस्त पौधों के हिस्सों को इकट्ठा करके नष्ट कर दें।
- जलनिकास की समुचित व्यवस्था करें।
- फूल आने की अवस्था में पानी के दबाव से बचें।
- उर्वरकों का संतुलित मात्रा में उपयोग करें।
- खेत की सफाई रखें।
- लाइट ट्रैप @ 1/ हेक्टेयर का प्रयोग करें और शाम 6 बजे से 10 बजे के बीच बल्ब जलावें।
- किंग क्रो, कॉमन मैना आदि जैसे शिकारी पक्षियों को प्रोत्साहित करने के लिए 50/ हेक्टेयर की दर से बर्ड पर्चों लगावें।
- ग्रीगेरियस कैटरपिलर (बालों वाले कैटरपिलर को हाथ से न चुनें) और तने पर पाए जाने वाले कोकून को मिट्टी के तेल के मिश्रित पानी में नष्ट कर दें।
- अधिक प्रकोप होने पर इस कीट की रोकथाम के लिए क्लोरोपायरीफास 20% ईसी 1000 मिली प्रति हेक्टेयर 500 लीटर पानी या इमामेक्टिन बेन्जोएट 5% एसजी 250 ग्राम प्रति हेक्टेयर 500 लीटर पानी मे घोलकर छिडकाव करें। कीटनाशको का 10 से 15 दिन के अंतराल पर अदल बदल कर छिडकाव करें।

फली मक्खी (Pod fly)

इस कीट का वैज्ञानिक नाम ***गिटोना डिस्टिग्मा*** (***Gitona distigma***) है। वयस्क लाल आंखों वाली एक छोटी पीली मक्खी है। पंख शरीर से परे फैले हुए होते हैं और तटीय किनारे के पास एक काला धब्बा होता है। अंडे सिगार के आकार के सफेद रंग के होते हैं और फली के खांचे पर या तो अकेले या 3-4 के समूहों में रखे जाते हैं। मैगॉट टर्मिनल के अंत में छोटे-छोटे छेद बनाकर कोमल फलों में प्रवेश करते हैं। इससे फलों से चिपचिपा द्रव निकलता है, जिसके परिणामस्वरूप फल सिरे से ऊपर की ओर सूख जाते हैं। एक फल में अधिकतम 20-28 मैगॉट पाए जाते हैं।

प्रबंधन (Management)

- सभी गिरे और क्षतिग्रस्त फलों को इकट्ठा करके नष्ट कर दें।
- प्यूपा को नष्ट करने के लिए पेड़ों के नीचे की मिट्टी की खुदाई करें या प्रभावित खेत की जुताई करें।
- नीम बीज गिरी सत (एनएसकेई) 5% का छिड़काव 50% फलों के सेट के दौरान और 35 दिनों के बाद करें।

प्रमुख रोग (Major diseses)

आद्र गलन (Damping off)

इस रोग के परिणामस्वरूप बीज का अंकुरण कम हो जाता है और पौध की स्थिति खराब हो जाती है। अंकुर मृत्यु दर 25-75% तक हो जाती है । कॉलर क्षेत्र में पानी से लथपथ घाव बन जात हैं । संक्रमित क्षेत्र भूरे हो जाते हैं और सड़ जाते हैं । ऊतकों के नरम होने के परिणामस्वरूप पौधे सिकुड़ जाते हैं और गिर जाते हैं । *राइजोक्टोनिया सोलानी* हमले में संक्रमित तने सख्त, पतले हो जाते हैं और संक्रमित अंकुर गिर जाते हैं । रोग नर्सरी और खेत की क्यारियों दोनों में पैच में दिखाई देते हैं।

प्रबंधन (Management)

- उचित जल निकासी वाली हल्की मिट्टी में नर्सरी उगाएं।
- बीज की बुवाई 6-8” ऊँचे (15 सें.मी.) की क्यारियों में करें। 650 ग्राम/ 40 वर्ग मीटर की दर से बीज का उपयोग करें।

कीटनाशकों के उपयोग के समय रखी जाने वाली सावधानियाँ

कीटनाशकों के उपयोग के समय रखी जाने वाली सावधानियाँ (Precautions to be taken while using pesticides)

कीटनाशक क्रय (Pesticide purchase)

- एक बार प्रयोग के लिए जितनी मात्रा की आवश्यकता है उतनी ही मात्रा में कीटनाशक का क्रय करें।
- रिसते हुए डिब्बों, खुला, बिना मोहर, फटे बैग में कीटनाशक का क्रय न करें।
- बिना अनुमोदित लेबल वाले कीटनाशक का चयन न करें।

भण्डारण (Storage

- घर के अंदर कीटनाशक का भण्डारण न करें।
- मौलिक मोहरबंद डब्बे का ही प्रयोग करें।
- कीटनाशक को किसी दूसरे पात्र में स्थानांतरित न करें।
- खाद्य सामग्री या चारा के साथ कीटनाशक को न रखें।
- कीटनाशक को बच्चों या पशुओं के पहुँच के बाहर रखें।
- वर्षा या धुप में कीटनाशक के साथ न रखें।

उपयोग (Use)

- खाद्य पदार्थों के साथ कीटनाशक को न लावें तथा परिवहन न करें।
- अधिक कीटनाशक की मात्रा को सर पर, कंधों पर, पीठ पर रखकर स्थानांतरित न करें।

कीटनाशक छिड़काव हेतु घोल निर्माण में सावधानियाँ (Precautions in preparation of pesticides solution for spraying)

- केवल शुद्ध जल का प्रयोग करें।
- छिडकाव अवधि में अपना नाक, आँख, मुंह, कान तथा हाथ का बचाव करें।
- घोल बनाते समय हाथ का दस्ताना, चेहरे का मुखौटा, नकाब तथा सर को ढकते हुए टोपी का प्रयोग करें। इस अवधि में कीटनाशक हेतु उपयोग किये गये पॉलिथीन का उपर्युक्त कार्य हेतु इस्तेमाल न करें।
- घोल बनाते करते समय डिब्बे पर अंकित सावधानियाँ को पढ़कर अच्छी प्रकार समझ लें, तदनुसार कार्रवाई करें।
- छिड़काव किये जाने वाली मात्रा में ही घोल बनाएं ।
- मोहरबंद पात्र के सान्द्र कीटनाशक को हाथ के सम्पर्क में न आने दें। छिड़काव मशीन के टैंक को न सूंघें।
- छिड़काव मशीन के टैंक में कीटनाशक ढालते समय बाहर न गिरने दें।
- छिड़काव मिश्रण तैयार करते समय खाना, पीना, चबाना, या धूम्रपान करना मना है।

छिडकाव उपकरण (Spraying tools)

- सही प्रकार के उपकरण का ही चयन करें।
- रिसने वाले या दोषपूर्ण उपकरण का प्रयोग न करें।
- उचित प्रकार को नोजल का ही प्रयोग न करें।
- रुकावट पैदा होने और नोजल को मुंह से न फूंकें तथा साफ करें। इस कार्य टूथ-ब्रश एवं स्वच्छजल का ही प्रयोग करें।
- खरपतवार नाशक तथा कीटनाशक प्रयोग हेतु एक ही छिड़काव मशीन का उपयोग न करें।

कीटनाशक छिड़काव के समय बरती जाने वाली सावधानियाँ (Precautions to be taken while spraying pesticides)

- केवल सिफारिश की गयी मात्रा तथा सांद्रता के घोल का ही प्रयोग करें।
- कीटनाशक का छिड़काव गर्म टिन की अवधिएवं तेज वायु गति के समय न करें।
- वर्षोपरांत या वर्षा के पूर्व (अनुमानित) कीटनाशक का छिड़काव न करें।
- वायुगति दिशा के विरुद्ध कीटनाशक का छिड़काव न करें।
- छिड़काव के पश्चात स्प्रेयर, बाल्टी आदि को साबुन पानी से साफ कर लें।
- बाल्टी या अन्य पात्र जिसका उपयोगछिड़काव में किया गया है, उसका घरेलू कार्य हेतु पुनः उपयोग न करें।
- छिड़काव के तुरंत बाद उपचारित क्षेत्र में जानवर या मजदूर का प्रवेश वर्जित कर दें।

निपटान (Disposal)

- बचे हुए छिड़काव घोल को तालाब, जलाशय या पानी के पाइप के सम्पर्क में न आने दें।
- उपयोग किये गये बर्तन, डब्बे को पत्थर से पिचकाकर जल स्रोत से दूर मिट्टी में काफी गहराई में गाड़ दें।
- खाली डब्बों का उपयोग खाद्य भंडारण हेतु न करें।

www.ingramcontent.com/pod-product-compliance
Lightning Source LLC
LaVergne TN
LVHW082033051026
849532LV00011B/3345
* 9 7 9 8 8 9 0 0 2 2 7 6 9 *